개정판

환경경제학 이해

이정전 저

박영사

개정판 서문

지금은 경제학의 한 분야로서 환경경제학이 많이 알려졌지만, 18년 전 저자가 『녹색경제학』을 쓸 때만 해도 경제학자가 환경문제에 관해서 경제이론을 들먹이면 모두들 이상하게 생각하였다. 그 후 6년이 지나 저자의 『환경경제학』이 나왔을 즈음에는 사정이 많이 달라져서 환경경제학 과목이 여러 대학에서 신설되었고 환경문제를 다루는 경제학 교과서도 여러 편 나왔다. 그래서 이번 개정판에서는 새로운 내용을 많이 보태기보다는 환경문제에 대한 경제학의 시각을 대학교 저학년 학생들이나 일반 시민들도 충분히 이해할 수 있도록 평이하게 풀어쓰는 데 역점을 두었다.

하지만, 내용구성에 있어서 저자의 주안점에는 별 변함이 없다. 즉, 학생들(독자들)에게 환경문제에 관하여 균형잡힌 시각을 제공하도록 최대한 노력해야 한다는 것이다. 비록 이 개정판이 환경경제학 교과서라고는 하지만 경제학자의 주장들뿐만 아니라 이에 대하여 강한 거부감을 보이는 환경전문가의 우려도 동시에 소개해야 한다고 생각하였다. 특히 환경문제에 관해서는 학문으로서 경제학의 한계나 취약점이 많이 노출되는 것도 사실이다. 그렇기 때문에 경제학의 그런 한계와 취약점을 아는 것이 환경문제를 좀 더 잘 이해하는 데 큰 도움이 된다고 본다. 환경문제에 대하여 경제 이론만 나열하다 보면 자칫 학생들(독자들)에게 왜곡된 시각을 주입할 가능성이 매우 높다. 사실, 2008년 세계경제 위기는 경제학이라는 학문의 한계를 노골적으로 드러낸 대사건이었다.

환경문제를 보는 저자의 기본적 시각 역시 변함이 없다. 경제학자들은 대체로 환경문제에 관하여 상당히 낙관적 견해를 표명하는데, 바로 이런 점부터가 저자의 마음에 걸린다. 『환경경제학』 초판에서도 강조하였듯이, 지난 20세기를 인간의 이성이 인간욕망의 도구로 전락해 버린 세기라고 말한다면, 앞으로 21세기는 인간의 욕망이 인류 전체의 생존을 근본적으로 위협하는 시대가 될 것이다. 이 경우 자본주의 시장은 도구적 이성과 인간의 욕망을 연결하는 매체요, 인간의 욕망을 인류의 위기로 인도하는 통로가 된다.

인류의 탐욕을 적절히 제어하지 않고는 오늘날 인류가 당면하고 있는 환경문제의 근원적 해결은 요원하다고 저자는 생각한다. 그럼에도 불구하고 경제학은 인간의 욕망을 단순히 주어진 것으로 보고 이것을 최대한 충족시키기 위한 방법의 모색에만 골몰하고 있다. 자본주의 시장이야말로 바로 이 인간의 욕망을 가장 잘 충족시켜 주는 최선의 제도라는 것이 경제학자들의 지론이다.

허나, 자본주의 시장은 아무리 하찮은 욕망이라도 구매력을 갖춘 욕망은 잘 충족시켜 주는 반면 아무리 절실한 욕망이라도 구매력을 갖지 않은 욕망은 무시해 버린다. 지구 인구의 대부분이 아직도 기본 의식주에 관련된 절실한 욕망도 충족시키지 못하고 있음에도 불구하고 잘 사는 나라에서는 하찮은 욕망의 충족에 엄청난 자연자원을 소모하고 있고 이 과정에서 엄청나게 많은 환경오염물질이 배출되어 지구를 더럽히고 있다. 절실한 욕망이 충족된 뒤에 오는 인간의 욕망은 대부분이 변화무쌍하고 덧없는 것이다. 그런 변화무쌍하고 덧없는, 무절제한 인간의 욕망에 인류의 미래가 달려 있다는 점이 오늘날 인류가 당면한 환경문제의 본질이라고 저자는 생각한다.

아무쪼록 이 책이 환경문제의 심각성을 일깨우는 데 큰 보탬이 되기를 기원한다. 최근 수년간 우리나라를 비롯한 세계 여러 나라가 경제적 어려움을 겪고 있는 가운데 환경문제에 대한 관심이나 활동이 시들해지고 있어서 걱정이다. 이 책이 환경운동을 활성화하는 데 조금이라도 도움이 되기를 바란다.

세월이 지나다 보니 제자들의 사회활동에 뿌듯함을 느끼는 일이 많아지고 그들의 도움에 점점 더 의지하게 되는 것은 어쩔 수 없나보다. 얼마 전에 정회성 박사와 김윤성 박사가 각각 『전환기의 환경과 문명』과 『생태사상』을 펴내서 호평을 받았다. 윤순진 교수, 홍종호 교수 등 환경대학원 동료교수들과의 유익한 대화도 이 책을 쓰는 데 도움이 되었다. 저자에게 지구온난화에 대한 책(Friedman의 *Hot, Flat, and Crowded*)을 보내 준 서왕진 박사에게도 각별한 고마움을 전하고 싶다.

10여 년이나 『환경경제학』 개정판을 내지 못한 저자의 게으름을 일깨워 주고 개정판 원고를 재촉해 주신 박영사 직원 여러분께 진심으로 감사드린다.

2011년 2월
이 정 전

머리말

20년전 저자가 처음 서울대학교에서 환경경제학을 강의할 때만 해도 환경경제학은 우리나라에서 매우 생소한 분야였다. 환경경제학을 전공했다고 말하면 그게 무엇이냐는 질문이 꼭 뒤따랐고 그럴 때마다 상세한 설명을 해야 했다. 나중에는 이것이 귀찮아서 전공을 물을 때에는 아예 어물어물해 버렸다. 이제는 세월이 많이 달라져서 우리나라에도 환경경제학을 전공한 학자들이 참 많아졌다. 환경경제학이 무척 인기 있는 분야가 되고 있고 아마도 앞으로는 더욱더 그럴 것으로 보인다. 그러다 보니 스스로 환경경제학을 전공했다고 주장하는 분도 많은 모양이다. 이쯤 되고 보니 누가 저자에게 전공을 물으면 아직도 어물어물해야 한다. 환경경제학을 전공했다고 말하면 의아스러운 눈초리로 "선생님도 환경경제학을 전공하셨습니까?"라고 묻는 사람이 종종 있어서 저자를 당황하게 만들곤 한다.

어떻든 이 책은 그 동안 저자가 서울대학교에서 강의한 환경경제학의 내용을 정리한 것이다. 누가 저자에게 이 책의 특징을 들어보라고 요청한다면, '경제학과가 아닌, 환경대학원에 있는 경제학 교수가 쓴 환경경제학 책'이라는 점을 제일 먼저 꼽을 수 있을 것 같다. 경제학을 전공하지 않은 교수와 전문가들 사이에 끼어 있다 보니 자연히 경제학이라는 학문을 객관적으로 바라볼 기회가 많았고, 그러다 보니 경제학의 범위와 한계 같은 것들이 자연히 눈에 잘 띌 수밖에 없었다. 이런 것들은 저자가 우연히 환경대학원에서 가르치게 된 덕분에 얻을 수 있었던 매우 소중한 경험이라고 자부한다. 그래서 이런 것들을 이 책에 열심히 담아 보려고 노력하였다.

환경경제학자들은 늘 경제논리, 시장의 원리를 이용해서 환경문제를 풀어야 한다고 주장한다. 이런 주장을 설교하는 환경경제학을 강의하면서도 과연 경제논리나 시장의 원리가 환경문제를 근원적으로 해결해 줄 수 있을 것인가에 대해서는 저자 자신이 늘 회의적이었다. 지난 20세기를 인간의 이성이 인간욕망의 도구로 전락해 버린 세기라고 말한다면, 앞으로 21세기는 인간의 욕망이 인류 전체의 생존을 근본적으로 위협하는 시대가 될지도 모른다. 이 경우 시장은 도구적 이성과 인간의 욕망을 연결하는 매체요, 인간의 욕망을 인류의 위기로 인도하는 매체가 된다.

시장은 아무리 하찮은 욕망이라도 구매력을 갖춘 욕망은 잘 충족시켜 주는 반면 아무리 절실한 욕망이라도 구매력을 갖지 않은 욕망은 무시해 버린다. 지구 인구의 대부분이 아직도 기본 의식주에 관련된 절실한 욕망도 충족시키지 못하고 있음에도 불구하고 잘 사는 나라에서는 하찮은 욕망의 충족에 엄청난 자연자원을 소모하고 있고 이 과정에서 엄청나게 많은 오염물질이 배출되어 지구를 더럽히고 있다. 절실한 욕망이 충족된 뒤에 오는 인간의 욕망은 대부분이 변화무쌍하고 덧없는 것이다. 그런 변화무쌍하고 덧없는 인간의 욕망에 인류의 미래가 달려 있다는 점이 오늘날 인류가 당면한 환경문제의 본질이 아닌가 생각한다.

그럼에도 불구하고 시장을 전문으로 연구하는 경제학은 인간의 욕망을 단지 주어진 목적으로만 생각한다. 그 욕망이 어떻게 형성되었는지, 그 욕망이 어떻게 변하는지, 그 욕망이 옳은 것인지 그른 것인지는 전혀 묻지 않는다. 경제학은 그 주어진 욕망을 최대한 잘 달성하는 수단만을 골몰할 뿐이다. 하지만 앞으로 닥쳐올 환경위기는 인간의 욕망에 대한 근원적 성찰을 요구하게 될 것이다. 왜냐하면, 인간의 욕망 그 자체도 환경친화적으로 바꾸지 않고는 아마도 앞으로 인류가 당면할 환경문제의 근원적 해결은 불가능할지도 모르기 때문이다. 경제학의 한 응용분야라고 할 수 있는 환경경제학은 이런 문제에 대하여 별로 할 말이 없다. 바로 이 점이 환경문제에 대한 경제학의 한계일 것이다. 어떻든 환경문제에 대한 경제학의 주장뿐만 아니라 경제논리나 시장원리의 한계도 독자들이 잘 이해하는 데에 이 책이 기여하기를 바란다.

이 책에서는 비용-편익분석을 비교적 상세하게 소개하여 보았다. 최근 시화호오염사건, 동강댐건설, 새만금간척사업, 경부고속전철 등 정부기관이나 공기업에 의한 환경파괴가 잇달아 사회적 물의를 일으키는 것을 보면서 비용-편익분석을 소개할 필요성을 강하게 느끼기도 하였지만, 환경경제학과 나란히 지난 20여년 동안 환경대학원에서 강의해온 비용-편익분석의 줄거리를 이 책에서 정리하고 싶었다. 비용-편익분석에 이어서 제9장에서는 토지이용규제의 문제를 다루어 보았다. 환경오염물질의 배출을 통제하는 정책만으로 앞으로의 환경문제를 해결하기는 매우 어렵다고 저자는 생각한다. 그런 정책의 효율성이 매우 의심스러운 경우가 많기 때문이다. 선진국에서처럼 앞으로 우리나라에서도 환경보전을 위한 토지이용규제의 필요성은 점점 더 커질 것이다.

제9장에는 환경가치추정에 관하여 저자가 쓴 신문논설의 일부를 끼어넣었다. 원래 이 논설의 제목은 '김 교수와의 대화' 였다. 어떻든 이 논설은 '김 교수' 가 저자에게 들려 준 얘기를 줄거리로 한 것이다. 이 논설이 보도되자 그 '김 교수' 가 누구인가를 문의하는 전화를 여러 신문사로부터 받았다. 굵직한 주요 일간지의 전화를 그렇게 한꺼번에 많이 받아보기는 생전 처음이었다. 문제의 '김 교수' 는 다름이 아니라 서울대학교 경제학부의 김태성 교수이다. 그는 그 신문논설이 발표된 석 달 후 애석하게도 젊은 나이로 타계하였다. 그의 타계는 저자를 비롯하여 그와 각별히 가깝게 지냈던 동료들을 한 동안 멍하게 만들었다.

김 교수는 평소 테니스를 열심히 쳤다. 며칠 전에도 이준구 교수, 이지순 교수와 테니스를 치면서 김태성 교수의 얘기를 했지만, 아직도 김 교수와의 추억이 눈에 삼삼하다. 그의 명석한 두뇌와 불 같은 학문열정은 누구나 인정하는 것이지만, 김 교수는 유머감각도 갖춘 인물이었다. 김 교수는 무척 전투적으로 테니스를 쳤는데, 테니스가 잘 늘지 않아서 늘 불만스러워 했다. 하루는 그가 열심히 테니스 치는 모습을 본 모 교수가 "당신은 폼도 좋고 몸도 빨라서 테니스선수로 장래가 촉망된다"고 말했다. 이 말을 들은 김 교수 왈, "저는 장래가 촉망된다는 말을 벌써 5년째 듣고 있습니다."

김태성 교수는 재담을 잘 하였다. 그래서 김 교수는 테니스로 저자를 즐겁게 해주었을 뿐만 아니라 재담으로써도 여러 번 저자를 즐겁게 해주었다. 저자가 『녹색경제학』을 펴낸 지 한 학기쯤 지나서다. 하루는 김 교수가 저자를 보더니 "『녹색경제학』 잘 팔리지요?" 하면서 인사말을 건냈다. "그저 그렇지 뭐," 시큰둥한 저자의 대답에 김 교수는 "그럴 리가 있나요. 고등학교 학생들까지 그 책을 본다는데"라고 말하는 것이 아닌가. "고등학교 학생들도 본다고?" 하면서 의아스럽게 쳐다 보았다. 그는 특유의 능글능글한 웃음을 지으며, 대학입시 면접 때에 있었던 일이라면서 저자가 듣기 좋은 얘기를 늘어놓았다. "왜 경제학과를 지원했느냐"는 판에 박힌 질문에 어떤 녀석이 "환경경제학을 공부하고 싶어서 지원했다"고 대답하길래 김 교수가 "왜 그런 생각을 하게 되었냐"고 물었더니 "이정전 교수의 『녹색경제학』을 읽고 느끼는 바가 있었다"고 말하더라나. 이 말을 듣고 기분이 무척 좋아진 저자는 그 날 김태성 교수뿐만 아니라 그가 몰고 나온 일당에게 점심 값을 뜯겼음은 물론이다.

그 후 김태성 교수가 애를 써준 덕분인지 또는 다른 사유 때문인지는 몰라도 서울대학교 경제학부에도 환경경제학 과목이 개설되었다. 아직까지 저자가 이 과목을 담당하고 있는데, 이 과목을 강의할 때면 왠지 김태성 교수의 생각이 유난히 많이 난다. 다시 한번 김태성 교수의 명복을 빈다.

대학에서 강의하다 보면 제자들로부터 종종 선물을 받게 된다. 선물은 언제나 고마운 것이지만, 훈장은 어쩔 수 없는지, 좋은 책을 선물로 받으면 고마움을 두 배로 느끼게 된다. 멀리 미국에서 공부하다가 귀국하면서 『환경경제학』 책을 사들고 온 권오혁 박사 그리고 『오래된 미래』를 선물로 보내 온 김선희 박사에게 다시 한 번 더 감사의 뜻을 전한다. 그 두 권의 책이 이 책을 쓰는 데에 많이 참고되었음은 물론이다.

이 책의 원고를 탈고할 즈음 저자가 아끼던 이계원 양이 박사학위논문 심사를 통과하였고 곧 이어 환경대학원이 새로 지은 환경관으로 이사를 왔다. 이 덕분에 새 건물에서 여러 제자들이 이 책의 원고를 교정보아 주었다. 이 때에 수고를 아끼지 않았던 이계원 양, 오용선 군, 김상우 군, 마강래 군, 배정환 군, 허가형 양에게 고마움의 뜻을 전하고 싶다. 『토지경제학』에 이어 이 책의 출판을 맡아 주신 박영사의 안종만 사장님께 감사를 드린다.

우면동 우거에서
저　　자

차 례

제 1 장 환경문제에 대한 경제학의 기본 시각

제 2 장 환경과 경제

제 3 장 환경문제에 대한 경제적 분석의 기본 틀

제 4 장 환경정책

제 5 장 환경세와 2중배당금 가설

제 6 장 지속가능발전의 이념과 이를 실현하기 위한 원칙들

제 8 장 환경가치추정과 경제적 타당성 분석

제 9 장 경제성장과 환경보전을 실질적으로 조화시키기 위한 방안들

제 10 장 국제환경문제

01

환경문제에 대한 경제학의 기본 시각

1. **인류의 생존을 위협하는 환경문제**
   환경재앙과 인류의 미래/ 하나뿐인 지구, 필요한 지구는 7개/ 맬서스의 망령/ 성장의 한계

2. **환경문제의 원인과 처방에 대한 경제학의 관점**
   환경문제를 보는 다양한 시각/ 시장도 상벌체계의 일종/ 거꾸로 된 상벌체계가 환경문제의 원인/ 환경문제에 대한 근원적 해법

1. 인류의 생존을 위협하는 환경문제

환경재앙과 인류의 미래

흔히 21세기를 환경의 시대라고 한다. 이 말은 이제 환경문제가 인류의 생존을 위협할 정도로 매우 심각해졌음을 반영하는 말이기도 하고, 하나뿐인 지구의 보전을 위한 인류의 드높은 염원을 반영하는 말이기도 하다. 서울 등 우리나라 대도시의 대기 질은 OECD 국가 중에서 최하위 수준이다.[1] 이미 도시 근처의 강이란 강은 온통 오염되어서 안심하고 마음대로 물을 마실 수 없게 되었다. 음식물은 농약과 각종 화학물질로 범벅이 되어 오염되지 않은 먹거리를 찾기가 되레 힘들게 되었으며, 대도시의 대기오염은 수많은 사람들의 건강을 위협하고 있고, 가까운 곳에서는 고기를 잡을 수 없을 정도로 바다가 오염됐으니 우리나라 환경문제의 심각성은 더 이상 자세하게 얘기할 필요가 없을 지경이다.

우리나라의 환경문제만 심각한 것이 아니다. 범지구적 환경문제가 날이 갈수록 심각해지고 있다. 옛날에는 지구 종말론이나 인류 종말론은 종교인들이나 하는 얘기라고 생각하였다. 그러나 요즈음에는 과학자들로부터도 이와 비슷한 얘기를 자주 듣게 된다. 이들의 얘기를 들어보면, 우리 인류에게 큰 환경재앙이 다가오고 있다는 것이 거의 틀림없어 보인다.[2]

근래 가장 자주 듣는 말은 지구가 점점 더 뜨거워지고 있다는 것이다. 다시 말해서 대기의 온도가 계속 높아지고 있다는 것이다. 이런 현상을 흔히 지구온난화 혹은 기후변화라고 부른다. 2007년 노벨평화상은 이 문제에 대하여 전 세계가 적극 공조할 것을 호소한 엘 고어 전 미국 부통령과 IPCC라는 과학자 단체에게 돌아갔다. 흔히 '기후변화에 대한 정부 간 패널'로 불리는 IPCC는 지구온난화에 대한 과학적 연구와 자료수집 및 정리를 위해서 유엔환경계획(UNEP)과 유엔의 전문기관인 세계기상기구(WMO)가 공동으로 설립한 국제기관이다.

2007년 이 IPCC가 발표한 바에 의하면, 지구의 평균기온이 지난 100년 동안 섭씨 0.74도 상승했으며, 지금과 같은 상태가 계속되면 2100년에는 지구의 평균기온이 1990년에 비해서 4도 상승할 것이라고 한다. 얼핏 보면, 4도 상승하는 것이 대수로워 보이지 않는다. 하지만, 영국 재무부가 발표한 보고서(일명 스턴 보고서)에 의하면 그렇게 될 경우 최대 3억명이 해일로 인한 피해를 입게 되며, 아프리카와 지중해에서 이용 가능한 물의 양이 30-50% 감소하며, 툰드라의 반이 소멸되는 등 갖가지 끔찍한 환경재앙이 발생한다고 한다. 5도 상승할 경우에는 히말라야의 거대한 빙하가 없어짐으로써 중국과 인도에서 수억명이 물 부족으로 고통을 받게 되며, 해수면 상승으로 뉴욕, 런던, 도쿄 등 바다에 가까운 거대 도시들이 물에 잠길 위협에 처하게 되고, 대서양 연안 국가들은 혹한에 시달리게 되는 등 가공할 환경재앙이 예상된다. 5도 이상 높아질 경우 전대미문의 인류 대이동이 있을 것이라고 말할 뿐 그 이상의 환경재앙은 우리의 상상을 초월하기 때문에 스턴 보고서도 더 이상 언급을 회피하고 있다.[3] 어떻든 지구온난화는 모든 생명체의 생존 자체를 위협하는 21세기 최대의 환경문제로 부각되고 있다.[4]

하나뿐인 지구, 필요한 지구는 7개

지구온난화뿐만 아니라 동·식물 멸종으로 인한 생물다양성 감소, 오존층파괴문제, 유해폐기물의 확산문제 등 여러 가지 범지구적 환경문제가 있다. 여기에 인구폭발문제도 얽혀 있다. 인구폭발이 앞으로 인류가 당면할 가장 심각한 문제라고 보는 학자도 많다.[5] 인구증가율 둔화로 고민하는 선진국이나 우리나라로서는 이해하기 어려운 일이지만, 세계 인구는 앞으로 엄청나게 증가할 것이라고 한다. 2007년 세계 인구는 약 67억명으로 추산되는데 2050년에는 92억명에 이를 것으로 예상하고 있다. 어떤 학자의 연구에 의하면, 지구의 수용능력에 비추어 볼 때 세계의 적정 인구는 20억명 정도라고 한다.[6] 그렇다면 이 지구는 지금도 이미 초만원 상태에 있는데, 2050년 세계 인구가 이 적정 수준의 5배 가까이 된다면 지구는 사람으로 터져 나갈 판이다.

더욱 더 심각한 문제는, 이 지구 인구 증가의 대부분이 후진국에서 이루어진다는 점이다. 후진국의 인구는 2007년 54억명에서 2050년에 79억명으로 늘어나는 반면, 선진국의 인구는 현재의 12억명 수준에서 늘지 않을 것으로 예상된다. 그러지 않아도 지금의 후진국은 빈곤과 환경파괴의 악순환에 시달리고 있다. 가난하기 때문에 환경을 파괴하게 되고, 환경이 파괴되니까 식량생산이 감소하고, 식량생산이 감소하니까 더욱 더 가난해지는 악순환이 반복되고 있다. 이 결과 후진국 인구의 약 1/4이 하루 1달러 이하의 돈으로 생존하고 있다고 한다. 그러니 이런 후진국에서 폭력, 질병, 부정부패가 난무하는 것은 당연하다. 바로 이와 같이 환경적으로나 사회적으로 인구증가를 수용할 능력이 가장 없는 나라에 앞으로 세계 인구증가의 거의 대부분이 집중된다는 것, 이것이 바로 비극이다.

왜 비극인가? 후진국의 인구증가를 그대로 두면 이 나라 국민들은 점점 궁핍해지고 그래서 점차 더 극한 상황으로 내몰리게 된다. 세상에서 가장 무서운 사람은 극한 상황에 몰려서 악에 받친 사람이다. 이런 사람은 무슨 짓을 할지 모른다. 그러므로 극한 상황은 사회불안과 테러의 온상이 된다. 문제는 이런 나라에서 독버섯처럼 자라는 테러리즘과 사회불안이 전세계로 퍼져 나갈 수밖에 없고 결국 온 지구인이 테러와 범죄의 공포로 떨게 된다는 것이다. 지구인의 85% 이상이 이판사판으로 악에 받쳐 있는데, 그 지구가 온전하기를 기대하는 것은 어리석은 일이다. 앞으로 테러리즘이 인류가 당면할 가장 큰 걱정거리이지만, 근원적으로 보면 이것의 온상이 되는 인구폭발이 더 큰 걱정거리라는 경고도 나오고 있다.[7] 어쩌면 환경재앙과 자원고갈로 지구의 종말이 오기 훨씬 이전에 테러의 만연 그리고 끊임없는 전쟁으로 인류는 멸망할지도 모른다.

앞으로 후진국의 소득수준이 올라가면 크게 걱정을 할 필요가 없다는 주장도 있다. 사실, 세계의 모든 나라들이 세계에서 사실상 가장 부유한 미국의 국민과 같이 풍요롭게 살고 싶어한다. 그래서 미국인의 생활양식이 전 세계에 걸쳐 급속도로 퍼지고 있고 뉴욕의 맨하탄과 같은 곳이 세계 도처에서 독버섯처럼 솟아나고 있다. 2022년 월드컵축구대회를 유치한 카타르의 수도, 도하를 방문한 어느 미국인 학자는 이 모래 위의 도시를 뉴욕 맨하탄의 축소판이라고 묘사하였다.[8] 뉴욕의 맨하탄이라고 하면 부자나라 미국에서도 손꼽히는 부자동네다.

미국인의 생활양식이란 어떤 것인가? 식구 수대로 방이 있고 방마다 에어컨이 설치되어 있는 큼지막한 저택, 조그마한 영화관 같은 거실, 집집마다 두서너 대씩의 자동차, 어른 손바닥보다 큰 스테이크에 채소와 과일이 듬뿍 드리워진 기름진 식사, 각종 최첨단 가전제품 등등. 이런 것들이 미국식 생활양식을 상징하고 있다. 그러나 이런 미국식 생활양식은 석유를 물 쓰듯하고 이산화탄소를 소방차 호수처럼 뿜어내는 환경파괴적 생활양식이며, 맨하탄은 물 먹듯 석유를 먹는 하마다. 미국인들이 이런 생활을 하고 있으니, 세계 인구의 4.6%밖에 되지 않는 미국의 이산화탄소배출량이 세계 총배출량의 20%를 차지하는 기현상이 벌어지고 있다.

그런데도 세계의 모든 나라가 미국처럼 부자나라가 되려고 경제성장에 박차를 가하고 있다. 비록 아프리카가 가난에 찌든 대륙이라고는 하지만, 그런 가운데에서도 빈부격차가 벌어지면서 미국식으로 살아가는 사람의 수가 절대적으로 크게 늘었다. 카타르 같은 곳이 아프리카 곳곳에 들어서고 있다.

아마도 세계에서 중국처럼 미국식 생활양식과 도시화가 급속도로 퍼진 곳은 없을 것이다. 요즈음 중국 대도시의 겉 모양은 맨하탄과 별로 다르지 않다. 서양식 고층건물, 백화점, 아파트, 코카콜라와 명품 광고가 붙은 상가, 햄버거 가게 등이 즐비하고, 서양식 아스팔트 도로에는 자동차들이 홍수를 이루고 있으며, 넥타이에 양복을 입은 중국 남자들과 미니 스커트를 입은 중국 여인들이 거리를 활보하고 있다. 중국 사람들 역시 석유를 물 쓰듯하고 이산화탄소를 소방차 호수처럼 뿜어대는 미국식 생활양식을 쫓아가다 보니 1인당 국민소득이 미국의 10분의 1도 안 되는 중국의 이산화탄소 배출량이 미국에 이어 세계 2위를 달리고 있다. 중국의 경제성장이 지금처럼 계속된다면 이산화탄소 배출량에 있어서 중국이 미국을 따라잡는 것은 시간문제라고 한다.

중국에 이어서 인도에도 미국식 생활양식이 급속히 퍼지고 있고 카타르 같은 곳이 우후죽순처럼 들어서고 있다. 어디 인도뿐이랴. 남미도 마찬가지다. 그래서 어느 학자는 미국식 생활양식과 도시화로 세계가 점점 더 편편해지고 있다고 말한다.[9] 옛날에는 미국식, 한국식, 중국식, 인도식, 이슬람식 등 제 각기 다른 생활양식과 건축양식으로 지구촌이 들쭉날쭉 했지만, 지금은 미국식 소비문화와 도시화가 지구촌 곳곳을 채우고 있어서 어디를 가나 비슷해 보인다. 이 지구촌이 미국식 생활양식과 도시화로 점차 획일화되고 있다는 것이다. 이 학자는 이 한정된 지구촌에 '미국인'이 급속하게 늘어나고 있다는 것, 바로 여기에 지구촌의 근본문제가 있다고 말한다.

이제 미국식 생활양식과 도시화는 전 세계의 규범이 되고 있다. 하지만, 이렇게 지구촌의 모든 사람들이 미국식 생활양식을 쫓아가면 이 지구가 어떻게 될 것인가? 자원은 급속도로 고갈되고 대기 중에 축적되는 이산화탄소의 양은 걷잡을 수 없이 늘어나면서 지구의 온도는 빠르게 높아갈 것이다. 자원고갈과 지구온난화의 우려 없이 지구촌 모든 사람들의 생활수준을 현재 미국인의 평균 생활수준으로 끌어올리기 위해서는 지구가 7개 있어야 한다고 한다. 지구와 가장 비슷한 행성까지 빛의 속도로 달려도 수억년이 걸린다고 하는데, 하나도 아니고 6개의 지구를 어디에서 끌어올 것인가.

그렇다면, 지구촌 모든 사람이 미국식 생활양식으로 맨하탄과 같은 곳에서 산다는 것은 사실상 불가능하다는 얘기가 된다. 그렇다고 중국 사람, 인도 사람, 아프리카 사람, 남미 사람에게 옛날로 돌아가서 옛날처럼 살라고 요구할 수는 없다. 이들 모두 미국인처럼 잘 살 권리가 있다. 지구촌 사람들의 이 권리와 지구의 한계 사이의 딜레마를 어떻게 극복하느냐가 인류 앞에 가로놓인 최대의 과제다. 미래 인류의 생존을 위해서는 미국식 생활양식과 도시화는 더 이상 용납되지 않는다.

물론, 미국식 생활양식과 도시화는 미국인의 끝없는 물질적 욕망에 의해서 추동되고 있다. 흔히 이 욕망을 천민자본주의 욕망이라고 부르기도 한다. 바로 그 욕망이 2008년 미국의 금융위기를 초래하였으며 세계 경제위기의 요인이 되었음을 미국의 지성인들도 인정하고 있다. 이제 미국인의 그 욕망이 전 세계로 퍼지면서 인류의 생존을 위협하고 있다.

맬서스의 망령

이런 오싹한 주장이 너무 과장된 것이라고 비판하는 학자들도 있다. 특히 경제학자들이 강하게 비판한다. 경제학자들은 인류가 당면한 환경문제에 대하여 대체로 매우 낙관적이다. 자본주의 시장의 원리를 잘 이용하면 환경문제와 빈곤문제를 얼마든지 잘 해결할 수 있으며 따라서 지속적 경제성장도 가능하다고 이들은 굳게 믿는다. 허나, 이들로 하여금 오늘날 경제학 교육과 연구로 편안하게 밥벌이 할 수 있게 만들어 준 은인들인 경제학의 창시자들은 이들과 정반대로 생각하였으니 아이러니가 아닐 수 없다.

아담 스미스(Adam Smith)가 『국부론』을 발표한 1776년부터 약 100년간 경제학계를 지배한 경제학을 보통 고전경제학이라고 하는데, 이 고전경제학을 떠받들고 있는 이론적 지주의 하나가 토마스 맬서스(Thomas Malthus)의 저 유명한 『인구론』이다. 『인구론』의 핵심 주장은 세 가지로 요약된다. 첫째, 인구는 생계수단의 제약을 받는다. 둘째, 생계수단이 허용할 때에는 인구는 기하급수적으로 증가하는 반면, 식량은 산술급수적으로 증가한다. 셋째, 인구증가를 사전에 적절히 억제하지 않는 한 인류의 빈곤은 피할 수 없다.

일반 국민의 생활수준이 최저생계비 수준보다 높아짐으로써 경제적으로 넉넉해지면, 무절제한 성욕 때문에 곧 인구가 증가하게 된다고 맬서스는 말한다. 하지만, 여기에는 절대적 한계가 있다. 만일 무절제한 성욕 탓으로 식량공급이 허용하는 것보다도 인구가 더 빠르게 증가하면 각종 비극적 참사가 벌어지면서 결국 인구증가가 억제된다. 굶어죽는 사람들이 속출하는가 하면, 영양실조로 질병이 창궐하게 되고, 범죄가 성행하고, 사회갈등이 증폭되며, 심하면 전쟁이 벌어져 수많은 사람들이 죽게 된다. 이 모두가 큰 고통이다. 결국, 그런 고통의 과정을 거쳐 일반 국민의 생활수준이 최저생계비 수준으로 떨어질 때까지 인구는 감소한다.

달리 말하면, 무절제한 성욕으로 인한 인구증가는 수많은 사람들로 하여금 식욕을 충족시키지 못하게 하는 고통을 통해서 억제된다는 것이다. 맬서스에 의하면, 이런 비극적 인구 억제책은 원시사회에서도 잘 찾아볼 수 있다. 식량공급에 비해 인구가 너무 많을 경우 갓 태어난 여자 아이를 죽이는 관습이 여러 부족에 퍼져 있었다. 늘어난 인구를 먹여 살리기 위해서 다른 부족의 영역을 침범하는 일도 잦았다. 그러다가 전쟁이 벌어져 수많은 사람들이 죽게 된다. 이런 점은 동물사회에서도 마찬가지다. 개체의 수가 너무 많아지면, 자기들끼리 잡아먹거나 심지어 새끼를 잡아먹기도 한다.

물론, 이런 비극적 억제책이 작동하기 전에 인구를 조절할 수도 있다. 예를 들면, 혼인연령을 늦춘다든가 성욕을 자제하는 등의 온건한 억제책이 있다. 맬서스는 그가 살던 당시까지만 하더라도 빈민의 혼인을 금지하는 법이 여러 나라에 남아 있다는 사실을 밝혀냈다. 어떻든, 법 때문이든 도덕심 때문이든 성욕을 적절히 자제해 준다면 모든 사람들이 식욕본능을 더 많이 충족시키면서 잘 살 수 있겠지만, 그런 온건한 억제책이 성공하기에는 인간의 성욕이 너무 강하다고 맬서스는 생각하였던 것 같다. 그러기에 일반 대중은 영원히 빈곤을 벗어날 수 없다고 주장하지 않았을까.

아담 스미스에 이어 등장한 데이비드 리카도(David Ricardo)는 고전경제학을 이론적 반석 위에 올려놓은 제2의 경제학 창시자라는 칭송을 받았다. 그는 맬서스의 이론에 자신의 토지 및 지가 이론을 결합시켜서 자본주의의 미래를 예측하는 거대 이론을 구축하였다. 아담 스미스나 리카도를 비롯한 고전경제학자들은 자본주의 경제를 움직이는 원동력이 자본가의 이윤에서 나온다고 보았다. 즉, 자본가들이 기업활동을 통하여 올린 이윤을 축적하여 자본을 만든 다음 재투자함으로써 자본주의 경제가 계속 굴러가게 된다는 것이다.

그러나 리카도는 식량생산을 제약하는 자연의 절대적 한계 그리고 지가상승 등의 요인으로 인해서 장기적으로는 이윤율이 점점 하락하다가 영에 가까워지면서 드디어는 경제성장이 멈추는 상황이 필연적으로 오게 된다는 소위 '장기정체 이론'을 폈다. 자본주의 경제의 가장 큰 자랑거리는 경제성장과 이로 인한 물질적 풍요인데, 경제성장이 정지되는 단계에 이르게 된다는 것은 막말로 하면 자본주의가 망한다는 뜻이다. 비록 그 이론의 치밀함 덕분에 리카도는 경제학 스승 중의 스승이라는 칭호를 얻었지만, 그의 음울한 이론 덕분에 경제학이라는 학문은 '음울한 과학(dismal science)'이라는 별명을 얻게 되었다.

하지만, 산업혁명 이래 서구 자본주의 사회는 고전경제학의 예측과는 정반대의 길을 걸어 왔다. 식량생산은 계속 증가하였으며, 인구도 계속 증가하였고, 1인당 소득도 급속도로 늘어났다. 고전경제학은 자본주의 미래에 대하여 무엇 하나 제대로 예측하지 못했다. 이 결과 마르크스, 다윈, 프로이트 등 역사적 위인들이 한창 활동하던 19세기 후반에 경제학계에도 큰 지각변동이 일어났다. 고전경제학을 밀어내고 경제성장과 자본주의의 미래에 대하여 대단히 낙관적인 근대경제학이 등장하게 된 것이다.

흔히 신고전경제학이라고 알려진 이 근대경제학은 자원을 효율적으로 이용함으로써 자연의 인색을 극복하고 지속적 경제성장을 이룰 수 있다고 보았다. 여기에 기술진보가 가세하면 경제성장은 더욱 더 빨라질 수 있다. 경제성장은 자원을 효율적으로 이용한 결과로 자연스럽게 나타나는 현상으로 인식되었다. 고전경제학에서는 경제성장의 개념이 주제였다면, 신고전경제학에서나 오늘날의 경제학에서는 자원의 효율적 이용문제가 주제가 되었다.

실제로 20세기에 들어와서 선진국들은 자원의 효율적 이용과 기술진보를 통해서 급속한 경제성장을 이루게 되었고 국민 1인당 소득수준도 비약적으로 높아졌다. 이제 인류는 빈곤의 문제에서 영원히 해방된 듯하였다.

성장의 한계

그러나 맬서스의 망령은 사라지지 않았다. 제2차 세계대전 후부터 세계 여러 나라에서 환경오염이 본격화되었으며, 자원고갈에 대한 우려가 높아지기 시작하였다. 1970년대 초 에너지 위기가 세계를 강타하였을 무렵, 미국 MIT 대학의 몇몇 교수들은 식량생산, 산업생산, 지하자원 이용량, 인구, 환경오염물질 배출량 등 5개 변수를 기본으로 삼아 인류의 미래를 예측하는 복잡한 모형을 만들었다. 그리고 이 변수들에 관한 범지구적 자료들을 넣고 컴퓨터로 이 모형을 돌려보았다. 아마도 컴퓨터를 이용한 세계 최초의 대형 경제모형일 것이다. 그 결과가 『성장의 한계(The Limit to Growth)』라는 이름 아래 로마클럽 보고서로 발표되었다.

이 보고서의 핵심 메시지는, 지금과 같이 우리 인류가 계속 경제성장을 추구하다가는 머지않아 인류의 종말이 오게 된다는 것이다. 종교가들이 즐겨 주장함직한 종말론을 아주 과학적으로 설명하고 그 원인까지 진단하였으니 이 보고서가 당시 전 세계적으로 엄청난 충격을 주었음은 당연했다. 이 보고서에 의하면, 경제성장률을 극적으로 낮추지 않는 한 자연자원의 고갈 및 환경오염으로 인한 인류의 종말은 피할 수 없다. 기술진보는 대재앙을 시간적으로 약간 늦출 뿐 대세를 바꾸지 못한다.

그러면 경제성장률을 어떻게 낮출 것인가? 이 보고서가 제시하는 가장 근원적인 대책은 인구의 적극적 억제다. 인구가 기하급수적으로 증가하는 경향이 있다는 맬서스의 전제를 그대로 수용하고 여기에 다른 변수들을 연결시켰기 때문에 이런 결론은 당연하다. 그래서 이 보고서의 암울한 진단에 신 맬서스 이론이라는 딱지가 붙었다.

이 보고서는 그 선풍적 인기만큼이나 비판도 많이 받았다. 많은 경제학자들이 비판의 대열에 가담하였다. 자본주의 시장경제에는 자동조절 장치가 깔려 있기 때문에 자원고갈문제를 걱정할 필요가 없다는 것이 비판의 요지다. 예를 들어서, 자연자원이 고갈되는 징후가 보이면 자연히 그 가격이 올라가게 된다. 가격이 충분히 올라가면 한편으로는 수요가 줄어들게 된다. 다른 한편으로는 자원을 절약하는 기술이나 대체 자원의 개발이 촉진되면서 사실상 자원의 공급이 늘어난 것과 같은 효과가 나타난다. 그러므로 자연자원의 고갈을 크게 걱정할 필요가 없다는 것이다.

결국 경제학자들의 집중 포화를 받으면서 로마클럽 보고서의 종말론은 일단 수면 아래로 가라앉는 듯했다. 하지만, 그렇다고 환경문제도 사라진 것은 아니다. 세계 곳곳에서 여전히 환경파괴와 환경오염이 계속되고 있고 지구온난화를 비롯한 범지구적 환경문제가 점점 더 심각해졌다. 로마클럽 보고서는 우리에게 분명한 메시지를 던지고 있다. 이제는 무작정 경제성장만 추구할 것이 아니라 환경문제와 미래세대의 복지도 고려하면서 경제성장을 추구해야만 한다는 것이다. 우리 인류가 앞으로 과연 어떠한 경제성장을 추구해야 하는지가 하나의 큰 숙제로 던져졌다.

바야흐로 이 숙제를 풀어야 한다는 지구인의 목소리가 높아지면서 드디어 1992년 6월 브라질의 리오데자네이로에서 전대미문의 대규모 국제회의가 열리게 되었다. 흔히 유엔환경개발회의(UNCED)로 불리는 이 국제회의는 범지구적 환경문제를 해결하기 위한 기본 원칙과 행동지침을 마련하기 위하여 유엔이 주관한 모임이었다(제10장 참조). 세계 176개국 국가의 대표가 모인 이 지구정상회담에서 지구온난화의 원인물질인 이산화탄소, 메탄 등 이른바 온실가스 배출량의 감축을 위한 국제협약을 비롯하여 지구환경보전을 위한 각종 국제협약이 체결되었다.

표면상 범지구적 환경문제의 해결을 위한 국제적 공조를 명분으로 모였지만, 모임에서 제기된 핵심 주제 중의 하나는 환경재앙의 가능성을 고려할 때 우리 인류가 과연 어떤 경제성장을 추구할 것인가의 물음이었다. 결국 많은 논의 끝에 이 국제회의에서 '환경과 발전을 위한 리오선언'이 채택되었다. 지구헌장이라고 볼 수 있는 이 선언은 21세기 지구환경보전을 위한 기본원칙으로 '지속가능발전의 원칙'을 천명하였다. 이 원칙은 경제성장의 필요성을 전면 부인하는 것은 아니다. 다만, 오늘날의 환경문제가 우리 인류의 미래세대에 미칠 엄청난 재앙의 개연성을 생각해 가면서 경제성장을 추구할 것을 요구한다. 좀 더 구체적으로 말하면, 우리 미래세대의 복지수준이 현 세대의 그것에 뒤떨어지지 않게 하는 범위 안에서 지속적 경제성장을 추구하자는 것이다. 또한 이 국제회의는 지속가능발전의 이념을 실현하기 위한 구체적 지침을 담은 『21세기 지구환경보전 강령』을 채택하였다. 흔히 '의제 21(agenda 21)'로 약칭되는 이 강령서는 환경을 연구하는 전문가들에게 필독서가 되고 있다.

2. 환경문제의 원인과 처방에 대한 경제학의 관점

환경문제를 보는 다양한 시각

그러면 국가적으로나 범지구적으로 환경문제가 왜 이렇게 심각해졌는가? 이 질문에는 여러 가지 대답이 있다. 많은 환경전문가들이 환경오염방지시설이나 처리시설의 부족 탓이라고 대답한다. 일반시민들 중에서도 이렇게 생각하는 사람들이 적지 않다. 그래서 수질오염문제나 쓰레기문제가 발생하면 으레 폐수처리시설, 하수종말처리장, 소각장, 매립지 등 환경기초시설을 대폭 확충하라는 요구가 빗발친다.

그러나 좀 더 근원적인 데에 문제가 있다고 말하는 학자들도 많다. 예를 들면, 윤리의식이나 환경의식의 결여가 가장 심각한 문제라는 것이다. 환경을 오염시키고 파괴하는 행위는 다수의 많은 사람들에게 불의의 건강상의 피해를 준다는 점 또는 생명을 경시한다는 점에서 반사회적이라고 할 수 있는데 이런 반사회적 행위를 자제할 도덕심이나 도덕적 능력이 부족하기 때문에 환경문제가 발생한다는 것이다.

특히 환경운동가들 중에 이런 식의 주장을 하는 사람들이 많이 보인다. 오늘날의 환경문제는 결국 우리 인간이 대자연을 순전히 우리 인간의 이익을 위해서 이용할 대상으로밖에 인정하지 않는 지극히 인간중심주의 사고방식 때문이라는 것이다. 그러므로 이런 인간중심적인 사고방식을 탈피하고, 동·식물의 생존권을 존중하며 나아가서 우리 인간을 포함한 대자연이 하나의 유기적 생명체라는 생각과 태도를 가지고 실천해 나가지 않고는 우리 인류는 앞으로 닥쳐 올 환경대재앙을 피할 수 없다고 이들은 말한다.*

만일 환경오염과 파괴가 환경윤리 및 환경의식의 결여 때문이라고 하면, 환경문제에 대한 해결책은 분명해진다. 즉, 사람들의 환경의식을 높이고 사람들의 마음 속에 환경에 관한 도덕심을 심어 주는 것이다. 그래서 최근 환경운동단체들은 시민들의 환경의식 고취에 심혈을 기울이고 있고, 정부도 환경문제에 대한 홍보를 강화하고 있으며, 학교에서는 환경교육을 실시하고 있다.

그러나 대체로 경제학자들은 홍보나 환경교육만으로 오늘날 우리가 당면한 환경문제를 해결하기에는 크게 부족하다고 생각한다. 환경문제의 원인에 대한 경제학자들의 생각은 좀 독특하다. 요즈음에는 좀 덜 하지만, 과거에는 경제학자들이 환경문제를 연구하는 것 자체에 대하여 의아해 하는 사람들이 많았다. 심지어 이를 매우 못마땅하게 생각하는 사람들이 자연과학자들 중에는 아직도 적지 않다. 경제학자들이 대자연의 신비함과 오묘함에 대하여 무엇을 안다고 감히 떠드느냐고 이들은 말한다. 사실, 이 말도 옳다. 많은 경제학자들이 너무 경제적인 측면만 강조하기 때문에 대자연의 중요한 부분을 놓치고 있다는 인상을 많이 준다.

하지만, 경제학자들을 비판하는 자연과학자들 역시 하나만 보고 둘은 보지 못한다는 비판을 벗어나기 어렵다. 이들은 환경오염이 경제활동의 결과라는 엄연한 사실을 너무 가볍게 생각하는 것 같다. 상식적으로 말하면, 환경문제는 우리의 소비활동과 생산활동이 환경을 오염시키는 물질(환경오

---

* 이에 대한 구체적 논의는 다음 문헌 참조: 서울대학교 환경계획연구소·환경정의시민연대(1999), 『정의의 눈으로 환경을 본다』, 사회환경정의 심포지엄, 1999. 11. 25, 서울대학교 문화관 국제회의실. 장회익(1998), 『삶과 온생명』, 서울: 솔출판사; 김윤성(2009), 『생태사상』, 서울: 개마고원.

염물질)을 지나치게 많이 자연환경에 배출하기 때문에 발생하는 문제다. 자연현상이 중력의 법칙이나 관성의 법칙과 같은 자연법칙의 지배를 받듯이 경제활동 역시 어떤 법칙의 지배를 받고 있다고 경제학자들은 굳게 믿고 있다. 바로 이런 믿음이 수백 년 전에 경제학이라는 학문을 낳았다. 만일 경제활동(경제현상)이 어떤 법칙의 지배를 받고 있다면, 그 법칙을 찾아내어 잘 이용함으로써 환경문제를 해결할 수 있다는 생각이 경제학의 한 분야인 환경경제학의 밑바탕에 깔려 있다.

물론, 환경오염물질이 많이 자연환경에 버려졌다고 해서 무조건 환경문제가 발생하는 것은 아니다. 경제활동의 결과로 배출된 각종 환경오염물질이 환경에 투기되면, 이들은 대부분 대기 중 확산이라든지, 물 속에서의 운반, 또는 분해, 희석 등의 매우 복잡한 자연적 과정을 거쳐서 우리의 환경의 질에 영향을 주게 된다. 사실 우리를 둘러싸고 있는 자연환경은 우리 인간이 버린 각종 쓰레기와 오염물질들을 받아서 보관하고 나아가서 이들을 우리 인간에게 해롭지 않은 형태 또는 유용한 형태로 전환시키는 자연적 능력을 보유하고 있다. 이런 대자연의 기능을 흔히 자연의 동화능력(assimilative capacity) 또는 자정능력(self-cleaning capacity)이라고 한다. 예를 들면, 가정하수나 공장폐수가 웬만큼 강으로 방출되더라도 침전이나 확산, 희석 등의 물리적 과정 또는 분해나 합성 등의 생물·화학적 과정을 거쳐 강물이 다시 깨끗한 상태로 돌아갈 수가 있다. 대기 중의 기류는 대기오염물질이 집중됨으로 인한 피해가 발생하지 않도록 이를 소산시켜 준다. 비는 대기 중의 오염물질들을 씻어 주는 기능을 한다. 때로는 대기오염물질이 화학적 반응을 거쳐 덜 해로운 물질로 변형되기도 한다. 예를 들면, 일산화탄소는 대기 중에서 산소와 결합하여 이산화탄소로 바뀐다. 경제학적으로 보면, 자연의 이러한 자정능력은 하나의 유용한 자원으로 간주된다.[10]

시장도 상벌체계의 일종

그러나 이런 자연의 자정능력을 초과해서 지나치게 많은 오염물질들이 자연에 버려지면 환경의 질이 떨어지고 그 결과 우리 인간에게 심각한 피해를 주는 문제가 발생한다. 그러므로 환경문제란 자연의 자정능력을 초과해서 환경오염물질이 많이 배출됨으로 인한 문제라고 말할 수 있다. 물론

이 말이 틀린 것은 아니지만, 이렇게 간단하게 생각해서는 환경문제를 근원적으로 해결할 수 없다. 한 걸음 더 깊이 들어가서 왜 그렇게 많은 양의 환경오염물질이 배출될 수밖에 없었는가를 물어야 한다.

이 물음에 대한 경제학의 대답은 쉽게 말해서 거꾸로 된 상벌체계다. 즉, 환경문제는 우리 사회의 상벌체계가 잘못 되어서 발생하는 문제라는 것이다. 어느 사회나 그 사회가 잘 굴러가기 위해서는 상벌체계가 똑바로 잘 확립되어 있어야 한다. 즉, 사회적으로 바람직한 행위에 대해서는 반드시 응분의 상을 주고 반대로 사회적으로 바람직하지 않은 행위에 대해서는 정확하게 징벌을 내리는 신상필벌(信賞必罰)의 풍조가 확립되어 있어야만 사회가 제대로 돌아갈 수 있다는 것이다. 개인의 영달만 추구하고 국민을 우습게 보는 정치가는 출세하는 반면 국민을 위해 성실하게 봉사하는 정치가는 인정받지 못하는 풍토에서는 정치가 제대로 될 리 없으며, 소비자의 무지를 이용해서 폭리를 취하는 기업은 떼돈을 버는 반면 정직하게 사업을 하는 기업이 도태되는 풍토에서는 경제가 제대로 돌아갈 리 없다.

사회에는 여러 가지 종류의 상벌체계가 존재한다. 각종 법과 관습은 대표적인 상벌체계이다. 도둑질이나 폭행, 사기행각은 법에 따라 처벌받게 되어 있다. 약속을 밥 먹듯이 어기는 사람은 비록 법의 제재를 받지 않는다고 하더라도 주위로부터 여러 가지 도덕적 제재나 각종 불이익을 당하게 됨이 보통이다. 그래서 법과 관습이 철저하게 적용된다는 것은 곧 상벌체계가 잘 확립되어 있다는 뜻이다.

사실 경제학의 주된 연구 대상인 시장도 결국 상벌체계의 일종이다. 정상적인, 바람직한 시장에서는 소비자의 기호에 잘 맞는 질 좋은 상품을 값싸게 생산하는 기업은 많은 돈을 벌게 되는 반면, 그렇게 하지 못하는 기업은 망하게 된다. 그렇기 때문에 기업은 고객의 마음에 드는 질 좋은 상품을 값싸게 생산하려는 경제적 동기를 갖게 된다. 돈벌이가 잘 된다고 해서 사업을 너무 크게 벌이다가는 망하기 십상이다. 따라서 방만한 경영을 조심하게 된다. 바로 그러한 동기가 자본주의 체제가 이루어온 고도 경제성장의 밑거름이다.

이와 같이 시장에서 돈을 번다든가 또는 망한다는 것은 무엇을 의미하는가? 사회가 시장을 통해서 상과 벌을 준다는 뜻이다. 돈을 많이 번다는 것은 사회가 시장을 통해서 상을 내린다는 뜻이요, 망한다는 것은 사회가 시장을 통해서 벌을 내린다는 뜻이다. 그러므로 시장도 상벌체계의 일종이라고 말할 수 있다. 다만, 시장은 돈으로 상과 벌을 준다는 데 특징이 있다.

대체로 경제학자들은 돈이 사람을 움직이는 가장 강력한 수단이라고 생각한다. 돈을 많이 주면 열심히 일하고 적게 주면 열심히 일하지 않는다고 본다. 시장은 돈으로 사람을 움직이기 때문에 매우 효과적인 상벌체계라고 경제학들은 생각한다. 자본주의 시장경제가 인류에게 엄청난 물질적 풍요를 가져다 줄 수 있었다는 사실이 이 점을 분명하게 증명해 보이고 있다. 그래서 경제학자들은 노상 경제문제는 시장에 맡겨라, 경제활동에 대한 쓸데없는 규제를 철폐하라, 민간부문의 자율에 맡기라고 주문한다.

물론 이런 주문에서 경제학자들이 말하는 시장이란 자유경쟁이 잘 보장된 이상적 시장이다. 이런 시장을 경제학에서는 흔히 '완전경쟁시장'이라고 말한다. 완전경쟁시장이란 간단하게 말하면, 모든 사람이 충분한 정보를 가지고 있고 그 어느 누구도 자신의 이익을 위해서 시장에서 형성된 가격에 영향을 주지 못하는 시장을 말한다. 하지만 현실에서 우리가 일상 경험하는 시장은 이런 완전경쟁시장과는 거리가 한참 멀다. 사기도 많고 독점의 폐해도 많이 있으며, 과잉생산도 흔하고 과소생산도 흔하다. 어떻든 이와 같이 현실의 시장과 이상적 시장 사이에 괴리가 있을 경우, 이 현실의 시장이 주는 상과 벌이 너무 크거나 혹은 너무 적어서 문제가 될 수 있다.

그러면 이런 괴리를 어떻게 할 것인가? 정부가 개입해서 상과 벌의 크기를 조정할 수도 있다. 상이 너무 크면 정부가 이것을 좀 줄이고 벌이 너무 가볍다고 하면 좀 더 무겁게 만들 수도 있다. 예를 들면 케인스 경제학에 동조하는 학자들은 이런 식으로 정부가 개입해서 현실시장과 완전경쟁시장 사이의 괴리를 메워야 한다고 주장한다. 그러나 보수성향의 경제학자들은 이런 식에 반대한다. 이들은, 예컨대 각종 규제의 철폐 및 완화를 통해서 오히려 정부의 개입을 최소화하여 현실의 시장이 좀 더 원활하게 작동하게 함으로써 이를 완전경쟁시장에 최대한 접근시켜야 한다고 주장한다. 다시 말해서 시장을 활성화해서 현실시장의 상과 벌을 완전경쟁시장의 상과 벌에 가깝게 만들어야 한다는 것이다.

거꾸로 된 상벌체계가 환경문제의 원인

현실의 시장이든 이상적인 시장이든 경제적인 측면에서는 그런 대로 긍정적인 역할을 하는 시장이 환경의 측면에 관해서는 전혀 그렇지 못하다. 바로 여기에 문제가 있다. 예를 들어보자. 4, 50년 전만 해도 한강은 무척 깨끗했다. 그래서 한강 어디서나 간단히 거르기만 해도 물을 떠먹을 수 있었다. 여름에는 수백 만 인파가 몰려들어 수영과 물놀이를 즐겼으며, 서울 시민은 한강물로 기른 채소를 즐겨 먹었다. 지금의 한강물은 마시기는 커녕 물 속에 들어가기조차 꺼림칙할 정도로 오염되어 있다. 한강이 이렇게 오염된 이유는 한강 및 한강의 지류에 인접한 수많은 업소들이 매일 엄청나게 많은 양의 폐수를 한강에 쏟아 붓기 때문이다.

한강 상류에 가보면, 각종 음식점과 러브호텔이 강가에 다닥다닥 붙어 있고 근처에 축산폐수를 쏟아내는 축산업소도 즐비하다. 이런 업소들은 한편으로는 막대한 폐수를 배출함으로써 한강의 오염에 한 몫 하지만, 다른 한편으로는 많은 돈을 벌면서 성업 중이다. 돈을 번다는 것은 시장으로부터 상을 받는다는 뜻이다. 한강을 오염시키는 행위는 분명이 사회적으로 바람직하지 못함에도 불구하고 시장은 이들을 벌하기는커녕 상을 준 셈이다. 그나마 정부가 폐수배출행위를 법적으로 규제하고 있기에 망정이지 그런 규제마저 없었더라면 그 업소들은 마음껏 폐수를 한강에 배출하면서 더 많은 돈을 벌었을 것이다. 다시 말해서 정부규제가 없을 경우 시장은 환경을 오염시키는 기업에게 더욱 더 많은 상을 주며, 따라서 환경은 더욱 더 오염된다는 것이다.

이 반대의 경우를 생각해 보자. 예를 들어서 서울시의 골목이 더럽다고 해서 어떤 업체가 골목을 깨끗이 청소하고 다닌다고 해보자. 하지만, 이 업체는 돈을 벌 수 없다. 아무도 그 깨끗해진 골목에 대하여 돈을 지불하려고 하지 않기 때문이다. 골목이 깨끗해져서 기분이 좋아진 사람들에게 돈을 내라고 요구하면 이들 대부분은 모른 척할 것이다. 서울의 거리를 깨끗하게 하기 위해서 길거리의 담배꽁초와 껌을 열심히 줍고 다녀 봐야 시간 뺏기고 몸만 고달프지 누구 한 사람 돈으로 상을 주는 사람은 없다. 그러니 누가 이런 일을 할 것인가.

보통 각 가정에서 많이 사용하는 합성세제는 강물을 심하게 오염시키는 물질인 것으로 알려져 있다. 그런데 어느 기업이 많은 돈을 투자해서 수질을 오염시키기는커녕 오히려 물을 정화하고 물고기가 잘 자라게 만드는 데에 탁월한 효능을 가진 환경친화적 합성세제를 개발하였다고 하자. 막대한 개발비 탓으로 이 환경친화적 합성세제는 다른 보통 합성세제보다 두 배 이상 비싸지만, 환경친화적이라는 점을 빼고는 이 합성세제는 다른 보통 합성세제와 똑같다고 하자. 그렇다면 과연 누가 이런 비싼 합성세제를 사줄 것인가? 두 배 이상의 가격을 지불하면서도 환경친화적 합성세제를 살 만큼 도덕적이고 환경의식이 투철한 사람은 별로 없을 것이다. 정부가 지원해 주지 않는다면 결국 그런 환경친화적 합성세제를 만든 기업은 망하고 만다. 망한다는 것은 시장이 벌을 준다는 뜻이다. 이와 같이 시장은 환경개선을 위해서 노력하는 기업이나 개인에게 상은커녕 벌을 준다.

요컨대, 환경을 오염시키고 파괴하는 행위는 분명히 사회적으로 바람직하지 못함에도 불구하고 시장은 그런 행위에 대하여 응분의 벌을 주기는커녕 오히려 상을 주는 반면에 환경을 깨끗하게 하는 행위는 분명히 사회적으로 바람직함에도 불구하고 시장은 이에 대해서 상은커녕 벌을 주는 경향이 있다는 것이다. 이와 같이 상과 벌을 거꾸로 주기 때문에 환경오염이 심해질 수밖에 없다.

좀 더 경제학적으로 말하면, 환경오염물질을 배출하는 행위는 환경을 이용하는 행위이다. 예컨대, 한강에 폐수를 배출하는 업소는 폐수를 배출하기 위한 매체로 한강을 이용하는 것이며, 화력발전소가 대기 중에 매연가스를 배출하는 행위는 대기를 매연가스 배출 매체로 이용하는 행위라는 것이다. 달리 말하면, 환경을 일종의 자원으로 이용하는 행위다. 다소라도 환경오염물질을 배출하지 않는 기업은 거의 없을 것이다. 그렇다면 환경을 이용하지 않는 기업은 거의 없다는 얘기가 된다. 거의 모든 기업은 노동과 자본뿐만 아니라 필히 환경을 이용해서 상품을 생산하는 셈이다. 그러므로 거의 대부분의 기업은 환경오염원인자다. 이와 같이 환경을 이용하는 이유는 어떤 경제적 이익이 있기 때문이다. 환경을 이용함으로써 얻는 경제적 이익을 앞으로는 환경용익(環境用益)이라고 부르기로 하자. 요컨대, 환경오염원인자로서의 기업은 환경용익에 대하여 아무런 대가를 지불하지 않으면서 돈벌이를 한다는 것이다.

그런데, 노동과 자본을 이용할 때는 기업은 반드시 임금과 이자를 지불할 뿐만 아니라 이를 당연하게 생각하면서도 환경에 대해서만은 그렇게 하지 않는다. 바로 이것이 문제다. 정부가 나서서 제재를 가하지 않고 경제활동이 시장에서 자유스럽게 이루어지도록 내버려 두면 그 어떤 기업도 환경의 이용에 대하여 응분의 대가를 지불할 경제적 동기를 가지지 않을 뿐만 아니라 그렇게 하는 것을 이상하게 여긴다. 다시 말해서 환경의 이용에 대하여 아무런 제재가 없을 때에는 기업은 환경을 공짜로 이용하려고 하며, 그러니까 환경오염이 심해진다는 것이다.

기업뿐만 아니라 소비자로서의 각 개인에 대해서도 같은 말을 할 수 있다. 구정이나 추석과 같은 명절 때에 고속도로 주변에 수북이 쌓이는 쓰레기, 축구나 야구시합 끝나고 나서 운동장 여기저기 널려 있는 쓰레기, 도로변 구석구석에 깔려 있는 쓰레기, 이 모두가 시민의식의 결여 탓이라고 비난한다. 하지만 공공장소에 쓰레기를 버리지 않고 일일이 모아두었다가 지정된 시간에 지정된 장소에 버리는 일은 우선 귀찮은 일이기 때문에 대부분의 사람들이 이를 외면한다. 환경의식이나 시민의식이 특별히 강한 사람을 빼고는 대부분의 사람들은 쓰레기를 치우거나 지정된 장소에 들고 가서 버리려고 하는 동기를 가지지 않는다.

만일 정부가 쓰레기 불법투기에 대하여 강력하게 단속하지 않는다고 하면, 소비자로서 각 개인은 자신의 이익을 쫓아 쓰레기를 아무데나 마구 버리게 될 것이다. 비단 쓰레기뿐만 아니다. 소비자로서 개인들은 자동차를 몰고 다니면서 많은 대기오염물질을 배출하지만 이에 대하여 경제적 불이익을 당하기는커녕 오히려 짧은 시간에 많은 일을 처리하는 경제적 이익 내지는 편리함을 누린다. 각 개인은 대기오염을 우려해서 자동차 운행을 자제하려는 동기를 가지지 않는다. 따라서 거의 대부분의 소비자로서 개인들은 환경오염원인자다.

경제학자들은 바로 이런 동기에 주목한다. 동기의 측면에서 보면, 시장은 환경에 관해서 상과 벌을 거꾸로 주기 때문에 각 개인이나 기업이 환경을 오염시키고 파괴하는 방향으로는 강한 동기를 가지게 만드는 반면, 환경을 깨끗하게 하는 방향으로는 그런 동기를 갖지 않게 만든다. 그래서 환경을 오염시키고 파괴하는 행위는 만연하는 반면 환경을 보전하고 개선하는 행위는 크게 미흡해질 수밖에 없고 결과적으로 환경문제가 심해진다. 이런 결과에 대해서 경제학자는 '시장의 실패'라는 말을 쓴다. 즉, 누구나 깨끗하고 좋은 환경을 원하고 있음에도 불구하고 시장은 환경개선 행위에 대하여 적절한 상을 주지 못하기 때문에 깨끗하고 쾌적한 환경의 적절한 공급에 실패하며, 반대로 환경을 오염시키는 행위에 적절한 벌을 주지 못하기 때문에 환경오염을 가속화시킨다는 것이다.

환경문제에 대한 근원적 해법

환경에 관해서 시장이 상과 벌을 거꾸로 주기 때문에 자연히 환경문제가 심해질 수밖에 없다고 하면, 어떻게 해야 할 것인가? 경제학의 대답은 간단하다. 환경에 관해서 상벌체계를 바로잡는 것이다. 즉, 환경을 개선하는 행위에 대해서는 반드시 상을 주고 환경을 오염시키는 행위에 대해서는 엄격하게 벌을 주는 것이다. 시장은 환경에 관해서 상과 벌을 거꾸로 주는 경향이 있기 때문에 상벌체계를 바로 잡는 일은 정부가 해주어야 한다. 하지만, 비록 정부가 개입하더라도 시장의 원리를 최대한 살리는 방향으로 개입해야만 한다는 것이 경제학의 주문이다.

흔히 말하는 시장의 원리란 무엇인가? 시장원리는 크게 세 가지 내용을 담고 있다. 그 첫째는 '거래를 통한 상호이익 증진의 원리' 이다. 시장에서 사람들이 거래하는 이유는 거래 당사자 모두에게 이익이 있기 때문이다. 무언가 이익이 있기 때문에 거래한다. 그러므로 시장에서 거래를 한다는 것은 거래 당사자 모두에게 이익이 있다는 얘기다. 100만명이 시장에서 거래를 했으면 100만명 모두의 이익이 증진된다. 시장이란 자유스런 거래를 통해서 상호이익을 도모하는 장소 혹은 방식이라고 말할 수 있다. 시장에서 사람들은 제각기 자기 이익만 생각하지만, 결과적으로 '보이지 않는 손' 에 의해서 모두의 이익이 증진된다. 그래서 정상적인 시장은 사익추구를 곧 공익증진으로 연결시키는 제도적 장치라는 것이 경제학의 핵심적 메시지다.

시장원리의 두 번째 핵심은 경제적 인센티브의 원리다. 위에서 언급하였듯이 시장은 돈으로 상과 벌을 주는 제도다. 시장은 단순한 상벌체계가 아니다. 소비자를 진정으로 주인으로 모시는 시장에서는 소비자의 욕구 충족에 많이 기여하는 행위에 대해서는 기여한 정도에 비례해서 돈으로 상을 주며, 반대로 소비자를 실망시키는 행위는 실망시키는 정도에 비례해서 돈

환경문제 해결의 세 가지 딜레마

환경문제 딜레마 1: 종합과학성 대 분업화 · 전문화

흔히 환경문제는 종합과학적 문제라고 한다. 환경문제는 그 이해에서부터 정책수립에 이르기까지 실로 여러 분야의 지식이 종합적으로 필요하며 따라서 여러 분야가 긴밀히 어우러지는 종합과학적 노력을 절실히 요구하고 있다. 그러나 세상은 점점 더 분업화되고 전문화되어 가고 있다. 사회의 복잡화 그리고 경쟁의 치열화는 사람들로 하여금 어떤 좁은 분야에 전문화되기를 요구한다. 전문화 · 분업화와 과학적 접근을 점점 더 어렵게 하고 그럼으로써 환경문제에 대한 정확한 이해와 효과적 해결에 큰 지장을 초래한다.

환경문제의 딜레마 2 : 공익과 사익의 상충

환경개선은 절실한 사회적 요구이자 사회 전체가 누리는 공동이익임에도 불구하고

으로 벌을 준다. 이런 금전적 상과 벌이 곧 사람들의 마음 속에 강력한 동기를 부여한다는 것이다. 즉, 시장은 돈으로 경제적 인센티브를 불어넣음으로써 사람을 움직이는 제도다.

시장원리의 세 번째 핵심은 경쟁의 원리다. 경쟁이 있어야 좋은 상품이 생산되고 서비스의 질도 높아진다. 경쟁이 있어야 사람들이 좀 더 잘 해보려는 의욕을 가지게 된다. 정상적인 시장에서는 최소의 비용으로 최대의 효과를 달성하는 기업들만이 강한 경쟁력을 가지게 된다. 따라서 최소의 비용으로 최대의 효과를 달성하기 위해서 기업들이 서로 경쟁하다 보면, 자연히 사회 전체적으로도 한정된 자원을 가장 잘 이용하게 된다. 불로소득이니 특혜니 부당이득이니 하는 것들이 대부분 경쟁이 제대로 이루어지지 않을 때 생기는 병폐들이다.

이런 세 가지 내용을 담고 있는 시장의 원리를 최대한 살려서 환경문제를 해결해야 한다는 경제학의 주장은 다음과 같이 요약할 수 있다. 첫째, 환경문제에 관하여 정부는 가능하면 이해관계자들이 자발적으로 타협할 여지 혹은 서로 거래할 여지를 최대한 보장함으로써 서로의 이익을 최대한 증진시킬 수 있도록 여건을 조성해야 한다. 예를 들면, 최근 부쩍 많이 거론되고 있는 (탄소)배출권거래제도는 거래를 통한 상호이익 증진의 원리를 최대한 활용한 제도라고 할 수 있다(배출권거래제도에 대한 자세한 내용은 제4장 참조).

둘째, 돈으로 상과 벌을 주되 환경을 개선하는 행위에 대해서는 개선

사회를 구성하는 대다수의 각 개인은 환경개선을 위해서 노력할 강력한 동기를 갖지 못하는 반면, 오히려 각 개인으로 하여금 환경을 오염시키는 방향으로 행동하게 유도하는 강력한 힘이 존재한다. 결국 환경문제의 해결은 전형적인 죄수의 딜레마에 봉착하게 된다.

환경문제 딜레마 3: 기하급수적 환경오염 대 산술급수적 환경개선

시장기구에 의한 환경오염은 시장기구 특유의 능률성 때문에 기하급수적으로 심각해짐에 반해 정부부문에 의한 환경개선은 정부부문 특유의 비능률성 때문에 산술급수보다도 더 느리게 이루어진다는 점도 오늘날의 환경문제를 해결함에 있어서 하나의 큰 딜레마이다.[11]

의 정도에 비례해서 상을 주며, 환경을 오염시키는 행위에 대해서는 오염시키는 정도에 비례해서 벌을 주어야 한다. 예를 들어서, 환경을 20% 개선한 사람은 10% 개선한 사람에 비해서 두 배의 상금을 받아야 하며, 환경을 40% 오염시킨 사람은 20% 오염시킨 사람에 비해서 두 배의 벌금을 받아야 한다. 즉, 환경오염물질을 많이 배출하면 이에 비례해서 벌금을 부과해야 한다. 이와 같이 배출량에 비례해서 부과되는 벌금을 배출부과금이라고 하는데, 뒤에서 자세히 설명하겠지만 배출부과금은 중요한 의미를 가지는 개념이다. 어떻든 이와 같이 환경개선과 환경오염에 비례해서 상과 벌을 주어야만 경제적 인센티브를 최대한 살릴 수 있다.

셋째, 환경문제를 해결하되 최소의 비용으로 최대의 효과를 달성하면서 해결해야 한다. 경제학은 최소의 비용으로 최대의 효과를 달성하는 방법을 연구하는 학문이다. 달리 말하면 효율을 연구하는 학문이라는 것이다. 경쟁이 있어야 효율을 달성할 수 있다는 경제학자들의 생각은 환경문제에도 적용된다. 즉, 환경문제의 해결에 있어서도 최소의 비용으로 최대의 효과가 달성될 수 있도록 환경오염원인자들, 특히 기업들 사이의 경쟁을 활성화해야 한다는 것이다. 환경문제를 해결하되 효율적으로 해결해야 한다는 사고방식이 환경경제학의 처음과 끝을 일관되게 흐르고 있다.

이와 같이 시장의 원리를 잘 활용한다면 환경문제는 깨끗하게 해결될 수 있다는 것이 경제학의 입장이다. 앞에서 언급하였듯이, 환경문제에 관해서 경제학자들은 대체로 낙관적인데, 낙관론자는 대부분의 환경오염문제가 지나치게 과장되어 있으며, 설령 문제가 있다고 신속하게 대처한다면 환경개선이 잘 이루어질 것이므로 크게 걱정할 필요가 없다고 주장한다.[12] 그렇다면 구체적으로 시장의 원리를 어떻게 이용해서 상벌체계를 바로잡느냐가 최대의 관심거리가 된다. 바로 이것이 환경경제학의 핵심 연구 주제가 된다. 상벌체계를 바로잡는 데에도 여러 가지 방법들이 있다. 그렇다면 당연히 선택의 문제가 제기되는데, 과연 어떤 상벌체계가 가장 바람직한가를 꼼꼼히 짚어 봐야 한다.

정부의 각종 환경정책이나 시책들은 그 나름대로 상벌체계를 바로잡기 위한 노력의 한 부분이다. 보통 시민들은 정부의 각종 환경시책들이 그런대로 다 효과가 있으려니 혹은 좀 효과가 덜 하더라도 없는 것보다 나으려니 생각하기 쉽다. 그러나 사실은 전혀 그렇지 못하다. 정부의 환경정책에 대하여 많은 연구가 이루어지고 있는 미국의 경우를 보면, 시장원리(혹은 경제원리)를 무시함으로써 큰 효과 없이 결국 막대한 국민의 세금만 축내는 정부의 시책이 수두룩했다.[13]

미국의 경제학자들이 비판의 표적으로 삼은 정부 환경정책 중의 하나는 국민의 세금으로 폐수처리시설을 설치하여 수질을 개선하는 정책이었다. 이들이 연구해 본 결과 폐수처리시설의 건설과 운영에 있어서 부실이 심했고 결과적으로 많은 예산의 낭비가 있었음이 밝혀졌다. 방법을 잘못 택하면 목적은 제대로 달성하지 못하면서 공연히 국민의 호주머니에서 나온 돈만 날리는 꼴이 되고 만다는 비판에서 우리나라도 결코 자유롭지 못하다.

예를 하나 들어보자. 우리나라에서도 과거 많은 돈을 들여서 각종 하수종말처리장이나 축산폐수처리시설을 건설하였다. 그런데 문제는, 언론매체에서도 누누이 지적하였고 정부도 인정하였듯이 그 가동률이 극히 낮아서 소기의 투자목적을 달성할 수 없었다는 것이다. 시설을 설치만 해놓고 이를 제대로 움직이지 않는다면, 돈은 돈대로 쓰고 환경은 환경대로 오염되어 버리니 자원이 2중으로 낭비되는 셈이다. 그러니 그런 투자는 하지 않음만도 못하다. 이와 같이 별 효과 없이 예산을 낭비한다는 것은 매우 중요한 문제임에도 불구하고 간과되기가 일쑤이다. 바로 이런 점이 환경문제에 관심을 가지는 경제학자들이 안타깝게 생각하는 부분이다.

설령 부실이나 예산낭비가 심하지 않다고 해도 문제는 남는다. 한쪽에서는 업소들이 폐수를 멋대로 배출하게 내버려 두고 다른 한 쪽에서는 국민의 세금으로 이들이 배출한 폐수를 처리함으로써 수질을 개선하는 것은 효율적이지 못할 뿐만 아니라 공정치도 못하다. 경제적 인센티브의 원리에 입각해서 환경오염원인자(폐수배출업소)에게 배출된 폐수 단위당 일정액의 벌금을 부과함으로써 우선 폐수배출량을 줄이는 한편, 징수된 돈을 모아서 환경개선 사업을 하는 것이 경제적으로도 더 바람직하다. 배출된 오염물질을 사후적으로 잘 처리함으로써 환경문제를 해결해 보려는 것은 그야말로 얄팍한 응급처방에 불과하다.

시장의 원리를 무시한 정부의 각종 환경정책이 비효율적이라는 경제학자들의 이런 문제의식이 미국에서 환경경제학을 출범시킨 한 계기가 되었다. 그 이래 각종 환경정책에 대한 경제적인 평가를 하고 그리고 이를 바탕으로 한 효과적인 대안의 제시가 환경경제학의 주요 내용이 되고 있다.

비단 정부의 각종 환경정책뿐만 아니라 정부의 각종 개발사업과 환경보전사업들 그리고 나아가서 기업들이 추진하는 각종 굵직한 개발사업을 평가하는 것도 환경경제학의 주요 과제다. 환경경제학도 경제학의 한 분야다. 그렇기 때문에 그런 사업을 평가할 때 그 초점은 사회 전체의 입장에서 보았을 때의 경제성(경제적 타당성)에 맞추어져 있다. 다만, 환경의 측면을 충분히 고려해서 경제성을 평가한다는 점에서 그 특징이 있을 뿐이다.

그동안 수행된 많은 개발사업들이 각종 환경오염과 환경파괴의 부작용을 안고 있었음에도 불구하고 그 경제적 타당성의 검증 과정에서 이 점을 무시하는 경우가 많았다. 그러다 보니 각종 환경파괴적인 개발사업들이 무더기로 추진되었다. 하지만, 소득수준이 전반적으로 높아짐에 따라 국민들이 환경의 가치를 점점 더 높게 평가하게 되자 이제 더 이상 개발사업이 환경에 미치는 영향을 무시할 수는 없게 되었다. 환경개선으로 인한 사회복지의 변화 추정 혹은 반대로 환경파괴 사업으로 인한 피해의 추정은 경제학에서 이미 오래 전부터 다루어 온 과제이고 이에 관한 이론들도 많이 개발되어 왔다. 최근에 와서는 그런 이론들을 환경문제에 응용하는 연구들이 환경경제학에서 큰 비중을 차지하게 되었다.

경제학과 생태학

환경문제가 점차 심각해지다 보니 오늘날 자연과학뿐만 아니라 법학, 철학, 인류학, 사회학, 보건학 등 수많은 분야에서 환경문제를 다룬다. 그러나 환경문제를 다루는 대표적인 분야는 생태학이라고 할 수 있을 것이다. 경제학의 영어인 economics와 생태학의 영어인 ecology는 모두 희랍어인 오이코스(oikos)라는 말에 어원을 두고 있다고 하는데, 오이코스란 가정을 뜻한다고 한다.[14] 생태학은 생체(living organism)와 생체 사이의 관계 및 생체와 이를 둘러싼 비생체(non-living organism) 사이의 관계를 다루는 학문이다. 생태학과 경제학 모두 환경문제를 비중 있게 다룬다는 점에서는 공통점을 가지지만 경제학의 논리나 주장과 생태학의 논리와 주장은 상당히 다르다. 그럼에도 불구하고 이상할 정도로 두 학문에서 사용하는 핵심적인 개념들 중에는 비슷한 것들도 많이 있어서 흥미를 끈다.

경제학이나 생태학 모두 구성요소들 사이의 유기적 상호의존성을 가지는 체계(system)를 다룬다. 경제학이 다루는 전형적인 체계는, 크게 보면, 생산자(혹은 기업), 소비자(혹은 가계), 그리고 정부로 구성된 체계이다. 이 구성요소들은 한쪽으로는 재화와 서비스의 흐름 그리고 다른 한쪽으로는 이에 대한 반대급부로서의 금전의 흐름으로 긴밀히 연결되어 있다. 경제학은 바로 이 두 종류의 흐름을 지배하는 법칙을 규명하려는 학문이다. 한편 생태학이 다루는 체계는 소위 생태계(ecosystem)라는 것인데 이 생태계라는 것도 온갖 잡동사니의 단순한 집단이 아니라 체계적으로 조직된 집단이다. 생태학이 전형적으로 다루는 생태계는, 크게 보면, 생산자와 소비자로 구성된 체계이다.[15] 각종 생산자들과 소비자들은 먹이그물로 대표되는 각종 에너지 및 영양소의 흐름으로 밀접하게 연결되어 있다.

경제학이나 생태학 모두 균형(equilibrium)의 개념을 핵심적인 내용으로 다룬다. 그러나 경제학이 말하는 균형의 개념과 생태학이 말하는 균형의 개념은 크게 다르다. 경제학에서 말하는 균형은 수요와 공급이 서로 일치하는 상태를 말한다. 수요란 인간의 상품에 대한 욕망을 반영하는 것이고, 공급은 그 상품의 생산비를 반영한다. 생산비는 또한 상품의 생산에 소요되는 자원의 양을 반영한다. 인간의 욕망은 무한함에 반해서 인간에게 주어진 자원의 양은 한정되어 있다. 따라서 수요와 공급의 균형은 무한한 인간의 욕망이 한정된 자원의 범위 안으로 적절히 제한된 상태를 가리키며, 그러한 상황을 압축해서 나타내 주는 지표가 곧 상품의 가격이다. 생태학에서 흔히 평형이라고 표현하는 균형의 개념은 주로 생태계를 구성하는 구성분자들의 개체 수 혹은 생물량(biomass)에 적용되는 개념이다. 예를 들어서, 어떤 생태계가 풀, 토끼, 그리고 호랑이로 구성되어 있다고 할 때, 풀의 양, 토끼의 수, 그리고 호랑이의 수 사이에 어떤 비율이 성립된 후 비율이 장기에 걸쳐 지속되면 이 생태계는 평형을 이루고 있다고 말한다.

경제학이나 생태학 모두 균형의 개념과 더불어 안정성(stability)을 따진다. 경제학이 다루는 경제계나 생태학이 다루는 생태계는 결국 균형을 향해서 변화한다고 볼 수 있는데, 일단 균형상태가 달성되면 이 상태의 지속성 여부가 관심거리가 될 것이다. 경제학에서 말하는 안정성의 개념과 생태학에서 말하는 안정성의 개념은 균형에로의 회복력을 의미한다는 점에서 매우 흡사하다. 즉, 일단 균형이 달성된 상태에서 외부로부터의 충격이 가해지면 균형이 깨지게 되지만 균형에로의 회복력이 작용하여 다시 균형이 신속히 달성된다면 그 균형은 안정적이라고 말한다. 이같이 경제학과 생태학에 있어서 안정성의 개념은 비슷하더라도 안정성의 조건은 다르다.

경제학에서 말하는 균형이란 수요와 공급의 균형을 의미하는 것이므로 경제학에서 말하는 안정성은 수요의 조건과 공급의 조건에 달려 있다. 대체로 보면, 가격이 싸질수록 수요가 늘어나는 반면 공급은 감소하는 경향이 있으면 균형은 안정적이라고 말한다. 이럴 경우에는 수요가 공급을 초과하면 가격이 상승하는 경향이 있게 되고 반대이면 가격이 하락하는 경향이 있기 때문에 균형으로부터의 이탈은 곧 해소될 수 있기 때문이다.

생태학에서 말하는 안정성의 조건에 대해서도 학자에 따라 견해의 차이가 있다고 하는데, 대체로 보면, 생태계를 구성하는 구성원이 다양할수록 균형은 안정적이고 단순할수록 안정적이지 못하다고 본다. 예를 들면, 풀과 토끼로만 구성된 지극히 단순한 생태계에서는 이 중의 하나만 없어져도 나머지는 자연히 없어지기 때문에 이런 생태계의 균형은 매우 불안정하다고 말할 수 있다.

이상과 같이 몇 가지 점에서는 경제학과 생태학은 표면상 비슷한 면도 있지만, 각각 지향하는 바는 근본적으로 다르다. 우선, 이 두 학문이 생각하는 최적상태의 성격이 전혀 다르다. 경제학은 철저하게 인간중심주의에 입각하고 있다. 어떤 것이 바람직하고 또는 바람직하지 않은가는 개나 돼지나 호랑이의 입장에서 판단되는 것이 아니라 어디까지나 인간의 입장에서 판단된다. 개나 돼지나 호랑이와는 관계없이 결국 인간에게 유익하면 그것은 좋은 것이고 그렇지 않으면 나쁜 것이다. 반면에, 생태학은 그러한 인간중심주의를 배격한다. 생태학의 입장에서는 인간이나 다른 생물들 모두 똑같은 존재의의를 가진다. 생태학에서는 어떤 것이 바람직하고 어떤 것이 바람직하지 않은가는 생태계 전체의 입장에서 판단되며, 인간은 다른 생물들과 마찬가지로 생태계를 구성하는 한 부분에 불과하다. 그러므로 생태계 전체를 위해서라면 인간의 이익이 희생될 수도 있다.

경제학과 생태학이 생각하는 적정상태의 내용도 상당히 다르다. 경제학은 항상 보다 더 나은 상태에로의 변화를 이루기 위한 길을 모색하는 학문이기 때문에 경제학이 생각하는 적정상태는 매우 역동적이다. 경제학은 한정된 자원으로부터 보다 더 많은 상품의 생산 그리고 한정된 상품으로부터 보다 더 많은 사회복지의 창출을 위한 인간의 끊임없는 욕구와 노력을 이론적으로 뒷받침하는 학문이다. 그러나 생태학이 추구하는 최적상태는 기본적으로 자연상태에서 형성된 평형이 유지되는 상태라고 할 수 있다. 말하자면, 생태학이 추구하는 것은 변화가 아니라 현상유지이다. 생태학은 생태계에 대한 충격 특히 인간에 의한 무모한 충격을 혐오한다. 이런 점에서 생태학이 지향하는 바는 매우 정태적이라고 할 수 있다.[16)]

핵심 주장

1. 어떤 사회이든지 그 사회가 제대로 잘 굴러가기 위해서는 신상필벌의 상벌체계가 잘 확립되어 있어야 한다. 시장은 돈으로 상과 벌을 주는 상벌체계의 일종이다. 그러므로 시장이 제대로 잘 작동한다는 것은 각 경제활동별로 응분의 상과 벌이 적절히 주어짐을 의미한다. 그럼으로써 사회가 당면하는 경제문제가 시장을 통해서 제대로 풀리게 된다. 그러나 특이한 것은, 환경에 관해서만은 시장은 상과 벌을 거꾸로 주는 경향이 있다는 것이다. 즉, 자본주의 시장은 환경을 오염시키는 경제활동에 대해서는 상을 주고 반대로 환경을 개선하는 행위에 대해서는 벌을 주는 경향이 있다는 것이다. 자본주의 사회에서의 환경문제는 바로 이런 전도된 시장의 상벌체계 때문이다. 이런 현상을 흔히 '시장의 실패'라고 부르기도 한다. 그러므로 환경문제를 해결하기 위해서는 환경에 관한 상벌체계를 올바르게 바로잡는 것이다.
2. 환경문제를 해결하되 효율적으로 해결해야 한다는 것이 환경경제학의 처음과 끝을 관통하는 일관된 생각이다.
3. 환경오염과 환경파괴의 제1차적 원인은 경제활동이다. 경제활동은 경제법칙의 지배를 받는다. 따라서 환경오염과 환경파괴 현상 역시 경제법칙의 지배를 받는 현상이다. 그러므로 환경문제를 효과적으로 해결하기 위해서는 환경오염 및 환경파괴 현상을 지배하는 경제법칙을 규명하고 이를 잘 응용하여야 한다. 환경경제학은 이 경제법칙을 규명하고 응용하는 경제학의 한 전문 분야이다.

02

환경과 경제

1. **자원으로서의 환경**
   물질수지분석(Materials Balance Approach)/ 자원고갈과 환경오염 사이의 양적 상응관계/ 자원고갈 가속화 요인이 환경오염 악질화 요인/ 환경문제에 대한 근원적 처방과 대증적 처방

2. **경제성장과 환경보전**
   성장옹호론/ 그로스만－크루거 가설/ 행복의 역설/ 행복의 역설에 대한 설명/ 성장불능론/ 커머너의 가설/ 고도성장기의 한국의 산업화와 환경오염

1. 자원으로서의 환경

물질수지분석(Materials Balance Approach)

대자연을 어떻게 보느냐에 따라 자연을 대하는 태도가 크게 달라질 것은 당연하다. 사람에 따라 여러 가지 자연관이 있을 수 있다. 대체로 보면, 과거 동양에서는 인간도 대자연의 한 구성분자에 불과하며 따라서 겸허한 마음으로 대자연에 순응해야 한다는 사상이 지배적이었다. 이런 사상은 동양에만 있었던 것은 아니다. 서양에도 이와 비슷한 사상이 있었다. 생태중심주의(ecocentrism)가 그 예다. 생태중심주의는 대자연의 한 구성분자로서의 인간과 대자연과의 유기적 긴밀성 및 의존성을 강조하는 사상이다.

그러면 경제학의 자연관은 어떤가? 경제학의 자연관에서 두드러진 점은 대자연을 단순히 인간의 이익을 위한 수단으로 생각한다는 것이다. 그래서 환경경제학에서는 환경재(環境財)라는 말이 많이 나온다. 환경재란 재화로서의 환경을 말한다. 이와 같이 대자연을 하나의 재화로 보며, 자연을 이용하는 과정에서 자연적으로 발생하는 환경문제는 기술진보와 제도개선을 통해서 얼마든지 해결해 나갈 수 있다는 지극히 낙관적인 사상을 흔히 기술중심주의(technocentrism)라고 부른다. 경제학은 바로 이 기술중심주의에 입각하고 있다.

환경을 단순히 인간의 이익을 위해서 이용할 재화로 보는 바로 이 부분이 환경운동가나 환경보전론자들이 경제학 사고방식에 관하여 매우 싫어하는 부분이다. 많은 환경운동가나 환경보전론자들은 그런 지극히 인간중심적인 사고방식을 탈피하지 않는 한 환경문제의 근원적 해결은 불가능하다고 본다. 생태중심주의가 상당히 낭만적인 사상이라고 한다면 기술중심주의는 매우 현실적인 사상이다. 하지만, 자본주의 사회를 현실적으로 지배하고 있는 사상은 기술중심주의다.

일찍이 칼 마르크스는, 역사에 의미를 주고 역사에 추진력과 본질을 부여하는 것은 인간의 정신이 아니라 인간의 물질적 필요를 위한 활동, 특히 생존을 위해 필요한 것을 반복적으로 생산함에 있어서 인간의 실제 활동이라고 주장하였다. 우리 인간사회의 물질적 토대는 끊임없이 반복되는 생산활동과 소비활동이다. 이 생산활동과 소비활동은 지속적인 물질의 흐름을 바탕으로 이루어진다. 인간은 필요한 각종 재화를 생산하기 위해서 해마다 자연으로부터 물, 석유, 석탄, 철광석, 목재 등 수없이 많은 종류의 자연자원들을 채취한다. 우리나라는 자연자원의 부존량이 빈약하기 때문에 대부분의 자연자원들을 외국에서 대량 수입하기는 하지만 이 자원들은 자연으로부터 채취된 것들이다. 외국에서 채취된 것이든 혹은 국내에서 조달된 것이든, 우리의 경제로 해마다 엄청나게 많은 종류의 자연자원이 천문학적 물량으로 투입된다는 사실에는 변함이 없다.

이렇게 채취된 자연자원들은 각종 재화를 생산하는 데 이용되고 이 재화들은 각 개인에게 분배되고 소비된다. 흔히 우리는 소비라고 하면 써서 없애는 것으로 생각하는데, 물리적으로 써서 없어지는 것은 이 세상에 없다. 질량은 파괴시킬 수가 없기 때문이다. 소비는 다만 재화를 변형시킬 뿐이다. 소비된 후 쓸모없는 형태로 변해 버린 것을 우리는 폐기물 또는 쓰레기라고 한다. 물론 생산과정에서도 여러 가지 종류의 폐기물들이 다량 배출된다. 우리는 해마다 엄청난 양의 재화를 생산하고 소비하게 되는데 그러고 나면 반드시 또한 엄청난 양의 각종 유형, 무형의 폐기물들을 자연에 다시 버리게 된다. 이와 같이 환경으로부터 자연자원이 채취되어 경제로 유입되고 이것이 경제 안에서 쓰인 다음 다시 환경에 버려지는 과정이 [그림 2-1]에 요약되어 있다. 이 그림은, 환경(대자연)이 각종 자원들을 공급해 주는 기능뿐만 아니라 또한 인간이 버린 각종 폐기물들을 받아들이고 처리해 주는 쓰레기통의 기능도 수행함을 분명히 보이고 있다. 대자연은 우리 인간에게 이와 같이 2중의 혜택을 베푼다.

환경에 투기된 환경오염물질들은 대기 중 확산이라든지, 물 속에서의 운반, 또는 분해, 희석 등의 매우 복잡한 자연적 과정을 거쳐서 환경의 질에 영향을 주게 된다. 사실 우리를 둘러싸고 있는 자연환경은 우리 인간이 버린 각종 쓰레기와 오염물질들을 받아서 보관하고 나아가서 이들을 우리 인간에게 해롭지 않은 형태 또는 유용한 형태로 전환시키는 자연적 능력, 즉 동화능력(assimilative capacity) 또는 자정능력(self-cleaning capacity)을 가지고 있다. 경제학적으로 보면, 자연의 이러한 자정능력은 하나의 유용한 자원이 된다.[1] 그러나 이런 자연의 자정능력을 초과해서 지나치게 많은 환경오염물질들이 자연에 버려진다는 데에 문제가 있다.

어떻든 이와 같이 자원의 흐름과 폐기물의 흐름을 통해서 경제와 환경은 밀접하게 연결되는데, 이는 경제활동이 환경에 2중의 영향을 미침을 뜻한다. 즉, 자원의 채취단계에서 영향을 미치고 폐기물의 배출단계에서 영향을 미친다. 우리는 흔히 환경으로부터 자연자원을 지나치게 많이 채취함으로 인해서 그 부존량이 감소하는 문제를 자원고갈의 문제라고 하며, 환경의 자정능력을 초과해서 지나치게 많은 폐기물을 환경에 버림으로 인해서 발생하는 문제를 환경오염의 문제라고 한다. 그래서 과거에는 환경으로부터 자연자원이 채취되어 경제로 유입되는 단계에서의 문제는 주로 자원경제학이란 분야에서 다루었고, 경제에서 발생한 폐기물이 환경에 버려지는 단계에서의 문제는 주로 환경경제학에서 다루었다.

그러다가 1960년을 전후해서 경제학계에 도입된 소위 물질수지분석(materials balance approach)은 이 두 경제학이 사실상 통합되는 계기를 제공하였다. 물질수지분석이란 [그림 2-1]에서 보는 바와 같이 인간사회의 경제적 측면을 자원의 흐름, 재화의 흐름, 폐기물의 흐름 등 물질의 흐름이라

그림 2-1 물질의 순환

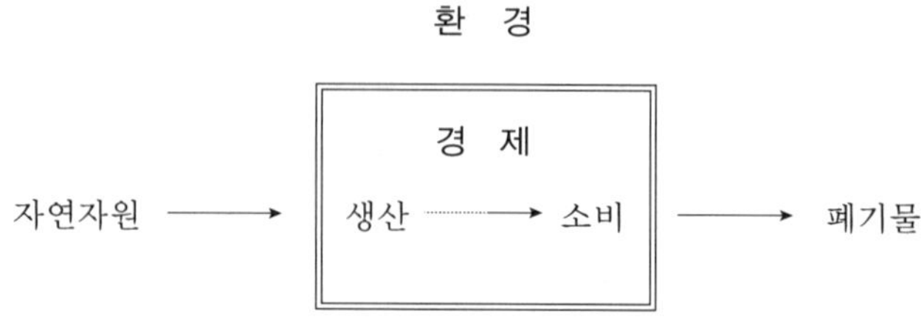

는 측면에서 파악하려는 이론이다. 물질수지분석은 자원고갈의 문제와 환경오염의 문제는 서로 일대일의 상응관계에 있으므로 이 두 종류의 문제는 결코 분리시킬 수 없는 한 덩어리의 문제임을 분명하게 보였다.

자원고갈과 환경오염 사이의 양적 상응관계

물질수지분석에서 중요한 것은 환경으로부터 경제로 유입되는 자연자원의 물량과 양태 그리고 경제로부터 다시 환경으로 버려지는 폐기물의 물량과 양태, 이 둘 사이의 관계이다. 우선 양적으로 볼 때 한 가지 명약관화한 것은, 투입 물량은 질량보존의 법칙에 의하여 폐기되는 양과 궁극적으로는 일치하게 된다는 것이다. 먹었으면 반드시 배설해야 하듯이 들어간 것이 있으면 반드시 나오는 것이 있게 마련이다. 이것은 엄연한 자연현상이다. 그러므로 해마다 엄청나게 많은 물량의 자연자원이 경제에 투입되었다면, 또한 똑같이 엄청나게 많은 물량의 폐기물이 환경에 투기될 것이다. 자연자원의 투입량과 폐기물의 배출량 사이에는 일대일의 상응관계가 있다.

폐기물은 기체, 고체, 액체 등 여러 가지 형태를 취할 수가 있다. 석탄을 태울 때 발생하는 아황산가스나 이산화탄소와 같이 그 폐기물이 기체의 형태를 띠면서 환경에 버려지면 대기오염문제가 발생하고, 연탄재와 같이 고체의 형태를 띠게 되면 일단은 쓰레기오염문제가 발생하며, 폐기물을 액체의 형태로 버리면 수질오염문제가 발생한다.

환경오염을 유발하는 폐기물(환경오염물질)에는 크게 축적성 환경오염물질(stock pollutant)과 비축적성 환경오염물질(fund pollutant)의 두 가지가 있다. 축적성 환경오염물질이란 폐기되었을 때 금방 없어지지 않고 자연상태에서 축적되는 물질을 말한다. 각종 페트 병, 플라스틱 제품, 중금속 등이 그 대표적인 예다. 이른바 PCB를 비롯한 지속성 인조합성 화학물질(synthetic chemicals)들도 여기에 포함된다. 비축적성 환경오염물질은 자정능력을 현저하게 초과해서 배출되지 않는 한 자연상태에서 금방 없어지거나 오래 축적되지 않는 물질을 말한다. 산소가 풍부한 하천에 유입된 축산폐수의 유기물질은 박테리아에 의해서 분해되면서 덜 해로운 물질로 변하게 된다. 이산화탄소도 식물이나 바다 속으로 흡수되어 버리는데, 화석연료의 과다한 이용으로 지나치게 많은 이산화탄소가 방출되면 대기 중에 축적되면서 지구온난화의 원인이 된다.

환경오염물질을 점오염원(point source) 환경오염물질과 비점오염원(non-point source) 환경오염물질로 나누기도 한다. 점오염원 환경오염물질은 그 발생원과 배출량 그리고 환경오염경로가 비교적 잘 파악되는 물질을 말한다. 공장 굴뚝에서 나오는 이산화황이나 먼지, 하천변의 매운탕 집에서 나오는 폐수 등이 그 예다. 비점오염원 환경오염물질은 발생원이 넓게 분포되어 있고 넓은 지역에 걸쳐 확산되기 때문에 배출량과 환경오염경로가 불분명한 물질을 말한다. 농경지의 농약 및 비료에 의한 수질오염의 경우 개별 발생원별로 배출량과 환경오염경로를 파악하기가 매우 어렵다. 비점오염원 환경오염물질에 비해서 점오염원 환경오염물질은 비교적 통제가 용이하기 때문에 대체로 정부의 환경정책은 점오염원 환경오염물질을 주 대상으로 삼는다. 그러다 보니 근래에는 비점오염원 환경오염물질로 인한 피해가 점점 더 커지고 있다.[2)]

이와 같이 환경오염을 유발하는 폐기물이 여러 가지 형태를 취한다고 해도 질량보존의 법칙에 의해서 그 폐기물의 총량은 자연자원의 채취량과 같아짐에는 변함이 없다. 그렇다는 것은 곧 자원고갈의 문제와 환경오염의 문제도 일대일의 상응관계에 있다는 말이다. 자연자원의 채취량이 크게 증가하여 이것이 자원고갈의 원인이 된다면, 환경에 버려지는 폐기물의 양도 똑같이 크게 증가함으로써 환경오염의 원인도 된다. 거꾸로, 환경에 폐기물을 지나치게 많이 버렸다는 것은 곧 자연으로부터 자연자원을 지나치게 많이 채취했음을 의미한다. 그러므로 자원고갈문제와 환경오염문제는 결코 분리해서 볼 수 없는 한 덩어리의 문제요, 따라서 포괄적 접근방법이 요구되는 문제다.

[그림 2-2]는 [그림 2-1]의 상황을 약간 구체화시킨 것이다. 이 그림에서는 경제를 크게 생산부문, 가계부문, 재활용부문의 세 부문으로 나누었다. 가계부문은 소비활동이 이루어지는 부문이다. 편의상 생산부문을 거치지 않고 소비부문에 직접 유입되는 자연자원은 없다고 가정하고, 간단한 계산과정을 거치면 질량보존의 법칙에 의해서 다음의 관계식이 성립함을 알 수 있다.[3)]

> 자연자원 투입량 = 자연에 버려지는 폐기물 총량
> = 가계부문 폐기물 + 생산부문 폐기물 + 재활용부문 폐기물

즉, 이 경우에도 환경으로부터 채취되어 경제로 유입되는 자연자원의 총량은 환경에 버려지는 폐기물의 총량과 같아진다. 물론 우리의 현실은 [그림 2-2]보다 훨씬 더 복잡하지만 자연자원 투입량과 폐기물 발생량 사이의 등량관계에는 변함이 없다. 자원고갈의 문제나 환경오염의 문제 모두 우리의 환경에 충격을 주는 문제요 환경에 관련된 문제이며 또한 서로 일대일의 상응관계에 있기 때문에 환경문제라고 하면 단순히 환경오염의 문제만이 아니라 자원고갈의 문제도 포함하는 포괄적인 문제라고 보는 것이 타당할 것이다. 사실 개념상으로 보아도, 자연자원의 고갈과 환경오염이 그렇게 뚜렷이 구분되는 것도 아니다. 환경이 오염된다는 것은 쉽게 말하면 깨끗한 환경이 고갈됨으로 인한 문제로 이해할 수도 있고 또는 자정능력이 고갈됨으로 인한 문제로 이해할 수도 있다. 그렇다면 환경오염도 자연자원 고갈의 범주에 포함되는 것으로 이해된다.

물질수지분석은 비단 학문적으로 뿐만 아니라 정부 차원에서도 자연자원의 이용에서부터 환경오염에 이르기까지의 전 과정을 하나로 묶어서 일관성 있게 종합관리할 것을 요구한다. 그러나 현재 우리나라에는 그러한 종

그림 2-2 폐기물이 재활용될 때의 물질의 흐름

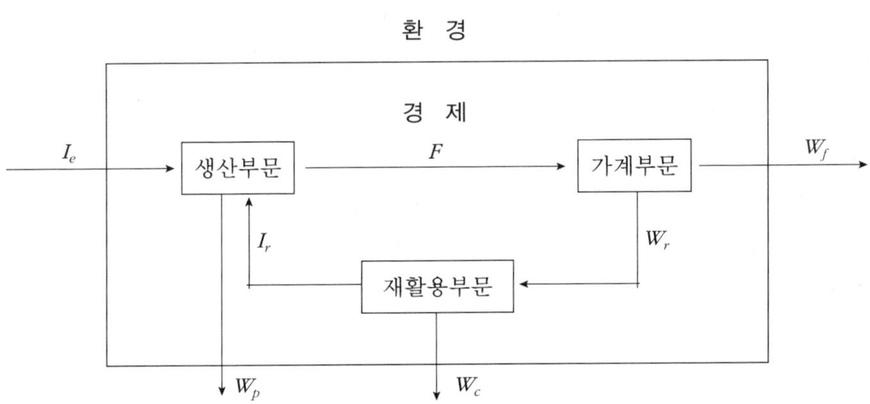

합관리를 위한 제도나 기관이 없는 실정이다. 우선, 자연자원의 이용을 다루는 정부 부서와 자연자원 이용의 결과인 환경오염문제를 다루는 정부 부서가 별도로 분리되어 있으면서 각각 다른 목적 아래 행정업무가 수행되고 있다.

자원고갈 가속화 요인이 환경오염 악질화 요인

지나치게 많은 양의 자원이 채취되기 때문에 자원고갈문제가 발생하고 또한 지나치게 많은 양의 폐기물이 환경에 버려지기 때문에 환경오염문제가 발생한다고 하지만, '양'만이 문제가 되는 것이 아니라 '질'도 문제가 된다. 사실 자연으로부터 채취되어 경제계 투입되는 자연자원의 물량을 줄이지 않고 단지 그 종류를 조정하는 것만으로도 자연자원 고갈의 문제와 환경오염의 문제를 상당한 정도로 해결할 수 있다. 이를 이해하기 위해서는 성격을 크게 달리하는 두 가지 종류의 자연자원을 구분할 필요가 있다.

보통 자연자원을 크게 재생불능자원(non-renewable resource)과 재생가능자원(renewable resource)으로 나눈다. 재생가능자원이란 이용 가능량이 시간대에 따라 일정하지 않고 변하기 때문에 어떤 일정기간 동안에 이용할 수 있는 물량이 유동적인 자원을 말한다. 예를 들면, 바다의 물고기는 일년 중에서도 많이 잡히는 철이 따로 있고 또 해에 따라 많이 잡히기도 하고 적게 잡히기도 한다. 삼림의 경우에도, 어린 나무가 많을 때는 목재공급이 적고 다 자란 나무가 많을 때는 목재공급이 많아진다. 태양 에너지도 낮에만 공급되지 밤에는 공급되지 않으며, 일년 중에서도 일조량이 많을 때가 따로 있다. 수자원의 공급도 가뭄 때와 장마 때가 다르다. 이와 같이 이용 가능량이 때에 따라 변하기 때문에 재생가능자원은 풍부할 때에 최대한 이용하거나 풍부할 때 일부를 저장해 두었다가 풍부하지 않을 때 꺼내 쓰는 지혜가 요구된다.

이와는 반대로 재생불능자원이란 우리 인간이 이용하지 않는 한 그 부존량이 시간에 따라 거의 변하지 않고 고정되어 있기 때문에 우리 인간이 채취해서 쓰는 만큼 부존량도 감소하게 되는 자원을 말한다. 석유나 석탄, 철광석 등 대부분의 지하자원들은 인간이 채취해서 쓰는 한 그 부존량은 계속해서 감소하게 되어 있다. 그래서 이런 자원들을 고갈성 자원이라고도 한다.

그렇다고 해서 재생가능자원은 고갈의 염려가 없느냐 하면 전혀 그렇지도 않다. 청고래를 위시해서 많은 동식물들이 이미 멸종되어 버렸거나 또는 멸종의 위기에 있다. 세계 유일의 민물 돌고래인 양자강 돌고래가 이미 멸종된 것으로 알려져 있다.[4] 자연과학의 연구결과에 의하면, 특히 동·식물 자원의 경우에는 소위 임계역(critical zone)이라는 것이 있다. 개체의 수가 이 임계역보다 더 크면, 해당 동물이나 식물은 계속 증식할 수 있지만, 인간의 남획 탓으로 개체의 수가 이 임계역 이하로 떨어지면 그 동물이나 식물의 개체수는 증가하지 못하고 계속 감소해서 결국은 멸종으로 치닫게 된다고 한다.

[그림 2-3]에서 수평축은 어느 바다에 살고 있는 대구의 수를 나타내고 수직축은 이 대구 수의 증가율을 나타낸다. 수평축의 점 X는 임계점을 나타낸다. 즉, 바다 속의 대구의 수가 X보다 많으면 대구 수의 증가율이 영보다 크므로 대구의 수는 계속 늘어날 것이다. 그러나 예컨대 남획이나 바다오염으로 인해서 대구의 수가 X보다 적어지면, 대구 수의 증가율이 영보다 작아지기 때문에 대구의 수는 계속해서 감소해서 결국 씨가 말라버린다. 실제로 최근 수십 년 사이에 지구상의 많은 동·식물들이 인간의 남획 혹은 환경오염으로 멸종되었거나 또는 멸종위기에 있게 됨으로써 1992년 유엔환경개발회의에서 생물다양성 유지가 범지구적인 문제로 부각되기에 이르렀다.

그림 2-3 임계역과 재생가능자원의 고갈 가능성

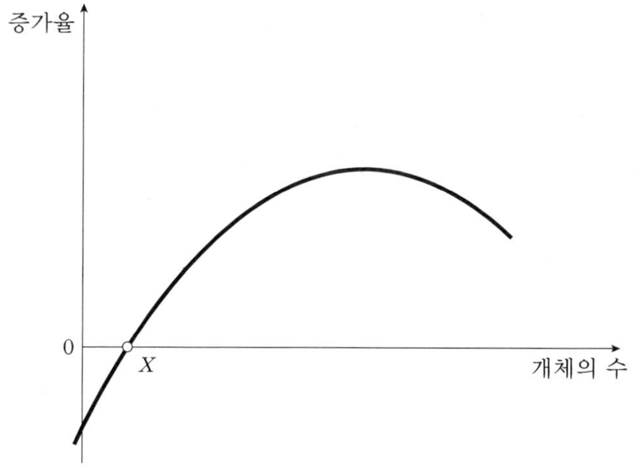

이와 같이 재생가능자원이라고 하더라도 얼마든지 고갈될 수가 있는 까닭에 자연자원을 단순히 고갈성 자원과 비고갈성 자원으로 구분하는 것은 큰 의미가 없다. 그러나 비록 재생가능자원이 고갈의 위험성을 안고 있다고는 하더라도 임계역 이하로 떨어지지 않도록 유의하면서 잘만 관리하면 비정상적인 돌발사태가 발생하지 않는 한 대부분의 경우 영원히 이용할 수 있다는 점에서 물리적으로 고갈이 불가피한 재생불능자원과는 질적으로 다르다고 할 수 있다.

이렇게 자연자원의 종류를 분류해 놓고 보면, 물리적으로 고갈이 불가피한 재생불능자원은 되도록 아껴 쓰고, 고갈의 염려가 상대적으로 적은 재생가능자원을 많이 쓰는 방향으로 자연자원을 이용함이 바람직하다는 것은 상식인 것처럼 보인다. 그러나 역사적으로 고찰하여 보면, 이상하게도 우리 인류의 자연자원 이용양태는 그런 상식과는 정반대로 진행되어 왔음을 알 수 있다. 18세기 중엽까지만 해도 인류의 의 · 식 · 주를 위한 원자재들은 거의 대부분 재생가능자원으로부터 조달되었다.[5] 하지만 18세기 중엽 이후 200여 년 사이에 재생가능자원 대신에 재생불능자원을 더 많이 쓰는 방향으로 자연자원 이용양태가 급속히 바뀌었다.

우선, 우리의 주 에너지원이 과거 동물의 힘이나 풍력, 수력, 태양력 등 재생가능자원으로부터 석탄, 석유, 천연가스 등 재생불능자원으로 급속도로 바뀌어 왔다. 이들 화석연료 중에서 특히 석유의 이용은 급증하였다. 인류역사상 최초로 1857년 루마니아에서 석유가 기업적으로 생산되기 시작하였다고 하는데,[6] 1960년부터 1970년 사이 10년 동안 전 세계적으로 생산된 석유의 양이 1857년부터 1960년 사이 100여 년 동안 생산된 양과 거의 맞먹을 정도로 석유의 생산은 급속한 증가를 보였다.

우리의 의복 역시 과거에는 목화, 양털, 누에고치, 삼베 등 자연적인 것을 주로 많이 이용해서 만들었지만 현대에는 화학섬유를 많이 이용해서 만드는데, 화학섬유의 원료는 재생불능자원으로부터 얻어지는 것이다. 우리의 식량생산에 있어서도 재생가능자원으로부터 얻어지는 퇴비가 재생불능자원으로부터 얻어지는 화학비료로 급속히 대체되었고, 동물의 힘이나 인력 대신 화학제품인 제초제가 쓰임을 볼 수 있다. 이와 같이 재생가능자원이 재생불능자원으로 대체되어 가는 현상은 우리 일상생활의 주위에서 너무나 많이 볼 수 있다. 하다못해 일상의 생활용구에 있어서도 이제는 박으로 만든 바가지라든지 싸리비, 대나무비 등과 같은 천연재료를 이용한 것들은 점차 보기 어렵게 되었고 그 대신 플라스틱 제품이 판을 치고 있다.

이와 같은 재생불능자원의 대체가 17-18세기 영국에서 시작된 산업혁명 이래 급속도로 증대되어 온 인류의 산업생산을 뒷받침한 요인이 되었지만 그 결과 범지구적 자연자원의 고갈을 촉발시켰다. 그러나 문제는, 이러한 자원이용양태의 급속한 변화는 동시에 환경오염의 문제를 더욱 더 풀기 어렵게 만들었다는 것이다. 다시 말해서 환경오염을 악질화시켰다는 것이다.

환경문제가 현대사회에 나타난 새삼스런 문제는 아니다. 사실 환경문제는 인류사회와 함께 그 역사가 오래이다. 기원전 7천년 이전의 이집트 고대국가 그리고 남미의 찬란했던 잉카문명도 환경오염 때문에 멸망했다고 한다. 그리스나 로마시대의 대도시에서는 연료로 숯을 많이 이용했기 때문에 아테네나 로마의 대기가 스모그로 오염되었다고 하며, 중세의 런던이나 파리와 같은 유럽의 대도시도 마소의 배설물과 쓰레기로 환경오염이 매우 심했던 것으로 알려지고 있다.*

그러나 현대의 환경오염은 고대나 중세의 환경오염과 양적으로나 질적으로 차원을 전혀 달리 한다. 우선, 자본주의 시대 이전의 생산수준과 그 이후의 생산수준이 하늘과 땅 차이가 나듯이 현대에 와서는 산업생산의 엄청난 증대에 따라 환경오염물질의 배출량 자체가 엄청나게 증가하여 고대나 중세와 비교할 바가 아니다. 또, 옛날의 환경오염물질은 대부분이 자연상태에서 생물·화학적으로 분해 가능한 것들이었음에 반해서, 오늘날의 환경오염물질들은 비닐, 플라스틱, 스티로폴, 중금속 등과 같이 자연상태에서는 쉽게 분해되지 않는 것들이거나, 자연에 생소한 것들이라서 자연에 버려지면 그만큼 환경오염물질로 오래 동안 존속하면서 두고두고 피해를 발생시킨다.

쓰레기 속에 섞여 있는 비닐이나 플라스틱 따위는 땅 속에 묻어도 썩어서 분해되지 않으면서 공기의 소통을 차단한다. 쓰레기 소각 때에는 비닐과 플라스틱은 독가스를 발생시키고 소각로에 손상을 입히기 때문에 큰 골칫거리가 된다. 그래서 요즈음은 자연상태에서 분해되는 플라스틱이나 비

---

* 정회성(2009), 『전환기의 환경과 문명』, 서울: 지모.

닐이 개발되고 있다. 쓰레기처리문제는 날로 심각해지고 있는데, 일회용제품들의 대량배출이 쓰레기처리를 더욱 더 골치 아프게 만들고 있다. 일회용제품 중에는 재생불능자원을 이용해서 만들어진 것이 많다.

옛날의 환경오염물질들은 주로 세균성 질병을 초래하는 것들이었음에 반해서, 오늘날의 환경오염물질들 중에는 체내에 축적되면서 괴질이나 암을 유발시키는 것들이 많다. 일본에서 많은 사람들의 목숨을 앗아간 미나마타병이니 이타이이타이병들도 재생불능자원의 대량 이용 탓으로 발생한 공해병이다. 오늘날의 대기오염물질은 대부분의 경우 화석연료의 대량 소비에서 발생한 것들이다.

그러므로 비록 자연으로부터 채취하는 자연자원의 총물량을 줄이지 않더라도 재생불능자원 대신에 재생가능자원을 많이 쓰는 방향으로 자원이용양태를 바꾸는 것만으로도 환경오염문제를 완화하는 데 큰 도움이 될 수가 있다. 그러나 많은 재생가능자원들이 임계역을 가지고 있기 때문에 오늘날에서와 같이 환경으로부터의 자원의 채취량이 범지구적으로 엄청나게 커진 상황에서는 재생불능자원을 재생가능자원으로 대체하더라도 자연자원의 고갈을 막는 데에는 어느 정도 한계가 있다는 점도 인정해야 할 것이다.

환경문제에 대한 근원적 처방과 대증적 처방

자연자원의 대량 이용이 자원고갈과 환경오염을 가속화할 뿐만 아니라 환경오염을 악질화시킨다고 하면, 물질수지분석은 경제로 투입되는 자연자원의 물량, 특히 재생불능자원의 이용량 그 자체를 대폭 줄이는 것이 환경오염문제를 가장 확실하게 원천적으로 해결함과 동시에 자연자원의 고갈을 완화하는 일석이조의 가장 좋은 방법임을 분명하게 보이고 있다. 그러므로 환경오염문제에 대한 근원적 해결책은 환경오염물질에 대한 관리가 아니라 자연자원의 이용량을 통제함으로써 환경오염물질의 발생량을 근원적으로 줄이는 데에서 찾아야 할 것이다. 특히 재생불능자원의 이용량 감축을 통해서 원천적으로 폐기물의 발생량을 줄여야 한다. 폐기물의 발생량을 줄이지 않고 환경오염문제를 해결하려는 것은 임기응변의 대증적 처방에 불과하다. 대증적 처방으로는 대체로 다음과 같은 세 가지를 생각해 볼 수 있다.

첫 번째 처방은 환경오염피해가 최소화되도록 환경오염물질 배출양태를 조정하는 방법이다. 앞에서 언급하였듯이, 환경오염물질을 기체의 형태, 액체의 형태, 고체의 형태 등 여러 가지 형태로 배출할 수 있다. 예를 들면, 쓰레기를 태워서 기체의 형태로 배출할 수도 있고, 갈아서 물에 섞어서 강이나 바다에 내버릴 수도 있고, 그냥 고체의 형태로 땅 속에 묻을 수도 있다. 일본에서는 거의 대부분을 태워버리며 미국에서는 매립도 많이 하지만 바다에 내다버리기도 한다. 우리나라에서는 1995년에만 해도 생활폐기물 중 72.3%를 매립 처분하였고 23.7%만을 재활용하였으나 쓰레기종량제의 실시 및 재활용 정책의 추진 등에 힘입어 2007년에는 매립처리율은 23.6%로 크게 낮아진 반면 재활용률은 57.8%로 크게 증가하였다(쓰레기종량제에 관해서는 제4장 참조).

이렇게 여러 가지 방법들 중에서 어떤 방법을 주로 많이 이용할 것인지는 자연적 조건이나 경제적 조건에 따라 달라질 것이다. 예를 들면, 일본과 같이 바람이 많이 불고 태풍이 자주 오는 섬 나라에서는 태워버리는 방법이 좋을 수도 있으며, 미국과 같이 빈 땅이 많고 넓은 바다를 끼고 있는 나라에서는 매립이나 해양투기가 좋을 수도 있다. 우리나라의 경우 매립지를 찾기가 점점 더 힘들어지면서 앞으로는 매립보다는 소각이나 재활용의 비율을 높이는 방향으로 정책전환을 해야 한다는 주장이 오래 전부터 나왔다.

배출양태를 조정하는 방법에는 환경오염물질을 배출하는 시간과 장소를 조정하는 방법도 포함된다. 예를 들면, 똑같은 양의 환경오염물질을 배출하더라도 갈수기보다는 비가 많이 올 때 수질오염물질을 대량 배출하거나 바람이 없을 때보다는 바람이 많이 불 때 대기오염물질을 대량 배출하는 것이 환경오염피해를 적게 만드는 방법이다. 어떻든 최종적으로 환경에 버려질 오염물질의 배출양태도 조정가능하기 때문에 과연 어떤 식으로 오염물질을 배출하는 것이 환경오염피해를 최소화하는지도 깊이 생각해서 선택해야 할 정책적인 과제이다. 하지만, 폐기물(환경오염물질)의 발생량을 줄이지 않고 배출양태만을 바꾸는 방법은 그 어느 방법이든 궁색하기는 마찬가지다.

두 번째 대증적 처방은 경제에서 배출된 환경오염물질이 환경에 도달하기 전에 미리 차단해서 처리하는 방법이다. 이런 방법이 사실상 가장 보편적으로 많이 쓰이는 방법이기도 하다. 예를 들면, 수질오염물질이 강이나 바다에 방출되기 전에 하수처리시설이나 폐수처리시설로 모아서 처리한 후에 방류하거나 탈황시설을 이용해서 석유에 함유되어 있는 유황을 미리 제거함으로써 아황산가스로 인한 대기오염을 사전에 방지하는 방법을 생각해 볼 수 있다. 그러나 이런 방법들의 문제는 우선 돈이 많이 든다는 것이다. 물론, 아무리 돈이 많이 든다고 하더라도 환경오염물질 처리시설이 환경오염방지에 효과적이라면 그 시설을 설치해야 할 것이다. 하지만, 이와 같이 시설을 이용하여 환경오염물질을 처리하는 방법은 그리 효과적이지 못하다는 데에 환경정책의 큰 고민이 있다. 왜냐하면, 부실건설 및 부실운영으로 인한 예산낭비의 병폐가 도사리고 있기 때문이다.

그 예를 하나 들어보자. 90년대에 들어와서 대형 수질오염사건이 잇달아 터지자 그 때마다 정부는 하수처리시설이나 폐수처리시설과 같은 기초환경시설을 대폭 확충함으로써 수질오염문제를 해결하겠다는 대책을 내세웠다. 그러나 아무리 하수처리장의 건설이 필요하다고 해서 이것만 덜렁 건설해서는 소용이 없다. 부정방지대책위원회의 1994년 보고서에는 '벙어리 하수처리장' 이라는 이상한 용어가 나온다. '벙어리 하수처리장' 이란 가정이나 사업체로부터 나오는 하수를 모아서 하수처리장에 연결해 주는 시설, 즉 하수관거가 제대로 갖추어져 있지 않은 하수처리장을 말한다. 부정방지대책위원회의 보고서는 전국에 걸쳐 상당히 많은 수의 벙어리 하수처리장을 적발하였다고 밝히고 있다.[7)]

하수관을 건설하기는 했는데 잘못 건설해서 문제가 된 경우도 있다. 원래 하수처리시설은 더러운 하수가 들어가야만 제대로 작동하지 깨끗한 물이 들어가면 작동하지 않게 되어 있다. 그러므로 하수처리시설에 하수관이 연결되지 않고 빗물을 모으는 우수관이 연결되어 있으면 그 시설이 제대로 가동하지 않을 것은 뻔하다. 이것을 보고 소위 '오접' 이라고 하는데, 몇 년 전에 사회적으로 큰 물의를 일으켰던 시화호오염사건에서도 우수관을 하수처리장에 잘못 연결하였음이 밝혀진 바 있다. 감사원 및 부정방지대책위원회의 환경예산 감사보고서에는 이런 비슷한 사례가 즐비하게 나열되어 있다. 1998년에는 설계의 잘못으로 전국의 기존 축산폐수처리시설의 가동률이 극히 낮다는 사실이 언론매체에 보도되자 정부가 서둘러 축산폐수처리시설 설치계획을 백지화한 적도 있었다.

세 번째 대증적 처방은 환경에 버려질 폐기물의 일부를 회수해서 재활용하는 것이다. 엄밀히 말하면, 폐기물 재활용은 근원적 처방에 가깝다고 할 수도 있다. 왜냐하면, 결과적으로는 폐기물의 재활용은 환경으로부터 경제에 투입되는 자연자원의 양을 감소시키며 따라서 환경에 버려지는 폐기물의 양도 그만큼 감소하기 때문이다. 다시 말해서 폐기물이 재활용되는 만큼 자연자원도 절약하고 환경오염도 감소시키는 일거양득의 사회적 이익이 발생한다.

그러나 폐기물의 재활용에도 여러 가지 문제점이 있다. 우선, 재활용 가능한 폐기물을 수집하여 재활용하기 좋게 만드는 일이 매우 번거롭다. 예를 들어 각 소비자들이 쓰고 나서 아무 곳에나 버리는 건전지들을 수거해서 분류하는 일은 결코 쉬운 일이 아니다. 일단 수거해 놓는다고 하더라도 재활용에는 기술적 한계가 있다. 예를 들면, 수거된 폐지에서 재생된 종이는 원목 펄프로부터 직접 만든 종이에 비해서 질이 많이 떨어지는 것은 어쩔 수 없다. 수집된 플라스틱 폐품들을 재활용해서 만들 수 있는 상품의 종류는 매우 한정되어 있다. 폐기물의 재활용 과정에서 때로는 환경오염물질을 배출함으로써 환경을 오염시킬 수 있다. 현실적으로 볼 때, 재활용의 가장 큰 문제는 경제성이 높지 않다는 점인데, 이에 대해서는 뒤에서 다시 자세히 설명하기로 한다.

핵심 주장

1. 마치 생물이 먹은 만큼 반드시 배설해야 하듯이, 우리 경제에 투입된 자연자원의 양과 경제로부터 환경에 버려지는 폐기물의 양은 장기적으로는 같아질 수밖에 없다. 자연자원을 많이 소모하면 그만큼 배출되는 환경오염물질의 양도 많아진다. 따라서 자원고갈문제와 환경오염문제는 일대일의 상응관계를 가진다. 이 두 문제는 양적으로 뿐만 아니라 질적으로도 일대일의 상응관계를 가진다. 즉, 우리 인류는 재생가능자원을 재생불능자원으로 대체하는 경향이 있는데 이런 경향은 자원고갈을 가속화시킬 뿐만 아니라 환경오염을 더욱 더 악질화시키는 경향이 있다. 그러므로 환경오염문제와 자원고갈문제는 서로 떼어 놓을 수 없는 한 덩어리의 문제다.

2. 환경오염문제를 근원적으로 해결하는 가장 효과적인 방법은 자연자원의 이용량을 대폭 줄이는 것이다. 이 방법은 자연자원의 고갈문제와 환경오염문제를 동시에 해결하는 일석이조의 확실한 방법이다. 그러나 이 방법은 대단히 실천하기 어려운 방법이다. 왜냐하면 이 방법은 자본주의 체제의 정당성을 위협할 수도 있기 때문이다. 자연자원의 이용량을 대폭 줄이지 않고 환경오염문제를 해결하자면 매우 궁색한 방법을 동원할 수밖에 없게 된다.

---

2. 경제성장과 환경보전

위에서 본 바와 같이 자연자원의 이용량을 대폭 줄이는 방법이 자원고갈을 완화하고 환경오염문제를 근원적으로 해결하는 일석이조의 좋은 방법임에도 불구하고 우리나라를 비롯한 세계의 여러 나라들이 이 방법을 환경정책의 기조로 삼지 않는 이유는 무엇인가? 그 이유는 이 방법이 현실적으로 매우 어렵기 때문이다. 경제로 유입되는 자연자원의 물량을 줄이는 것은 곧 생산의 감소를 의미하므로 경제성장률이 마이너스가 되면서 국민소득이 감소할 우려가 있다. 어느 나라에서나 경제성장은 사실상 국정의 최고 목표다.

국민경제가 일년 동안 생산한 재화와 서비스(좀 더 정확하게 말하면, 최종 이용자의 손에 떨어지는 재화와 서비스)의 총 시장가치를 보통 국내총생산(GDP)이라고 하고, 이 GDP가 늘어나는 것을 경제성장이라고 말한다. 따라서 GDP의 증가율이 곧 경제성장률이다. 경제성장률이 마이너스가 된다는 것은 국민의 경제적 생활수준의 하락을 뜻한다. 경제로 투입되는 자연자원 이용량의 감소는 자칫 경제적 생활수준의 저하라는 큰 고통을 국민에게 안기게 된다. 특히 경제성장 및 물질적 풍요를 가장 큰 자랑으로 내세우는 자본주의 사회에서는 경제적 생활수준의 하락은 다른 어떤 사회체제에 있어서 보다 더 치명적일 수가 있다. 자본주의 사회에 고질적인 빈부격차를 잠재우고 체제의 정당성을 부여하는 가장 큰 명분이 바로 경제적 생활수준의 향상이기 때문이다.

물론 경제에 유입되는 자연자원의 물량을 줄이면 환경오염이 줄어들 것이다. 이렇게 보면, 경제성장과 환경보전 사이에는 상반(trade-off)관계가 있는 것같이 보인다. 경제성장률이 높으면 환경오염이 심해지고 환경오염을 줄이려면 경제성장을 희생해야 한다는 것이다. 사실, 환경오염문제가 논의될 때면 으레 제기되는 논쟁거리의 하나는 경제성장과 환경보전과의 관계에 관한 것이다. 우리나라 정부는 '경제성장과 환경보전의 조화'를 환경정책의 기조로 삼아 왔고 그리고 틈만 나면 이 점을 강조해 왔다. 경제성장의 정도는 보통 국내총생산으로 측정되기 때문에 상당히 가시적인 목표이다. 그러나 환경보전은 어떤 구체적인 단일지표로 나타내기가 어렵기 때문에 가시적인 목표는 아니다. 따라서 어떻게 되어야 경제성장과 환경보전이 잘 조화되는 것인지를 판정하기 매우 어렵다.

허나, 엄밀히 말하면 경제성장이나 환경보전은 그 자체가 궁극적 목적은 아니다. 결국 우리에게 가장 소중한 것은 각자의 행복이다. 그러므로 국민의 복지가 궁극적인 목적이다. 경제성장이나 환경보전은 모두 우리의 행복을 위한 것이다. 경제성장은 소득수준의 향상을 통해서 국민을 행복하게 해주며, 환경보전은 다양한 환경적 혜택으로 국민을 행복하게 해준다. 깨끗한 물과 공기는 건강에 필수적이고, 아름다운 경관은 우리를 즐겁게 해주며, 건강한 생태계는 자원과 지식의 보고다.

그러나 문제는, 경제성장과 환경보전 모두 국민의 행복에 필요하지만 어느 것이 우리에게 상대적으로 더 큰 행복을 가져다 주는지는 정확하게 판단하기 어렵다는 것이다. 사실 어느 것이 우리를 훨씬 더 행복하게 해주는지는 사람에 따라 달라지고 상황에 따라 달라진다. 후진국의 경우에는 환경보전보다는 경제성장이 국민의 복지를 더 크게 증진시키지만 선진국의 경우에는 전혀 그렇지 않다는 사실이 속속 밝혀지고 있다.

이와 같이 경제성장과 환경보전이 우리의 행복에 미치는 효과가 불분명하고 유동적이기 때문에 어느 것에 더 큰 비중을 두어야 할지를 놓고 끊임없는 논쟁이 벌어진다. 하지만, 많은 경우 경제성장보다 환경보전을 더 강조하는 주장은 뒷전으로 밀리고 있다. 대부분의 국가가 경제성장을 최우선의 목표로 삼고 있는 가운데 어떻게 경제성장을 달성하느냐에 관심이 집중되고 있다. 허나, 자원고갈과 환경오염(즉, 환경문제)이 날로 악화되고 있음에도 불구하고 과거와 같이 경제성장을 계속 밀어붙이는 것이 과연 옳으냐에 대해서 말이 많다. 크게 보면, 두 가지 상반된 견해가 있다. 그 하나는 지속적 경제성장을 강조하는 소위 성장옹호론이고 다른 하나는 이를 비판하는 이론이다. 성장옹호론은 은연중에 돈이 많을수록 더 행복해진다는 고정관념, 달리 말하면 소득수준의 향상이 국민의 복지를 증진시킨다는 고정관념을 바탕으로 하고 있다. 반면에 성장옹호론을 비판하는 이론은 이런 고정관념을 배격한다. 소득수준의 향상이 자동적으로 국민의 복지를 증진시키는 것은 아니라는 것이다. 그러므로 경제성장의 득과 실에 대한 엄밀한 분석을 바탕으로 진정 국민의 행복을 증진시키는 경제성장을 추구해야 한다는 요지의 '현명한 경제성장론(smart growth theory)'이 최근 서서히 힘을 얻고 있다.

성장옹호론

성장옹호론은 다음 세 가지 주장을 핵심으로 한다. 첫째, 경제성장은 얼마든지 가능하다. 경제성장으로 인한 부작용들이나 잘못된 것들은 사후적으로 얼마든지 고쳐 나갈 수 있다고 성장옹호론자는 말한다. 예를 들어 보자. 경제성장은 흔히 인구증가를 유발한다. 실제로 과거에는 인구증가가 심각한 사회문제였지만, 오늘날 선진국에서는 이 문제가 자연적으로 해소되었다. 인구증가를 억제하는 힘이 음으로 양으로 작용하였기 때문이다. 이제는 많은 선진국들이 오히려 인구감소를 걱정해야 할 판이다.

경제성장의 후유증으로 자원고갈문제가 자주 언급되고는 있지만, 이 문제가 너무 과장되는 경향이 있다. 1970년대 초반 석유가격 급등(이른바 오일파동)으로 자원고갈문제가 전 세계적으로 크게 부상하였지만, 한편으로는 자연자원에 대한 수요의 증가율이 크게 둔화되고 다른 한편으로는 자연자원을 절약하는 기술진보와 폐자원을 재활용하는 기술진보가 눈부시게 이루어지면서 이 문제가 진정된 바 있다. 다시 말해서 인류사회가 자원고갈에 효과적으로 적응해 왔다는 것이다.

둘째, 경제성장이 가능할 뿐 아니라 지속적 경제성장은 꼭 필요하다. 경제성장 비판론자들은 경제성장의 부작용에 너무 집착한 나머지 경제성장의 혜택을 과소평가하는 경향이 있다. 예를 들면, 과거의 지속적인 경제성장 덕분에 여가가 크게 증가하였음을 많은 사람들이 간과하고 있다. 사람이 사람답게 살기 위해서도 여가는 필요하지만 문화의 창달을 위해서도 여가는 필요하다. 따라서 그러한 여가를 즐기게 해주는 경제성장이 필요한 이유가 여기에도 또 있다. 물론, 무모한 경제성장의 추구로 환경오염이 심해진 것이 사실이다. 세계 곳곳의 환경은 이미 크게 오염이 되어 있는데, 이렇게 오염된 환경을 다시 깨끗하게 만들기 위해서도 경제성장은 꼭 필요하다. 왜냐하면 환경개선은 막대한 자금을 소요하는데 그러한 자금은 경제성장을 통하지 않고는 조달할 도리가 없기 때문이다.

경제성장의 온갖 부작용으로 사회가 불안해졌다는 주장도 있지만, 사회가 안정되기 위해서도 경제성장은 꼭 필요하다. 물론 과거의 빠른 경제성장 과정에서 빈부의 격차가 벌어진 것도 사실이나 이 빈부격차를 줄이는 데에는 시간이 필요하다. 이미 빈부격차가 벌어진 상황에서 만일 경제성장 비판론자들의 주장대로 경제성장을 딱 정지시킨다면 어떻게 될 것인가? 경제성장이 있는 상황에서는 가난한 사람들도 언젠가는 잘 살게 된다는 희망이라도 있지만 경제성장이 정지된 상태에서는 부자들로부터 빼앗아 오는 길 외에는 잘 살아볼 도리가 없다. 그렇기 때문에 경제성장이 멈추는 순간 빼앗아 오려는 사람과 뺏기지 않으려는 사람들 사이에 이전투구(泥田鬪狗)가 벌어지면서 곧장 사회의 붕괴로 이어질 것이다. 그러므로 안정된 사회 분위기에서 빈부의 격차를 줄이기 위해서도 경제성장이 꼭 필요하다고 성장옹호론자들은 강변한다.

셋째, 우리가 보통 말하는 사회적 문제로서의 환경오염과 경제성장이 사이에는 직접적인 관계는 없으며, 따라서 경제성장과 환경보전은 얼마든지 양립 가능하다. 경제성장의 정도를 좌우하는 요인과 환경오염문제를 유발하는 요인이 서로 다르다. 그러므로 최소한 이론적으로는 경제성장을 제대로 이루지도 못하면서 환경만 잔뜩 오염시킬 수도 있고, 이와는 반대로, 높은 경제성장을 이루면서도 환경을 깨끗하게 보전할 수도 있다.

경제성장의 높고 낮음을 결정하는 주 요인은 투자의 많고 적음이다. 투자란 미래의 보다 많은 소비를 위한 현재 소비의 희생을 의미하는 것이라서 투자를 많이 하면 경제성장률은 높아지고 투자를 적게 하면 경제성장률은 낮아지게 되어 있다. 현재에 우리가 가지고 있는 자원들을 몽땅 금년에 먹고 마시고 즐기는 데 탕진해 버리면 내년에는 쫄딱 굶어 죽게 될 것이다. 그러나 금년보다는 내년에 더 많이 먹고 마시고 즐길 수 있도록 금년과 내년 사이에 자원을 적절히 배분한다면, 경제성장을 이루게 될 것이다. 이렇게 미래를 위해서 자원을 유보해 두는 것이 투자이다. 투자를 많이 하면 할수록 경제성장은 빨라지겠지만 그 대신 현재에는 허리띠를 더욱 졸라매야 한다. 달리 말하면, 경제성장이란 한정된 자원을 현재와 미래에 어떻게 배분하느냐에 직결된 시간상의 문제라는 것이다. 따라서 경제성장이 너무 빠르다거나 또는 너무 느리다든가 등 경제성장률에 무슨 불만이 있으면 우선 투자율의 높고 낮음을 탓해야지 환경오염을 이유로 경제성장에 트집을 잡는 것은 맥을 잘못 짚은 것이다.

한편, 환경오염의 문제는 어떤 주어진 시점에서 경제에 주어진 자원들의 효율적 이용에 관계되는 문제이다. 경제에 주어진 자원의 양은 한정되어 있는 반면 그 용도는 무수히 많다. 환경오염의 정도는 현재 우리에게 주어진 자원을 구체적으로 어떤 용도로 이용하는가에 달려 있다. 예를 들면, 가죽제품, 펄프, 전기 등과 같은 상품은 그 생산과정에서 다른 상품들보다 환경오염물질을 훨씬 더 많이 배출한다. 합성세제나 일회용품들과 같이 소비과정 또는 소비된 후에 환경에 큰 부담을 주는 상품도 있다. 똑같은 상품이라도 환경오염물질을 조금 배출하면서 생산할 수도 있고 많이 배출하면서 생산할 수도 있다. 그러므로 투자는 적게 하면서 우리의 한정된 자원을 환경파괴적 상품의 생산에 집중 투입한다면 경제성장률은 낮지만 우리의 환경은 크게 오염될 것이다. 반대로, 투자를 많이 하는 반면 환경파괴적 상품의 생산과 소비를 최소한도로 억제한다면 빠른 경제성장과 깨끗한 환경을 동시에 달성할 수 있을 것이다. 물론, 이 두 극단 사이의 여러 가지 조합도 가능하다.

요컨대, 환경오염의 문제는 보통상품에 비해서 환경파괴적 상품을 얼마나 많이 소비하는가, 그리고 상품의 생산과정에서 환경파괴적인 방법을 얼마나 많이 사용하느냐에 달린 문제라는 것이다. 다시 말해서 생산기술과 산업구조 그리고 소비구조와 직결된 문제라고 할 수 있다. 생산기술이나 산업구조에 대해서는 여러 가지 선택의 여지가 있다. 경제성장과 환경보전, 이 두 가지의 달성이 얼마든지 가능함을 강조하는 사람들이 염두에 두는 것은 바로 이러한 선택의 여지이다.

경제성장과 환경보전 사이의 관계를 논함에 있어서 또 한 가지 유의하여야 할 것은 현재 주어진 자원들이 효율적으로 이용되고 있는지의 여부이다. 만일 현 상태가 예컨대 법제도상의 미비점이나 또는 행정집행상의 요인으로 인해서 우리에게 주어진 자원들이 효율적으로 이용되고 있지 못한 상태라고 하면 그러한 요인을 적절히 제거하여 자원을 효율적으로 이용함으로써 높은 경제성장률과 환경개선을 동시에 달성하는 일석이조의 효과를 기대할 수 있다. 이런 경우에는 경제성장과 환경보전이 상충되지 않는다. 아마도 우리의 현실에 있어서는 경제성장이냐 환경보전이냐를 따지기에 앞서 우선 우리에게 주어진 자원들이 과연 효율적으로 이용되고 있는지부터 따지는 것이 더욱 시급할 것이다. 왜냐하면 우리의 주위에는 비효율적인 요소들이 너무나 많이 도사리고 있기 때문이다.

그로스만-크루거 가설

그러나 현실적으로는 경제성장과 환경보전이 상반관계를 가질 가능성을 배제할 수 없다. 대체로 보면, 환경오염물질을 많이 배출하면서 생산하는 공정은 저렴하고 환경친화적인 공정은 비싸다. 따라서 값싸게 많이 생산해서 돈을 빨리 벌려는 의욕이 한편으로는 경제성장을 촉진시키겠지만, 다른 한편으로는 환경오염을 가속화시키게 된다. 산업구조나 소비구조에도 문제가 있다. 일회용품이나 가죽제품, 모피제품 등 환경파괴적인 상품이 잘 팔리는 경향이 있다. 따라서 이런 상품의 생산에 투자가 많이 몰리는 경향이 있다. 이렇게 되면 경제성장 과정이 환경오염을 수반하게 될 것이다.

그렇다면 현실적으로 경제성장과 환경오염 사이에는 어떤 상관관계가 있을까? 이 물음에 답하는 가장 대표적인 주장은 그로스만-크루거 가설일 것이다.[8] 이 가설에 의하면 경제성장과 환경오염 사이의 관계는 경제성장 단계에 따라 달라지는데, 경제성장 초기(대체로 일인당 국민소득 5,000달러 이하의 단계)에는 경제성장이 진척됨에 따라 환경오염과 파괴도 가속화되는 경향이 있으나, 경제성장이 상당히 이루어진 결과 1인당 국민소득이 어느 수준에 이르면(대체로 1만달러 이상의 단계) 경제성장이 진척됨에 따라 오히려 환경파괴의 정도가 감소하는 경향이 있다는 것이다. 실제로 미국이 그랬고 서구의 여러 나라들이 그랬으며, 이웃나라 일본도 그랬었다고 한다. 그래서 [그림 2-4]에서 보듯이 횡축에 일인당 국민소득을 그리고 종축에 환경오염 및 파괴의 정도를 나타내면 경제성장과 환경오염 및 파괴의 사이의 관계는 엎어진 U자형 곡선을 그리게 된다. [그림 2-4]에서 일인당 국민소득이 y일 때 경제성장과 환경파괴 사이의 정의 상관관계가 단절('delinking')된다.

이와 같이 경제성장과 환경오염 사이의 상관관계가 엎어진 U자 모양을 한다고 해서 그로스만-크루거 가설을 엎어진 U자 가설이라고 부르기도 한다. 옛날에 미국의 경제학자 쿠즈네츠가 경제성장(국민소득)과 소득불평등 사이의 상관관계를 조사해 본 결과 이런 엎어진 U자 모양을 한다는 것을 알아냈다. 그 후 이렇게 엎어진 U자 모양의 곡선을 쿠즈네츠곡선이라고 부르게 되었는데 경제성장과 환경오염 사이의 관계도 쿠즈네츠곡선의 모양을 취하고 있다는 것이다. 그래서 이 곡선을 특별히 환경쿠즈네츠곡선이라

그림 2-4 경제성장과 환경오염 사이의 관계

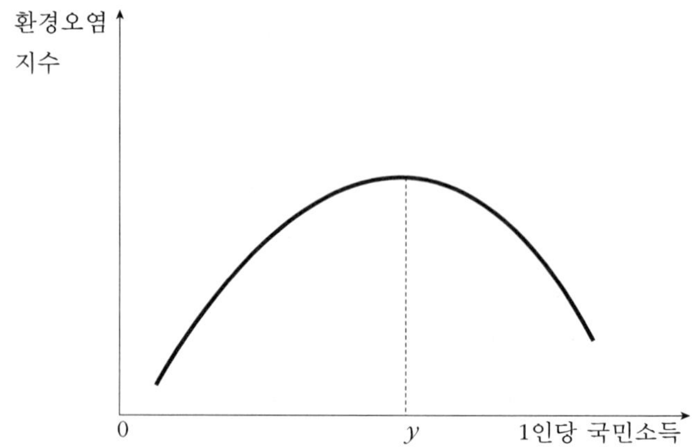

고 부르기도 한다.

이와 같이 소득수준이 어느 정도에 이르면 환경오염의 정도가 오히려 감소하는 주된 이유는 여러 가지이다. 첫째, 소득수준의 향상은 환경에 대한 국민의 인식을 높임으로써 깨끗하고 아름다운 환경에 대한 수요를 증대시킨다. 우리 옛말에도 곳간이 차야 예절을 차린다고 했으니, 생활이 궁색해서 먹고 살기 바쁘면 환경이 더러워도 신경을 쓸 여유가 없지만, 의식주가 어느 정도 해결된 다음에는 환경오염이 점차 눈에 거슬리게 되고 그래서 깨끗한 공기, 깨끗한 물, 아름다운 경치를 찾게 되고 나아가서 환경을 깨끗하게 할 여유도 부릴 수 있게 될 것이라고 생각해 봄직하다. 경제성장은 또한 우리의 소득수준을 높여 줌으로써 우리로 하여금 깨끗하고 아름답고 자연스런 환경을 즐길 수 있는 경제적 능력과 환경친화적인 상품 혹은 녹색상품을 구입할 경제적 능력을 키워 주기도 한다.

우리나라는 1990년에 와서야 일인당 국민소득이 5,000달러를 넘었다. 그래서 그런지 1990년 이후 환경문제에 대한 국민들의 목소리가 부쩍 커졌음을 보게 된다. 예를 들면, 환경문제에 대한 중앙일간 신문 보도건수가 1990년 한 해에만 5,331건이었는데, 1980년부터 1988년까지 총 보도건수가 5천 건에 채 못 미치는 정도이니, 1990년 한 해의 보도건수가 1988년까지 9년 동안의 보도건수보다 많은 셈이다. 1980년부터 1989년 사이에 보도건수가 414건에서 1,313건으로 증가하였으니 연평균 증가율은 약 76% 정도이지만 1990년대에 들어서면서 보도건수의 연간 증가율은 천% 내지 2천%로서 가히 폭발적이라 할 수 있다.[9)]

이와 같이 소득수준의 향상에 따라 국민의 환경의식이 높아지고 환경의 질에 대한 수요가 증가하면 이것이 정부의 환경개선 노력에 대한 압력으로 작용한다. 그래서 정부는 환경개선에 많은 투자를 하지 않을 수 없게 될 뿐만 아니라 또한 투자여력을 가지게 된다. 대체로 일인당 국민소득이 만달러를 넘어서면 환경개선을 위해 투자할 만큼 경제적 여유가 생기기 시작한다.

어떻든 이런 요인들 그리고 기타 요인들이 그로스만-크루거 가설을 설명하고 있는데 실증적으로도 환경쿠즈네츠곡선 현상이 여러 나라에서 관측되는 것으로 알려져 있다.[10)] 그러나 최근 들어 이 가설을 의심케 하는 현상도 많이 나타나고 있다. 몇몇 선진국에서는 환경쿠즈네츠곡선 현상이 나타나는 듯하다가 다시 경제성장과 더불어 환경오염도 비례해서 심해지는 것으로 관측되고 있다.[11)] 경제성장에 따라 환경개선이 이루어지다가 경제성장 초기단계처럼 경제성장에 따라 다시 환경오염이 심해지는 현상은 주로 자연자원을 집중적으로 소모하는 소비양태의 변화 탓인 것으로 분석되고 있다. 예를 들면, 그로스만-크루거 가설 대로라면 우리나라의 경우 1990년 이후 경제성장과 더불어 환경의 질도 개선되는 환경쿠즈네츠곡선 현상이 나타났어야 한다. 하지만 이산화유황(SO_2) 오염의 경우에만 환경쿠즈네츠곡선 현상이 뚜렷이 관측되고 있을 뿐, 다른 오염물질의 경우에는 환경쿠즈네츠곡선 현상이 나타나고 있지 않다.[12)] 1990년 이후 급격한 소득수준의 향상은 또한 우리나라 국민의 소비양태를 크게 바꾸어 놓았는데, 대체로 보면 에너지 및 자연자원을 집약적으로 사용하는 상품의 증가가 두드러졌다. 예를 들면, 에어컨, 냉장고 등 가전제품과 자동차가 급속도로 보급되었다. 하지만 이런 상품의 확산은 기술진보나 환경개선투자의 효과를 압도하면서 결과적으로 대기오염을 크게 심화시키는 요인이 되었다.

행복의 역설

성장옹호론은 소득수준의 향상이 자동적으로 국민을 더 행복하게 만든다는 생각을 바탕으로 하고 있기 때문에 행복이라든가 인간의 욕망 따위에 대해서는 거의 언급을 하지 않는 경향이 있다. 돈은 많을수록 더 행복해진다고 생각하는 사람들에게 성장옹호론은 당연해 보인다.

하지만, 생각과 실제는 다르다. 행복에 관한 그간의 수많은 과학적 연구들이 이를 여실히 보이고 있다. 지난 반세기에 선진국들은 꾸준한 경제성장을 이루어 왔다. 그 결과 선진국 국민의 소득수준 역시 계속 높아졌다. 그럼에도 불구하고 이들의 행복지수는 지난 반세기 동안 거의 변하지 않았다는 사실이 많은 학자들에 의해서 통계적으로 밝혀졌다. 예를 들면, 제2차 세계대전 이후 50년 동안 미국의 1인당 국민소득은 3배 가까이 높아졌지만 미국인의 행복지수는 높아지지 않았다. 행복하다고 느끼는 사람의 비율도 거의 변화가 없었다. 이웃 나라 일본의 경우는 더 극적이다. 1인당 국민소득은 6, 7배 늘어났지만, 일본 국민의 행복지수는 지난 수십 년 동안 제자리 걸음을 하고 있다. 이와 같이 지속적 소득수준의 향상에도 불구하고 행복지수가 높아지지 않는 현상이 거의 대부분의 선진국에서 일관성 있게 관찰되면서 '행복의 역설' 이라는 말이 나오게 되었다.[13]

물론, 행복의 역설은 주로 선진국에만 적용되는 현상이다. 가난한 후진국에서는 소득수준의 향상이 국민의 행복지수를 크게 끌어올린다. 그러므로 나라마다 소득수준과 행복 사이의 관계가 달라질 수 있다. 후진국에서부터 선진국에 이르기까지 세계 수십 개국을 대상으로 1인당 국민소득과 행복지수 사이의 관계를 조사한 연구가 무척 많은데, 잉글하트(R. Inglehart)는 그간의 연구결과들을 바탕으로 이 둘 사이의 관계를 [그림 2-5]에서 보는 곡선으로 요약하여 표현하였다. [그림 2-5]에서 횡축은 1인당 국민소득을, 종축은 행복지수를 나타내는데, 그림의 곡선은 변곡점을 중심으로 기울기가 무척 가파른 부분과 아주 완만한 부분으로 구성되어 있다. [그림 2-5]를 보면, 1인당 국민소득이 높아짐에 따라 처음에는 행복지수가 급속도로 상승하지만, 소득수준이 어느 수준을 넘어서면 그 다음부터는 행복지수가 별로 높아지지 않는다. 기울기가 가파른 부분(변곡점의 왼쪽 부분)은 소득증대가 국민의 행복감을 급속도로 높이는 영역, 즉 경제성장이 매우 큰 효과를 보이는 영역이다. 대체로 아프리카의 후진국 그리고 옛 동구권의 몇 나라가 이런 영역에 있는 나라로서 국민의 행복을 위해서 경제성장이 매우 절실한 나라들이라고 할 수 있다.

변곡점을 지나 곡선의 기울기가 아주 완만한 부분(변곡점의 오른 쪽 부

그림 2-5 **경제성장의 효용체감**

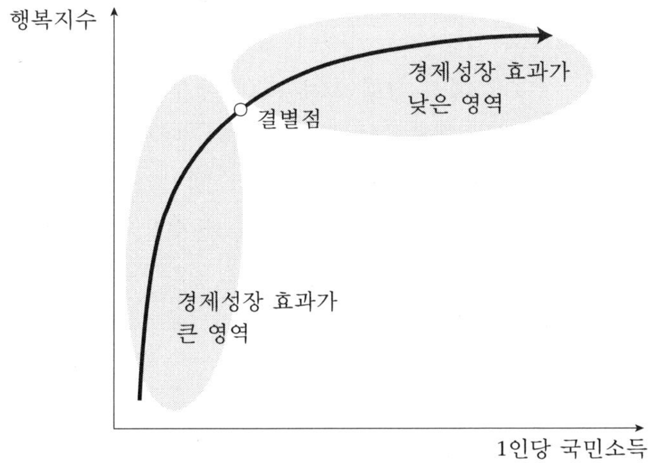

분)은 소득수준이 높아지더라도 국민의 행복에 큰 변화가 없는 영역, 즉 경제성장의 약발이 없어지는 영역이다. 선진국들은 이미 오래 전부터 이 영역에 진입해 있었다. 어떻든 [그림 2-5]의 곡선을 전체적으로 보면, 경제성장의 약발이 매우 큰 단계를 지나 일단 어느 수준에 이르면 그 약발이 급격하게 감소하는 양태를 보인다. 그래서 잉글하트는 이 곡선을 '경제성장 효용체감곡선'이라고 불렀다.[14] 대체로 보면, 1인당 국민소득이 15,000달러에서 2만달러에 이르면 경제성장의 약발이 서서히 사라지기 시작하면서 행복의 역설이 시작되는데, 바로 이 수준을 결별점(Decoupling Point)이라고 부른다. 결별점이란 소득과 행복이 갈라지면서 서로 관계가 없어지는 지점이라는 뜻이다. 우리나라는 이 결별점에 와 있다. 따라서 앞으로 지속적 경제성장을 이루더라도 국민의 행복지수는 크게 올라가지 않는 단계에 와 있는 셈이다.

물론, 그렇다고 경제성장이 전혀 필요 없다는 얘기는 아니다. 다만, 무작정 경제성장을 통해서 소득수준을 높이기보다는 사고방식과 생활양식을 바꾸어야만 더 행복해질 수 있는 단계에 들어섰음을 얘기할 뿐이다. 앞으로 우리가 더 행복해지기 위해서는 단순한 양적 팽창보다는 질적 변화가 필요하다는 말을 자주 듣게 된다.

예를 들어보자. 소득수준이 높아지면 사람들이 원하는 바도 다르게 된다. 과거 선진국의 경험에 비추어 보면, 소득수준이 높아지면서 매우 빠르게 증가하는 것은 농산물에 대한 수요도 아니고, 공산품에 대한 수요도 아니다. 깨끗하고 쾌적하고 아름다운 환경에 대한 수요가 가장 빨리 증가한다. 소득이 두 배가 됐다고 해서 하루에 세 끼 먹다가 여섯 끼를 먹지는 않으며, 청소기나 냉장고를 두 배로 늘리지는 않는다. 대체로 보면, 농산품이나 공산품에 대한 수요는 소득의 증가에 비례하지 않는다.

소득의 증가가 수요의 증가를 유발하는 정도를 수요의 소득탄력성이라고 부른다. 정확하게 말하면, 수요의 증가율을 소득의 증가율로 나눈 값을 수요의 소득탄력성이라고 한다.

$$\text{수요의 소득탄력성} = \frac{\text{수요의 증가율(\%)}}{\text{소득의 증가율(\%)}}$$

이 값이 1보다 크면 탄력적이라고 말하고 1보다 작으면 비탄력적이라고 말한다. 농산품은 대표적인 비탄력적 상품이다. 반면에 환경에 대한 수요의 탄력성은 대체로 1보다 크다. 즉, 소득탄력적이다. 수요의 소득탄력성이 크다는 것은 소득수준이 높아짐에 따라 사람들이 원하는 정도가 빠르게 증가한다는 뜻이다. 소득수준이 높아짐에 따라 농산품이나 공산품보다는 깨끗하고 아름다우며 쾌적한 환경을 더 많이 조성해 주는 것이 국민의 행복지수를 더 높이는 길이다. 그러므로 1인당 국민소득이 결별점을 통과한 다음부터는 경제성장보다는 환경보전에 더 중점을 두는, 이른바 환경친화적 경제성장을 추구해야 한다.

행복의 역설에 대한 설명

그러면 왜 선진국에서 행복의 역설이 나타나는가? 행복의 역설은 우리의 오랜 고정관념을 깨뜨리는 것이기 때문에 당연히 그 원인을 규명하려는 학자들의 연구가 대단히 많다. 한 가지 놀라운 것은 행복에 관해서는 사회과학자의 연구보다 자연과학자의 연구가 훨씬 더 많다는 것이다. 지난 반세기 홍수처럼 쏟아져 나온 행복 관련 연구의 80% 이상이 자연과학자들의 연구라는 보고도 있다. 사회과학자들의 연구 중에는 자본주의 생리와 연결해서 행복의 역설을 설명하는 이론이 특히 눈에 띄는데 그 중의 하나가 '욕망 부풀리기 이론' 이다.

흔히 인간의 행복은 소비에 비례하고 욕망에 반비례한다고 말한다. 즉, 소비를 많이 할수록 더 행복해지지만, 욕심은 많을수록 불행해진다는 것이다. 일상생활에서도 볼 수 있듯이 끝없이 욕심을 부리는 사람들은 주위 사람들을 괴롭힐 뿐만 아니라 결국 자신도 행복하지 못하다. 욕망과 소비 그리고 행복 사이의 관계를 다음과 같이 행복방정식으로 나타낼 수 있다.

$$\text{행복} = \frac{\text{소비}}{\text{욕망}}$$

이 방정식을 보면, 행복에 이르는 길은 크게 두 가지다. 그 하나는 분자(소비)를 증가시키는 것이고 다른 하나는 분모(욕망)를 줄이는 것이다. 우리 주위에서 흔히 듣는 세속철학은 소비를 크게 함으로써 행복에 이르는 길을 역설하는 반면, 고승이나 성직자들의 금욕철학은 욕망을 줄임으로써 행복에 이르는 길을 가르치고 있다고 해석할 수 있다. 두 철학 모두에 충분히 일리가 있지만 한 가지 분명한 것은, 금욕철학은 자본주의와 전혀 궁합이 맞지 않는다는 것이다. 만일 세상 사람들이 모두 금욕철학을 철저하게 실천하면서 행복을 추구한다고 하면 자본주의는 절대 번성할 수 없다. 왜 그럴까? 조금만 생각해 보면 금방 알 수 있다.

자본주의 사회가 잘 돌아가기 위해서는 우선 생산된 상품이 잘 팔려야 한다. 그래야 기업도 신나서 생산을 계속하게 되고 경제성장도 가능해진다. 그러나 상품이 잘 팔리기 위해서는 사람들이 상품을 많이 사주어야 한다. 과거 물자가 부족하던 시절에는 생산만 해놓으면 그런 대로 잘 팔렸다. 특히 생필품은 아주 잘 팔렸다. 그래서 돈 벌기도 쉬웠다. 아마도 우리나라의 6, 70년대가 그랬을 것이다.

그러나 국민의 기본욕구가 어느 정도 충족되고 대량생산체제가 정착되면 시장에서 상품이 서서히 넘쳐나기 시작한다. 과거에는 생산만 해놓으면 잘 팔렸지만, 이 때부터는 아주 잘 만들어야만 잘 팔린다. 그래서 상품을 잘 만드는 기업은 흥하고 그렇지 않은 기업은 망한다. 시장에서 기업들 사이의 경쟁도 점점 더 치열해지고 상품의 질은 점점 더 높아간다. 질 나쁜 상품은 시장에서 발을 붙이기 점점 더 어려워진다. 그런 가운데 점차 시장이 질 좋은 상품으로 넘쳐난다.

이렇게 되면 단순히 상품을 잘 만드는 것만으로는 부족하다. 질 좋은 상품이 시장에 워낙 많이 널려 있기 때문이다. 이제는 상품을 잘 만들 뿐만 아니라 사람들을 유인해서 지갑을 열게 만드는 작전이 필요해진다. 즉, 인위적으로 시장수요를 창출해서 사람들의 소비를 증가시켜야 하는 단계가 오게 된다. 시장수요를 창출하지 못하면 기업은 생산품을 시장에서 소화시킬 수 없고 그러면 이윤이 확보되지 않으니 기업은 망하게 된다. 따라서 시장수요의 인위적 창출은 자본주의 시장경제의 유지와 팽창을 위해서는 절대 절명의 과업이 된다. 인위적으로 시장수요를 창출하는 한 가지 효과적인 방법은 상품구매에 대한 소비자들의 욕구를 끊임없이 자극하고 부풀리는 것이다. 다행이도 자극하고 부풀리기에 안성맞춤인 욕구가 있다.

춥고 배고플 때는 자기 한 몸 추스르느라 정신이 없지만, 소득수준이 높아져서 일단 먹고 살 걱정이 없어지면 사람들은 슬슬 주위를 살펴볼 여유를 가지게 된다. 그리고 남들이 어떤 상품을 구매하며 남들이 어떻게 사는가에 관심을 가지기 시작한다. 즉, 남과의 비교가 우리 사회에서 점점 더 큰 비중을 차지하게 된다. 남과의 비교는 남보다 더 잘 살아보려는 욕구에서 나온다. 자본주의 사회에서 고도로 발달하게 되는 상술은 바로 이런 욕구에 불을 지핀다. 이 상술은 각 개인으로 하여금 남보다 더 잘 먹고, 더 잘 입고, 더 좋은 집에서 살고, 더 좋은 자동차를 타고 싶어하도록 유인하며 그래서 결과적으로 돈을 더 많이 쓰도록 유도하는 데에 초점을 맞춘다. 자본주의 사회에서는 소비자의 구매욕을 자극하고 부풀리는 기술이 고도로 발달하게 되며, 이런 기술을 연구하고 가르치는 경영학과나 경영대학이 최고의 인기를 끌기 시작한다.

제2차 세계대전 이후 1970년대까지 케인스 경제학으로 세계 경제학계를 휩쓸었던 영국의 저명한 경제학자 케인스는 우리 인간의 필요(needs)를 절대적 필요와 상대적 필요로 나누었다. 절대적 필요란 주위의 다른 사람들이 어떤 상태에 있는가에 관계없이 느끼는 필요이며, 상대적 필요는 주위 사람보다 더 우월해지거나 튀고 싶은 욕망에서 나온 필요이다. 절대적 필요는 대체로 기본생계에 관한 욕구에서 나온 것이다.

기본생계에 대한 욕구는 쉽게 물리는 욕구다. 맛 없는 음식은 배고픔을 해소하는 데에 효과적이지만, 계속 먹으면 금방 물린다. 평범한 옷은 추위를 막는 데 효과적이지만, 계속 입으면 금방 물린다. 경제학은 사람의 욕망이 무한하다고 가정하고 있지만, 기본생계에 관한 욕구는 무한할 수가 없다. 반면에, 남보다 더 잘 살고 싶어하는 욕망이나 출세하고 싶어하는 욕망은 물릴 줄 모르는 욕망이다. 그래서 남보다 더 잘 살고 싶어하는 욕망이나 출세하고 싶어하는 욕망은 무한한 욕망이라고 말한다. 이 말은 케인스가 한 말이다.[15)]

오늘날 상품을 팔기 위한 광고의 홍수와 각종 기발한 상술이 우리의 욕망을 부채질한다. 이웃집 부인이 새 옷을 사 입으면 나도 덩달아 새 옷을 사 입고, 이웃집이 자동차를 사면 나도 덩달아 자동차를 사고 이웃집이 큰 집을 사면 나도 큰 집을 사는 식의 과시적 소비가 또한 우리의 욕망을 부추긴다. 오늘날의 광고는 개인의 허영심, 자존심, 심지어 도덕심에 호소하는 데 있어서 고도로 지능화되어 있다. 그래서 광고된 상품을 사지 않으면 속이 상하게, 자존심이 상하게 또는 도덕적으로 부끄러움을 느끼게 만든다. 허영심에서 나온 욕망이나 향락성· 퇴폐성 욕망은 인위적으로 조장하기 쉬운 욕망들이다. 우리의 경제는 그런 욕망을 충족시켜 주기 위해서 해마다 막대한 자원을 소모한다.

그러나 문제는, 이러한 욕망의 자극과 조장이 기업들에게는 이익이 될지 모르지만, 국민의 행복을 증진하는 데에는 별로 도움이 되지 않는다는 것이다. 위의 행복방정식을 다시 보자. 경제성장으로 소비가 크게 증가한다고 하더라도 고도의 기술적 욕망조작이나 또는 기타의 요인에 의해서 욕망이 한없이 부푼다면 결과적으로 행복방정식의 분모와 분자가 동시에 증가하는 셈이니 국민의 행복은 제자리 걸음을 하게 된다. 그래서 지난 반세기 엄청난 물질적 풍요에도 불구하고 선진국 국민의 행복이 증진되지 못하고 제자리 걸음하게 된 근본적 이유는 소비의 증가와 더불어 인간의 욕망도 따라서 크게 부풀었기 때문이라는 주장이 나온다. 이런 주장을 핵심으로 하는 이론이 욕망 부채질 이론이다.[16)] 사실, 욕망 부채질 이론과 매우 비슷한 취지의 이론 19세기 후반 칼 마르크스가 이미 설파한 바 있다.

만일 소비의 증가보다 욕망의 증가가 더 크다면(즉, 분자의 증가보다 분모의 증가가 더 크다면) 경제성장으로 인한 물질적 풍요는 오히려 인간을 더 불행하게 만들 수도 있다. 설령 소비와 욕망이 똑같이 증가한다고 하더라도 경제성장이 우리 인류를 더 불행하게 만드는 요인이 된다고 환경운동가들은 경고한다. 생산과정과 소비과정에서 엄청나게 많은 환경오염물질이 배출되어 우리의 환경을 크게 파괴하고 그럼으로써 우리의 생활의 질을 크게 떨어뜨리기 때문이다.

성장불능론

성장불능론은 경제성장의 좋고 나쁨을 떠나 도대체가 이 유한한 지구에서 끊임없는 경제성장이란 그 자체가 물리적으로 불가능하다는 주장이다. 자연적 한계 때문에 지속적 경제성장은 물리적으로 불가능하다는 경종은 매우 오래 전부터 있어 왔다. 앞장에서 소개한 맬서스의 『인구론』과 리카도의 장기정체 이론 그리고 1970년대에 등장한 신 맬서스 이론이 그 예다. 리카도의 경제성장 이론이나 맬서스의 인구론에 한 가지 공통적인 점은 경제성장의 결정적인 걸림돌이 경제 내부에 있지 않고 경제의 밖에 있다는 것이다. 리카도 이론의 경우 경제성장의 한계는 궁극적으로 비옥한 토지의 부족이라는 자연적 제약이며, 맬서스의 경우에도 식량생산의 자연적 한계가 경제성장의 궁극적 제약이 된다.

경제성장을 옹호하는 일부 낙관론자들은 눈부신 기술진보가 자원고갈 문제나 환경오염문제 또는 식량문제를 해결해 줄 것이라고 말하지만 그것은 과신이다. 사실 역사적으로 보면 인류의 기술진보란 재생가능자원을 끊임없이 재생불능자원으로 대체함으로써 자원고갈을 가속화시켜 온 그러한 기술진보요 예컨대 비료투입량을 150%, 농약투입량을 300% 증가시켜서 겨우 30여%의 농산물 증산을 이루는 그런 기술진보여서 그리 믿을 만한 것이 못된다. 설령 바람직한 방향으로 기술진보가 이루어진다고 하더라도 현재까지와 같은 인구증가율과 산업생산증가율이 계속 유지되는 한 그 것은 인류의 파멸을 잘 해야 불과 몇 세기 늦추는 것에 불과하다고 『성장의 한계』의 저자들은 주장한다.[17)]

대체로 보면, 자연자원 고갈의 문제에 대한 성장옹호론자들의 낙관론은 두 가지 전제를 밑바탕으로 하고 있다. 그 하나는 자연자원과 자본 및 노동 사이의 대체성이 매우 크기 때문에 자연자원이 부족해질 때는 이를 자본이나 노동으로 대체함으로써 그 부족을 얼마든지 메워 나갈 수 있다는 것이요, 또 다른 하나는 기술진보 특히 자연자원을 절약하는 기술진보가 끊임없이 이루어지리라는 것이다.[18] 그러나 이런 전제들은 자연자원 특히 에너지자원이 풍부해서 그 가격이 매우 쌀 때나 가능한 전제들이다. 물론 과거의 추세를 보면 에너지자원은 매우 저렴한 편이었다.

그러나 에너지자원의 생산에 있어서 물리적 효율은 꾸준히 하락하고 있다. 에너지자원의 생산에 있어서 물리적 효율이란 에너지산출량의 에너지투입량에 대한 비율을 말하는데, 여기에서 에너지투입량이란 에너지자원의 탐사, 채굴, 가공, 운반 등 에너지 생산 전 과정에 소요되는 에너지의 양이다. 에너지자원의 생산에 있어서 물리적 효율이 떨어진다는 것은 말하자면 에너지 생산에 소요되는 에너지의 양이 점차 많아진다는 것, 달리 말하면, 에너지를 얻기 위해서 점점 더 많은 에너지를 써야 한다는 것을 뜻한다. 통계자료에 의하면 석유의 경우 1940년대의 물리적 효율을 100이라고 하면 1970년대의 물리적 효율은 23으로 크게 떨어졌던 것으로 추정된다.[19] 석유뿐만이 아니라 석탄에서도 비슷한 추세를 보이고 있다. 이러한 물리적 효율의 하락추세는 앞으로 주요 화석연료 전반에 걸쳐 더욱 가속화될 것으로 전망되는데, 그렇다면 에너지자원의 생산비는 앞으로 크게 오를 수밖에 없다. 에너지자원의 생산에 있어서의 물리적 효율이 계속 떨어져 왔는데도 불구하고 그동안 화석에너지의 가격이 다른 상품의 가격에 비해서 비교적 낮았던 까닭은 화석에너지에 비해서 임금이 상대적으로 높았었기 때문이었다.

자연자원, 예컨대 에너지를 다른 생산요소로 대체한다는 것 그 자체도 에너지를 소모한다. 예를 들어보자. 미국의 옥수수 생산에 소요되는 에너지의 양이 1959년과 1970년 사이의 기간 동안에 단위당 14.6%가 감소하였다. 옥수수 생산만 보면 상당한 에너지 절약이 있었다고 말할 수 있을지 모른다. 그러나 에너지를 절약하기 위해서 옥수수 생산에 이용된 트랙터니 비료, 농약 등의 생산에 소요된 에너지까지 고려하면, 옥수수 생산에 필요한 단위당 에너지는 오히려 3%가 증가하였다. 에너지 가격이 쌀 때는 에너지를 대체할 도구나 기계 등 다른 생산요소들을 값싸게 생산할 수 있었으므로 에너지 부족을 다른 생산요소로 쉽게 메울 수 있겠지만 에너지 가격이 매우 비싸질 때도 그와 같이 에너지를 다른 생산요소로 대체하기가 쉬울지는 매우 의심스럽다.

무한한 기술진보의 환상도 에너지가 매우 쌀 때나 그럴듯하다. 기술진보란 인간의 지식개발과 축적의 함수이다. 지식의 개발과 축적에도 많은 에너지가 소요됨은 물론이다. 그러나 에너지자원이 풍부해서 저렴할 때는 지식의 개발과 축적에 에너지를 아낌없이 투입할 수가 있다. 다만 그래서 지식이 얼마나 빨리 개발되느냐가 문제이다. 따라서 경제성장의 정도는 지식개발의 속도에 달려 있게 될 것이다. 다시 말해서 지식이 경제성장을 제약하는 주된 요인이 된다는 것이다. 하지만 에너지가 비싸지면 과거와 같이 지식의 개발에 에너지를 물 쓰듯 할 수가 없어질 것이고, 그러면 무한정한 기술진보는 기대하기 어렵게 된다. 따라서 자연자원이 점차 경제성장을 제약하는 주된 요인으로 부각될 것이다. 에너지자원을 얻기 위해서 점점 더 많은 에너지를 써야한다면 자연히 우리의 복지증진을 위해서 쓸 수 있는 에너지의 양은 그만큼 더 적어질 수밖에 없다.

신 맬서스 이론에 이어 소위 엔트로피(entropy)에 입각한 성장불능론이 등장하면서 많은 관심을 모았다. 그릇 속에 담긴 뜨거운 물은 밖에서 다시 가열해 주지 않는 이상 항상 식듯이, 에너지는 항상 뜨거운 쪽에서 찬 쪽으로만 이동한다. 폐쇄된 체계에 있어서 이용가능 에너지(free energy)는 끊임없이 이용불능 에너지(bound energy)로 불가역적으로 변하는데 이 이용불능 에너지의 지수를 엔트로피라고 부른다. 석탄이 타서 재가 되는 것은 이용가능 에너지가 이용불능 에너지로 변하는 것이므로 그 것은 엔트로피를 높이는 과정이다. 사람이 태어나서 나이를 먹고 늙어서 죽는 것도 엔트로피가 높아지는 과정이라고 볼 수 있다.

이 지구 전체에 대해서도 엔트로피의 법칙이 적용된다. 이 지구의 이용가능 에너지는 그 양이 한정되어 있다. 인간의 거의 모든 행동은 이 지구의 엔트로피를 높이는 요인이라고 볼 수 있는데, 그 중에서도 인간의 경제활동은 지구의 엔트로피를 급속도로 높인다. 폐쇄된 체계의 엔트로피는 낮아질 수 없으므로 범지구적인 경제성장은 지구의 엔트로피를 끊임없이 급속도로 높이다 보면 끝장이 나는 때가 오게 될 것은 뻔하다. 우리 인류로서 할 수 있는 일이란 경제성장을 최소한도로 줄임으로써 되도록이면 지구의 엔트로피를 천천히 높이는 것이다.

이와 같이 경제성장에 반대하는 사람들은 이제까지와는 전혀 다른 새로운 사회를 창조해 나갈 것을 촉구한다. 이들이 제시하는 새로운 사회의 청사진은 주장하는 사람에 따라 다양하겠지만, 한 가지 공통점은 생태의 파괴를 최소화하며, 자연자원의 보전을 극대화하고, 인구증가를 극력 억제한다는 것이다. 소위 정상상태(定常狀態, steady-state)의 경제가 바로 이런 점들을 강조하는 대표적인 청사진이라고 할 수 있다. 정상상태란 인구증가가 정지되고 기계, 기구 등 자본재의 총량이 일정하게 유지되는 상태를 말한다. 사망자의 수와 출생자의 수가 같아지고 자본재는 자연적 소모분이나 생산과정에서 소모되는 부분만 보충된다.

그렇다고 정상상태의 경제가 정체된 경제는 아니다. 쉽게 말하면, 양적 팽창은 없으되 질적 향상만 허용되는 사회라고 할 수 있다. 환경에의 영향을 최소화하면서 자본재의 총량을 일정 수준으로 유지하기 위해서는 물질적인 것의 생산은 억제되고 비물질적인 것, 예컨대, 서비스의 공급이라든가 여가에 있어서의 성장만이 최대한 허용된다. 기존의 자본주의 사회가 물질적으로는 풍부하지만 시간적으로는 여유 없이 몹시 쫓기는 사회(즉, 물질-부유, 시간-가난의 사회)였다면, 정상상태 사회는 물질적으로는 더 풍부하지는 못해도 모든 사람들이 여가를 풍부하게 즐기는 사회임을 특징으로 한다(정상상태의 구체적 내용에 대해서는 본 장 끝의 Box 참조).

커머너의 가설

대체로 보면, 경제성장옹호론자들과 비판론자들 사이의 의견충돌에서 축을 이루는 부분의 하나는 기술진보에 대한 생각이다. 성장옹호론자들은 난관을 헤쳐 나감에 있어서 우리 인류의 능력에 대해서 매우 낙관적이며 기술진보와 제도의 발전에 대하여 깊은 신뢰를 가지는 경향을 보인다. 이들은 환경문제도 이러한 연장선상에서 보기 때문에 큰 걱정을 하지 않아도 될 문제로 보는 경향이 있다. 그러나 우리 인류의 과거 역사는 기술진보가 매우 환경파괴적인 방향으로 이루어져 왔음을 잘 보이고 있다. 그래서 일찍이 미국의 저명한 환경운동가이자 정치가인 커머너(B. Commoner)는 기술진보에 대한 장밋빛 환상에 현혹되지 말 것을 촉구한 바 있다.[20)]

환경오염물질이 많이 배출될수록 환경오염은 그만큼 더 심해진다고 보고 환경오염물질의 배출량을 환경파괴의 지수로 삼아서 커머너는 우선 다음과 같은 항등식을 만들었다.

$$\text{환경파괴지수} = \text{인구} \times \frac{\text{상품생산량}}{\text{인구}} \times \frac{\text{환경오염물질배출량}}{\text{상품생산량}}$$

이 등식은 항상 성립하는 항등식이지만, 환경이 파괴되는 정도가 인구, 1인당 상품생산량, 그리고 상품생산량 단위당 환경오염물질 배출량, 이 세 가지의 변수임을 보이고 있다. 그래서 인구가 증가하면 환경이 파괴되는 정도가 심해질 것이라고 생각해 볼 수 있고, 비록 인구는 증가하지 않더라도 인구 1인당 상품생산량이 증가하면 환경파괴지수도 높아진다고 볼 수 있으며, 또한 비록 인구도 일정하고 1인당 상품생산량도 일정하다고 하더라도 상품생산량 단위당 환경오염물질 배출량이 증가하면 그만큼 환경파괴의 정도도 심해짐을 이 식은 명쾌하게 보이고 있다. 이 항등식을 각 산업별로 적용한다고 하면, 1인당 상품생산량은 해당 산업의 생산성을 나타내는 지표로 간주할 수 있다. 상품생산량 단위당 환경오염물질 배출량을 흔히 배출계수라고 하는데, 생산방법(생산기술)에 변화가 없다고 하면 환경오염물질 배출량은 대체로 생산량에 비례할 것이므로 배출계수는 일정할 것이다. 만일 종전보다도 환경오염물질을 덜 배출하는 새로운 생산기술이 채택된다면, 배출계수는 감소할 것이고 반대로 종전보다도 더 환경파괴적인 생산기술이 채택된다면 배출계수는 커질 것이다. 말하자면 배출계수는 생산기술의 환경적 측면을 요약하는 지표라고 할 수 있다.

커머너는 제2차 세계대전 이후 1970년까지의 미국의 주요 산업들에 대해서 위의 항등식을 적용하여 보았다. 이 결과 조사대상 전 산업에 걸쳐서 1인당 생산량은 현저한 증가추세를 보였다. 이는 전후 미국의 생활수준이 현저하게 증가해 왔음을 반영하는 것이다. 그런데 더욱 중요한 것은, 거의 모든 산업에 걸쳐서 생산량 단위당 환경오염물질 배출량, 즉 배출계수가 1인당 생산량의 증가속도보다 훨씬 더 빠른 속도로 증가해 왔다는 것이다. 달리 말하면, 전후 미국의 경우 국민들의 생활수준이 향상되는 정도보다 환경이 파괴되는 정도가 더 심했다는 것이다. 그 원인을 심층 분석해 본 결과 커머너는 전후 미국의 주요 산업들 전반에 걸쳐 환경파괴적인 생산방법이 환경을 비교적 덜 파괴하는 생산방법을 지속적으로 대체해 왔음을 밝혀냈다. 다시 말해서 전후 미국의 주요 산업에서는 환경우호적인 생산기술이 환경파괴적인 생산기술에 의해서 급속도로 대체되어 왔다는 것이고 바로 이 점이 전후 미국의 환경을 크게 악화시킨 주 요인이었다고 커머너는 결론지었다.

커머너의 항등식을 산업이 아닌, 국민경제 전체에 적용한다고 하면, 두 번째 변수인 1인당 상품생산량은 1인당 국민소득을 나타내는 지표, 즉 물질적 풍요를 나타내는 지표가 되며, 세 번째 변수는 생산기술의 환경에 대한 영향력을 나타내는 지표가 될 것이다. 커머너의 항등식은 국민경제의 환경에 대한 악영향을 최소화하기 위해서는 인구, 물질적 풍요도, 생산기술의 세 가지 요소들을 통제해야 함을 보이고 있다. 이 세 요소들 중에서 그 어느 하나를 집중적으로 통제할 수도 있고 그 어느 두 요소 또는 세 요소를 모두 한꺼번에 통제할 수도 있다. 만일 세 요소들 중에서 어떤 한 요소를 집중 관리하는 전략을 채택한다고 했을 때 과연 어떤 요소가 집중관리의 대상이 되는가는 나라에 따라 달라질 것이다.

예를 들어, 후진국의 경우에는 인구증가율은 매우 높은 반면, 1인당 국민소득은 매우 낮고, 외국자본에 의한 생산이 아니라면 생산기술의 환경에 대한 악영향도 낮은 편이라고 할 수 있다. 따라서 이런 나라의 환경파괴는 주로 높은 인구증가율에 기인하는 바가 클 가능성이 높다. 그러므로 이런 나라의 환경정책은 인구통제에 초점을 맞추는 것이 좋을 것이다.

그러면 선진국은 어떤가? 경제성장에 비판적인 사람들은 선진국, 특히 미국과 같이 1인당 국민소득이 높은 나라에 대해서는 1인당 소비량 통제를 강력하게 주문한다. 세계의 모든 나라들이 미국과 같이 물질적으로 풍요한 나라를 지향한다는 것은 곧 지구파멸로 돌진함을 의미하는 것으로 경제성장 비판론자들은 믿기 때문이다.

개발도상국이나 옛날 동구권 국가들의 경우에는 1인당 국민소득이 아직 그리 높지 못하기 때문에 1인당 소비량이 이 나라들에 있어서의 환경파괴의 주범으로 꼽히기에는 아직 이르다고 할 수 있다. 그러나 이런 나라들은 빠른 경제성장에 대한 열망 때문에 급속한 공업화를 서둘러 왔다. 그러다 보니 이 나라들은 과거 선진국들이 많이 썼던 환경파괴적 생산방법에 크게 의존하여 왔고 이 결과 환경파괴가 급속도로 진행되어 왔다. 따라서 대체로 이런 나라들의 환경정책은 특히 환경파괴적 생산기술의 통제에 집중되는 것이 바람직할 것이다.

커머너의 항등식을 전 세계에 적용한다면, 지구의 환경관리에 관련하여 어떤 시사점을 얻게 될 것인가? 앞에서 설명한 물질수지분석에 입각해서 볼 때, 지구의 환경파괴가 대략 자연자원의 이용량에 비례한다고 보면, 지구환경의 보전을 위해서는 선진국의 물질적 소비가 단연 중요한 통제 대상으로 떠오른다. 선진국들은 세계 인구의 26%를 차지하고 있으면서 세계 자원의 약 80% 안팎을 소비한다. 선진국 국민 1인당 자원소비량은 나머지 국가들의 국민 1인당 자원소비량의 10배가 넘으며, 선진국 국민 한 사람의 평균 에너지 소비량은 아프리카 후진국 국민 한 사람의 평균 에너지 소비량의 80배가 넘는다.[21] 그러다 보니 예를 들어서 세계 인구의 4.6%밖에 되지 않는 미국의 이산화탄소배출량이 세계 총 배출량의 20%를 차지하는 기현상이 벌어지고 있다.[22]

흔히 지구 환경파괴의 주 원인의 하나로 인구증가가 꼽힌다. 위의 커머너 항등식도 이를 시사하고 있다. 후진국은 많은 인구를 안고 있을 뿐만 아니라 그 인구 증가율은 선진국에 비해서 단연 높다. 세계의 인구증가는 후진국의 인구증가 때문이라고 보아도 과장이 아니다. 이렇게 보면, 후진국들이 지구 환경파괴의 주범인 것처럼 생각된다. 그러나 후진국에서 태어나는 10명의 지구환경에 대한 영향은 선진국에서 태어나는 한 사람의 그것보다 훨씬 적다. 선진국의 인구증가율은 이미 매우 낮기 때문에 지구의 인구증가를 억제한다는 것은 곧 후진국의 인구증가를 억제한다는 것인데, 후진국의 인구를 수십 명 줄여 봐야 선진국의 인구 한 명을 줄이는 것보다 지구환경이 개선되는 효과는 훨씬 적을 것이다. 따라서 커머너의 항등식을 전 세계에 적용한다고 했을 때, 단기적으로만 본다면, 세계의 인구증가가 지구환경에 미치는 악영향은 다른 요인에 비해서 사소할 가능성이 높다.

선진국과 후진국의 소득격차는 점점 더 벌어지고 있다. 그렇다면, 후진국의 국내총생산은 국민들의 절대적 필요도 제대로 충족시키지 못하는 반면 선진국의 국내총생산의 많은 부분은 국민들의 상대적 필요를 충족시키는 데에 소모되리라는 추측을 뒷받침한다. 결국 선진국들은 자기 국민들의 가벼운 욕망을 충족시키기 위하여 한정된 지구의 자원을 급속도로 고갈시키고 또한 지구의 환경오염을 가속화시키고 있는 셈이다. 바로 이러한 이유 때문에 경제성장 비판론자들이 선진국의 무모한 경제성장 그리고 환경파괴적 생활양식에 대한 자제를 강력하게 촉구한다.

고도성장기의 한국의 산업화와 환경오염

세계 제2차대전 이후 주요 산업별로 기존 생산기술에 대한 환경파괴적 생산기술의 급속한 대체가 전후 미국의 심각한 환경오염의 주된 요인이었다는 커머너의 결론은 아마도 선진국이라는 나라에서는 보편적으로 나타나는 현상이라고 할 수 있다. 우리나라도 그 예외는 아니다. 커머너의 모형을 일본과 우리나라에 적용해 본 연구 모두 커머너의 연구결과와 매우 비슷한 결과를 얻었다.[23)]

우리나라의 경우 1970년대와 1980년대는 전 세계적으로 드물게 보는 고도 경제성장을 이룬 시기였다. 그러나 이 시기는 동시에 우리나라의 환경오염이 본격화된 시기이기도 하다. 1965년과 1979년 사이에 우리 경제의 총 에너지 소비는 3배 정도 증가했음에 반해 당시 대표적인 대기오염 물질인 황산화물 배출량은 아홉 배나 증가한 것으로 추정된다.[24)] 이 기간 동안에 1인당 에너지소비량은 2.5배 정도 증가했음에 반해 1인당 황산화물 배출량은 거의 7배 증가한 것으로 계산된다.

전력생산의 경우에도 비슷한 경향을 읽을 수 있다. 1962년과 1978년을 비교할 때 총 전력생산은 16배쯤 증가했으나 전력생산으로부터의 황산화물 배출량은 거의 20배 증가한 것으로 추정된다. 에너지 생산이나 전력 생산이 이렇게 환경파괴적으로 변한 이유는 화력발전의 급속한 증가와 연료소비에서 중유의 비중이 압도적으로 커졌기 때문이라고 할 수 있다.

1980년에 들어 와서도 커머너가 말하는 현상은 여전히 대세를 이루어 온 것으로 보인다. 1980년대는 1970년대 후반부터 추진되어 온 중화학공업 정책이 본격화되면서 연 10%에 가까운 고도의 경제성장을 이루었던 시기로 꼽힌다. 경제성장이 빨랐던 만큼 각종 환경오염물질의 배출량도 급속도로 증가하여 환경오염도 가속화되었으리라는 것은 쉽게 짐작할 수 있다. 그런데 문제는 그런 기록적인 빠른 경제성장보다도 환경오염물질 배출량이 더 빠른 속도로 증가되었다는 데에 있다.

이렇게 된 배경에는 특정 환경오염 산업들의 급성장이 있었다. 예를

정상상태

기존의 자본주의 사회에서는 주어진 시간 안에 최대한 많이 생산하는 것, 즉 노동의 생산성이 크게 강조되었다. 이 결과 자본주의 이전에 비해서 노동의 생산성이 급격히 높아졌다. 노동의 생산성이 매우 높아졌다는 것은 한 시간 동안 생산할 수 있는 양이 매우 많아졌다는 것을 의미한다. 달리 말하면, 시간이 그만큼 상대적으로 값어치가 높아졌다는 것이다. 경제학 전문용어로 말하면, 시간의 기회비용이 커졌다는 것이다. 이렇게 되다 보니 사람들은 직장에서의 시간당 높은 생산성에 걸맞게 직장 밖에서의 여가시간도 최대한 알차고 강도 높게 보내려고 한다. 자본주의 사회와 같이 물질만능주의 사회에서 여가시간을 최대한 알차고 강도 높게 보내는 방법은 주어진 여가시간을 최대한의 물질적 소비로 채워 넣는 것이다. 다시 말해서 다음과 같이 여가시간당 소비량이 직장에서의 근무시간당 생산량이 균형이 이루어지게 하는 움직임이 있게 된다는 것이다:

$$\frac{\text{소비량}}{\text{여가시간}} = \frac{\text{생산량}}{\text{근무시간}}$$

여가시간을 이와 같이 보내려고 하다 보니 단시간에 손쉽게 소비하고 즐기는 활동들이나 시설들, 예를 들면 쇼핑, 간이음식점, 노래방, 전자오락실, 24시간 편의점, 외식산업, 향락산업 등이 발달하게 되는 반면, 시간을 많이 소모하는 활동, 예를 들면 친구 사귀기, 아이보기, 어른 모시기, 사람들 사이의 진지한 대화, 명상, 반성 등과 같은 활동들은 점차 희생되는 경향이 있게 된다. 말하자면 '시간집약적 활동'들이 '소비집약적 활동'에 밀려나는 경향이 있게 된다는 것이다. 물론 소득증대가 시간집약적 활동의 가능성을 높이고는 있다. 그러나 광고 및 고도의 상술 등 소비집약적 활동을 자극하는 요인들이 그럴 가능성을 계속 지연시킨다.

들면, 석유화학제품, 금속제품, 피혁제품, 식료품, 종이제품 등을 생산하는 산업의 급신장이 산업폐기물 배출량의 증가에 크게 기여한 것으로 나타났으며, 펄프·지류 제조업, 비금속제조업, 비료·농약 등과 같은 화학제품 제조업의 비중이 크게 늘어나면서 수질오염이 빠르게 악화되었던 것으로 나타났다. 대기오염물질의 경우에는 대체로 전력부문의 기여가 두드러진 것으로 나타났다.[25)]

우리나라의 경우 이런 산업구조의 변화와 함께 환경오염을 가속화시킨 또 하나의 주된 요인은 수출구조의 변화다. 환경오염을 현저하게 유발하면서 만들어지는 상품에 대한 수출이 늘어나면 국내의 환경오염도 그만큼 더 심해질 것이다. 예를 들면, 피혁제품의 생산은 수질을 심하게 오염시키는 이런 소비집약적 활동, 특히 물질적 소비집약적 활동들이 자연자원 고갈 및 환경오염의 형태로 환경에 악영향을 미치는 활동들이다. 따라서 환경에 대한 부하를 최소화하면서도 생활의 질을 높이기 위해서는 과거의 물질적 소비집약적 활동들은 최대한 억제되면서 시간집약적 활동들이 최대한 장려되어야 할 것이며, 이것이 바로 정상상태의 경제가 지향하는 바이다. 물질적 소비집약적 활동들이 시간집약적 활동들에 의해서 대체되기 위해서는 물질적인 것의 상대가격이 높아져야 하는데, 정상상태를 유지하면서 여가를 최대한 증대시키는 기술진보를 통해서 이것이 가능해진다고 델리는 주장한다.[26)]

정상상태의 경제에서도 기술진보는 계속 강조되고 중요시되는데, 다만 과거나 현재의 자본주의에서는 기술진보의 열매를 주로 물질적 재화의 형태로 거두어졌음에 반해서 정상상태에서는 기술진보의 열매가 여가나 서비스의 형태로 거두어진다는 점에서 큰 차이가 있다. 물론 과거 자본주의 사회에서도 기술진보가 여가를 증대시켜 왔다. 경제성장을 옹호하는 학자들은 특히 이 점을 강조한다. 그러나 통계적으로 보면, 과거 선진국의 경제성장이 여가를 크게 증대시켜 왔다는 주장은 매우 과장된 주장이다. 여기에서 지적해 둘 것은 이와 관련된 자본주의의 모순이다. 예를 들어, 어떤 상품을 종전과 동일한 노동시간으로 종전보다 2배 더 많이 생산하는 기술진보가 있었다고 하자. 그렇다면 이 상품의 생산에 종사하는 모든 사람들은 종전에 주당 6일 일했다면 이제는 주당 3일 일하면서도 종전과 똑같은 소득을 올릴 수 있고 또 그래야 옳을 것같다. 그러나 자본주의 경제에서는 이런 식의 결과가 나오기보다는 생산에 종사하던 사람들의 절반을 실업자로 내몰고 나머지 사람들은 전과 같이 주당 6일 일하는 식의 결과가 나오는 것이 상식적이다. 정상상태의 경제는 앞의 결과를 담보하는 상태이다.[27)]

데, 피혁제품의 수출이 경제성장률보다 빠른 속도로 증가하면 자연히 국내 수질오염이 심해질 수밖에 없다. 실제로 우리나라의 경우 1980년과 1986년 사이에 7가지 주요 환경오염물질의 배출량변화 추세를 분석해 본 결과에 의하면, 수출구조의 변화(환경오염을 유발하는 수출상품의 비중 증가)가 이 모두에 걸쳐서 배출량을 증가시키는 가장 두드러진 요인이었던 것으로 나타났다. 수출구조의 변화가 특히 특정산업폐기물 발생량의 급증으로 이어졌으며, 수질오염의 경우에는 수출구조의 변화가 생물학적 산소요구량(BOD)보다는 화학적 산소요구량(COD)을 크게 증가시켰다.

잘 알려진 바와 같이 우리나라 경제정책의 핵심은 수출 주도 성장전략이었다. 그러나 이러한 분석결과를 보면, 그런 수출 주도의 고도경제성장이 또한 우리의 환경을 값싸게 이용하면서 이루어진 것임을 알 수 있다. 수출은 경제입국의 원동력이 되었지만, 동시에 우리나라의 환경오염을 심화시킨 주범이기도 하다. 이런 점에서 보면, 수출은 빛과 그림자를 동시에 가지고 있다고 말할 수 있다.

정리

• **경제성장옹호론**

경제성장과 환경오염 사이에는 대립관계가 있는 것은 아니다. 이론적으로는 이 둘 사이에는 직접적인 관계는 없다. 경제성장은 미래를 위해서 현재를 얼마나 희생하느냐에 직결된 문제이고 환경오염문제는 현재에 있어서 주어진 자원을 효율적으로 잘 이용하지 못함으로 인해서 발생하는 문제이다. 따라서 환경을 심하게 오염시키지 않으면서도 얼마든지 높은 경제성장을 달성할 수 있다.

• **경제성장비판론**

경제성장의 사회적 득과 실을 따져 보면 우리는 더 이상의 경제성장을 굳이 고집할 필요가 없다. 결국 우리에게 중요한 것은 행복이다. 경제성장 옹호론은 돈이 많을수록 행복해진다는 고정에 근거하고 있다. 그동안 지속적인 경제성장이 1인당 국민소득을 증가시킴으로써 물질적 풍요를 가져다 준 것은 사실이지만, 1인당 국민소득이 2만불대를 넘어서면 소득수준의 향상이 국민의 행복을 증진시키지 않는다는 사실이 통계적으로 그리고 과학적으로 밝혀지면서 '행복의 역설'이라는 말이 생겼다. 이제 더 이상의 빠른 경제성장은 물질적 풍요를 통한 행복증진보다는 환경오염, 자원고갈, 사회갈등, 인간소외, 범죄 등으로 인한 불행의 측면을 더 크게 한다. 자본주의는 우리의 욕망을 끝없이 부추김으로써 우리로 하여금 끊임없이 부족감에 시달리게 하고 고달프게 한다. 이제 소득수준의 향상만을 지향하는 막연한 경제성장보다는 국민의 진정한 행복, 분배의 정의, 환경개선 등 다른 더 중요한 가치를 반영한 현명한 경제성장을 추구해야 한다.

• **성장불가론**

경제성장의 좋고 나쁨을 떠나 도대체가 이 유한한 지구에서 끊임없는 경제성장이란 그 자체가 물리적으로 불가능하다. 고전경제학을 확립한 리카도의 장기정체이론, 맬서스의 인구론, 1972년 로마클럽 보고서인『성장의 한계』등이 이런 주장을 내용으로 한다. 이어서 나타난 엔트로피 이론에 의하면, 인간의 거의 모든 행동은 이 지구의 엔트로피를 불가역적으로 높이는 요인이다. 그 중에서도 인간의 경제활동은 지구의 엔트로피를 급속도로 높인다. 폐쇄된 체계의 엔트로피는 낮아질 수 없으므로 범지구적인 경제성장은 지구의 엔트로피를 끊임없이 급속도로 높이다 보면 끝장이 나는 때가 오게 될 것은 뻔하다. 우리 인류로서 할 수 있는 일이란 경제성장을 최소한도로 줄임으로써 되도록이면 지구의 엔트로피를 천천히 높이는 것이다. 성장가능론은 우리 인류의 기술진보 가능성을 과신하는 경향이 있다. 커머너의 가설이 보이듯이, 과거의 수많은 기술진보가 환경파괴적인 것이었다.

03

환경문제에 대한 경제적 분석의 기본 틀

1. **공공재와 외부효과의 문제**
   공공재와 환경문제/ 외부효과와 환경문제/ 외부효과의 내부화와 환경정책/ 공공재와 외부효과의 관계/ 공유의 비극
2. **환경정책의 목표**
   적정 환경오염의 개념/ 환경오염피해의 개념/ 환경오염피해의 체증성/ 환경의 이용으로 인한 경제적 이익의 측면/ 적정 환경오염 수준의 결정/ 최적화 정책과 비용최소화 정책/ 환경오염물질 적정 감축량과 다양한 감축방법

환경문제에 대한 경제적 분석의 기본 틀

1. 공공재와 외부효과의 문제

공공재와 환경문제

환경문제의 근본적 원인이 환경에 관해서 시장이 상과 벌을 거꾸로 주기 때문이라고 제1장에서 말했는데, 상과 벌을 거꾸로 주는 이유를 좀 더 경제학적으로 살펴보면 환경재의 특성과 관련된다. 예를 들어서, 공기가 깨끗해지면 모두에게 이롭다. 우리나라 대도시의 공기를 설악산의 공기처럼 깨끗하게 만들면 대도시 시민은 일제히 그 깨끗해진 공기를 마음껏 즐길 수 있다. 어떤 특정인들만 혜택을 받고 나머지 사람들은 혜택을 누릴 수 없게 대도시의 공기를 깨끗하게 만들 수는 없다. 예를 들어서 세금을 내지 않은 사람들을 빼고 나머지 사람들만 깨끗한 공기를 즐기게 할 수 없다.

또 다른 예를 들어보자. 지구온난화로 일기가 점점 더 변덕스러워진다고 한다. 어느 지역에는 갑자기 폭우가 쏟아져 도심의 교통이 마비가 되는가 하면 어느 지역은 긴 가뭄으로 목이 탄다. 기습한파가 몰아쳐 수많은 사람들이 감기로 고생하는가 하면, 어느새 꽃이 필 정도로 겨울 날씨가 따뜻해진다. 태풍도 점점 더 강해지고 있다. 그러므로 정확한 일기예보가 점점 더 중요해진다. 일단 정확하게 일기예보를 하면, 대한민국 국민 모두가 그 혜택을 받게 된다. 이 때에도 특정인들을 제외하고 나머지 사람들만 혜택을 누리도록 일기예보 서비스를 제공하기 매우 어렵다.

이와 같이 특정인들을 배제하고 나머지 사람들만을 상대로 선별적으로 혜택을 제공할 수 없는 특성을 경제학에서는 비배제성(非排除性)이라고 한다. 아름다운 경치도 비배제성을 갖는다. 설악산을 아름답게 잘 보존하면 누구나 그 아름다움을 즐길 수 있다. 어떤 특정인을 빼고 나머지 사람들만 즐길 수 있도록 설악산을 아름답게 가꾸기가 매우 어렵다.

이 비배제성이라는 특성은 경제적으로 매우 중요한 의미를 가진다. 왜냐하면, 돈벌이의 대상으로 삼기가 심히 곤란하기 때문이다. 어떤 것이 돈벌이가 되기 위해서는 우선 돈을 안 내는 사람을 빼고 돈 내는 사람에게만 그것을 공급할 수 있어야 한다. 빵이나 라면장사가 돈벌이가 되는 이유는 돈을 내는 사람만 골라서 팔 수 있기 때문이다. 다시 말해서 돈을 안 낸 사람을 배제시키기가 쉽기 때문이다. 빵이나 라면과 같이 특정인을 배제하고 나머지 사람들에게만 선별적으로 공급할 수 있을 때 이런 상품은 배제성을 갖는다고 말한다. 보통 시장에서 거래되는 상품들은 이런 배제성을 갖는 것들이다.

반면에 환경을 개선하는 행위가 돈벌이가 될 수가 없는 이유는 돈을 안 내는 사람을 빼고 돈을 내는 사람에게만 선별적으로 환경개선의 혜택을 베풀기가 무척 어렵기 때문이다. 예를 들어서, 일단 대도시의 공기를 깨끗하게 만들어 놓으면 돈을 낸 사람이나 안 낸 사람이나 모두 그 혜택을 누릴 수 있다. 돈을 내지 않은 사람들은 빼고 나머지 사람들에게만 혜택이 돌아가도록 대도시의 공기를 깨끗하게 만들기는 거의 불가능하다. 돈을 내지 않아도 즐길 수 있는데 누가 돈을 내려고 할 것인가. 요컨대, 비배제성 탓으로 환경개선 행위는 돈을 벌 수 없다. 달리 말하면 환경을 개선하는 행위는 상을 받지 못한다는 것이다. 환경을 개선하는 활동이 활발해질 수가 없다.

환경재는 이런 비배제성 이외에 또 하나의 특성을 가지고 있다. 예를 들면, 일단 대도시의 대기가 깨끗해지면, 어떤 특정인이 얼마나 혜택을 받았느냐가 다른 사람들이 누릴 혜택에 영향을 주지 않는다. 어떤 사람이 대도시의 깨끗해진 공기를 더 많이 즐겼다고 해서 다른 사람이 손해를 보는 일은 없다. 그러므로 깨끗한 대기를 놓고 시민들이 서로 많이 가지려고 다툴 필요가 없다. 이러한 특성을 경제학에서는 비경합성(非競合性)이라고 한다. 아름다운 경관 역시 비경합성을 가진다. 어떤 사람이 내장산의 아름다운 단풍경치를 쳐다보고 즐긴다고 해서 다른 사람들의 눈에 들어오는 단풍의 경치가 우그러들거나 손상되지 않는다.

이런 점에서 환경재는 보통 상품과는 구별된다. 예컨대, 일정량의 빵이 일단 생산된 다음에는 어떤 특정인이 그 일부를 소비하면 그가 소비한 만큼 다른 사람이 소비할 수 있는 양이 감소한다. 어떤 사람이 많이 차지하면 다른 사람들의 몫은 그만큼 감소한다. 따라서 그 한정된 빵을 놓고 소비자들은 경합관계에 놓이게 된다. 이런 특성을 경합성이라고 한다. 바로 이 때문에 경합성을 가진 상품을 취득할 때에는 반드시 응분의 대가를 지불해야 한다. 얼마만큼을 지불해야 하는가? 다른 사람에게 피해를 주지 않을 만큼 지불해야 한다. 예를 들어 내가 빵을 하나 먹었다고 하면 분명히 누군가가 나 때문에 빵을 못 먹게 될 것이다. 나는 그 사람에게 피해를 입히게 된다. 이 제3자에 대한 피해를 예방하는 방법은 빵 장사에게 빵 값을 지불함으로써 빵이 한 개 더 생산되게 만들어 놓는 것이다.

이와 같이 빵이나 라면은 배제성을 가지면서 동시에 경합성을 가지는데, 이 두 가지 특성을 모두 가진 재화를 사적재(私的財) 혹은 민간재(民間財)라고 부른다. 시장에서 거래되는 대부분의 상품이 사적재다. 사적재와는 정반대의 성격을 가진 재화, 즉 비배제성과 비경합성을 가진 재화를 공공재(公共財, public good) 혹은 순수공공재라고 한다.

흔히 여러 사람들이 이용하거나 공익에 관계되는 것을 막연하게 공공재라고 부르는 경향이 있다. 그러나 경제학에서 말하는 공공재는 그런 막연한 개념이 아니라 비배제성과 비경합성을 가진 재화를 의미한다. 위에서 예로 든 일기예보 외에 경제학 교과서에 자주 꼽히는 대표적인 공공재는 국방, 치안, 등대 등이다. 서울시의 치안이 잘 유지되면 서울 시민이나 서울에 오는 사람들은 누구나 안심하고 살 수 있으며 마음 놓고 밤 늦게까지 길거리를 활보할 수 있다. 누가 그 혜택을 더 많이 받았다고 해서 다른 사람에게 지장을 주지 않으며, 어느 특정인, 예컨대 세금을 내지 않은 사람이나 외국인을 빼고 나머지 사람들에게만 그 혜택이 집중되게 할 수도 없다. 깨끗한 환경은 대부분의 경우 비경합성과 비배제성을 가지기 때문에 공공재의 일종이라고 할 수 있다.

공공재들은 비록 사회적으로는 꼭 필요한 것들이지만 돈벌이의 대상이 잘 되지 않기 때문에 자연히 아무도 공공재를 생산해서 시장에 내놓으려고 하지 않는다. 다시 말해서 시장에서 충분한 상을 받지 못하기 때문에 잘 공급되지 않는다는 것이다. 특별한 부수입(예컨대 광고수입)이 없으면 민간기업은 일기예보 서비스를 제공하려고 하지 않으며, 깨끗한 대기, 깨끗한 강물, 아름다운 경치 등도 공급하려고 하지 않는다. 그러므로 정부가 나서지 않으면 공공재가 공급되지 않거나 지나치게 적게 공급되어 사회적인 문제가 발생한다. 즉, 시장은 공공재의 충분한 공급에 실패한다. 그래서 공공재는 시장의 실패의 대표적인 사례로 꼽힌다.

공공재는 비배제성 탓으로 시장에서 충분한 상을 받지 못한다고 언급하였는데, 그렇다면 비경합성의 경제적 의미는 무엇인가? 우선, 비경합성은 수요의 개념을 아주 애매하게 만든다. 예를 들어서 A는 일기예보를 하루에 3번 방송해 주기를 원하고, B는 5번 방송해 주기를 원하며, C는 열 번 방송해 주기를 원한다고 해보자. 그렇다면 하루에 몇 번 방송하는 것이 좋을까? 고민할 필요가 별로 없다. 하루에 10번 방송해 주면 세 사람이 원하는 것을 모두 다 들어줄 수 있다. 이와 같이 비경합성을 가진 재화의 경우에는 수요가 가장 큰 사람의 요구만 들어주면 나머지 사람들의 수요는 자동으로 충족된다. 따라서 비경합성을 가진 재화의 경우에는 각 개인의 수요를 합친다는 것은 별 의미가 없다. 그러나 경합성을 가지는 사적재의 경우에는 전혀 그렇지 못하다. 예를 들어서 A는 빵 3개를 원하고, B는 5개를 원하며, C는 10개를 원한다고 해보자. 수요가 가장 큰 C의 요구를 들어주더라도 A와 B의 수요는 충족되지 못한다. 경합성 탓이다.

어떤 재화가 비경합성을 가진다는 것은 돈벌이의 대상으로 삼아서는 곤란함을 의미하기도 한다. 깨끗한 공기든, 아름다운 경치든, 혹은 일기예보든 되도록이면 더 많은 사람들이 더 많이 즐기도록 해주는 것이 경제적으로 더 바람직하다. 남에게 피해를 주지 않고 누구나 마음껏 즐길 수 있다는 특성, 즉 비경합성 때문에 그렇다. 그러므로 설령 특정인을 배제시키고 선별적으로 공급할 수 있다고 해도 그래서는 안 된다. 만약 돈을 벌 요량으로 비경합성을 가진 재화에 가격을 붙인다면, 돈이 없거나 비싸다고 생각하는 사람들은 배제된다. 그만큼 즐기는 사람들의 수가 감소하며 따라서 총혜택도 감소한다.

구체적인 예를 들어보자. 100억원의 돈을 투자해서 일기예보시설을 만들고 일기예보를 했다고 하자. 비경합성 때문에 어느 특정인이 다른 사람들에게 아무런 피해를 주지 않는다면 왜 이 사람이 돈을 지불해야 하는가? 이 사람이 일기예보를 들었다고 해서 일기예보 비용이 추가되는 것도 아니다.

일단 100억원의 돈을 들여서 일기예보시설을 만들고 일기예보를 하면, 100만명이 일기예보를 들으나 500만명이 들으나 비용은 여전히 100억원으로 똑같다. 일기예보를 듣고 혜택을 받는 사람의 수가 늘어날수록 그 100억원 투자로 인한 사회적 총혜택은 점점 더 커진다. 그렇다면 되도록 많은 사람들이 일기예보를 듣고 혜택을 받게 하는 것이 최소의 비용으로 최대의 효과를 달성하는 길이다. 이와 같이 즐기는 사람의 수(소비 규모)가 커짐에 따라 사회적 이익 한 단위당 비용이 점차 감소하는 현상을 흔히 소비에 있어서 규모의 경제라고 부르기도 한다. 어떻든 환경개선의 이익과 같이 비경합성을 가지는 경우에는 대가의 지불 여부에 상관없이 누구나 그 혜택을 누리도록 하는 것이 경제원칙에 부합한다.

외부효과와 환경문제

이와 같이 환경개선이 공공재의 문제를 안고 있다고 하면, 환경을 오염시키고 파괴시키는 행위에 대하여 시장이 충분한 벌을 주지 못하는 데에는 어떤 구조적인 문제가 있을까? 경제학적으로 말하면, 기업이나 소비자 각각이 계산을 똑바로 하지 않고 행동한다는 데에 문제가 있다.

경제학은 각 개인이 시장에서는 손익계산에 따라 행동한다고 본다. 예를 들면, 사람들이 자장면을 사먹을 것인가 말 것인가를 결정할 때, 그 자장면을 먹었을 때의 즐거움과 자장면 가격을 비교해 본 다음 즐거움이 가격보다 크면 자장면을 사먹고 그렇지 않으면 사먹지 않는다. 기업이 어떤 상품을 만들어 팔 때에는 수익과 비용을 비교해 가면서 얼마만큼을 생산하여 시장에 내다 팔 것인가를 결정한다. 이와 같이 경제학은 인간이 얻는 것과 잃는 것을 꼼꼼히 비교한 다음 가장 이익이 되는 것을 찾아 선택하는 존재라고 본다. 손익계산을 잘 해야만 어떤 것이 최선인지를 알 수 있고 따라서 합리적으로 행동할 수 있다. 인간이 합리적으로 행동한다는 것은 경제학의 가장 기본적인 가정이다.

근래 신경심리학자들이나 두뇌과학자 등 첨단 분야 과학자들은 경제학의 그런 가정을 의심케 하는 실증 자료를 무수히 많이 제시하고 있다. 이들의 얘기를 들어보면, 실제에 있어서는 대다수의 사람들이 경제학 교과서에 나오듯이 그렇게 합리적으로 행동하지 않는다. 70여 년 전 케인스도 주장하였듯이 이 불확실한 세상에서 일일이 손익계산을 해가며 합리적으로 행동할 여지는 별로 많지 않아 보인다. 그럼에도 불구하고 경제학은 인간이 합리적으로 행동한다는 가정을 계속 고집하고 있다. 그렇다고 해서 모든 사람이 항상 손익계산을 똑바로 하면서 합리적으로 행동한다고 우기지는 않는다. 예외적인 상황이 있다는 것을 경제학자도 인정한다. 환경을 이용할 때가 바로 그 예외적인 상황이다. 그렇다면, 환경을 이용할 때 소비자나 기업들이 어떤 식으로 손익계산을 하는가. 경제학자들은 바로 이 점에 주목한다.

상수원 부근 강변의 음식점들을 예로 들어보자. 이 업소들이 마구 방출하는 폐수가 상수원을 더럽히고 그래서 하류의 수백 만 시민들이 더러운 물을 마시게 되는 엄청난 피해가 발생한다. 그러나 손익계산을 할 때 이들은 오직 자신들의 호주머니만 생각한다. 그래서 인건비나 재료비, 공공요금 등 자신들의 호주머니에서 나가는 비용과 자신들의 호주머니에 들어오는 수입만 비교한다. 이들은 하류의 시민들이 당하는 피해를 무시한다. 왜냐하면, 그것은 다른 사람들이 당하는 손실일 뿐 이 업소들의 호주머니와는 아무런 상관이 없기 때문이다. 그러나 사회 전체적으로 보면 수질오염으로 인하여 하류의 시민들이 당하는 피해도 엄연히 손실이다. 그럼에도 불구하고 업소들은 이를 무시하기 때문에 지나치게 많은 폐수를 배출하게 되고 그래서 수질오염이 심해진다.

일반적으로 시장에서는 다른 사람에게 피해를 주었을 때는 반드시 보상이 뒤따른다. 예를 들어서 어느 기업이 노동자를 고용하면, 그 사람의 여가를 뺏는 피해를 주지만 이에 대해서는 임금이라는 보상이 지불된다. 다른 사람의 돈을 빌려 썼으면 반드시 이자를 갚아야 한다. 소비자의 경우에도 마찬가지다. 어떤 사람이 라면을 50개 산다는 것은 다른 사람들이 살 수 있는 라면의 양을 50개만큼 감소시킴으로써 이들에게 피해를 입히는 행위이다. 라면을 살 때에 돈을 지불하는 이유는 바로 이 피해에 보상하기 위함이라는 것은 앞에서 이미 설명한 바이다. 그런 응분의 가격을 지불해야만 시장이 제대로 작동할 수 있으며 결과적으로 우리의 한정된 자원이 효율적으로 이용될 수 있다. 어떤 활동이 사회적 피해를 초래할 때에는 그 활동의 주체가 반드시 이 피해에 대하여 응분의 대가를 치러야 한다는 것이 시장의 대원칙이다.

이 대원칙이 지켜지지 않을 때 시장의 실패가 발생한다고 말하는데, 환경오염원인자들은 이런 대원칙을 무시한다. 위에서 예로 든 강변의 폐수배출업소는 하류 시민들이 당하는 수질오염피해를 무시하면서 이에 대하여 아무런 대가를 치르지 않는다. 이와 같이 사회적으로 볼 때 엄연히 손실이 있음에도 불구하고 개인의 손익계산에서 무시되는 제3자의 피해를 경제학에서는 '외부효과(外部效果, external effect)' 라고 부른다.

말 그대로 외부효과란 각 개인의 '손익계산 밖에 있는 효과' 다. 환경오염물질의 배출로 인한 제3자의 손실은 환경오염원인자의 손익계산 밖에 있는 효과, 즉 외부효과다. 환경오염은 전형적인 외부효과로 꼽힌다. 만일 이들로 하여금 하류 시민들의 수질오염피해에 대하여 응분의 대가를 치르게 했다면, 이들은 폐수배출을 자제하였을 것이고 이 결과 수질오염피해는 줄어들었을 것이다.

그렇다고 위에서 예로 든 강변의 폐수배출업소가 손익계산을 틀리게 했다고 말할 수는 없다. 각 업소의 입장에서 보면, 자신의 호주머니에 들어오는 것과 나가는 것을 철저하게 비교하면서 장사를 하는 것은 합리적이다. 자신들과 직접적 관계가 없는 하류의 수질오염피해를 굳이 자신들의 손익계산에 반영할 필요가 없다. 그러나 업소의 입장을 떠나 사회 전체의 입장에서 보면 얘기가 많이 달라진다. 경영학과 달리 경제학은 사회 전체의 차원에서 손익계산을 하는 학문이다. 경제학의 입장에서 보면(달리 말해서 각 개인의 입장을 떠나서 사회 전체의 입장에서 보면), 각 업소들이 하류의 수질오염피해를 자신들의 손익계산에 반영하여 행동해야만 시장의 실패가 발생하지 않는다.

요컨대, 환경을 이용하는 경우, 개인의 입장에서 본 손익계산과 사회적 입장에서 본 손익계산이 달라진다는 것이다. 각 환경오염원인자가 개인적 입장에서만 손익계산을 하면서 행동하면 환경오염이 점점 더 심해진다. 환경오염문제는 개인이 합리적으로 행동한 결과가 사회적으로도 합리적인 행동이 아님을 여실히 보이고 있다. 경제학자도 이 점을 인정한다. 허나, 대부분 보통의 경우 개인이 합리적으로 행동한 결과는 대체로 사회적으로도 합리적이라고 본다. 다만, 환경을 이용하는 상황과 같이 특수한 상황에서만 개인적 손익계산과 사회적 손익계산이 달라지고 그래서 개인의 입장에서 합리적인 것이 사회적 차원에서는 합리적이지 못한 결과가 된다. 그렇다면,

환경문제 해결의 핵심은 개인의 손익계산이 사회적 손익계산과 같게 함으로써 결과적으로 개인의 합리적 행동이 사회적으로도 합리적이 되도록 만드는 것이라고 말할 수도 있다.

외부효과의 내부화와 환경정책

경제학에서 문제삼는 외부효과는 보통 제3자에게 미치는 '직접적 영향' 만을 의미하다. 예를 들면, 매연을 내뿜는 공장이 근처의 주민들에게 직접적으로 불쾌감이나 건강피해를 입힌다든지 혹은 상류의 가죽공장이 폐수를 대량 방출하여 강물을 오염시킨 결과 물고기가 죽기 때문에 하류의 어부들이 큰 손해를 본다든지 등 다른 사람들의 생산이나 다른 사람들의 복지에 직접적으로 가해진 영향을 의미한다.

물론, 간접적으로 다른 사람들에게 나쁜(혹은 좋은) 영향을 미칠 수도 있다. 예를 들어서, 어떤 대기업이 앞으로 공장을 지으려고 어느 지역의 땅을 대규모로 매입한 결과 그 주변의 땅값과 임대료도 덩달아 크게 올라갔다고 하자. 이렇게 되면, 주변의 땅을 살려는 사람들이나 임대하려는 사람들은 갑자기 종전보다 더 비싼 가격을 치러야 한다. 그렇다고 이 대기업이 그 손해에 대하여 사과를 하거나 보상을 하는 일은 거의 없다. 결과적으로 이 대기업은 분명히 다른 많은 사람들에게 손해를 끼친다. 이 손해는 분명히 대기업의 손익계산 밖에 있기 때문에 외부효과인 것처럼 보인다. 그러나 통상 경제학자들은 이것을 외부효과라고 보지 않는다. 이 경우 제3자에게 미치는 영향은 어디까지나 땅값이나 임대료라는 가격을 통해서 간접적으로 미치는 효과라는 점에서 위에서 예를 든 가죽공장이나 매연가스 공장의 주변에 끼치는 영향과 성격을 달리한다.

이와 같이 가격을 통해서 간접적으로 제3자에게 미친 영향을 경제학자들은 금전적 외부효과라고 부르면서 별로 문제삼지 않는다. 왜냐하면, 위의 예에서 금전적 외부효과를 초래한 비싼 토지가격이나 임대료는 토지의 희소성을 정확하게 반영하고 있다고 보기 때문이다. 그래서 경제학자들이 문제삼는 외부효과는 환경오염 피해와 같이 '가격을 통하지 아니한 효과' 혹은 '시장을 통하지 아니한 효과' 를 의미한다.[1] 하지만, 우리나라 부동산시장의 경우에서 보듯이 이 금전적 외부효과가 서민들에게 막대한 경제적 부

담을 줄 정도로 큰 상황에서는 과연 이를 무시하는 것이 타당한지에 대해서는 많은 논쟁이 있다.[2)]

경제학적으로 볼 때, 환경오염문제는 위에서 살펴보았듯이 외부효과가 누적되어서 발생한 문제다. 이렇게 보면, 환경문제는 2중고의 문제다. 환경을 개선하는 방향으로는 공공재의 문제가 걸려 있어서 환경의 질을 높이기가 어려운 반면, 환경을 오염시키는 방향으로는 외부효과의 문제가 있어서 환경오염이 가속화되는 경향이 있다. 즉, 환경문제에는 공공재의 문제와 외부효과의 문제가 겹쳐 있다.

그렇다면, 어떻게 할 것인가? 상벌체계 확립의 원칙에 따라 오염된 환경을 다시 깨끗하게 만드는 행위에 대해서는 돈으로 응분의 상을 주는 것이 마땅하다. 그러나 개선된 환경은 공공재이고, 공공재의 공급이 정부의 본연의 업무라고 인식되어 있기 때문에 실제에 있어서는 대체로 정부가 나서서 환경개선 사업을 직접 추진하는 경우가 많다. 즉, 정부가 직접 환경개선이라는 공공재를 공급한다는 것이다. 녹지조성이라든가 생태계 복원, 환경의 자정능력 제고 등이 그 대표적인 예다.

반면에 환경을 오염시키는 행위에 대해서는 각 개인의 손익계산을 바로잡아 줌으로써 외부효과의 문제를 해결하는 방법이 동원된다. 그러나 이와 같이 외부효과 문제를 해결하는 데에도 여러 가지 방법이 있다. 예를 들어서, 위의 강변 폐수배출업소의 경우 정부가 이들로 하여금 일정량 이상으로 폐수를 배출하지 말 것을 명령한 다음 이를 어길 경우 형사처벌하는 방법을 생각해 볼 수 있다. 그러면 이들은 정부의 요구대로 폐수배출량을 줄일 것이다. 물론, 폐수배출량을 줄이자면 영업이익의 손실을 감수해야 하지만, 감옥소에 가는 것보다는 낫다. 결과적으로 이들은 마치 하류 시민들에게 미치는 수질오염피해를 자신들의 손익계산에 포함시킨 것처럼 행동하게 된다.

정부는 각 폐수배출업소로 하여금 폐수처리시설을 설치하여 가동할 것을 명령하고 이를 어길 경우 형사처벌을 할 수도 있다. 이 경우에도 폐수배출업소들이 자신들의 비용으로 폐수를 처리함으로써 하류 시민들이 당하는 수질오염피해를 경감하게 되는데, 어떻든 이 결과 역시 폐수배출업소들이 하류 시민들의 피해를 충분히 고려해서 생산활동을 영위한 것으로 간주된다. 이와 같이 어떤 계기에 의해서 각 기업이나 소비자들이 종전의 외부효과를 더 이상 무시하지 않고 자신들의 손익계산에 포함시키고 이에 따라 경제활동을 할 때, 외부효과가 내부화(內部化, internalize)되었다고 말한다.

그러나 경제학자들은 정부에 의한 이런 강제적인 내부화 방법에 대하여 비판적이다. 이보다 더 효율적인 방법이 있다고 보기 때문이다. 앞장에서 강조하였듯이 경제학자들은 시장의 원리를 최대한 활용하는 정부의 개입을 적극 권고한다. 예를 들어서 폐수배출업소에게 폐수 1톤당 일정액의 요금을 부과한다고 해보자. 그러면 폐수배출량에 이 요금을 곱한 만큼 폐수배출업소의 호주머니에서 돈이 나가게 되므로 폐수배출업소는 이 요금을 자신의 손익계산에 포함시키지 않을 수 없다.

이 요금을 배출부과금이라고 하는데, 폐수를 많이 배출할수록 배출부과금 납부액이 비례해서 증가하기 때문에 각 업소는 자신의 폐수배출량을 적정 수준으로 줄여야 한다. 어떤 식으로 폐수배출량을 줄일 것인지는 전적으로 각 업소들이 알아서 할 사항이다. 영업 규모를 줄일 수도 있고, 물을 덜 이용하는 새로운 기법을 도입할 수도 있고 폐수처리시설을 설치할 수도 있다. 이와 같이 배출부과금의 부과는 위에서 언급한 정부의 강제적 방법에 비해서 환경오염원인자에게 선택의 여지를 더 많이 준다는 장점을 가진다. 어떻든 그래서 폐수배출량이 줄어들었다면, 이것은 결과적으로 각 업소들이 제3자의 수질오염피해를 더 이상 무시하지 않고 자신의 계산서에 충분히 반영해서 영업한 것이나 진배없다. 배출부과금 부과는 경제학자들이 적극 추천하는 외부효과의 내부화 방법으로서 폐수뿐만 아니라 예컨대 각종 중금속이나 대기오염물질을 포함한 여러 가지 환경오염물질에 폭넓게 적용될 수 있다.

좀 더 경제학적으로 말하면 배출부과금을 부과하는 방법은 환경오염원인자로 하여금 환경의 이용에 대하여 응분의 대가를 정확하게 치르게 하는 방법이라고 말할 수도 있다. 달리 말하면, 마치 쌀이나 옷에 가격을 매겨서 유통시키듯이 환경재에도 적정가격을 매겨서 환경을 이용하는 사람에게 이 가격을 치르게 한다는 것이다.

공공재와 외부효과의 관계

위에서는 공공재와 외부효과를 분리하여 살펴보았는데, 실제에 있어서 대부분의 경우 공공재의 공급은 외부효과를 수반하며, 외부효과는 공공재의 성격을 가진다. 예를 들어서, 사람들의 통행이 잦은 거리에 집을 가지고 있는 어떤 집주인이 자신의 집을 아름답게 고치고, 마당에 예쁜 나무를 심고, 아름다운 꽃밭을 가꾸었다고 가정해 보자. 이 집주인은 주변을 지나는 수많은 시민들을 기분 좋게 만들어 준다. 이들이 누리는 혜택은 공공재적 성격을 가진다. 경제학적으로 말하면 이 집주인은 공공재를 공급한 셈이다. 하지만, 이 집주인은 이 공공재 공급에 대하여 시민들로부터 대가를 받지 못한다. 따라서 만일 이 집주인이 합리적이라면, 오직 자기 자신의 호주머니에서 나가는 비용과 자기 자신이 누리게 될 즐거움만을 고려해서 집과 마당을 아름답게 고칠 뿐이지 굳이 주변 시민들의 즐거움까지 염두에 두고 집과 마당을 아름답게 치장하지는 않는다. 다시 말해서 주변 시민들의 즐거움은 이 집주인의 손익계산 밖에 있다는 것이다. 이럴 경우 주변 시민들의 즐거움은 좋은 의미의 외부효과다. 이 예에서 보듯이 공공재의 공급은 외부효과를 수반한다.

엄밀히 말하면, 외부효과가 곧 공공재라고 말할 수는 없다. 크게 보면, 외부효과에도 공공재적 성격을 가진 것과 사적재의 성격을 갖는 것이 있다. 그러나 사적재 성격의 외부효과는 비교적 드문 편이다. 환경문제와 관련해서 흔히 발생하는 사적재 성격의 외부효과는 쓰레기의 불법투기이다. 예를 들어서 갑이라는 가정에서 100kg의 쓰레기가 발생하는데 밤에 몰래 이웃집에 버린다고 하자. 그러면 갑은 이웃집에 피해를 입히게 된다. 즉, 나쁜 외부효과를 발생시킨다. 그러나 이웃집이 당하는 외부효과의 크기는 쓰레기 투기량에 달려 있다. 왼쪽 이웃집에 많이 버리면 오른 쪽 이웃집에 버리는 양은 그만큼 감소하고, 오른 쪽 이웃집에 많이 버리면 왼쪽 이웃집에 버리는 양은 적어진다. 그러므로 두 이웃집은 그 100kg의 쓰레기를 놓고 경합관계에 놓이게 된다. 물론 갑은 쓰레기의 일부를 이웃마을 공원에 내다버릴 수도 있다. 그러면 그 공원을 즐기는 이웃마을 사람들과 갑의 두 이웃집은 그 100kg의 쓰레기를 놓고 경합관계를 가지게 된다.

이런 예외적인 경우도 있지만, 거의 대부분의 외부효과는 공공재의 성격을 가진다. 위의 예에서 집주인이 주변을 지나는 모든 사람들이 잘 볼 수 있도록 집과 정원을 아름답게 가꾸면, 이 아름다움을 어떤 특정인이 많이 즐겼다고 해서 다른 사람들에게 지장을 주지 않는다. 다시 말하면, 그 아름

다음은 비경합성과 비배제성을 갖는다. 따라서 집과 정원을 아름답게 가꿈으로 인한 외부효과는 공공재의 성격을 가진다고 볼 수 있다.

환경오염은 나쁜 의미의 공공재적 성격의 외부효과라고 말할 수 있다. 예를 들어 환경오염업체가 서울시의 대기를 오염시키면, 그 오염된 대기를 어떤 특정인이 더 많이 마시고 고통을 더 많이 받았다고 해서 다른 사람들이 받을 고통이 감소하지 않는다. 또 어떤 특정인만 더러운 공기를 마시게 선별적으로 대기를 오염시키기도 매우 어렵다. 그러니 이런 환경오염은 비경합성과 비배제성을 동시에 가지므로 공공재적 성격을 갖는다고 말할 수 있다.

공유의 비극

환경문제라고 하면 보통 말하는 환경오염문제만이 아니다. 앞장에서 살펴보았듯이 자원고갈문제나 생물멸종 위기의 문제도 환경문제의 일종이다. 이런 문제들은 비경합성과 비배제성을 가진 순수 공공재의 문제로 보기 약간 어려운 측면이 있다.

경제학에서는 재화를 크게 네 가지 종류로 나누어 본다. [표 3-1]을 보면, 비경합성과 비배제성을 가진 순수 공공재, 이와는 정반대로 경합성과 배제성을 가진 사적재 그리고 이 두 극단의 중간에 공공재적 성격을 가졌으면서 사적재의 성격을 가진 재화가 있다. 즉, 공공재처럼 비경합성을 가졌지만 사적재처럼 배제성을 가진 재화가 있는 반면, 사적재처럼 경합성을 가졌지만 공공재처럼 비배제성을 가진 것이 있다.

예를 들면, 영화는 공공재처럼 비경합성을 가지지만 사적재처럼 배제성을 가진다. 50명이 영화를 볼 때는 화면이 멀쩡하다가 500명이 보면 갑자기 화면이 작아지거나 우그러들지 않는다. 그렇기 때문에 누구나 남에게 피해를 주지 않고 영화를 볼 수 있음에도 불구하고 돈을 내지 않으면 구경을 할 수 없다. 이런 점에서 보면, 케이블 TV의 드라마도 비경합성을 가지지만 배제성을 가진 재화다. 이와 같이 비경합성을 가지면서 배제성을 가진 재화를 흔히 준공공재라고 부르기도 한다. 공원이나 고속도로는 준공공재로 분류된다. 입장료를 내고 일단 공원에 들어간 사람은 다른 사람과 관계없이 경치를 즐길 수 있지만, 입장료를 내지 않은 사람은 공원에 들어갈 수 없

표 3-1 재화의 종류

	배제성	비배제성
경합성	사적재	공유재
비경합성	준공공재	공공재

다. 물론 너무 많은 사람이 들어가면 혼잡해지면서 경치를 즐기는 데 지장을 받는다.

준공공재와는 달리 경합성을 가지면서 비배제성을 가진 재화를 보통 공유재라고 한다. 하딘의 '공유의 비극'에 나오는 목초지나 바다의 물고기는 대표적인 공유재다. 바다의 물고기는 한정되어 있어서 특정 어부가 많이 잡으면 다른 어부들의 어획고가 줄어든다. 따라서 한정된 물고기를 놓고 어부들은 경합관계에 있다. 그러므로 아무나 마음대로 물고기를 잡게 내버려 두면 그 씨가 마르게 된다. 그럼에도 불구하고 어부들이 물고기를 잡으러 바다로 나가는 것을 막기가 어렵다. 우리나라 서해에 중국 어선이 몰래 들어와서 마구 물고기를 잡아가기 때문에 우리 어부들이 몹시 속상해 한다. 중국 어선과 우리나라 어선들은 치열한 경쟁관계에 있다. 하지만, 한정된 수의 물고기를 놓고 어부들이 서로 경쟁적으로 어로행위를 하다 보면 결국 물고기가 고갈되면서 모두가 망하는 결과로 치닫게 된다. 하딘이 말하는 공유의 비극이 연출된다.

물고기뿐만 아니라 대부분의 동식물 자원이 공유재다. 우리나라 자생의 가시오가피가 건강에 좋다고 해서 사람들이 마구 뽑아가다 보니 우리나라에서는 자연산 가시오가피를 보기가 매우 어려워졌다. 수자원도 공유재의 일종이다. 우리나라는 지하수를 풍부하게 가진 나라는 아니지만, 미국은 과거에 지하수가 매우 풍부한 나라였다. 하지만, 농부들이 지하수를 마구 퍼 쓰다 보니 미국의 수많은 지하수대가 고갈의 위험에 빠지게 되었다.

사실 이런 문제는 인류와 함께 그 역사가 오래지만, 인구가 증가하고 산업활동이 증가하면서 목초지, 수자원, 동식물자원을 둘러싼 공유재의 문제가 세계 곳곳에서 급속도로 심각해지고 있다. 이런 공유재의 문제를 어떻게 해결할 것인가? 어떤 학자는 정부가 적극 개입하여야 한다고 주장하는가 하면, 어떤 학자는 공유재에 대한 소유권제도를 확립함으로써 시장의 원리로 풀어야 한다고 주장하고 있다. 오스트롬(E. Ostrom)은 이 양쪽 주장 모두를 배격하였다. 그녀는 세계 여러 곳에 걸쳐 수많은 공유재의 관리 실태를 조사하고 성공 요인과 실패 요인을 분석하였다. 그 결과 우리의 통상적 생각과는 달리 자생적 지역공동체가 공유재의 문제를 성공적으로 잘 해결할 수 있음을 증명해 보였다.* 그녀는 공유재 연구에 있어서 탁월한 업적을 인정받아 2009년 노벨경제학상을 받았다.

핵심 주장

1. 환경문제는 외부효과의 문제이면서 또한 공공재의 문제이기도 하다. 환경오염 및 환경파괴에는 이 두 가지 문제가 겹치기 때문에 그만큼 더 해결이 어렵다.
2. 경제학적으로 보면, 환경문제를 해결한다는 것은 외부효과를 내부화한다는 것을 의미한다. 문제는, 내부화방법이 여러 가지가 있다는 것이다. 이들 중에서 가장 효과적인 방법을 찾아내는 것이 환경정책의 요체다.

---

2. 환경정책의 목표

적정 환경오염의 개념

상벌체계를 바로잡기 위해서 환경을 개선하는 행위에 대하여 돈으로 상을 주고 환경을 오염시키는 행위에 대하여 벌을 준다는 원칙에 동의한다고 해도, 정작 어려운 문제는 상과 벌의 크기 혹은 강도다. 너무 높은 요율의 벌금을 부과하면, 환경의 질이 아주 높아지는 이익은 있지만 각종 경제활동(소비활동과 생산활동)이 지나치게 위축되는 문제가 발생한다. 수질오염이 심하다고 해서 폐수배출에 너무 높은 요율의 배출부과금을 부과하면, 수많은 축산업자들과 강변 요식업소들이 문을 닫을 수도 있다. 이렇게 되면, 우리 시민들이 삼겹살과 매운탕을 먹지 못하는 고통을 당할 뿐만 아니라 경제에도 큰 타격이 될 수 있다. 우리나라 대도시의 대기오염이 너무 심하다고 해서 자동차가 배출하는 매연가스에 대하여 터무니없이 높은 배출부

---

* 엘리너 오스트롬(2010), 『공유의 비극을 넘어』(윤홍근 · 안도경 옮김), 서울: 랜덤하우스.

과금을 부과하면, 수많은 시민들이 자동차를 몰고 다닐 수 없게 된다. 그 불편은 둘째로 치고 아마도 많은 백화점과 상점들이 문을 닫아야 할 것이다.

이와 같이 환경오염물질 배출의 억제에 수반되는 경제활동의 위축 그리고 이로 인한 사회적 손실은 환경오염피해를 줄이기 위해서 치러야 할 대가이며 경제학자가 특히 주목하는 부분이기도 하다. 왜냐하면 일반시민이나 환경운동가들은 이 대가의 측면을 너무 가볍게 보고 있다고 경제학자는 우려한다. "세상에 공짜라는 것은 없다"는 것이 경제학의 철칙이다.[3] 얻는 것이 있으면 반드시 잃는 것이 있기 마련이다. 그래서 환경오염피해의 측면과 환경의 이용으로부터 얻는 경제적 이익(환경용익)의 측면을 잘 비교해서 환경을 적당히 이용할 필요가 있다. 경제학은 득(得)과 실(失)을 국민경제의 차원에서 체계적으로 비교하는 학문이다.

하지만, 현실에 있어서는 기업들이나 경제단체들의 반발이 너무 거센 까닭에 정부가 높은 요율의 배출부과금을 부과한다는 것은 사실상 생각하기 어렵다. 환경오염을 걱정하는 일반시민들이나 환경운동가들은 환경오염이나 환경파괴행위에 대한 벌이 너무 미지근하다고 늘 불평한다. 어떻든, 업체의 반발이 무서워서 너무 낮은 요율의 배출부과금을 부과한다면, 환경오염원인자들은 환경오염물질의 배출량을 줄이지 않고 그 대신 돈으로 때우려 할 것이다. 그러면 환경오염문제를 해결하지도 못하면서 환경오염원인자들에게 괜히 경제적 부담만 지울 뿐이니 그런 배출부과금은 차라리 부과하지 않음만도 못하다.

그러므로 환경오염행위에 대하여 벌을 준다고 하더라도 적정 수준의 벌을 주는 것이 긴요하다. 즉, 한편으로는 환경이 개선됨으로 인한 사회적 이익 그리고 다른 한편으로는 경제활동이 위축됨으로 인한 사회적 손실을 적절히 고려해서 균형을 잡아야 할 것이다. 이 두 측면이 적절히 균형을 이루는 수준에서 책정된 벌금이 곧 경제학에서 말하는 적정가격(환경의 이용에 대하여 치르는 가격)이며, 이에 대응하는 환경오염수준이 적정 환경오염수준이다. 경제학적으로 보면, 이 적정 환경오염수준의 달성이 곧 환경정책의 목표가 된다.

적정 환경오염의 개념은 전형적인 경제학적 사고방식에서 나온 것이지만 이에 대하여 거부반응을 보이는 사람들이 적지 않다. 특히 환경단체는 이 개념 자체를 아주 언짢게 생각한다. 환경을 오염시키는 행위는 다른 수

많은 사람들에게 피해를 주는 행위다. 그러므로 마치 도둑질이 사회적으로 나쁜 행위이듯이 환경을 오염시키는 행위 역시 사회적으로 나쁜 행위다. 적정 환경오염수준을 환경정책의 목표로 삼는다는 것은 환경을 적당히 오염시키는 행위를 사회적으로 용인한다는 뜻이다. 이는 마치 적당히 도둑질하면 봐주자는 태도에 진배없다. 많이 훔쳤든 적게 훔쳤든 도둑질은 다 나쁜 짓이다.

그러나 경제학자들의 생각은 좀 다르다. 도둑질은 나쁜 동기에 따라 저질러지는 의도적 행위이지만, 일반적으로 환경오염행위는 의도적인 나쁜 행위가 아니다. 아마도 환경을 더럽히는 짓을 일부러 일삼아서 할 사람은 이 세상에 아무도 없을 것이다. 앞에서 언급하였듯이 환경오염물질을 배출하는 행위는 환경을 이용하는 행위다. 기업이나 소비자가 환경을 이용하는 이유는 경제적 이익이 있기 때문이다. 이 경제적 이익을 추구하기 위해서 경제활동을 하다 보니 어쩔 수 없이 환경오염물질을 배출하게 된 것뿐이라고 경제학자들은 생각한다.

물론 경제학자의 생각에도 일리가 있지만, 그런 생각에 매몰되다 보니 한 가지 중요한 점을 경제학자들이 간과하고 있다고 환경운동가들은 말한다. 도둑질이나 환경오염행위나 사회적으로 바람직하지 못한 결과를 초래하는 것만은 분명하기 때문에 어떻든 이 두 가지 행위를 억제해야 하는데, 경제학자도 인정하듯이 억제에 소요되는 사회적 노력이나 비용이 문제다. 중요한 것은 도둑질이나 환경오염행위에 대한 사회적 인식에 따라 이것의 억제에 소요되는 비용이 크게 달라질 수 있다는 점이다.

예를 들어서, 도둑질은 아주 나쁜 짓이라고 모든 사람들이 공감하고 있는 상황 그리고 적당히 도둑질하면 괜찮다는 사회적 분위기가 조성되어 있는 상황, 이 두 상황 중에서 과연 어느 상황에서 절도를 억제하는 비용이 더 클까? 아마도 두 번째 상황일 것이다. 환경오염의 경우에도 똑같은 말을 할 수가 있다. 환경을 오염시키는 행위는 사회적으로 나쁜 행위라는 인식이 퍼져 있을 때에는 많은 사람들이 일단은 환경오염행위를 자제하게 된다. 그러나 돈만 내면 환경은 얼마든지 오염시켜도 좋다는 생각이 널리 퍼져 있을 때에는 사람들이 도덕적으로 무디어지면서 환경파괴행위를 아무렇지도 않게 생각하게 된다. 그러면 환경을 파괴시키는 행위가 더 극성을 부리게 되며 따라서 억제비용도 훨씬 더 커질 가능성이 높다. 그러므로 환경오염행위는 사회적으로 나쁜 행위임을 일단 분명히 못 박아 놓는 것이 긴요하다고 환경운동가들은 주장한다. 하지만, 사실 이런 식의 주장은 대체로 경제학의 범위를 벗어나는 것이라서 경제학자들이 대답하기 어려운 사항이다.

어떻든 경제학자의 요구대로 적정 환경오염수준을 환경정책의 목표로 삼는다고 해보자. 이 목표를 달성하기 위한 의도로 적정 수준의 벌금을 책정하려면 기본적으로 우선 두 가지에 대한 구체적인 정보가 있어야 한다. 한편으로는 환경오염물질 배출량과 환경오염피해 사이의 관계에 대한 정보가 필요하다. 이 정보가 있어야만 환경오염물질의 배출량을 감축할 경우에 얻을 수 있는 환경개선의 사회적 이익의 크기를 알 수 있다.

다른 한편으로는 환경용익과 환경오염물질 배출량 사이의 관계에 대한 정보가 있어야 한다. 그래야 배출량 증가로 인한 경제적 이익의 크기를 알 수 있다. 뒤집어 말하면, 배출량 감축으로 인한 경제적 손실(환경용익의 포기)의 크기를 알 수 있다는 것이다.

환경오염피해의 개념

그러면 우선 환경오염물질 배출량과 환경오염피해 사이의 관계부터 살펴보자. 통상 환경오염피해는 인체피해와 물적 피해로 나뉜다. 인체피해는 인간에 대한 직접적 피해다. 물적 피해는 간접적 피해라고 볼 수도 있는데, 이는 다시 생물을 통한 피해와 무생물을 통한 피해로 나뉜다. 생물을 통한 피해란 환경오염으로 인한 가축피해나 농작물피해 등을 말하고, 무생물피해란 예를 들면 대기오염으로 전선줄이 부식되어 전철운행이 중단된다든지, 건물이나 문화재가 부식된다든지 또는 옷이 쉽게 더러워져서 세탁을 자주 해야 한다든지 등의 피해를 말한다.

환경오염 피해라고 하면 당장 눈에 보이는 인체피해나 물적 피해만을 연상하기 쉽다. 그러나 그래서는 환경오염피해를 과소평가하기 십상이다. 예를 들어서, 연간 100억원의 수익을 올리는 어느 과수원 지역 근처에 지독한 매연가스를 뿜어대는 공장이 들어선 후부터는 소출이 반으로 줄어들었다고 하자. 손해가 너무 커서 과수원 주인들은 일제히 과수재배면적을 반으로 줄이고 매연가스에 덜 민감한 싸구려 채소를 심은 결과 연간 피해액이 10억원 수준으로 줄어들었다고 하자. 이 결과만 보고 공장으로 인한 환경오염피해가 연간 10억원어치라고 추산한다면 엄청난 과소평가가 될 것이다. 그 공장의 입지로 인해서 연간 100억원어치의 과수수익이 날아갔음을 생각해야 한다.

다른 예를 들어보자. 고속전철을 건설하면, 고속전철 근처의 주민들은 심한 소음에 시달리게 된다. 이 때 주변 주민들이 당하는 고통은 분명히 환경오염피해의 범주에 속한다. 그런데 이 소음을 막기 위해서 고속전철의 주위에 방음벽을 쌓았다고 하자. 대부분의 경우 방음벽을 쌓았다고 해서 소음이 완전히 없어지는 것이 아니다. 단지, 주변으로 퍼지는 소음을 줄여 줄 뿐이다. 어떻든 10억원을 투입해서 방음벽을 쌓은 결과 주변 지역의 주민들이 입는 소음피해를 돈으로 환산하면 4억원 정도라고 하자. 그러면 고속전철의 건설로 인한 소음의 피해가 어느 정도라고 말해야 하는가? 과정은 보지 않고 결과만 놓고 본다면 소음피해가 4억원어치 발생한다고 말하게 될 것이다. 그러나 이런 식으로 계산해서는 소음피해를 과소평가하게 된다. 고속전철을 깔지 않았더라면 방음벽을 지을 필요가 없었을 것이고 또 주변 지역의 주민이 겪는 4억원어치의 고통도 없었을 것이다. 그러므로 고속전철의 건설로 인한 소음피해는 최소한 14억원에 상당한다고 보아야 한다.

예를 하나 더 들어보자. 환경오염업체가 마을 부근에 들어서면, 마을 주민들의 일부가 아예 이사가 버리는 사례가 빈번히 발생한다. 극단적인 경우로, 마을 주민들이 모두 이사가 버렸다고 하자. 결과만 놓고 보면, 환경오염피해는 사실상 없어졌다. 그렇다고 환경오염피해가 없다고 말할 수 있을 것인가.

어떻든 일단 환경오염물질이 배출되어 환경이 오염되고 이 결과 오염피해가 발생하면, 사람들은 여러 가지 양태로 이 피해를 줄이기 위해서 노력한다. 위의 여러 가지 예에서 보듯이 생산 규모를 줄이거나 작물재배기술을 바꾸는 방법이 있는가 하면, 아예 이사를 가버리는 방법이 있고, 피해를 줄이기 위한 시설을 설치할 수도 있다. 이런 여러 가지 방법들 중에서 가장 값싸고 손쉬운 방법이 채택될 것이다. 이렇게 오염피해를 줄이기 위한 노력에 소요되는 비용을 피해회피비용이라고 부른다면, 이 피해회피비용도 환경오염피해비용의 범주에 포함시켜야 할 것이다.

이 피해회피비용도 다시 공공부문의 노력에 소요되는 비용과 민간인들의 노력에 소요되는 비용으로 나누어 볼 수 있다.[4] 고속도로 주변의 방음벽

건설은 대부분 공공부문에 의해서 이루어짐이 보통이다. 대체로 보면, 일단 환경에 배출된 환경오염물질의 확산범위를 최소한도로 줄이기 위한 대책이나 하천 또는 연안바다의 청소와 같이 이미 더럽혀진 환경을 청소하는 작업은 주로 공공부문에 의해서 수행되는 환경오염피해 회피 노력이다. 민간인들은 위에서 언급했듯이 활동의 규모나 양태 또는 위치를 바꾸는 방법을 주로 많이 쓰게 되는데, 경우에 따라서는 정부가 민간인들의 그러한 노력을 지원할 수도 있다. 1980년대 초반 울산 · 온산 공업단지의 환경오염문제가 심각해지자 우리나라 정부는 사전에 작성된 계획 아래 공해우심 지역의 주민들을 대규모로 집단이주시킨 사례가 있다. 어떻든 환경오염피해를 다음과 같이 크게 세 가지 범주로 나누어 볼 수 있다:

환경오염피해 = 공공부문에 의한 환경오염피해회피 비용 +
민간부문에 의한 환경오염피해회피 비용 + 실제 환경오염피해

여기에서 실제 환경오염피해란 피해회피 노력에도 불구하고 결과적으로 남은 환경오염으로 인한 피해를 말한다.

환경오염피해의 체증성

이러한 환경오염피해의 정도를 결정하는 가장 큰 요인은 물론 환경오염물질의 배출량이다. 대체로 보면, 배출량이 크면 클수록 환경오염피해도 더 커지리라고 보아 틀림없을 것이다. 그러나 이런 식의 막연한 지식으로는 대책을 세울 수가 없다. 환경오염의 피해가 환경오염물질의 배출량이 변함에 따라 구체적으로 어떻게 변하는지를 정확하게 알아야 효과적인 환경대책이 나올 수 있다. 물론 환경오염물질 배출량과 환경오염피해 사이의 관계는 오염물질의 종류에 따라 그리고 자연적인 조건에 따라 상당히 유동적이다. [그림 3-1]에서 수평축은 환경오염물질의 배출량을 나타내고 수직축은 피해의 정도를 나타낸다고 하면, 배출량과 피해 사이의 관계는 곡선 1처럼 누적적일 수도 있고 곡선 2처럼 거의 비례적일 수도 있으며 곡선 3처럼 완만할 수도 있고 또는 이 세 가지를 모두 합친 형태일 수도 있다.

그림 3-1 오염물질배출량과 오염피해 사이의 관계

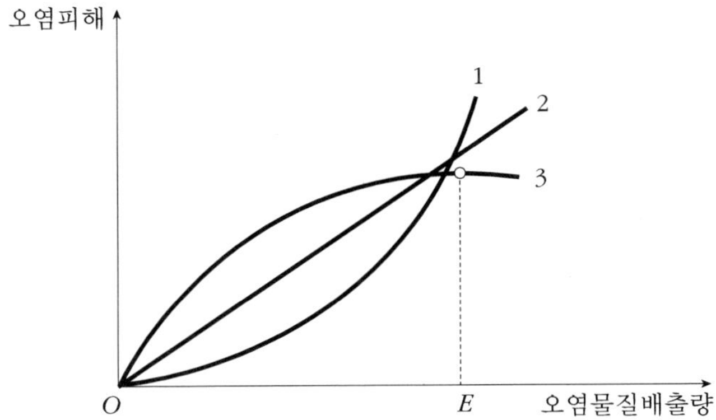

그러나 자연과학의 연구결과에 따르면, 환경오염물질 배출량이 늘어남에 따라 오염피해도 차츰 증가하다가 배출량이 어느 수준 이상으로 증가한 다음부터는 환경오염피해는 더 이상 증가하지 않는 경우도 많이 있다고 한다. [그림 3-1]의 곡선 3의 경우에는 배출량이 E보다 더 많아지면 피해는 더 이상 증가하지 않게 되는데 이 E에 상응하는 배출량을 포화점(saturation point)이라고 한다. 쉽게 말하면, 배출량이 이 포화점을 초과하게 되면, 피해가 이미 극에 달해서 더 이상 피해가 발생할 여지가 없는 상태가 되어 버린다고 생각할 수도 있다. 예를 들면, 매연가스로 주변의 배 밭의 배나무가 모두 말라 죽어 버린 다음에는 오염물질이 아무리 많이 배출되어도 배 밭의 피해는 더 이상 증가하지 않을 것이다.

[그림 3-1]에서 환경오염피해는 배 100상자라든지 쌀 1,000가마라든지 등 물량으로 나타낸 피해이다. 그러나 보통 경제적으로 중요한 것은 물량보다는 금액으로 나타낸 피해의 크기다. 그러면 이 물량으로 나타낸 피해를 화폐로 환산한 값, 즉 피해액은 배출량과 어떤 형태의 관계를 가질 것인가? 비록 물량으로 나타낸 피해는 곡선 2나 곡선 3의 형태를 가지더라도 금전으로 나타낸 피해액은 배출량이 증가함에 따라 곡선 1과 같이 체증할 가능성이 높다.

보통 사회문제가 되는 환경오염은 어떤 한정된 지역에 피해를 주는 환경오염이 아니라 광범위한 지역에 걸쳐 심각한 피해를 주는 환경오염이다. 예를 들어서, 꿀배 재배에 대한 환경오염 피해가 사회문제가 되었다고 하는

그림 3-2 **한계오염피해곡선**

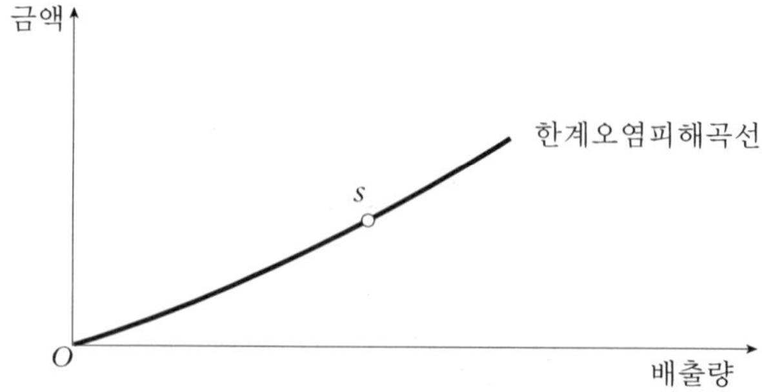

것은 광범위한 지역에 걸쳐 꿀배의 생산이 상당한 정도로 감소하였음을 의미한다. 이렇게 되면 공급부족으로 꿀배의 가격은 크게 오를 것이다. 환경오염물질 배출량이 포화점 E에 가까워지면 배나무는 거의 전멸하다시피 할 것이니 품귀현상까지 벌어지면서 꿀배의 가격은 천정부지로 오를 것이다. 대체로 피해액은 피해물량에 가격을 곱해서 추정하게 되므로 비록 피해물량이 [그림 3-1]의 곡선 3과 같이 완만하게 증가하다가 포화상태에 이르더라도 피해액을 나타내는 곡선은 가격의 급상승 탓으로 곡선 1과 같이 체증현상을 보일 가능성이 높다.

곡선 1과 같이 피해액이 누적적으로 증가한다는 것은 환경오염물질 배출량이 한 단위 증가할 때마다 추가되는 환경오염피해가 점점 더 커진다는 것을 뜻한다. [그림 3-2]에서 수평축은 환경오염물질 배출량을 나타내고 수직축은 금액을 나타낸다. 만일 피해액을 나타내는 곡선이 곡선 2나 곡선 3과 같다고 하면 배출량이 증가함에 따른 추가 피해액(한계피해)이 거의 일정하거나 또는 감소한다는 것을 뜻한다. 특히 곡선 3의 경우에는 배출량이 포화점을 초과하면 배출량의 증가에 따른 추가피해액은 거의 영(零)이다. 곡선 2의 경우와 같이 만일 배출량이 증가함에 따른 추가피해액이 일정하다면 총 피해액은 이 추가피해액에 배출량을 곱한 만큼이 될 것이니 배출량에 비례할 것이다. 그러나 곡선 1의 경우와 같이 배출량이 증가함에 따라 추가피해액이 점차 증가한다면, 총 피해액은 배출량의 증가율보다 더 높은 비율로 증가할 것이다. 배출량의 증가에 따른 추가피해액, 좀 더 정확히 표현하면, 오염물질 배출량이 한 단위 증가함에 따라 추가되는 환경오염피해액은 대체로 보아 오염물질 배출량이 많을수록 커진다. 이 추가되는 환경오염 피해액을 한계오염피해라고 부르기로 하자. 환경오염물질 배출량과 이 한계피해 사이의 관계를 나타내는 곡선을 한계오염피해곡선이라고 부르기로 하자. 배출량이 증가함에 따라 환경오염피해가 곡선 1과 같이 체증한다면, 한계피해도 커진다. [그림 3-2]에서 원점과 점 s를 통과하는 곡선은 환경오염피해액이 곡선 1과 같이 체증할 때의 한계오염피해곡선이다.

환경의 이용으로 인한 경제적 이익의 측면

그러면, 환경용익과 환경오염물질 배출량 사이의 관계는 과연 어떤 모양을 보일까? 배출량이 늘어난다는 것은 경제적 이익을 위해서 환경을 더 많이 이용한다는 뜻이다. 좀 더 경제학적으로 말하면, 환경재를 많이 이용한다는 뜻이다. 따라서 배출량이 늘어나면 환경용익도 들어나지만, 그렇다고 비례해서 늘어나지는 않는다. 배출량을 2배로 늘렸다고 해서 환경용익이 2배로 늘어나고 배출량을 3배로 늘렸다고 해서 환경용익도 3배로 늘어나는 것은 아니라는 것이다. 대체로 보면 배출량이 늘어남에 따라 추가되는 환경용익은 점점 더 작아지는 경향을 보인다. 배출량이 한 단위 늘어남에 따라 추가되는 환경용익을 한계환경용익이라고 하면 배출량이 증가함에 따라 한계환경용익은 점차 감소한다는 것이다. 마치 생산을 늘릴 때 노동의 고용량만 계속 늘리면 수확체감의 법칙에 따라 노동의 생산성이 점차 떨어지는 경향이 있듯이 배출량을 계속 늘리면 환경용익의 총량은 증가하더라도 추가되는 환경용익, 즉 한계환경용익은 점차 감소하는 경향이 있다. 그러므로 배출량과 한계환경용익 사이의 관계를 그림으로 나타낸다면 [그림 3-3]에서 보듯이 경제학 교과서를 도배하고 있는 수요곡선과 같은 모양을 보인다.

적정 환경오염수준을 결정할 때 중요한 것은 배출량과 한계환경용익 사이의 관계이기 때문에 이 둘 사이의 관계를 보다 더 구체적으로 알 필요가 있다. 이 둘 사이의 관계를 알아내는 한 가지 방법은 환경오염원인자에게 여러 수준의 벌금(배출부과금)을 부과한 다음 이들의 반응을 관찰하는 것이다. 예를 들어서 어느 호수 주변에 다수의 업소들이 폐수를 배출하고 있는데, 현재 배출부과금을 전혀 부과하지 않고 있다고 하자. 다시 말해서 업소들의 폐수 배출을 방치하고 있다고 하자. 그러면 이들은 마음껏 폐수를 배출하면서 돈을 벌고 있을 것이다. 이들의 배출량을 전부 합치면 배출부과금이 0일 때 이 호수에 현재 유입되는 폐수의 총량을 알아낼 수 있다. 이렇게 알아낸 총배출량을 z_3라고 하자. 그렇다면, 이 총배출량은 배출부과금 요율 0에 대응한 것이라고 할 수 있다. 그러므로 0과 z_3의 조합, 즉 $(0, z_3)$이 관측된 셈이다.

이 업소들에게 폐수 1톤당 일정 요율의 배출부과금을 부과한다고 하자. 전기료나 수도료처럼 이들은 이 부과금을 폐수의 배출(즉, 환경의 이용)에 대한 대가로 여길 것이다. 부과금 요율이 높으면 높을수록 배출되는 폐수 1톤당 이들이 지불하는 대가가 커지기 때문에 폐수를 배출함으로 인한 순이익이 감소하므로 폐수 배출량을 줄일 것이다. 예컨대, 폐수 1톤당 부과금 요율이 5만원에서 10만원으로 올랐음에도 불구하고 종전과 똑같은 양의 폐수를 배출하면 폐수 배출로 인한 금전적 부담이 두 배로 증가하므로 순이익 역시 크게 감소할 것이다. 폐수 배출량을 줄이면 이 금전적 부담도 줄어들기 때문에 업소들은 폐수 배출량을 줄이려는 인센티브를 가지게 될 것이다.

그러나 극단적으로 높은 요율의 배출부과금을 부과하면 도저히 수지를 맞출 수가 없어서 문을 닫아버리게 된다. 따라서 폐수 배출량이 0이 될 것이다. 마치 전기료가 너무 높으면 수지가 맞지 않아서 업소들이 문을 닫게 되는 것과 같은 이치다. 예컨대, 배출부과금 요율이 t_1이었을 때 업소들이 문을 닫아 버려서 폐수 총배출량이 0이었다고 하자. 그렇다면, $(t_1, 0)$의 조합이 관측될 것이다.

그러나 배출부과금 요율을 t_1보다 낮추면 문을 닫았던 업소들 중에서 영업을 시작하는 업소들이 나타날 것이다. 이들의 배출량을 전부 합치면 이 호수에 유입되는 환경오염물질의 총량이 된다. 예를 들어서 부과금 요율을 t_2로 낮추었더니 영업을 하는 업소가 나타나고 이들의 배출량을 모두 합쳤더니 z_2가 되었다고 하자. 이 총배출량은 배출부과금이 부과되지 않았을 때의 총배출량 z_3보다는 적을 것이다. 즉, $z_2 < z_3$ 일 것이다. 금전적 부담 때문에 배출부과금이 부과되지 않을 때처럼 마음껏 폐수를 배출할 수 없기 때문이다. 그러므로 첫 번째 조합 $(0, z_3)$와 두 번째 조합 $(t_1, 0)$의 중간에 또 하나의 조합 (t_2, z_2)가 관측될 것이다.

[그림 3-3]은 [그림 3-2]와 마찬가지로 수평축에 배출량을, 수직축에

그림 3-3 **배출량과 환경용익 사이의 관계: 한계환경용익곡선**

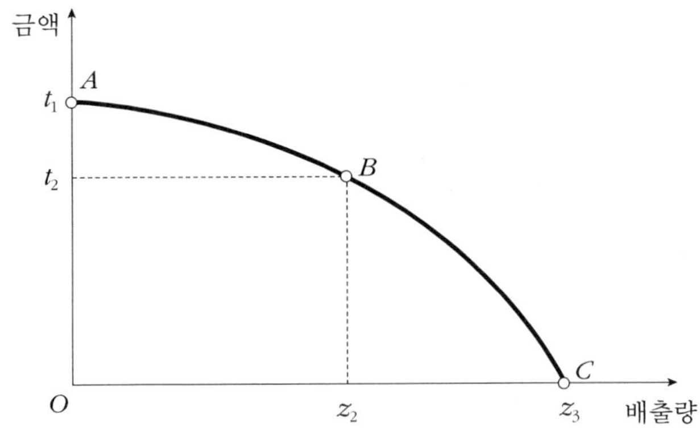

금액을 나타내고 있다. 이 그림에서 수직축에 놓인 점 A는 배출부과금 요율이 너무 높아서 총배출량이 0인 상태, 즉 $(t_1, 0)$의 조합을 나타내고 수평축에 놓인 점 C는 배출부과금이 부과되지 않은 상태, 즉 $(0, z_3)$의 조합을 나타내며, 이 두 점의 중간에 있는 점 B는 배출부과금이 t_2일 때의 총배출량, z_2를 나타낸다.

그렇다면, 이 호수에서 배출부과금과 총폐수 배출량 사이의 구체적인 관계는 이 세 점을 연결한 곡선과 비슷한 모양을 가질 것으로 보이는데, 세 점의 위치로 보아서 그 모양은 대략 경제학 원론 교과서에 나오는 수요곡선과 비슷한 우하향의 모양일 것으로 추정된다. 곡선의 완벽한 형태는 배출부과금 요율을 t_1부터 0까지 아주 조금씩 낮추어 가면서 이에 대응한 각 업소들의 배출량을 관측한 다음 이들의 배출량을 전부 합친 총배출량이 어떻게 변하는지를 추적하면 알아낼 수 있을 터인데, 그러면 [그림 3-3]에 보인 것과 같은 매끄러운 곡선을 얻게 될 것이다. 이 곡선을 한계환경용익곡선이라고 부르기로 하자.

한계환경용익곡선은 이와 같이 수요곡선의 모양을 취하는 이유는 해당 환경영향권에 속한 개별 환경오염원인자의 환경오염물질 배출량과 한계환경용익 사이의 관계(개별 환경오염원인자의 한계환경용익곡선) 역시 수요곡선과 같은 모양을 취하기 때문이다. 합리적 환경오염원인자는 배출부과금의 요율과 환경용익을 비교하면서 자신의 배출량을 결정한다. 폐수 배출로 인한 환경용익이 배출부과금보다 더 크면 폐수 배출업소는 계속 폐수를 배출한다. 그러나 무작정 폐수를 많이 배출할 수는 없다. 배출량이 늘어남에 따라 한계환경용익이 점차 감소하기 때문이다. 너무 많이 배출하다가는 한계환경용익이 배출부과금보다 작아지게 되므로 계속 폐수를 배출하는 것은 손실만 키우는 짓이다. 그래서 합리적인 업소는 한계환경용익이 배출부과금과 같아질 때까지만 폐수의 배출량을 늘린다. 예를 들어서 폐수 1톤당 5만원의 배출부과금이 부과된다면, 모든 폐수 배출업소는 자신의 한계환경용익이 이 5만원과 같아지도록 폐수 배출량을 조정한다. 여기에서 주목해야 할 것은, 결과적으로 모든 배출업소의 한계환경용익이 5만원으로 균등화된다는 점이다. 이에 대해서는 뒤에서 다시 자세히 설명하기로 한다.

요컨대, [그림 3-3]의 곡선은 환경영향권 안에 있는 모든 환경오염원 인자들의 환경용익을 전부 합친, 환경영향권 전체의 한계환경용익곡선이라는 것이다. 이와 같이 배출부과금을 매개로 환경영향권 전체의 한계환경용익곡선을 알 수 있다.

적정 환경오염 수준의 결정

[그림 3-4]의 두 곡선은 앞에서 유도한 한계피해곡선과 한계환경용익곡선, 즉 환경오염으로 인한 득과 실의 측면을 요약한 곡선이다. 환경오염을 둘러싸고 이와 같이 얻는 것과 잃는 것이 공존한다면, 잃는 것이 얻는 것보다 커지지 않는 범위 내에서 환경오염물질의 배출을 최대한 허용해야

그림 3-4 적정 환경오염수준의 결정

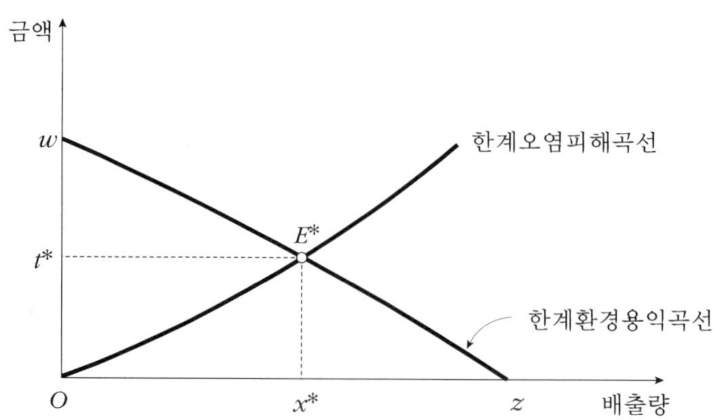

한다는 것이 경제학의 입장이다. 이런 경제학의 기본 입장에 입각해서 환경오염의 득과 실이 균형을 이루는 상황에서 결정되는 환경오염물질의 배출량이 적정 배출량이며 이에 상응한 환경의 질이 적정 환경오염수준이다.

이런 취지의 적정 배출량과 적정 환경오염수준이 구체적으로 어떻게 결정되는지를 살펴보자. 어느 환경영향권 안에 있는 환경오염원인자(기업 및 소비자) 전체의 한계환경용익곡선과 한계오염피해곡선이 [그림 3-4]와 같이 주어졌다고 하자. 이 그림에서 배출량이 x^*일 때 두 곡선이 교차한다. 환경오염물질 배출량이 x^*보다 적을 때는 한계환경용익곡선이 한계오염피해곡선의 위쪽에 있기 때문에 한계환경용익이 한계오염피해보다 더 크다. 따라서 경제학적으로는 환경오염물질이 너무 적게 배출되었다고 할 수 있다. 그러나 환경오염물질 배출량이 x^*보다 더 많아지면 한계오염피해가 한계환경용익보다 더 커지므로 환경오염물질이 지나치게 많이 배출되었다고 말하게 된다. 이 두 곡선의 교점에 대응하는 x^*에서 한계피해와 환경용익이 같아진다. 바로 이 배출량이 해당 환경영향권에서의 적정 배출량이며 이에 결부된 환경오염이 적정 환경오염수준이다.

여기에서 주의 깊게 살펴보아야 할 것은, 적정 배출량이 결정되는 방식이 보통 경제학 교과서에 나오는 수요-공급의 논리와 비슷하다는 점이다. 일반 상품의 경우 수요곡선은 소비자의 이익(소비의 즐거움)의 강도를 반영하는 곡선이고 공급곡선은 그 상품의 생산에 소요된 비용, 즉 상품의 생산을 위해서 감수해야 하는 손실의 크기를 반영하는 곡선이다.

[그림 3-4]에 나오는 한계환경용익곡선과 한계오염피해곡선은 보통 경제학 교과서에 나오는 수요곡선과 공급곡선과 비슷한 모양을 하고 있다. 모양만 비슷한 것이 아니고 사실상 내용도 비슷하다. 즉, 한계환경용익곡선은 환경을 이용함으로 인한 이익의 크기를 반영하는 곡선이고, 한계오염피해곡선은 오염물질의 배출로 인해서 감수해야 할 손실을 반영하는 곡선이다. 마치 시장에서 수요와 공급이 일치하는 수준에서 결정되는 공급량(구매량)이 적정 공급량이듯이 환경용익과 환경오염피해가 일치하는 수준에서 결정되는 배출량이 적정 배출량이 된다. 그러므로 환경오염물질의 적정 배출량과 적정 환경오염수준의 결정은 기본적으로 경제학의 수요-공급 논리에 입각하고 있다.

이러한 유사성에도 불구하고 근본적으로 다른 점도 있다. 일반 상품의 경우에는 시장에서 실제 공급량이 그 적정 공급량을 현저하게 벗어나지 못하게 만드는 힘이 작용한다. 기업들이 적정 공급량보다 현저하게 더 많이 공급하면 가격이 크게 떨어지면서 공급비용(생산비)이 가격을 웃돌게 되므로 큰 손해를 본다. 반대로 기업들이 너무 적게 공급하면 시장에서 가격이 생산비를 초과하면서 이윤이 커지기 때문에 생산을 늘리려는 경제적 동기를 가지게 된다. 이와 같이 일반 상품의 경우에는 각 기업이 가격과 생산비를 동시에 고려하면서 생산량을 조정한다. 그러므로 정부가 개입하지 않더라도 상품별로 시장에서 적정 공급량이 달성된다.

그러나 환경오염의 경우에는 그렇지 못하다. 비록 한계환경용익곡선과 한계오염피해곡선이 교차하는 점에서 적정 배출량이 결정되지만, 환경오염원인자들은 이 한계오염피해곡선을 염두에 두지 않는다. 이윤은 폐수배출업소에 귀속되지만 환경오염피해는 제3자에게 떨어지기 때문이다. 따라서 환경오염원인자는 마치 환계오염피해곡선은 존재하지 않는 것처럼 이를 무시하고 오직 자신의 한계환경용익곡선만을 염두에 두고 배출량을 결정하게 된다. 한계오염피해곡선은 외부효과의 크기를 반영하는 곡선이다. 사회적 손실을 초래하는 외부효과를 특별히 외부비용(external cost)이라고 부르기도 하는데, 환경오염피해는 대표적인 외부비용이다. 한계오염피해곡선은 외부비용을 반영하는 곡선이기도 하다.

그러므로 환경오염물질의 배출에 대하여 아무런 제재가 없으면 환경오염원인자는 한계환경용익이 0이 될 때까지 배출량을 최대한 늘린다. [그림 3-4]에서 한계환경용익곡선이 수평축과 만나는 z까지 배출량을 늘린다는 것이다. 정부가 나서서 환경용익과 환경피해가 일치하는 점(두 곡선이 교차하는 점)에 대응한 적정 배출부과금([그림 3-4]에서 t^*)을 부과해야만 환경오염원인자들은 마치 한계오염피해곡선을 염두에 둔 것처럼 적정 배출량을 달성하게 된다. 이 때에 적정 배출부과금의 부과는 외부효과를 내부화하는 계기가 되었다고 말한다. 요컨대, 환경정책의 핵심은 환경오염원인자로 하여금 한계오염피해곡선을 자신과는 무관한 것이 아니라 바로 자신이 부담해야 할 비용으로 느끼게 함으로써 마치 일반 상품의 경우 기업이 가격과 생산비를 모두 고려하듯이 환경용익과 환경오염피해를 충분히 고려해서 합리적으로 배출량을 결정하게 만드는 것이다.

최적화 정책과 비용최소화 정책

(1) 이론상의 정책: 최적화 정책

일단 특정 환경영향권에서의 적정 배출량과 적정 환경오염수준이 이상에서 설명하였듯이 수요-공급의 논리에 의거해서 결정되었다고 하더라도, 그 다음의 어려운 문제는 이 적정 환경오염수준이 실제로 달성되도록 그 환경영향권 안에 있는 각 환경오염원인자의 환경오염물질 배출량을 적절히 통제하는 것이다. 구체적으로 말해서 각 환경오염원인자들의 환경오염물질 배출량을 어느 수준까지 허용할 것인가를 결정해야 한다는 것이다. 여기에서 유의하여야 할 것은 환경오염원인자에 따라 환경용익에 큰 차이가 있을 수 있다는 점이다.

예를 들어서 설명의 편의상 어느 환경영향권에 2개의 폐수배출업소 A와 B가 있다고 하자. 만일 이 두 업소가 각각 10톤의 폐수를 배출한다고 하면, A의 한계환경용익은 3백만원이고 B의 한계환경용익은 200만원이라고 하자. 달리 말하면, A가 폐수 배출량을 한 단위 더 늘리면 3백만원의 순수익을 올릴 수 있고 B가 폐수 배출량을 한 단위 더 늘리면 200만원의 추가 순수익을 올릴 수 있다는 것이다. 똑같이 폐수를 한 단위 배출하더라도 A가 훨씬 더 많은 환경용익을 올리고 있다는 것은 그만큼 A가 환경을 잘 이용하고 있다는 뜻이다. 그렇다면, 환경을 더 잘 이용하는 A로 하여금 더 많이 폐수를 배출하도록 허용하는 것이 이 환경영향권 전체의 환경용익을 가장 많이 증가시키는 방법이다.

그러나 A가 폐수 배출량을 계속 증가시키면, 그의 한계환경용익은 점차 감소한다. 이 결과 A의 한계환경용익이 B의 한계환경용익인 200만원 이하로 떨어진다면, 이번에는 B로 하여금 폐수를 더 많이 배출하도록 허용하는 것이 환경영향권 전체의 환경용익을 더 많이 증가시키는 방법이다. B의 배출량이 계속 늘어난 결과 B의 한계환경용익이 A의 그것에 비해서 현저하게 떨어지면, 이번에는 A가 더 많이 배출하도록 허용하는 것이 전체의 환경용익을 더 많이 증가시키는 방법이 된다. 이런 식으로 A와 B의 배출량을 조정한 결과 A의 한계환경용익과 B의 한계환경용익이 같아졌다고 하자. 이제 더 이상 환경영향권 전체의 환경용익을 증가시킬 여지가 없다.

이 예에서 볼 수 있듯이, 어느 한 업소의 한계환경용익이 다른 업소의 한계환경용익과 큰 차이가 난다는 것은 업소들의 배출량을 다시 조정함으로써 환경영향권 전체의 환경용익을 더 많이 증가시킬 여지가 있음을 의미한다. 경제학 용어를 빌리면, 파레토 개선의 여지가 있다는 것이다. 한정된 자원으로 더 많은 소득을 올릴 여지가 있을 때 혹은 주어진 목표를 더 적은 비용으로 달성할 여지가 있을 때 경제학에서는 파레토 개선의 여지가 있다고 말하고, 파레토 개선의 여지가 있는 상황을 비효율적이라고 표현한다. 위의 예에서 업소들의 한계환경용익 사이에 차이가 발생하는 상황은 파레토 개선의 여지를 안고 있으므로 비효율적인 상황이다. 그러므로 환경영향권 전체의 총 환경용익이 극대화되기 위해서는 환경오염원인자들의 환경용익이 균일화되도록 환경오염물질의 배출을 허용해야 한다.

환경영향권 전체의 적정 배출량을 x^*라고 하자. 환경영향권 안에 있는 모든 환경오염원인자들의 한계환경용익이 균등화되도록 이 x^*가 각 환경오염원인자에게 할당되었을 때, 이 환경영향권 전체의 환경용익은 극대화되며, 파레토 개선의 여지가 없어진다. 즉, 환경오염원인자들에게 할당된 배출량을 재조정해 봐야 환경영향권 전체의 환경용익을 더 이상 증가시킬 수 없다는 것이다. 이와 같이 파레토 개선의 여지가 없는 상황이 곧 경제학에서 말하는 효율(좀 더 정확하게 말하면, 파레토 효율)이 달성되는 상황이다. 환경오염물질 배출량 할당의 경우, 이 효율이 달성된다는 것은 해당 환경영향권 전체의 총 환경용익이 극대화됨을 의미하는데, 이를 위한 조건은 환경오염원인자들의 한계환경용익이 균등화되어야 한다는 원칙이다. 이 원칙은 경제학 교과서에 나오는 '한계가치균등화의 원칙(혹은 등한계 원칙)'을 응용한 것으로서 이 경우 한계환경용익이 곧 한계가치에 해당한다.

환경영향권별로 적정 환경오염수준을 목표로 정하고 이에 상응한 적정 배출량을 한계환경용익 균등의 법칙에 따라 환경영향권 내의 각 환경오염원인자들에게 적절히 할당할 수 있다면, 이것은 최적화를 추구하는 환경정책 혹은 최적화 환경정책이라고 할 수 있다. 그러나 대부분의 경우 최적화 환경정책은 이론상의 정책일 뿐 현실적인 정책은 아니다. 왜냐하면, 정보가 부족하기 때문이다. 특히 환경용익이 잘 알려져 있지 않다. 각 개별 환경오염원인자의 환경용익은 영업비밀에 속한 사항이기도 하다. 그래서 현실적으로 정부는 [그림 3-4]의 한계환경용익곡선을 잘 모르는 상황에서 환경문제를 다루어야 한다.

물론, 위에서는 배출부과금의 요율을 조금씩 아래위로 조정하면서 환경오염원인자들의 반응을 관찰하면 한계환경용익곡선을 알아낼 수 있다고 말했지만, 이것은 현실적으로 사실상 불가능한 일이다. 배출부과금은 법정 요금인데, 장난치는 것도 아니고 한계환경용익곡선을 알아내기 위해서 법정 요금을 수시로 올렸다 내렸다 한다는 것은 현실적으로 허용되지 않는다. 설령 허용된다고 하더라도 이런 방법이 한계환경용익곡선을 정확하게 파악하게 해준다는 보장도 없다. 예를 들어서 한계환경용익곡선을 알아내기 위해서 정부가 한강 유역의 업소들에게 배출부과금을 부과한다고 하면, 이를 눈치챈 업소들은 낮은 배출부과금을 기대하고 자신의 배출량을 조정할 가능성도 있다. 다시 말해서 업소들이 전략적으로 행동한다는 것이다.

(2) 차선책: 비용최소화 정책

한계환경용익곡선을 잘 모른다면, 최적화 환경정책을 추구할 수는 없다. 그러면 어떻게 할 것인가? 차선책을 추구할 수밖에 없다. 비록 환경용익은 알기 어렵다고 해도 환경오염피해에 관해서는 많은 연구가 축적되어 있으며 따라서 알려져 있는 부분이 많다. 예를 들면, 대기오염이 건강이나 농작물에 미치는 피해라든지 수질오염의 인체피해, 유해화학물질의 인체피해 등에 관한 연구는 아주 많다. 따라서 정부는 환경오염피해에 관한 자료를 이용해서 허용 가능한 수준을 정할 수 있다. 이 허용 가능한 수준이 보통 환경기준으로 공표된다. 실제로 우리나라를 비롯한 세계 여러 나라가 각종 환경오염물질에 대하여 환경기준을 설정해 놓고 있다. 예를 들면, 우리나라의 경우 강물에 포함된 환경오염물질의 농도, 대기 중에 포함된 미세먼지나 각종 유해물질의 농도 등이 법적으로 허용된 수준 이하로 유지되도록 정부가 노력하고 있는데, 이 법적으로 허용된 수준이 환경기준치가 된다.

일단 이 환경기준이 결정되면, 이것이 달성되고 유지되도록 환경오염원인자들의 배출행위를 통제해야 한다. 이 경우에도 유의하여야 할 것은 환경오염물질의 배출량을 줄이는 데 소요되는 비용(감축비용)이 환경오염원인자에 따라 큰 차이가 있을 수 있다는 점이다. 환경오염원인자들이 주로 처리기술과 시설에 의존해서 배출량을 줄인다고 하더라도 처리기술과 시설에도 여러 가지 종류가 있을 수 있다. 그러나 이런 것에 대한 정보와 자료는 비교적 풍성한 편이다. 환경오염원인자들이 어떤 처리기술과 시설을 보유하고 있는지를 파악하면 이들이 환경오염물질을 배출하지 않고 처리하는 데 소요되는 비용, 즉 처리비용을 추정할 수 있다. 만일 처리기술과 시설 그리고 처리비용에 대한 자료를 바탕으로 정부가 환경오염물질 처리량과 처리비용 사이의 관계를 파악한다면, 환경오염물질을 한 단위 더 처리할 때에 소요되는 추가비용도 알 수 있을 것이다. 이 추가비용을 한계감축비용(marginal abatement cost)이라고 부르기로 하자. 한계감축비용은 경제학 원론 교과서에 자세히 설명하고 있는 한계비용과 같은 개념이다. 생산량이 늘어남에 따라 한계비용도 증가하듯이 한계감축비용도 처리량이 증가함에 따라 증가하는 경향을 보일 것이다.

만일 정부가 환경오염원인자들의 한계감축비용을 어느 정도 파악하고 있다면, 주어진 환경기준을 최소의 비용으로 달성하는 정책, 즉 비용최소화 정책이 최적화 정책을 대신할 차선책이 된다. 그러면 구체적으로 어떻게 비용최소화를 달성할 수 있을 것인가? 이 경우에도 한계가치균등화의 원칙이 그대로 적용된다. 다만, 이 경우의 한계가치는 한계감축비용이다. 따라서 모든 환경오염원인자에 걸쳐 한계감축비용이 똑같아지도록 각각의 환경오염물질 배출량을 통제하는 것이 비용최소화의 조건이 되며, 이 조건에 따라 주어진 환경기준을 달성하고 유지하려는 정책이 곧 비용최소화 정책이다.

비용최소화의 경우 한계가치균등화의 원칙을 좀 더 구체적으로 설명하기 위해서 편의상 어느 환경영향권에 두 개의 폐수배출업소 A와 B가 있다고 가정하자. A는 우수한 처리기술과 시설을 보유하고 있어서 폐수 한 단위 처리하는 데 200만원이 소요되는 반면, B가 폐수 한 단위를 처리하는 데에는 300만원이 소요된다고 하자. 그렇다면, B보다는 A로 하여금 폐수를 더 많이 처리하게 통제하는 것이 환경영향권 전체의 감축비용을 더 많이 절감할 수 있다.

그러나 처리량이 증가함에 따라 한계감축비용이 점점 더 커진다. A의 폐수 처리량이 증가함에 따라 A의 한계감축비용이 B의 한계감축비용 300만원보다 높아지면, 이번에는 B로 하여금 폐수를 처리하게 만들어야 한다. 그러나 B의 폐수 처리량이 계속 늘어남에 따라 B의 한계감축비용이 A의 한계감축비용보다 높아지면 다시 A로 하여금 폐수 처리량을 늘리도록 해야 한다. 한계환경용익 균등화 법칙을 설명할 때처럼 환경오염원인자에 따라 한계감축비용이 현저하게 차이가 날 때는 환경오염원인자별 폐수처리량을 재조정함으로써 환경영향권 전체의 폐수 감축비용을 더 많이 절감할 여지가 있다. 즉, 파레토 개선의 여지가 있다는 것이다. 결국 모든 환경오염원인자에 걸쳐 한계감축비용이 똑같아지도록 각각의 환경오염물질 배출량을 조정하였을 때 파레토 개선의 여지가 없어진다. 즉, 비용최소화 목적이 달성된다.

물론 그렇다고 최적화 환경정책이 전혀 불필요한 탁상공론에 불과하다고 말할 수는 없다. 최적화 환경정책이 현실적으로 가능한 경우도 있을 수 있다. 중요한 것은, 가능하면 최적화 환경정책을 추구하도록 노력하되, 이것이 여의치 않을 경우 비용최소화 환경정책을 추구하여야 한다는 것이다. 비용최소화 환경정책은 어디까지나 차선책이다.

환경오염물질 적정 감축량과 다양한 감축방법

[그림 3-4]에서는 환경오염물질의 배출을 어느 정도 허용할 것인가의 관점에서 적정 환경오염을 설명하였는데, 약간 각도를 달리해서 환경오염물질의 배출량을 어느 정도로 감축하는 것이 적정한가의 관점에서 설명할 수도 있다. [그림 3-4]에서 적정 배출량은 원점에서 보면 x^*이지만, 또한 z를 기점으로 삼으면 최대배출량(z)에서 x^*z만큼을 감축한 것이기도 하다. 배출량을 늘리면 환경용익을 얻는 반면 환경오염피해를 감수해야 하고, 반대로 배출량을 줄이면 환경용익을 잃는 반면 환경오염피해는 줄어든다. 그 어느 경우든 동일한 내용의 손익계산의 문제가 있다. 그러므로 사실상 내용은 같지만 적정 배출량을 바탕으로 환경정책을 얘기할 수도 있고, 적정 감축량을 바탕으로 환경정책을 얘기할 수도 있다.

좀 더 구체적으로 살펴보면, [그림 3-4]에서 원점을 기점으로 삼아서 한계환경용익곡선을 오른쪽으로 읽으면, 배출량을 증가시킴에 따라 추가적으로 얻는 환경용익의 크기를 알 수 있지만, 반대로 z(최대 배출량)를 기점으로 삼아 이 곡선을 왼쪽으로 읽으면, 배출량 감축으로 인해서 포기해야 하는 환경용익의 크기를 알 수 있다. 달리 말하면, z를 기점으로 삼아서 [그림 3-4]의 환경용익곡선을 읽으면, 포기된 환경용익과 감축량 사이의 관계를 알 수 있다는 것이다. 포기된 환경용익은 배출량 감축으로 인한 비용(감축비용)이다. [그림 3-5]의 수평축은 감축량을 나타내고 수직축은 종전대로 금액을 나타내는데, 이 그림에서 곡선 1은 [그림 3-4]의 한계환경용익곡선을 바탕으로 감축량과 포기된 환경용익(감축비용) 사이의 관계를 재현한 것이다. 이 곡선은 감축량을 늘림에 따라 추가적으로 감수해야 하는 경제적 손실(한계감축비용)의 크기를 보이고 있다. 그러면, 곡선 1은 한계감축비용을 반영하는 곡선이 되는 셈이다.

이번에는 [그림 3-4]의 한계오염피해곡선을 보자. 원점을 기점으로 삼아 이 곡선을 오른쪽으로 읽으면, 배출량 증가에 따른 환경오염피해의 크기를 알 수 있지만, z를 기점으로 삼아 이 곡선을 왼쪽으로 읽으면 감축량이 증가함에 따른(즉, 배출량이 감소함에 따른) 환경오염피해의 감소분을 알 수 있다. 달리 말하면, 감축량이 증가함에 따른 환경개선 이익의 크기를 알 수 있다는 것이다. [그림 3-5]의 곡선 2는 [그림 3-4]의 한계오염피해곡선을 바탕으로 감축량과 환경오염피해 감소(환경개선이익) 사이의 관계를 재현한 것이다. 감축량을 한 단위 늘림에 따라 추가되는 환경개선이익을 한계환경개선이익이라고 부르기로 하자. 그러면, 곡선 2는 이 한계환경개선이익의 크기를 반영하는 곡선(한계환경개선이익곡선)이 된다.

[그림 3-4]에서 한계환경용익곡선과 한계오염피해곡선이 교차하는 점에서 적정 배출량이 결정되듯이, 똑같은 논리로 한계감축비용곡선(경제적 손실을 나타내는 곡선)과 한계환경개선이익곡선이 교차하는 점에서 적정 감축량이 결정되는데, [그림 3-5]에서는 x^*가 바로 적정 감축량이다.

[그림 3-5]에서 한계감축비용이 볼록한 형태를 취하는 이유는 [그림 3-4]의 한계환경용익곡선이 볼록한 형태를 취하기 때문이다. 앞에서도 언급하였듯이 한계환경용익곡선이 그와 같이 볼록한 형태를 취하는 이유는 배출량 증가의 주된 원인이 생산량 증가이기 때문이다. 그렇다면, 환경오염물질의 배출량을 줄일 때(달리 말해서 감축량을 늘릴 때) 환경오염원인자가 주로 생산량을 줄이는 방법으로 대응할 경우 한계감축비용곡선이 볼록한 형태를 취하게 될 것이다.

하지만, 감축량을 늘릴 때 환경오염원인자가 반드시 생산 규모를 줄이는 방법만 택하란 법은 없다. 일반적으로 말해서 환경오염물질의 배출량을 감축하는 방법에는 크게 두 가지 유형이 있다. 그 하나는 환경오염물질의 배출을 초래하는 상품의 생산량 및 소비량 자체를 줄이는 방법이고, 다른 하나는 상품의 생산량 및 소비량을 그대로 둔 채 환경오염물질이 덜 배출

그림 3-5 **환경오염물질 적정 감축량의 결정**

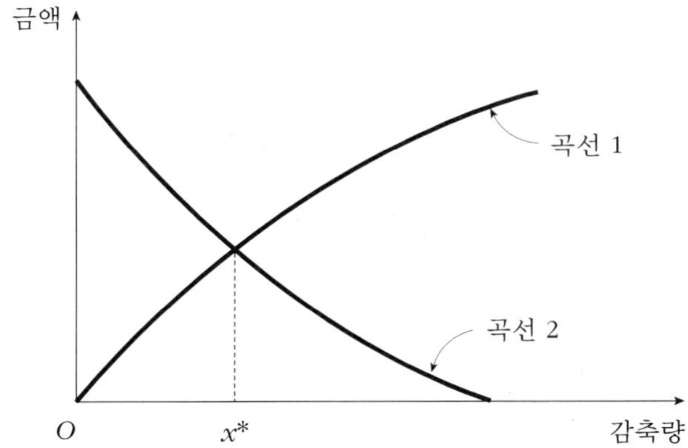

되는 방향으로 생산기법이나 소비양태를 바꾸는 방법이다.

생산기법을 바꾸는 방법에도 여러 가지 유형이 있을 수 있는데, 가장 대표적인 유형은 생산과정에서 유출되는 환경오염물질을 회수해서 별도로 처리하는 방법일 것이다. 이 방법을 쓴다는 것은 환경오염물질 처리공정을 기존의 생산공정에 덧붙인 새로운 생산기법을 이용한다는 것이다. 예를 들면 생산과정에서 나오는 폐수를 모아서 처리한 다음 강에 방류한다든지 공장 굴뚝에 집진시설을 설치해서 먼지나 유해가스를 포집하여 처리하는 등의 방법이 흔히 쓰이는 방법이다.

생산기법을 바꾸는 또 다른 유형은, 환경오염물질을 다량 배출하는 기존의 시설을 소량 배출하는 새로운 시설로 개체하는 방법이 있는데, 소음·진동을 많이 일으키는 낡은 기계를 조용하고 진동이 덜한 새 기계로 개체하는 방법이 그 한 예이다. 환경오염물질을 많이 배출하는 원자재를 환경적으로 깨끗한 원자재로 대체하는 방법도 있는데, 유황을 많이 함유한 연료 대신에 천연가스와 같이 깨끗한 연료를 쓰는 방법이 그 한 예이다. 그 어느 방법을 채택하든, 한 가지 공통점은 돈이 추가로 소요된다는 것이다. 예를 들어서 오염물질을 처리하자면 추가로 전기, 약품, 물 등 원자재를 더 많이 사용해야 하며 경우에 따라서는 노동자도 더 많이 고용해야 하고 더 넓은 땅을 마련해야 한다. 대체로 보면, 환경오염물질을 덜 배출하는 새로운 시설은 기존의 시설보다 더 비싸며, 시설을 개체하는 데에는 별도의 비용이 소요된다. 환경적으로 깨끗한 연료나 원자재는 더러운 연료나 원자재보다

그림 3-6 한계감축비용곡선의 모양

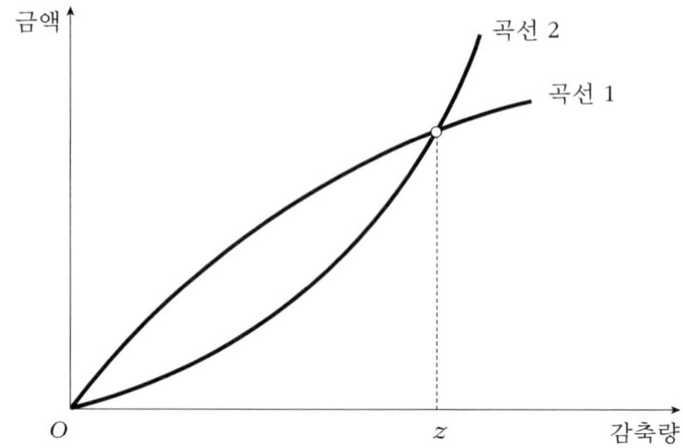

더 비싸다.

어떻든 이와 같이 생산이나 소비의 규모를 바꾸지 않고 생산방법 및 소비양태를 바꾸는 방법을 포괄적으로 기술적 방법이라고 하자. 대체로 보면, 감축량이 적을 때(환경오염물질을 조금 처리할 때)는 기술적 방법을 이용하는 것이 저렴하다. 그러나 감축량이 점차 증가하면서 기술적 방법에 소요되는 비용은 급격히 증가하는 경향이 있다. 달리 말하면, 환경오염물질을 한 단위 더 처리할 때 추가되는 비용(한계감축비용)이 점점 더 커진다는 것이다. 만일 이 기술적 한계감축비용이 누적적으로 증가한다면, 한계감축비용곡선은 [그림 3-6]에서 보듯이 곡선 1과 같이 볼록한 형태를 취하지 않고 곡선 2와 같이 오른쪽으로 급상승하는 오목한 형태를 취하게 될 것이다.

물론, 한계감축비용곡선은 이외에도 여러 가지 다양한 모양을 취할 것이다. 어떻든 중요한 것은 손실이 가장 적은 방법을 환경오염원인자가 택한다는 점이다. 그러므로 경우에 따라서는 여러 가지 방법을 절충할 수도 있다. 대체로 보아 감축량이 그다지 많지 않을 때에는 기술적 방법을 이용하다가 감축량이 어느 수준 이상으로 많아지면 생산량을 줄이는 방법을 택할 수도 있다. 예를 들어서 [그림 3-6]에서 보듯이 감축량이 z보다 적을 때는 곡선 2를 따라 감축하다가 z보다 더 커지면 곡선 1을 따라 감축하는 경우를 생각해 볼 수 있다. 이럴 경우에는 한계감축비용곡선은 처음에는 오목한 모양을 취하다가 그 다음에는 볼록한 모양을 취하게 될 것이다.

개별 환경오염원인자의 입장에서는 생산량 및 소비량을 줄임으로써 환경오염물질의 배출량을 감축하는 방법을 이용할 수 있지만, 사회 전체의 입장에서 보면 이 방법은 별로 바람직하지 못하다. 왜냐하면, 이 방법은 자본주의 경제의 주된 목표인 경제성장률을 낮추고 실업률을 높일 우려가 있기 때문이다. 그래서 되도록이면 생산량 및 소비량의 감축보다는 생산방법 및 소비양태를 바꾸는 방법이 많이 권장된다.

용 | 어 | 정 | 리

환경용익(環境用益)

환경용익이란 환경을 이용함으로 인한 이익을 말한다. 경제학적으로 보면, 환경오염물질을 환경에 배출한다는 것은 곧 그 환경오염물질을 배출하는 용도로 환경을 이용한다는 뜻이다. 환경문제가 발생했다는 것은 환경을 어떤 특정 용도로 과다하게 이용한 결과 다른 용도에 현저한 지장을 초래했다는 뜻이다. 이와 같이 환경을 이용하는 이유는 물론 경제적인 이익이 있기 때문이다.

한계환경용익

환경오염물질을 한 단위 더 배출함으로써 추가적으로 얻는 환경이익을 한계환경용익이라고 한다. 이 한계환경용익은 환경오염물질 배출량에 따라 변하는 변수이다. 따라서 환경오염물질 배출량이 증가함에 따라 한계환경용익이 어떻게 변하는가를 보이는 곡선이 한계환경용익곡선이다. 이 곡선은 환경에 대한 수요곡선에 해당한다. 경제학에서 수요곡선이란 기본적으로 재화를 이용함으로 인한 이익을 반영한 개념이다.

한계오염피해곡선

오염물질을 한 단위 더 배출함으로 인해서 추가되는 환경오염피해를 한계오염피해라고 한다. 이 한계오염피해 역시 상수가 아니라 오염물질 배출량에 따라 변하는 변수인데, 이 둘 사이의 관계를 나타내는 곡선이 한계오염피해곡선이다. 경제학에서 공급곡선은 재화의 공급에 소요되는 비용을 나타내는 곡선인데, 이런 점에서 보면 한계오염피해곡선은 환경에 관한 공급곡선에 해당한다.

핵심 주장

환경오염이 문제가 되는 주된 이유는 환경오염피해라는 사회적 손실이 발생하기 때문이다. 그러나 이 피해를 줄이기 위해서 환경오염물질의 배출을 억제하는 것은 환경용익의 희생을 강요하는 것이다. 배출을 지나치게 억제하면 희생된 환경용익이 환경오염피해보다 훨씬 더 커지게 되어 사회적으로는 도리어 손실이 발생한다. 따라서 환경용익과 환경오염피해가 균형을 이루도록 환경오염물질의 배출을 억제해야 한다. 환경용익과 환경오염피해가 균형을 이루는 상태에서의 환경오염 수준을 적정환경오염이라고 말한다.

한계환경용익곡선을 환경에 대한 수요곡선, 한계오염피해곡선을 환경에 관한 공급곡선이라고 보면, 이 두 곡선의 교점에 대응한 환경오염물질 배출량이 곧 사회적 적정환경오염을 이끌어 내는 배출량이며, 이 교점에 대응한 한계환경용익(혹은 한계오염피해)가 곧 환경의 사회적 적정가격이 된다. 환경을 이용하는 모든 행위에 대하여 이렇게 결정된 적정가격을 치르게 하면 사회적 적정 환경오염수준이 달성될 것이다.

04

환경정책

1. 정책수단의 유형들
2. 직접규제(지시 · 통제)
   이론상의 직접규제/ 비용최소화 직접규제/ 직접규제와 기술개발/ 현실의 직접규제/ 직접규제가 국민경제에 미치는 영향
3. 배출부과금
   최적화 배출부과금/ 비용최소화 배출부과금의 원리/ 비용최소화 배출부과금제도의 장단점/ 규제행정상의 배출부과금
4. 쓰레기수거료 및 폐기물 관련 각종 부과금
   진정한 의미의 수거료/ 경제적 인센티브제도의 딜레마와 보완책
5. 보조금제도
   진정한 의미의 보조금과 그 경제적 효과/ 폐기물의 재활용과 보조금의 필요성
6. 배출권거래제도
   초기의 배출권거래제도/ 배출권거래제도의 기본원리/ 배출권거래제도의 장단점/ 교토의정서 이전의 실시사례/ 기후온난화와 배출권거래제도
7. 타협에 의한 해결방법
   코오스의 정리(The Coase Theorem)/ 환경문제에 관한 그릇된 고정관념/ 코오스 이론에 대한 비판
8. 환경문제에 관한 정부의 실패
   정보수집의 문제/ 관료행태의 문제/ 구조적 저생산성의 문제

1. 정책수단의 유형들

환경오염 문제를 다루는 정책수단에는 여러 가지가 있을 수 있는데 크게 보면 대체로 다음과 같이 네 가지 유형으로 나누어 볼 수 있다. 그 첫 번째는 직접개입으로서, 주로 공공투자의 수단을 통해서 정부가 직접 국민들에게 보다 더 깨끗하고 쾌적한 환경을 조성해 주는 방법이다. 앞에서 설명하였듯이 깨끗하고 쾌적한 환경은 공공재적 성격을 가지는 까닭에 정부가 직접 공공재 및 준공공재의 공급자가 되어 줄 필요가 있다. 공원을 만들거나 녹지를 조성하거나 생태계를 보호하는 일 그리고 오염되거나 파괴된 환경을 복원하는 일은 대체로 정부의 몫이다. 하천에 유입되는 폐수를 처리하거나 가정에서 나오는 쓰레기나 생활하수 및 분뇨를 직접 수거 · 처리하는 일도 정부가 수행함이 여러 나라의 관례다. 이를 위해 각국 정부는 하수처리시설이나 분뇨수거 · 처리시설, 쓰레기 소각 및 매립시설을 설치하고 운영하는 데 많은 돈을 쓴다.

두 번째 유형은 직접규제(direct regulation) 또는 그냥 규제라고도 하고 일반적으로 환경규제라고 하는데, 이 정책수단은 정부가 환경오염원인자의 환경오염물질 배출량과 배출양태에 대하여 기준 및 규정을 만들어서 이의 준수를 강제하고, 이를 어기는 환경오염원인자에게는 법적 · 행정적 제재를 가하는 방법이다. 그래서 직접규제 정책을 지시 · 통제(Command & Control) 정책이라고 부르기도 한다. 직접규제는 대체로 법을 통해서 집행된다. 이 법은 바람직한 환경의 질을 환경기준으로 구체화하고, 이 환경기준을 달성

표 4-1 환경정책의 유형

유　형	핵심수단	정부개입의 정도
직접개입	공공투자	정부 주도
직접규제(지시 · 통제)	배출량 및 배출양태에 대한 각종 규제	정부 주도
경제적 유인책 (간접개입)	환경세, 배출부과금, 쓰레기수거료 등	크다
	보조금	크다
	배출권거래제도	보통
	합병 및 당사자 타협	적다
홍보 및 환경교육		

하기 위해서 각 환경오염원인자가 배출할 수 있는 환경오염물질의 양에 한도를 정할 뿐만 아니라 환경오염물질을 처리하는 기술과 환경오염방지 시설을 운영하는 방법까지 구체적으로 지정하기도 한다. 그러다 보니 환경 관련 법이 많아질 수밖에 없으며, 기술이 바뀌고 여건이 바뀜에 따라 환경 관련 법들도 수시로 바뀐다. 우리나라의 경우에도 환경 관련 법이 대단히 많을 뿐만 아니라 환경전문가들도 따라가기 어려울 만큼 자주 바뀐다.

세계적으로 보면 위에서 설명한 직접개입과 더불어 이 직접규제가 가장 보편적으로 많이 쓰이는 정책수단이기도 하지만 또한 많은 문제를 안고 있는 정책수단이기도 하다. 환경오염원인자의 수도 매우 많고 또한 환경오염물질의 배출량 및 양태도 매우 다양하다 보니 이에 대한 법적 · 행정적 규정 역시 매우 복잡하고 방대할 수밖에 없다. 우리나라의 경우 공식적으로 환경오염물질 배출의 규제 대상이 되는 굵직한 업소만 해도 수만 개가 넘는다. 이렇게 많은 환경오염물질 배출 업소들을 상대로 정부가 나서서 일일이 배출허용량을 지정하며, 환경오염방지시설 및 처리시설을 법대로 일일이 점검하고 지도하고 단속하자면 엄청난 예산과 방대한 행정력이 필요하다.

그래서 정부가 환경오염행위를 매사 이렇게 시시콜콜 직접 간섭할 것이 아니라 경제적 인센티브를 통해서 간접적으로 생산자나 소비자의 행태에 영향을 주어 환경오염을 통제하는 것이 보다 더 바람직하다는 주장이 제기되었다. 이런 주장의 취지를 살리는 효과적인 방법이 경제적 유인제도 혹은 경제적 인센티브제도이다. 이 방법은 경제적 인센티브를 이용해서 간접적으로 환경오염행위를 통제한다고 해서 간접개입방법이라고도 한다. 앞에서도 말했지만, 비록 환경문제가 시장의 실패로 인한 문제라서 정부의 개입이 필요하다고는 하지만 그렇더라도 무작정 개입할 것이 아니라 되도록이면 시장의 원리를 잘 살리는 방향으로 개입해야 한다는 것이 경제학의 기본입장이다. 경제적 인센티브제도는 바로 이러한 경제학의 기본입장을 반영한 방법이라고 할 수 있다.

시장의 원리를 어느 정도로 많이 살리는가에 따라 경제적 인센티브제도에도 여러 가지가 있다. 과거 몇 년간 우리나라에서도 많이 논란의 대상이 되었던 환경세라든가 그리고 현재 시행되고 있는 소위 배출부과금제도 및 보조금제도는 매우 오래 전부터 경제학자들이 권고해 온 대표적인 경제적 인센티브제도인데, 제도 자체를 정부가 직접 운영한다는 점에서 시장의 원리가 약간 덜 활용된 방법이라고 할 수 있다. 최근 들어 크게 주목을 받고 있는 거래가능배출권제도 혹은 배출권거래제도는 정부 개입의 폭이 비교적 적다는 점에서 시장의 원리를 상당히 많이 반영한 방법이라고 할 수 있다. 이런 방법들은 요컨대 환경오염원인자들로 하여금 오염물질의 배출, 다시 말해서 환경의 이용에 대해서 응분의 가격을 치르게 하는 방법들이다. 직접규제가 주로 오염물질의 배출량이라든가 배출시설 등 물리적인 측면을 직접 통제한다고 해서 수량통제방법이라고 부르는 반면, 이러한 경제적 인센티브제도는 가격을 통해서 간접적으로 통제한다고 해서 가격통제방법이라고 부르기도 한다.

궁극적으로 보면, 환경문제는 제도의 미비, 특히 소유권제도의 미비 때문에 발생한다고 생각하는 경제학자들이 많다. 1992년에 노벨경제학상을 수상한 미국 시카고대학교 법과대학의 코오스(R. Coase) 교수가 이런 생각을 구체화시킨 학자로 유명하다. 그에 의하면, 환경 관련 소유권제도만 잘 정비해도 환경문제를 둘러싼 이해당사자들이 서로 잘 타협함으로써 원만하게 해결할 수 있다. 이해당사자들 사이에 합병이 이루어지도록 정부가 여건을 조성해 주는 방법도 생각해 볼 수 있다. 이런 방법을 지지하는 학자들은 환경문제의 경우에도 정부가 할 일은 시장이 잘 돌아가도록 제도만 잘 정비해 주고 나머지는 시장에 일임하면 그만이라고 본다. 그 이상 더 정부가 개입하면 오히려 일을 그르칠 뿐이라는 것이다.

이와 같이 시장의 원리를 최대한 활용하는 경제적 인센티브제도가 있는가 하면, 그렇지 못한 경제적 인센티브제도도 있다. 환경오염방지 시설의 설치를 장려하기 위한 조세특혜 및 금융지원이나 기타 환경오염방지 투자를 유도하기 위한 각종 보조금 등을 그 예로 들 수가 있다. 이런 제도들은 환경오염원인자들에게 환경개선의 동기를 불어넣어 주기 위한 것이기는 하지만, 과거의 수많은 실시 사례들은 환경오염물질의 배출량을 억제하는 데에 그리 효과적이지 못함을 보여 주고 있다.

경제적 인센티브를 이용하는 방법은 결국 기업이나 소비자로 하여금 환경오염물질을 덜 배출하는 방향으로 행태를 바꾸기 위한 방법이다. 그러나 이 방법은 얄팍하고 피상적인 수법이라서 환경문제를 근원적으로 해결하지 못한다는 비판도 있다. 경제적 인센티브를 이용한 방법은 겉으로 드러난 행태만 바꿀 뿐이지 인간의 의식까지 환경친화적으로 바꾸는 것이 아니기 때문이다.

앞장에서 언급하였듯이 오늘날 인류가 당면한 환경문제의 밑바닥에는 인간중심주의적인 사고방식이 깔려 있기 때문에 인간의 가치관이나 의식을 환경친화적으로 개조하지 않고는 환경문제의 근원적 해결이 요원하다고 주장하는 학자들이 적지 않다. 환경보호론자나 환경운동단체들은 환경의식이나 환경친화적 가치관을 무척 강조하는 경향이 있다. 이에 부응해서 정부도 국민의 환경의식을 높이고 가치관을 환경친화적으로 바꾸기 위한 다양한 정책을 펼친다. 예를 들면, 각종 환경교육, 환경개선 캠페인, 환경 관련 홍보활동 등을 꼽을 수가 있다. 환경보전을 위해서 시민들이 일상생활에서 손쉽게 실천할 수 있는 수칙들을 담은 소책자가 한때 미국에서 베스트셀러가 된 적이 있었는데, 그러한 책은 시민들의 환경의식을 고취하는 데 많은 효과가 있음을 잘 보여 주고 있다. 최근 들어 세계 여러 나라들이 환경교육에 많은 투자를 하고 있고 우리나라에서도 아직은 초보단계이기는 하지만 환경교육이 초 · 중 · 고등학교 교과과정에서 실시되고 있다.

하지만 대체로 환경교육이나 환경 관련 홍보를 통한 시민의 의식개혁은 단시간에 효과를 내기보다는 장기에 걸쳐 서서히 효과를 낸다고 보아야 할 것이다. 금전만능주의가 팽배한 자본주의 사회에서는 환경의식을 높이는 일이 결코 쉽지만은 않다. 아마도 경제적 이익 앞에 환경의식이 침묵하는 경우가 오히려 정상적일 것이다. 그럼에도 불구하고 정부의 환경교육이나 환경의식의 개혁을 위한 홍보도 장기적으로는 매우 중요한 수단임을 부인할 수는 없을 것이다.

이상에서 살펴본 정책수단의 네 가지 유형들, 즉 직접개입, 직접규제, 경제적 유인제도, 환경교육 및 홍보 등은 각각 나름대로의 장점과 단점들을 가지고 있는 까닭에 일률적으로 어느 방법이 가장 좋다고 말할 수는 없다. 그러므로 상황에 따라 가장 적합한 정책수단을 취사선택하거나 적절히 조합하는 지혜가 필요하다.

2. 직접규제(지시 · 통제)

이론상의 직접규제

직접규제는 환경오염원인자의 환경오염물질 배출량이나 배출방법을 정부가 직접 통제하기 때문에 대체로 보면 그 효과가 신속하고 가측적이라는 장점을 가진다. 기업이 불법으로 오염물질을 과다 배출할 경우에는 규제당국은 즉각 응징할 수 있으며 이 결과 역시 눈으로 금방 확인할 수 있다. 그래서 직접규제는 정치적으로나 일반 시민에게나 강한 설득력을 가진 정책수단이다. 우리나라에서도 과거 흔히 있어 왔듯이 대형 환경사건만 터지는 날이면 국민들은 으레 환경오염행위에 대한 정부의 강력한 단속을 요구하였고 이에 영합하여 정부도 새로운 법을 만들어 내거나 규제를 강화하기 일쑤였다.

그러나 경제학적으로 보았을 때, 직접규제의 원래 취지는 사회 전체의 환경오염이 사회적 적정수준으로 유지되도록 규제당국이 각 환경오염원인자의 환경오염물질 배출량을 직접 적정수준으로 통제하는 것이다. 이런 원래 취지에 영합하는 직접규제가 최적화 직접규제다. 정부가 이런 내용의 최적화 직접규제를 실시하기 위해서는 기본적으로 다음과 같은 두 가지 사항을 규제당국이 잘 파악하고 있음을 전제해야 한다. 그 첫째는 해당 환경영향권 안에 있는 각 환경오염원인자들의 환경오염물질 배출동향이고, 둘째는 한계오염피해곡선과 환경오염원인자별 한계환경용익곡선이다. 이 두 가지 종류의 정보를 가지고 있으면, 해당 환경영향권 전체의 적정 배출량을 알아낼 수 있다. 그 다음에는 앞장에서 설명한 한계가치균등화의 원칙에 따라 모든 환경오염원인자들의 한계환경용익이 균등화되도록 각 환경오염원인자의 적정 배출량을 결정해야 한다. 정부는 이렇게 결정된 적정 배출량을 각 환경오염원인자에게 통고한 다음 이를 초과해서 환경오염물질을 배출하지 못하도록 통제하게 된다. 정부가 이 통제에 성공한다면, 환경영향권 전체의 환경용익을 극대화하면서 동시에 적정 환경오염수준을 달성하게 된다.

비용최소화 직접규제

그러나 정부는 최적화 직접규제의 수행에 필요한 자료와 정보를 충분히 가지고 있지 못함이 보통이다. 특히 개별 환경오염원인자의 환경용익은 알아내기 매우 어렵다. 환경오염원인자의 수가 수십만에 달할 때는 더욱 더 그렇다. 따라서 정부는 차선책을 추진할 수밖에 없다. 바람직한 환경의 질을 설정하고 이 목표가 최소의 희생(최소의 경제적 손실)으로 달성되도록 환경오염물질 배출행위를 규제하는 것이 하나의 차선책이 된다.

물론, 이 경우에도 적지 않은 자료와 정보가 필요하다. 한편으로는 각 환경오염원인자의 환경오염물질 배출동향을 잘 파악하고 있어야 하며, 다른 한편으로는 환경오염피해에 대한 자료를 가지고 있어야 한다. 이런 자료를 이용해서 정부가 환경영향권 전체의 환경기준을 설정하며 이에 상응하는 총배출량을 추정할 수 있다고 하자.

그 다음에는 이 총배출량을 초과하지 않도록 개별 환경오염원인자들의 배출량을 '적절히' 통제하여야 한다. 여기에서 적절히 통제한다는 말은 환경오염원인자 전체가 감수해야 하는 경제적 손실이 최소화되도록 각각의 배출량을 통제함으로써 최소의 희생으로 주어진 환경기준을 달성한다는 의미다. 앞장에서 설명하였듯이 정부의 규제에 부응하여 배출량을 감축할 때 각 환경오염원인자는 생산량을 줄이는 방법을 택할 수도 있고 환경오염물질을 처리하는 방법을 택할 수도 있다. 생산량을 줄일 경우에는 환경용익을 포기해야 하고, 처리할 경우에는 처리비용을 감수해야 한다. 그 어느 경우든 환경오염원인자는 손실을 감수해야 하는데, 경제학적으로는 이런 손실은 모두 비용으로 간주된다. 합리적인 각 환경오염원인자는 비용이 가장 적은 방법을 택할 것인데, 이 비용이 감축비용이다.

비용최소화 직접규제를 실시하기 위해서는 규제당국은 각 환경오염원인자의 감축비용에 대한 자료를 확보하고 있어야 한다. 이러한 자료를 바탕으로 환경오염원인자들의 한계감축비용을 알 수 있다고 하자. 그러면 한계가치균등화의 원칙에 따라 한계감축비용을 균등화시키는 각 환경오염원인자의 배출량을 산정할 수 있다. 이렇게 산정된 배출량을 모든 환경오염원인자들에게 통고하고 이를 준수하도록 각 환경오염원인자에게 명령함으로써 최소의 비용으로 해당 환경영향권의 환경기준을 달성할 수 있다. 이와 같이 환경영향권별로 설정된 환경기준을 최소의 비용으로 달성하려는 취지의 직접규제가 비용최소화 직접규제다.

그러나 현실적으로 이런 비용최소화 직접규제 역시 그 실시에 큰 어려움이 있다. 각 환경오염원인자의 경제적 손실을 말처럼 그렇게 소상히 알 수도 없을 뿐만 아니라 환경오염원인자의 수가 많을 때에는 막대한 예산과 행정력이 소요되기 때문에 집행도 어렵다. 설령, 환경오염원인자의 수가 적고 이들의 경제적 부담을 잘 알고 있다고 해도 비용최소화 직접규제의 실시에는 또 한 가지 큰 걸림돌이 있다.

한계감축비용은 환경오염원인자에 따라 크게 달라짐이 보통이다. 환경오염원인자가 기업일 경우, 업소에 따라 생산되는 상품의 종류가 다르고 환경을 이용하는 정도 또한 다르기 때문에 처리방법도 달라질 수밖에 없고 따라서 감축비용도 천차만별이다. 업소별로 한계감축비용이 다를 경우 한계가치균등화의 원칙에 따라 각 업소의 배출량을 결정하면, 허용되는 배출량이 업소마다 달라진다. 환경오염물질을 쉽게 감축할 수 있는 업소(정확하게 말해서 한계감축비용이 작은 업소)에게는 환경오염물질을 많이 줄이게 하고, 반대로 감축으로 인한 손실이 큰 업소에게는 가능하면 조금 줄이게 하는 것이 해당 환경영향권 전체의 경제적 손실을 최소화하는 길이다. 이와 같이 각 환경오염원인자의 사정에 맞추어 선별적으로 규제해야 하는데, 설령 그런 직접규제가 가능하다고 해도 형평성의 문제가 제기될 수 있다. 정부가 어떤 업소는 많이 배출하게 허용하고 또 어떤 업소는 조금만 배출하게 강제하게 된다. 업소의 입장에서 보면, 어떤 업소에게는 규제가 강하고 또 어떤 업소에게는 규제가 느슨한 것처럼 느끼게 된다. 따라서 이런 차별대우에 강력한 반발이 있을 수도 있다.

그러므로 비록 비용 최소화가 가능하다고 해도 형평성의 문제가 걸리면 규제당국은 선별적 규제를 꺼릴 수밖에 없다. 그래서 선별적 규제 대신에 모든 환경오염원인자들로 하여금 일률적으로 똑같은 양을 배출하게 하든가 혹은 똑같은 비율로 배출량을 감축할 것을 명령하는 획일적 규제를 선호하게 된다. 그러나 이 경우에는 비효율을 감수해야 한다. 즉, 예산낭비를 감수해야 한다.

이를 이해하기 위해서 가상적인 예를 들어보자. 어느 환경영향권에 갑과 을의 두 환경오염 업체만이 있고, 각각 10단위씩의 환경오염물질을 배출하고 있어서 총 20단위의 환경오염물질이 배출되고 있다고 하자. 이 결과 이 지역의 환경이 너무 심하게 오염되었기 때문에 법적으로 환경기준을 정했는데, 이를 달성하기 위해서 이 지역 전체로는 총 16단위의 환경오염물질만 허용된다고 하자. 그렇다면 이 지역 전체로는 배출량을 4단위 감축해야 한다. 그런데, 갑이 환경오염물질을 한 단위 줄이는 데에는 평균 200만원의 감축비용이 들고 을이 한 단위 줄이는 데에는 평균 100만원의 감축비용이 소요된다고 하자. 이와 같이 감축비용이 다름에도 불구하고 규제당국이 갑과 을 모두 똑같이 2단위씩 감축하도록 획일적으로 규제한다고 하자. 2단위씩 줄이기 위해서는 갑은 400(= 2 × 200)만원의 손실을 보아야 하고, 을은 200(= 2 × 100)만원의 손실을 당해야 한다. 따라서 이 환경영향권 전체로는 총 600만원의 비용이 발생한다.

하지만, 규제당국이 선별적 규제를 택한다고 하면, 감축비용이 비싼 A에게는 종전처럼 계속 10단위를 배출하게 허용하고 B에게만 4단위를 줄이라고 명령하게 된다. B가 4단위를 감축하는 데에는 400(= 4 × 100)이 소요된다. 따라서 환경영향권 전체로는 총 400만원이 소요된다. 그럼에도 불구하고 획일적 규제를 고집하면 400만원이면 될 일에 600만원을 쓰게 된다. 그만큼 예산낭비다.

이와 같이 획일적 규제가 예산낭비를 초래함에도 불구하고 실제로 여러 나라에서 실시하고 있는 직접규제의 대부분은 이 획일적 규제에 가까운 것들이다. 이런 현실에 비추어 볼 때 비용최소화 직접규제에 비해서 획일적 직접규제가 얼마나 낭비적일까? 이 질문은 많은 환경경제학자들에게 큰 관심거리인데, 주로 직접규제 방법에 의거해서 환경정책을 펴고 있는 미국의 경우 이 질문에 답하는 연구들을 많이 보게 된다. 미국의 여러 지역에 대하여 수행된 연구들을 종합해 보면, 현실의 직접규제에 소요되는 비용이 비용최소화 직접규제를 실시했다고 가정하였을 때 소요되는 비용에 비해서 대체로 78% 더 많이 드는 것으로 추산되었는데, 4배 내지 6배 더 많이 드는 경우도 적지 않았다.[1] 이 결과를 보면, 통상적으로 수행되고 있는 정부의 직접규제가 얼마나 비효율적이요 예산낭비인가를 미루어 짐작할 수 있다.[2]

직접규제와 기술개발

직접규제의 또 하나의 큰 약점은, 환경오염물질의 처리나 환경오염 예방을 위한 기술개발을 촉진하는 효과가 약하다는 것이다. 왜냐하면, 기술개발로 인한 이익이 크지 못하기 때문이다. 직접규제 하에서는 각 환경오염원인자들은 정부가 요구하는 배출량을 지키면 그 뿐이다. 예를 들어서, 직접규제의 실시로 100톤 이상의 폐수를 배출하지 못하게 되어 있다고 하자. 그러면 업체들은 100톤만 배출하면 그만이지, 그 이하로 배출량을 감축해 봐야 아무런 이득이 없다. 100톤 이하로 폐수를 배출한다고 해서 규제당국이 상을 주거나 돈을 주지 않기 때문이다. 따라서 정부가 요구하는 100톤 이하로 폐수의 배출량을 감축하는 기술을 개발하거나 채택하려는 인센티브를 가지지 못한다. 새로운 기술의 개발은 시간과 돈이 드는 일이기 때문에 더더욱 그렇다. 이런 문제 때문에 환경오염원인자가 법정허용량보다 덜 배출한 부분에 대해서 모종의 혜택을 주자는 주장이 제기되었고 그래서 시작된 것이 거래가능배출권제도 혹은 배출권거래제도이다. 이에 대해서는 뒤에서 자세히 살펴보기로 하자.

물론 직접규제 혹은 지시 · 통제정책이 기술진보에 대한 인센티브를 전혀 주지 못한다는 것은 아니다. 직접규제 하에서도 환경오염업체가 환경친화적 기술개발로 인한 이익을 얻을 수 있다. 예를 들어서 어떤 기업이 법정허용량인 연간 1000톤의 폐수를 배출하면서 100억원어치의 제품을 생산하고 있다고 하자. 그런데, 이 기업이 원료를 절약하는 새로운 환경친화적 생산방법을 개발함으로써 종전과 똑같이 1000톤의 폐수를 배출하면서도 전보다 두 배 많은 200억원어치의 제품을 생산하게 되었다고 하자. 그러면 이 기업은 법을 어기지 않으면서도 더 많은 수익을 올릴 수 있게 된다. 이런 경제적 이득 때문에 직접규제 하에서도 기업은 새로운 환경친화적 기술개발에 의욕을 가질 수 있다. 다만, 기술개발에 소요되는 비용이 문제다. 비용이 많이 든다면 기업이나 산업은 환경친화적 기술개발에 큰 의욕을 가지지 못할 것이다.

그래서 정부가 의도적으로 환경친화적 기술개발을 유도하는 경우도 있다. 정부가 신기술 개발의 목표를 세운 후 환경오염원인자들에게 일정기간 안에 이 신기술을 채택하라고 명령할 수도 있고 그 신기술이 채택되었다고 가정했을 때의 배출량을 앞당겨서 이들에게 적용할 수도 있다. 예를 들면, 1000톤의 폐수를 배출하면서 100억원어치 제품을 생산하는 기법 대신에 200억원어치 제품을 생산하는 신기술을 정부가 목표로 정해 놓고 3년 내에 이 신기술의 채택을 기업에게 명령하거나 혹은 배출량을 절반으로 줄일 것을 강제할 수도 있다. 만일 환경오염 기업이 신기술 개발을 게을리하면 상당한 손실을 감수해야 하므로 정부의 요구에 부응하는 기술개발을 서두를 수밖에 없다.

하지만, 과연 기업들이 정부의 요구를 그렇게 선선히 받아들일지는 미지수다. 현재 상업화되어 있지도 않은 기술을 정부가 일방적으로 정해 놓고 이를 강요하거나 혹은 배출량을 엄격하게 규제하는 것에 대하여 환경오염원인자들의 반발이 만만치 않을 경우도 있다. 사실 과거 미국에서는 환경관련 신기술 개발의 시한까지 법에 정해 놓고 이에 따라 배출량규제에 들어간다고 천명하였지만 번번이 실패한 경험이 있다.

한 가지 재미있는 점은, 직접규제가 경우에 따라서는 아예 기술개발의 의욕부터 꺾어 버리기도 한다는 것이다. 왜냐하면, 새로운 환경오염방지 기술이 개발될 때마다 정부가 획일적으로 이를 기업에 강요하고 또한 이 새로운 기술수준에 맞추어 환경기준을 더욱 강화하기 때문에 기업은 새로운 기술을 개발해 봐야 고달프기만 하지 득이 될 것이 없을 수도 있다. 예를 들면, 미국의 환경법은 모든 기업들이 항상 구득 가능한 최선의 기술(BAT: the best available technology)을 갖추고 실행할 것을 공식적으로 요구하고 있다. 이런 상황에서는 기업은 새로운 환경오염방지 기술을 개발하지 않으려 할 뿐만 아니라 이미 개발된 기술도 정부에 노출되지 않도록 숨기기도 하고 심지어 비밀리에 새로운 기술을 개발한 다음 외국에 팔아서 돈을 벌기도 한다.[3] 이런 사례는 법이나 정책이 아무리 그 의도가 좋아도 의도와는 전혀 거리가 먼 결과가 얼마든지 발생할 수 있음을 여실히 보이고 있다.

현실의 직접규제

이상에서는 규제당국이 비록 각 환경오염원인자의 환경용익은 잘 알지 못해도 최소한 이들 각각의 배출량 동태를 정확하게 파악하고 있다고 전제하였다. 하지만 환경오염원인자별로 환경오염물질 배출량 동태, 그 자체를 파악하는 것조차도 무척 힘든 것이 현실이다. 그러므로 대부분의 경우 직접규제는 오염물질 배출량 그 자체를 직접 규제대상으로 삼지 못하고 환경오염물질 배출시설과 처리시설의 성격이나 운영방법 또는 운영실태 등에 대한 법적 규정을 만들고 이의 준수를 감시하고 단속하는 형태를 취하게 된다. 말하자면 현실적으로 시행되는 직접규제는 교과서에서 말하는 것과 같이 환경오염물질 배출량을 직접 통제하는 직접규제가 아니라 이를 간접적으로 통제하는 직접규제인 셈이다. 예를 들면, 대기오염물질의 경우 굴뚝의 수와 높이를 규제한다든가, 기업이 이용하는 내연기관의 규격을 규제한다든가, 집진시설의 가동방법을 규제한다든가 등의 방법이 자주 동원된다. 그만큼 현실적으로 시행되는 직접규제의 효과는 떨어질 수밖에 없다.

그러나 문제가 여기에서 그치는 것이 아니다. 온갖 환경오염물질 배출시설의 규격과 운영방법, 환경오염물질 처리시설의 설치방법과 운영방법 등을 일일이 법에 정해 놓고 이의 준수를 기업에게 강제하는 현실의 직접규제는 행정적으로도 무척 번거로울 뿐만 아니라 기업 내부의 업무에 일일이 간섭하게 되다 보니 기업과의 마찰이 끊이지 않고 또한 뇌물과 부정의 온상이 되기도 한다. 가끔 보면, 직접규제가 뒤에서 얘기하게 될 배출부과금제도에 비해서 행정비용이 덜 드는 장점을 가진다고 말하는데, 이럴 때의 직접규제는 잘 해야 이론상의 직접규제이지 현실의 직접규제와는 거리가 멀다.

여기에서 한 가지 강조해 둘 점은, 각 환경오염원인자의 환경오염물질 배출량과 양태에 대한 정확한 정보는 비단 직접규제뿐만 아니라 모든 환경정책의 기본 전제라는 것이다. 이런 환경 관련 정보가 부실한 상황에서는 직접규제이든 각종 경제적 유인책들이든 그 실효성이 크게 떨어질 수밖에 없다. 사실 그런 정보가 부족한 상황에서 환경오염원인자들을 통제해야 한다는 점이 현실과 이론의 괴리를 낳는 한 요인이 된다. 그렇다고 환경오염원인자별로 환경오염물질 배출량을 정확하게 파악하는 것이 불가능하다는 것은 절대 아니다. 예를 들면, 아황산가스의 배출량은 환경오염원인자가 어떤 연료를 얼마나 사용하였는가를 점검하면 쉽게 알아낼 수도 있다. 이에 대해서는 뒤에서 다시 설명하기로 하겠으나, 어떻든 중요한 것은, 환경오염원인자별 배출량과 배출양태를 정확하게 파악하기 위해서는 많은 투자가 필요하고 실제로 많은 투자가 이루어지고 있다는 점이다.

각 환경오염원인자의 환경오염물질 배출량과 배출양태를 파악하고 감시하는 데 소요되는 비용은 환경정책의 집행에 소요되는 비용의 일부에 불과하다. 환경정책의 집행에 필요한 비용을 경제학에서는 흔히 거래비용(transaction costs)에 포함시킨다. 환경정책의 종류에 따라서 이 거래비용이 상당히 달라질 수가 있는데 흔히 이 거래비용을 간과하고 전문가들이 정책적 제안을 하는 경우가 종종 있다.

직접규제가 국민경제에 미치는 영향

흔히 직접규제를 포함한 각종 환경 관련 규제가 경제성장을 둔화시키고 국가경제의 경쟁력을 약화시킨다고 말한다. 실제로 기업들은 환경 관련 직접규제를 강화하거나 새로운 규제를 도입할 때마다 강하게 반발하곤 한다. 그런 규제를 준수하기 위해서는 기업들은 환경오염방지를 위한 시설투자를 증가시켜야 하고 이를 가동시켜야 하는데 이 모든 것들이 돈 드는 일들이다. 즉, 환경 관련 규제는 기업의 환경오염방지 지출을 증가시킨다. 그러니 기업이 환경 관련 규제를 좋아할 리 없다. 결국 환경 관련 규제들은 기업의 생산비 인상으로 구체화되는데 이렇게 되면 한 나라 경제의 국제경쟁력을 떨어뜨림으로써 국가경제에 악영향을 미친다는 것이 표면상 업계가 환경 관련 규제에 반대하는 큰 명분이다. 어떻든 환경 관련 규제는 미시적으로는 주로 기업의 생산성 및 생산비에 영향을 미치고 거시적으로는 국내총생산(GDP)이나 국민총생산(GNP), 고용, 물가 등에 영향을 미칠 것으로 예상된다.

환경규제가 복잡하고 까다롭기로 유명한 미국에서는 미시적 · 거시적 효과에 대한 실증연구가 상당히 많다. 오래 전부터 미국의 환경 관련 규제가 매우 비효율적이라는 비판을 받아 왔기 때문이다. 그렇게 비효율적이라면, 환경 관련 규제는 환경개선 효과에 비해 지나치게 많은 투자를 강요하게 되며 그럴수록 기업의 생산성에 큰 흠집을 내게 될 것이다. 대부분의 환경 관련 규제는 기업의 입지를 제한한다. 환경 관련 규제 때문에 기업들은 경제활동의 여건이 좋은 곳에 공장을 차리지 못하는 경우가 많다. 이런 요인 또한 생산성을 저해하는 요인이 된다.

미국의 경우 1960년대와 70년대에 환경규제가 크게 강화되었는데 이 기간에 노동생산성도 크게 하락하였다. 자연히 환경 관련 규제가 생산성 하락의 주된 요인으로 의심받게 되었다. 하지만, 생산성이 떨어진 원인을 규명해 보려는 여러 연구들을 종합해 보면, 생산성 하락의 8-12% 정도만이 환경 관련 규제 때문이고 나머지는 다른 요인 탓이었던 것으로 추정되었다.[4)]

거시적 효과, 즉 국민총생산, 고용, 물가에 미치는 효과를 추정해 본 연구들 중에서 가장 많이 인용되는 미국의 실증적 연구는 Chase 연구와 DRI 연구일 것이다.[5)] Chase 연구는 1972년과 1980년 사이에 미국 중앙정부의 환경 관련 규제가 미국 국민경제에 미친 효과를 추정해 본 연구인데, 이에 의하면, 전 기간에 걸쳐 실업률은 평균 0.13% 정도 높아지고, 물가상승률은 전반기에는 약 0.35% 높아지는 반면 후반기에는 오히려 둔화되며, GNP가 전 기간에 걸쳐 약간씩 감소하는데 감소하는 정도는 가장 클 때가 GNP의 약 1.4%일 것으로 추정되었다. 이 연구에 의하면, 환경 관련 규제의 산업별 영향은 상당히 다른 것으로 나타났다. 예를 들면, 금속, 석유, 화학, 그리고 전력산업이 다른 산업에 비해서 더 큰 영향을 받는다. 따라서 이런 산업들이 집중되어 있는 지역은 다른 지역에 비해서 환경규제의 타격을 더 크게 받을 것이다. 결국 환경 관련 규제가 산업 전반에 미치는 영향은 대수롭지 않지만, 특정산업들과 특정 지역들은 상당히 큰 충격을 받을 수도 있다.

한편, DRI 연구는 1970년과 1986년 사이에 대기오염 및 수질오염에 대한 미국 중앙정부의 규제가 국민경제에 미치는 영향을 추정해 본 실증연구이다. 이 연구에서도, 환경 관련 규제는 물가를 약간 상승시키는 것으로 나타났는데, 상승폭은 연평균 약 0.25%이었다. 그런데, 특이하게도 실업률은 오히려 감소하는 것으로 나타났다. 환경 관련 규제로 인한 환경투자는 환경오염방지 시설이나 기자재에 대한 수요를 늘림으로써 환경산업이 성장할 기회를 제공한다. 그 외에도 재활용, 대중교통수단의 개발, 건물 디자인의 개선, 재생가능 에너지 시스템의 개발 등의 분야에 투자기회를 제공함으로써 직접적으로 새로운 산업과 고용기회를 창출할 수가 있다. 이러한 긍정적인 효과가 경기를 둔화시킴으로써 고용을 감소시키는 부정적 효과보다 현저하게 더 크면, 환경 관련 규제는 결과적으로 실업률을 낮추게 될 것이다.

그러나 DRI 연구에 의하면, 실업률이 감소하는 정도는 매우 경미한 편이다. GNP에 미치는 환경 관련 규제의 효과는 다소 유동적이어서 전반기에는 GNP를 증대시키지만, 시간이 지나면서 약간 감소시키는 것으로 추정되었다. 환경 관련 규제는 전 기간에 걸쳐 국제수지를 매우 적게나마 감소시키는 것으로 나타났다.

그러면 이와 같이 환경 관련 규제가 한편으로는 고용을 증대시키는데 다른 한편으로는 국민총생산을 증가시켰다가 감소시키는 이유는 무엇일가? 아마도 단기적으로는 환경 관련 규제가 고용기회를 늘림으로써 실업률도 줄이고 국민총생산도 늘리지만, 장기적으로는 상품생산을 위한 투자의 감소로 인한 여파가 생산성 저하를 초래하면서 국민총생산을 감소시키는 방향으로 작용한다고 생각해 볼 수 있을 것이다.

이상의 두 연구 외에도 일부 OECD 국가에서 환경오염 방지계획이나 환경 관련 규제의 시행이 국민경제에 미치는 영향을 분석한 실증연구도 있지만 연구결과는 위에서 소개한 연구결과와 큰 차이가 없다.[6] 미국의 경우와는 달리 환경규제가 노르웨이의 경우에는 국내총생산을 약간 증가시키는 것으로 나타났고, 일본의 경우에는 환경오염방지 시설에 대한 집중적인 투자로 이어져 환경오염방지기기 등의 생산에 있어서 높은 국제경쟁력을 이루는 계기가 되기도 하였다. 그래서 포터(M. Porter)는 환경규제가 기업의 생산성을 높이고 경쟁력을 강화하는 계기가 된다고 주장하였다. 이 주장을 '포터 가설' 이라고 한다. *

결론적으로 환경 관련 규제가 국민경제에 미치는 효과는 비교적 경미한 것으로 밝혀진 셈이다. 이러한 결과만 놓고 보면, 1970년대에 선진국들의 환경오염방지투자나 환경 관련 규제의 강화가 당시 선진국들이 뼈저리게 겪었던 생산성 둔화 및 불황의 주된 요인이 아니었음을 시사한다. 그러나 단정적인 결론을 내리기에는 미흡한 면이 있다. 사실 환경개선투자나 환경 관련 규제가 국민경제에 광범위한 영향을 미칠 가능성에 대한 견해들이

---

* 홍종호(2010), "한국경제의 녹색성장 가능성 검토," 서울대학교, 『환경농촌』, 제49권.

크게 엇갈리고 있음에도 불구하고 믿을 만한 실증적 연구는 그리 많지 않은 것이 현실이기도 하다. 그 이유는, 환경 관련 규제에 따른 경제적 영향이 매우 다양하여 이를 전부 파악하기가 쉽지 않고, 특히, 정확한 자료를 얻기가 매우 어렵기 때문이다.

한 가지 유의할 것은, 환경 관련 규제의 효과에 관한 연구들은 환경이 개선됨으로 인한 사회적 편익을 충분히 고려하고 있지 않다는 점이다. 환경 개선은 여러 가지 사회적 편익을 제공한다. 첫째는, 효용증대의 편익이다. 공기가 깨끗해지고 물이 깨끗해지면 국민들은 직접적으로 더 많은 즐거움을 느낄 수 있다. 대개 그러한 즐거움은 시장에서 거래되지 않는 것들이다. 둘째, 비용감소의 편익이다. 예를 들면, 공기가 깨끗해지면 가정에서의 세탁비가 감소할 것이고, 보건 · 의료비도 줄어들 것이며, 물이 깨끗해지면 하수처리비용이 감소할 것이며 물을 많이 사용하는 기업이 오염된 물을 정화할 필요성도 적어질 것이다. 셋째, 생산증대의 편익이 있다. 공기와 물이 깨끗해지면 농산물의 생산도 크게 늘어날 것이며, 국민들이 더 건강해지면 노동의 생산성도 높아질 것이다. 물론, 이런 편익들을 별도로 추정하기가 매우 어렵기는 하지만, 어떻든 위에서 살펴본 실증연구들은 환경오염 규제가 경제에 미치는 효과만을 추정하였지 국민복지에 미치는 효과를 추정하지는 못했기 때문에 편파적이라는 비판에서 자유롭지 못하다.

환경 관련 규제가 개인이나 기업의 환경오염방지 지출을 증가시키는데, 기존의 실증연구들은 대체로 이 환경오염방지 지출에 대한 자료를 이용하여 환경 관련 규제의 영향을 분석하고 있다. 그러나 환경오염방지 지출에 입각한 실증연구는 국민경제에 미치는 환경규제의 악영향을 과대평가할 우려가 있다. 예를 들어서, 어느 기업이 환경오염방지에 10억원의 돈을 썼다고 하자. 경제학적으로 중요한 것은 이 10억원의 기회비용이다. 즉, 그 10억원을 환경오염방지에 지출함으로 인해서 포기된 다른 요긴한 용도가 무엇이며 이로 인한 국민복지의 손실이 어느 정도인가가 중요하다는 것이다. 우선, 기업이나 개인의 환경오염방지 지출에는 세금이 포함되어 있는데 이 부분은 기회비용이 아니다. 예를 들어서 그 10억원에 1억원의 세금이 포함되어 있다고 하자. 이 세금은 일단 정부의 국고로 들어갔다가 다시 국민의 복지를 위해서 쓰이게 되므로 사회적 손실이라고 말할 수 없고 따라서 기회비용이라고 볼 수 없다. 세금은 단순히 기업의 금고에서 국고로 옮겨간 이

전지출일 뿐이다. 따라서 환경오염방지 지출이 국민복지의 감소를 초래한다고 하면, 세금을 뺀 나머지 9억원만을 비용으로 간주하고 연구 대상으로 삼아야 한다.

환경오염방지 지출은 결국은 소비자들에게 전가된다. 어느 정도 전가되는가는 상품의 성격에 따라 다르다. 그러나 어떻든 전가되면 그만큼 소비자가 치르는 가격은 올라간다. 가격이 오르면 소비자는 구매량을 줄이게 된다. 이로 인한 손실, 즉 소비자잉여의 감소는 비용이지만 환경오염방지 지출에는 반영되지 않는다. 환경 관련 규제의 국민복지에 미치는 효과를 추정하기 위해서는 이 소비자잉여의 감소가 파악되어야 하지만 위에서 살펴본 실증연구에서는 소비자잉여의 감소는 고려되지 않는다.

3. 배출부과금

최적화 배출부과금

경제학자들은 100여 년 전부터 환경오염행위에 대하여 세금을 부과해야 한다고 주장해 왔다. 이 세금을 흔히 환경세라고 한다. 영국의 경제학자 피구(Pigou)가 제안하였다고 해서 경제학에서는 피구세(稅)라고 부르기도 하는데, 앞장에서 설명한 배출부과금(effluent charge)과 내용이 사실상 같다. 그래서 경제학자들은 배출부과금과 환경세를 혼용하는 경우가 많다. 왜냐하면, 이 두 제도 모두 결국은 환경의 이용에 대하여 적정가격을 치르게 함으로써 환경오염행위를 적절히 통제하려는 취지를 가진다. 그러나 우리나라에서는 아직 환경세제도가 실시되고 있지 않기 때문에 대체로 배출부과금이라는 용어가 더 자주 쓰인다. 학자에 따라서는 공해부과금(pollution charge) 혹은 공해요금(pollution fee)이라는 용어를 쓰기도 한다.

마치 이론상의 직접규제와 현실의 직접규제가 다르듯이 규제당국이 보유하고 있는 정보의 종류와 양에 따라 배출부과금에도 사실은 여러 가지가 있다. 대체로 보면 그 취지에 따라 최적화 배출부과금, 비용최소화 배출부과금, 그리고 규제행정상 배출부과금의 세 가지 형태를 생각해 볼 수 있다.

최적화 배출부과금은 배출부과금제도의 원 취지에 가장 충실한, 순수한 의미의 배출부과금이다. 흔히 배출부과금이나 환경세를 정부재원 조달의 수단으로 생각하는데, 원래 배출부과금이나 환경세는 그런 재정수입을 조달하기 위함이 아니라 환경오염을 적정수준으로 억제시킴으로써 자원의 효율적 이용을 도모하기 위함이다. 최적화 배출부과금이란 바로 이런 취지에 충실한 배출부과금을 말한다. 그렇다면, 최적화 배출부과금은 이미 앞장에서 자세히 설명한 적정 배출부과금과 사실상 같은 내용을 담고 있다. 따라서 최적화 배출부과금의 요율 역시 적정 배출부과금 요율과 마찬가지로 한계환경용익과 한계오염피해가 같아지는 수준에서 결정된다. 다시 말해서 한계환경용익곡선과 한계오염피해곡선이 교차하는 점에서 결정된다.

[그림 4-1]은 제3장의 [그림 3-4]를 그대로 옮겨온 것이다. 어느 환경영향권의 한계환경용익곡선과 한계오염피해곡선이 이 그림과 같다고 하자. 바로 이 두 곡선이 만나는 점 E에 대응한 수평축의 값 x^*가 이 환경영향권의 적정 배출량이고 수직축의 값 t^*가 곧 최적화 배출부과금의 요율에 해당한다.

이 요율의 배출부과금을 해당 환경영향권 안의 모든 환경오염원인자에게 획일적으로 부과하면, 이들 각각은 자신의 한계환경용익이 이 배출부과금 t^*과 같아지도록 배출량을 조정할 것이다. 결과적으로 모든 환경오염원인자들의 한계용익이 같아진다. 즉, 한계가치균등화의 원칙(제2장 참조)이 자동적으로 충족된다. 이렇게 적정 배출부과금을 부과함으로써 한계환경용익이 균등화되도록 각 환경오염원인자의 배출량이 결정되면, 한편으로는 이 환경영향권에서 적정 환경오염수준이 달성된다. 그리고 다른 한편으로는 한계가치균등화의 원칙에 따라 각 환경오염원인자의 배출량이 결정되기 때문에 환경영향권 전체의 환경용익이 가장 커진다. 다시 말해서 해당 환경영향권 전체의 환경용익이 극대화되면서 적정 환경오염 수준을 달성하게 된다는 것이다. 그리고 이렇게 조정된 각 환경오염원인자의 배출량을 전부 합치면 이것이 곧 그 환경영향권 전체의 적정 배출량이 된다. 왜냐하면, 앞장의 [그림 3-3]에서 설명하였듯이 [그림 4-1]의 한계환경용익곡선은 각 환경오염원인자의 배출량을 합친 총배출량과 환경용익 사이의 관계를 나타내는 곡선이기 때문이다. 그러므로 t^*가 곧 최적화 배출부과금의 요율이 된다.

경제학적으로 볼 때, 환경오염문제란 환경이라는 자원(환경재)을 어떤 특정 환경오염물질 배출의 매체로 과도하게 이용한 결과 그 환경재의 다른

그림 4-1 적정 환경오염수준의 결정

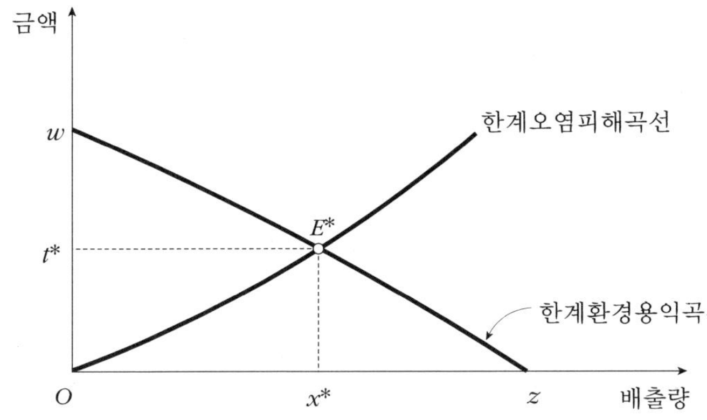

용도에 현저한 지장을 초래함으로 인한 문제로 이해된다. 예를 들면, 공기는 대기오염물질을 배출하는 매체로 이용될 수 있지만 동시에 우리가 호흡하는 데에 이용되기도 하는데, 대기오염이란 공기를 대기오염물질 배출매체로 지나치게 많이 이용한 결과 시민의 깨끗한 공기의 호흡에 현저한 지장을 주는 문제로 이해되며, 마찬가지로 수질오염이란 강물을 폐수배출의 매체로 과다 이용한 결과 같은 강물을 식수로 이용하는 데에 현저한 지장을 주는 문제로 이해된다. 다른 용도에 현저한 지장을 줄 때는 항상 응분의 대가를 치르는 것이 경제학의 기본원칙이다. 최적화 배출부과금은 공권력에 의거해서 그 지장(피해)에 상응하는 만큼 환경재 이용에 대하여 가격을 치르게 함으로써 사회적 적정 환경오염 수준을 달성하려는 취지를 갖는다. 최적화 배출부과금 t^*가 바로 이런 취지를 충족시키는 환경재의 가격이라고 볼 수 있다. 최적화 배출부과금을 부과한다는 것은, 정부 주도 아래 환경재에 대한 시장을 인위적으로 조성함을 의미한다.

비용최소화 배출부과금의 원리

최적화 배출부과금 혹은 피구세는 환경오염을 사회적 적정수준으로 통제한다는 점에서 취지는 대단히 좋지만, 한계환경용익곡선의 파악이 매우 어렵기 때문에 사실상 현실성이 없는 이론적 발상에 불과하다고 말할 수 있다. 그래서 마치 최적화 직접규제에 대한 차선책으로 비용최소화 직접규제가 제시되듯이 최적화 배출부과금에 대한 하나의 차선책으로 제시된 배출부과금제도가 비용최소화 배출부과금이다. 비용최소화 배출부과금은 현실적으로 주어진 환경목표(환경기준)를 최소의 희생으로 달성해 보자는 취지의 배출부과금이다. 이 제도는 서구사회에서 광범위하게 채택되고 있는 직접규제가 예산 낭비적이고 비효율적이라는 문제의식에 따라 주로 경제학자들에 의해서 강력히 주장되어 온 제도이다.

비록 비용최소화 배출부과금이나 비용최소화 직접규제 모두 동일한 효과를 겨냥하고 있다고 하지만, 한 가지 큰 차이점은 비용최소화 배출부과금이 부과될 때 한계가치균등화의 원칙이 보다 더 손쉽게 충족된다는 것이다. 비용최소화 직접규제의 경우에는 규제당국이 각 환경오염원인자별로 감축비용을 알아내서 이를 바탕으로 한계감축비용이 균등화되도록 각 환경오염원인자의 배출량을 산정한 다음 이 배출량을 각 환경오염원인자에게 일일이 통고하고 준수할 것을 강제해야 하는 행정상의 번거로움이 있지만, 비용최소화 배출부과금의 경우에는 그럴 필요가 없다. 규제당국은 각 환경오염원인자들의 감축비용을 바탕으로 적절하다고 생각되는 부과금 요율을 산정한 다음 이것을 모든 환경오염원인자에게 획일적으로 부과하기만 하면 그만이다. 단지, 각 환경오염원인자의 배출량을 정확하게 파악하고 있어야 한다는 부담이 있을 뿐이다. 각 환경오염원인자는 이 부과금 요율과 자신의 한계감축비용(혹은 한계용익)이 일치하도록 자신의 배출량을 결정하게 된다. 그러면 모든 환경오염원인자들의 한계감축비용이 이 부과금 요율과 같아지므로 결과적으로 한계가치균등화의 원칙이 자동적으로 충족된다. 규제당국은 각 개별 환경오염원인자들의 한계감축비용을 자세히 알 필요도 없다.

이렇게 결정된 각 환경오염원인자의 배출량을 합친 총배출량이 결과적으로 주어진 환경기준을 초과할 수도 있다. 이럴 경우 규제당국은 이 환경기준이 충족될 때까지 부과금 요율을 약간씩 높이다 보면, 결국 주어진 환경기준을 충족시키는 요율을 찾아낼 수 있다. 이런 시행착오 과정을 거쳐 최종 낙찰된 부과금 요율은 한계가치균등화의 원칙을 충족시킴으로써 해당 환경영향권 전체로서 감축비용을 최소화함과 동시에 주어진 환경기준을 달성하게 한다. 바로 이 부과금 요율이 비용최소화 배출부과금 요율이 된다. 이와 같이 주어진 환경목표를 최소의 비용으로 달성한다는 것이 비용최소화 배출부과금의 핵심 요지이다. 비용최소화 배출부과금제도를 실시하든 혹은 비용최소화 직접규제를 실시하든 어차피 규제당국은 각 환경오염원인자의 감축비용을 정확하게 알기 어렵기 때문에 어느 정도의 시행착오는 불가피하다.

비용최소화 배출부과금은 비용최소화 직접규제가 당면할 형평성의 문제도 어느 정도 회피할 수 있다. 직접규제의 경우에는 규제당국이 각 환경오염원인자의 배출량을 직접 통제하기 때문에 환경오염원인자별로 배출량이 다를 경우 차별대우를 했다는 불평이 나올 수 있겠지만, 비용최소화 배출부과금의 경우 규제당국이 한 일은 단지 모든 환경오염원인자들을 상대로 동일한 배출부과금을 획일적으로 부과했다는 것뿐이다. 결과적으로 환경오염원인자들의 배출량이 각기 다르더라도 이것은 자신들이 알아서 결정한 결과이므로 불공평하다는 불평을 제기할 여지가 별로 없다.

비용최소화 직접규제가 환경오염원인자들을 상대로 직접 선별적으로 규제해야 하는 행정상의 번거로움 때문에 많은 경우 그 실시가 사실상 불가능하므로 규제당국은 획일적 직접규제에 의존함이 보통이다. 이 경우, 비용최소화 배출부과금제도는 비용최소화 직접규제의 기본 취지를 가장 잘 살리는 현실적 대안으로서 획일적 직접규제로 인한 낭비를 줄일 수 있다. 이 점을 구체적으로 이해하기 위해서 앞에서 직접규제제도를 설명할 때에 들었던 갑과 을의 가상적인 예로 돌아가 보자. 이 가상적인 예가 분명하게 보여 준 것은, 최소의 비용으로 환경목표를 달성하기 위해서는 가장 값싸게 배출량을 줄일 수 있는 환경오염원인자들만 선별해서 집중 규제해야 하지만, 형평상의 문제와 행정상의 번거로움이 큰 걸림돌이라는 점이다. 이 때 비용최소화 배출부과금은 이 두 문제를 동시에 해결하는 묘안이 된다.

그 가상적인 예에서 갑의 단위당 감축비용은 200만원이고, 을의 단위당 감축비용은 100만원이며, 지역 전체의 배출량 감축목표 4단위이다. 이제 어느 업소든 6단위 이상의 폐수를 배출할 경우 한 단위 배출할 때마다 규제당국이 예컨대, 150만원의 배출부과금을 징수한다고 해보자. 갑은 폐수 배출량을 한 단위씩 줄일 때마다 200만원씩 손실이 발생하지만 그렇다고 줄이지 않고 배출해 버리면 한 단위당 150만원 부과금을 물게 된다. 그러므로 배출량을 줄이느니 차라리 부과금을 지불하는 것이 이익이다. 반면에 을의 입장에서 보면, 배출을 한 단위씩 줄일 때마다 100만원씩 손실을 당하지만 그렇다고 배출해 버리면 한 단위당 150만원의 부과금을 지불해야 하므로 배출량을 감축하는 것이 이익이다. 따라서 갑과 을 모두 합리적이라고 하면, 갑은 폐수를 그냥 배출함으로써 배출부과금을 낼 것이며, 을은 생산량을 줄이든 또는 폐수를 처리하든 어떻든 간에 6단위만 배출할 것이니 결과는 선별적 규제를 한 것과 같아진다. 즉, 획일적 규제 하에서는 지역 전체의 환경목표를 달성하는 데 총 600만원이 소요되지만 비용최소화 배출부과금을 부과하면 마치 선별적 규제를 하였을 때처럼 총 400만원으로 주어진 환경목표를 달성하게 된다는 것이다. 이 결과를 요약하면 다음과 같다.

획일적 규제: 갑과 을 각각 2단위씩 감축
갑의 감축비용: 400(= 200 × 2)만원
을의 감축비용: 200(= 100 × 2)만원

지역 전체의 감축비용: 총 600만원

선별적 규제: 을만 4단위 감축
갑의 감축비용: 0
을의 감축비용 = 400(= 100 × 4)

지역 전체의 감축비용: 총 400만원

단위당 150만원의 배출부과금 부과:
갑의 감축비용 = 0 (∵갑의 감축량 = 0)
을의 감축비용 = 400(= 100 × 4)

지역 전체의 감축비용: 총 400만원

선별적 직접규제와 달리 비용최소화 배출부과금의 경우에는 형평성의 문제가 별로 없다고 말했지만, 현실에서는 기업들은 배출부과금보다는 직접규제를 더 선호한다. 그 이유는 뻔하다. 배출부과금이 직접규제에 비해서 기업에게 더 큰 경제적 부담을 주기 때문이다. 직접규제 하에서는 환경오염 원인자는 정부가 허용하는 양만 배출하면 추가적인 부담은 없다. 단지, 이 허용량까지 감축하는 데 드는 비용만 부담할 뿐이다. 그러나 배출부과금을 부과할 경우에는 설령 정부가 요구하는 대로 배출량을 감축하더라도 일단 배출된 환경오염물질에 대해서는 단위당 정해진 요율의 배출부과금을 내야 하므로 직접규제에 비해서 경제적 부담이 커진다.

위의 예에서는 6단위 이상 폐수를 배출할 경우에만 배출부과금을 부과한다는 조건이 있었지만, 그런 조건이 없다고 하자. 달리 말하면 모든 환경오염업체가 폐수를 배출할 때마다 1단위당 일정 요율의 배출부과금을 부과한다는 것이다. 직접규제나 배출부과금의 목적은 지역 전체의 총배출량을 16단위로 감축하는 것이다. 획일적 직접규제가 실시될 경우에는 갑과 을은 각각 환경오염물질의 배출량을 똑같이 2단위씩 줄이게 되는데, 이 경우 갑은 총 400(= 200 × 2)만원의 비용을 부담하게 되고 을은 총 200(= 100 × 2)만원의 비용을 부담하게 된다. 그러나 150만원 요율의 배출부과금이 부과되면 갑과 을은 환경오염물질을 각각 10단위와 6단위씩 배출하므로 갑은 총 1,500(= 150 × 10)만원의 부과금을 지불해야 하고, 을은 900(= 150 × 6)만원의 부과금을 지불해야 한다. 그러므로 획일적 직접규제에 배해서 갑은 1,100만원, 을은 700만원 더 돈을 내야 한다. 이와 같이 경제적 부담이 커지기 때문에 기업들은 배출부과금뿐만 아니라 환경세에 대해서도 상당히 강하게 반발한다.

그래서 배출부과금을 부과하는 경우, 이런 경제적 부담을 줄여 주기 위해서 현실적으로는 일종의 기초공제제도를 실시하고 있다. 우리나라의 경우 소위 배출허용기준을 정하고 이를 초과하는 배출량에 대해서만 배출부과금을 징수하고 있다. 예를 들어서, 위의 갑과 을의 경우에 규제당국이 각 오염원인자에게 6단위 이하의 배출에 대해서는 부과금을 면제하고 이 이상 배출할 때에만 150만원 요율의 부과금을 징수한다고 해보자. 그러면, 갑의 경우에는 10단위 중에서 6단위가 면제되어서 4단위에 대해서만 부과금을 내야 하므로 부과금총액은 600만원이 되고 을의 경우에는 6단위 모두가 면제되므로 부과금을 내지 않아도 된다. 결과적으로 획일적 직접규제의 경우에 비해서 갑과 동일하고 을의 경제적 부담은 오히려 줄어든다.

그러므로 기업의 배출부과금 부담을 경감해 주고 싶을 때에는 부과금 요율을 낮출 것이 아니라 기초공제제도(배출허용기준제도)를 도입하는 것이 바람직하다. 왜냐하면, 요율을 낮추면 환경오염원인자의 배출량 그 자체가 변하기 때문이다. 기초공제제도는 환경오염원인자의 배출량을 바꾸지 않는 범위 안에서 이들의 경제적 부담을 줄여 주기 위한 제도이다.[7]

필요에 따라서는 다수의 배출허용기준을 설정할 수도 있다. 예를 들면, 프랑스에서는 환경오염방지시설을 설치한 업체에게는 높은 배출허용기준을 적용하고 그렇지 않은 업체에 대해서는 낮은 기준을 적용하고 있다. 이와 같이 이른바 복수기준제를 택함으로써 업체로 하여금 되도록이면 환경오염방지시설을 설치하도록 유도하는 도구로 배출허용기준제도를 활용

할 수도 있다.[8)]

비용최소화 배출부과금제도의 장단점

직접규제가 법적 · 행정적 제재를 통해서 배출량을 직접 통제함에 반해서 배출부과금제도는 부과금 요율이라는 가격의 조정을 통해서 간접적으로 오염원인자의 배출량을 통제하는 제도이다. 효율성의 측면에서 볼 때 일반적으로 생산량이라든가 고용량, 배출량 등 '양(量)'에 대한 직접적인 통제는 가격을 통한 간접적인 통제에 비해 매우 번잡하고 어려우면서 많은 무리를 수반한다는 것이 경제학의 상식이다.

흔히 지적되는 비용최소화 배출부과금제도의 장점은 다음과 같다. 첫째, 주어진 환경목표를 최소의 비용으로 달성케 해줄 뿐 아니라, 직접규제에 소요될 행정비를 절약하는 효과도 발생시킬 수 있다. 다수의 환경오염원인자 그리고 매우 다양한 환경오염물질 배출 및 처리양태에 대응해서 직접규제는 매우 세부적인 사항에 대해서까지 적용되기 마련이다. 따라서 직접규제를 제대로 수행하기 위해서는 엄청나게 방대한 행정력과 이에 따른 막대한 행정비를 필요로 하게 된다. 배출부과금제도 하에서는 규제당국은 그런 배출 및 처리과정상의 세부적 사항들에 대해서는 신경을 쓰지 않고 오직 그 결과에 대해서만 주의를 집중하면 되기 때문에 그만큼 행정비를 절약할 수 있다.

둘째, 배출부과금의 부과로 인한 금전적 부담이 충분히 클 경우, 장기적으로는 환경개선 기술개발을 촉진시키며, 환경 관련 산업을 진작시킨다. 배출부과금제도는 환경오염원인자로 하여금 금전적 부담을 덜기 위해서 기술개발에 보다 더 큰 노력을 기울이려는 경제적 동기를 부여한다. 왜냐하면 기술개발을 통해서 보다 더 값싼 방법으로 환경오염물질을 처리하거나 생산량은 줄이지 않으면서 환경오염물질을 전보다 덜 배출하면 그만큼 환경오염원인자들은 배출부과금의 금전적 부담을 덜 수 있기 때문이다.

예를 들어서 어떤 폐수배출업체가 120톤의 폐수를 배출하고 있다고 하자. 정부가 직접규제를 통해서 100톤 이상의 폐수를 배출하지 못하게 통제하고 있다고 하자. 그러면 이 업체는 20톤을 감축해야 하며, 이에 따른 경제적 부담(감축비용)을 갖게 된다. 만일 새로운 처리기술이나 생산방법을 개발하면, 이 20톤을 아주 저렴하게 감축할 수 있을 뿐만 아니라 배출량도 60톤으로 줄일 수 있다고 하자. 하지만, 업체가 이런 새로운 기술을 개발하거나 채택해 봐야 큰 이익이 없다. 직접규제 하에서는 100톤 이하로 배출해 봐야 아무런 금전적 보상이 없기 때문이다. 다만, 업체는 20톤을 감축하는 비용의 부담을 줄이는 이익만 챙길 수 있을 뿐이다.

그러나 배출부과금제도 하에서는 그런 기술의 개발이나 채택이 업체에게 2중의 이익을 안겨 준다. 우선 20톤을 저렴하게 감축하는 이익이 있고 또한 60톤만 배출함으로써 40톤에 대한 배출부과금의 부담을 벗어날 수 있다. 따라서 직접규제의 경우보다 배출부과금의 경우 기술개발로 인한 이익이 더 크며 따라서 기술개발에 대한 인센티브도 더 강할 수밖에 없다. 이뿐만 아니라 환경오염물질을 처리하려는 환경오염원인자들의 강한 의욕은 처리시설 및 처리기법에 대한 구매를 촉발함으로써 장기적으로는 환경산업의 육성에 기여하는 효과도 있다. 요컨대, 직접규제에 비해서 배출부과금제도의 경우 환경친화적 기술개발을 촉진하는 효과가 더 크다고 할 수 있다.

셋째, 배출부과금제도의 실시로 규제당국은 부과금 징수로부터의 재정수입을 얻는다. 따라서 정부는 환경개선을 위한 일반재원을 마련하고 이를 공공재 공급에 투자함으로써 환경개선의 이익을 제공할 수 있다. 그러나 이러한 재정수입은 어디까지나 부차적인 것이지 배출부과금제도의 주 목적은 아니다.

이러한 여러 가지 장점들과 관련해서 한 가지 중요한 것은, 이 장점들이 충분히 실현되기 위해서는 배출부과금 요율이 충분히 높아야 함에도 불구하고 현실적으로는 업계의 반발 탓으로 그 요율이 충분히 높지 않다는 비판이 자주 제기된다. 비록 (비용최소화) 배출부과금제도가 경제학자들이 강력하게 권고하는 제도이기는 하지만, 나름대로 단점도 가지고 있다.

가장 자주 거론되는 단점들은 대략 다음과 같다. 첫째, 배출부과금은 직접규제보다 그 실시효과가 신속하지 못할 뿐만 아니라 그 효과가 유동적이어서 예측이 어렵다. 배출부과금제도는 기본적으로 일종의 가격을 통해서 간접적으로 효과를 발생시키므로 실시효과가 그만큼 불확실할 수밖에 없다. 그러므로 유해가스나 특정 유해중금속의 경우처럼 비용문제를 떠나 신속하고 확실한 효과를 요하는 환경오염물질에 대해서는 배출부과금제도보다는 직접규제를 실시하는 것이 좋을 것이다.

둘째, 배출부과금제도를 실시하자면, 그 요율 산정 및 부과금 징수에 많은 행정력과 행정비가 소요된다는 지적이 있다. 그러나 이 문제는 상대적인 문제이다. 앞에서 이미 살펴보았듯이 직접규제를 법에 따라 제대로 실시하는 것 역시 방대한 행정력과 행정비를 필요로 하기 때문이다. 부과금 산정 및 징수와 결부된 비용은 직접규제에서는 필요 없는 것이지만 기존의 각종 공과금징수체계를 잘 활용한다면, 징수비용은 크게 절약할 수 있다.

셋째, 배출부과금의 징수는 기업체들에게 큰 경제적 부담을 줄 우려가 있으며, 생산비를 높여 물가를 인상시킬 우려가 있다는 비판이 있다. 또한 우리나라 경제와 같이 수출에 크게 의존하는 경제에 있어서는 배출부과금이 생산비의 인상 요인이 되어 우리 제품의 국제경쟁력을 떨어뜨린다는 우려도 있다. 그러나 이런 식의 비판도 설득력이 높은 것은 아니다. 우선, 앞에서 얘기하였듯이 기초공제제도(배출허용기준)를 잘 활용한다면 경제적 부담의 문제나 수출경쟁력의 문제는 크게 완화된다.

이와 관련해서 한 가지 염두에 두어야 할 것은, 배출부과금을 부과했다고 해서 기업이 이 부과금을 100% 고스란히 부담하지는 않는다는 점이다. 배출부과금을 지불하는 기업은 이를 제품의 가격에 얹어서 소비자에게 전가(轉嫁)한다. 전가된다는 것은 가격의 상승을 의미하므로 이는 물가정책 당국이 매우 싫어하는 바이며 시민들의 반발을 사기 쉽다. 각종 시민단체들은 환경 관련 각종 부과금들을 기업들이 가격인상의 형태로 소비자들에게 떠넘기지 말 것을 공개적으로 촉구하기도 한다.[9]

하지만 경제논리에 따르면, 소비자에게 배출부과금이 전가되는 것은 당연하다. 배출부과금이 전가되어야만 환경을 오염시키면서 만든 상품이 비싸지고 또 그래야 소비자들도 그만큼 덜 구매할 것이다. 환경을 오염시키면서 만들어진 상품을 소비자들이 덜 구매하는 것이 짜장 환경오염을 방지하는 근원적 해결책이다. 경제학적으로 엄밀히 말하면, 사실 환경오염의 궁극적 원인자는 소비자들이라고 볼 수도 있다. 가죽제품이 하천이나 호수를 지독하게 오염시키면서 만들어지는 제품으로 알려져 있는데, 만일 소비자들이 가죽제품을 구매하지 않는다면, 아무도 가죽제품을 만들지 않을 것이므로 가죽제품으로 인한 수질오염문제는 애당초 일어나지도 않을 것이다. 축산폐수가 하천오염의 주된 원인으로 알려져 있는데, 만일 시민들이 삼겹살 먹기를 자제해 준다면 축산폐수의 배출량도 줄어들 것이므로 하천도 그만큼 깨끗해진다. 폐수에 대한 배출부과금은 삼겹살의 가격을 높임으로써 시민으로 하여금 삼겹살 소비를 자제하게 만드는 좋은 계기가 된다.

물론, 환경오염업체가 배출부과금을 100% 전가하는 것은 아니다. 어느 정도 전가되는지는 상품의 성격에 달려 있다. 예를 들어서 수요가 가격의 변동에 매우 민감하기 때문에(다시 말해서, 매우 수요 탄력적이기 때문에) 가격이 조금만 올라도 소비가 대폭 줄어들 경우 기업은 전가로 인해 큰 손해를 입을 수도 있다. 이런 상품의 경우에는 배출부과금이 많이 전가되지 못한다. 결국 배출부과금의 상당한 부분을 환경오염업체가 끌어안을 수밖에 없다. 또 반대로 가격의 변동에 둔감한 제품의 경우에는 배출부과금의 상당한 부분이 전가됨으로써 소비자가 많이 부담하게 될 것이다. 그래서 배출부과금이 얼마나 전가될 것인지는 일률적으로 말할 수 없다.

규제행정상의 배출부과금

실제로 우리나라에서나 외국에서 실시되고 있는 대부분의 배출부과금은 위에서 설명한 최적화배출부과금이나 비용최소화 배출부과금과 거리가 먼 것들이 많이 있다. 이미 앞에서 강조하였듯이 배출부과금이든 또는 직접규제이든 또는 기타 어떤 환경정책수단을 실시하더라도 결국 한 가지 중요한 전제는 환경오염원인자들을 파악하고 이들의 배출량을 정확하게 알아내고 단속하는 것이다. 그래야 불법으로 환경오염물질을 배출하는 행위를 철저하게 색출할 수 있을 것이다. 이 일이 잘 되지 않으면 직접규제나 배출부과금제도가 아니라 그 어떤 환경정책수단도 제대로 효과를 발휘할 수가 없다는 것은 아무리 강조해도 지나치지 않을 것이다.

이런 공통적인 문제 외에도 배출부과금제도에 특유한 문제는 부과금 요율을 적정하게 책정하는 것이다. 이 두 가지 문제, 즉 각 환경오염원인자의 배출량을 파악하고 부과금 요율을 적절하게 책정하는 일은 현실적으로 무척 어려운 문제이기 때문에 실제로 여러 나라에서 실시되고 있는 배출부과금제도는 대체로 보아 이 두 가지 문제를 현실적 여건에 따라 융통성 있게 조정하기 위한 노력의 결과로 나타난 변형들이라고 할 수 있다. 여기에서 말하는 규제행정상의 배출부과금제도란 이러한 현실화된 변형들을 총칭한 제도로서 이들 중에는 비용최소화 배출부과금의 취지를 많이 살린 것도 있고 현실 적용에 너무 치우쳐 본래의 취지가 많이 탈색된 것도 있다.

최적화 배출부과금제도와 비용최소화 배출부과금제도 모두 환경오염물질 배출을 적정수준으로 억제한다는 데 주 목적을 둔다는 점에서는 공통적이다. 단지 전자가 환경재의 가격화를 통해서 사회적으로 최적 환경오염수준을 달성하려 하며, 후자는 부과금을 통해서 환경목표를 최소의 비용으로 달성하려 한다는 점에서 약간 차이가 있을 뿐이다. 이에 반해, 규제행정상의 배출부과금제도는 대체로 보아 환경오염물질 배출억제보다는 정부의 환경개선투자 및 환경오염처리시설의 운영에 필요한 자금을 조성하는 데 더 큰 비중을 두는 편이다.

배출부과금제도에 있어서 가장 핵심적인 부분이라고 할 수 있는 환경오염물질 배출단위당 부과금, 즉 부과금 요율을 산정하는 방법은 나라마다 혹은 지역마다 달라지겠지만 가장 기본적인 방법은 다음과 같은 공식에 의거해서 산정하는 것이다.

$$\text{부과금 요율(단위당 부과금)} = \frac{\text{환경오염관리 비용}}{\text{추정된 환경오염물질배출량}}$$

여기에서 환경오염관리 비용이란 나라마다 다소 다르게 정의되지만, 대체로 보면 어떤 주어진 환경영향권의 환경의 질을 적정수준으로 유지하기 위해서 필요한 환경오염방지시설 투자비 및 운영·관리비를 의미하는 것이 보통이다. 이러한 산식에 따라 정해진 요율은 환경오염방지비용을 각 환경오염원인자들에게 분담시킨다는 성격도 갖게 된다.

환경오염물질 배출량을 추정하는 방법에는 크게 실측과 간접추정의 두 가지가 있을 수 있다. 배출량의 추정은 실측에 의거함이 원칙이라고 할 수 있으나 대체로 실측은 방대한 행정력과 많은 장비 그리고 막대한 비용을 필요로 한다. 그 많은 환경오염업체 전부에 대하여 항상 실측한다는 것은 사실상 불가능하다. 그래서 환경오염업체로 하여금 배출량을 자가 측정하여 규제당국에 보고함을 의무화하고 이 중 몇 개를 표본 추출하여 실측함으로써 사후 확인하는 편법이 이용된다. 우리나라도 이와 비슷한 방법을 쓴다. 일정 규모 이상의 폐수 배출시설에 대해서는 배출된 수질오염물질의 농

도를 상시 측정할 수 있도록 측정기기의 부착을 법적으로 의무화하고 있다.[10)]

간접추정이란 배출량에 직접 영향을 주는 요인들 중에서 확인이 용이한 요인들, 예컨대 생산량이나 원자재이용량 등으로부터 배출량을 간접적으로 추정하는 방법을 말한다. 생산량당 평균배출량, 고용자 1인당 평균배출량, 이용된 원자재 1 단위당 평균배출량 등을 보통 배출계수라고 부른다. 간접추정방식이 효과적이라는 평가도 있는데, 프랑스나 네덜란드에서는 광범위한 실사와 연구를 통해서 세분화된 업종별로 배출계수를 추정하고 이를 이용해서 개별 업체들의 환경오염물질 배출량을 간접추정하고 있다. 예를 들면, 기업이 사용한 연료의 종류와 양을 파악하고 있을 경우, 사전에 조사 연구된 배출계수를 연료 이용량에 곱하면 대략 대기오염물질의 배출량을 추정할 수 있다.

그러나 간접추정방법은 그 나름대로의 몇 가지 문제점을 가진다. 이 방법은 실시가 비교적 용이한 반면, 관련 자료에 의해서 간접적으로 추정하기 때문에 아무래도 정확도가 떨어진다는 흠을 갖고 있다. 그러나 이 보다도 더 큰 문제는, 이 간접추정방법에 의한 배출량 추정 및 배출부과금 징수는 장기적으로는 환경오염방지기술의 개발을 저해하여 배출부과금제도의 근본 취지에 위배될 소지를 안고 있다는 것이다. 조사와 연구에 의해서 산업별 배출계수가 일단 확정되면 비록 어떤 업체가 이 배출계수보다 낮은 배출계수를 가진 새로운 공정을 개발한다고 하더라도 이를 이용할 경제적 동기를 갖지 못할 것이다. 이용하든 안 하든 여전히 이미 확정된 배출계수에 의거해서 배출부과금이 부과되기 때문이다. 그러므로 간접추정방법 하에서는 배출계수를 낮추는 새로운 기술개발에 대한 보상책을 별도로 강구할 필요가 있다. 예를 들면, 종전보다 더 효율적인 처리기술을 개발했을 경우 이 효율을 반영하는 계수를 별도로 산정해서 부과금 산정에 반영해 줄 수도 있다.

간접추정방법은 배출량 억제보다 환경오염 처리비용의 분담 및 공동환경관리를 위한 기금조성의 방편으로 많이 이용된다. 대체로 보면 실측방법은 환경오염억제력이 강한 반면 비용이 많이 소요되고, 간접추정방법은 실시가 비교적 간편하고 환경방지기금의 재원을 보다 용이하게 조달할 수 있게 하는 반면 환경오염억제력이 약하다는 흠이 있다. 그러므로 그 어느 방법 하나를 획일적으로 택하기보다는 두 방법을 적절히 절충할 수도 있다.

외국의 경우 배출부과금제도는 주로 수질오염규제에 적용되고 있다. 수질오염규제에 적용된 배출부과금제도로서 가장 역사가 오래고 많이 알려진 것은 아마도 독일 Ruhr강 유역에 실시되고 있는 제도일 것이다. 이 유역은 세계적으로 유명한 공업밀집 지역임에도 불구하고 낚시와 물놀이 등을 즐길 수 있을 정도로 양호한 수질을 유지하고 있는데 그 한 원인은 효과적인 환경관리체제와 배출부과금제도의 운영 덕택인 것으로 분석되고 있다.

프랑스와 네덜란드 역시 배출부과금제도를 수질관리에 광범위하게, 그리고 효율적으로 적용해 오고 있는 나라로 손꼽힌다. 미국과 캐나다는 배출부과금제도를 전국적으로 실시하고 있지는 않으나 다수의 지방자치단체들이 독자적으로 폐수에 대해서 이 제도를 적용하고 있다. 미국의 경우, 하수처리시설에 들어가는 공장폐수에 대하여 하수처리비용을 충당하기 위한 하수도세(下水道稅)가 1930년 이후 보편화되었으나, 수질오염이 점차 심해짐에 따라 배출부과금의 성격을 가지는 소위 하수도추징금(下水道追徵金, sewer surcharge)제도가 도입되기에 이르렀다. 이 추징금은 정상 BOD를 초과한 부분에 대하여 일정 요율로 징수되고 있다. 이 추징금제도는 매우 효과적임이 많은 연구결과로서 밝혀지고 있는데, 한 실증연구는 환경오염물질 배출량이 추징금요율에 상당히 민감하다는 것을 밝혀냈고, 또 다른 연구는 이 제도가 단순히 환경오염을 억제하는 효과뿐 아니라 기업체로 하여금 생산공정을 재검토하는 계기를 제공함으로써 생산비를 절감시키는 효과까지 발생시킴을 지적하고 있다.[11)]

우리나라에서도 수질오염물질의 배출에 대하여 배출부과금제도가 실시되고 있다. 초과부담금과 기본부과금의 두 가지 배출부과금이 있는데, 초과부담금은 수질오염물질의 농도가 배출허용기준을 초과하는 경우에 적용되는 부과금이다. 비록 수질오염물질의 농도가 배출허용기준 이하라고 하더라도 폐수종말처리시설의 방류수 수질기준을 초과할 경우에는 배출부과금이 부과되는데 이 부과금이 기본부과금이다. 초과부담금은 주로 유기물질, 카드뮴, 시안 등 19종의 환경오염물질에 대하여 부과되며, 기본부과금은 유기물질과 부유물질에 대해서만 부과되고 있다.

수질관리에 대해서는 배출부과금제도의 실시사례가 비교적 많음에 비해 대기오염에 대해서는 이 제도가 실시되는 경우는 드문 편이다. OECD 국

용|어|정|리

- **최적화 배출부과금:** 사회적 적정 환경오염수준의 달성을 목적으로 환경의 이용에 적정가격을 부여하는 데에 초점을 둔 배출부과금. 원래 경제학자들이 주장한 배출부과금.
- **비용최소화 배출부과금:** 사회적 적정 환경오염수준을 달성하기보다는 주어진 환경개선목표를 최소의 비용으로 달성하기 위한 배출부과금. 최적화 배출부과금의 비현실성을 보완하기 위해서 제안된 실천적인 제도.
- **규제행정상의 배출부과금:** 배출부과금 원래의 취지보다는 행정의 편의나 재정수입 등을 겨냥한 현실적인 배출부과금. 우리나라의 배출부과금이나 다른 나라에서 실시되고 있는 많은 배출부과금이 규제행정상의 배출부과금임.

가들 중 몇 나라에서 주로 아황산가스 배출에 배출부과금이 징수되고 있는 것으로 알려지고 있고, 소음규제를 위한 배출부과금은 일본이 1975년, 프랑스가 1973년, 영국이 1975년, 그리고 서독이 1971년부터 실시하고 있는 것으로 알려지고 있다. 프랑스의 소음공해배출부과금은 소음의 정도에 관계없이 단지 승객의 수에 따라 부과되고 있기 때문에 엄밀한 의미에서의 배출부과금이라고 보기 어렵다. 고형폐기물에 적용되는 배출부과금은 보통 폐기물 수거료로 알려져 있다. 이에 대한 구체적인 논의는 뒤로 미루기로 한다.

핵심 주장

1. 직접규제(지시 · 통제)는 신속한 효과를 기할 수 있고 일반 시민들에게 설득력이 높아서 현실적으로 가장 보편화된 정책수단이다. 하지만 오염원인자의 수가 많고 환경오염물질의 종류가 다양할 때에는 직접규제는 매우 비효율적이다. 또한 환경친화적 기술진보를 강하게 촉진하지 못하는 약점도 지적되고 있다.
2. 이론상의 직접규제는 오염물질 배출량을 직접 통제하는 제도이다. 직접규제가 이론대로 실시되기 위해서는 규제당국은 각 오염원인자별로 한계환경용익곡선과 한계오염피해곡선을 파악하고 있어야 한다. 하지만, 이것이 무척 어렵기 때문에 현실의 직접규제는 환경오염물질 배출양태 및 배출시설, 환경오염물질 처리양태 및 시설 등을 통하여 배출량을 간접 통제하는 편법을 택하고 있다. 따라서 현실의 직접규제는 행정적으로 매우 번잡하고 막대한 행정비를 필요로 할 뿐만 아니라 부조리의 여지도 다른 제도에 비해서 많이 안고 있다고 할 수 있다. 현실의 직접규제와 이론상의 직접규제가 크게 다르다는 것을 잘 인식해

야 한다.

3. 직접규제의 이러한 비효율성을 극복하고 최소의 비용으로 최대한 환경개선효과를 얻기 위해서는 경제적 인센티브를 이용한 정책수단을 최대한 활용해야 한다고 매우 오래 전부터 경제학자들이 주장해 왔다. 경제학자들이 추천하는 대표적인 정책수단은 환경세 및 배출부과금이다. 환경세나 배출부과금제도의 실시에 있어서 중요한 부분은 세율 및 부과금 요율의 책정이다. 이 세율 혹은 부과금 요율은 한계환경용익곡선과 한계오염피해곡선의 교점에 대응한 환경의 가격이다. 그러나 자료의 제약 때문에 이 세율이나 부과금 요율을 알기가 매우 어렵다. 따라서 경제학자들이 차선책으로 많이 추천하는 정책수단은 비용최소화 배출부과금이다. 이 배출부과금제도는 직접규제에 비해서 훨씬 더 적은 비용으로 환경목표를 달성하게 하는 것으로 알려져 있다. 배출부과금제도가 가지는 또 하나의 큰 장점은 환경친화적 기술개발을 촉진한다는 것이다.
4. 기업체는 대체로 배출부과금제도보다는 직접규제를 선호하는 경향이 있다. 그 이유는, 별도의 조치가 없는 한, 환경세나 배출부과금제도는 직접규제에 비해서 환경오염원인자에게 더 큰 경제적 부담을 지우기 때문이다. 그렇다고 배출부과금 요율을 낮추어서 환경오염원인자의 부담을 덜어주는 것은 죽도 밥도 아닌 결과를 낳게 된다. 환경오염원인자의 금전적 부담을 덜어주면서 배출부과금제도의 취지를 살리기 위한 한 가지 방안은 기초공제제도(배출허용기준)의 활용이다.

4. 쓰레기수거료 및 폐기물 관련 각종 부과금

진정한 의미의 수거료

우리나라도 그렇고 외국도 그렇고 대체로 보면 가정이나 상가에서 나오는 쓰레기를 수거하고 운반하고 처리하는 일은 주로 지방정부가 직접 수행한다. 물론 경우에 따라서는 지방정부가 쓰레기수거 및 처리를 민간업체에게 위탁할 수도 있다. 쓰레기수거 및 처리과정에서 상당한 부수입이 기대되는 경우에는 민간업체에게 위임하기가 용이하다. 예를 들면, 옛날에는 부잣집 동네의 쓰레기에는 고가의 재활용품이 많이 섞여 있는 까닭에 민간업체가 쓰레기수거 및 처리를 담당하는 경우도 있었다. 또는 자치단체의 예산절약 차원에서 민간업체에 위탁하는 경우도 있다. 지방자치단체보다는 민간업체의 쓰레기수거 및 처리가 훨씬 더 효율적일 경우에는 약간의 보조금을 주더라도 과감하게 민간업체에게 위탁하는 것이 지역 주민에게 더 이익이 될 수도 있다. 하지만 늘 그렇듯이 민간업체의 이윤추구 동기가 여러 가지 부작용을 낳을 수도 있기 때문에 쓰레기수거 및 처리를 민간업체에게 일임하는 사안은 그리 간단한 문제가 아니다. 어떻든 폐기물 수거 및 처리를 민간업체에게 전적으로 위임하는 일은 그리 흔하지 않다. 따라서 이하에서는 지방자치단체가 폐기물 수거 및 처리를 관장하는 경우만 살펴보기로 한다.

폐기물의 수거 및 처리에는 돈이 많이 든다. 특히 쓰레기의 수거는 노동력을 많이 필요로 하는 작업으로 알려져 있다. 다시 말해서 상당히 노동집약적이라는 것이다. 어떻든 폐기물 수거 · 운반 · 처리에 소요되는 경비를 국민의 일반세금에서 조달할 수도 있고 별도로 소위 수거료를 걷어서 충당할 수도 있다. 보통 쓰레기수거료라고 하면 가정이나 상가 등 쓰레기의 최종 배출자에게 부과되는 공공요금을 말한다. 수거료를 산정하는 방법에 따라 여러 가지가 있는데, 다음 세 가지가 가장 전형적인 것이다.

① **고정율제도**(固定率制度): 수거량에 직접 관계없이 일정률로 수거료가 징수되는 제도를 지칭한다. 일단 요율이 정해지면 각 가구나 쓰레기 배출자는 수거량의 많고 적음에 관계없이 수거료를 지불하므로 각 쓰레기 배출자는 쓰레기 배출량을 줄이려는 하등의 경제적 동기를 가지지 않을 것이다. 이 제도는 경제적 효율과는 거리가 먼 제도로써 주로 비용충당의 원칙에 입각해서 수거 및 처리비용을 염출하는 데 그 의의가 있다.

② **종량수거료제도**(從量收去料制度, quantity-based charge): 수거량 단위당 수거료를 징수하는 제도로써 과표는 무게일 수도 있고 부피일 수도 있다. 대개는 수거된 쓰레기통의 수에 따라 요금을 정한다. 쓰레기통을 한 가지 종류로 규격화시키거나 용량을 달리 하는 몇 가지로 구분시킬 수도 있다. 쓰레기통 대신 합성수지나 종이로 만든 봉지를 사용할 수도 있다.

③ **서비스기준제도**(service-based charge): 수거의 난이도에 따라 요율에 차등을 두는 제도를 지칭한다. 난이도의 기준은 수거지점, 수거빈도, 수거시간 등에 의해서 결정된다. 종량수거료제도를 조금 더 발전시킨 제도라고 할 수 있다. 예를 들면, 옛날에는 부잣집의 경우 청소부들이 직접 집 마당에까지 들어와서 일일이 수거해 주고 그 대신 웃돈을 받아갔는데, 이런 방

법은 서비스기준제도에 가깝다고 할 수 있다.

이런 여러 가지 제도들 중에서 경제학에서 특히 의미있게 생각하는 폐기물수거료제도는 주로 종량수거료제도이다. 왜냐하면 종량수거료가 경제학이 말하는 가격으로서의 효과를 발생시키기 때문이다.

오늘날 우리나라뿐만 아니라 세계 여러 나라들이 쓰레기의 처리문제로 골치를 앓고 있다. 처리하는 방법에도 여러 가지가 있다. 과거 우리나라는 쓰레기의 거의 대부분을 땅 속에 묻어 버리는 방법(즉, 매립방법)에 의존하였다. 일본은 소각하는 방법을 많이 이용하였고 미국의 일부 항구도시에서는 해양투기 방법을 많이 이용하였다. 그러나 환경의 측면에서 볼 때는 쓰레기 발생량을 원천적으로 줄이는 것, 즉 쓰레기 감량이 상책(上策)이다. 우선 발생량을 최대한 억제한 다음 불가피하게 발생하는 쓰레기는 최대한 재활용하는 것이 중책(中策)이며, 매립, 소각, 해양투기 등은 하책(下策)이다.

폐기물 발생량을 줄이는 한 가지 효과적인 방법은 종량수거료를 부과하는 것이다. 종량수거료는 이름만 다를 뿐이지 내용은 배출부과금이며 따라서 배출부과금과 똑같은 효과, 즉 폐기물 배출량을 억제하는 효과(감량효과)를 발생시킨다. 종량수거료를 부과하면, 각 가정이나 업소가 부담하는 수거료 총액이 폐기물 배출량에 비례해서 늘어난다. 폐기물을 많이 배출할수록 수거료 부담이 늘어나고 반대로 적게 배출할수록 수거료 부담이 줄어들므로 각 가정은 폐기물을 덜 배출하려는 경제적 동기를 가지게 된다. 이런 감량효과 때문에 경제학에서는 수거료라고 하면 종량수거료를 의미한다. 따라서 편의상 이하에서는 별도의 언급이 없는 이상 종량수거료를 그냥 수거료라고 부르기로 하자.

흔히 쓰레기수거료를 대수롭지 않게 생각하는 경향이 있다. 그러나 쓰레기수거료는 직접적으로는 폐기물 발생량을 억제하며, 재활용하려는 인센티브를 강화함으로써 재활용을 촉진하는 중요한 요인이 된다.[12)] 폐기물 발생량은 자연자원의 이용량과 밀접한 관계가 있다. 따라서 수거료는 폐기물 발생량을 줄임으로써 자연자원의 절약에 기여한다. 폐기물 발생량, 재활용양, 자연자원 이용량이 쓰레기수거료와 밀접하게 연결되어 있다.

쓰레기수거료도 배출부과금의 일종이므로 당연히 수거료제도에 있어서의 핵심은 수거료 요율이 된다. 폐기물 발생량을 사회적 적정수준으로 억제하고 또한 재활용률도 사회적 적정수준으로 끌어올리기 위해서는 수거료 요율이 사회적 적정수준으로 결정되어야 한다. 수거료 요율이 충분히 높으면 사람들은 수거료 부담을 줄이기 위해서 되도록이면 쓰레기를 덜 내보내려고 노력할 것이며 재활용을 많이 함으로써 최종 배출되는 쓰레기의 양을 줄이려고 노력하게 된다. 그러므로 충분히 높은 수거료는 시민들과 기업의 폐기물 감량과 재활용 의지를 높이는 데 기여한다.

쓰레기수거료 요율을 사회적 적정수준으로 결정할 때에 고려되어야 할 사항으로는 배출된 쓰레기의 수거 및 처리에 이르기까지 전 과정에서 소요되는 여러 가지 직접비용들뿐만 아니라 이른바 2차 오염으로 인한 사회적 손실도 충분히 감안되어야 한다는 점이다. 예를 들어서, 쓰레기를 매립해서 처리할 경우 매립에 이용되는 토지는 다른 용도에 이용될 수 없으니 이로 인한 사회적 손실이 수거료에 반영되어야 할 것이며, 매립 후에 발생하는 악취라든가 지하수오염, 토양오염 등으로 인한 사회적 손실도 반영되어야 할 것이다. 쓰레기를 소각 처리할 경우에도 마찬가지이다. 소각처리에 이용되는 토지의 사회적 가치는 물론 소각할 때 발생하는 대기오염의 피해(혹은 대기오염피해 방지비용)도 수거료에 반영되도록 해야 한다. 이와 같이 여러 가지 요인들을 충분히 고려해서 수거료 요율을 결정해야만 폐기물수거 및 처리에 소요되는 비용을 충당할 수 있을 뿐만 아니라 폐기물 발생량을 적정수준으로 억제함으로써 자연자원의 낭비와 2차 오염을 줄일 수 있다. 일반 시민이나 기업이 수거료가 비싸다고 느낄 만큼 그 요율이 높지 않다면 이들은 폐기물 발생량을 줄이려는 경제적 인센티브를 가지지 못할 것이며, 따라서 감량효과도 별로 없을 것이므로 수거료 원래의 기능을 수행하지 못한다.

경제적 인센티브제도의 딜레마와 보완책

(1) 제품부과금(Product Charge)제도

이론상으로는 쓰레기수거료가 본연의 기능, 즉 폐기물 배출량을 사회적 적정수준으로 감축하는 기능이 충분히 발휘되기 위해서는 그 요율이 충분히 높아야 하지만 그러기에는 현실적으로는 어려움이 적지 않다. 우선, 수거료는 일종의 공공요금이라서 원가 및 사회적 손실까지 반영한 수준으로 그 요율을 올리면 일반 서민에게 큰 금전적 부담을 줄 수 있기 때문에 올리기가 쉽지 않다. 설령 요율을 사회적 적정수준으로 충분히 올릴 수 있다고 해도 부작용이 우려된다. 감량효과가 현저하게 나타날 만큼 기업이나 시민이 수거료가 비싸다고 느끼게 되면 수거료 부담을 피하기 위한 불법투기가 성행하게 되기 때문이다. 예를 들면, 쓰레기를 몰래 남의 집 앞에 버린다거나, 공원이나 고속도로, 길거리 등 공공장소에 몰래 버리는 일이 빈번히 일어난다. 우리나라의 경우 1995년 폐기물 수거료종량제가 전국에 걸쳐 획일적으로 실시되자 실제로 이런 불법투기를 비롯해서 쓰레기를 불법으로 태워 버리는 일이 한때 성행하였다. 불법투기된 쓰레기는 환경을 오염시킬 뿐만 아니라 결국 정부의 쓰레기수거 경비를 가중시키게 된다.

수거료 본래의 취지를 살리기 위해서 요율을 충분히 높이자니 서민의 반발과 불법투기의 부작용이 우려되고 그렇다고 요율을 낮추면 원래의 취지가 좌절되면서 재정수입도 올리지 못하는, 그야말로 죽도 밥도 아닌 수거료가 되어 버린다. 이러자니 저게 문제고 저러자니 이게 문제다. 비단 쓰레기 수거료뿐만 아니라 일반적으로 배출부과금도 마찬가지다. 어쩌면 이런 점이 경제논리 혹은 시장의 원리를 이용한 환경정책수단의 근본적인 약점의 하나라고 할 수 있다.

어떻든 이런 점이 쓰레기수거료제도의 큰 흠이라면 그 대안 혹은 보완책은 무엇인가? 쓰레기수거료제도는 가정이나 상가 등 폐기물의 최종 배출자에게 수거 및 처리에 소요되는 비용을 부담시키는 제도이다. 하지만, 이렇게 최종 배출자에게만 비용을 부담시키란 법은 없다. 장차 폐기물이 될 상품의 생산자나 수입업자에게 그 비용을 부담시킬 수도 있다. 폐기물을 다량 발생시키는 상품의 수거 및 처리에 소요되는 비용을 해당 상품의 생산자 혹은 유통업체에게 부과하는 부과금을 제품부과금이라고 한다.

우리나라에서는 오래 전부터 폐 플라스틱의 수거 및 처리비용의 일부를 조달하기 위해서 플라스틱 제품의 생산자에게 생산액의 일부를 부과금으로 징수해 왔는데 이 부과금은 일종의 제품부과금이다. 1993년 이후 폐 플라스틱뿐만 아니라 살충제 및 유독물제품의 용기, 부동액, 껌, 1회용 기저귀, 담배 등 재활용이 어렵거나 폐기물관리상의 문제가 있는 제품에 대해서 이른바 '폐기물부담금'이 부과되고 있는데, 이 역시 제품부과금의 일종이다.[13]

만일 생산자에게만 쓰레기수거 및 처리비용을 부담시키고 가정이나 상가 등 최종 배출자에게는 부담을 시키지 않는다고 하면 최종 배출자는 쓰레기를 덜 배출하려는 경제적 동기를 가지지 않기 때문에 결국 쓰레기배출량이 오히려 증가할 것이라는 우려도 있다. 하지만 이런 우려는 전적으로 옳은 것은 아니다. 배출부과금과 마찬가지로 제품부과금 역시 전가되기 때문이다. 전가되는 만큼 폐기물을 많이 발생시키는 상품의 가격은 비싸지므로 판매량이 감소한다. 따라서 간접적으로 폐기물의 발생량이 감소하는 효과가 발생한다. 달리 말하면, 소비자의 입장에서 보면 제품부과금은 일종의 소비세 역할을 하므로 쓰레기를 많이 배출하는 경향이 있는 상품의 소비를 억제하는 효과를 가진다는 것이다. 물론, 제품부과금의 얼마만큼이 전가될 것인가는 제품의 성격에 달려 있다.

(2) 확대생산자책임제도

제품부과금이 쓰레기수거료의 약점을 보완할 수 있다고 하더라도 현실적으로는 쓰레기수거료제도를 완전히 제품부과금제도로 대체하기보다는 두 제도를 병용하는 경향이 있다. 말하자면, 쓰레기수거 및 처리에 소요되는 사회적 총비용을 최종 배출자와 생산자 사이에 적절히 배분하는 셈이다. 종류에 따라 제품부과금제도에 적합한 폐기물이 있고 쓰레기수거료제도에 더 적합한 폐기물이 있다. 제품부과금제도를 좀 더 발전시킨 제도도 있다. 즉, 제품부과금의 적용에 적합하다고 생각되는 상품에 대하여 단순히 부과금만 징수할 것이 아니라 이 상품이 폐기물이 되었을 경우 아예 원생산자에게 그 수거 · 운반 · 처리까지 일임하는 방안도 있다. 이런 취지의 방안이 바로 확대생산자책임제도(Extended Producer Responsibility)이다.

결국 중요한 것은, 되도록이면 폐기물 배출량을 최소로 줄이고, 일단 발생한 폐기물은 효율적으로 수거 · 운반 · 처리함으로써 국민 전체가 치러야 하는 경제적 부담을 최소화하는 것이다. 이와 관련해서 주목해야 할 사항은, 국민경제 전체의 입장에서 보았을 때 폐기물의 수거 · 운반 · 처리에 소요되는 총비용의 크기는 누가 이 일을 주관하느냐에 따라 현저하게 달라질 수가 있다는 것이다. 현재 우리나라의 경우에는 지방자치단체가 폐기물 수거 · 운반 · 처리 업무의 대부분을 관장하고 있으며 여기에 소요되는 비용을 쓰레기수거료 및 일반세입으로 충당하고 있다. 하지만, 지방자치단체가 모든 폐기물의 수거 · 운반 · 처리를 주도하는 것이 가장 효율적이라는 보장은 없다. 지방자치단체도 정부의 일부분이다. 일반적으로 정부는 기업에 비해서 비능률적이고 비효율적이라고 알려져 있다. 경우에 따라서는 기업이 폐기물의 수거 · 운반 · 처리를 담당하는 것이 훨씬 더 효율적일 수도 있다.

예를 들어 보자. 해마다 엄청난 양의 TV, 냉장고 등 가전제품들이 폐기물로 버려진다. 이 가전제품을 지방자치단체가 수거 · 처리 · 재활용하기 보다는 그것을 생산한 기업에게 모든 것을 일임하는 것이 더 효율적일 여지도 있다. 각 가전제품 회사는 전국적 판매망을 구축하고 있다. 이 판매망을 역으로 이용하면 폐품이 된 가전제품을 손쉽게 수거하고 운반할 수 있을 것이며, 일단 수거된 폐품을 어떻게 재활용하고 어떻게 처리하는 것이 좋은지도 해당 가전제품회사가 가장 잘 알 것이다. 또한 가전제품회사가 쓰레기 수거 · 운반 · 처리를 책임지게 하면, 제조단계에서부터 부품의 재활용이 손쉽도록 제품을 만들고, 폐품이 된 다음에도 수거 · 운반 · 처리하기 좋게 만들며, 경우에 따라서는 제품의 내구성을 높임으로써 폐기물 발생량을 줄일 수도 있다.

그래서 지방자치단체가 폐가전제품의 수거 및 처리의 전 과정을 주관하는 경우 총 1,000억원이 소요되는데, 제품 생산자가 주관하면 600억원이 소요된다고 하자. 그렇다면 최종 배출자로부터 수거료의 형식으로 600억원을 염출해서 이것을 제품 생산자에게 주고 폐기물의 수거 · 운반 · 처리에 이르는 전 과정을 책임지게 하는 것이 국민경제 전체에게 더 이익이다. 이와 같이 폐기물관리의 효율을 높이기 위해서 특정 제품의 생산자에게 발생될 폐기물의 수거 · 운반 · 처리를 일임하는 제도가 원래의 확대생산자책임제도다. 우리나라에서는 2003년부터 종이팩, 유리병, 금속캔, 합성수지포장재, 전지류, 타이어, 윤활유, 전자제품 등에 대하여 생산자책임활용제도라는 이름으로 실시하고 있다.

물론 모든 쓰레기에 대해서 기업에게 수거 · 처리의 책임을 지울 수는 없다. 예를 들면, 음식물쓰레기에 대하여 확대생산자책임제도를 적용한다는 것은 물리적으로 매우 어려울 뿐만 아니라 경제성도 거의 없을 것이다. 그러므로 생산자나 유통업체가 책임지는 것이 지방자치단체가 주관하는 것보다 훨씬 더 효율적인 품목에 대해서만 확대생산자책임제도를 적용하는 것이 합리적이다. 과연 어떤 것이 그런가에 대해서는 앞으로 많은 연구가 있어야 할 것이다.

어떻든 이와 같이 상품의 생산자나 유통업자에게 폐기물의 수거 · 운반 · 처리를 책임지게 하면, 이들은 나름대로 수거 · 운반 · 처리 비용을 낮추기 위한 대책을 자발적으로 강구할 것이다. 예를 들면, 여러 기업들이 공동으로 쓰레기를 수거하고 처리하기 위한 연합체를 만들 수도 있고 혹은 기존의 전문폐기물관리 업체와 계약을 맺고 수거 · 운반 · 처리를 위탁할 수도 있다. 이 경우 정부가 기업의 그런 노력을 간접적으로 지원할 수도 있다. 어떻든 이렇게 확대생산자책임제도가 도입되면, 기업에게 2중의 부담을 주지 않도록 기존의 각종 제품부과금제도는 정리되어야 할 것이다.

(3) 예치금제도

위에서 말한 쓰레기수거료의 약점을 보완하는 또 한 가지 방안은 예치금(豫置金, deposit-refund)제도의 활용이다. 이 제도에도 두 가지 변형이 있다. 그 하나는 소비자예치금인데, 주로 재활용할 수 있는 상품을 구매할 때 구매자로 하여금 일정금액을 예치하게 하고 그 상품을 반환하면 예치했던 금액을 환불하는 제도를 말한다. 이 제도는 소비자에게 금전적인 부담을 주지 않으면서 재활용률을 높이려는 데 그 취지가 있다.

이 소비자예치금제도는 제2차 세계대전 이전부터 서구에서 보편화된 제도이다. 미국에서는 1971년 오레곤주가 용기에 대해서 이 제도를 실시한 이래 아이오아주, 미시간주 등 다른 여러 주에서 비슷한 제도가 실시되고 있다. 오레곤주의 예치금제도 실시는 길거리의 불법투기를 27-43% 감소시켰고 가정폐기물의 배출량을 전체적으로 약 4-5% 감소시켰으며(이는 고형폐기물 중의 음료품 용기의 80-90% 감소되었음을 의미함), 장기적으로 볼 때 고형폐기물 수거 및 처리비용을 약 5% 이상 절감시켰고, 약 56%의 에너지 절약효과를 발생시켰던 것으로 연구보고 되었다.[14] 이웃 나라 일본에서도 1973년부터 지방자치단체가 자율적으로 소비자예치금제도를 실시하고 있다.[15]

예치금제도의 또 하나의 변형은 생산자예치금제도인데, 이 제도는 폐기물을 발생시킬 상품을 생산하거나 또는 유통시킨 기업으로 하여금 일정금액을 미리 예치시키게 한 다음 발생한 폐기물을 수거하고 처리하는 경우에는 그 예치금을 반환해 주는 제도이다. 말하자면 소비자가 아닌, 생산자(또는 유통업자)가 예치금을 예치하는 제도이다. 이 제도는 소비자예치금제도에 비해서 폐기물처리 및 재활용 효과가 떨어지기 때문에 별로 많이 쓰이지 않는 제도이다. 우리나라에서도 과거 폐기물예치제도라는 이름으로 생산자예치금제도를 실시한 적이 있었다. 그러나 1993년 생산자책임활용제도가 도입되면서 폐지되었다.

폐기물관리에 관한 주요 제도

- 수거료제도: 고정률제도, 종량수거료제도, 서비스기준제도
- 제품부과금제도
- 확대생산자책임제도
- 예치금제도: 소비자예치금제도, 생산자예치금제도
- 쓰레기 재활용에 대한 보조금제도

핵심 주장

1. 종량수거료는 쓰레기 배출량뿐만 아니라 폐기물의 재활용에도 직접적으로 영향을 미치기 때문에 쓰레기 배출량과 폐기물의 재활용률을 사회적 적정수준으로 유지하기 위해서는(다시 말해서 자원을 효율적으로 이용하기 위해서는) 쓰레기수거료가 쓰레기의 수거 및 처리에 소요되는 사회적 비용을 정확하게 반영하도록 결정되어야 한다.
2. 종량수거료의 원 취지는 쓰레기발생량 감축이다. 얼마나 감량효과가 발생하는가는 제1차적으로 수거료 요율에 달려 있다. 수거료 요율이 충분히 높지 않으면 감량효과가 별로 없다. 하지만 감량효과가 발생할 만큼 수거료 요율을 올리는 경우에는 불법투기와 같은 부작용이 발생하여 오히려 막대한 사회적 손실을 초래할 수가 있다. 이것이 경제적 인센티브를 활용한 환경정책수단의 전형적인 한계요 딜레마이다. 결국 종량수거료제도의 이런 치명적 약점은 제품부과금제도나 확대생산자책임제도로 보완할 수 있다.

5. 보조금제도

진정한 의미의 보조금과 그 경제적 효과

보조금에도 실적(實積)보조금과 간접보조금의 두 가지 종류가 있다. 실적보조금이란 배출부과금의 정반대의 경제적 인센티브다. 배출부과금제도에서는 환경오염원인자가 환경오염물질을 배출할 때 단위당 일정액을 지불함에 반해서 이 실적보조금제도에서는 환경오염원인자가 환경오염물질의 배출을 한 단위씩 줄일 때마다 일정액을 상금으로 받게 된다.

간접보조금이란 예컨대 환경오염방지시설이나 환경보전 기술개발 등에 대한 정부의 금전적 보조나 융자 또는 세제상의 혜택 등을 말한다. 간접보조금은 환경오염원인자의 환경오염물질 배출억제 노력을 간접적으로 지원하는 제도이기 때문에 환경오염억제 효과를 확실하게 담보하지 못한다. 예를 들면, 환경오염방지시설에 대한 기업의 투자를 장려하기 위해서 정부가 보조금을 지급하거나 조세감면, 융자 등의 혜택을 주는 경우가 많은데, 설령 간접보조금 덕분에 환경오염방지시설을 설치하였다고 하더라도 그 시설이 잘 운영된다는 보장은 없다. 통상 가동에 많은 돈이 들기 때문이다. 업체가 시설의 가동을 소홀히 한다면, 정부의 금전적 지원이 환경오염억제 효과를 발생시키지 못한 채 낭비되는 결과를 초래하게 된다.

그러므로 환경오염 억제정책과 관련하여 경제학에서 말하는 보조금은 주로 실적보조금이다. 단기적으로는 실적보조금은 배출부과금과 동일한 환경오염억제 효과를 발생시킨다. 이 점을 이해하기 위해서 앞에서 직접규제와 배출부과금의 설명에서 이용한 가상적 예를 다시 살펴보자. 이 예에서 갑의 감축비용은 200만원이고, 을의 감축비용은 100만원이며, 지역 전체의 감축목표량은 4단위이다. 달리 말하면, 환경오염물질 배출량을 감축하는데 갑은 단위당 200만원의 대가를 치러야 하고 을은 100만원의 대가를 치러야 한다. 앞에서 설명하였듯이 배출부과금 요율이 150만원이면 갑은 배출량을 줄이지 않는 반면 을은 배출량을 2단위 줄인다.

그러면 배출부과금의 경우와는 반대로 업체가 배출량을 감축할 때 단위당 150만원을 준다고 해보자. 즉, 보조금 요율이 150만원이다. 갑은 배출량을 줄이지 않을 것이다. 왜냐하면, 배출량을 줄이는 데 소요되는 손실은 단위당 200만원인데, 이에 대한 대가는 150만원에 불과하기 때문이다. 그러나 을은 배출량을 4단위 줄일 것이다. 4단위 감축에 400(= 100 × 4)만원밖에 들지 않는데 이에 대한 대가는 600(= 150 × 4)만원이니 200만원의 이득이 발생한다. 그러므로 150만원 요율의 배출부과금을 부과하나 150만원의 요율로 실적보조금을 지급하나 똑같이 갑은 배출량을 줄이지 않으며 을만 배출량을 4단위 줄이게 되며, 따라서 주어진 환경목표를 똑같이 달성한다. 즉, 배출부과금의 부과와 실적보조금의 지불은 동일한 결과를 초래한다는 것이다.

비록 실적보조금이 배출부과금과 마찬가지로 환경오염을 효과적으로 억제해 준다고는 하지만, 실적보조금을 포함하여 일반적으로 보조금제도의 가장 큰 현실적 문제는 보조금의 재원을 어떻게 마련하느냐이다. 정부의 재정이란 어느 사회에서나 항상 빠듯하기 마련이라서 보조금을 위한 재원의 조달은 항상 골치 아픈 문제이다.

설령 재원이 충분히 마련되었다고 하더라도 문제가 끝나는 것이 아니다. 다음의 어려운 문제는 각 환경오염원인자의 배출량 감축실적을 확인하는 것이다. 실적을 확인하지 않으면 감축량을 조작할 우려가 있다. 예컨대 환경오염원인자가 배출량을 100단위 줄였다고 주장하면 이를 확인하기 위해서는 줄이기 전의 배출량과 현재의 배출량을 정부가 파악하고 있어야 한다. 종전의 배출량을 s'라고 하고 현재의 배출량을 s라고 하면, 감축실적은 $(s'-s)$가 될 것이며 여기에 보조금요율을 곱하면 환경오염원인자가 받게 될 보조금의 총액이 된다. s'는 보조금이 적용될 기산점이다. 정부가 이 기산점을 정확하게 파악하고 있지 못할 경우 이 감축량을 정확하게 알 수 없다. s'가 클수록 보조금 총액은 커지기 때문에 환경오염원인자는 정부로부터 보조금을 더 타내기 위해서 이 s'를 크게 늘리려는 강한 충동을 가질 것이다. 따라서 기산점은 조작의 여지를 다분히 가진 변수이다. 평소에는 예컨대 만톤씩 폐수를 방출하던 업체가 실적보조금제도의 실시를 눈치 채는 순간 폐수배출량을 두 배로 늘려 2만톤씩 배출하면 s'는 만톤이 아니라 2만톤이 되니 이것만으로도 이 업체는 큰 돈을 벌게 될 것이다. 물론 좀 과장이기는 하지만 어떻든 실적보조금제도는 보조금 적용 기산점에 대한 정보를 추가적으로 필요로 한다는 점에서 큰 정보상의 부담을 안는다. 앞에서 보았듯이 배출부과금제도나 직접규제에서는 이런 정보는 굳이 필요가 없다. 그러므로 실적보조금제도는 s'가 쉽게 파악되고 조작이 쉽지 않은 경우에만 실시되어야 할 것이다.

실적보조금제도의 또 하나의 큰 약점은 단기에 있어서의 환경오염억제효과를 뒤엎을 만한 부작용의 가능성을 내포하고 있다는 것이다. 즉, 실적보조금은 업체의 이윤을 높여 주기 때문에 이 높은 이윤이 신규 업체를 유혹해서 장기적으로는 환경오염업체의 수를 증가시킬 가능성이 있다. 환경오염업체의 수가 늘어나면 전체적으로 환경오염물질 배출량도 늘어날 것이니 보조금제도는 환경오염을 오히려 부추길 우려가 다분히 있다. 그러므로 장기적으로는 환경오염억제의 측면에서도 실적보조금제도는 배출부과금제도와 전혀 다른 효과를 초래할 수가 얼마든지 있다.

환경오염문제와 관련하여 으레 제기되는 원칙은 오염원인자부담의 원칙이다. 환경오염에 대해서는 이를 발생시킨 원인자가 책임을 지고 이의 해결에 소요되는 비용을 부담하여야 한다는 주장이 오염원인자부담의 원칙이다. 많은 사람들이 이 원칙을 지극히 당연한 것으로 인정하다 보니 환경오염문제는 이 오염원인자부담의 원칙이 아니면 해결될 수 없는 것처럼 생각하기에 이르렀다. 그러나 이 실적보조금의 원리는 환경오염문제가 반드시 그 원인자에게 책임을 물어야만 해결되는 문제가 아님을 분명히 보여 주고 있다. 말하자면, 이 실적보조금의 원리는 환경문제의 해결에 있어서의 고정관념을 탈피하고 발상을 전환할 것을 요구한다. 이런 식의 발상의 전환을 더욱 극적으로 극명하게 표현하는 이론이 뒤에서 설명할 코오스의 이론이다.

물론 보조금제도가 여러 가지 문제를 안고 있는 것은 사실이지만 그럼에도 불구하고 앞으로 이 제도를 활용할 여지는 매우 많다. 제1장에서도 말했지만 환경문제는 기본적으로 상벌체계가 바르게 서 있지 않기 때문이다. 물론 정부가 이를 바로잡는 역할을 한다고는 하지만 환경정책이 상을 주는 쪽보다는 벌을 주는 쪽으로 편중되어 있다. 달리 말하면 '채찍' 정책은 많지만 '당근' 정책은 찾아보기 어렵다. 직접규제, 환경세, 각종 배출부과금, 쓰레기수거료, 제품부과금 등은 모두 채찍정책이다. 물론 잘 못한 것(환경을 파괴하는 행위)에 대해서는 가차 없이 벌을 주어야 하지만, 이것만으로는 부족하다. 잘 한 것에 대해서는 틀림없이 상을 주는 정책도 필요하다. 보조금제도가 바로 그런 정책의 하나이다. 환경에 관하여 상과 벌의 균형을 이룬다는 차원에서 앞으로 보조금제도의 적용대상이 될 경제행위 중의 하나는 폐기물의 재활용이다.

폐기물의 재활용과 보조금의 필요성

최근 들어 우리나라에도 쓰레기문제가 심각해지자 폐기물 재활용에 대한 국민의 관심이 높아지면서 시민들의 재활용 운동이 상당히 활발히 전개되고 있다. 그러나 그런 시민들의 자발적 노력만으로 재활용률을 바람직한 수준으로 끌어올리는 데는 한계가 있다. 다른 나라에서도 그렇지만 특히 우리나라에서 재활용률이 낮은 데는 구조적인 요인이 도사리고 있기 때문이다.

자본주의 사회에서는 어떠한 경제활동이든 충분한 보상이 주어져야만 활성화될 수 있다. 예컨대, 자동차가 많이 생산되기 위해서는 충분히 높은 가격이 보장되어야 한다. 폐기물의 재활용도 마찬가지이다. 폐기물의 재활용을 사회적으로 적정수준으로 끌어올리기 위해서는 폐기물의 재활용에 대하여 충분한 금전적 보상이 있어야 한다. 하지만 문제는, 폐기물 재활용에 충분한 보상을 주지는 않으면서 재활용률이 높아지기만을 촉구하는 사회적 분위기다.

우선 주목해야 할 것은, 많은 경우 폐기물재활용은 개별 업체나 개인에게는 별로 경제성이 없지만 사회적으로는 경제성이 높다는 것이다. 폐기물의 재활용은 우리 사회를 위해서 크게 세 가지 종류의 기여를 한다. 첫째, 재활용은 자연자원을 절약하게 한다. 둘째, 재활용은 쓰레기수거, 운반, 매립에 소요되는 비용을 절약시켜 준다. 이 때 매립에 소요되는 비용 중에는 매립지의 땅값도 포함됨은 물론이다. 재활용되는 만큼 매립에 필요한 땅이 절약되기 때문이다. 셋째, 재활용은 쓰레기가 노출되거나 또는 처리과정에서 발생할 2차 환경오염을 감소시켜 준다. 예를 들면 쓰레기 소각으로 인한 대기오염은 재활용으로 인해서 감소될 수 있다. 쓰레기 매립에 따른 지하수 오염도 재활용에 의해서 감소될 수 있다.

이러한 세 가지 사회적 기여에 대해서 재활용이 시장에서 받는 대가는 대체로 첫 번째 기여에 국한되고 나머지에 대해서는 대가를 받지 못함이 보통이다. 즉, 전형적인 시장의 실패가 연출된다. 왜냐하면 이 두 번째와 세 번째 사회적 기여는 일종의 공공재적 성격을 띠고 있기 때문이다. 예를 들어서 폐지를 재활용해서 만든 종이에 대하여 종이 값뿐만 아니라 매립지를 절약시켜 주고 2차 오염을 예방해 준 것에 대해서도 돈을 내라고 고객에게 요구한다면 아마도 아무도 그 종이를 사려고 하지 않을 것이다. 그 고객은 그런 좋은 일에 대해서는 정부에 가서 돈을 받으라고 말할 것이다. 그러나 정부에 가봤자 그런 사회적 기여에 대해서 말로만 공치사할 뿐이지 돈을 주는 것에 대해서는 소극적이다. 그러니 누가 쓰레기를 적극적으로 재활용하려고 할 것인가? 기껏해야 그런 사회적 기여에 대해서 굳이 대가를 받지 않아도 수지가 맞는 것에 대해서만 그리고 그런 범위 안에서만 재활용이 수행될 뿐이다. 그러니 사회적으로 보면 재활용률이 적정수준 이하로 매우 저조할 수밖에 없다.

폐기물의 재활용이 갖는 또 하나의 구조적인 문제점은 시장의 불안정이다. 재활용된 상품의 가격은 대체로 변동이 심하다. 재활용된 상품의 가격은 자연자원으로부터 직접 생산된 상품(이른바 처녀상품)의 가격보다 그 변동 폭이 일반적으로 크다는 주장이 있다. 이 주장이 아직까지는 하나의 가설이기는 하지만 그럴 만한 충분한 이유가 있다. 우선 재활용상품의 시장은 대체로 처녀상품의 시장에 부수된 제2차적인 시장의 성격을 가진다. 선호도의 차이, 기술상의 문제 등의 요인으로 인해서 재활용 제품들은 처녀상품의 부족분을 보충하는 성격을 많이 갖게 되므로 재활용된 제품에 대한 수요는 비정기적이고 기복이 클 가능성이 높다. 따라서 재활용 상품의 가격변동 역시 큰 기복을 보이게 될 것이다. 가격변동이 심하면 재활용 업체의 수입이 불안정해지며, 따라서 안정적으로 사업을 하기가 어렵다. 이런 점이 재활용을 위축시키는 한 요인이 된다.

자연자원들은 대체로 그 용도가 다양한 편이지만 재활용된 재료나 제품들은 그 용도가 제한되는 경우가 많다. 예를 들면 원목으로부터의 펄프나 이로부터 생산된 종이는 다양한 수요에 응해서 생산될 수 있으나 폐지로부터 생산된 종이는 대개의 경우 특정한 범위의 용도에만 사용된다. 아무래도 용도가 다양한 재화가 그렇지 못한 재화보다는 그 수요가 안정적이고 따라서 가격변동도 상대적으로 적을 것이다.

대부분의 경우 재활용업계에는 수많은 영세업체들이 난무해 있다. 대기업에 비해서 영세기업은 경기변동의 영향을 많이 받는 경향이 있다. 따라서 재활용 업체들의 부침이 심할 수밖에 없다. 이러한 여러 가지 구조적 요인들로 인한 극심한 가격변동은 재활용업체들의 적극적인 투자나 사업계획에 의한 체질개선 및 규모의 경제를 위한 노력을 좌절시킨다. 그렇기 때문에 재활용 관련 업체들은 영세하고 경기변동에 따라 부침이 심할 수밖에 없다. 또 그렇기 때문에 재활용 제품시장이 불안정하게 될 수밖에 없다. 결국 이 모든 것이 일종의 악순환을 형성한다.

재활용이 안고 있는 세 번째 구조적인 문제점은 기술적인 제약성이다. 많은 경우 재활용된 제품은 처녀상품보다 질이 떨어지며 또 어떤 폐기물들은 아직 재활용할 수 있는 기술이 개발되고 있지 않은 경우도 있다. 물론 이런 기술적인 문제들은 재활용 상품의 경제적 수익성과 맞물려 있는 문제이다. 따라서 재활용의 경제적 수익성이 높아지면 재활용 기술도 크게 발달할 수 있다.

재활용률을 높이는 가장 확실하고 효과적인 방법은, 재활용의 사회적 기여에 대해서 우리 사회가 응분의 대가를 지불함으로써 폐기물 재활용이 좋은 돈벌이가 되게 만들어 주는 것이다. 폐기물의 재활용에 사회가 응분의 보상을 주어야 한다는 것은 폐기물재활용에 보조금을 지급해야 한다는 뜻인데, 그렇다면 얼마만큼의 보조금을 지급해야 하는가? 폐기물의 재활용을 사회적으로 적정수준으로 끌어올리기 위해서는 재활용에 소요되는 비용에서 사회적 적정 쓰레기수거료에 상응하는 만큼을 경감시켜 주거나 또는 재활용된 제품의 가격에 사회적 적정 쓰레기수거료에 상응하는 만큼을 얹어 주어야 한다는 것이다.[16]

보통 보조금이라고 하면 특정 국내산업을 보호하거나 전략적으로 육성하기 위해서 지급되는 보조금을 생각하게 한다. 이런 식의 보조금은 이미 자유무역의 원칙에 의거해서 원칙적으로 금지되고 있다. 하지만, 위에서 설명한 실적보조금은 이런 보조금과 차원을 달리한다. 여기에서 강조해 둘 것은 폐기물재활용에 대한 보조금은 이미 잘 못되어 있는 것, 다시 말해서 시장의 실패를 교정하기 위한 것이라는 점에서 보통 말하는 보조금과는 성격을 달리한다는 점이다. 이런 점에서 시장의 실패를 교정하기 위한 실적보조금은 앞으로 전 세계적으로도 대폭 확대 적용되어야 할 것이다.

핵심 주장

1. 단기적으로는 실적보조금은 배출부과금과 동일한 오염억제효과를 발생시킨다. 그러나 장기적으로는 실적보조금제도는 오히려 환경오염을 확산시킬 우려가 있다. 그러나 보조금제도가 필요한 경우도 있다. 실적보조금은 결국 환경을 개선하는 행위에 대하여 상을 주는 제도이다. 우리나라의 환경정책은 벌을 주는 데에 치중한 나머지 상을 주는 데에는 극히 소홀하다. 효과적인 환경개선을 위해서는 '채찍'과 '당근'이 균형을 이루어야 한다.
2. 폐기물재활용의 사회적 경제성은 재활용업체 개인의 입장에서 본 경제성(사적 경제성)보다 더 크다. 이런 사회적 경제성과 사적 경제성 사이의 차이를 보조금으로 메워 주어야 폐기물의 재활용률을 사회적으로 바람직한 수준으로 끌어올릴 수 있다. 구체적으로, 재활용에 소요되는 비용에서 쓰레기수거료에 상응하는 만큼을 경감시켜 주거나 또는 재활용된 제품의 가격에 쓰레기수거료에 상응하는 만큼 더 비싸게 사주는 방법을 생각해 볼 수 있다.

6. 배출권거래제도(거래가능배출권제도, marketable permit system)

초기의 배출권거래제도

배출권거래제도(혹은 거래가능배출권제도)는 캐나다의 경제학자, 데일즈(J. H. Dales)가 1970년에 처음 제안한 제도로 알려져 있는데 그 이후 많은 경제학자들이 이론적으로 연구 발전시켜 왔으니 결코 짧은 역사를 가진 제도라고는 볼 수 없을 것이다. 그동안 많은 경제학자들이 강력하게 이 제도의 실시를 권고해 왔지만 최근에 와서야 이 제도가 큰 관심을 끌면서 세계 곳곳에서 실시되고 있으며 앞으로 더욱 더 활성화될 기미를 보이고 있다.

이 제도는 배출부과금제도에 시장기구의 원리를 더 많이 불어넣음으로써 환경오염원인자의 자발적 배출억제와 환경오염방지기술의 개발을 더 강도 높게 촉진하기 위한 제도라고 할 수 있다. 앞에서 직접규제는 환경오염방지기술의 개발을 촉진하지 못하는 큰 취약점을 가지고 있음을 지적하고, 경우에 따라서는 기술개발을 촉진 못하는 정도가 아니라 아예 기술개발의 의욕부터 꺾어 버리기도 한다는 점을 지적하였다. 이런 문제점에 비추어 볼 때, 환경오염원인자의 자발적 배출량 억제노력과 기술개발 노력을 촉진하기 위해서는 그러한 노력의 성과에 대한 권익을 최대한 보장해 줄 필요가 있다.

예를 들어서, 어떤 기업이 공장의 시설을 확장할 때 이로 인해서 환경오염물질 배출량이 종전보다 더 증가하면 직접규제 하에서는 보통 이 증가분에 대하여 정부의 허가를 받아야 한다. 보통 이 허가절차가 매우 엄격하고 까다로워서 허가를 얻기 쉽지 않다. 하지만, 이 추가되는 배출량만큼 공장 내의 다른 배출시설의 배출량을 삭감할 경우 그런 까다로운 절차 없이 공장 증설을 허가해 준다면 그 기업은 배출량을 줄이기 위해서 스스로 배전의 노력을 기울일 것이다. 바로 이와 같이 환경오염물질 배출량의 감축을 위한 기업의 자발적 노력을 장려하려는 취지에서 미국에서 시도된 제도가 넷팅(Netting)이다.[17]

배출권거래제도는 기술개발에 의하든 또는 생산량 감축에 의하든 환경오염원인자가 자발적 노력으로 환경오염물질 배출량을 법이 정한 한도 이하로 줄였으면 이 줄인 부분에 대하여 권리를 인정해 주는 것으로부터 출발한다. 권리를 인정한다는 것은, 배출량을 감축한 기업이 원하면 언제든지 종전과 같이 법정 한도까지 환경오염물질을 더 배출할 수도 있고 혹은 다른 기업으로 하여금 대신 더 많이 배출할 수 있게 허용함을 의미한다. 다시 말해서 다른 기업이 환경오염물질을 더 많이 배출할 수 있도록 그 권리를 대여하거나 판매할 수도 있다는 것이다.

예를 들어서 지구온난화의 주범으로 알려진 이산화탄소를 1000톤 배출하는 기업(A기업)과 2000톤을 배출하는 기업(B기업)이 있다고 하자. 온실가스 감축정책에 따라 정부가 모든 기업에게 20%씩 배출량을 줄이라고 명령하였다고 하자. 그러면 A는 800톤만 배출해야 하고 B는 1600톤만 배출해야 한다. 둘 합쳐서 2400톤만 배출해야 한다. 그러자면 생산량을 줄이거나 폐업을 해야 한다. 그런데 기술개발 덕분에 B가 생산량을 감축하지 않고도 배출량을 2000톤에서 1400톤으로 줄일 수 있게 되었다고 하자. 정부가 요구하는 것보다 200톤을 덜 배출하게 되었다. 이 경우 정부가 이 200톤에 대하여 B의 권리를 인정해 주고 다른 사람에게 양도하는 것을 허용한다고 하자. 그러면 B는 200톤의 이산화탄소를 배출할 권리(배출권)를 보유한다. B가 이 배출권을 A에게 판매하면, A는 정부가 인정한 800톤과 그 배출권 획득으로 인한 200톤을 합쳐서 종전과 같이 1000톤의 이산화탄소를 배출할 수 있으니 생산량을 줄일 필요가 없다. B는 권리양도의 대가로 돈을 받는다. 결과적으로 "누이 좋고 매부 좋고"다. B는 1400톤을 배출하고 A는 1000톤을 배출하므로 두 기업 합쳐서 법정 한도인 2400톤을 배출하기 때문에 정부도 만족한다. 결국 모두가 만족하는 결과를 얻게 된다. 북미 지역에서 시카고기후거래소(CCX)를 중심으로 바로 이런 식의 기업 간 배출권거래가 실제로 많이 이루어지고 있다.

기업뿐만 아니라 국가 간에도 배출권거래가 이루어질 수 있다. 교토의정서(온실가스 감축을 위한 국제협약)를 적극 지지하고 있는 유럽의 국가들은 이 의정서의 규정에 따라 이산화탄소 배출량을 감축할 계획이다. 이 계획을 활성화하기 위해서 유럽연합 국가들 사이에는 배출권거래가 이미 진행되고 있다. 유럽연합배출권거래시장(EU ETS)이 바로 그것이다. 이에 대해서는 뒤에서 다시 살펴보기로 하자.

결국 환경오염물질을 배출할 권리, 즉 배출권이 금전적 거래의 대상이 된다. 환경오염물질 배출권의 대여 및 판매는 직접규제 제도의 운영에 신축성을 부여한다. 예를 하나 들어보자. 흔히 화력발전소는 대기를 심하게 오염시키는 대표적인 공해산업으로 꼽힌다. 전력수요에는 성수기가 있고 비수기가 있다. 성수기에는 화력발전소가 전력을 많이 생산하고 싶지만 그러다 보면 자연히 대기오염물질을 많이 배출하게 된다. 아무리 많이 전기를 생산하고 싶어도 대기오염물질 배출량에 대한 법정한도에 걸려 성수기의 전력수요를 충족시키지 못할 수도 있다. 반면, 비수기에는 발전을 많이 하지 않기 때문에 법정한도보다 대기오염물질을 훨씬 덜 배출하게 된다. 그렇다고 정부가 대기오염기준을 철따라 바꾸는 것은 규제행정을 매우 번거롭게 한다. 배출권거래는 이런 문제를 매끄럽게 해결해 준다. 즉, 성수기에는 대기오염물질 배출권을 보유한 기업으로부터 이를 빌려서 더 많이 발전함으로써 성수기의 전력수요에 대처하는 반면, 비수기에는 그 배출권을 되돌려 주고 법정한도 내에서 대기오염물질을 배출하면 된다.

직접규제 하에서는 기업이 보유한 환경오염물질배출 시설이나 방지시설의 가용기간이 법으로 정해진다. 이 법정가용 시한이 끝난 시설은 환경오염물질을 더 이상 배출할 수 없으므로 이를 개체해야 한다. 그러나 경우에 따라서는 시설을 개체하는 데는 많은 시간이 필요하다. 그렇다고 법정시한 때문에 생산을 중단하는 것은 막대한 경제적 손실을 초래할 수도 있다. 이럴 경우에도 새로운 시설을 마련하기까지 환경오염물질배출권을 가진 기업으로부터 이를 빌려서 낡은 시설을 가동하다가 시설개체가 완료되면 다시 배출권을 돌려 주면 과도기를 무난히 넘길 수가 있을 것이다. 화력발전소의 경우나 시설개체의 경우 결과적으로 지역의 환경기준은 어기지 않으면서 경제적 요구에도 부응하고 또 환경오염물질배출권 거래 당사자 모두 이익을 보니 그야말로 일석이조가 아닐 수 없다.

이와 같이 원래 배출권거래제도는 직접규제의 경직성을 보완하는 데서부터 시작되었다. 직접규제 제도의 경직성과 관련하여 특히 다음 두 가지 문제가 현실적으로 크게 부각되었다. 그 하나는, 위의 두 예에서 보았듯이 배출원별 또는 공정별 기술규제가 기업에 큰 번거로움과 경제적인 부담을 준다는 것이다. 다른 하나는, 직접규제가 지역경제, 특히 환경오염의 정도가 법정 한계에 이른 지역에서 기업의 경제활동을 과도하게 위축시킨다는 점이다. 환경기준을 법에 따라 엄격히 지킨다면 이러한 지역에서는 신규업체의 진입은 물론 기존업체의 확장도 매우 어렵다. 신규업체의 유치나 기존업체의 증·개축이 불허되는 통에 그 지역경제가 오래 동안 침체되면 실업이나 빈곤 등 또 다른 심각한 사회문제를 발생시킬 수가 있다.

이 첫 번째 문제를 해결하기 위해서 미국의 환경청이 1975년에 공표한 정책이 소위 기포정책((氣泡政策, ‘Bubble’ Policy)이고 두 번째 문제에 대한 대책이 1976년에 발표된 상쇄정책(‘Offset’ Policy)이다. 기포정책에서 ‘기포’란 일단의 환경오염물질 배출업체들이 속한 환경영향권(배출된 환경오염물질이 자연적으로 영향을 미치는 공간적 범위)을 하나의 커다란 물방울 또는 거품(bubble)으로 표현한 데서 유래한다. 기포정책이란 이 거품 내에서 한 배출원이 환경오염물질의 배출량 증가시키고자 할 때는 반드시 그 증가분이 다른 배출원의 오염물질 배출량 감소분으로 상쇄될 수 있을 때에만 이를 허용함으로써 거품 안에서 배출되는 환경오염물질의 총량을 일정 수준으로 유지하려는 정책을 말한다.

원래 이 기포정책은 하나의 회사가 여러 개의 배출시설(예컨대 굴뚝)이나 공장을 보유하고 있을 경우, 각 배출시설별로 또는 각 공장별로 환경오염물질의 배출량을 규제하지 않고 그 회사 전체의 총 배출량만을 규제의 대상으로 삼는 형식으로부터 시작해서 여러 기업들이 소유한 환경오염물질 배출시설을 한 묶음으로 규제하는 형식으로 발전하였다. 어떻든 이 제도의 취지는 업체들로 하여금 내부 사정에 대한 자체 평가를 통해서 보다 더 손쉽고 효과적인 방법으로 배출량을 줄이도록 허용하는 것이었다. 기포정책은 경제적 인센티브 제도를 도입함으로써 이제까지 거의 전적으로 직접규제에 의존하던 미국의 환경정책의 기조를 바꾸게 한 계기를 형성하였던 것으로 평가되고 있다.

상쇄정책이란, 환경오염의 정도가 법정 상한선에 이른 환경오염 지역에 새로운 기업 또는 공장이 진입하려 하거나 또는 기존 기업이나 공장이 사업을 확장하려 할 때 이에 따른 환경오염물질 배출량 증가가 기존 업소들의 배출량 감소로 상쇄될 때에만 이를 허용하는 정책을 말한다. 이와 같이 신규사업으로 인한 배출량 증가를 기존 사업의 배출량 감소로 상쇄시킴으로써 경제성장과 환경보전 간의 갈등을 해소하려고 개발된 정책이 소위 상쇄정책이다.

예를 들어서 어느 지역이 경제의 활성화를 위해서는 공장의 적극적 유치가 꼭 필요하지만 이미 이 지역의 환경이 워낙 오염되어 있어서 도저히 더 이상의 환경오염 기업을 허용할 수 없는 진퇴양난의 처지에 있다고 하자. 이럴 때에 이 지역에 새로 공장을 차리려는 배출업소들은 이 지역에서 이미 활동하고 있는 업소들로부터 배출권을 구입함으로써 손쉽게 이 지역에 진출할 수 있는 길이 트인다. 이렇게 되면, 배출권을 판 기업이나 산 기업 모두 서로 이익이고, 배출권이 팔린 만큼 이 지역의 환경오염물질 배출량은 줄어들지만 배출권이 구입된 만큼 배출량은 증가하므로 결과적으로 지역 전체로는 환경오염물질 총 배출량에 변화가 없다. 따라서 지역의 환경기준이 유지되며, 또한 지역이 원하는 공장유치가 가능해졌으니 그야말로 꿩 먹고 알 먹는 식이다. 이와 같이 상쇄정책은 경제성장의 목표와 환경보전의 목표가 정면으로 충돌할 때 이 갈등을 일거에 해소하는 묘책이 될 수가 있다. 환경오염업체가 법적으로 허용된 수준 이하로 배출량을 감축했을 경우 감축한 만큼의 배출권을 예치하였다가 추후에 기포, 상쇄, 네팅 등의 방법으로 사용할 수 있게 허용할 수도 있는데 이런 제도를 배출권예치제도(banking)라고 한다.

미국은 이 두 정책의 발표에 이어 1977년 대기정화법 개정안에서 상쇄정책을 명문화함으로써 환경오염물질 배출권의 거래를 위한 법적 뒷받침을 마련했다. 그러나 기포정책이나 상쇄정책은 어디까지나 직접규제의 약점을 보완하기 위한 방편에 불과하며 엄밀하게 말하면 배출권거래제도와는 거리가 있는 제도이다. 말하자면 기포정책이나 상쇄정책은 배출권거래제도의 원시적인 형태라고 볼 수 있기 때문에 이들을 따로 배출거래제도(Emission Trading Program)라고 부르기도 한다.

배출권거래제도의 기본원리

배출권거래제도는 그 운영방식에 따라 여러 가지 변형이 있을 수 있는데, 가장 일반적인 총량제한 배출권거래제도(이른바 캡 & 트레이드제도)는 다음과 같이 운영된다. 우선 정부는 이 제도가 적용될 공간적 범위, 즉 환경영향권을 정하고 이 지역의 환경의 질에 대한 목표를 정한다. 이어서 이 환경목표를 달성하거나 유지하기 위해서 이 환경영향권에서 허용될 수 있는 최대 환경오염물질 배출량, 즉 배출총량을 계산한다. 흔히 캡(cap)이라고 불리는 이 배출총량을 다시 소량으로 잘게 분할한 다음 분할된 수만큼 증서를 발행하여 해당 환경영향권에 입지해 있는 또는 입지할 예정인 배출자들에게 적절한 방법으로 배분한다. 이 증서의 소지자는 증서에 적힌 만큼의 환경오염물질을 특정기간 안에 자유롭게 배출할 수 있는 권리를 가진다. 예를 들어 환경영향권의 배출총량이 100만kg인데, 이를 만 개로 균일하게 분할한 다음 분할된 각각에 대해서 증서를 발행하였다면 증서의 소지자는 증서 하나당 100kg의 오염물질을 배출할 수 있는 권리를 가지게 된다.

이 증서를 배출권증서라고 하자. 발행된 배출권증서는 경매를 통해서 환경오염물질 배출자에게 배분될 수도 있고 또는 정부가 정한 어떤 기준에 따라 배분할 수도 있다. 어떤 방법으로 배분하든 일단 배분되어 나간 배출권을 자유스럽게 사고 팔 수 있게 허용하면, 배출권시장이 형성되고 여기에서 배출권의 가격이 결정될 것이다. 배출권의 가격은 물론 배출권의 공급량과 배출권에 대한 수요에 의해서 결정된다. 배출권의 공급량은 애당초 정부가 설정한 최대 배출허용량(배출총량)에 의해서 결정된다. 만일 환경영향권 전체의 한계환경용익곡선과 한계오염피해곡선이 알려져 있으면, 배출총량은 이 두 곡선의 교점에 대응해서 결정된다. 이 배출총량을 최적 배출총량이라고 하자. 이 최적 배출총량에 대해서만 배출권을 발행하면 환경오염물질 단위당 배출권의 가격은 최적화 배출부과금의 요율과 같아진다.

이렇게 되는 것은 이상할 것이 없다. 앞에서 보았지만, 최적화 배출부과금 요율은 환경영향권 전체의 한계환경용익과 한계오염피해가 일치하는 수준에서 결정된다. 배출권거래제도에서는 배출권의 가격은 배출권 시장에서 수요와 공급이 균형을 이루는 수준에서 결정될 것이다. 배출권을 사려고 하는 기업은 그의 한계환경용익에 의거해서 배출권의 구매량을 결정할 것이므로, 기업의 한계환경용익곡선은 곧 시장에서 배출권에 대하여 표출되는 수요곡선이 된다. 제3장에서 설명하였듯이 환경영향권 전체의 한계환경용익곡선은 그 안에 있는 환경오염원인자들의 한계환경용익곡선을 수평으로 합친 것이다. 따라서 최적화 배출부과금 요율을 결정할 경우 환경영향권의 한계환경용익곡선은 곧 해당 환경영향권의 배출권시장에서 총 수요곡선이 된다.

만일, 정부가 설정한 최대 배출허용량이 최적 배출총량(최적화 배출부과금이 부과되었을 때의 총 배출량)과 같다고 하면, 이 최적 배출총량에 대응하는 환경영향권 전체의 한계환경용익의 값이 곧 시장에서 결정되는 배출권의 가격이 된다. 이 가격은 곧 최적화 배출부과금의 요율이기도 하므로 최적 배출권 가격이라고 할 수 있다.

그림으로 설명하면 이런 내용이 보다 더 분명해진다. [그림 4-2]에서 점선으로 나타낸 두 곡선은 환경영향권 전체의 한계환경용익곡선과 한계오염피해곡선을 나타낸다. 따라서 최적화 배출부과금제도가 실시된다면 최적화 배출부과금의 요율은 이 두 곡선이 만나는 점 A에 대응한 p가 될 것이다. 만일 정부가 이 두 곡선이 교점 A에 대응한 배출량 x가 곧 최적 배출총량이 되며, 이에 상응하는 만큼 배출권을 발행한다면 시장에서 배출권의 공급은 점 x에서의 수직선이 된다. 배출권의 가격은 이 수직선과 한계환경용익곡선이 만나는 점 A에서 결정될 것이므로 그 가격은 역시 p가 될 것이다.

이와 같이 한계환경용익곡선과 한계오염피해곡선이 알려져 있을 경우에는 최대배출허용량을 결정하는 데에 정부 규제당국의 재량이 개입될 여지가 별로 없다. 그러나 현실적으로는 환경용익곡선을 잘 알 수 없기 때문에 규제당국은 다른 자료를 이용해서 환경기준을 정하고 이것에 합당하다고 판단되는 배출총량을 바탕으로 배출권을 발행할 수밖에 없다. 그만큼 규제당국의 재량이 개입된다. 만일 이렇게 결정된 배출권의 총물량이 최적 배출총량보다 적다고 하면, 배출권의 가격은 최적 배출권가격보다 높아질 것

그림 4-2 **배출권시장에서 배출권가격의 결정**

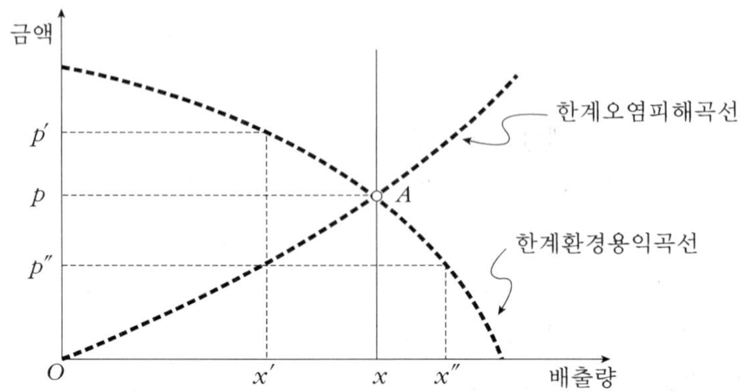

이다. 예를 들어서 [그림 4-2] x' 에 해당하는 만큼 배출권을 정부가 시중에 풀었다면 시장에서 결정되는 배출권의 가격은 p보다 높은 p' 가 될 것이다.

하지만, 이와 같이 최적 배출총량보다 더 적은 양의 배출권을 정부가 발행하기는 매우 어렵다. 배출권의 가격이 너무 높다고 기업이 거세게 반발할 것이기 때문이다. 따라서 대체로 정부는 법이 정한 환경기준뿐만 아니라 기존 기업의 환경오염물질 배출량을 최대한 고려해서 배출권을 발행하게 되고 그러다 보면 최적 총배출량보다 더 많은 양의 배출권을 발행하기 마련이다. 결국 시중의 배출권의 가격은 최적 배출권 가격보다 낮아진다. 예를 들어서 정부가 x''만큼의 배출권을 발행하였다면 시중에서 배출권의 가격은 p''로 매우 낮게 결정될 것이다.

실제로 미국 캘리포니아주에서 실시된 질소산화물(NO_2) 및 아황산가스(SO_2) 배출권거래의 결과를 보면, 1994년부터 1997년까지 4년간 질소산화물의 톤당 가격은 250달러, 아황산가스의 톤당 가격은 150달러였다고 하는데, 이 가격은 애당초 정부가 정한 톤당 한도가격 15,000달러를 훨씬 밑도는 가격이다.[18] 이렇게 배출권의 가격이 너무 낮아지자 이에 대하여 환경단체들은 정부가 기업체들의 눈치를 보느라 너무 많은 배출권을 발행한 탓이라고 일제히 비난하고 나섰다. 배출권의 가격이 그처럼 낮아지면, 누가 비싼 돈을 들여서 환경오염방지시설을 설치하고 환경친화적 기술개발에 노력을 하겠느냐는 것이다. 결국 정부의 조치는 기존 업체의 기득권을 정당화해 준 것뿐이라는 애기다.

어떻든, 이런 사례에서 볼 수 있듯이 실제로 실시되는 배출권거래제도에서는 배출권의 가격이 정부의 배출권 발행량에 의해서 영향을 많이 받는다. 이론적으로는 배출권거래제도와 배출부과금제도는 모두 시장을 통하는 방법이요, 결과적으로 환경에 동일한 가격을 부여함으로써 동일한 효과를 발생시키게 되어 있다. 배출부과금제도에서는 환경의 가격(부과금 요율)을 통해서 환경영향권의 환경오염물질 배출량이 간접 통제된다. 이에 반해서 현실의 배출권거래제도에서는 환경오염물질 배출량이 어느 정도 정부의 재량에 의해서 결정된다. 결국 정부가 환경오염물질의 배출량을 직접 통제한다는 점에서 현실의 배출권거래제도는 직접규제와 흡사한 성격을 갖는다.

배출권거래제도에도 운영방법에 따라 배출원기준제도(emission-based system)와 영향권기준제도(ambient-based system)의 두 가지 유형이 있을 수 있다. 배출원기준제도란 오염원인자의 배출량을 기준으로 배출권증서를 발행하는 제도를 말한다. 이와는 달리 영향권기준제도는 배출되는 오염물질이 낙하하는 지역의 환경에 미치는 영향의 정도를 기준으로 배출권증서를 발행하는 제도를 말한다. 배출원기준제도는 배출되는 오염물질의 환경오염피해가 지역에 따라 크게 달라지지 않는 경우에 적용된다. 예를 들면, 프레온가스가 지구의 오존층을 파괴한다고 했을 때, 서울에서 배출된 프레온가스의 영향과 부산에서 배출된 프레온가스의 영향에는 별 차이가 없을 가능성이 높다. 이럴 경우에는 배출원기준제도가 적합할 것이다.

그러나 예컨대 질소산화물이나 황산화물과 같이 어디에서 배출되느냐에 따라서 그 환경영향이 현저하게 달라지는 경우가 있다. 예를 들어서, 기류의 흐름 때문에 광주에서 배출된 오염물질은 대구 지역에는 심한 오염피해를 발생시키지만 부산 지역에는 좀 적게 영향을 미치고 서울 지역에는 거의 영향을 주지 않는다고 하자. 이런 경우에는 배출원기준제도는 환경오염의 피해를 정확하게 반영하지 못할 우려가 많은 까닭에 영향권기준제도가 적합하다. 영향권기준제도 하에서는 낙하지점별로 배출권증서의 시장이 형성되기 때문에 환경오염원인자는 동일한 환경오염물질에 대해서 여러 지역에 대한 배출권증서를 구입해야 하는 번거로움이 있다. 지역에 따라 가격도 상이할 것이다. 예를 들면, 광주의 공해업체는 대구 지역에서는 비싼 가격에 배출권증서를 구입해야 하고 부산 지역에서는 덜 비싼 가격에 배출권증서를 구입하게 될 것이다.

배출권거래제도의 장단점

이렇게 보면, 배출권거래제도란 부과금요율을 정부가 정하지 않고 시장기구에 의해서 결정되도록 자율화한 배출부과금제도라고 할 수 있다. 따라서 배출권거래제도는 배출부과금제도보다 더 적은 정보와 자료로 배출부과금과 같은 효과, 즉 최소의 비용으로 환경목표를 달성하고 또한 환경오염방지기술의 발달을 촉진하는 효과를 가진 제도인 셈이다. 환경오염원인자는 환경오염물질 배출량 감축비용과 배출권의 구매비용을 비교하여 보다 더 값싼 쪽을 택할 것이다. 일반적으로 저렴한 비용으로 환경오염물질 배출량을 줄일 수 있는 기업은 배출권을 사기보다는 배출량 감축에 주력할 것이다. 반면에 환경오염물질 배출량을 줄이는 데 많은 비용이 요구되는 기업은 배출권을 구매하는 것이 합리적일 것이다.

배출권거래제도는 경제환경의 변화에 쉽게 적응할 수 있다는 장점을 가진다. 예를 들어서, 경제성장이 지속됨에 따라 기업의 수도 늘어나고 각 가계의 소득수준도 높아지면 자연히 환경오염물질의 배출량도 늘어나기 마련이다. 직접규제에 의존할 경우, 정부는 환경보전을 위해서 꾸준히 배출허용기준을 강화하든지 신규업체에 대해 보다 엄격한 배출허용기준을 마련해야 한다. 하지만, 배출허용기준 강화나 새로운 배출허용기준의 마련은 그 자체가 과중한 행정부담을 수반할 뿐만 아니라 기업들에게 심각한 불확실성을 불러일으킬 우려가 있다. 배출부과금제도는 이러한 문제점을 피할 수 있다고는 하지만, 이를테면 심한 인플레는 부과금 요율의 실질적 하락을 초래하므로 환경오염억제 효과가 반감하거나 재정수입이 사실상 크게 줄어든다. 따라서 정부가 수시로 배출부과금의 요율을 시세에 맞게 조정해야 하지만, 이것이 말같이 그리 쉽지는 않다. 배출권거래제도의 경우에는 시장기구가 이러한 문제를 저절로 해결해 준다는 이점이 있다.

배출권거래제도가 성공하기 위해서는 각 환경오염원인자가 자신이 보유한 배출권보다 더 많은 양을 배출하는, 이른바 불법배출이 없어야 한다. 그러기 위해서는 불법배출을 철저하게 색출하고 단속해야 하는데, 여기에는 적지 않은 예산과 행정력이 필요하다. 하지만, 앞에서도 언급하였듯이 비단 배출권거래제도뿐만 아니라 그 어느 제도가 실시되든지 불법배출에 대한 동기는 항상 존재하기 마련인 까닭에 이에 대한 감시 · 감독 비용이 필수적이다. 다만, 문제는 어떤 제도의 실시가 더 적은 감시·감독 비용을 필요로 하느냐이다. 단정적으로 말하기는 어렵지만, 대체로 배출권거래제도의 경우 불법행위가 성행할 가능성이 좀 더 적은 까닭에 다른 제도에 비해서 감시·감독 비용이 비교적 적다고 할 수 있다.

배출권거래제도의 경우, 불법배출이 성행하면 배출권에 대한 수요가 감소하면서 배출권 가격이 하락한다. 가격이 떨어지면 불법행위를 할 필요성이 적어진다. 따라서 배출권거래제도 하에서는 불법행위로 인한 이익이 다른 제도의 경우에 비해서 상대적으로 적을 가능성이 높다. 이 뿐만 아니라 배출권 보유자들이 서로 불법행위를 감시할 가능성도 있다. 왜냐하면, 배출권 가격이 하락하면, 배출권을 판매하려는 기업은 손해를 보게 되기 때문이다. 이런 상호감시는 정부에 의한 감시·감독의 부담을 줄여 준다. 아마도 직접규제가 실시될 때 감시·감독 비용이 가장 클 가능성이 높다. 왜냐하면, 직접규제 하에서는 지켜야 할 것도 많고 그래서 처벌대상이 될 불법행위의 가지 수도 많기 때문이다.

이렇게 여러 가지 장점을 가지고 있는 배출권거래제도에도 문제는 많이 있다. 우선, 환경오염원인자별로 이른바 캡(cap)이라고 불리는 환경오염물질의 배출한도를 지정하는 문제가 있다. 배출한도가 높을수록 더 많은 양을 배출할 수 있기 때문에 환경오염업소들은 이 문제에 대단히 민감하다. 가장 많이 거론되는 방법은 이제까지의 배출량을 그대로 인정하고 이것을 배출량 한도로 삼는 것이다. 이 방법은 흔히 그랜드파더링(Grandfathering)이라고 하는데, 업소들의 입장에서 보며 무상으로 배출허용량을 배정받는 셈이기 때문에 기업이 가장 선호하는 방법이다.

그러나 이 방법은 불공평하다는 비판이 제기된다. 예를 들면, 과거 자제하지 않고 환경오염물질의 배출을 마구 배출하던 업소들은 상대적으로 큰 배출허용량을 할당받는 반면, 배출량을 줄이려고 열심히 기술개발을 하고 투자한 기업에게는 상대적으로 엄격한 배출허용량을 할당받게 된다. 그래서 이런 문제점을 시정하기 위하여 제안된 방안은 현재 구득 가능한 최선의 생산기술을 이용하였다고 가정하였을 때의 배출량을 추정하고 이를 바탕으로 환경오염원인자별로 배출한도를 정하는 벤치마킹 방식이다.

그랜드파더링의 또 한 가지 문제점은 기존의 사업자들에게만 배출허용량이 할당되다 보니 새로이 사업을 해보려는 기업이 불이익을 당하게 된다는 것이다. 따라서 신규 진입자를 고려한 공평한 방법으로 경매방식이 제안되었다. 즉, 환경영향권별로 허용가능한 배출총량을 결정하고 이를 바탕으로 배출증서를 만든 다음 이 증서를 경매에 붙이는 것이다. 하지만, 이 방식이 채택될 경우 기존의 배출업소들은 배출허용량을 할당받기 위해서 많은 돈을 지출하여야 하므로 강력하게 반발하기 때문에 현실적으로 그 실시가 매우 어렵다.

자주 거론되는 배출권거래제도의 또 하나의 문제는, 배출권 시장이 독점적 요소를 내포할 가능성이다. 배출권거래제도가 제대로 운영되기 위해서는 그 어느 누구도 배출권의 가격을 좌지우지할 정도로 가격결정과정에 현저한 영향력을 행사할 수 없어야 한다. 예를 들면 특정기업이 배출권을 매점매석하여 경쟁상대 기업의 경제활동을 위축시키는 데 악용할 우려가 있다. 또는 배출권을 이미 보유하고 있는 기존기업들이 새로이 사업을 벌이려는 신규기업의 시장진입을 제약하는 수단으로 배출권을 악용할 수도 있다. 신규기업의 시장진출은 일정량의 배출권 취득을 전제로 하기 때문이다. 만일 기존업체가 여분의 배출권을 가지고 있더라도 이를 신규업체에 매각하지 않으면 신규업체의 시장진입은 봉쇄될 것이다. 또 설령 매각하더라도 터무니없이 높은 가격을 요구하여 신규기업의 투자를 어렵게 할 우려도 있다.

보다 더 근원적인 문제도 있다. 배출권의 명칭이 함의하듯이 배출권거래제도는 환경을 오염시킬 권리를 노골적으로 환경오염원인자에게 부여하는 제도이다. 따라서 이 제도의 실시는 많은 사람들에게 돈만 있으면 환경을 얼마든지 마음대로 이용할 수 있다는 생각 또는 돈을 주고 샀는데 환경을 좀 파괴하면 어떠냐는 생각을 뿌리 깊게 심어 놓음으로써 환경파괴를 가속화시킬 우려가 있다는 비판이 제기된다. 그래서 실제로 환경운동가나 환경단체는 이 제도에 상당한 거부감을 보인다.

그러나 일단 이 제도가 강행되는 경우에는 어떻게 할 것인가? 환경단체들은 매우 재미있는 반응을 보였다. 즉, 배출권 시장에 들어가서 배출권을 매입한 다음 이를 폐기해 버리는 것이다. 시중에서 유통되는 배출권의 양이 감소하기 때문에 한편으로는 환경오염물질의 배출량이 감소하고 다른 한편으로는 배출권의 가격은 올라갈 것이다. 환경오염원인자들이 환경의 이용에 대하여 지불하는 가격이 그만큼 비싸진다.

예를 들어서 [그림 4-2]에서 환경단체가 배출권을 $x' x''$만큼 매입해서 다음 내용은 한국환경정책평가연구원의 『배출권거래제도 논의동향 및 향후 정책방향』 23쪽부터 24쪽의 내용에서 일부를 발췌 · 요약한 것임.

규모는 작지만 점점 많아지고 있는 환경NGO, 비영리 연구기관, 학생조직들이 오염을 줄이려는 목적으로 배출권을 구입하였다. 배출권폐기운동에 가장 적극적인 단체들 중의 하나는 National License Exchange(INHALE)로서 이 단체는 아황산가스배출권을 구입 및 폐기하고 궁극적으로는 이러한 방식을 다른 배출권시장 프로그램에까지 확산시킨다는 사명을 가지고 만들어졌다. INHALE은 배출권폐기프로그램에 따라 1993년에 첫 경매에서 배출권을 구입하였다. 이 조직의 사무총장의 말에 따르면, 이 단체는 3년 동안 주로 개인기부금에 의해 10만달러를 조달하였다. 그 밖에 학교 및 연구단체들도 배출권폐기운동에 가담하고 있다. 메릴랜드 환경법학회는 1994년 경매에서 배출권을 구입하여 폐기시킴으로써 이를 실천한 첫 연구단체가 되었다. 배출권폐기운동에는 공기업도 한 몫 거들고 있다. 수입의 1%를 정기적으로 공공사업기관에 기부해 온 Working Assets Funding Source는 1993년 모금운동을 통해 55,000달러의 기부금을 모아 289개의 배출권을 구입하였다. 어떤 전력회사는 배출권을 구입해서 환경단체에 기부하기도 한다.

폐기했다고 하자. 그러면 결국 정부가 애당초 ox'에 해당하는 만큼 배출권을 발행한 것과 같은 결과가 초래된다. 즉, 시장에서 배출권의 가격은 p'로 될 것이며 환경영향권 전체의 환경오염물질배출량도 ox'로 감소할 것이다. 이와 같이 배출권거래제도가 실시되면, 규제당국뿐만 아니라 환경단체도 환경영향권에서의 환경오염물질배출량을 변경시키는 데에 직접적으로 영향력을 행사할 수 있다. 물론, 배출권 매입에 소요되는 막대한 비용을 어떻게 조달하느냐가 시민단체에게는 무척 버거운 문제로 남는다(Box 참조).

교토의정서 이전의 실시사례

지구온난화의 주범으로 알려진 이산화탄소의 배출을 억제하기로 합의한 교토의정서가 본격적으로 발효되기 전에만 해도 배출권거래제도는 미국을 비롯한 오직 소수의 나라에서만 채택되던 제도였다. 대체로, 배출부과금제도는 주로 수질오염에 대해서 많이 적용되는데 반해 배출권거래제도는 주로 대기오염에 대해서 적용되는 경향이 있었다.

배출부과금제도와 마찬가지로 배출권거래제도도 처음에는 직접규제의 경직성을 완화하고 보완하려는 취지를 가진다.[19] 미국이 1982년에 공표한 배출량거래제도가 그러한 종류이다. 그러나 1990년에 개정된 미국의 대기정화법은 배출권거래제도의 취지를 산성비의 통제와 오존층 파괴물질의 규제에 적극적으로 적용하고 있다. 현재까지 실시된 가장 대표적인 배출권거래제도의 사례는 미국 산성비프로그램과 지역대기정화유인시장(RECLAIM)이다. 산성비프로그램의 목적은 산성비의 주원인인 아황산가스와 질소산화물의 배출을 억제하는 것이다. 이 프로그램은 석탄, 석유, 가스 등 주로 화석연료를 사용하는 발전소나 전력회사를 대상으로 하는데, 아직까지는 주로 아황산가스에 대해서 배출권거래제도를 적용하고 있다. 하나의 배출권은 특정 기간 동안 1톤의 아황산가스를 배출할 권리를 부여하고 있으며, 배출권의 초기배분방법은 주로 경매에 의존하였던 것으로 알려지고 있다.[20] 산성비프로그램은 1995년부터 실시되었는데 첫해부터 이 프로그램에 참가한 발전소의 아황산가스 배출량이 상당히 감소하였으며, 현재까지 잘 운영되고 있는 것으로 평가되고 있다.

RECLAIM이라고 약칭되는 지역대기정화유인시장제도는 미국 캘리포니아 남부 지역의 대기관리를 위하여 실시하고 있는 배출권거래제도이다. 이 제도는 1993년부터 황산화물과 질소산화물에 대하여 실시되었다. 배출권의 초기배당은 최대잠재배출량보다 적게 배출하고 있는 시설을 대상으로 과거 수년간 배출실적에 비례해서 할당하는 방법을 택하였다. 이 결과 앞에서 지적하였듯이 배출권이 남발되었다는 환경단체의 비난이 있었다. 어떻든 이 제도의 실시결과 1993년에 비해 1996년의 질소산화물배출량은 3.1%, 황산화물배출량은 9.5%씩 각각 감소한 것으로 알려져 있다. 배출량의 삭감은 대부분 오염방지시설의 확충보다는 기존 생산공정의 개선이나 시설의 효율적 이용을 통해서 이루어진 것으로 평가되고 있다.[21]

미국 이외에 독일에서는 대기오염관리를 위해 미국의 상쇄정책과 유사한 제도가 실시되었으며, 네덜란드와 스칸디나비아 국가 등 몇몇 OECD 국가들도 이 배출권거래제도에 점차 관심을 기울이고 있던 차에 교토의정서가 발효되면서 배출권거래제도가 갑자기 세계 여러 나라 정부와 기업의 큰 주목을 받게 되었다.[22]

기후온난화와 배출권거래제도

이산화탄소는 주로 화석연료의 이용에서 발생한다. 교토의정서는 화석연료의 사용을 제한하는 인류 역사상 최초의, 국제법상의 구속력을 가진 국제협약이라는 점에서 큰 의미가 있다.[23] 교토의정서는 온실가스를 배출하는 나라를 감축의무국(부속서 I국가)과 감축의무를 지지 않는 국가(비부속서 I국가)로 나누고 있는데, 감축의무국은 2012년까지 1990년 온실가스 배출수준에서 최소한 5% 감축하기로 되어 있다.[24] 따라서 감축의무국에게는 온실가스 배출한도(캡, cap)가 할당되어 있다. 2009년 현재 OECD의 24개 회원국, 동구권 14개국 등 40개 국가가 감축의무국에 속해 있다. 대체로 보면, 미국을 제외한 선진국들이 감축의무국이며 중국이나 인도 등 개도국은 그런 의무를 지고 있지 않다. 미국은 교토의정서를 탈퇴하였다. 우리나라는 감축의무국이 아니지만, 교토의정서의 유효기간이 끝나는 2012년 후에는 감축의무국이 될 가능성이 매우 높다.

교토의정서는 감축의무 국가들이 감축의무를 자국 내에서 모두 이행하기에는 한계가 있다는 점을 인정하고, 이들의 온실가스 감축에 융통성을 부여하기 위한 별도의 조치를 제시하고 있다. 이른바 교토메커니즘으로 알려진 청정개발체제(Clean Development Mechanism), 공동이행(Joint Implementation) 그리고 배출거래(Emission Trading)가 그것이다.

보통 CDM이라고 불리는 청정개발체계는 감축의무국이 개도국에서 온실가스 배출량을 감축하는 사업을 수행한 결과로 달성한 온실가스배출 감축분의 일정량을 자국의 감축실적에 반영하도록 허용하는 제도이다. 달리 말하면, 선진국이 개도국에서 감축한 것을 마치 자기 나라 안에서 감축한 것처럼 인정받는 제도다.

대체로 선진국의 화석연료이용 효율은 개도국에 비해서 높은데, 예를 들어서 선진국 A의 우수한 기술을 개도국 B에 적용함으로써 개도국 B의 화석에너지 이용의 효율을 높이는 사업이 있다고 하자. 화석에너지 이용의 효율을 높이면 이산화탄소의 배출량이 감소한다. 이 사업을 수행하면 결과적으로 종전에 비해서 개도국 B의 이산화탄소배출량을 1000톤을 줄일 수 있다고 하자. 이 사업이 양국 정부의 심사를 거친 후 유엔의 담당기관(UNFCCC)의 허가를 얻으면 CDM사업으로 인정된다. 이 CDM사업이 실제로 수행된 다음 유엔이 지정한 검사기관의 검증 결과 이산화탄소의 배출량이 1000톤 감소하였음이 확인되면, 이 1000톤은 유엔의 인정을 받게 된다. 정확하게 말하면, 선진국 A가 유엔에 열어 놓은 자신의 배출권 구좌에 이 1000톤이 등록된다. 이렇게 등록되면 선진국 A는 그 1000톤에 대하여 공인된 배출권을 가지게 된다. 선진국 A가 개도국 B에게 일정한 금액을 지불하고 이 배출권을 자국으로 가져가면, 선진국 A는 자국의 이산화탄소 배출량을 1000톤 감축한 것으로 간주된다. 개도국 B는 배출권 생산국이 되는 셈이다. 이와 같은 과정을 거쳐 CDM사업에 의해서 창출된 배출권을 특별히 CER(Certified Emission Reduction)이라고 한다. 발전소, 제철소 등 대규모 배출시설, 생활폐기물처리장, 쓰레기매립지, 축산폐수처리 등이 CDM사업의 주요 후보지다.

공동이행이란 감축의무국끼리 온실가스배출량 감축사업을 수행하는 것을 말하며, 이 사업을 통해서 얻어지는 배출권을 ERU(Emission Reduction Unit)라고 부른다. ERU와 CER은 동일한 원리와 과정을 거쳐 인증된 배출권이다. 그러나 아직까지는 유엔이 인증한 배출권의 거의 대부분은 CDM사업을 통한 CER이다. CDM사업이 세계에서 가장 많이 추진되고 있는 나라는 중국, 인도, 브라질 등 이른바 브릭스(BRICs)인데, 2008년 유엔이 발표한 자료에 의하면 현재 전 세계 CER의 3/4이 브릭스에서 창출된 것이며 그 중에서도 중국에서 창출된 CER이 거의 절반을 차지하는 것으로 알려져 있다.[25] 말하자면, 중국은 세계 최대의 CER 생산국인 셈이다.

최근 우리나라의 기업들도 CDM사업에 뛰어들고 있다. 일본 기업이 우리나라에서 여러 건의 CDM사업을 추진하였으며, 우리나라의 기업이 중국의 CDM사업에 투자한 사례도 있다.[26] 원래 CDM사업은 감축의무국과 개도국이 합동으로 추진하는 사업이지만, 점차 개도국에 의한 독자적 CDM도 인정되는 추세라고 한다. 따라서 앞으로 우리나라가 중국이나 몽골 등 다른 개도국에 투자하여 CDM사업을 수행하는 것이 가능하게 되었다.[27]

이와 같이 개도국에서 CDM사업이 많이 진행되는 이유는 뻔하다. 선진국이 자국 안에서 온실가스 배출량을 감축하기보다는 개도국에서 감축하는 것이 훨씬 더 저렴하기 때문이다. 예를 들면, 일본의 화석연료 이용효율은 이미 세계에서 가장 높은 수준에 이르렀기 때문에 자국 안에서 온실가스배출량을 줄이는 데에는 많은 돈이 든다. 그래서 일본은 중국 등 개도국에서

CDM사업을 활발하게 추진하고 있는 것으로 알려져 있다. 이와 같이 선진국과 개도국이 함께 CDM사업을 수행함으로써 선진국은 온실가스 감축의무의 부담을 더 손쉽게 덜어서 좋고 개도국은 돈을 벌어서 좋으니 그야말로 "누이 좋고 매부 좋고"다.

교토의정서의 또 하나의 특징은 이산화탄소 배출권의 거래를 공식적으로 인정하고 있다는 점이다. 온실가스 감축의무국에 배출한도(캡)를 부여하는 한편, 배출권의 거래를 허용함으로써 융통성을 부여하는 전형적인 총량제한 배출권거래 방식이 교토의정서의 핵심이라고 할 수 있다. CER과 ERU는 유엔 탄소배출권거래시스템을 통해서 전 세계로 판매된다. 따라서 감축의무국은 자국 안에서 온실가스배출량을 줄이거나, 혹은 CDM이나 공동이행 사업을 수행해서 배출권을 획득하거나, 혹은 유엔 탄소배출권거래시스템을 통해서 배출권을 구매함으로써 온실가스배출 감축의무를 달성하는 여유를 가질 수 있다. 세계 최대 배출권 구매국가의 하나로 알려진 영국은 이미 교토의정서가 부과한 감축의무뿐만 아니라 유럽연합 내부의 감축의무(1990년 대비 12.5% 감축)도 이미 달성한 모범국가가 되고 있다.[28]

위에서 자세히 설명하였듯이 배출권의 시장거래가 인정되면, 온실가스를 감축하는 것이 좋은 돈벌이가 될 수 있다. 만일 감축의무국이 자국 내에서 지속적 기술개발이나 화석에너지 절약을 통해서 이산화탄소 배출량을 감축함으로써 교토의정서가 부과한 배출한도보다 더 적은 양의 이산화탄소를 배출하게 되었다면(다시 말해서 캡 이하로 이산화탄소를 배출하게 되었다면) 그 차이에 대하여 배출권이 인정되므로 해당 감축의무국은 이것을 외국에 판매하여 돈을 벌 수 있다. 이와 같이 자발적 노력으로 초과달성한 덕분에 얻은 잉여 배출권이 국제 탄소배출권시장으로 흘러들어갈 수 있다. 경우에 따라서는 이런 자발적 노력이 없이도 잉여 배출권이 발생할 수도 있다. 예를 들면, 러시아나 동구권의 일부 국가들처럼 갑자기 경제가 나빠져서 교토의정서가 요구하는 온실가스배출량보다 더 적은 양의 온실가스를 배출하는 경우에도 잉여배출권이 발생한다. 이와 같이 자연적으로 발생한 잉여배출권을 핫 에어(Hot Air)라고 부른다. 어떻든 이 핫 에어가 국제 탄소배출권시장의 공급원이 된다. 이렇게 보면, 국제 탄소배출권시장의 공급원이 되는 배출권은 CER, ERU, 그리고 잉여배출권의 세 가지가 되는 셈이다.

2008년 현재 세계에서 가장 규모가 크고 활발한 배출권시장은 유럽연합이다. 유럽연합 역시 교토의정서의 취지에 따라 총량제한 배출권거래제를 실시함으로써 2005년 유럽배출권거래제도(EU-ETS)가 출범하였다.[29] 유럽의 각국은 교토의정서에 의해서 부과된 배출한도를 기업이나 배출시설에 할당하고 있다. 이들은 정부가 정해 준 한도 이상으로는 온실가스를 배출할 수 없다. 이 결과 유럽연합 전체에 걸쳐 수많은 기업과 배출시설들이 이 배출한도에 걸려서 현재의 배출수준으로부터 일정량을 감축해야 한다. 각 기업과 배출시설은 자발적인 노력으로 온실가스 배출량을 감축할 수 있다. 이 결과 정부가 정한 한도 이하로 온실가스를 배출하게 되었으면 정부는 이 차이에 대하여 배출권을 인정해 주기 때문에 이를 매각할 수 있다. 그러나 정부가 정한 한도를 초과하여 온실가스를 배출하는 기업이나 배출시설은 벌금을 내든가 아니면 배출권을 구입함으로써 그 초과분을 상쇄할 수 있다.

용 | 어 | 정 | 리

- **배출권거래제도:** 오염원인자에게 오염물질을 배출할 권리를 부여하고 이 권리를 자유롭게 거래할 수 있게 허용하는 제도.
- **원시적 형태의 배출권거래제도:** 기포정책, 상쇄정책, 네팅, 배출권예치제도. 운영방법에 따라 배출원기준제도와 영향권기준제도가 있음.

핵심 주장

1. 배출부과금제도에서는 규제당국이 부과금요율이라는 가격을 통해서 환경영향권 전체의 총배출량과 각 오염원인자의 배출량을 조정하는 제도이지만, 배출권거래제도에서는 규제당국이 직접 총배출량을 조정하며, 다만 각 오염원인자들의 배출량은 배출권시장에서 결정된 배출권가격에 의해서 결정된다.
2. 배출권거래제도는 환경을 오염시킬 권한을 노골적으로 부여함으로써 오히려 환경개선을 어렵게 한다는 비판이 환경운동가나 환경단체를 중심으로 거세게 일어나고는 있지만, 환경단체가 마음먹으면 환경영향권의 오염물질 총배출량 결정에 직접 영향력을 행사할 수 있으며, 또한 실제로 그런 사례도 있다.

7. 타협에 의한 해결방법

코오스의 정리(The Coase Theorem)

환경문제는 전형적인 시장의 실패의 문제이기 때문에 정부개입의 필요성이 인정되고는 있지만, 구체적인 현안을 놓고 정부가 어느 정도 개입해야 할 것인지에 대해서는 학자들 사이에 많은 논란이 있다. 직접개입이나 직접규제는 정부 주도 하에 환경문제를 해결하려는 방법이고 배출부과금이나 보조금제도는 시장의 역할을 상당한 정도로 인정하는 방법이며, 배출권거래제도는 시장의 주도 하에 환경문제를 해결하는 방법이라고 할 수 있다. 그러면 정부가 거의 개입함이 없이 환경문제를 완전히 시장에 일임하는 것은 어떤가? 시장에 일임한다는 것은 이해당사자들 사이의 자발적 거래나 타협에 의해서 해결함을 의미한다.

대체로 보아 시장은 소유권이 명확하게 설정되어 있는 것들에 대해서만 원활하게 작동하지 그렇지 못한 것에 대해서는 원활하게 작동하지 못한다. 왜냐하면, 시장이 원활하게 작동하기 위해서는 모든 거래가 응분의 대가를 주고받는 가운데 이루어질 수 있어야 하는데, 소유권이 불분명한 것에 대해서는 그러기가 쉽지 않기 때문이다. 소유권이 분명치 못한 것들은 아무나 함부로 마구 이용하기 때문에 금방 훼손되는 경우를 우리 일상생활에서 흔히 보게 된다. 우리의 환경이라는 것이 바로 그 대표적인 예이다. 시장에서는 소유권이 명확한 것만이 거래될 수 있으며 따라서 그러한 것들에게만 수요-공급법칙이 적용된다. 다시 말해서 시장의 원리가 통하려면 사유재산권제도가 확립되어 있어야 한다.

앞에서 이미 소개한 코오스(R. H. Coase)는 바로 이런 소유권의 측면에서 환경문제를 보았다. 그에 의하면, 근원적으로 볼 때 환경문제는 환경에 대한 권리가 분명하게 설정되어 있지 않은 탓으로 발생하는 문제다. 예를 들면, 한강은 서울시민 모두의 것이라고 막연하게 인식되어 있기 때문에 아무나 한강을 마구 이용하게 되며, 그러다 보니 한강이 오염된다는 것이다. 사람은 누구나 자기의 소유물은 아끼지만, 아무나 접근할 수 있는 공유물은 남용되고 훼손되는 경우를 일상생활에서 너무도 자주 보게 된다. 하천을 오염시키는 행위를 규제하는 법이 없다면, 어떤 사람이 한강에 오물을 버리더라도 아무도 이를 강력하게 말릴 뚜렷한 명분을 갖지 못한다.

그래서 코오스는 많은 경우 환경오염에 대한 정부의 역할은 환경에 대한 권한을 명확하게 설정해 주는 것으로 끝난다고 주장한다. 그의 주장은 대략 다음 세 가지로 요약된다.

주장 1. 일단 환경에 대한 권한(환경권)만 명확하게 설정되면 환경의 이용을 둘러싼 관련자들 사이의 권한과 책임이 명확해지므로 환경오염문제가 발생하더라도 이해당사자들 사이의 자발적 타협이 진행될 수 있으며, 타협의 결과 환경오염이 적정수준으로 억제된다.

주장 2. 그 환경권을 환경오염원인자에게 부여하든 또는 환경오염피해자에게 부여하든 환경오염이 적정수준으로 억제된다는 결과에는 변함이 없다.

주장 3. 이렇게 이해당사자들 사이의 자발적 타협에 의해 환경오염문제가 해결될 수 있는데 정부가 직접 개입해서 규제조치를 취하면, 오염물질의 배출량을 사회적 적정수준 이하로 지나치게 많이 감축시킬 우려가 있다.[30)]

보통 코오스의 정리(Coase Theorem)로 알려진 이 세 가지 주장은 매우 충격적인 시사점을 던지는데, 우선 어떠한 논리에서 그러한 주장이 나오게 되는지를 살펴보자. 예를 들어서 어느 지역 강의 위 쪽에 가죽공장이 하나 있으며, 이 공장이 배출하는 폐수로 강물이 심하게 오염됨으로 인해서 바로 아래 쪽에 있는 기업이 직접적으로 피해를 받고 있다고 하자. 그리고 이 지역에 오직 두 업체밖에 없다고 하자. 우선, 강물을 이용할 권한이 공장에게 있다고 하자. 그러면 이 공장은 아무런 거리낌 없이 폐수를 배출하면서 이윤이 최대화되는 범위까지 생산을 할 것이다. 이 때의 폐수배출량이 10단위라고 하자. 환경권이 공장에게 있으므로 피해업체는 고스란히 피해를 감수하거나 또는 다른 곳으로 옮겨갈 수밖에 없다.

그러나 만일 공장이 폐수 배출량을 4단위만 줄여 주면 수질오염피해가 상당히 줄어들어서 피해업체가 1천만원의 수입을 더 올릴 수 있다고 하자.

한편, 공장은 자신의 폐수 배출량을 4단위 정도 줄여 봐야 이로 인한 손실은 400만원이라고 하자. 이럴 경우 공장과 피해업체가 타협하는 것이 서로에게 이익이다. 공장은 최소한 400만원 이상만 받아내면 되고 피해업체는 최대한 1천만원을 지불해도 손해볼 것이 없으니 이 400만원과 1천만원 사이의 그 어떤 금액을 주고받더라도 모두가 이익을 본다. 이와 같이 상호 간 이익이 있을 경우 거래가 이루어지는 것은 정한 이치이므로 공장과 피해업체는 상호 간 이익추구에 끌려 타협을 하게 될 것이다. 타협은 어디까지나 상호 간 이익이 존재하는 범위까지만 타협이 진행될 것이다. 예를 들어서 공장이 배출량을 4단위 줄인 후 한 단위 더 줄일 경우 추가로 150만원의 손실이 발생하지만 이로 인한 피해업체의 수익은 100만원 추가되는데 불과하다면, 배출량을 4단위보다 더 많이 줄이는 것에 대해서는 타협의 여지가 없어진다. 결과적으로 공장은 폐수를 6단위만 배출하는 것으로 피해업체와 타협하게 된다. 이 6단위가 배출될 때 공장과 피해업체 사의의 이해관계가 균형을 이루게 되며, 공장과 피해업체의 이익이 엇갈리는 분기점이 된다.

그러면, 반대로 강물에 대한 권리가 공장이 아닌, 피해업체에 있다고 하자. 그렇다면, 공장은 폐수를 배출할 수가 없으므로 문을 닫던가 아니면 다른 곳으로 옮겨가야 한다. 그런데, 만일 공장이 폐수를 6단위까지만 배출할 수 있다면 700만원의 수익을 올릴 수 있지만, 이로 인한 피해는 300만원에 불과하다고 하자. 이 경우에도 타협을 하는 것이 서로에게 이익이다. 즉, 300만원과 700만원 사이의 어떠한 금액에서 타결을 보더라도 공장과 피해업체 모두가 이익을 본다.

그러므로 환경에 대한 권리가 일단 명확하게 설정되어 있기만 하면 이해당사자들은 서로의 이익을 쫓아서 타협에 이르게 되며, 환경에 대한 권리가 누구에게 있든지 상관없이 환경오염물질 배출량에 대한 타협의 결과는 동일하다. 보통 배출량이 증가함에 따라 환경용익은 점차 감소하는 반면 환경오염피해는 증가하는 경향을 보이기 때문에 환경오염업체의 이익과 피해업체의 이익이 균형을 이루는 분기점은 하나밖에 없다. 정상적인 타협은 항상 이해당사자의 이익이 균형을 이루는 분기점에서 낙착되므로, 이 분기점이 하나밖에 없는 한 환경권이 누구에게 있든 상관없이 타협의 결과는 같아질 수밖에 없다. 결국 환경권이 누구에게 귀속되느냐에 따라 흥정의 출발점만 달라질 뿐이지 최종 결과는 같아진다. 만일 환경권이 환경오염업체에게 있다면 이 업체의 이윤이 극대화되는 배출량이 흥정의 출발점이 되고, 환경권이 피해업체에게 있다면 환경오염물질이 전혀 배출되지 않는 상태가 흥정의 출발점이 될 것이다.

이상의 논리를 그림으로 설명해 보자. 바로 위에서 예로 든 공장과 피해업체의 한계환경용익곡선과 한계오염피해곡선이 [그림 4-3]과 같다고 하자. 환경에 대한 권한이 공장에게 있다고 하면, 타협의 출발점은 한계환경용익이 영이 되는 점 A가 되며 타협의 대상은 공장이 폐수 배출량을 x^*로부터 얼마만큼 감축시켜 주느냐이다. 이 경우 한계오염피해곡선은 배출량이 한 단위씩 줄어들 때마다 피해감소로 인해서 피해업체가 누리는 추가이익을 반영하며, 한계환경용익곡선은 배출량을 한 단위씩 감축할 때마다 공장이 감수해야 하는 손실을 나타낸다. 예를 들어서 배출량이 x' 라면, 이 때 공장의 한계환경용익은 bx' 이고 한계오염피해는 ax' 이다. 즉, 공장이 배출량을 한 단위 줄여 주면 피해업체는 ax' 만큼 이익을 얻지만 공장은 bx' 만큼의 손실을 입는다. 그러므로 한계오염피해곡선은 배출량 감축에 대하여 피해업체가 최대한 지불할 수 있는 용의액을 나타내는 곡선이며, 한계환경용익곡선은 공장이 최소한 받아야 할 보상요구액을 나타내게 된다.

[그림 4-3]에서 보듯이 적정 배출량(한계환경용익곡선과 한계오염피해곡선이 교차하는 점에서 결정되는 배출량) x 보다 더 많은 오염물질이 배출되는 경우에는 한계오염피해곡선이 한계환경용익곡선보다 더 위에 위치하므로 피해업체의 최대지불용의액이 공장의 최소보상요구액보다 더 크다. 지불용

그림 4-3 환경오염업체와 피해업체 사이의 자발적 타협

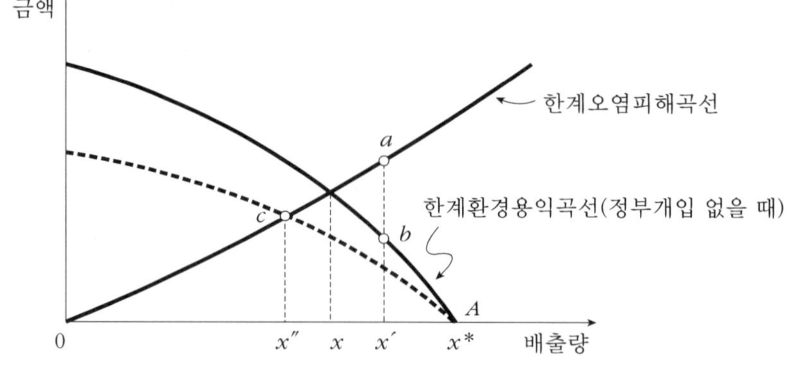

의액이 보상요구액보다 클 경우에는 타협을 통해서 상호이익을 증진시킬 여지가 있으며, 따라서 상호 간 타협을 통해서 배출량을 계속 감축하는 것이 서로에게 이익이다.

그러나 배출량을 x보다 더 줄일 수는 없다. 왜냐하면, 배출량이 x보다 적어지는 순간 한계환경용익곡선이 한계오염피해곡선보다 위에 위치하게 되므로 최소보상요구액이 최대지불용의액보다 더 커진다. 그러면 타협을 통한 배출량 감축의 여지가 없어진다. 그러므로 이해당사자들 사이의 자유스러운 흥정이 이루어지면 결과적으로 공장과 피해업체는 사회적 적정 배출량인 x에서 타협하게 된다.

그러면 이번에는 환경에 대한 권한이 피해자에게 있다고 하자. 이 경우에는 타협의 출발점이 원점, 즉 배출량이 영인 상태가 된다. 공장이 피해업체에게 타협을 제의하면서 피해업체가 폐수배출을 어느 정도 용인할 것인가가 타협의 대상이 된다. 공장과 피해업체의 입장이 정반대로 뒤바뀌게 된다. 따라서 이 경우에는 한계환경용익곡선은 공장의 최대지불용의액을 나타내는 곡선이 되고 한계오염피해곡선은 피해업체의 최소보상요구액을 나타내는 곡선이 될 것이다. 그러면 배출량이 x보다 적을 때에는 한계환경용익곡선이 한계오염피해곡선의 위에 위치하므로 공장의 최대지불용의액이 피해자의 최소보상요구액보다 더 크다. 따라서 공장이 배출량을 계속 증가시키는 방향으로 타협하는 것이 서로에게 이익이다.

그러나 공장이 x보다 더 많은 폐수를 배출하는 것은 허용되지 않을 것이다. 왜냐하면 배출량이 x보다 더 클 경우에는 한계환경용익곡선이 한계오염피해곡선의 아래에 위치하게 되고 따라서 최소보상요구액이 최대지불용의액을 초과하여 상호이익 증진을 위한 타협의 여지가 사라지기 때문이다. 결과적으로 공장과 피해업체 사이의 타협의 결과는 위의 경우와 마찬가지로 폐수의 사회적 적정 배출량이다.

정상적인 상태에서 이렇게 타협의 결과 결정되는 환경오염물질 배출량은 환경용익곡선과 환경오염피해곡선이 만나는 점에 상응한 배출량이고 따라서 사회적 적정 배출량이다. 이렇게 타결되기까지의 과정에서 눈여겨 볼 것은 최소의 정보로 사회적 적정 배출량이 결정된다는 것이다. 즉, 타협에 임할 때 환경오염원인자는 오직 자기 자신의 한계환경용익곡선에 대한 정보만 가지고 있을 뿐 피해자의 한계오염피해곡선에 대해서는 모르며, 마찬가지로 환경오염피해자도 자신의 한계오염피해곡선에 대해서만 알고 있지 환경오염원인자의 환경용익에 대해서는 모른다. 이렇게 각자가 자신에 관계되는 정보만 가지고 있어도 사회적 적정 결과가 도출된다는 것이 시장기구의 최대 장점이요 자발적 타협에 의한 해결의 장점이다.

코오스 이론의 취지를 가장 잘 살린 해결책은 환경오염원인자와 환경오염피해자를 결혼시키는 방법이다. 결혼하면 환경오염원인자는 환경오염피해를 자기 자신의 피해로 간주하므로 환경오염물질의 배출을 최대한 자제하게 될 것이다. 코오스 이론이 옳다면, 정부가 할 일은 환경문제를 직접 해결하려고 애를 쓸 것이 아니라 중매를 잘 하는 것이다. 물론 환경오염원인자와 환경오염피해자를 항상 결혼시킬 수 있는 것은 아니다. 그렇다면 환경오염원인자와 환경오염피해자를 합병시키는 방법도 환경문제를 접근하는 좋은 방법이 될 수가 있다. 합병한 후에는 종전 피해자의 환경오염피해가 이제는 원인자와 피해자 모두의 피해가 되니 원인자도 이를 무시할 수가 없게 될 것이다. 그래서 합병에 의한 방법도 이해당사자들의 자발적 노력에 의해 환경오염을 적정수준으로 통제하는 효과적인 방법이 될 수가 있다.

이와 같이 시장을 활성화하기 위해서 소유권제도를 잘 정비하거나 합병하는 것도 환경문제를 다루는 하나의 접근방법이라고 한다면, 이 방법은 시장의 원리를 최대한 반영한 방법이라고 할 수 있다. 그래서 이렇게 자발적 타협에 의한 방법이나 합병에 의한 방법을 흔히 시장에 일임하는 방법 또는 시장기구에 의한 방법이라고도 한다. 약간 이상하게 들리기는 하지만, 어떻든 이런 방법도 경우에 따라서 환경문제를 해결함에 있어서 효과적인 방법임에는 틀림없기 때문에 정부도 이를 환경문제에 대처하는 정책수단의 한 유형으로 활용할 필요가 있다.

환경문제에 관한 그릇된 고정관념

그러면, 환경권이 분명하기 때문에 이해당사자들끼리 얼마든지 문제를 자발적으로 해결할 수 있는데, 정부가 개입한다면 어떻게 될 것인가? 예를 들어서 정부가 배출부과금을 부과한다고 해보자. 앞에서 설명하였듯이 배출부과금의 부과는 환경오염원인자의 환경용익을 감소시킨다. 환경용익이 클 때에는 환경오염원인자가 더 많은 환경오염물질을 배출하려는 강한 의

욕을 가지지만 환경용익이 작을 때는 그런 의욕이 약해질 것이다. 따라서 환경오염피해자와의 흥정에서 환경오염원인자의 요구가 약해질 것이며, 결과적으로 배출량도 더 많이 감축하게 된다. 결과적으로 정부의 개입은 환경오염물질의 배출량을 과도하게 감축시킬 우려가 있다. [그림 4-3]에서 보면, 점선으로 나타낸 곡선은 정부가 개입할 경우의 한계환경용익곡선이며, 이 경우 최종 타협된 배출량은 x''가 되는데 이 배출량은 정부의 개입이 없었을 때의 타협된 배출량 x보다 작다.

코오스는 환경문제에 관한 그릇된 고정관념이 널리 퍼져 있음을 경고하였다. 환경오염원인자는 가해자요 다른 사람들은 피해자이며 따라서 환경오염원인자가 환경오염에 대해서 책임을 져야 한다는 식의 일방적인 가해자-피해자의 도식이 많은 사람들을 지배하고 있다는 것이다. 심지어 경제학자도 이런 도식에 빠져 있다. 앞에서 소개한 환경세의 제창자 피구도 환경오염 기업으로부터 환경세를 걷어서 환경오염피해자에게 보상해야 한다고 주장하였다. 코오스는 그런 일방적 가해자-피해자의 도식을 전면 부정하였다. 그는 환경오염문제가 쌍방적 관계의 문제라고 보았다. 우리가 환경문제를 걱정하는 것은 다름이 아니라 환경오염으로 인한 피해가 크기 때문이다. 그러나 환경오염피해의 크기는 물론 환경오염원인자가 환경오염물질을 얼마나 많이 배출하느냐에 의해서 크게 영향을 받겠지만, 또한 피해자가 그 피해에 어떻게 대처하느냐에 의해서도 크게 달라질 수 있다.

어떤 공업단지에서 실제로 발생한 일을 예로 들어보자. 이 공업단지의 공장들이 매연가스를 뿜어 대면서 주변 지역 주민의 건강과 농작물에 막대한 피해를 입혔다. 특히 논농사에 큰 피해를 입혔다. 주민들의 집단행동이 거세지면서 대기오염문제가 이 지역사회의 골치 아픈 문제로 확대되었다. 그러자 정부가 개입하여 강제로 공업단지의 공장들로부터 돈을 걷어서 피해자들에게 보상금을 지불하는 조치를 취하였다. 피해가 많으면 보상도 많이 받게 되어 있었다. 그러자 약삭빠른 피해자들이 매연가스로 말라죽을 것을 뻔히 알면서 순전히 보상금을 타기 위해서 논이란 논에는 모두 벼를 심어놓고는 정작 자신들은 다른 지역에 살고 있으면서 가을철 추수 때마다 내려와서 피해보상금을 또박또박 타갔다. 이와 같이 순전히 보상금만 노리는 피해 부풀리기가 빈번히 발생하면서 오히려 환경오염피해는 더 커졌다. 코오스가 문제삼은 것도 이런 것들이다. 그에 의하면, 환경오염피해는 이와 같이 쌍방적인 것이므로 피해보상을 해서는 안 된다는 것이다.

국제환경오염문제가 심각해지면서 국제사회에서는 환경오염을 억제하는 데 소요되는 비용을 환경오염원인자가 아닌 환경오염피해자가 부담하는 경우가 점차 늘어가고 있다. 예를 들어서, 멕시코에서 미국으로 흘러들어가는 하천의 멕시코 쪽 상류가 심하게 오염되어 강 하류에 있는 미국 지역에 수질오염피해가 발생하였을 때 피해국인 미국이 강 상류에 폐수처리시설을 건설하고 운영비도 제공함으로써 문제를 해결한 적이 있었다. 당시 멕시코는 너무 가난하여 폐수처리시설을 설치하고 운영할 경제적 여력이 없었기 때문이다.

그래서 환경오염문제는 환경오염원인자가 전적으로 책임을 지고 비용을 부담해야 한다는 오염원인자부담의 원칙에 정반대로 대립되는 원칙으로 오염피해자가 비용을 부담해서 환경문제를 해결하자는 원칙을 '희생자부담의 원칙'이라고 부르기도 한다. 오염자부담의 원칙의 영어 약자는 'Polluters Pay Principle'의 머릿글자를 딴 PPP인데 반해서 희생자부담의 원칙은 'Victims Pay Principle'의 머릿글자를 따서 VPP라고도 한다. 환경오염 억제에 소요되는 비용을 환경오염원인자가 지불하든 또는 환경오염피해자가 지불하든 결과의 최적성에는 변함이 없다는 코오스 교수의 주장과 실적보조금의 원리가 그러한 새로운 국제관례의 이론적 근거를 굳히는 데에 최대한 활용되고 있다.[31)]

코오스 이론에 대한 비판

이러한 코오스의 이론은 많은 비판의 여지를 담고 있음은 물론이다. 우선 그의 주장은 현실성을 결여하고 있다는 점이 눈에 띈다. 코오스의 주장대로 자발적 타협에 의한 해결은 환경에 대한 소유권이나 이용권의 명확한 설정을 전제로 하는 것인데, 이것이 과연 현실적으로 가능한가의 문제가 있다. 대기나 강물은 매우 유동적인 것이다. 그러나 이 문제는 일단 논외로 치자. 이해관계자들의 자발적 타협에 의한 해결은 이해관계자들의 수가 적을 때에나 가능하지 그렇지 않을 때는 매우 어렵다. 환경오염문제의 경우 다수의 환경오염기업과 다수의 피해자가 관련되는 경우가 대부분이다. 환경오염원인자의 수와 피해자의 수가 소수일 경우에는 애당초 사회문제로 떠오르지도 않을 것이다.

이해관계자들, 특히 환경오염피해자들이 매우 많을 경우를 한번 생각해 보자. 이들이 집단적으로 환경오염원인자와 타협을 하려면 사전에 원인자가 누구이고 또한 이들 때문에 얼마만큼의 피해가 어떻게 발생했는지 등에 대한 정보를 확보하고 있어야 한다. 특히 인과관계에 대한 정보가 매우 중요한데, 이 정보는 매우 얻기가 힘들다. 특히 일반 시민 피해자들이 피해사실을 증명하는 일은 매우 어려움이 보통이다. 정보와 자료만 있어 봐야 소용이 없다. 타협을 하려면 우선 이해관계자들이 끼리끼리 모여서 얘기를 해야 하고 대표도 뽑고 조직도 해야 하는 등 많은 일이 있다. 이와 같이 정보를 수집하고 조직하고 대화하는 등 타협하는 데 소요되는 이른바 거래비용은 이해관계자가 많을수록 급속도로 늘어난다. 그래서 이해관계자들이 많을 경우에는 자발적 타협에 의해서 환경오염문제를 해결하다가는 이 거래비용 때문에 배보다 배꼽이 더 커질 수가 얼마든지 있다.

이해당사자들의 수가 많을 때는 무임승차(free-rider)의 문제도 있다. 예를 들어서 환경에 대한 권한이 환경오염업체에게 있으며, 피해자가 다수라고 하자. 피해자들은 환경오염업체에게 받칠 공여금을 분담해야 하지만, 저마다 빠지려고 할 것이다. 설령 모두 분담에 참여한다고 하더라도 분담액을 어떻게 정하느냐의 문제가 남는다. 원칙적으로는 피해의 크기에 비례해서 결정되어야 할 것이다. 피해가 크다는 것은 환경오염물질의 배출량이 줄어들었을 때 이익이 크다는 것을 의미하므로 큰 피해를 입는 피해자가 적은 피해자를 입는 피해자에 비해서 더 많은 분담금을 내는 것이 옳다. 하지만, 이와 같이 분담금을 피해의 규모에 비례해서 징수하면 각 피해자들은 자신에게 떨어질 분담금을 줄이기 위해서 저마다 피해의 규모를 의도적으로 축소해서 보고할 것이다. 결과적으로 피해자들이 거두어서 낸 공여금은 실제 피해의 규모보다 적어질 것이고 따라서 이렇게 적은 공여금을 받은 환경오염업체는 사회적 적정수준보다도 더 많은 환경오염물질을 배출할 가능성이 높다.

거래비용에 별 문제가 없다고 해서 문제가 끝나는 것이 아니다. 타협에는 흥정이 따르게 마련이고 흥정은 이해당사자들의 전략적 행위를 내포하게 된다. 흥정에서 유리한 입장을 차지하기 위해서 이해관계자들은 자신의 손해나 이익을 과장한다든가 또는 상대방을 협박을 할 수도 있는데, 이래서는 타협의 결과가 사회적 적정오염수준을 담보하지 못한다. 우리 일상생활에서도 흔히 보듯이 특히 독점적 영향력을 행사하는 이해관계자들 사이의 타협은 사회적으로 바람직하지 못한 결과를 초래할 수가 있다. 설령 공정한 타협이 가능하다고 하더라도 여기에서 말하는 공정한 타협이란 어디까지나 현재에 살고 있는 사람들만이 참여하는 타협이요 따라서 기껏해야 현 세대 사람들의 이익만을 대변한 타협이다. 그렇다면, 자발적 타협에 의한 해결은 미래세대의 이익까지 충분히 고려해야 한다는 지속가능개발의 근본취지를 살리지 못하는 근시안적인 해결이 될 수밖에 없다.

이러한 여러 가지 이유로 코오스의 이론은 많은 비판을 받고는 있지만, 중요한 것은 그의 이론에 담긴 정신이다. 우선, 그의 이론에서 높이 살 것은 환경오염문제와 같은 시장의 실패문제도 정부의 깊숙한 개입이 없이 해결될 수 있음을 설득력 있게 보였다는 점이다. 이런 점에서 코오스의 주장은 경제학에서 보수진영으로 꼽히는 시카고학파의 입장을 잘 대변한다. 설사 시장의 실패가 심각한 정도로 존재한다고 하더라도, 이것만으로 정부에 의한 개입이 정당화될 수 없다고 시카고학파가 늘 주장해 왔다.

8. 환경문제에 관한 정부의 실패

경제학적으로 보았을 때, 정부 환경정책의 목적 중의 하나는 외부효과를 내부화시키는 것이다. 그런데 문제는, 내부화시키는 방법에도 여러 가지가 있다는 점이다. 위에서 살펴보았듯이 직접개입으로부터 중매와 합병에 이르기까지 여러 가지 방법이 있다. 정부의 개입 정도가 매우 큰 방법도 있고 아주 적은 방법도 있다. 그런 여러 가지 내부화 방법들 중에서 과연 어떤 방법이 어떤 상황에서 가장 효과적인지를 알아내고 평가하는 것이 환경경제학의 중요한 내용이 될 것임은 물론이다. 이와 관련하여 경제학의 기본 입장은 분명하다. 시장의 원리를 최대한 활용해서 외부효과를 내부화하는 방법이 최선이라는 것이다.

위에서 살펴보았듯이 비록 환경문제가 전형적인 시장의 실패문제인 까닭에 정부의 개입이 필요하다고 하더라도 시장의 원리를 무시한 정부의 개입은 막대한 사회적 낭비를 초래할 수 있다. 우선, 정부의 개입이 절대로 공짜가 아니어서, 정부의 개입 그 자체가 많은 인적 · 물적 자원을 소요할 뿐만 아니라 때로는 엄청난 낭비를 초래한다. 이런 직접적인 비용에 비능률로 인한 각종 낭비의 부작용까지 계산하면, 정부의 개입은 시장의 실패보다도 더 큰 사회적 손실을 가져올 수 있다. 이럴 때 경제학자들은 정부의 실패가 있었다고 말한다. 시카고학파의 태두였던 프리드만(M. Friedman)이 일찍이 말하기를 결국 우리의 선택은 불완전하지만 신축적인 시장인가 아니면 불완전하면서 경직적이기까지 한 정부인가로 압축된다는 것이다.[32] 시카고학파의 경제학자들은 시장이 실패하고 있다는 사실 하나만으로 환경문제에 대한 정부의 개입이 정당화되지 않음을 강조한다. 경제학자들은 환경문제의 경우 정부의 실패가 만만치 않다고 보는데, 여기에는 여러 가지 이유가 있다.

정보수집의 문제

대체로 보면 환경문제와 같이 복잡하고 다양성을 띤 문제에 대하여 정부부문은 특히 비능률적일 가능성이 높다. 비단 환경문제만이 아니라 그 어떤 문제든지 이를 효과적으로 잘 해결하기 위해서는 우선 그 문제의 내용을 잘 알고 있어야 한다. 그러기 위해서는 그 문제에 대한 정보와 자료가 필수적이다. 특히 요즈음과 같은 정보화의 시대에서는 우선 정확하고 풍부한 정보의 확보가 필수적이다. 이런 점에서 정부의 가장 큰 약점은 아마도 정보수집능력일 것이다. 환경문제를 효율적으로 해결함에 있어서 필수적인 정보는 대략 다음과 같은 세 가지 종류이다: 첫째, 환경오염원인자 각각이 어떤 환경오염물질을 얼마만큼씩 어떻게 배출하는가에 대한 정보. 둘째, 환경오염으로 인한 피해에 관한 정보. 셋째, 각 환경오염원인자의 배출량 감소에 얼마나 많은 비용이 소요되는가에 대한 정보.

이와 같이 환경문제를 잘 해결하기 위해서는 여러 가지 정보가 필요한데, 문제는 이런 정보들 대부분이 각 개별 환경오염원인자들에게 넓게 분산되어 있다는 것이다. 첫 번째 종류의 정보나 세 번째 종류의 정보를 가장 정확하게 그리고 가장 많이 알고 있을 행위자들은 바로 환경오염원인자 자신들이다. 설령 그렇지 못하다고 하더라도 이들은 그런 것에 대해서 가장 잘 알 수 있는 위치에 있는 존재들이다. 환경오염원인자의 수가 작다면 정부가 이들을 상대로 정보를 캐낼 수 있지만, 환경오염업소만 하더라도 수십만이 넘을 때는 그 많은 환경오염원인자들에 걸쳐 광범위하게 분산되어 있는 정보를 정부가 제대로 파악하는 것은 사실상 불가능하다.

정보수집에 소요되는 막대한 경비나 방대한 행정력은 둘째로 치고, 많은 경우 개인들은 정부가 필요로 하는 정보를 노출시키기를 극히 꺼려할 뿐만 아니라 설령 자발적으로 정보를 제공한다고 하더라도 상황에 따라 과장하거나 축소하기 일쑤다. 예를 들면, 환경오염피해자들은 피해를 과장하려 할 것이고, 환경오염원인자들은 피해를 축소하는 한편 오염물질 처리에 소요되는 비용을 과장하려 할 것이다. 개인들이 자발적으로 제공하는 정보가 과연 과장되었는지 혹은 축소되었는지 그렇다면 어느 정도 왜곡되었는지를 정부로서는 알기가 매우 어렵다. 따라서 정확한 정보를 가지고 있지 못한 상황에서 정부가 취할 수 있는 정책은 획일적이고 주먹구구식일 수밖에 없으며 따라서 문제를 효과적으로 해결할 수도 없을 것이다. 요컨대, 정보수집능력에 있어서의 한계 때문에 정부는 환경문제의 효율적 해결에 실패한다는 것이다.

위에서 열기한 세 가지 정보 중에서 특히 첫 번째 정보는 환경오염행위에 대한 감시 · 감독에 가장 기본적인 정보이다. 우리나라에는 1990년에 제정된 환경정책기본법을 비롯해서 현재 환경법이 약 50개 가까이 된다. 이 환경법들만이라도 법대로 잘 집행됨으로써 환경오염물질의 불법배출이나 불법투기가 근절되었더라면 아마도 우리나라의 환경문제가 이렇게 심해지지 않았을 것이다. 이렇게 보면, 환경문제에 관한 정부의 가장 기본적인 책무는 그 법들을 제대로 집행하는 것이다. 그러기 위해서는 각 환경오염원인자들이 어떤 환경오염물질을 얼마만큼 그리고 어떻게 배출하고 있는가를 철저히 파악하고 감독하고 범법자를 엄격히 처벌하는 것이 가장 긴요함은 두 말할 필요조차 없을 것이다.

마치 일반 시민들이 경찰에게 가장 우선적으로 기대하는 것이 도둑 잘 잡는 일이듯이 환경문제와 관련하여 일반 국민들이 정부에게 가장 우선적으로 기대하는 것은 아마도 환경오염업체들의 환경오염물질 배출행위를 철저하게 감시하고 감독하는 일일 것이다. 환경오염행위에 대한 철저한 파악과 감독 및 처벌은 모든 환경정책이 제대로 효과를 발생하기 위한 전제조건이기도 하다. 왜냐하면 아무리 계획이 좋고 정책이 훌륭해도 환경오염행위에 대한 철저한 감시, 감독 없이는 그 모든 것이 사상누각이기 때문이다. 환경세나 배출부과금제도가 아무리 환경오염억제에 효과적이라고 하더라도 환경오염원인자들을 제대로 파악하지 못한다면 이 제도를 실시할 수도 없다.

이와 같이 환경정책의 실효성 확보에 필수적임에도 불구하고 환경오염행위에 대한 정부의 감시와 감독이 철저하지 못했다는 비난이 끊이지 않고 있다. 하지만, 정부의 강력한 감시 · 감독에는 많은 제약이 있는 것도 사실이다. 감시 · 감독에 방대한 행정력과 예산이 소요된다는 문제는 둘째 치고, 현실적으로는 환경오염원인자들의 강력한 반발, 특히 경제계의 압력이 큰 걸림돌이 된다. 철저한 감시 · 감독은 아주 인기 없는 정책이다. 그래서 정부는 그런 인기 없는 정책보다는 환경오염방지시설이나 환경기초시설의 건설에 더 매달리는 경향이 있다.

그러나 이런 정부의 태도는 국민의 이익에 반할 수 있다. 환경오염행위에 대한 철저한 감시와 감독은 환경오염방지시설을 설치할 필요성을 감소시키며 따라서 공공부문의 환경투자액을 효과적으로 감축시킴으로써 국민의 세금부담을 덜어 준다. 왜냐하면, 환경오염행위에 대한 감시와 감독을 철저하게 하면 민간부문 환경오염원인자들, 예컨대 환경오염업체의 환경오염물질 배출량이 대폭 감소하기 때문이다. 어떻든, 정보수집능력의 한계로 인한 정부의 실패가 시장을 최대한 활용하여 환경문제를 해결하자는 경제학자들의 강력한 주장에 하나의 근거가 되고 있다.

관료행태의 문제

비록 정부가 필요한 정보를 완전히 장악하고 있다고 하더라도 환경문제를 비롯한 사회문제에 관하여 정부의 능률적 해결이 보장되는 것은 아니다. 아무리 필요한 정보를 정부가 많이 가지고 있은들 이것을 국민의 이익을 위해서 사용하지 않는다면 무슨 소용이 있는가. 그렇다면 과연 정부의 각 부처가 진정 국민을 위해서 일하느냐를 묻지 않을 수 없다. 명분상으로는 정부의 각 부처나 관료들은 국민에게 봉사하게 되어 있지만, 실제에 있어서는 반드시 그렇지도 않다는 주장이 이른바 공공선택 이론을 중심으로 경제학계에 퍼지고 있다. 이런 주장은 소위 주인-대리인(Principal-agent) 이론에 근거하고 있다. 이 이론에 의하면, 대리인으로 지정된 사람은 어디까지나 주인의 이익을 위해서 성의껏 뛰어야 함에도 불구하고 실제에 있어서는 주인의 감시 · 감독이 소홀한 틈을 타서 뒷전에서 자신의 이익만 챙긴다는 것이다.

공공선택 이론은 국민과 정부의 관계도 전형적인 주인-대리인의 관계라고 본다. 국민은 주인이요 정부는 국민의 이익을 관리하는 대리인이다. 그러나 정부의 각 부처는 자신의 이익을 추구한다. 정부 각 부처의 이익과 국민의 이익이 일치할 때에만 정부 각 부처는 국민을 위해서 일한다는 것이다. 정부 각 부처의 이익과 국민의 이익이 달라질 경우에는 정부 각 부처는 가차 없이 자신의 이익을 추구한다. 그러면 대리인으로서 정부의 각 부처는 구체적으로 무슨 이익을 추구하는가? 니스카넨(W. Niskanen)에 의하면, 정부 각 부처는 자신의 영향력을 극대화하려고 한다.[33] 정부의 각 부처가 자신의 영향력을 극대화하는 한 가지 방법은 예산을 극대화하는 것이다. 아무래도 돈 씀씀이에 따라 영향력이 달라질 것은 뻔하다. 그래서 마치 각 개인이 효용의 극대화를 추구하듯이 정부 각 부처는 예산의 극대화를 추구한다는 것이다.

경제학적으로 보면, 정부의 중요한 역할의 하나는 공공재 및 사회간접자본의 공급이다. 즉, 공공재 및 사회간접자본의 공급을 통해서 정부는 강력한 영향력을 행사한다. 국방, 치안, 교육, 교통시설의 건설, 댐 건설 등이 그 대표적인 예이다. 공공재 및 사회간접자본의 공급을 위해서 정부는 국민으로부터 세금을 징수하며, 정부 각 부처는 이 세금으로부터 되도록 많은 예산을 따내려고 애를 쓴다. 그래서 정부 각 부처는 자신의 소관 하에 있는 공공재 및 사회간접자본의 사회적 가치를 과장하여 홍보하기도 한다. 정부 각 부처의 예산극대화 노력은 결과적으로 공공재와 사회간접자본이 사회적 적정수준보다 더 많이 공급되는 경향을 낳는다는 것이 니스카넨 이론의 결론이다.[34]

예를 하나 들어보자. 최근 댐 건설에 대한 시민단체들의 반발이 거세다. 댐 건설은 환경을 크게 훼손하는 대표적인 환경파괴적 개발사업으로 꼽히고 있다. 그래서 선진국에서는 이미 건설한 댐을 허물어서 환경친화적으로 만들고 있다고 한다. 얼마 전에는 환경파괴를 문제삼은 시민단체의 격렬한 반대에 부딪쳐 내린천 댐 건설계획이 취소되었다. 그 이후 영월댐 건설의 강행이 사회문제가 되었다. 정부는 21세기에 물 부족이 예상되기 때문에 이를 해소하기 위해서는 지속적 댐 건설이 불가피하다고 주장한다. 물 부족은 수요가 공급을 초과할 때 나타나는 현상이다.

문제는, 지속적인 댐 건설을 정당화하기 위해서 정부의 관계부처가 미래의 물 수요를 의도적으로 과장함으로써 인위적으로 물 부족을 만들어 냈다는 의혹을 사고 있다는 것이다. 정밀한 계량분석을 통해서 21세기 우리나라의 물 수요를 추정한 최근의 한 연구는 정부의 물 수요 추정이 상당히 과장되어 있다는 의혹을 강하게 뒷받침하고 있다.[35] 일련의 연구에서 나타난 한 가지 분명한 것은 우리 국민의 물 낭비가 지나치게 심하다는 점이다. 이 점은 정부도 우려하고 있다. 수요란 물을 아껴 쓰느냐 낭비하느냐에 따라 크게 달라질 것임은 물론이다. 그럼에도 불구하고 과거 오랫동안 우리나라에서는 물을 아껴 쓰거나 효율적으로 사용하기 위한 정책이 제대로 시행되지 못하였다. 정부가 정하는 물 값도 비정상적으로 저렴하다. 이런 만연된 물 낭비 풍토를 묵인하고 추정된 정부의 물 수요 추정은 원천적으로 과대 추정의 여지를 담고 있다.

정부의 댐 건설계획은 니스카넨의 이론을 연상시키면서 정부가 진정 국민의 이익을 위해서 환경정책을 펴고 있는지에 강한 의구심을 가지게 만든다. 만일 니스카넨의 이론이 옳다고 하면, 환경정책은 생색 안 나는 환경 관련 정보의 수집보다는 생색이 나는 하수종말처리시설이나 축산폐수처리시설 등 소위 환경기초시설의 건설에 치중하는 정책이 되리라고 예상할 수 있다.

구조적 저생산성의 문제

흔히 보통 사람들은 정부의 활동이나 정부의 개입이 공짜로 이루어지는 것으로 착각한다. 국민은 정부에게 무척 비싼 대가를 지불한다. 평소에는 국민들은 '작은 정부'를 소리 높이 요구하고, 각 정당들도 자기들을 밀어 주면 집권 후 작은 정부를 실현하겠노라고 화답한다. 그러면서 무슨 일만 터지면 국민은 으레 정부가 무엇을 했느냐고 비난한다. 길바닥에 붙은 껌 떼기에서부터 금연단속, 침 뱉기 단속, 자동차안전벨트 부착 단속, 대학입학시험 때 수험생 운송, 여름철 피서지의 바가지요금 단속 등 별 시시콜콜한 것까지 일일이 정부가 해주기를 요구하면서 작은 정부를 원한다는 것은 앞뒤가 맞지 않는 일이다. 왜 이런 모순이 발생하는가? 이미 100년 전에 칼 마르크스(K. Marx)가 이런 질문에 답하고 있다. 그에 의하면, 자본주의 사회에 있어서 국가는 요컨대 사유재산권을 보호하기 위한 존재, 사익을 적극 보호하고 뒷받침해 주는 존재로 전락하게 된다. 자본주의 사회에서는 국가가 시민사회와 분리된 결과 시민들 각자는 공익이나 다른 사람을 위한 일 따위는 생각할 필요도 없이 오직 사리사욕 추구에만 몰두하니, 국민의 사리사욕 추구의 온갖 뒷바라지, 공익에 관계되는 것, 조금이라도 공적인 것, 이 모두가 몽땅 정부의 몫으로 떨어진다. 그러니 정부는 점점 더 바빠질 수밖에 없다. 앞에서도 보았지만, 대부분의 환경문제도 결국 국민 각자가 사리사욕 추구에만 몰두한 결과로 나타나는 부작용이라고 할 수 있다.

비록 정부가 문제해결에 필요한 정보를 잘 파악하고 있고 또한 국민의 이익을 위해서 진정으로 봉사할 의지를 확고하게 가지고 있다고 하더라도 정부의 활동이나 개입에 의한 사회문제의 해결은 매우 비싼 방법일 수가 있다는 점도 생각해야 한다. 일반적으로 정부부문을 포함한 서비스부문은 제조업부문에 비해서 비능률적일 수밖에 없다는 점은 이미 잘 알려져 있다.[36] 비능률적이라는 말은 곧 비싸다는 말이다. 시장경제체제가 경제성장을 효율적으로 이루어온 중요한 이유는 강력한 경제적 동기와 치열한 경쟁 그리고 이로 인한 눈부신 기술진보 때문이다. 제조업부문은 대체로 양산체제를 갖추고 있어서 기술진보가 쉽게 잘 이루어지는 부문임에 반해 정부부문을 포함한 서비스부문은 그 성격상 기술진보가 이루어지기 어려운 부문이다. 경제학적으로 보면 정부부문을 비롯한 서비스부문은 주로 인적 서비스를 공급하는 부문이다. 인적 서비스는 말 그대로 서비스를 제공하는 사람이 손님을 1 대 1로 직접 대면하거나 혹은 서비스를 제공하는 사람들 사이의 직접적 상호 관련을 통해서 공급되는 것이라서 라면이나 TV처럼 짧은 시간에 대량 공급할 수 있는 성격의 것이 아니다. 인적 서비스란 규격화해서 양산하기 어려운 성격의 것이며 노동집약적일 수밖에 없기 때문이다. 인적 서비스의 가격이 다른 것에 비하여 비싸지는 이유는 대량생산이 불가능하며 기술진보가 더디다는 인적 서비스의 특성 때문이다.

물론 컴퓨터나 사무자동화기기의 도움을 받을 수는 있지만, 그렇다고 선생 한 명이 시간당 교육시킬 수 있는 학생의 수가 대폭 늘어날 수는 없다. 인적 서비스에서 가장 중요한 것은 상대방에 대한 각별한 관심이다. 그렇기 때문에 인적 서비스의 경우에는 짧은 시간에 많이 공급하면 그 질이 현저하게 떨어지는 경향이 있다. 왜냐하면 짧은 시간에 많은 사람을 상대하다 보면 각 사람에게 쏟는 관심이 엷어질 수밖에 없기 때문이다. 라면이나 텔리비전과 같은 공산품이나 과일, 채소 등 농산품 등 보통 제품은 짧은 시간에 많이 생산했다고 해서 저질이 되지 않는다. 오히려 꾸준한 기술진보와 눈부신 생산성 향상으로 짧은 시간에 더 많이 생산하면서도 더 질이 좋은 상품들을 생산할 수 있게 되었다. 바로 이 점이 자본주의 시장경제의 큰 자랑이기도 하다. 이십 년 전이나 지금이나 위에서 지시하면 아래에서 열심히 받아 적고, 계장, 과장, 국장, 차관보, 차관, 장관의 순으로 결재가 기계적으로 올라가는 공무원사회의 풍토가 예나 이제나 별 변화가 없다면 지나친 말일까. 다만, 사무기기의 자동화로 민원의 처리 속도가 좀 빨라졌을 뿐이다.

이와 같이 인적 서비스가 비싸지는 현상은 이미 선진국들이 오래 전부터 경험하고 있는 현상이요, 오래 전부터 경제학자들의 관심의 촉각에 잡혀 있었다. 경제학자들이 이 현상에 크게 주목하게 된 계기는 정부재정의 만성적 팽창에 대한 원인규명이었다. 치안, 교육, 국방, 의료, 쓰레기 청소, 위생 등 정부가 책임지는 여러 분야에서 생산성 향상은 더디고 인적 서비스의 비용이 상승한다면 이는 곧 정부지출의 급속한 증대를 의미하기 때문이다. 결국 경제학자들이 발견한 것은, 공공부문의 부정부패나 무사안일 뿐만 아니라 자본주의 시장경제에서 거의 필연적으로 나타나는 인적서비스 비용의 급상승이 정부재정 팽창의 주된 원인이라는 것이다. 그렇다면 자본주의 시장경제에서는 정부재정의 팽창도 거의 필연적이라고 볼 수밖에 없다. 이와 같이 정부의 활동이나 개입을 통한 사회문제의 해결이 값비싼 방법이요 또한 점점 더 비싸지는 경향이 있다고 하면, 환경문제의 경우에도 무작정 정부를 통해서 모든 것을 해결하려는 생각은 재고되어야 한다는 것이 공공선택 이론의 한 가지 시사점이다. 우선 기업이나 소비자 각각이 최대한도로 환경오염을 억제하고 나서 안 되는 부분에 대하여 정부가 개입하되 개입의 정도를 최소화하는 지혜가 필요하다는 것이다.

위에서 살펴본 바와 같이 정보의 부족, 주인-대리인 문제, 낮은 생산성 등 여러 가지 요인의 탓으로 정부가 한정된 자원의 효율적 이용을 이끌어 내지 못하는 현상을 앞에서 말한 시장의 실패와 대비시켜서 흔히 정부의 실패라고 부르게 되었다. 어떻든 그러한 세 가지 요인 때문에 환경오염으로 인한 사회적 손실보다 정부가 환경문제를 잘못 해결함으로 인해서 발생하는 사회적 손실이 더 클 가능성이 얼마든지 있다. 다시 말해서 시장의 실패로 인한 사회적 손실이 정부의 실패로 인한 사회적 손실보다 더 클 수도 있다는 것이다. 그러므로 시장의 실패를 빌미로 정부가 개입할 때는 첫째, 시장의 실패로 인한 사회적 손실이 심각한 정도로 발생한다는 것이 확인되어야 하고, 둘째, 정부 개입에 의한 사회적 이익이 정부의 실패로 인한 사회적 손실보다 충분히 크다는 것이 보장되어야 한다.

시장경제에 절대적으로 의존하고 있는 자본주의 사회에서는 시장의 실패 때문에 환경오염 및 파괴는 필연적이라고 말하면, 자본주의 사회가 아닌, 옛날 동구권 국가에서도 환경오염 및 파괴가 극심했다는 반박이 금방 제기된다. 이런 나라들은 정부에 의해서 모든 것이 계획되는 나라였다고 하는데 그렇다면 그런 나라들의 극심한 환경오염은 '정부의 실패' 의 한 좋은 사례가 된다. 그러나 어떤 점에서는 시장경제에 의존하는 자본주의 사회가 다른 어떤 사회체제보다도 더 환경파괴적일 가능성을 내포하고 있다고 할 수 있다. 시장경제체제를 택하고 있는 사회에 있어서는 시장의 원리에 의해서 움직이는 기업이 강력한 경제적 동기를 바탕으로 분업화, 전문화, 기계화를 통해 높은 생산성을 추구하기 때문에 생산의 면에 있어서는 구조적으로 매우 능률적일 수밖에 없게 되어 있다. 시장경제체제는 최소한 상품의 생산에 관한 한 이제까지 알려진 다른 어떤 대안적 경제체제도 따를 수 없을 만큼 엄청나게 생산적임은 잘 알려져 있고 또 이는 이미 역사적으로도 증명된 사실이라고 말한다. 시장경제체제의 높은 생산성은 엄청난 물량의 자원동원 그리고 엄청난 물량이 각종 상품의 대량생산으로 구체화된다. 오염물질들이 배출되는 규모가 대체로 생산량 및 소비량의 크기에 비례한다고 하면, 시장경제체제가 상품의 대량생산체제라는 것은 동시에 오염물질의 대량배출체제라는 것을 의미한다. 시장경제체제가 생산에 관한 한 엄청나게 생산적이라는 것은 또한 환경에 관한 한 엄청나게 파괴적임을 뜻하며, 한 걸음 더 나아가, 시장경제체제가 다른 어떤 생산체제보다 훨씬 더 생산적이라는 것은, 뒤집어 말하면, 시장경제체제가 다른 어떤 생산체제보다도 훨씬 더 환경파괴적임을 뜻한다.

환경에 관한 한 자본주의 사회에 있어서의 한 가지 큰 고민은 시장경제의 환경파괴는 특유의 빠른 속도로 진행되는 반면 정보부족, 주인-대리

인문제, 저생산성 등의 요인으로 정부의 환경개선은 매우 느리게 진행된다는 점이다. 좀 비유적으로 표현한다면, 시장에 의한 환경오염은 기하급수적으로 심해짐에 반해서 정부부문에 의한 환경개선은 산술급수적으로 진행된다는 것이다.

05

환경세와 2중배당금 가설

1. **나쁜 조세와 좋은 조세**
   일자리에 세금을 부과하지 말고 환경에 세금을 부과하자/ 참된 환경세와 사이비 환경세/ 조세로 인한 시장의 왜곡과 초과부담
2. **환경세의 재순환과 2중배당금 가설**
   환경배당금과 효율배당금/ 덤: '고용배당금'/ 조세저항 완화/ 환경정책의 효율화로 인한 사회적 이익/ 환경세 2중배당금가설에 대한 비판과 검증
3. **환경친화적 조세구조의 개혁**
   개혁의 원칙과 개혁의 기본방향/ 탄소세 및 대기오염문제, 에너지문제, 교통문제를 해결하기 위한 환경세/ 기타 환경세의 범주에 속하는 각종 조세들/ 기존 제도의 환경친화적 정비

1. 나쁜 조세와 좋은 조세

일자리에 세금을 부과하지 말고 환경에 세금을 부과하자

1970-80년대까지만 하더라도 선진국에서 국가 차원에서의 경제문제라고 하면 으레 실업문제와 물가문제가 꼽혔다. 불경기 때에는 실업문제가 심각해지고 호경기 때에는 물가상승(인플레이션)이 극성을 부리는 식으로 이 두 문제가 교대로 출몰하더니 1970년대 후반부터는 아예 이 두 문제가 동시에 터지면서 선진국 경제를 괴롭히기 시작하였다. 이 쌍둥이 문제의 동시 출현에 케인스 경제정책이 두 손을 들고 말았고 이 때부터 반세기에 걸쳐 전 세계를 휩쓸던 케인스 경제학의 영향력이 급속도로 쇠락하였음은 잘 알려진 일이다.

1990년대 이래 인플레이션 문제는 어느 정도 잡혔다고 하지만 실업문제는 여전히 서구 선진국의 가장 심각한 사회문제로 남아 있다. 순전히 경제학적으로만 생각한다면, 실업자가 많다는 것은 그만큼 아까운 인적자원이 놀고 있음을 의미하며, 따라서 국민경제 전체로서 자원의 낭비를 뜻한다. 실업문제와 함께 서구사회를 고민하게 만드는 또 하나의 문제는 환경문제다. 서구 선진국들은 특히 지구온난화문제를 아주 심각하게 받아들이고 있다.

앞에서도 설명하였듯이 지구온난화를 비롯한 환경문제는 환경을 과도하게 이용함으로 인한 문제다. 그렇다면, 실업문제와 환경문제가 공존한다는 것은 결국 '인적자원' 은 잘 이용하지 않으면서 '환경자원' 은 과도하게 이용하고 있다는 얘기가 아닌가? 그렇다면 이 이중의 문제를 동시에 해결하는 일석이조의 묘책은 무엇인가?

상벌체계가 잘 확립되어 있어야 사회가 잘 굴러갈 수 있다는 점을 상기한다면, 환경의 이용에 엄하게 벌금을 부과하고 그 대신 일자리 창출에 상금을 주는 것이 평범해 보이지만 정곡을 찌르는 한 가지 묘책임을 알 수 있다. 또한 바로 이것이 요즈음 서유럽 선진국에서 많이 거론되는 묘책이기도 하다. 하지만, 현실은 이와는 반대로 움직이고 있다. 소득세와 사회보장세 등 유럽 근로자의 조세부담은 점점 더 커졌다. 총 조세수입에서 이들이 부담하는 조세액이 차지하는 비중은 1960년 이래 28%에서 50%로 증가한 반면 에너지 및 자연자원이나 환경오염 등 환경에 대한 세금은 총 조세수입의 7-9%로 매우 낮은 수준이다.[1)]

1998년 IMF 경제위기 때에 우리나라도 심각한 실업문제로 온 나라가 진통을 겪었다. 지난 수년간 경제성장은 계속되고 있음에도 불구하고 실업문제가 여전히 해소되지 않고 있다. 고용 없는 경제성장이 10년 이상 계속된 탓이다. 이제 21세기에 우리나라가 선진국 대열에 끼어든다면 실업문제는 만성적 사회문제가 될 것이다. 우리나라의 자연환경은 이미 심하게 파괴되고 오염되었다. 21세기는 우리에게 실업문제와 환경문제를 동시에 안기게 될 것이다. 그러니 앞으로 우리나라도 실업문제와 환경문제를 한데 묶어서 동시에 해결하는 방안을 강구해야 한다.

참된 환경세와 사이비 환경세

"소득이 있는 곳에 세금이 있다"라는 말이 있는데 최근에는 "환경오염이 있는 곳에 세금이 있다"라는 말이 생길 정도로 환경오염행위를 대상으로 세금을 징수하자는 주장이 서구에서 큰 목소리를 내고 있다. 환경오염피해를 근거로 삼아 환경오염행위에 대하여 부과되는 세금을 흔히 환경세라고 한다. 그러므로 똑같은 양의 환경오염물질을 배출하더라도 환경오염피해가 클 경우에는 더 무거운 세금이 부과된다.

그러나 환경오염피해를 근거로 부과되는 환경세는 이론상의 환경세일 뿐이다. 대부분의 경우 환경오염피해를 추정하기가 무척 어렵기도 하지만 환경오염피해가 때와 장소에 따라 매우 유동적이다. 그래서 보통 환경세라고 하면 환경오염물질의 배출량을 근거로 부과되는 조세를 말한다. 물론, 부과금액은 배출량에 비례해야 한다. 이렇게 보면, 환경세는 내용상 배출부과금과 같다. 그래서 경제학자들은 이 두 가지를 굳이 구별하지 않는다.[2)]

최근 우리나라에서도 환경세를 도입하자는 주장이 자주 제기되고 있는데, 이 주장이 의도하는 환경세와 원래 경제학에서 말하는 환경세는 취지가 근본적으로 다르다. 1990년대에 들어와서 잇달아 굵직한 환경오염사건들이 터지자 국민들의 환경문제에 대한 우려가 부쩍 높아졌다. 비난의 손가락이 정부의 환경정책에 집중되는 가운데 우리의 환경이 이와 같이 심하게 오염된 원인과 그 처방에 대하여 여러 가지 견해들이 쏟아져 나오기 시작하였다. 그 여러 가지 견해들 중에서 가장 자주 듣게 되는 견해는, 환경오염방지 기초시설이 극히 미흡했기 때문에 우리의 환경이 이렇게 심하게 오염될 수밖에 없었으므로 투자재원을 확보해서 환경오염방지 기초시설을 대폭 늘리는 것이 급선무라는 것이다. 이런 가운데 투자재원 확보의 차원에서 자연스럽게 떠오른 대안이 환경세의 도입이었다. 재원확보를 주목적으로 하는 환경세를 전문가들은 목적세로서의 환경세라고도 하는데 어떻든 이런 환경세를 도입하자는 주장에 최근 여러 환경전문가들도 동조하고 있다.[3)]

목적세로서의 환경세 도입은 일단 마련된 투자재원이 효율적으로 쓰임을 전제한다. 이 전제가 성립하지 않는다면 목적세로서의 환경세 도입은 정당성을 잃는다. 그럼에도 불구하고 목적세로서의 환경세 도입을 주장하는 사람들은 한 번도 이 전제에 의문을 제기하지 않았다. 정부가 어련히 국민을 위해서 국민의 세금을 잘 쓰지 않겠느냐고 많은 사람들이 생각한다. 그러나 그렇게 적당히 생각하기에는 정부의 예산낭비와 비리가 너무 심하다. 대표적인 자유민주주의 국가로 꼽히는 미국에서조차 정부의 예산낭비 및 비리는 경제학자들의 좋은 연구거리가 될 정도로 심각하다.[4)] 어떻든 국민이 어렵게 모아준 돈을 정부가 효과적으로 잘 쓴다는 전제조건이 충족되지 않는다면 목적세로서 환경세는 정당성을 잃게 된다. 100여 년 전부터 경제학자들이 강력하게 추천해 온 환경세는 환경투자재원의 조달을 위한 수단으로서의 조세가 아니라 어디까지나 환경오염의 억제에 초점을 맞춘 조세다.

달리 말하면, 환경세는 환경오염이라는 외부효과를 내부화시키기 위한 정책수단으로써 제안된 제도라는 것이다. 예를 들어서, 삼겹살이나 햄버거

등 육류제품은 수질오염물질을 대량 배출하면서 만들어진 상품임에도 불구하고 그것을 즐기는 소비자들은 자신들 스스로가 환경오염에 기여하고 있다는 점을 잘 의식하지 못한다. 어떻게 하면 이들로 하여금 환경오염을 의식함으로써 육류제품 소비를 자제하게 만들 수 있을까. 경제학의 대답은 간단하다. 가격을 올리면 된다. 삼겹살과 햄버거에 환경세를 부과하면 이들의 가격이 환경을 오염시킨 만큼 상승한다. 환경세는 소비자들로 하여금 마치 환경오염을 의식한 것처럼 행동하게 유도한다.

이런 내용을 그림으로 설명해 보자. [그림 5-1]에서 곡선 D와 곡선 S는 각각 아무런 환경오염규제가 없는 상황에서 육류에 대한 수요곡선과 공급곡선을 나타낸다. 수요곡선과 공급곡선이 이와 같이 주어지면, 시장에서 형성되는 가격은 p이고, 이 가격에서 육류의 판매량은 x가 된다. 공급곡선은 생산비를 반영하는 곡선이다. 예컨대 x' 만큼 공급할 때 공급곡선 S는 한 단위 생산에 소요되는 비용이 cx'의 길이만큼임을 보이고 있다. 이 비용은 생산자가 인건비, 자재비, 기름값, 전기료 등의 형태로 직접 지불하는 모든 경비를 포함한다. 그러나 이 비용에는 예컨대 축산폐수 때문에 강물이 썩음으로 인한 온갖 사회적 손실은 포함되지 않는다. 왜냐하면, 환경오염규제가 없는 상황에서 축산업자는 이 사회적 손실에 대하여 아무런 대가도 지불하지 않기 때문이다. 그러니까 이런 사회적 손실을 외부효과라고 한다.

그러면 육류를 한 단위 생산할 때마다 축산폐수 오염으로 인한 사회적 손실이 1,000원어치 발생한다고 하자. 점선으로 나타낸 곡선 S'는 곡선 S에 비해서 1,000원에 해당하는 만큼 더 위에 위치한다. 즉, ce의 길이는 1,000원이다. 곡선 S'는 사회적으로 볼 때 육류의 한 단위가 곡선 S보다 1,000원 더 비싸다는 것을 보이고 있다. 그렇다면, 사회적으로 볼 때 육류 한 단위의 적정가격은 곡선 D와 곡선 S'의 교점 e에서 결정된 p'이고, 따라서 육류의 사회적 적정판매량은 x'이다. 그럼에도 불구하고 축산업자들은 마치 이 1,000원이라는 사회적 손실이 존재하지 않는 것처럼 생각하고 행동하기 때문에 이 적정판매량보다 더 많이 공급하게 된다. 이 결과가 분명하게 보이는 것은, 아무도 축산폐수로 인한 사회적 손실에 대하여 책임을 지지 않는 상황에서는 육류의 시장가격이 사회적 적정가격보다 저렴하다. 따라서 소비자들은 육류를 지나치게 많이 소비하게 되며, 그래서 사회 전체가 손해를 보고 있다는 것이다.

그림 5-1 **환경오염으로 인한 사회적 손실과 환경세의 왜곡교정 효과**

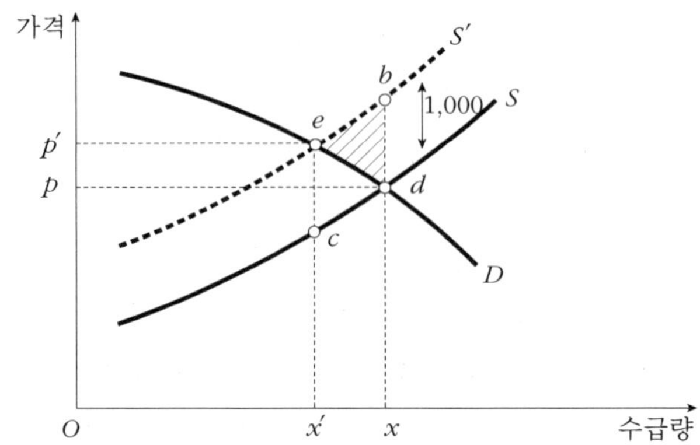

그러면 사회적 손실이 얼마나 되는가? 육류공급량이 사회적 적정공급량인 x'보다 더 많을 때는 [그림 5-1]에서 보듯이 수요곡선이 점선으로 나타낸 공급곡선 S'의 아래에 위치한다. 이는, 육류소비로 인한 소비자들의 혜택이 육류생산에 소요되는 사회적 비용보다 적음을 뜻한다. 예컨대, x만큼 공급되는 상황에서는 육류 한 단위가 소비자에게 주는 혜택은 dx만큼이지만, 이 한 단위 생산에 소요되는 사회적 비용은 bx만큼이다. 따라서 bd만큼 사회적 순손실이 발생한다. 그러므로 x'보다 더 많이 공급하면 할수록 사회적 손실이 누적된다. 그래서 사회적 적정공급량인 x'를 초과해서 x만큼 공급될 때 사회적 총손실은 그림에서 빗금친 부분의 넓이에 해당한다. 다시 말해서 육류판매량이 시장에서 자연스럽게 결정되게 내버려 두면 가격이 지나치게 저렴해지고 그래서 육류가 지나치게 많이 공급됨으로써 빗금친 만큼의 사회적 손실이 발생한다는 것이다. 경제학에서는 이런 사회적 손실을 시장의 왜곡으로 인한 손실이라고 말한다. 환경오염이 시장의 왜곡을 초래하는 전형적인 예가 된다.

이렇게 시장의 왜곡으로 인한 사회적 손실이 발생할 때에 육류 한 단위당 1,000원어치의 세금을 부과하면 어떻게 될 것인가? 이제는 축산업자가 실제로 느끼는 공급곡선은 실선으로 나타낸 곡선 S가 아니라 점선으로 나타낸 곡선 S'가 될 것이다. 따라서 시장에서 자연스럽게 결정되는 가격은 수요곡선 D와 공급곡선 S'의 교점 e에 상응하는 p'가 되고 이에 따라 판매량도 x'로 결정된다. 바로 이 때의 1,000원이 경제학자가 주장하는 환경세에 해당한다. 그러므로 환경세의 효과는 환경파괴 및 오염을 초래하는 상품의 생산량 및 소비량을 사회적 적정수준으로 통제함으로써 시장왜곡으로 인한 사회적 손실을 없애는 것이다.

조세로 인한 시장의 왜곡과 초과부담

환경세가 이와 같이 시장의 왜곡을 교정하는 긍정적 효과를 초래하기 때문에 경제학자들이 환경세의 도입을 오래 전부터 촉구해 왔지만, 사실 환경세제도를 본격적으로 시행하고 있는 나라는 별로 없다. 물론 환경세 비슷한 각종 공과금들이 있기는 하지만 대부분 환경세가 의도하는 환경오염억제효과를 제대로 발생시키지 못하고 있다. 그러면 왜 환경세제도가 잘 시행되고 있지 못한가? 여기에는 여러 가지 이유가 있겠지만 소위 조세저항도 만만치 않다. 이 세상에 세금을 좋아할 사람은 없기 때문에 새로운 조세를 도입한다고 하면 많은 사람들이 우선 거부감부터 가진다. 환경세가 다른 조세와 근본적으로 취지를 달리한다는 사실을 대부분의 사람들이 분명히 인식하지 못하고 있다.

사실 한 가지 분명한 것은, 거의 대부분의 세금은 개인에게도 결코 반가운 것이 아니지만, 사회적으로도 조세 그 자체는 결코 바람직한 것이 아니라는 점이다. "세금은 적을수록 좋다는 것은 만고불변의 진리"라는 말은 세금에 대한 개인의 입장만을 반영한 것이 아니라 사회적 입장을 반영하는 것이기도 하면서 또한 충분한 이론적 근거를 가진 말이다.[5] 정부가 거두어 가는 세금은 다시 국민을 위해서 사용할 것이므로 그 자체가 사회적 손실을 발생시킨다고 단정할 수는 없다. 국민의 손에서 정부의 손으로 넘어갔다가 다시 국민의 손으로 돌아올 것이기 때문이다. 문제는 조세의 징수가 정부의 손에 돈을 쥐어 주는 효과뿐만 아니라 여기에 더해서 경제활동을 위축시키는 효과를 수반한다는 것이다.

맥주에 세금을 부과하면 맥주의 생산 및 소비가 감소한다. 자동차에 중과하면, 자동차 생산이 줄어든다. 청바지에 세금을 부과하면 청바지 생산이 감소하고 소비도 감소한다. 생산과 소비가 감소한 만큼 국민의 복지도 감소한다. 바로 이것이 사회적 손실이다. 국민의 입장에서 보면, 이 사회적 손실은 정부에게 바치는 납세액에 추가해서 당하는 손실이다. 예를 들어서 국민이 정부에게 100억원의 세금을 바치는 과정에서 맥주, 자동차, 청바지의 생산이 감소해서 10억원의 사회적 손실이 발생하였다고 하자. 국민의 입장에서 보면, 일단 총 110억원의 손실을 당하는 셈이다. 이 때 10억원은 납세액 100억원을 초과해서 국민이 추가로 부담하는 손실이라고 해서 '초과부담'이라고 부른다. 물론, 정부가 그 100억원을 다시 국민을 위해서 쓴다고 하더라도 생산과 소비의 위축으로 인한 10억원의 사회적 손실이 없어지는 것은 아니다. 이와 같이 조세부과가 생산 및 소비를 위축시킴으로써 발생하는 사회적 손실이 곧 초과부담이다. 경제 현안에 대하여 경제학자들은 만나기만 하면 서로 싸운다고 하지만, 조세의 부과가 경제활동을 위축시키면써 사회적 손실을 초래한다는 점에 대해서는 경제학자들 사이에 거의 이의가 없다.

조세가 부과되면, 납세자는 조세부담을 줄이기 위해 어떤 식으로든 조세에 대응한다. 생산을 줄이든가 소비를 줄이든가 탈세를 하든가. 조세를 부과하지 않은 상황과 다른 행동을 하게 된다는 것이다. 그래서 재정학자들은 조세가 경제행위를 왜곡시킨다고 말하기도 한다. 초과부담이란 조세부과가 경제행위를 왜곡시킴으로 인해서 발생하는 사회적 손실이라고 말할 수도 있다. 따라서 조세부과가 납세자들의 경제행위에 아무런 영향을 주지 않는다고 하면 초과부담도 발생하지 않는다. 그래서 초과부담을 수반하는 조세를 왜곡적 조세, 그렇지 않은 조세를 중립적 조세라고 구분하기도 한다. 하지만, 중립적 조세란 이론적으로만 존재하지 현실적으로는 존재하지 않는다는 것이 재정학자들의 주장이다. 그러므로 거의 모든 조세가 초과부담을 초래한다고 볼 수 있다. 그러면 이런 사회적 손실을 발생시키는 조세를 왜 부과하는가? 물론, 정부의 각종 바람직한 활동을 꾸려 나갈 자금을 마련하기 위함이다. 그래서 조세는 필요악이라고 말한다.

그러나 조금만 더 깊이 생각해 보면, 세금이란 자가당착이다. 어떤 사회든지 그 사회가 잘 굴러가기 위해서는 사회적으로 바람직한 행위는 적극 장려되고 반대로 사회적으로 바람직하지 못한 행위는 적극 억제되는 방향으로 상벌체계가 확립되어야 한다는 점은 이미 앞에서 강조하였다. 열심히 일한다는 것은 동서고금을 막론하고 어느 사회에서나 장려되는 최고의 덕목이다. 사회가 잘 돌아가기 위해서는 모든 사람에게 열심히 일하려는 동기를 부여해야 한다. 근로소득은 개인이 열심히 일해서 얻는 소득이다. 소득세는 그런 소득에 대하여 부과되는 세금이다. 이유야 어떻든간에 소득세의 징수는 결국 개인이 열심히 일해서 번 돈의 일부를 강제로 빼앗아 가는 것이다. 열심히 일하는 행위는 분명히 사회적으로 바람직한 행위인데 여기에 세금을 부과한다는 것은 김새는 처사임에는 틀림없다.

그러면 이와 같이 경제적 동기를 왜곡시키는 조세들이 얼마나 많은 사회적 손실, 즉 초과부담을 초래하는가? 혈세의 용도에 대하여 국민들이 정부를 비교적 잘 감시하고 있는 미국에는 이에 관한 연구가 꽤 많이 눈에 띈다. 연구마다 차이가 나지만 최근의 한 연구에 의하면, 1986년 조세개혁 이후에도 미국 정부가 거두어들이는 근로소득세 1달러당 초과부담은 0.38달러가 되는 것으로 알려져 있다. 심지어 초과부담이 0.5달러이며, 법인세의 경우에는 1달러당 0.6달러 내지 1.2달러의 초과부담이 발생하는 것으로 추정하는 연구도 있다.[6] 유럽연합의 국가들은 미국보다 더 조세세입 의존도가 높기 때문에 초과부담도 더 클 것으로 추정되고 있다.[7] 그럼에도 불구하고 정부 조세수입의 대부분은 소득세, 법인세, 소비세 등의 명목으로 개인이나 법인으로부터 거두어들인 세금으로 채워진다. 예를 들면, 1995년 우리나라 내국세 징수실적은 약 41조원이었는데, 이 중 86.8%가 소득세, 법인세, 그리고 부가가치세로 거두어들인 것이었다.

2. 환경세의 재순환과 2중배당금 가설

환경배당금과 효율배당금

거의 모든 조세는 시장의 왜곡으로 인한 초과부담을 수반한다고 위에서 말했는데, 그러면 환경세는 어떤가? 환경세 역시 조세의 일종이므로 경제활동을 위축시키는 효과를 수반한다. 허나, 환경세의 부과로 인해서 위축되는 경제활동은 사회적으로 바람직하지 못한 부작용을 과도하게 초래하는 활동이다. 바로 이런 점에서 환경세는 다른 조세와 근본적으로 성격을 달리한다. 환경세는 이미 잘못되어 있는 것을 올바르게 고침으로써 사회복지를 증대시키는 취지를 갖는다. 반면에 환경세를 제외한 다른 대부분의 보통 조세는 일단 시장을 왜곡시킴으로써 사회적 손실을 초래한다.

이와 같이 환경세는 사회적으로 바람직하지 못한 행위를 대상으로 하면서 시장왜곡을 시정하는 효과를 초래하는 조세이고, 반면에 근로소득세, 법인세, 간접세 등 다른 보통 조세는 사회적으로 바람직한 행위를 대상으로 하면서 시장을 왜곡시키는 조세라고 하면, 환경세는 아주 좋은 조세이고 다른 보통 조세는 나쁜 조세라는 것이 분명해진다. 나쁜 세금은 줄이고 좋은 세금은 늘려야 한다는 것은 상식이다. 그렇다면 환경세를 늘리고 다른 보통 세금은 줄여야 한다는 상식적 결론에 이르게 된다. 실제로 최근 유럽의 여러 경제학자들이 환경세를 도입함과 동시에 총 조세수입이 증가하지 않는 범위 안에서 왜곡을 많이 초래하는 다른 조세, 특히 고용 관련 조세를 경감하자는 주장을 끈질기게 내놓고 있다. 이 주장에서의 큰 매력은, 환경세 세수입을 정부로 하여금 임의대로 사용하도록 허용하는 것이 아니고 환경세 세 수입만큼 다른 왜곡성 조세를 경감시킴으로써 이 증가된 세수입을 국민에게 고스란히 되돌려 준다는 데에 있다. 결과적으로 국민의 조세부담은 늘어나지 않는다. 이와 같이 총 조세수입이 증가하지 않는 범위 내에서 특정 조세의 세수를 다른 조세의 감면에 이용하는 것을 조세의 재순환(recycling)이라고 부르기도 한다.

이와 같이 환경세 세수를 재순환하는 조세구조의 개편은 기본적으로 환경세의 장점으로 인한 이익과 다른 조세의 단점을 줄임으로 인한 이익을 발생시킬 뿐만 아니라 이외에도 여러 가지 이익을 국민들에게 가져다 준다. 우선, 환경세의 철저한 실시는 환경을 오염시키려는 잘못된 동기를 바로잡아 환경오염을 억제함으로써 환경을 깨끗하게 만드는 사회적 이익을 가져다 준다. 마치 주식투자가들이 회사이익을 배당받듯이 환경세의 부과는 국민에게 환경개선의 이익을 배당하게 된다고 해서 이 이익을 특별히 '환경배당금' (environmental dividend)이라고 부르기도 한다.

그리고 다른 왜곡성 조세들이 감면되는 만큼 이 조세들의 사회적 손실, 다시 말해서 앞에서 말한 초과부담을 덜어 줌으로써 그만큼 사회복지를 증진시킨다. 이런 사회적 이익을 '효율배당금' (efficiency dividend)이라고 한다. 환경배당금은 환경세 세수를 재순환하지 않을 경우에 발생하는 사회적 이익이고 효율배당금은 환경세 세수를 재순환할 때 발생하는 사회적 이익이다. 환경세의 재순환이 가져다 주는 이 두 가지 사회적 이익, 즉 환경이 개선됨으로 인한 사회적 이익과 시장왜곡의 사회적 손실을 줄임으로 인한 사회적 이익을 합쳐서 '2중배당금'이라고 부르기도 한다.[8] 그래서 위에서 말한 식으로 환경세를 재순환하면 결국 2중의 사회적 이익이 국민 각자에게 배당된다는 주장을 흔히 환경세의 2중배당금 가설이라고 한다.

덤: '고용배당금'

이와 같이 환경세를 도입하는 대신 다른 왜곡성 조세를 감세하는 것은 우리나라 환경정책의 목표이기도 한 경제성장과 환경보전의 조화를 실질적으로 이루는 길이기도 하다. 예를 들어서 환경세 세수만큼 근로소득세와 법인세 세율을 낮춘다고 하자. 근로소득세의 경감은 근로자의 사회복지를 실질적으로 개선할 뿐만 아니라 기업의 입장에서 보면 실질적으로 노동이 그만큼 저렴해짐을 의미하기도 한다. 이것만으로도 고용이 늘어날 여지가 있는데, 여기에 더해서 법인세를 감해 준다면 그만큼 기업의 노동수요도 증가할 것이다.

물론, 얘기가 이렇게 간단하지는 않다. 왜냐하면, 환경세의 부과는 여러 가지 복잡한 파급효과를 초래하기 때문이다. 첫 번째 파급효과는 노동의 공급에 미치는 효과이고 두 번째 효과는 노동의 수요에 미치는 효과이다. 우선 첫 번째 효과부터 살펴보면, 환경세의 부과는 환경을 오염시키면서 제조된 상품의 가격을 인상시켜서 가계의 실질소득을 떨어뜨리게 된다. 이 결과 근로소득세 경감으로 인한 실질소득 증대효과가 상쇄되어 버릴 수도 있다. 하지만 상품가격 상승으로 인한 경제적 부담은 근로자뿐만 아니라 예컨대 재산소득 생활자, 연금생활자, 실업자, 기타 노동자가 아닌 사람들 사이에 광범위하게 분산되는 반면, 근로소득세 경감으로 인한 소득증대 효과는 근로자에게만 집중된다. 따라서 근로자의 입장에서 보면 환경세로 인한 상품가격인상 효과는 근로소득세 경감으로 인한 실질소득증대 효과를 압도할 만큼 크지 못할 것이므로 사실상 근로자의 실질임금은 높아진다. 대체로 실질임금의 상승은 노동공급을 증가시키는 경향이 있다.

두 번째 효과를 살펴보면, 우선 환경세의 부과는 환경을 많이 이용해서 만드는 상품의 가격을 인상시키며 따라서 환경재의 가격을 높인다. 그래서 결과적으로 노동집약적 상품의 상대가격은 떨어질 것이며, 또한 환경재에 비하여 노동이 상대적으로 저렴해질 것이다. 이렇게 되면 기업은 노동을 더 많이 고용하려고 할 것이다. 즉, 노동에 대한 수요가 증가한다. 환경세 세수를 근로소득 경감으로 재순환시키는 조세구조 개편은 여러 가지 가격의 변동을 통해서 한편으로는 노동의 공급을 증대시키고 다른 한편으로는 노동에 대한 수요를 늘리기 때문에 결과적으로 고용도 늘어나면서 상품의 생산도 증가할 것이다. 200명의 미국 경제학자들을 상대로 설문조사를 해 본 바에 의하면, 92%가 조세경감이 고용증대에 효과적이라고 생각하였다.[9] 그러므로 환경세 세수의 재순환은 환경도 개선하고 경제도 활성화시키는 묘책이 된다는 주장이 성립한다.

고용증대에 조바심이 심한 서구에서는 근로소득세나 법인세의 경감보다 더 직접적이고 노골적으로 고용을 증대시키는 방법을 원하기도 한다. 예컨대 기업에게 고용보조금을 지급하거나 기업의 임금부담을 경감시켜 주는 방법이 많이 얘기되고 있다. 물론 이 보조금은 환경세 세수에서 지급된다. 다시 말해서 환경세가 고용보조금으로 재순환된다. 이와 같이 환경세 세수를 기업의 고용비용의 감면에 이용함으로써 고용이 증가하는 효과를 '고용배당금'(employment dividend)라고 부르기도 한다. 실증연구에 의하면, 특히 저소득계층에 대한 고용보조금이 고용증대에 더 효과적인 것으로 나타났다.[10] 이렇게 저소득계층을 위해서 환경세를 재순환하면 고용배당금뿐만 아니라 계층 간 소득분배를 개선하는 효과도 노려볼 만하다.

조세저항 완화

아무리 좋은 생각이라도 사람들이 받아들여 주지 않는다면 그것은 공염불에 불과하다. 현실적으로 중요한 것은 사회적 수용성이다. 이 사회적 수용성 때문에 타협을 하다 보면 죽도 밥도 아닌 결과가 초래되는 현상을 비일비재하다. 예를 들어서, 아무리 배출부과금이 좋은 제도라고 하더라도 기업의 저항에 밀려서 부과금 요율을 너무 낮게 책정하거나 행정상 번거롭다는 이유로 배출량에 별 관계없이 부과금을 징수한다면, 결과적으로 이 제도가 제 구실을 하지 못하는 신세가 되고 만다.

아무리 환경세가 좋은 조세라고 하더라도 환경세 역시 조세이기 때문에 환경세만 달랑 도입한다고 하면, 조세저항이 일어날 수 있다. 환경세 실시로 인한 환경적 이익은 쉽게 느껴지지 않고 불확실함에 반해서 세금으로 인한 경제적 부담은 가시적이어서 반발이 심할 수 있다. 우리나라에서도 이미 몇 년 전부터 환경세를 도입하자는 말이 있었지만, 아직 시행되지 못한 이유 중의 하나는 강력한 조세저항 탓이었다.[11] 환경세의 도입은 기업에게 금전적 부담을 줄 것은 불을 보듯 뻔하기 때문이다. 소비자들도 내심 환경세의 도입을 그리 달가워하지는 않을 것이다.

환경세는 환경을 오염시키면서 제조된 상품 및 환경을 오염시키는 상품에 부과되기 때문에 간접세의 성격을 가진다. 예컨대 에너지와 물 그리고 각종 낙농제품이나 가죽제품 등이 환경세 부과대상이 되는데, 환경세는 이런 상품의 가격을 인상시킬 것이다. 환경오염업체에 부과된 환경세는 다른 세금들과 마찬가지로 결국 환경오염과는 직접 관계가 없어 보이는 소비자들에게 전가될 것이다. 대체로 간접세는 소득세에 비해서 역진적이라고 알려져 있으니 환경세의 부담은 저소득계층에 더 무겁게 떨어질 가능성이 높다. 즉, 환경세는 잘 사는 사람들보다는 못 사는 사람들에게 상대적으로 큰 경제적 부담을 준다는 것이다. 가격이 인상되는 상품이 생필품일 때는 더욱 더 문제가 된다. 이러한 주장은 상당한 근거를 가지고 있다. 미국에서의 수행된 실증적 연구들은 그러한 전가로 인한 부담이 고소득계층에서 보다는 저소득계층에게 상대적으로 더 크다는 결론을 끌어낸 바 있다.[12] 대체로 보아 환경오염을 많이 유발하는 산업의 생산품들 중에 특히 저소득계층이 주로 많이 소비하는 상품들이 많다는 것이다.

그럼에도 불구하고 환경세에 대한 미련이 꾸준히 계속되고 있는데, 여기에는 크게 두 가지 요인을 생각해 볼 수 있을 것 같다. 그 첫째는 기존 지시 · 통제 위주의 비효율적 환경정책에 대한 경제학자나 환경보전론자들의 누적된 불만이고, 둘째는 환경세 세수에 대한 관계나 정치권의 군침이다. 어떻든 조세저항을 완화하기 위해서라도 환경세를 도입함과 동시에 기업과 소비자들의 짐이 되는 조세부담을 경감해 줄 필요가 있다. 원래 세금이란 적을수록 좋기 때문에 국민의 총 조세부담이 늘어나지 않도록 배려하는 것도 바람직하다. 이런 점에 비추어 보더라도 환경세 세수를 재순환하는 조세구조의 개편은 그런 조세저항을 최대한 누그러뜨림으로써 현실적으로 환경세에 대한 사회적 수용성을 높인다는 장점도 빼놓을 수 없다. 실증분석에 의하면 환경세 세수를 저임금 노동자의 고용보조에 투입하면 특히 고용효과가 높을 뿐만 아니라 분배구조를 개선하는 효과까지 겹치기 때문에 소비자들의 반발도 크게 완화될 것이다. 또한 환경세 세수를 재순환하는 환경친화적 조세구조 개혁은 경제의 국제경쟁력을 전반적으로 향상시키는 것으로 나타났다.

실제로 유럽에서도 1990년대 초부터 환경세를 재순환하는 조세구조개혁안이 학계뿐만 아니라 정치계의 관심을 끌기 시작하였다. 특히 고용배당금이 관심을 끌었다. 환경세를 재순환하는 방향으로 조세구조를 개혁하자는 소리가 OECD 국가에서부터 터져 나오기 시작한 것은 결코 우연이 아니다. 특히 프랑스나 독일, 영국 등 서구의 OECD 국가들은 실업문제로 가장 속을 썩이는 국가들이다. 그래서 최근 유럽에서는 환경세의 환경배당금보다는 고용배당금이나 효율배당금에 더 눈독을 들이는 경향이 있다. 당시 유럽공동체에서 환경세 도입에 관하여 여론조사가 있었다. 조사결과 환경세 세수를 재순환하는 조세개혁에 대하여 73%가 지지하였는데, 모든 연령계층과 모든 소득계층에서 골고루 지지하는 것으로 나타났다. 이 결과를 보면, 유럽에서 환경친화적 조세구조개혁안이 여론의 지지를 상당히 많이 받고 있음을 알 수 있다.[13] 유럽에서는 이런 환경친화적 개혁이 이제는 노동생산성보다는 자원생산성을 더 부추김으로써 OECD를 혁신, 신상품, 신공정에 기반을 둔 새로운 성장궤도에 올려 놓는 촉매제가 될 것으로 기대하는 분위기다.

환경정책의 효율화로 인한 사회적 이익

그러나 환경세의 재순환을 통한 각종 배당금을 논의하는 과정에서 흔히 간과되기 쉬운 또 하나의 사회적 이익이 있다. 환경정책수단의 효율화에 따른 사회적 이익이 바로 그것이다. 원래 경제학자들이 환경세를 제안하게 된 이유는 위에서 말한 환경배당금 때문이었지만, 최근에 와서 경제학자들이 환경세의 실시를 더욱 더 강도 높게 요구하게 된 데에는 또 다른 이유가 있다. 그 이유란 다름이 아니라 현재 우리나라를 비롯해서 세계적으로 광범위하게 실시되고 있는 직접규제 위주의 환경정책들이 너무나 비효율적이라는 사실이다.

비효율적이라는 것은 자원이 낭비되고 있다는 말이다. 반면에 환경세는 환경오염을 억제하되 효율적으로 억제하기 위한 제도이다. 따라서 단순히 환경세를 도입하고 다른 왜곡성 조세를 감면하는 것만으로 그칠 일이 아니다. 이미 실시되고 있는 직접규제를 그대로 놔두고 환경세를 실시한다면 동일한 행위에 대해서 제도가 중첩될 우려가 있다. 그러므로 환경세의 장점을 최대한 살리기 위해서는 현행 직접규제의 일부를 환경세로 대체해야 한다. 이래야 직접규제의 시행과 결부된 인적 · 물적 자원의 낭비를 줄이는 이익을 얻을 수가 있다. 직접규제의 시행으로 인한 인적 · 물적 자원의 낭비가 매우 크다는 현실에 비추어 볼 때 이와 같이 보다 더 효율적인 환경정책을 택함으로 인한 사회적 이익도 결코 무시할 수 없을 만큼 클 것으로 추정된다. 그러므로 환경세를 재순환하는 방향으로 조세구조를 개편할 때 환경정책수단의 효율화로 인한 사회적 이익이 극대화되도록 개혁해야 할 것이다.

환경세의 도입에서 얻을 수 있는 사회적 이익을 꼽을 때 빼놓아서는 안 되는 중요한 이익에는 환경오염방지기술의 개발을 촉진하는 효과와 민간부문의 환경개선 투자를 촉진하는 효과다. 환경세의 부과는 환경오염원인자들에게 금전적 부담을 지우는 까닭에 이들은 의욕을 가지고 이 부담을 줄이기 위한 대책을 강구하게 된다. 그런 대책 중의 하나가 기술개발이다. 예컨대, 종전보다 환경오염물질을 덜 배출하는 기술 혹은 이미 배출된 환경오염물질을 보다 더 효과적으로 처리하는 기술 등은 환경세로 인한 금전적 부담을 크게 덜어 줄 수 있다. 환경세제도 아래에서는 이러한 기술개발에 대한 의욕은 지속적으로 일어날 수 있다.

환경오염업체의 경우 환경세의 금전적 부담을 덜기 위한 효과적인 대안의 하나는 기술개발과 더불어 환경오염방지 내지는 환경개선을 위한 투자이다. 환경오염물질을 대량 배출하는 기업의 경우에는 이런 방면으로 투자를 하는 것이 장기적으로는 오히려 이익이 되기 때문이다. 환경오염방지 내지는 환경개선을 위한 환경오염원인자들의 투자는 소위 환경산업의 상품에 대한 수요를 일으킴으로써 환경산업의 발전을 촉진한다. 요컨대, 민간부문에서의 환경기술 개발과 환경투자를 지속적으로 촉진한다는 것이 환경세의 최대 장점 중의 하나이다.

이와 같이 환경정책수단의 효율화로 인한 사회적 이익 그리고 환경기술촉진과 환경산업의 발전을 통한 사회적 이익까지 고려한다면, 환경세를 재순환으로 인한 사회적 이익은 환경배당금, 효율배당금, 그리고 고용배당금을 합친 것보다 훨씬 더 클 가능성도 있다.

이와 같이 환경세를 재순환하는 조세구조 개편의 취지는 좋다고 하더라도 한 가지 현실적인 문제점은 앞으로 환경개선을 위해서 엄청나게 소요될 투자재원을 무슨 수로 조달하느냐 하는 것이다. 그러나 환경개선 투자소요액이란 매우 유동적인 금액이다. 특히 이 투자소요액은 앞으로 환경오염물질이 얼마나 많이 배출되느냐에 따라 크게 달라진다. 배출량이 많아지면 그만큼 투자소요액도 커질 것이다. 이 배출량은 또한 환경오염물질의 배출을 얼마나 효과적으로 억제하느냐에 달려 있다. 효과적인 환경정책을 실시함으로써 애당초부터 환경오염물질의 배출량을 대폭 줄인다면 쓰레기소각장이나 하수종말처리장, 쓰레기매립장 등 환경 관련 기초시설을 그렇게 많이 지을 필요도 없고 따라서 환경개선을 위한 투자소요액은 대폭 적어질 수 있다. 환경세를 재순환하는 조세구조개혁의 참뜻은 애당초부터 환경오염물질의 배출을 억제함으로써 환경개선을 위한 투자의 필요성을 원천적으로 줄이자는 것이다.

물론 환경세제도를 실시한다고 해서 환경개선을 위한 투자의 필요성이 없어지는 것은 아니다. 이 제도를 실시하더라도 기업이나 소비자들은 환경오염물질의 배출을 적당한 수준으로 억제할 뿐 여전히 배출한다. 그러므로 환경오염방지시설은 여전히 필요하다. 다만, 환경세를 재순환하는 조세구조 개혁이 노리는 또 하나의 효과는 환경개선에 대한 투자를 빌미로 정부나 공공기관이 비효율적인 직접투자를 감행할 여지를 최대한 줄여 보자는 것이다.

환경세 2중배당금 가설에 대한 비판과 검증

환경세의 2중배당금 가설이 아주 그럴 듯하기는 하지만 비판도 없지 않다. 환경배당금이나 효율배당금은 일단 그렇다 치자. 하지만, 고용배당금은 좀 생각해 볼 사항이라는 지적도 있다. 우선 한 가지 큰 관심거리는, 과연 고용증대를 위해서 근로소득세를 감면해 줄 수 있을 만큼 환경세 세수가 충분히 클 것인가이다. 만일 환경세를 부과한 결과 근로소득세 세수가 감소한다면, 환경세 세수의 일부를 돌려서 이 감소분을 메워야 한다. 그렇게 하지 않으면 근로소득세 세수를 유지하기 위해서 근로소득세의 세율을 올려야 한다. 근로소득세는 왜곡성 조세다. 그렇다면 환경세 부과로 한 쪽에서는 시장왜곡을 교정한다고 하지만 다른 한쪽으로는 노동시장의 왜곡을 초래하는 셈이다.

환경세 세수의 일부를 돌려서 근로소득세 세수의 감소분을 보충해야 한다고 해보자. 과연 그러고 나서도 고용증대를 위해서 쓸 돈이 남아 있을 만큼 환경세 세수가 충분히 클 것인가에 대한 물음이 제기될 수 있다. 예를 들어서 환경세 세수가 100억원인데 근로소득세 세수가 100억원 감소했다면, 이 감소분을 메우기 위해서 환경세 세수를 돌리고 나면 남는 것이 없으므로 고용증대를 위해서 환경세 세수를 재순환할 여지가 없어진다.

그러므로 고용배당금이 발생하도록 환경세 세수를 재순환할 수 있으려면 근로소득세가 감소하는 부작용이 크지 않아야 하는데, 문제는 환경세의 부과가 과연 근로소득세의 감소를 초래할 것인가이다. 환경세의 2중 배당금 가설에 비판적인 학자들은 그 가능성이 있다고 주장한다. 예를 들어서, 환경세의 부과로 인해서 환경파괴적 상품의 생산이 현저하게 줄어들었고 이 결과 고용이 크게 감소하였다고 하자. 그러면 근로소득세 세수도 줄어든다.

근로소득세 세수 감소의 가능성은 이 밖에도 또 있다. 예를 들어서, 환경세의 부과로 인해서 환경이 크게 개선된 결과 사람들이 깨끗하고 아름다워진 환경을 즐기기 위해서 여가시간을 더 많이 가질지도 모른다. 여가가 늘어난다는 것은 노동의 공급이 감소한다는 뜻이다. 노동공급의 감소는 근로소득세 세수의 감소를 의미한다.

이와 같이 환경세의 부과가 여러 가지 경로를 통해서 근로소득세 세수의 감소를 초래할 가능성은 있지만, 가능성은 어디까지나 가능성일 뿐이다. 실제로도 노동시장의 왜곡을 초래하고 근로소득세 세수의 감소를 가져올 것인지, 만일 그렇다면 왜곡의 정도나 세수감소의 크기가 어느 정도가 될 것인지에 관해서는 아직 확실한 실증적 근거는 없다.[14] 2중배당금 가설에 비판적인 학자들이 주장하는 것과는 반대로 환경세의 부과가 결과적으로 고용을 늘리고 여가를 줄일 가능성도 얼마든지 있다. 예를 들어서 환경세의 부과 결과 에너지 가격이 크게 올라가면 자동차 운행 비용이 커지기 때문에 사람들이 관광여행을 덜 갈지도 모른다.

아마도 2중배당금 가설에 비판적인 학자들이 생각하는 효과와 이 가설을 옹호하는 학자들이 생각하는 효과가 서로 상쇄될 가능성이 높을 것이다. 그렇다면, 환경세를 부과하더라도 경제 전체의 노동공급에는 큰 변화가 없을 것이고 따라서 근로소득세 세수에도 별 변화가 없을 것이므로 환경세 세수의 재순환은 환경배당금과 더불어 고용배당금을 가져올 수 있을 것이다.[15)]

지금까지의 실증연구들은 대체로 2중배당금 가설을 뒷받침한다. 가장 대표적인 연구라고 할 수 있는 DRI 연구는 프랑스, 독일, 이태리, 네덜란드, 영국, 스페인 등 유럽연합(EU) 6개국에 대하여 2중배당금 가설을 검증하여 보았다. 이 연구는 세 가지 대안을 설정하였는데, 첫 번째 대안(PIP)은 현재 유럽공동체가 제안하고 있는 탄소세만 도입하는 경우이고, 두 번째 대안(INT)은 탄소세뿐만 아니라 여러 가지 경제적 인센티브제도(예컨대, 혼잡세, 수질오염배출부과금, 수도료 인상, 자동차와 고정오염배출원에 대한 거래가능배출권제도, 농업에 있어서 거래가능수리권제도 등)를 실시하는 경우이며, 세 번째 대안(INT+)은 두 번째 대안에서 탄소세 및 혼잡세 세수와 배출부과금징수액을 임금보조금형태로 재순환한 경우이다. [표 5-1]은 이 세 가지 대안이 실시된다고 가정했을 때 2010년까지 예상되는 중요 거시경제변수의 변동을 보이고 있다.

이 결과에 의하면, 탄소세만 달랑 도입하는 경우(PIP)에는 GDP가 감소하고 물가와 임금은 상승하며 고용변동은 없지만, 각종 환경세와 경제적 인센티브제도를 도입하는 경우(INT)에는 물가와 임금은 상승하지만 GDP와 고용은 약간 증가하는데, 환경세 및 부과금 세수를 재순환하는 경우에는 그렇지 않은 경우에 비해서 물가와 임금은 덜 상승하는 반면 GDP는 증가하고 고용은 현저하게 늘어나는 것으로 추정되었다.

DRI 연구 이외에도 대부분의 실증분석이 최소한도 단기적으로는 고용배당이 상당한 정도로 발생함을 보이고 있다. 단, 환경오염산업이 해외로 빠져나가지 않는 경우에만 그렇다. 그러므로 모든 나라가 공동으로 환경친화적 조세개혁을 한다면 2중배당금 효과가 배가될 것이다. 미국경제에 대해서 2중배당금 가설을 검증한 연구에서도 환경세만 도입할 경우에는 GDP가 감소하는 효과가 발생하지만 환경세 세수를 기존의 왜곡성 조세를 감면하는 데에 재순환할 경우 그런 생산감소 효과가 충분히 상쇄되고도 남는다는 결과가 나왔다.

표 5-1 유럽공동체에서 환경세 실시 방법에 따른 거시경제적 효과 추정: 연간 변화율(1992-2010)

	PIP	INT	INT+
실질GDP	-0.03	0.05	0.06
생산자물가지수	0.09	0.20	0.16
도매물가지수	0.05	0.18	0.14
명목임금	0.07	0.16	0.14
고용	0.00	0.07	0.15

주: PIP = 탄소세만 도입,
INT = 각종 환경세 및 각종 경제적 유인제도 도입
INT+ = INT에서 환경세 세수를 재순환
자료: Gee, D.[16]

고용배당뿐만 아니라 효율배당을 검증하는 연구도 있었는데 대체로 고용배당에 대한 연구와 비슷한 결과가 나왔다. 다만, 이 경우에는 환경세 세수를 재순환할 때 어떤 조세를 감면대상으로 선택할 것인가의 문제가 있다. 물론 효율배당을 극대화하기 위해서는 특히 왜곡을 심하게 발생시키는 조세를 찾아서 이를 감면대상으로 삼는 것이 요령이겠지만, 과연 어떤 조세가 그런 조세인지를 간단히 알 수 있는 일은 아니다.

핵심 주장

1. 환경세를 도입하고 환경세 세수만큼 근로소득세를 경감하는 조세구조개혁은 환경개선으로 인한 복지향상 효과와 고용증대 효과를 낳는다. 즉, 국민에게 '2중배당금'을 제공한다. 이 뿐만 아니라 현재 가장 광범위하게 실시되고 있는 직접규제(지시 · 통제) 제도와 결부된 환경행정의 비효율을 시정함으로 인한 '배당금'도 국민에게 떨어진다. 실업문제로 골치를 앓고 있는 서구의 여러 나라에서도 이 2중배당금을 노린 조세구조개혁을 주장하는 목소리가 점차 높아지고 있다.
2. 이런 조세구조개혁에서 긴요한 것은 증세(增稅)를 하지 않는다는 것, 다시 말해서 정부에게 더 많은 돈을 쥐어 주지 않는다는 점이다. 왜냐하면, 정부는 국민의 세금을 매우 비효율적으로 낭비하는 경우가 너무 많기 때문이다.

3. 환경친화적 조세구조의 개혁

개혁의 원칙과 개혁의 기본방향

이상에서 살펴본 바와 같이 환경세 세수의 재순환을 골자로 하여 지속가능발전의 이념에 충실한 조세구조개혁을 환경친화적 조세구조 개혁이라고 부르기로 하자. 선진국에서 조세구조를 환경친화적으로 개혁하자는 말이 간간히 있다고는 하지만 사실은 아직까지 세계의 어느 나라도 이에 대한 구체적인 개혁안을 마련하고 있지는 않다. 다만 그 필요성만이 구체적으로 강조되고 있을 뿐이다. 우리나라에서는 아직 환경친화적 조세개혁을 하자는 주장이 나오고 있지는 않다.[17] 다만, 2009년에 제정된 『녹색성장기본법』은 그 필요성을 강조하고 있다. 따라서 앞으로 조세구조를 환경친화적 개혁하기 위한 구체적인 방안에 대한 많은 논의가 있어야 할 것이다. 다만 여기에서는 그러한 환경친화적 개혁안이 담아야 할 개혁의 기본원칙과 기본골격만 생각해 보기로 한다.[18]

우선 환경친화적 조세구조개혁은 다음과 같은 세 가지 원칙을 바탕으로 한다. 그 첫째는 가능하면 증세(增稅)를 배제한다는 원칙이요, 둘째는 경제적 왜곡 최소화의 원칙이며, 셋째는 지속가능발전 이념의 실현이다(지속가능발전의 이념에 대해서는 뒤에서 자세히 논의함). 이 세 번째 원칙은, 이제 환경의 시대라고 하는 21세기를 지배할 범지구적 원칙인 지속가능발전의 원칙을 실현하는 방향으로 조세구조를 개편해야 함을 요구한다. 증세배제의 원칙은 환경세를 새로 도입함에 따라 세수가 증대하는 만큼 다른 조세를 경감할 것을 요구하는데, 경감 대상이 되는 조세로는 근로소득세가 우선적으로 꼽힌다. 법인세도 경감의 대상이 된다. 이 두 조세가 경감의 대상이 되는 주된 이유는 경제활성화에 큰 도움이 된다는 점과 환경세 도입에 대한 조세저항을 누그러뜨릴 수 있다는 점이다.

위에서 말했듯이 환경세는 간접세의 성격을 가진다. 그러므로 환경세를 도입하는 대신 근로소득세와 법인세를 경감한다는 것은 결국 소득세의 비중을 줄이고 소비세의 비중을 늘리는 조세구조의 개혁을 의미한다. 이런 식의 조세구조개혁이 바람직한 방향으로 가는가에 대하여 강한 반론도 있다. 장기적으로는 소득세와 같은 직접세의 비중을 높이고 그 대신 소비세와 같은 간접세의 비중을 낮추는 것이 조세구조개혁의 바람직한 방향이라는 주장이 있기 때문이다. 허나, 이와 반대로 소득세의 비중을 줄이고 대신 소비세와 같은 간접세 비중을 높여야 한다는 주장도 있다.[19] 소득세란 원래 필요경비를 뺀 '순이익'에 부과해야 하는데, 법인세나 근로소득세의 경우 세무당국이 필요경비를 알아낸다는 것은 무척 어려운 노릇이다. 따라서 소득세의 경우에는 탈세와 세무부정이 심해질 수밖에 없다. 탈세와 세무부정을 적발하고 감시하기 위한 비용을 많이 소모하는 조세는 결코 바람직한 조세가 아니다.

소득, 특히 근로소득에 대한 조세의 비중은 줄이고 소비에 대한 조세의 비중을 높이는 것은 지속가능발전의 이념에도 부합한다. 지속가능소비의 이념을 실현하기 위해서는 한편으로는 자원절약 측면에서 소비절제를 유도하고 다른 한편으로는 환경의 수용능력에 부담을 주지 않도록 환경오염을 심하게 유발하는 소비를 억제해야 하기 때문이다. 소비세에도 여러 가지 종류가 있다. 크게 보면 일반소비세와 개별소비세가 있다. 일반소비세란 모든 재화와 용역에 대하여 일률적으로 부과되는 조세를 말하며, 일반판매세와 부가가치세가 대표적인 일반소비세이다. 개별소비세란 특정 재화와 용역에 특정 세율을 선별적으로 적용하는 조세를 말하는데, 특별소비세, 주세, 전화세, 관세 등이 개별소비세이다. 세수확보의 기능은 일반소비세가 담당하더라도 환경의 시대라는 21세기를 대비해서 앞으로 개별소비세는 환경오염 억제기능이 주 목적이 되도록 강화될 필요가 있다. 말하자면, 개별소비세가 환경세의 취지를 살리는 방향으로 다시 재단되어야 한다는 것이다. 예를 들면, 자연자원의 소모가 큰 상품 그리고 환경오염을 많이 유발하는 상품은 중과의 대상이 된다. 수질오염문제나 쓰레기문제와 관련해서 세율인상 혹은 새로운 조세부과의 대상으로 자주 등장하는 상품은 합성세제, 샴푸, 펄프, 피혁, 섬유, 비닐 및 플라스틱 제품, 기타 화학제품 등이다.[20] 특히 일회용 상품들에 대한 조세는 대폭 강화되어야 할 것이다. 그러므로 소비세를 환경친화적으로 대폭 강화하는 일은 지속가능발전의 이념을 실현하는 방향으로 조세구조를 개혁함에 있어서 중요한 부분인 것이다.

자본주의 사회에서는 소비가 미덕이라고 하지만, 소득수준이 향상됨에 따라 소비 중에서도 사치나 과시적 소비가 급증하는 경향이 있다. 환경세는 주로 환경파괴적 행위에 부과되지만, 지속가능발전을 위해서는 이런 낭비적 소비도 억제되어야 한다는 주장이 강하게 제기되고 있다. 낭비적 소비를 억제하기 위한 하나의 방안으로 소득세를 아예 없애고 그 대신 연간 총소비액에 직접 과세하자고 프랭크(R. H. Frank)는 주장한다.[21] 연간 총소비액은 총소득에서 저축액을 뺀 나머지로 산정한다. 이 소비세는 소비에 직접 부과된다는 점에서 짜장 소비세라고 할 수 있다. 총소득액에서 저축액을 뺀 나머지는 지출액에 해당하므로 경제학자들은 이 소비세를 지출세라고 부르기도 하는데, 흔히 말하는 소비세와 다르다는 점에 주목하여야 한다.

보통 소비세라고 하면 부가가치세나 특별소비세, 판매세 등을 생각하기 쉽다. 그러나 여기에서 말하는 지출세 성격의 소비세는 내용상으로는 소비세이지만 형식상 소득세와 매우 흡사하다. 다만, 소득에서 저축을 뺀 나머지만 과세대상이 된다는 점이 좀 다를 뿐이고, 소득세의 경우처럼 누진세율이 적용된다. 납세자는 현재와 같이 연간소득액을 신고할 뿐만 아니라 연간 저축액도 신고해야 한다. 이 지출세 성격의 소비세를 누진소비세라고 부르기도 한다. 누진세율을 적용하는 이유는 두 가지다. 일반적으로 소비세의 가장 큰 단점은 고소득계층보다는 저소득계층에 상대적으로 더 큰 금전적 부담을 준다는 것이다. 다시 말해서 소비세는 역진적이라는 것이다. 이런 형평성의 문제를 해소하기 위해서 누진세율을 적용할 필요도 있지만, 그 때문만은 아니다. 낭비적 소비는 주로 고소득계층에서 나타난다. 그러므로 누진세율을 적용함으로써 이들의 소비를 억제하지 않고는 경제 전체의 낭비적 소비를 줄일 수 없다.

소득세에 여러 가지 문제가 있다는 것이 드러나면서 소비세나 지출세를 지지하는 경제학자들이 늘어나고는 있지만, 아직까지도 어떤 조세가 더 좋은지에 대해서 학자들 사이에 논쟁이 계속되고 있다. 소비를 미덕으로 삼는 자본주의 사회에서 소득 대신 소비에 세금을 부과하는 것에 대한 반발이 만만치 않다. 하지만, 지속가능발전의 이념이 범지구적 규범이 되고 있는 상황에서 이제 소비를 더 이상 미덕으로 삼을 수는 없다.

탄소세 및 대기오염문제, 에너지문제, 교통문제를 해결하기 위한 환경세

막상 조세구조를 환경친화적으로 개편할 때 당면하게 되는 현실적 문제는 구체적으로 어떤 환경세를 도입하느냐이다. 왜냐하면 환경세의 종류가 워낙 다양하고 그 범위도 넓기 때문이다. 그 중에서도 현재 선진국에서나 우리나라에서 가장 빈번히 거론되는 환경세는 탄소세이거나 대기오염억제를 겨냥한 에너지세일 것이다. 탄소세는 지구온난화문제에 범지구적으로 대응하기 위한 하나의 방안으로 특히 서구의 몇몇 나라들이 전 세계적으로 실시할 것을 끈질기게 요구하고 나오는 바람에 『기후변화협약』에 가입하고 있는 우리나라도 갑자기 큰 관심을 갖게 된 조세이다. 그러다 보니 우리나라에서는 환경세라고 하면 으레 탄소세를 연상시킬 정도가 되었다. 환경세를 신설하자고 주장하는 사람들이 말하는 환경세도 주로 탄소세이다.

탄소세란 화석연료에 함유된 탄소성분을 과표로 삼아 화석연료의 생산이나 이용을 대상으로 부과되는 조세를 말한다. 탄소세는 탄소를 많이 함유하는 화석연료의 가격을 전반적으로 인상시켜서 한편으로는 화석연료의 이용을 억제함으로써 직접적으로 지구온난화의 주범으로 지목되는 이산화탄소의 배출량을 줄이며 다른 한편으로는 화석연료에 대한 대체에너지의 개발을 촉진함으로써 간접적으로 이산화탄소의 배출량을 억제하는 2중의 효과를 노린 조세이다.

사실 초기 환경세를 실시하자는 주장이 나왔을 때 이 조세를 도입해봐야 세수입이 별로 크지 못한 시시한 조세가 되리라는 의구심이 있었다. 왜냐하면, 대부분의 환경오염행위는 조세에 상당히 민감하게 반응하는 것으로 알려져 있기 때문이다.[22] 그렇다면 환경세의 실시는 환경오염행위를 크게 위축시킴으로써 환경이 크게 개선되는 이익은 있지만, 환경세 세수입은 격감할 것이다. 이 세수입이 너무 적어지면 재순환할 돈도 별로 없을 터이니 각종 배당금효과도 기대하기 어렵게 되고 조세구조의 환경친화적 개편이라는 말이 무색해진다.

하지만 이런 의구심을 해소한 환경세가 바로 탄소세이다. 화석연료의 이용량은 조세에 상당히 둔감한 것으로 알려져 있기 때문이다. 다시 말해서 화석연료 이용은 조세에 상당히 비탄력적이라는 것이다. 어느 나라에서나 워낙 화석연료가 많이 이용되고 있는데다가 환경세를 부과해 봐야 그 이용량이 크게 감소하지 않는다면 환경세 세수입은 막대할 것이고 따라서 다른 왜곡성 조세를 감면하는 데에 조달될 수 있는 돈의 규모도 상당히 클 터이니 각종 배당금이 듬뿍 떨어질 것이다. 바로 이런 기대 속에서 탄소세가 급격히 부상한 측면도 있다.

탄소세가 화석연료의 이용을 억제한다고 해서 모든 종류의 화석연료 이용량이 균일하게 줄어드는 것은 아니다. 화석연료에 따라 탄소 함유량이 현저히 다르기 때문이다. 탄소를 많이 함유하는 화석연료의 이용량은 그렇지 않은 화석연료에 비해서 상대적으로 크게 감소할 것이다. 탄소를 많이 함유한 연료는 석탄, 석유, 천연가스인데 이 중에서도 석탄이 특히 탄소를 많이 함유한 화석연료이다. 따라서 탄소세의 실시는 석탄의 가격을 상대적으로 가장 많이 인상시킴으로써 다른 어떤 화석연료보다도 석탄에 대한 수요를 가장 심하게 억제할 것으로 예상된다. 탄소세의 실시는 장기적으로는 석탄의 수요를 격감시키는 반면에 천연가스나 석유에 대한 수요를 오히려 증가시킬 수도 있다.

사실 서구의 여러 나라들이 탄소세의 전 세계적 실시를 촉구하고 있지만, 탄소세를 실제로 실시하고 있는 나라는 스웨덴, 핀란드, 네덜란드, 덴마크, 노르웨이 등 소수의 몇 나라에 불과하다.[23] 세계 이산화탄소 배출량의 약 20%를 배출하고 있는 미국도 탄소세를 실시하자는 법안이 의회에 여러 차례 제출되었음에도 불구하고 아직 탄소세를 실시하지 못하고 있다. 다만, 미국은 이산화탄소보다도 더 심하게 온실효과를 유발한다는 CFC에 대해서는 세금을 부과하고 있다. 이와 같이 대부분의 나라들이 탄소세의 필요성을 인정하면서도 이의 실시를 매우 꺼려하는 데는 그럴 만한 여러 가지 속사정이 있음은 물론이다.

우선, 탄소세의 실시가 국민경제에 미칠 악영향을 많은 나라들이 우려하고 있다. 모든 산업화된 나라가 화석연료에 절대적으로 의존하고 있으니 그럴 수밖에 없다. 물론 국민경제에 미칠 악영향의 정도는 탄소세 세율이 얼마나 높으냐에 따라 크게 다르다. 그런데 문제는, 탄소세의 특성상 그 세율이 웬만큼 높지 않아서는 이산화탄소의 배출로 인한 온실효과를 제대로 잡을 수가 없으며, 따라서 세율이 엄청나게 높아야 효과가 있다는 것이다.[24]

세율이 높으면 당연히 국민경제에 미칠 주름살은 깊어질 수밖에 없다.

잘 알려진 대로 우리나라의 화석연료 의존도는 세계적으로 무척 높다. 따라서 탄소세의 실시는 우리나라 국민경제에 상당한 부담을 줄 것으로 많은 연구들이 예상하고 있다. 그렇기 때문에 이런 부담을 최소화하면서 탄소세를 실시하려면, 앞에서 강조하였듯이 다른 조세, 특히 경제적 왜곡을 심하게 초래하는 조세를 경감할 필요가 있다. 실제로 탄소세를 실시한 서구의 나라들이 그렇게 하였다. 예를 들면, 서구에서 가장 높은 세율의 탄소세를 실시하고 있는 스웨덴은 1991년 탄소세의 신설과 함께 기존의 다른 몇몇 세금을 반으로 깎은 바 있다.

탄소세를 실시하려면 원칙적으로 화석연료의 이용에 부과해야 한다. 탄소세의 취지가 이산화탄소의 배출을 억제하는 것이고 이산화탄소는 화석연료의 이용으로부터 배출되기 때문이다. 그러나 화석연료의 사용처는 광범위하게 분산되어 있는 탓으로 일일이 사용처를 찾아 탄소세를 징수하는 것은 행정적으로 무척 번거로울 것이다. 화석연료의 직접소비에 대해서는 그런 대로 세금징수가 가능하다고 하더라도 예를 들면 철강제품이나 자동차와 같이 화석연료를 집약적으로 이용해서 만들어지는 수많은 상품들의 사용처를 추적한 다음 소비된 상품에 직접, 간접적으로 응결된 탄소의 양을 일일이 계산해서 탄소세를 징수한다는 것은 결코 쉬운 일이 아니다. 그래서 화석연료의 생산자 혹은 수입업자에게 직접 탄소세를 부과하는 것이 행정적으로 편하다. 그러나 이런 식으로 탄소세를 실시해서는 그 취지를 충분히 살리지 못할 우려가 있다.

탄소세의 실시에는 이보다 더 심각한 명분상의 문제가 있다. 탄소세의 명분이 되는 지구온난화 방지는 어느 한 나라의 문제가 아니라 범지구적인 문제이다. 그러므로 탄소세의 실시는 명분상으로나 실리상으로나 국제적 공동보조를 전제한다. 어느 한 나라만이 탄소세를 실시하는 것은 이런 명분을 살리지도 못할 뿐만 아니라 이 나라는 위에서 언급한 경제적 부담을 혼자서 뒤집어쓰게 된다. 예를 들어서 우리나라가 독자적으로 탄소세를 실시한다고 하자. 이로 인해서 지구가 덜 온난화되면 그 이익은 우리나라에만 국한되지 않고 다른 나라들에게도 확산된다. 그렇다면 다른 나라들은 가만히 앉아서 이익을 얻게 된다. 이와 같이 비용을 지불하지 않고 이익만 누리려는 행위를 경제학에서는 무임승차라고 부른다. 그러므로 탄소세를 실시하는 나라는 자칫하면 부담은 혼자서 뒤집어쓰면서 다른 나라 좋은 일만 할 염려가 있다. 이에 대한 보다 더 구체적인 내용은 뒤에서 다시 살펴보기로 한다. 어떻든 비록 탄소세 세수를 효과적으로 재순환한다고 하더라도 앞에서 살펴보았듯이 여러 나라가 공동으로 이를 실시하느냐 혹은 단독으로 실시하느냐에 따라 2중배당금의 크기가 현저하게 달라지기 때문에 국제적 공조는 대단히 중요하다.

그렇다고 다른 나라들과의 공조체제가 갖추어질 때까지 탄소세의 실시를 마냥 미룰 수만은 없다. 탄소세만이 환경친화적 조세도 아니며, 탄소세의 명분이 되는 지구온난화가 우리나라의 유일한 환경오염문제도 아니다. 오히려 우리에게는 지구온난화문제는 강 건너 불이고 당장 우리의 발등에 떨어진 환경오염문제는 대도시의 대기오염문제이다. 우리 대도시 대기오염의 주범은 말할 필요도 없이 각종 화석연료의 이용이다. 또한 화석연료는 우리의 에너지문제와도 직결된다. 석유 한 방울 나지 않는 우리나라는 화석에너지 수입에 해마다 막대한 외화를 지출하고 있다. 이 외화는 우리가 피땀 흘려 모은 돈이다. 더욱이나 지구온난화 문제에 대처하여 우리나라도 화석연료 이용량을 줄여야 한다는 국제적 압력이 시시각각 우리를 조여 오고 있기 때문에 우리나라로서도 탄소세는 아니더라도 화석에너지 이용에 대하여 무언가 적극적인 대책을 취하지 않을 수 없는 처지이다.

우리나라의 에너지 이용은 대단히 낭비적인 것으로 알려지고 있는데, 지나치게 낮은 에너지 가격이 그 주된 원인으로 꼽히고 있다. 물론 최근 우리나라의 화석연료 가격이 크게 올라서 선진국에 비해서 그리 싸다고 말할 수는 없다. 하지만, 우리나라는 화석연료를 전량 외국에 의존하고 있다는 점을 크게 의식한다면 화석에너지의 효율적 이용은 선진국에 비해서 더 절실하다. 비단 지속가능발전의 이념이 아니더라도 이제 우리의 국제경쟁력을 높이기 위해서라도 에너지 수요관리, 특히 에너지 이용의 효율성 제고가 무엇보다 시급한 과제이다.[25)]

그러므로 우리의 현실에 비추어 볼 때, 당장 탄소세를 도입하기 어렵다면 탄소세의 취지를 어느 정도 살리면서도 또한 우리의 발등에 떨어진 대도시 대기오염문제와 에너지의 문제를 해결하는 데에 역점을 두는 조세를 도입하는 것이 더 바람직할 것이다. 화석에너지 이용에 대한 조세가 바로 그런 2중, 3중의 효과를 노린 조세이다. 물론 현재에도 화석에너지에 대하여 세금이 징수되고는 있지만, 보다 더 적극적으로 에너지의 효율적 이용을 유도하고 대기오염도 줄이도록 화석에너지에 대한 조세체제를 정비하고 세율을 대폭 인상할 필요가 있다.

끝으로, 소음에 대한 환경세의 부과도 생각해 볼 필요가 있다. 소음에 대한 환경세는 주로 항공기 소음에 적용되는데 OECD 나라들 중에서 소음에 부과금을 부과하는 나라는 미국, 일본, 독일, 벨기에, 네덜란드, 노르웨이, 포르투갈 등으로 알려져 있다. 그러나 프랑스, 스위스, 영국에서는 항공기의 소음 발생량을 근거로 산정된 이착륙료(landing fees)가 항공기에 부과되고 있다.

기타 환경세의 범주에 속하는 각종 조세들

우리나라에서도 농약과 화학비료로 인한 환경오염문제의 심각성은 오래 전부터 인식되어 왔다. 농약은 직접적으로 우리 인체에 심각한 피해를 주는 오염물질이며, 화학비료는 토양을 척박하게 하고 부영양화 등 수질오염을 유발한다. 그래서 유기농법 운동이라든가 무공해 농산품의 계약재배, 음식물쓰레기의 퇴비화, 환경친화적 농약의 개발 등 여러 가지 대안들이 시도되었다. 그러나 이러한 시도들은 잘 해야 국지적 성공을 거둘 뿐 여전히 화학비료와 농약에 의존하는 농업이 대세를 이루고 있다. 따라서 보다 더 근원적이고 강력한 방법이 동원되지 않고서는 농약과 화학비료로 인한 환경파괴의 해결은 요원해 보인다. 역시 조세를 통한 방법이 가장 광역적이면서도 강력한 효과를 기대할 수 있는 방법이다. 그러므로 조세구조를 환경친화적으로 개혁하는 김에 농약과 화학비료에 대한 조세를 강화하는 방안도 심각하게 생각해 볼 필요가 있다.

외국의 경우 농약과 화학비료에 대하여 환경세를 징수하는 나라가 여럿 있다. 예를 들면, 미국에서는 캘리포니아주와 아이오아주를 포함한 여러 주가 농약과 화학비료에 세금을 부과하고 있다. 미국의 경험에 의하면 대체로 농부들이 농약과 화학비료를 필요 이상 과다하게 뿌리는 경향이 있기 때문에 이에 대한 조세는 농부들에게 농약과 화학비료의 사용을 자제하려는 동기를 불어넣음으로써 농약과 화학비료의 사용이 효과적으로 통제되는 것으로 보고되고 있다.[26)]

유럽에서도 여러 나라가 농약과 화학비료에 환경세를 부과하고 있다. 화학비료에 환경세를 부과하고 있는 나라로는 오스트리아, 핀란드, 노르웨이, 스웨덴이 꼽힌다. 노르웨이에서는 질소나 인을 함유한 화학비료에 환경세를 부과하고 있는데 특히 인을 함유한 화학비료의 사용량은 크게 감소한 것으로 알려져 있다. 인은 호수의 부영양화를 유발하는 주된 요인으로 알려져 있다. 스웨덴에서도 질소나 인을 함유한 화학비료에 환경세를 부과한 결과 상당한 효과가 있었던 것으로 보고되고 있다. 노르웨이와 스웨덴은 농약에도 환경세를 부과하고 있는데, 스웨덴에서는 농약 자체보다는 농약을 만드는 원료에 환경세를 부과하고 있다. 스웨덴에서 나온 연구에 의하면 농약의 수요는 환경세 부과에 상당히 민감한 것으로 나타났다.[27)]

앞에서도 강조하였듯이 지속가능발전의 이념은 단순히 환경오염물질의 배출을 억제하는 차원을 넘어서 자연환경 및 자연자원의 보호를 위해서 적극적인 대책을 강구할 것을 요구한다. 미국에서는 오래 전부터 국립공원이나 야생동식물보호구역, 기타 생태계 보호를 필요로 하는 지역에의 출입이나 관광활동에 대하여 명실공히 자연환경 보호의 효과를 올릴 수 있는 공공요금을 징수하자는 주장이 강력하게 제기되고 있다. 물론 이 요금은 대상 관광활동의 성격에 따라 세분화된다. 예를 들면 캠핑, 특별 야생동식물보호구역 출입, 수렵, 낚시 등 모든 활동은 공공기관이 발행하여 판매하는 허가증을 사전에 구입해야 허용된다. 우리나라의 경우에는 관광산업이 환경파괴 산업임에 비추어 이러한 환경보호 차원의 공공요금을 강력하게 실시할 필요가 있을 것이다.

자연자원의 경우 앞으로 우리나라가 각별히 신경을 써야 할 자원은 수자원이다. 최근 온 나라가 수차례 가뭄으로 심한 물난리를 겪었다. 그러다 보니 특히 최근에 와서 지하수개발이 부쩍 늘었다. 그러나 무계획한 지하수개발은 지하수고갈과 더불어 지하수오염을 부채질하였다. 물론 이런 문제는 우리만의 문제가 아니라 선진국도 겪는 문제이다. 그래서 예를 들면 미국에서는 그동안 농업용수의 원활한 공급을 위해서 지하수개발에 부여하던 보조금제도를 철폐할 뿐만 아니라 지하수고갈세를 부여하자는 주장이 강력하게 제기되고 있다. 미국은 그래도 지하수가 비교적 풍부한 나라이다. 그런 나라에서도 그러하니 지하수 부존량이 빈약한 우리나라에서는 앞으로 지하수고갈과 지하수오염에 대비하여 지하수개발 허가제의 실시와 더불어지하수의 이용에 대한 조세부과의 필요성이 더욱 더 절실하다. 상수도원의 오염이 심해지면서 우리나라에서는 소위 생수가 큰 인기를 끌고 있다. 그런데 대부분의 생수는 지하수를 이용한 것들이다. 따라서 지하수를 이용한 생수에 대한 특별소비세도 환경세의 차원에서 고려대상이 된다.

외국의 경우를 보면, 영국은 토지매립세의 도입을 계획 중이고 벨기에는 일회용품, 예컨대 일회용 면도기, 일회용 사진기, 일회용 음료품용기에 환경세를 부과하고 있으며, 앞으로 종이, 살충제 배터리 등에 환경세를 부과할 계획인 것으로 알려지고 있다.

기존 제도의 환경친화적 정비

비록 우리나라는 환경세제도를 실시하고 있지는 않지만 오래 전부터 환경세 비슷한 각종 부과금 내지는 부담금제도를 실시하고 있다. 예를 들면, 각종 배출부과금제도라든지 폐기물 관련 각종 부담금이 그 예이다. 대체로 보면 경제학자들은 똑같이 환경오염물질의 배출량을 억제하는 취지를 가진다면 각종 환경 관련 부과금 및 부담금이나 환경세를 굳이 구별하지 않는 경향이 있다. 물론 기존의 각종 부과금 및 부담금들이 내용상으로는 재원 마련에 더 치중하는 경향이 있지만, 어떻든 명목상으로는 환경오염억제를 표방하고 있기 때문에 환경세를 새로 도입한다면 기존의 부과금 및 부담금과 명목상 충돌과 혼선이 없을 수 없다. 자칫하면 옥상옥 혹은 2중과세라는 비난을 받을 우려가 있다. 따라서 통폐합을 통해서 기존 제도들을 대폭 간소화하고 환경오염억제 효과를 강화하는 한편 새로 도입될 환경세와 내용을 조정하는 일도 긴요하다.

비단 부과금과 부담금을 좀 더 환경세의 취지에 맞게 다시 재단할 뿐만 아니라 환경과 직결되는 각종 공공요금의 체계도 대폭 개편해야 할 것이다. 예를 들면, 위에서 말한 생수의 가격만 조세를 통해서 상향조정할 것이 아니라 수자원 가격 전체가 상향조정의 대상이 되어야 한다. 물론 물 값은 조세가 아니라 공공요금이기는 하지만 수자원 가격체계 전체를 개편하지 않은 채 지하수에만 조세를 부과해서는 앞으로 닥쳐올 물 부족의 문제를 근원적으로 해결하기는 심히 어렵다. 그래서 조세구조의 환경친화적 개혁에 편승해서 어떤 형태로든 수자원 요금체계도 대폭 환경친화적으로 개혁될 필요가 있다.

지난 수십 년 동안 우리나라는 경제성장을 최고의 목표로 삼고 실로 숨 가쁘게 경제개발을 밀어붙여 왔다. 경제개발의 가장 핵심은 말할 필요도 없이 자원의 원활한 공급이다. 다시 말해서 자원의 원활한 공급이 곧 경제개발의 핵심이다. 그래서 경제성장을 주도해 온 우리 정부는 자원의 원활한 공급에 심혈을 기울였다. 동력자원, 노동력, 토지, 사회간접자본 등의 원활한 공급이 정부 경제정책의 핵심이 되어 왔다. 물론 수자원의 원활한 공급도 여기에서 빼놓을 수가 없다. 이제 우리나라의 웬만한 큰 강에는 댐이 없는 곳이 없다. 이러한 적극적인 자원공급 정책의 덕분에 우리나라는 세계적인 고도경제성장을 이루는 데에 성공한 것이 사실이다. 그러나 이 성공은 또한 개발 위주의 사고방식, 공급 위주의 사고방식을 우리 사회에 뿌리 깊게 심어 놓았다. 문제가 생기거나 부족하면 무조건 공급부터 늘려 놓고 보려는 사고방식이 이제 고정관념처럼 되어 버렸다. 그런 가운데 과연 힘들여 공급한 자원이 제대로 값지게 사용되었는지 아닌지에 대한 관심은 완전히 뒷전에 밀려 버렸다. 그러다 보니, 예를 들면, 에너지 낭비에 이어 물의 경우 낭비가 믿을 수 없을 만큼 심해졌고, 이것이 우리 경제의 경쟁력을 떨어뜨리면서 결국 1997년 IMF 경제위기를 초래하였다.

그러면 왜 우리나라의 물 낭비가 심한가? 경제학적으로 말하면, 그 한 가지 이유는 우리나라의 물값이 비현실적으로 싸기 때문이다.[28] 중요한 것은, 수자원 공급을 늘리는 데에 소요되는 비용이 점점 더 비싸진다는 점이다. 인건비, 자재비, 땅값 등이 계속 상승하기도 하지만 쉽게 접근할 수 있는 수자원 공급원들은 이미 다 개발되어서 앞으로는 개발하기 어려운 공급원들만 남아 있기 때문이다. 이런 현상은 전 세계적으로도 그렇다. 전 세계적으로도 현재 댐을 거치지 않고 바다로 들어가는 강은 드물게 되었다. 이와 같이 공급의 한계가 닥쳐오고 물 한 단위 더 공급하는 비용이 점차 비싸진다고 하면 이제는 그렇게 힘들여 비싸게 공급한 물이 과연 그만큼 값지게 효율적으로 각 용도에서 사용되는지를 심각하게 점검해 봐야 한다. 물을 효율적으로 이용한다는 것은 단순히 절수하는 것만이 아니고 이에서 한 걸음 더 나아가 같은 물이면 모든 용도에서 똑같이 값지게 이용되도록 하는 것이다.

물의 낭비를 없애기 위해서는 여러 가지 방법을 쓸 수가 있다. 절수기술의 개발과 보급도 좋은 방법이다. 그러나 중요한 것은 이런 여러 가지 절수방법들이 존재한다는 것과 그런 절수방법들이 실제로 시행된다는 것은 전혀 다른 얘기이다. 그런 절수방법들이 저절로 시행되는 것은 절대로 아니다. 어떤 강력한 계기가 있어야 한다. 가장 좋은 방법은 자발적으로 절수하는 계기를 만들어 주는 것이다. 자발적으로 절수하게 유도하는 가장 효과적인 방법은 모든 물의 이용자로 하여금 물 공급의 비용에 상응하는 물값을 정확하게 지불하게 만드는 것이다. 특히 자본주의 사회에서는 물을 절약하자고 백 마디 떠드는 것보다 물 값을 한 번 올리는 것이 훨씬 효과적이다. 물 값을 치르게 하는 것이 현저한 절수효과를 가져온다는 것은 이미 외국의 많은 사례를 통해서 입증되고 있다.[29)]

물론, 물 값을 올리면 서민들에게 큰 경제적 부담을 지울 수 있다. 하지만, 서민들에게 큰 경제적 부담을 지우지 않으면서 물 값을 올리는 방법은 얼마든지 있다. 예를 들면, 배출부과금제도의 설명에서도 말했듯이 기초공제제도를 활용하는 것이다. 예컨대 어떤 기본수준 이상의 물 이용에 대해서만 물 값을 부과하는 방법도 생각해 볼 수 있다.

핵심 주장

1. 실질적으로 경제성장과 환경보전을 잘 조화시키기 위해서는 우선 나라의 큰 틀부터 환경친화적으로 바꾸지 않으면 안 된다. 앞으로 바꾸어야 할 큰 틀의 하나는 조세구조이다. 조세구조가 기업이나 개인의 경제활동에 미치는 영향은 막강하기 때문이다.
2. 조세구조를 바꾸어야 하는 또 하나의 이유는, 나쁜 조세가 있고 좋은 조세가 있기 때문이다. 그렇다면, 나쁜 조세를 줄이고 좋은 조세를 늘리는 것이 당연한 도리이다. 대부분의 조세가 사회적으로 바람직한 행위를 억제함으로써 사회적 손실(소위 초과부담)을 초래한다는 것은 경제학의 상식이다. 환경세는 사회적으로 바람직하지 않은 행위를 응징함으로써 사회적으로 잘못되어 있는 것을 교정하기 위한 조세라는 점에서 다른 보통 조세와 근본적으로 성격을 달리한다. 즉, 환경세는 '좋은 조세'라는 점에서 다른 보통 조세와 다르다는 것이다.
3. 21세기에는 우리 사회에서도 실업문제가 고민거리가 될 것이다. 환경오염과 파괴는 계속 심화될 것이다. 환경오염과 파괴가 심하다는 것은 환경이 지나치게 많이 이용되고 있다는 뜻이요, 실업문제가 심하다는 것은 아까운 인적자원이 지나치게 덜 활용되고 있다는 뜻이다. 이것은 비정상적인 현상이다. 그렇다면, 환경을 이용하는 행위를 억제하고 인적자원을 이용하는 행위는 장려해야 옳다. 환경세를 과감하게 도입하고 그 세수로 근로소득세를 경감하는 조세구조개혁은 우리 사회를 올바른 궤도로 되돌려 놓는 여건을 조성하게 될 것이다.

06

지속가능발전의 이념과 이를 실현하기 위한 원칙들

1. **지속가능발전(ESSD)의 개념**
   환경에 관한 불가능 정리(Impossibility Theorem)/ '지속가능'의 의미/ 국내총생산(GDP)은 지속가능하지 못한 소득의 지표/ 자연자원에 대한 감가상각비/ GDP는 국민복지수준도 제대로 나타내지 못하는 지표/ 그린 GDP 지표를 개발하기 위한 노력/ 세대 간의 형평성과 경제적 효율성/ 지속가능발전의 이념을 실천하기 위한 네 가지 원칙
2. **오염원인자부담 원칙**
   오염원인자부담 원칙의 내력/ 오염원인자부담의 원칙이 지속가능발전을 가능케 하는가?/ 누가 진짜 오염원인자인가?/ 미래세대 이익 대변자로서 정부 역할의 한계/ 오염원인자부담의 원칙과 수익자부담의 원칙
3. **사용자부담 원칙**
   사용자부담 원칙의 취지/ 자연자원의 최적이용과 희소지대의 개념
4. **예방원칙과 최근접결정의 원칙**
   불확실성과 기존 접근방법의 한계/ 불확실성과 예방원칙의 정당성/ 최근접결정의 원칙
5. **지속가능발전의 이념과 시장원리**
   경제적 인센티브를 이용한 환경정책/ 시장원리 및 경제적 유인제도에 대한 근원적 비판

부록 1: 자연자원 고갈에 대한 감가상각

부록 2: 지속가능발전의 이념과 녹색(그린) GDP의 개발

지속가능발전의 이념과 이를 실현하기 위한 원칙들

1. 지속가능발전(ESSD)의 개념

환경에 관한 불가능 정리(Impossibility Theorem)

물질수지분석(제2장 참조)이 분명하게 보였듯이 자연자원의 대량 채취 및 이용은 환경오염문제를 발생시키는 근본 원인이기도 하지만, 또 다른 심각한 문제를 낳는다. 미래세대와 현 세대 사이의 형평의 문제가 그것이다. 지구상에 부존된 자원자원의 양은 물리적으로 한정되어 있다. 만일 그 한정된 자연자원을 현 세대가 지나치게 많이 소모하면 미래세대에게 남겨진 자연자원의 양은 그만큼 감소해서 결국 미래세대의 복지수준을 현저하게 떨어뜨릴 수 있다. 현 세대 사람들이 환경오염물질을 지나치게 많이 배출한 결과 지구의 자정능력이 고갈되어 버리면 미래세대는 지독하게 오염된 지구를 물려받아 많은 피해를 입게 될 것이다.

환경보전론자들은 현 세대가 지나치게 많은 양의 자연자원을 이용하고 있다고 비판한다. 물론 이 자연자원 속에는 자연의 자정능력도 포함되는데, 특히 선진국들과 개발도상국들이 이런 비판의 주 대상이 된다. 현재 세계의 여러 나라들, 특히 개발도상국들은 경제발전에 무척 열을 올리고 있다. 이런 나라들은 미국과 같은 부유한 나라를 목표로 열심히 달리고 있다. 미국은 실질적으로 세계에서 가장 잘 사는 나라다. 미국의 인구는 세계 인구의 5%도 채 되지 않지만, 미국의 자연자원 이용량은 전 세계의 총 이용량의 30%를 넘는 것으로 알려져 있다. 도대체 이런 나라를 전 세계의 중 · 후진국들이 경제성장의 목표로 삼는다는 것 자체가 비극이라고 성장불능론자들은 주장한다.

경제발전에는 많은 자연자원이 필요하다. 개발도상국들의 값싼 경제성장 전략은 심한 환경오염을 수반한다. 그러면, 후진국과 개도국을 포함한 세계의 모든 나라가 미국과 같이 물질적으로 잘 살게 되려면 얼마만큼의 자원이 더 필요할까? 어림짐작으로 현재 전 세계 자원 이용량의 약 7배만큼이 더 필요하다는 계산이 나와 있다.[1] 달리 말하면, 전 세계의 모든 국가의 경제적 생활수준을 미국의 수준으로 끌어올리기 위해서는 지구가 7개 필요하다는 얘기다. WCED(환경과 개발에 대한 세계위원회)의 보고서("Our Common Future")에 의하면, 전 세계의 에너지 이용량이 지금의 두 배만 되어도 이로 인한 환경오염이 지구의 수용한계를 초과하리라고 추산하고 있다.[2] 그렇다면, 이 지구의 물리적 한계 때문에 전 세계의 모든 나라가 지금의 미국처럼 물질적으로 잘 살게 되는 것은 불가능하다는 주장이 성립한다. 이런 주장을 환경문제에 관한 '불가능 정리(impossibility theorem)' 라고 부르기도 한다.

이 '불가능 정리' 가 우리에게 말해 주고 있는 것은, 지금과 같은 자연자원이용 양태가 앞으로도 계속된다면 머지않아 우리의 미래세대는 멸망하거나 이 지구를 떠나야 한다는 얘기다. 물론 자연자원을 절약하는 기술이나 환경오염을 보다 더 효과적으로 통제하는 기술의 지속적 개발을 통해서 자연자원 투입량을 줄이면서도 경제성장을 이룰 수 있다. 경제학자들의 주장대로 시장을 좀 더 활용함으로써 자원을 보다 더 효율적으로 이용할 여지도 적지않을 것이다.

그러나 중요한 것은, 세계 인구의 증가 그리고 지구인의 경제적 생활수준의 전반적 향상으로 인한 자원고갈과 환경오염의 규모가 워낙 커서 기술개발의 효과나 자원이용 효율의 효과를 압도하고 있다는 점이다. 예를 들어서 많은 돈과 노력을 투입하여 에너지 이용의 효율을 높인들 가전제품에 대한 수요가 워낙 빠른 속도로 증가하면 결과적으로 에너지 이용량은 크게 증가하고 이산화탄소 배출량도 따라서 크게 증가하게 되니 에너지 이용의 효율이 빛을 잃게 된다. 장기적으로 보면 기술진보를 통하든 또는 어떤 다른 방법을 쓰든 자연자원의 이용량을 줄이지 않고는 점차 인류의 생존을 위협해 오는 환경오염문제 및 자원고갈문제에 근원적으로 그리고 효과적으로 대처할 수가 없으리라는 점은 분명하다.

환경문제가 인류의 생존을 위협하고 있다는 위기의식 그리고 이에 적극적으로 공동보조를 취해야 한다는 공동의식이 1992년 6월 브라질의 리오데자네이로에서 전대미문의 대규모 국제회의가 열리게 된 배경이었다. 흔히 『유엔환경개발회의(UNCED)』로 불리는 이 국제회의는 범지구적 환경문제를 해결하기 위한 기본 원칙과 행동지침을 마련하기 위하여 유엔이 주관한 모임이었다. 유엔은 20여 년 전에도 국제환경문제에 관한 대규모 국제회의를 주관한 바 있었는데, 1972년 스톡홀름국제회의가 그것이다. 이 회의에서 채택된 소위 '유엔인간환경선언' 은 각 나라가 자국 내의 활동이 다른 나라의 환경을 해치지 않도록 노력할 책임이 있음을 명시하였다. 이 회의에서 채택된 '오염원인자부담의 원칙(PPP)' 은 국제환경문제뿐만 아니라 여러 나라의 국내 환경문제의 해결을 위한 원칙이 되었다. 1972년의 이런 국제적 다짐에도 불구하고 지구의 환경오염은 계속 악화되어 왔다. 이에 스톡홀름국제회의 20주년을 기념하고 겸해서 2000년대를 대비하여 국제적 결속을 다질 필요에서 유엔이 다시 주관하고 나선 대규모 국제환경회의가 바로 『유엔환경개발회의』이다.

이 국제회의에서 '환경과 발전을 위한 리오선언' 이 채택되었다. 지구헌장이라고 볼 수 있는 이 선언은 21세기 지구환경보전을 위한 기본원칙을 천명하고 있는데 '환경적으로 건전하고 지속가능한 발전(environmentally sound and sustainable development)' 의 원칙이 바로 그것이다. 보통 이 원칙을 줄여서 지속가능발전의 원칙이라고 부르기도 하고 영어의 머리글자만 따서 ESSD원칙이라고 부르기도 한다. 유엔환경개발회의에서는 흔히 '의제 21(agenda 21)' 로 약칭되는 '21세기 지구환경보전 강령' 이 발표되었는데, 이것은 지속가능발전의 이념을 실현하기 위한 구체적 지침을 담은 행동강령서이다. '의제 21' 에 구체적으로 제시된 지속가능발전의 원칙은 여러 가지 측면에서 기존의 지배적인 사고방식과 대립되는 혁명적 발상이라는 평가를 받고 있으며, UN 산하의 각종 기관들, OECD, 각종 국제금융기관, 그리고 전 세계의 영향력 있는 민간환경단체(NGO)들의 지지를 받고 있다.[3)]

유엔환경개발회의는 지속가능발전의 지침에 관한 각국의 추진상황을 평가 촉진하고 유엔환경개발회의에 대한 효과적 후속조치를 보장하기 위하여 유엔경제사회이사회(ECOSOC) 아래 지속가능개발위원회(Commission on

Sustainable Development)를 설치하기로 합의하였다. 이어 1993년 CSD 1차 회의는 1997년까지 범세계적인 지속가능개발의 조건과 전략을 마련하는 데 합의하였다. 우리나라는 1993년에 이 위원회의 이사국으로 선출되었으며, 이 해 6월에 열린 제1차 이사국회의에 참가한 바 있었다. 이 회의는 '의제 21' 이행상황에 대한 각국의 국가보고서 제출을 의무화하는 등 유엔환경개발회의의 합의사항을 효과적으로 이행하기 위한 방안을 논의하였다. 이제 지속가능발전의 원칙은 하나의 범지구적 이념으로 발전하고 있다. 아마도

핵 | 심 | 용 | 어

1992 『유엔환경개발회의(UNCED)』
환경문제가 인류의 생존을 위협하고 있다는 위기의식 그리고 이에 범지구적으로 적극적 공동보조를 취해야 한다는 공동의식 아래 1992년 6월 브라질의 리오데자네이로에서 열린 대규모 국제회의. 범지구적 환경문제를 해결하기 위한 기본 원칙과 행동지침을 마련하기 위하여 유엔이 주관한 모임이었음. 이 국제회의에서 흔히 지구헌장이라고 불리는 '환경과 발전을 위한 리오선언' 이 채택되었고, 흔히 '의제 21(agenda 21)' 로 약칭되는 '21세기 지구환경보전 강령' 이 발표되었음.

지속가능발전의 원칙
리오선언에서 천명된 '환경적으로 건전하고 지속가능한 발전의 원칙' 을 줄인 말로서 범지구적 환경문제를 해결함에 있어서의 원칙. ESSD의 원칙이라고도 함. 『환경 및 개발에 관한 세계위원회』(WCED)의 브룬트란트보고서(The Brundtland Report)는 지속가능발전을 "미래세대가 그들의 필요를 충족시킬 능력을 저해하지 않으면서 현 세대의 필요를 충족시키는 것"이라고 정의하고 있음. 이 개념은 우리가 물려 줄 환경과 자연자원의 여건 속에서 우리의 미래세대도 최소한도 우리 현 세대만큼 잘 살 수 있도록 담보하는 범위 안에서 우리에게 주어진 환경을 이용하고 자연자원을 이용함을 의미한다.

지속가능발전의 의미
(Box의 ESSD 우화 참조)

환경에 관한 불가능정리
중국과 인도를 포함한 세계 모든 나라의 생활수준을 미국의 수준으로 끌어올리는 데에 필요한 엄청난 양의 자연자원이 필요하고 또한 이의 이용과정에서 엄청난 양의 환경오염물질이 배출되는데, 지구 하나만으로는 그 많은 물량을 지원하고 처리하는 것이 물리적으로 불가능하다는 주장.

지속가능발전의 이념은 자유무역의 이념과 함께 21세기의 세계를 지배하는 범지구적 이념이 될 것이다. 지속가능개발위원회의 이사국으로서 우리나라는 이제 국제사회의 대의명분으로 굳어진 지속가능발전의 이념을 좋든 싫든 받아들여 적극적으로 실천에 옮기지 않을 수 없는 처지이다.

'지속가능'의 의미

지속가능발전의 개념을 처음으로 정립한 것으로 알려진 『환경 및 개발에 관한 세계위원회』(WCED)의 브룬트란트보고서(The Brundtland Report)는 지속가능발전을 "미래세대가 그들의 필요를 충족시킬 능력을 저해하지 않으면서 현 세대의 필요를 충족시키는 것"이라고 정의하고 있다.[4] 이 개념은 우리가 물려 줄 환경과 자연자원의 여건 속에서 우리의 미래세대도 최소한도 우리 현 세대만큼 잘 살 수 있도록 담보하는 범위 안에서 우리에게 주어진 환경을 이용하고 자연자원을 이용함을 의미한다. 지속가능발전의 원칙은 경제성장을 부정하지 않는다. 다만, 미래세대의 복지가 저해되지 않는 범위 안에서 현 세대가 경제성장을 추구할 것을 요구할 뿐이다.

지속가능발전이라는 개념의 핵심은 '지속가능'의 의미이다. 우선 '지속가능'의 의미를 이해하기 위해서 예를 들어 보자. 어떤 사람이 은행에 1억 2천만원의 예금을 가지고 있다고 하자. 만일 이자율은 연 10%라고 하면, 일년 이자소득은 1천 2백만원이다. 그러므로 이 사람이 매달 100만원씩만 꺼내 쓰면 원금이 축나지 않는다. 이자율이 10%인 한 이 사람은 죽을 때까지 원금을 까먹지 않고 매달 100만의 소득을 얻을 수 있다. 그러므로 이 소득은 지속성을 갖는다. 그러나 100만원보다 더 많이 꺼내 쓰면 언젠가는 원금도 날라가고 그러면 그 소득마저도 끊어질 것이다. 그러므로 이 경우 100만원 이상의 소득은 지속가능성을 갖지 못한 소득이다. 그래서 영국의 저명한 경제학자 힉스(J. Hicks)는 소득이란 "다음 기간의 복지수준이 현재기간의 복지수준보다 떨어지지 않게 하는 범위 안에서 현재기간에 최대한 소비할 수 있는 금액"이라고 정의했다.[5] 달리 말하면 참된 소득이란 지속가능성을 가져야 한다는 것이다.

요컨대, 지속가능발전의 개념은 이 은행예금의 예를 국가와 전 인류에 확대 적용한 개념이다. 자연자원은 우리 인류에게 주어진 원금과 같은 것이

ESSD 우화

두 청년이 힘을 모아 함께 술장사로 돈을 벌기로 작정했다. 그래서 둘이 주머니를 톡톡 털어서 막걸리를 한 항아리 샀다. 그리고는 마을 입구의 삼거리에 자리잡고 앉아 손님을 기다렸다. 날씨는 더운데 손님은 좀처럼 나타나지 않았다. 목도 마르고 무료해서 참다 못한 한 친구가 호주머니에서 천원짜리를 꺼내 다른 친구에게 내밀면서 "이 돈을 낼 테니 나 막걸리 딱 한 잔만 마시자"고 청했다. 밑질 것 없다고 생각한 다른 친구는 돈을 챙기고 친구가 한 잔 들이키게 내버려 두었다. 얼마 후 돈을 받은 친구도 목이 말랐다. 그래서 아까 받은 천원을 꺼내서 다른 친구에게 주면서 "그러면 나도 딱 한 잔 마시자"면서 한 잔을 들이켰다. 조금 후에 돈을 받은 친구는 그 돈을 다른 친구에게 돌려 주면서 또 한 잔을 퍼 마셨다. 그리고는 조금 후에 돈을 받은 친구는 똑같은 짓을 했다. 이런 식으로 둘이서 천원을 주고 받으면서 술을 퍼마시다 보니 술 한 항아리가 다 날아가 버렸고 그래서 그 둘은 터덜터덜 집으로 돌아왔다.

며, 보통 말하는 국민소득은 이 밑천을 바탕으로 각 나라가 뽑아 쓰는 소득이라고 할 수 있다. 문제는 이 국민소득이 지속가능한 소득이 아니라는 것이다. 위의 은행예금의 예에 빗대어 말하면, 오늘날 각 국가의 국민소득 그리고 전 인류의 국민소득은 월 100만원을 초과하고 있다는 것이다. 왜 그런가? 위의 우화를 읽어보자.

이 우화에서 이 두 친구는 결국 밑천을 모두 날리고 남은 것이라고는 돈 천원뿐이다. 그러면 이 두 친구는 천원의 소득을 올렸다고 말할 수 있을 것인가? 아마도 대부분의 사람들은 그 두 청년을 참으로 바보 같은 녀석들이라고 것이다. 이 우화는 결국 밑천을 까먹는 소득은 지속될 수 없는 소득이요 따라서 허구에 불과함을 극적으로 보이고 있다. 환경운동가들 그리고 자연보호자들은 바로 오늘날 우리 인류의 작태가 위의 우화에 나오는 두 청년의 짓과 하나도 다르지 않다고 말한다. 그리고 이런 한심한 작태를 초래하는 한 원인은 세계 모든 나라가 잘못된 지표를 중요한 국정지표로 삼아 경제정책을 추진하고 있기 때문이라고 주장한다. 국민총생산(GNP) 혹은 국내총생산(GDP)이 그 중의 하나다.

국내총생산(GDP)은 지속가능하지 못한 소득의 지표

한 나라의 일년 동안의 경제활동의 성과는 통상 국내총생산(GDP: gross

domestic product)으로 나타내며, 경제성장도 GDP를 근거로 한다. 어느 주어진 기간 사이에 GDP가 10% 증가했으면 그 기간 동안의 경제성장률이 10%였다고 말한다. GDP란 일정기간 동안에 한 나라의 국경 안에서 생산된 모든 최종생산물의 시장가치 총액을 말한다. 여기에서 일정기간이란 보통 1년을 의미한다. 최종생산물이란 최종사용자에 의해 구매된 생산물을 의미하며, 기업과 기업 간에 거래된 생산물(즉, 중간생산물 또는 중간재)이나 각 가정들 사이에 되판 물건들은 제외된다. 여기서 말하는 생산물이란 유형의 재화뿐만 아니라 무형의 서비스도 포함한다.

과거에는 국민총생산(GNP: gross national product)이라는 개념이 많이 사용되었다. GNP란 일정기간 동안에 우리 국민에 의해서 생산된 최종생산물의 시장가치 총액을 말하기 때문에 예를 들어서 현대자동차의 미국 현지공장에서 생산한 것은 GNP에 포함된다. 그러나 외국 회사가 우리나라에서 생산한 것은 GNP에 포함되지 않는다. 하지만, 미국 회사가 우리나라에 투자하고 우리 노동자를 고용하면서 생산활동을 한다는 것은 우리 경제에 큰 의미를 가짐에도 불구하고 이것이 GNP에는 반영되지 않고 GDP에만 반영된다. 그래서 GNP보다는 GDP가 한 나라의 생산력을 더 잘 나타낸다고 보기 때문에 요즈음에는 GNP의 개념은 잘 쓰이지 않는다.

사회가 안정되기 위해서는 경제가 안정되어야 하고, 경제가 안정되기 위해서는 경제성장, 고용, 물가, 이 세 가지가 안정적으로 유지되어야 한다. 이 중에서도 특히 경제성장의 안정적 유지는 고용과 물가의 안정적 유지에 필수적이기 때문에 GDP는 경제안정화를 위한 소위 거시경제정책의 핵심적 지표가 된다. GDP를 인구 수로 나눈 값인 1인당 GDP는 국민의 물질적 풍요도를 반영하는 지표로, 때로는 국민의 복지를 반영하는 지표로 간주되기도 한다. 이에서 한 걸음 더 나아가 GDP는 한 나라의 경제력과 다른 나라의 경제력을 비교하는 잣대가 되기도 한다. 흔히 GDP가 큰 나라는 잘 사는 나라요 선진국이며, GDP가 낮은 나라는 곧 못 사는 나라요 후진국 또는 저개발국가로 통한다.

이와 같이 GDP라는 지표는 한 나라의 경제적 성과 혹은 소득수준을 나타내는 지표임과 동시에 또한 한 국민의 후생 혹은 사회복지수준을 나타내는 지표로 간주되지만 여기에는 많은 문제점이 있는 것도 사실이다. 지금까지 지표로서 GDP에 대해서 제기된 문제점이 16-17가지에 달하고 있다고 한다.[6] 이런 문제점들은 대체로 두 줄기로 정리된다. 그 하나는 GDP가 원래 의도한 국민소득이나 경제력도 제대로 나타내 주지 못하는 지표라는 것이고, 또 다른 하나는 이 뿐만 아니라 GDP가 국민의 복지수준도 제대로 나타내 주지 못하는 지표라는 것이다. 결국 GDP는 그 어느 것도 제대로 나타내 주지 못하는 매우 어정쩡한 지표라는 말이다.

우선, GDP가 한 국가의 국민소득 혹은 한 국가의 경제적 생산력도 제대로 반영하지 못하는 지표라는 비판을 지속가능성의 차원에서 짚어 보기로 하자. 경제 전체적으로 볼 때 소득을 창출하기 위한 밑천에는 크게 두 가지가 있다. 그 하나는 사람이 만든 밑천이다. 보통 말하는 자본(혹은 자본재)이라는 것이 그것이다. 각종 생산도구나 기계, 건물, 컴퓨터 등이 그 예이다. GDP 생산과정에서 이런 자본재가 소모되는데, 이 소모분을 별도로 계산해서 GDP에서 뺀 나머지를 국민순생산 또는 순국민생산(NNP: net national product)이라고 부른다. 이런 소모분을 충분히 보충해 주지 않으면 경제성장이 지속될 수 없다. 그래서 각 기업은 이 소모분을 채우려고 노력하며 정부도 이를 지원하는 여러 가지 정책을 편다. 단기적으로 한 나라 경제의 지속가능만을 생각한다면, 그 나라가 보유하고 있는 각종 기계나 설비의 소모분을 보충하는 것으로 충분하다고 볼 수 있다.

그러나 『유엔환경개발회의』가 천명한 지속가능발전의 이념은 이런 경제의 지속가능만을 의미하는 것은 아니다. 왜냐하면, 우리 인류가 가진 밑천이라는 것이 그런 자본만이 아니기 때문이다. 자연자원이 또 하나의 큰 밑천이다. 석유, 석탄, 철 등 각종 지하자원들 그리고 각종 동 · 식물도 우리의 귀중한 밑천이며, 좀 더 범위를 넓혀 보면 공기, 물, 경관 등 우리를 둘러싼 자연환경 자체도 우리 인류의 밑천이다. GDP를 생산하는 과정에서 이런 여러 종류의 밑천들이 소모되고 오염된다. 그럼에도 불구하고 자연자원의 고갈이나 환경의 오염으로 인한 우리 밑천의 감소는 국민생산이나 국민소득의 작성에는 잘 고려되지 않는다. 아직까지 세계 어느 나라도 자원고갈이나 환경오염으로 인한 사회적 손실을 국민소득의 추계에 공식적으로 고려하는 나라는 없다. 그러면서도 환경오염을 걱정하지 않는 나라가 없으니 이것이야말로 아이러니라고 하지 않을 수 없다.

자원고갈이나 환경오염이 GDP 추계에 고려되지 않는 정도가 아니라 오히려 자원고갈을 가속화시키는 방향으로 계산되기도 한다. 현재 GDP의 작성방법에 의하면 채취된 자연자원은 그 시장가치에 해당하는 만큼이 마치 공장에서 생산된 것처럼 취급된다. 따라서 채취된 자연자원의 시장가치 전액이 소득창출로 기록된다. 그러므로 자연자원을 빨리 그리고 많이 채취할수록 자연자원의 고갈은 가속화되는데도 GDP는 더 커지고 빨리 증가하게 되어 있다. 달리 말하면 자연자원의 고갈이 심할수록 경제성장률이 높아지게 되어 있으니 GDP를 지표로 삼는다는 것은 위에 소개된 'ESSD 우화'에 나오는 두 청년의 짓거리와 별로 다를 것이 없다. 그렇기 때문에 자연자원의 고갈이나 환경오염을 고려하지 않는 우리 인류의 생산활동이나 소비활동은 결국 우리 인류의 밑천을 까먹는 행위에 불과하다는 말이 나오는 것이다.

주요 재생불능자원의 감소는 계량화 · 금전화가 가능하고 그리고 실제로 금전으로 표시(금전화)되고 있다. 하지만 이 금전화된 사회적 손실이 GDP에 제대로 반영되지 않는다. 재생가능자원 중에서도 삼림이나 경제작물 그리고 일부 동 · 식물의 양적 변동은 계량화 · 금전화가 가능하다. 이 경우에도 그 손실이 GDP에 제대로 반영이 되지 않는다. 예를 들면, 삼림은 목재를 공급할 뿐만 아니라 깨끗한 공기와 깨끗한 물을 공급하는 기능도 가지고 있는데 삼림을 벌채할 경우 이러한 기능의 상실로 인한 사회적 손실은 금전화되지도 않고 GDP에 반영되지도 않는다. 대부분의 재생가능자원의 질적 변화는 금전화되기 어렵다. 예를 들어 깨끗한 공기나 깨끗한 강물의 가치를 추정한다는 것은 쉽지 않다. 범지구적 공유자원, 예컨대, 지구의 대기나 오존층, 대양, 생물다양성 등의 가치를 추정하는 것은 매우 어렵다.

지속가능발전의 이념은 자연자원을 포함한 생태계 전체가 지속가능할 것을 요구한다. 그렇기 때문에 자연자원의 소모분뿐만 아니라 환경오염으로 인한 생태계의 파괴도 충분히 고려되어야 한다. 지속가능발전의 이념은 자연환경이 우리 인류를 수용하는 능력에 한계가 있으므로 자연환경을 이용하는 우리의 모든 활동은 이 수용능력(carrying capacity)의 범위 안에서 이루어지도록 통제되어야 함을 강조한다. 지속가능발전의 이념은 바로 이 환경의 수용능력이 생산의 근원적 한계요 경제성장의 근원적 한계임을 강조한다.

자연자원에 대한 감가상각비

그러나 기존의 지배적인 사고방식은 자본이 경제성장의 가장 근원적인 한계라고 가르치고 있다. 아프리카의 후진국들이 엄청나게 풍부한 노동력을 가지고 있으면서 지지리 가난한 이유는 무엇인가? 결국 자본이 부족하기 때문이다. 미국을 비롯한 서구의 선진국들이 오늘날과 같이 잘 살게 된 까닭은 무엇인가? 역시 자본이 풍부했기 때문이다. 그러면 우리나라와 같이 자본이 없는 가난한 나라가 세계의 눈이 휘둥그레질 정도로 빠른 경제성장을 이룰 수 있었던 가장 큰 이유는 무엇이었던가? 한때 세계 3대 채무국으로 꼽힐 만큼 성공적으로 외국자본을 동원할 수 있었기 때문이다. 오늘날 중국이 빠른 속도로 경제성장을 이룰 수 있음도 외국자본을 성공적으로 유치할 수 있었던 탓으로 풀이되고 있다.

지속가능발전의 이념은 이런 사고방식에 경종을 울리고 있다. 여태까지는 그런 식의 생각이 통했지만 앞으로는 그렇지 않을 것이다. 중요한 것은 자연이 우리 인류에게 제공한 밑천에는 엄연한 한계가 있다는 것이다. 그 징후는 이미 세계 곳곳에서 나타나고 있다. 지난 수년간 석유를 비롯한 각종 자연자원의 가격이 결과적으로 크게 상승하였으며 앞으로도 계속 상승할 것으로 예상된다. 세계 각처의 심각한 환경오염은 자연환경의 쓰레기통 기능(수용능력)에 한계가 닥쳐오고 있다는 경종이다. 자연자원은 경제활동의 자연적 기반이다. 지속가능발전의 개념은 이제 자연자원의 고갈이 생산활동의 기반을 허물어뜨림으로써 경제성장의 한계로 서서히 작용하고 있으며, 환경오염 역시 경제활동의 비용을 증가시킴으로써 경제성장의 한계를 형성하기 시작하고 있음을 심각하게 의식하는 개념이다.

그렇기 때문에 자연자원의 고갈이나 환경오염을 고려하지 않는 우리 인류의 생산활동이나 소비활동은 결국 우리 인류의 밑천을 까먹는 행위에 불과하다는 말이 나오는 것이다. 이렇게 보면 GDP나 NNP는 힉스 교수가 말하는 지속가능성을 가진 참된 의미의 소득이 아니다. NNP에서 자연자원의 고갈로 인한 사회적 손실과 환경오염방지비용을 포함한 방어적 지출을 빼주면, 아마도 힉스 교수가 말하는 소득의 개념에 보다 더 충실한 국민소득 지표를 얻게 될 것이다. 이 소득을 힉스국민소득이라고 하면,

힉스국민소득 = NNP − 자연자원 고갈의 손실

국민소득은 매년 계산되는 것이기 때문에 여기에서의 자연자원의 고갈로 인한 사회적 손실 역시 매년 발생하는 손실이다. 하지만, 이 손실의 크기를 계산하는 일은 그리 간단치 않다. 기계, 설비, 컴퓨터 등 자본재를 이용할 경우 자연적 · 경제적으로 그 가치가 떨어지기 마련인데, 이 감가 부분을 보전(補塡)하기 위해서 매년 적립해 두는 일정 금액을 감가상각비라고 한다. NNP는 GDP에서 이 감가상각비를 빼서 구한 값이다. 재생불능 자연자원의 고갈에 대해서도 자본재의 경우와 비슷하게 감가상각비를 계산하는 방법들이 학자들에 의해서 제안되고 있다(본 장의 부록 참조). 이 방법을 이용해서 자연자원의 고갈에 대한 감가상각비를 계산한다면, NNP에서 이 감가상각비를 빼주어야만 지속가능발전의 취지에 근접한 지표를 얻을 수 있을 것이다.

그러면 이와 같이 환경오염이나 자원고갈을 GDP 계산에 고려하는 것이 과연 수치상 큰 의미가 있을 것인가? 다시 말해서 힉스국민소득과 기존의 GDP 사이에 과연 큰 차이가 있을 것인가? 예를 들어 보자. 환경오염과 자연자원의 고갈과 결부된 감가상각비가 매년 평균 GDP의 2%였다고 하자. 이 정도의 수치라면 환경오염과 자원고갈로 인한 감가상각은 무시할 수 있을 만큼 적은 것같이 보인다. 그러나 선진국의 경우 경제성장률은 연 2%를 크게 넘지 않음이 보통인데, 작년에 비해서 금년의 GDP가 2% 증가했다고 하자. 이런 상황에서 만일 환경오염과 자원고갈로 인한 감가상각을 고려하면 경제성장률은 2%가 아니라 0%가 된다.[7] 다시 말해서 환경오염과 자원고갈을 고려하면 경제성장이 전혀 없었다는 얘기가 된다. 그러니 환경오염과 자원고갈을 고려한 경제성장률은 그렇지 않은 통상의 경제성장률과 현저한 차이를 보일 수가 있다.

힉스국민소득의 개념은 『유엔환경개발회의』의 '리오지구환경선언'이 천명한 지속가능한 개발의 개념과 일맥상통한 개념이다. 비유적으로 말하면 지속가능개발이란 밑천을 축내지 않고 돈 버는 것을 말한다. 여기에서 밑천은 우리의 미래세대에게 물려 주어야 할 자연자원과 환경을 뜻한다.

개략적으로 보면, 지속가능개발의 개념을 세 가지로 의미로 사용할 수가 있을 것이다. 우선 가장 좁은 의미로는 어떤 특정자원의 총물량을 감소시키지 않으면서 그 자원의 증가분만 사용하거나 또는 감소분을 다른 대체자원으로 보충하는 것으로 해석하는 것이다. 예를 들면, 나무나 물고기의 경우 이들의 증가분만 계속 채취한다면 이들의 총물량은 유지될 수 있을 것이다. 천연가스의 이용으로 그 매장량이 감소하더라도 풍력을 효과적으로 이용하는 기술을 개발한다면, 이용가능 에너지의 양을 계속 유지할 수 있을 것이다. 그러나 이런 좁은 의미의 지속가능개발은 어떤 특정자원의 지속가능개발을 보장해 줄 수는 있어도 다른 자원의 지속가능개발을 저해할지도 모른다. 예를 들면, 삼림은 목재를 공급할 뿐만 아니라 또한 대기와 수질을 정화시키고 수자원을 함양하며 야생동물을 보호하는 기능을 수행하는데, 삼림의 증가분만 벌채하면 나무의 총물량은 유지되겠지만 그러한 유익한 기능에 많은 차질이 발생할 수도 있다. 따라서 지속가능개발의 개념을 삼림, 수자원, 동 · 식물 등을 총괄하는 생태계의 지속을 의미하는 것으로 확장할 필요가 있다. 생태계의 지속을 의미하는 지속가능개발은 좀 더 넓은 의미의 개념이기는 하지만, 그렇다고 생태계의 지속만을 고집하는 지속가능개발에는 문제가 있을 수 있다. 예를 들면, 같은 나무라도 경제성이 높은 나무를 심으면 생태계도 보호하고 경제적 이익도 올릴 수 있을 것이다. WCED의 '브룬트란트보고서'가 정의하는 지속가능개발의 개념은 이와 같이 경제와 환경을 포괄하는 매우 넓은 의미의 지속가능개발이다.

그러나 이 지속가능개발이란 개념을 현실에 실제로 적용하기에는 너무나 애매모호한 점이 많다. 예를 들어서 '현 세대의 필요'를 어떻게 정의할 것인가에 따라 지속가능개발의 내용은 엄청나게 달라진다. 필요와 사치 사이의 경계는 매우 모호하다. 따라서 필요의 범위가 고무줄처럼 얼마든지 늘었다 줄었다 할 수 있다. 예컨대, 자동차는 필요의 범주에 속하는가 아니면 사치의 범주에 속하는가? 미국이나 일본 같은 나라에서는 자동차는 거의 생활필수품처럼 되어 있는데, 그렇다고 중국의 10억 인구에게도 한 사람이 자동차를 한 대씩 가지게 하면서도 과연 범지구적 지속가능개발이 가능할 것인가? 아마도 그런 지속가능개발은 물리적으로 불가능할 것이다. 그건 그렇다치고 현재 존재하지도 않는 "미래세대가 그들의 필요를 충족시킬 능력"은 과연 어떻게 알 수 있는가? 이 능력이란 자연자원의 부족을 극복해 나갈 능력을 주로 의미하는 것이니 이것을 어떻게 정의하느냐에 따라 지속가능개발의 내용 또한 엄청나게 달라질 것이다.

많은 자연자원들이 고갈성 자원들이요 재생불능자원들이다. 따라서 미래세대에게 현재의 재생불능자원들을 있는 그대로 물려준다는 것은 곧 현세대 사람들은 이 자원들을 전혀 쓰지 않아야 함을 의미하니 이는 사실상 불가능하다. 이와 같이 고갈이 불가피한 자원에 대해서는 예컨대 자연자원을 보다 더 잘 아껴 쓰는 기술이나 수단을 후세에 남겨 준다든지 또는 다른 어떤 방법으로 그 고갈을 보상해 주지 않는다면, 미래세대는 우리 세대보다 더 불리한 자연적 여건을 물려받게 될 것이며, 이래서는 '리오지구환경선언'이 천명한 지속가능개발이 이루어지지 못한다.

GDP는 국민복지수준도 제대로 나타내지 못하는 지표

GDP가 국민소득을 나타내는 지표라고는 하지만 위에서 GDP가 국민소득의 수준을 정확하게 반영하는 지표가 아님을 지적하였다. 사실 GDP는 한 나라의 경제적 생산력을 나타내는 하나의 지표에 불과하다. 물론 이런 경제적인 측면이 사회복지의 중요한 일부이므로 GDP가 사회복지를 어느 정도 반영해 준다는 점을 부인할 수는 없을 것이다. 그러나 GDP가 잘 해야 국민복지의 일부만을 반영한다는 사실이 잊혀진 채 마치 국민복지의 전부라도 반영하는 지표인 양 알려지는 경향이 있으니 문제다.

원래 GDP는 전시에 국가의 물자동원 능력을 점검하기 위한 목적에서 작성되었다고 한다. 제2차 세계대전 때에 미국이 전시 물자동원능력 및 이의 국민경제에 미치는 영향을 알아보기 위해서 국민총생산에 대한 자료를 정리하기 시작하였다.[8] 그 후 미국뿐만 아니라 영국, 캐나다 등 몇몇 나라들이 비슷한 목적으로 비슷한 자료를 정리한다는 것이 알려지면서 1945년에는 당시 국제연맹의 주관 아래 국민소득을 계정화하기 위한 국제회의도 개최된 바 있었다. 그러다가 1947년 미국이 오늘날에 보는 것과 비슷한 국민소득계정을 독자적으로 개발하여 발표하였다.[9] 1952년에 와서 유엔은 국민소득통계의 국제적 표준인 국민회계체계 SNA(System of National Accounts)를 제정하였고 이어서 1968년에 이를 수정하여 신SNA를 만들었다. 우리나라의 GDP도 유엔이 권장하는 신SNA 방식에 따라 한국은행이 추계한다.[10] 이같이 그동안 여러 차례에 걸쳐 계측방법에 수정이 있었다고는 하지만 어뗑든 전시 물자동원능력을 점검하기 위한 지표가 국민복지 수준이나 선·후진국을 비교하는 잣대로 확대 적용되었다는 점은 무언가 GDP의 한계를 시사한다. 그럼에도 불구하고 현실에서는 많은 사람들이 GDP라는 지표가 우리 현실의 많은 부분을 생략한 극히 추상적인 지표라는 점을 망각하기 십상이다.

그래서 1970년대 이후 GDP는 국민의 복지는 물론이고 경제적 성과도 제대로 반영하지 못한다는 신랄한 비판이 쏟아져 나오기 시작한 것은 당연한 귀결이라고 할 수 있다. 아마도 가장 흔히 지적되는 GDP의 문제점은 정의상 최종생산물의 시장가치를 합친 것이기 때문에 GDP에는 시장에서 거래되는 것들만 계산된다는 점일 것이다. 그러다 보니 이상한 현상이 발생한다. 예를 들어서 가정에서 주부가 수행하는 각종 집안일은 분명히 노동인데도 그 가치는 GDP에 포함되지 않지만, 주부가 직접 일하지 않고 그 대신 집안일을 전문 가정부에게 맡기면 가정부의 월급은 GDP에 계상이 되기 때문에 그만큼 GDP는 증가하는 것으로 나타난다. 그러나 남편이 그 주부와 이혼하고 가정부와 결혼하면 GDP는 다시 감소한다.

대체로 보면, 선진국들일수록 시장에서 거래되는 상품의 양과 종류가 많아진다. 후진국에서는 돈 받고 거래하지 않는 것들 중에서 많은 것들이 선진국에서는 돈 받고 거래된다. 그렇기 때문에 선진국의 GDP는 후진국에 비해 과장되는 경향이 있다. GDP에는 합법적인 거래를 통한 상품들만 계산되기 때문에 소위 지하경제에서 거래되는 것들은 포함되지 않는다. 부동산투기, 밀수, 사채니 하는 것들은 GDP에 잡히지 않는다. 이런 점에서도 GDP 실제생산을 과소평가하는 경향이 있다

그러나 사실 엄밀히 말하면, 꼭 시장에서 거래되는 것만 GDP에 기록되는 것은 아니다. 예를 들면, 남의 건물에 세 들어 사는 사람이 지불한 임대료는 GDP 추계에 반영되는데, 자기 집에 사는 가정은 비록 자기 집에 대해서 집세를 내지는 않지만 집세를 내는 것으로 간주하고 이를 GDP에 포함하게 되어 있으며, 농가가 자가 소비하는 농작물도 별도로 계산해서 GDP에 포함시키게 되어 있다. 그렇기는 하지만, 시장에서 거래되지는 않지만 GDP에 포함됨직한 것들이 이 밖에도 매우 많을 것 같은데, 자가 집세와 농가의 자가 소비 등 불과 몇 가지만 GDP에 포함시키는 이유가 그리 석연치 않다.

우선, GDP에 포함되는 품목들 중에서 어떤 것들은 사회복지의 증가를 반영한다고 보기 어려운 것들이 있다. 예를 들면, 치안이나 방재(防災)를 위한 정부지출이 그렇다. 범죄가 증가하면 경찰이 늘어야 하고 경찰이 늘면 정부의 치안유지비가 늘어나서 GDP도 늘어난다. 그러면, 이 때의 GDP 증가는 사실상 범죄의 증가를 반영하는 것이지 사회복지의 증가를 반영한 것이 아니다. 범죄가 증가한 만큼 사회복지는 오히려 감소했다고 봄직하다. 이와 같이 치안이나 방재를 위한 지출을 유감스럽지만 어쩔 수 없이 치러야 하는 비용이라고 해서 유감스런 방어적 지출(regrettable defensive expenditure) 또는 그냥 방어적 지출이라고 부른다. 모기가 많은 나라의 모기장 생산이나 추운 나라의 난방비나 방한복 생산은 GDP에 반영되지만 그렇다고 그만큼 국민복지가 다른 나라에 비해서 더 큰 것도 아니다. 이런 것들도 넓게 보면 방어적 지출의 일종이라고 할 수 있다.

반면에, 여가(餘暇)는 복지의 중요한 한 요소임에도 불구하고 이것이 GDP에 포함되지 않는다. 예를 들어 생산성이 높아진 결과 노동자들이 직장에서의 노동시간을 줄이고 그 대신 여가를 즐기더라도 이것이 GDP에는 반영되지 않는다. GDP는 금전화된 생산과 소비만을 반영하지 생산이나 소비과정에서 발생하는 각종 금전화되지 않는 부작용들은 반영하지 않는다. 환경오염이 그 좋은 예이다. 예컨대, 가죽제품의 생산은 통상 엄청난 폐수를 배출하면서 강물을 더럽히는데, GDP의 계산에 잡히는 것은 가죽제품의 시장가치이고 강물이 더러워짐으로 인한 각종 사회적 손실들은 GDP 계산에서 공제되지 않는다. 따라서 GDP는 소비수준을 실제 이상으로 과장한다. 그런가 하면, 공해방지를 위한 각종 정부의 지출은 방어적 지출임에도 불구하고 GDP에 계상되어서 마치 사회복지가 증가한 것처럼 보이게 한다.

그린 GDP 지표를 개발하기 위한 노력

이러한 여러 가지 문제점 탓으로 지속가능개발의 이념은 이제까지 세계 각 나라가 최고의 경제정책지표로 삼아온 GDP의 일대 수정 내지는 새로운 지표의 개발을 강력하게 요구하고 있다. 그래서 최근에는 소위 그린 GDP에 대한 논의가 부쩍 많아지고 있다. GDP가 갖고 있는 환경적 측면의 문제점을 개선하는 새로운 경제지표를 통틀어서 그린 GDP 혹은 녹색 GDP

라고 부르기도 한다.[11)]

그러나 사실은 기존의 GDP의 문제점을 시정하고 새로운 지표를 구성하기 위한 노력은 이미 1970년대부터 꾸준히 있어 왔다. 크게 보면, 이러한 노력은 크게 두 가지 다른 방향으로 진전되어 왔다. 그 하나는 사회복지의 측면에 큰 비중을 두고 새로운 경제복지지표를 개발하는 방향으로 전개된 일단의 노력이다. 대체로 보아 이 방면의 노력은 기존의 국민회계체계의 틀을 탈피하고 사회복지를 구성하는 요소들을 중심으로 재편된 새로운 지표의 개발을 지향하는 경향을 보인다. 예를 들면, 노드하우스(W. Nordhaus)와 토빈(J. Tobin)이 개발하여 1972년에 발표한 MEW(Measure of Economic Welfare)를 비롯해서 델리(H. E. Daly)와 콥(J. B. Cobb)의 ISEW(Index of Sustainable Economic Welfare)에 이르는 일련의 경제복지지표들이 그러한 노력의 결과들이다. 이러한 종류의 지표들 중에서도 델리와 콥의 지표는 환경적인 측면을 가장 적극적으로 수용하고 있다는 점에서 그린 GDP에 가장 가까운 지표라고 할 수 있을 것이다(구체적 내용은 부록 2 참조).

또 다른 부류의 노력으로는 사회복지를 잘 측정하려 하기 보다는 좀 더 정확한 소득의 개념에 의거해서 소득을 보다 더 잘 계측해 보려는 쪽으로 수행되어 온 일단의 노력이다. 이 방면의 노력은 소득과 복지 사이에는 긴밀한 관계가 있으므로 소득을 잘 계측하는 것이 또한 복지를 잘 계측하는 길이라는 생각을 밑바탕에 깔고 있는데, 대체로 보면, 소득의 복지적 측면보다는 소득의 지속가능성을 더 강조하는 경향을 보이며, 또한 기존의 국민회계체계의 골격과 논리를 유지하면서 문제를 보완해 나가려는 경향을 보인다. 최근 유엔과 세계은행이 중심이 되어서 개발하고 있는 소위 '환경 · 경제통합회계체계(SEEA: The System of Integrated Environment and Economic Accounting)' 가 바로 이러한 경향을 강하게 보이는 노력의 대표적인 산물이다. 이 환경 · 경제통합회계체계에 따라 새로이 계산되는 지표가 소위 생태적 국민생산 혹은 생태적 국내생산(EDP: Eco-Domestic Product)인데, 이 환경 · 경제통합회계체계를 개발한 연구팀은 이 새로운 지표가 '환경적으로 건전하고 지속가능한 개발' 의 개념에 가장 충실한 지표라고 보고 있다. 그렇다면, 이 생태적 국민생산(또는 생태적 국내생산)은 또 하나의 대표적인 그린 GDP 지표라고 할 수 있다

세대 간의 형평성과 경제적 효율성

물론, 경제의 지속가능성과 생태계의 지속가능성만으로 지속가능발전의 이념이 충족되는 것은 아니라는 반론을 제기할 수도 있다. 왜냐하면 경제적인 것과 자연적인 것도 우리 인간의 복지에 중요하지만 사회적인 것, 예컨대 평등, 정의, 사회 안정, 건강, 교육 등도 이에 못지않게 중요하기 때문이다. 따라서 지속가능발전의 이념은 이런 비경제적인 가치, 사회적 가치를 지속적으로 제공해 줄 수 있는 사회체제를 요구한다. 여기에서 사회적 지속가능성의 문제도 제기된다.[12]

지속가능발전의 개념에 대한 '브룬트란트보고서'의 정의에서 보듯이 지속가능발전의 이념은 세대 간의 형평성(equity)을 지향하는 이념이다. 현세대 사람들이나 미래세대 사람들 모두 이 지구상에서 똑같이 잘 살 권리를 가지고 있다. 현 세대의 무절제한 자연자원 이용이 미래세대의 복지를 위협한다고 하면 현 세대는 미래세대의 생존권을 침해하는 꼴이 되고 만다. '의제 21'을 보면 이 세대 간의 형평성은 한 나라 안에서의 계층 간의 형평성과 국제사회에서 국가 간의 형평성을 내포한 포괄적 의미의 형평성임을 알 수 있다.

이와 같이 형평성을 부각시켰다는 점에서 지속가능발전의 논리는 경제성장을 강조하는 경제논리와 큰 대조를 이룬다. 경제논리는 자원이용의 효율성을 으뜸으로 삼는 논리이다. 그러면 지속가능발전이 강조하는 형평성과 전통적 경제논리가 강조하는 효율성이 어떻게 구별되는가? [그림 6-1]에서 수직축은 미래세대의 복지수준을 나타내고 수평축은 현재세대의 복지수준을 나타낸다. 미래세대의 복지를 전혀 고려하지 않은 채 오직 현재세대만을 위해서 자연환경(자연자원과 자정능력)을 사용한다고 가정했을 때 현재세대가 최대한 누릴 수 있는 복지수준을 x라고 하고, 이 때 미래세대가 누릴 수 있는 복지수준을 0이라고 하자. 이 상태가 [그림 6-1]에서는 수평축의 좌표 x로 표현된다. 반대로 현재세대의 복지를 완전히 무시한 채 오직 미래세대의 사람들을 위해서만 현재 주어진 자연환경을 사용한다고 했을 때 미래세대에게 귀속되는 최대의 복지수준을 y라고 하고 현재세대의 복지수준은 0이라고 하자. [그림 6-1]에서는 이 상태가 수직축의 좌표 y로 표시되어 있다.

그림 6-1 현재세대의 복지 대 미래세대의 복지

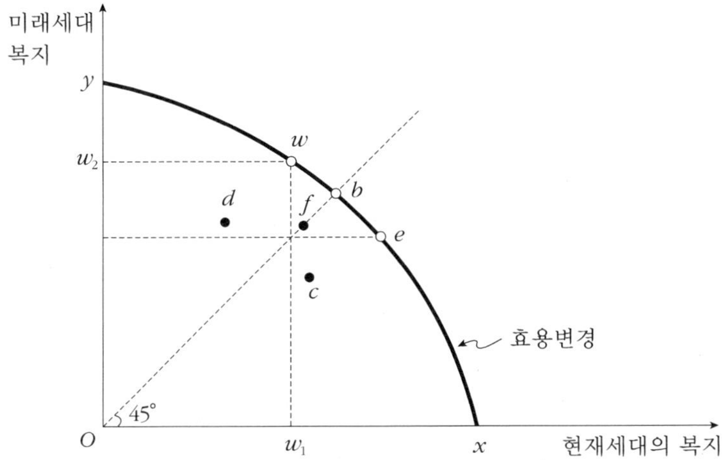

이 두 극단의 상태 이외에도 현재 주어진 자연환경의 이용을 현 세대와 미래세대에게 적절히 배분함으로써 최대한 달성할 수 있는 현재세대의 복지수준과 미래세대의 복지수준의 조합은 무수히 많을 것이다. 예를 들어, x에 비해서 현재 주어진 자연환경을 미래세대에게 더 많이 할애한다면 점 w와 같은 상태, 즉 현재세대는 w_1만큼의 복지수준을 달성하면서 미래세대의 복지수준을 최대한 w_2까지 달성할 수 있는 상태도 가능하다. 그래서 점 y, w, e, x와 같이 현재 주어진 자연환경으로부터 각 세대가 달성할 수 있는 최대의 복지수준들의 조합을 연결한 곡선을 경제학에서는 흔히 효용변경(utility frontier)이라고 한다. 여기에서 '변경'이라는 표현을 쓰는 이유는 이 곡선의 밖(동북 쪽)에 있는 점들은 도저히 도달할 수 없는 상태를 나타내는 점들이기 때문이다. 이 곡선에 있는 점들은 현재 주어진 자연환경으로부터 현재세대의 복지와 미래세대의 복지를 동시에 더 많이 증진할 수 없는 상태, 따라서 어떤 특정세대의 복지를 더 크게 하기 위해서는 필히 다른 세대의 복지를 희생해야 하는 상태를 나타낸다. 예를 들면 점 w의 상태에서는 현재세대의 복지를 w_1보다 더 많이 달성하기 위해서는 미래세대의 복지를 필히 w_2 이하로 희생해야 한다.

반대로 이 효용변경의 안 쪽에 있는 점들, 예컨대 점 c, d, f 등은 각 세대의 복지가 최대한 달성되지 않은 상태를 나타낸다. 예를 들면, 점 c의 상태에서 점 e의 상태로 옮겨가면 현재세대의 복지도 더 커지고 또한 미래세대의 복지도 더 커진다. 그렇다면 점 c가 나타내는 상태는 현재 주어진 자연환경이 양 세대를 위해서 최대한 활용되지 못한 상태이다. 마찬가지로 점 w에 비하면 점 d 역시 현재 주어진 자연환경을 양 세대를 위해서 최대한 이용되지 못한 상태이다. 그래서 효용변경 안쪽(아래쪽, 왼쪽)의 점들은 자연환경을 효율적으로 이용하지 못한 상태, 즉 비효율적인 상태라고 말한다. 반면에 효용변경에 있는 점들은 어떤 특정세대의 복지를 희생시키지 않고는 다른 세대의 복지를 증진시킬 수 없을 만큼 자연환경을 최대한 이용한 상태를 반영하기 때문에 효율적인 상태라고 말한다.

지속가능발전의 이념에서는 단순히 미래세대에 넘겨질 자연적 유산의 물량이 문제가 아니라 그 유산을 이용해서 미래세대가 누릴 복지수준이 문제가 된다. [그림 6-1]에서 효용변경 안쪽에 있으면서 동시에 점선으로 나타낸 45° 대각선의 위쪽에 있는 점들, 예컨대 점 d나 점 w는 모두 미래세대의 복지가 현재세대의 복지보다 큰 상태를 나타내는 점들이며 따라서 '부룬트란트보고서'가 정의한 지속가능발전의 이념에 부합한 상태를 반영하는 점들이다.

반대로 45° 대각선의 아래쪽에 있는 점들, 예컨대 점 c나 점 e는 미래세대가 현재세대보다 못 사는 상태(현 세대의 이익을 위해서 미래세대의 이익을 희생시킨 상태)로서 환경보전론자들이 우려하는 '지속불가능'의 상태이다. 만일 우리의 현실이 점 c에 있다면 지속가능발전의 이념은 우리의 현실을 45도 대각선 위쪽으로 옮길 것으로 요구한다. 점 c에서 점 e로 옮겨가는 것은 현재세대의 복지도 증진시키고 미래세대의 복지도 증진시키는 것이기 때문에 경제논리로는 매우 바람직할지 모르지만 지속가능발전의 이념은 이 정도로 안주하는 것을 허용하지 않는다. 만일 45도 대각선과 효용변경곡선이 만나는 점 b까지는 못 간다고 하면 효율성을 다소 결여하더라도 최소한도 45도 대각선상의 점 예컨대 점 f까지는 갈 것을 요구한다. 점 c에서 점 e로 가는 것보다는 현재세대의 복지를 다소 희생하는 한이 있더라도 차라리 점 w로 옮겨가는 것이 지속가능발전의 이념에 더 부합된다.

경제학자들이 관심을 집중시키는 상황은 점 c와 d같이 효용변경의 아래쪽의 비효율적인 상태들이다. 이들은 자연환경을 최대한 활용하지 못하게 하는 여러 가지 제도적 요인 또는 기타의 요인들 때문에 우리의 현실은 항상 점 c와 같이 효용변경 안쪽에 묶여 있다고 본다. 따라서 경제성장을 지향하는 경제정책의 목적은 우리의 현실을 효용변경에 놓인 상태로 끌어올리는 것이다. 그렇게 하기 위해서는 우선 그와 같이 우리의 현실을 효용변경 안쪽에 묶어 두는 요인을 규명하여 이를 제거함으로써 자원을 효율적으로 이용해야 한다는 것이 경제논리의 핵심이다. 물론 효용변경에도 수없이 많은 점들이 있는데 그 중에서 어느 점으로 옮겨가느냐 하는 문제가 있으나 경제논리를 펴는 학자들이 생각할 때 그것은 전혀 부차적인 문제이다. 예를 들어서 점 c에서 점 e로 옮겨가느냐 또는 점 b로 옮겨가느냐 하는 문제는 현재세대의 복지와 미래세대의 복지 중에서 어느 쪽을 얼마나 더 중요하게 보느냐에 관계된 문제요 이것은 다분히 가치판단에 관계되는 문제이기 때문에 경제학과 같은 학문이 다룰 수 있는 범위를 벗어난 문제라는 것이 경제학자들의 기본적 논리이다. 그러나 지속가능발전의 이념은 점 c에서 점 e로 가기보다는 점 b로 갈 것을 요구한다.

요컨대 중요한 것은, 지속가능발전의 이념은 효율성만으로, 다시 말해서 자원이 효율적 이용만으로 달성되지 않는다는 것이다. 경우에 따라서는 미래세대의 복지를 떨어뜨리지 않기 위해서 현재세대의 자연환경 이용을 크게 줄이는 '양보'가 없이는 지속가능발전이 불가능할 수도 있다.[13] 예를 들면, 비효율적이고 지속불가능한 상태인 점 c로부터 효율적이고 지속가능한 상태인 점 w의 상태에 이르기 위해서는 현 세대의 복지를 어느 정도 희생하지 않을 수 없다. 점 e와 점 b는 똑같이 효율적인 상태이지만, 점 e는 지속가능한 상태가 아니므로 지속가능발전의 이념을 따르기 위해서는 점 e로부터 점 b로 옮겨가야 하는데, 이는 현 세대의 양보를 필요로 한다.

지속가능발전의 이념을 실천하기 위한 네 가지 원칙

지속가능발전의 이념을 실천하기 위한 행동강령서인 '의제 21'은 이 이념을 실천하기 위한 구체적인 행동원칙들을 다양하게 제시하고 있는데 이를 정리한다면, 그 중에서도 오염원인자부담 원칙(Polluter Pay Principle), 사용자부담 원칙(User-pay Principle), 예방의 원칙(Precautionary Principle), 최근접결정 원칙(Subsidiarity Principle)의 네 가지가 원칙들이 자주 거론되는 원칙들이다. 시장경제를 택하고 있는 나라의 경우에는 이 네 가지 원칙들은 위에서 시장기능의 문제, 다시 말해서 시장의 실패를 보완하는 데에 주안점을 둔 원칙들이라고 말할 수도 있다.

이들 중에서 대표적인 원칙은 오염원인자부담 원칙이라고 할 수 있다. 흔히 PPP라고 불리기도 하는 이 원칙은, 간단히 말하면, 환경오염에 관해서는 이를 초래한 원인자가 책임을 지고 이의 해결에 소요되는 응분의 비용을 부담하여야 한다는 요지의 원칙이다. 사용자부담 원칙은 자연자원의 이용에 수반된 모든 사회적 비용을 충실히 반영해서 자연자원의 가격이 결정되어야 한다는 원칙이다. 시장에서 자연적으로 형성되는 자연자원의 가격은 자연자원의 고갈을 재촉하는 경향이 있다. 사용자부담 원칙이란 자연자원의 가격이 이러한 미래의 이익이나 미래세대에 미치는 영향을 충분히 반영하여 결정해야 함을 다짐하는 원칙이다. 예방원칙은 1987년 북해(North Sea)보호에 관한 제2차 국제회의의 각료급 선언에서 처음 공식화된 원칙이다. 환경오염물질의 배출과 환경오염피해 사이에는 너무나 많은 불확실성이 개재되어 있다. 이산화탄소의 배출이 지구온난화의 원인이 된다는 점에 관해서는 상당한 정도로 과학적 근거가 있다고는 하지만 지구온난화가 어떤 피해를 어느 정도로 초래할지에 대해서는 아직까지 확실하게 증명된 것은 별로 없다. 다만, 돌이킬 수 없는 엄청난 재앙이 초래될 것이라는 추측이 무성할 뿐이다. 이와 같이 심각한 불가역적 피해의 우려가 있을 경우에는 충분한 과학적 근거가 확보되지 않았다는 이유로 환경보전 대책을 미루어서는 안 된다는 원칙이 바로 예방원칙이다. 이 원칙은 오염원인자부담 원칙이나 사용자부담 원칙이 제대로 다루지 못하는 불확실성에 집중적으로 대응하기 위한 원칙으로서 1991년 OECD 각료급 환경위원회에서도 재확인되었으며 '리오선언'의 원칙 15도 내용상 예방원칙에 관한 것이다.

최근접결정의 원칙은 환경에 관한 정치적 결정이 되도록 이해관계 당사자에 가장 가까운 정부의 수준에서 이루어져야 한다는 원칙이다. 다시 말해서 환경문제에 관한 공식적인 업무는 문제의 현장에 가장 가까운 공공기관이 우선적으로 행사함을 원칙으로 한다는 것이다. 이 원칙은 정보의 측면과 지방자치의 측면을 강조하는 원칙이다. 환경문제가 발생할 경우 문제의 현장에 가장 가까이 있는 사람들이 생생한 정보를 가장 많이 가지고 있을 것이다. 최근접결정의 원칙은 이들의 견해가 최우선적으로 존중되어야 함을 강조하는 원칙이다.

2. 오염원인자부담 원칙

오염원인자부담 원칙의 내력

오염원인자부담의 원칙은 단순히 환경오염과 관련된 비용을 분담하기 위한 원칙처럼 보이지만, 사실은 더 깊은 의도를 담고 있는 원칙이다. 이 원칙은 상당히 오래 전부터 국제사회의 공인을 받아 온 원칙이다. 환경문제에 관한 전 세계적인 본격적 국제회의는 1972년 UN의 주최 아래 열린『스톡홀름국제회의』라고 할 수 있는데, 이 회의에서 채택된 소위 '유엔인간환경선언'은 "각 나라는 자신의 관할 구역 내의 활동이 다른 나라의 환경 또는 관할구역 밖의 환경에 피해를 주지 않도록 책임을 다할" 의무가 있음을 천명함으로써 오염원인자부담 원칙에 입각한 국제환경문제의 해결을 위한 실마리를 제공하였다.

스톡홀름국제회의 이후 각종 환경 관련 국제협약은 오염원인자부담 원칙을 전제함이 상례이다. 스톡홀름국제회의가 있었던 그 해에 OECD 국가들은 소위 파리정상회담을 개최하여 다음과 같은 세 가지 원칙에 합의한 바 있다. 그 세 가지 원칙이란, 첫째, 회원국의 환경정책은 경제 · 사회정책과 조화되도록 해야 하며, 둘째, 회원국의 환경보전을 위한 정책은 오염원인자부담 원칙에 바탕을 두어 수행하고, 셋째, 회원국의 환경정책에는 개발도상국의 입장도 충분히 고려되어야 한다는 것이다.

이와 같이 OECD가 환경정책의 기조로 오염원인자부담 원칙을 채택하기로 합의한 주된 이유는 여러 가지다. 이 원칙이 국내적으로는 환경오염문제를 효율적으로 해결하기 위한 필요조건이며, 국제적으로는 상품의 판매자인 수출업자로 하여금 환경오염피해로 인한 비용을 부담하게 함으로써 국제무역에 있어서 왜곡을 발생시키지 않게 한다는 것이요, 장기적으로는 환경개선을 위한 기술진보를 촉진한다는 것이었다.[14] 여기에서 말하는 국제무역의 왜곡이란 나라별 환경규제의 강도 및 환경정책의 차이가 국제경쟁력에 미치는 영향과 결부된 왜곡을 의미한다. 예를 들어 어느 나라가 환경오염에 대한 규제를 다른 나라에 비해서 지나치게 느슨한 탓으로 이 나라에서 생산되는 상품이 다른 나라에서 생산되는 동종의 상품보다 더 값싸게 생산된다면 단순히 환경에 대한 규제의 차이 때문에 공정한 경쟁이 깨지게 되고 따라서 국제무역에 왜곡이 발생하게 된다는 것이다. 만일 모든 나라가 오염원인자부담의 원칙을 똑같은 강도로 실시한다면 이런 왜곡은 없어질 것이다.

오염원인자부담 원칙은 1992년 유엔환경개발회의 '리오지구선언'에서도 재확인된 원칙이다.[15] 우리나라의 환경정책기본법도 제7조에서 "자기의 행위 또는 사업활동으로 인하여 환경오염의 원인을 야기한 자는 그 오염의 방지와 오염된 환경의 회복 및 피해구제에 소요되는 비용을 부담함을 원칙으로 한다"고 규정함으로써 오염원인자부담 원칙을 분명히 천명하고 있다. 이와 같이 오염원인자부담의 원칙은 국내적으로나 국제사회에서 공인되고 있으며 또한 가장 광범위하게 적용되고 있는 원칙이다. 그런 만큼 이 원칙이 잘못 이해되는 경우도 많이 있다.

오염원인자부담 원칙을 실현하는 정책수단은 다양하다. OECD가 오염원인자부담 원칙을 채택한 배경이 환경문제의 효율적 해결 및 국제무역 왜곡의 교정에 있다는 점을 감안하면, 현재 세계적으로 가장 광범위하게 실시되고 있는 직접규제는 오염원인자부담 원칙의 정신에 부합하는 정책이라고 보기 어렵다.[16] 제3장에서 이미 자세히 설명하였듯이, 직접규제는 환경문제를 효과적으로 해결할 수는 있을지 모르지만 효율적으로 해결해 주지 못한다는 것, 다시 말해서 효과에 비해서 매우 값비싼 대가를 요구하는 방법임이 실증적으로 밝혀졌다. OECD의 취지에 충실한 오염원인자부담 원칙을 실현하기 위한 대표적인 정책수단은 예를 들면, 환경세, 배출부과금, 종량제 쓰레기수거료, 그리고 최근에 많은 관심을 끌고 있는 거래가능배출권제도(혹은 배출권거래제도) 등 시장원리나 경제적 인센티브를 최대한 활용하는 수단들이라고 할 수 있다. 또한 현실적으로도 보통 오염원인자부담 원칙이라고 하면 이와 같이 시장의 원리에 입각하여 경제적 인센티브를 활용하는 정책수단들을 연상시킨다. 왜냐하면 이러한 정책수단들이 시장에서의 잘못된 가격을 시정함으로써 시장의 기능을 보완하는 대표적 수단들이기 때문이다.

이런 점에서 오염원인자부담 원칙은 경제원리에 가장 부합하는 원칙이라고 할 수 있다. 경제학적으로는 오염원인자부담 원칙은 환경을 오염시키는 행위에 대하여 외부효과에 상응하는 가격을 치르게 함으로써 시장의 실패를 교정하기 위한 원칙으로 이해할 수 있다. 또한 오염원인자부담 원칙은 가장 효과적으로 환경친화적 기술진보를 촉진한다는 장점을 가진 원칙이기도 하다. 이런 의미에서 오염원인자부담 원칙은 위에서 열거한 네 가지 원칙들 중에서 가장 중추적 원칙이라고 할 수 있으며 또 어떤 의미에서는 다른 세 가지 원칙은 오염원인자부담 원칙의 약점이나 한계를 보완하기 위한 원칙들이라고 할 수도 있다.

오염원인자부담의 원칙이 지속가능발전을 가능케 하는가?

그러나 오염원인자부담 원칙은 여러 가지 심각한 문제점을 안고 있는 것도 사실이다. 그 중에서도 특히 지속가능발전의 이념과 관련해서 심각하게 제기되는 문제점은, 이 원칙이 지속가능발전의 이념이 강조하는 세대 간의 형평성, 즉 미래세대의 이익을 대변함에 있어서 매우 미흡하다는 점이다. 환경세나 배출부과금 등과 같이 환경의 이용에 대하여 가격을 치르게 하는 정책수단들이 오염원인자부담 원칙을 가장 충실히 따르는 정책수단이라고 하면, 과연 이런 정책수단으로 대표되는 오염원인자부담 원칙은 지속가능발전을 담보해 줄 것인가는 극히 의심스럽다는 것이다. 오염원인자부담 원칙을 실현하기 위한 대표적인 정책수단들은 환경오염원인자로 하여금 환경오염으로 인한 사회적 손실을 충분히 고려해서 경제활동을 영위하도록 유도하는 데에 주안점을 두는데 이 때의 사회적 손실이란 주로 현 세대에게 미치는 환경오염피해에 국한되기 때문에 자연히 미래세대에게 미치는 악영향은 배제된다. 그러므로 그런 정책수단들의 지속적 실시는 미래세대 이익의 희생 위에 현 세대의 이익만을 도모하는 정책수단이 될 우려가 많다.

그러면 좀 더 구체적으로 환경세나 배출부과금을 예로 들어 생각해 보자. 경제학자들이 원래 환경정책수단으로 제시한 환경세나 배출부과금은 쉽게 말해서 앞에서 말한 환경의 가격을 반영하도록 재단된 세금이나 부과금이다. 보통 말하는 가격이란 수요와 공급이 균형을 이루는 상태에서 결정된 가격이다. 기본적으로 수요는 이익을 반영하는 개념이고 공급은 비용 혹은 손실을 반영하는 개념이다. 예를 들면, 라면에 대한 수요는 라면을 먹음으로써 느끼는 만족감을 반영하며, 라면의 공급은 라면의 생산에 소모되어 버린 자원들의 가치, 즉 생산비를 반영한다. 환경에 이런 수요-공급의 원리가 적용된다면, 수요의 측면은 환경을 이용함으로 인한 각종 이익(환경용익)들을 반영하게 되고 공급의 측면은 환경파괴로 인한 각종 피해나 손실들을 반영하게 될 것이다. 따라서 원래 경제학자들이 주장한 환경세나 배출부과금의 세율이나 부과금 요율은 바로 이러한 수요와 공급을 반영한 것이다.

그렇다면, 수요와 결부된 이익이나 공급과 결부된 손실은 도대체 누구의 이익이요 누구의 손실을 말하는가? 그것은 말할 필요도 없이 실제로 시장에서 산 사람의 이익과 판 사람의 손실(생산비)이다. 시장에서 형성되는 가격은 시장에 실제로 참여한 사람들에 의해서 결정되는 가격이다. 예를 들어, 골프채의 가격은 시장에서 실제로 골프채를 산 사람들과 골프채를 판 사람들 사이의 흥정에 의해서 결정된다. 골프를 몹시 치고 싶어도 골프채를 살 능력이 없든지 또는 골프채를 구매할 의사가 전혀 없는 사람은 골프채의 가격에 직접적인 영향을 미치지 못한다. 환경에 대해서 가격이 붙여진다면 이 가격은 환경에 대한 시장에 참여할 의사와 능력이 있는 사람들에 의해서 결정된다. 아무리 참여할 의사가 강해도 능력이 없으면 아무 소용이 없다. 시장에 참여할 능력은 돈을 얼마나 가지고 있는가에 의해서 결정된다. 따라서 돈이 없는 사람들은 시장에 참여할 자격이 없다. 이런 점에서 시장은 매우 불공평한 제도라고 할 수 있다.

그런데 환경의 경우에는 시장에 참여할 의사도 있고 돈을 가지고 있어도 참여할 수 없는 사람들이 있다. 바로 미래세대의 사람들이다. 왜냐하면, 그들은 현재 존재하지 않는 까닭이다. 그러나 시장에서 결정될 환경이용의 가격은 그들의 복지에 막대한 영향을 미칠 수가 있다. 가격이란 수요가 많을수록 비싸지기 마련인데, 예컨대 미래세대의 사람들이 환경에 대한 시장에 참여하지 못한 결과 환경이용의 가격이 매우 싸게 결정되었다고 하자. 그렇다면 현 세대의 사람들은 값싼 환경을 마음껏 이용하게 될 것이고 이 결과 환경이 마구 파괴되면 미래세대에게 돌아갈 환경의 이익만큼 적어질 수밖에 없을 것이다. 어쩌면 미래세대의 생존이 위태로워질 수도 있다. 사실 바로 이 점이 지속가능발전에 대한 정의를 내릴 때에 WCED의 부룬트란트보고서가 지극히 우려한 바이다. 그렇다면, 시장의 원리에 의거한 정책수단의 결과는 현 세대의 이익만을 위주로 한 발전이요, 부룬트란트보고서가 의도한 지속가능발전과는 거리가 먼 발전이 될 것이다.

누가 진짜 오염원인자인가?

환경오염원인자가 환경오염물질을 배출하는 이유는 환경용익을 가져오기 때문이다. 시장의 원리에 입각한 정책수단을 이용하여 오염원인자부담 원칙을 실천하는 것은 요컨대 환경오염원인자로 하여금 환경오염피해와 환경용익을 조화시킨 가격을 치르게 유도하는 것이다. 이 가격을 결정하는 환경오염피해나 환경용익의 크기는 모두 결국은 이해당사자들의 효용으로 측정된다. 환경오염피해의 추정은 피해자들의 효용을 얼마나 감소시켰는가를 알아내는 과정이고 환경용익의 추정 역시 환경을 이용해서 만든 상품이 얼마나 소비자들의 효용을 증진시켰는가를 알아내는 과정이다.

그렇다면 오염원인자부담 원칙에 입각해서 환경오염원인자가 지불하게 되는 가격이란 결국 소비자나 국민들의 효용에 의해서 결정된다는 얘기가 된다. 효용이란 결국 사람들의 욕망이나 느낌을 내용으로 하는 것이다. 그러므로 경제적 인센티브를 이용하여 오염원인자부담의 원칙을 실행하는 것은 환경의 질이나 자연고갈의 정도를 순전히 사람들의 욕망과 기분, 그것도 순전히 현 세대 사람들의 욕망과 기분에 의해서 결정하는 것에 진배없다. 과연 인류의 미래가 걸려 있는 중차대한 문제를 바람과 같이 변화무쌍하고 갈대와 같이 끊임없이 흔들리는, 어떻게 보면 얄팍하기 짝이 없는 인간의 기분과 구미에 맡겨 둘 수는 없다는 것이 많은 환경운동가나 환경학자들의 정서다. 왜냐하면 사람들의 욕망이나 기분만으로는 생태계에 미치는 모든 악영향을 반영할 수는 없기 때문이다. 따라서 시장에만 의존하다가는 자연의 수용능력의 범위, 생태적 한계를 넘어설 가능성이 많다. 그래서 환경운동가나 환경학자들은 환경재앙을 막기 위해서는 현 세대 사람들의 욕망과 기분을 어느 정도 무시하더라도 우선 어떤 최저수준의 환경의 질을 유지할 필요가 있음을 역설한다.

이렇게 보면 단순히 환경세나 배출부과금과 같은 경제원리에 입각한 환경정책수단보다는 거래가능배출권제도가 더 바람직할 수도 있다. 왜냐하면, 거래가능배출권제도는 우선 허용할 수 있는 환경오염물질의 배출총량을 정해 놓고 이 범위 안에서 환경오염원인자로 하여금 가격을 지불하게 하는데, 이 배출총량을 결정할 때 현 세대 사람들의 욕망과 기분을 초월해서 미래세대까지 고려한 환경의 수용능력을 반영시킬 수 있을 것이기 때문이다.

사실 좀 더 깊이 생각해 보면 오염원인자부담 원칙은 근본적인 문제를 안고 있다. 우선 이 원칙은 기본적으로 오염원인자가 구체적으로 누구인지를 분명히 판명할 수 있음을 전제한다. 하지만 많은 경우 과연 진짜 오염원인자가 누구인가를 명쾌하게 가려내기가 쉽지 않다. 우리는 흔히 환경오염기업을 환경오염의 주범이라고 몰아붙이고 있지만 궁극적으로 보면 환경오염기업이 존재하는 이유는 이들이 생산한 상품을 열심히 사주는 소비자가 있기 때문이다. 소비자 주권의 사회라는 시장경제체제에서는 오히려 이 소비자들이 진짜 환경오염원인자라고 볼 수도 있다. 예를 들면 일회용 상품들이 너무 많이 범람해서 환경오염이 극심해진다고 하는데 모든 소비자들이 환경의식이 충분히 높아서 그런 일회용 상품을 일절 외면한다고 하면 그런 상품들이 생산될 리 만무하다. 그래서 환경오염의 궁극적 원인자는 소비자라는 말이 나온다. 과연 실제로 그러한가는 소비자의 주권이 어느 정도 실제적으로 보장되는가에 달려 있다.

그러나 (주류) 경제학과는 달리 마르크스 경제학은 시장경제체제를 움직이는 주된 세력은 기업(좀 더 구체적으로 말하면 자본)이라고 보는 반면, 소비자의 욕망이나 기분은 자본주의 이윤추구 전략에 의해서 상당한 정도로 조작되는 수동적 요인이라고 본다. 경제학은 사람들이 자신의 선호를 분명히 알고 있다고 가정하고 있지만, 현실의 사람들은 자신이 진정으로 원하는 바를 모를 경우가 매우 많다는 사실을 오늘날 많은 첨단과학자들이 밝혀내고 있다. 이미 100여 년 전에 칼 마르크스는 이런 사실을 잘 알고 있었다. 그래서 그는 수요라는 개념을 부차적인 중요성을 가지는 것으로 보았다. 그가 천명한 바와 같이 그의 주 관심은 사회의 변화과정 특히 현대사회의 움직임에 대한 경제법칙의 규명이다. 따라서 다른 것에 비해 그 자체로서 스스로 안정적인 것 또는 다른 요인의 변화에 단순히 반응하는 것은 그에게는 부차적 연구대상이다. 수요라는 것이 그러한 범주의 것이라고 마르크스는 생각하였다.

수요는 크게 생리적 필요에 대한 욕망에 기인한 것과 기타의 욕망에 기인한 것으로 나누어 볼 수 있다. 인간의 생리적 필요에 대한 욕망은 동서고금을 통해 그리 큰 변화가 없는, 스스로 안정적인 것이다. 생리적 필요에 대한 욕망을 초월한 기타의 욕망은 사회의 발전을 단순히 반영한 것에 불과하다고 마르크스는 생각하였다. 예컨대, 대부분의 가전제품이나 사치품에 대한 욕구는 기술개발이나 광고, 상술개발을 통하여 인위적으로 창출된 수동적인 것들이라고 마르크스는 보았다.

자본주의의 이윤추구 동기는 끊임없는 확대재생산을 필요로 하며, 이는 또한 끊임없는 수요의 창출을 필요로 한다. 그러다 보니, 예를 들면 담배, 술, 화장품, 음식과소비, 성형수술, 각종 향락 등 쓸데없는 욕망, 하찮은 필요가 끊임없이 창출되면서 자본주의 사회 특유의 소비풍조가 끊임없이 부풀어 오르게 된다. 이러한 소비풍조는 엄청난 쓰레기를 발생시키면서 환경오염을 가속화시킨다. 마르크스주의는 인간소외, 인간과 자연의 유리, 환경파괴 등 이 모든 병폐들이 우연히 발생하는 것이 아니라 자본주의 생산양식과 밀접히 연계된 하나의 연장선상의 현상들이며, 따라서 자본주의 체제 그 자체를 극복하지 않고는 그런 병폐들을 제거할 수는 없다고 주장한다. 따라서 이런 틀에서 보면 환경오염의 궁극적 원인자는 기업이요 자본가라고 할 수 있다.

어떻든 어떤 시각이 더 현실적인지는 두부모 자르듯 명쾌하게 말하기 어렵다. 아마도 어떤 시각이 더 옳은지는 상황에 따라 많이 다르다고 보는 것이 더 정확할 것이다. 어떤 상황에서는 소비자 주권의 개념이 더 잘 들어맞을 수도 있고 또 어떤 상황에서는 마르크스 경제학의 시각이 더 적실할 수도 있을 것이다.

미래세대 이익 대변자로서 정부 역할의 한계

[그림 6-2]는 이상의 논의를 좀 더 분명히 설명하기 위해서 앞의 [그림 6-1]을 약간 수정한 것이다. 현재의 상황은 점 c와 같이 지속가능발전도 이루지 못하고 또한 현재 주어진 자원을 최대한 효율적으로 이용하지도 못하는 상황이다. 그렇기 때문에 한편으로는 지속가능발전의 원칙이 강하게 요구되고 그리고 다른 한편으로는 자원의 효율적 이용의 필요성이 곳곳에서 제기된다. 많은 사람들은 현재 인류가 당면하고 있는 상황은 지속가능발전과 너무나 거리가 멀다고 말한다.

환경을 고려하여 시장의 기능을 보완하는 것, 다시 말해서 환경의 가치를 추정하고 이를 이용해서 환경의 이용에 대하여 응분의 대가를 치르게 하는 것은 잘 해야 환경을 포함한 자원의 효율적 이용을 달성하게 해주는 것에 불과하지 지속가능발전을 담보해 주지는 못한다. 위에서 설명하였듯이 시장기구의 속성상 미래세대의 이익을 충분히 반영하지 못한 채 오직 현 세대만을 위해서 환경을 포함한 자원을 효율적으로 이용한다면 이는 [그림 6-2]에서 보면 점 c의 상태에서 점 g의 상태로 옮겨가듯이 거의 수평 이동하는 것에 불과하다. 다시 한 번 더 말하지만 지속가능발전의 상태는 45도 대각선 위쪽에 있는 점으로 표현되는데, 점 g는 지속가능발전의 상태가 아니다.

물론 이렇게 간단히 단정적으로 말할 수는 없다. 앞에서도 언급하였듯이 '의제21'은 환경의 가격화는 어디까지나 지속가능발전에 기여하는 방향으로 이루어져야 함을 분명히 하고 있다. 하지만 환경의 가격화가 그런 방향으로 자동적으로 저절로 이루어지는 것이 아니다. 누군가가 그렇게 되도록 유도해 주어야 한다. 그러면 누가 그렇게 되도록 환경의 가격화를 주도할 것인가? 정부가 앞장서 주어야 한다는 주장이 당연히 나오게 된다. 앞에서도 지적하였듯이 환경에 대한 가격이 자동적으로 형성되는 것이 아니라 어디까지나 정부의 직접·간접적 지원이 있어야만 한다. 지속가능발전을 위해서 정부는 미래세대의 대리자로서 환경에 대한 가격이 형성될 때에 그들의 이익이 충분히 반영되는 방향으로 영향력을 행사할 수가 있고 또 그래야 한다는 것이다.

그림 6-2 시장의 원리를 통한 현재세대 복지와 미래세대 복지의 조정

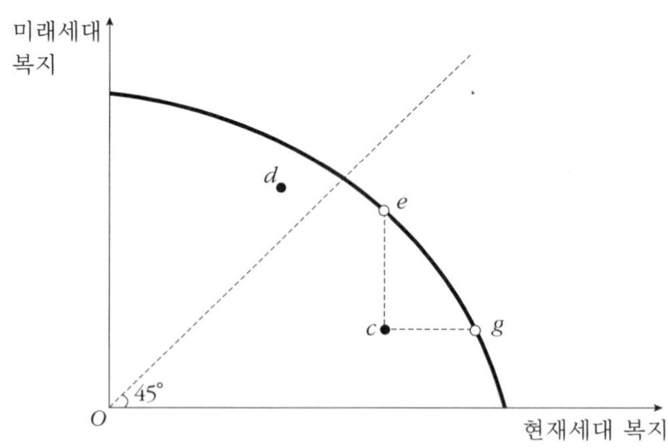

설령 정부가 미래세대의 이익에 대한 대변자 역할을 충실히 수행한다고 하더라도 시장을 통해서, 다시 말해서 환경의 가격화만을 통해서는 지속가능발전을 달성한다는 보장은 없다. 시장이란 거래의 장소이기 때문에 정부가 시장을 통해서 미래세대의 이익을 대변한다는 것은 시장에서 정부가 미래세대의 입장에 서서 현재세대와 거래하는 것이다. 시장이란 상호이익추구의 장이다. 예컨대, 라면시장에서 라면의 거래는 라면을 사는 사람이나 파는 사람 모두에 이익이 있을 때에만 이루어진다. 그렇기 때문에 시장에서 거래가 이루진 상태는 거래당사자 모두에 이익이 있었거나 최소한도 손해보는 당사자는 없는 상태이다. [그림 6-2]에서 현재의 상태가 점 c라고 하면 시장에서 정부와 현재세대가 흥정한 결과는 점 c의 동북쪽에 있는 어떤 점으로 낙착될 것이다. 왜냐하면 동북쪽에 있는 점만이 거래당사자 모두 이익을 보거나 최소한도 손해보는 당사자가 없는 상태를 반영하기 때문이다. 그렇다면 점 c의 상태에서 정부가 시장을 통해서 미래세대의 이익을 최대한 관철시킨다고 해봐야 점 c에서 수직선상의 점 예컨대 점 e의 상태로 옮겨가는 정도이다. 점 e역시 45도 대각선 아래에 있는 점이므로 지속가능발전을 이루는 상태가 아니다. 점 e보다 더 위에 있는 점으로 옮겨갈 수는 없다. 왜냐하면 그런 점들은 물리적으로 불가능한 점이기 때문이다.

그렇다면 점 c에서 지속가능발전을 이루기 위해서는 정부는 어떻게 해야 할 것인가? 우선 시장에서의 거래에 앞서, 다시 말해서 환경의 가격화를 이루기에 앞서 현재세대가 이용할 수 있는 환경 및 자연자원의 양에 대폭 제한을 가함으로써 미래세대에게 자연자원을 대폭 이양하거나 또는 그렇게 하지 못하면 다른 어떤 대체물로 충분히 보상해 주어야 한다. [그림 6-2]로 말하면, 우선 점 c에서 45도 대각선 위쪽의 어떤 점, 예컨대 점 d로 옮겨가거나 아니면 점 g나 점 e와 같이 점 c의 동북쪽에 있는 어떤 점으로 옮겨갔다가 다시 45도 대각선 위쪽의 어떤 점으로 옮겨가는 것이다. 그 어떤 방법을 쓰던 현 세대가 미래세대를 위한 대폭적인 양보가 있어야 한다. 여기에서 '대폭적' 양보란 시장에서의 계산을 뛰어넘는다는 의미에서의 대폭적 양보를 뜻한다. 시장의 속성상 점 c에서 점 d에로의 이행이나 점 e에서 점 d에로의 이행은 시장을 통해서는 불가능하다. 여기에 미래세대를 위한 정부의 적극적 개입, 즉 시장의 계산을 초월하는 개입이 요구되는 이유가 있다.

그러나 아마도 정부의 그러한 역할에는 상당한 제약이 가해질 수밖에 없을 것이다. 현재의 정부는 미래세대의 취향이나 환경을 이용할 능력 또는 그들이 처할 여건 등에 대하여 하등의 믿을 만한 정보를 가지고 있지 못하다. 정보가 없으니 그들의 이익을 잘 대변할 수가 없을 것이다. 또 한 가지 심각한 문제점이 있다. 정부란 하늘에서 뚝 떨어진 것이 아니라 결국 사람들이 만들고 사람들이 움직이는 것이다. 현재의 정부를 움직이는 사람들은 현재세대들이 선출한 사람들이다. 따라서 현재세대 사람들의 이익을 무시할 수가 없다. 경기가 조금만이라도 나빠지거나 실업률이 조금만이라도 높아지거나 가난한 사람들이 목소리를 조금만이라도 높이는 날이면 정부를 움직이는 사람들은 현재세대 사람들의 눈치를 보기에 신경을 곤두세울 수밖에 없다. 결국 정부가 미래세대의 이익을 대변한다고 해봐야 미온적인 정도를 크게 벗어나기는 상당히 힘들 것이다.

오염원인자부담의 원칙과 수익자부담의 원칙

비록 오염원인자부담의 원칙이 국제적으로 공인된 원칙이고 우리나라 환경정책 역시 이 원칙을 기조로 삼고 있다고는 하지만, 이 원칙은 도처에서 불평등의 시비에 휘말려 힘을 제대로 쓰지 못하는 경우가 매우 많은 것이 현실이다. 그 대표적인 예가 강물을 둘러싼 지역 주민들 사이의 갈등일 것이다. 과거 팔당의 상수원수질문제를 둘러싸고 한강 상류 지역과 하류 지역의 첨예한 갈등이 전개되었고, 위천공단의 문제를 둘러싸고 낙동강 상류의 대구 지역과 낙동강 하류의 부산 지역 사이의 갈등이 극심하였으며, 최근에는 남강 물을 둘러싸고 지리산 부근의 지역과 부산 지역 사이의 갈등이 있었다. 이 경우 오염원인자부담의 원칙대로 적용한다면, 팔당 상수원의 상류에 있는 모든 오염원인자는 팔당 상수원 오염에 대하여 전적으로 책임을 져야 하고, 위천공단의 입주자들이 낙동강 오염에 대하여 전적으로 책임을 져야 한다. 이렇게 되면, 팔당 상수원 부근에 밀집되어 있는 요식업체나 향락업소들은 대부분 문을 닫아야 할 것이고 위천공단도 문을 닫아야 할 것이다. 그러니 이들이 가만히 있지 않을 것은 불을 보듯 뻔하다.

오염원인자부담의 원칙에 정면으로 도전하는 지역주민들이 내거는 새로운 원칙이 소위 '수익자부담의 원칙' 혹은 '수혜자부담의 원칙'이다.[17]

문구상으로 보면, 수익자부담의 원칙은 환경오염을 억제함으로써 환경이 개선되었을 때에 이에 따른 혜택을 누리는 사람들이 그 대가를 치러야 한다는 원칙이다. 예를 들면, 팔당 상수원을 깨끗하게 만들면 팔당의 물을 마시는 하류 지역 사람들이 혜택을 보게 되니 이들이 그 혜택에 대하여 대가를 지불해야 한다는 것이다. 다시 말해서 팔당 상수원을 깨끗하게 만드는 데에 소요되는 경비를 하류 주민들이 부담해야 한다는 것이다.

이해가 첨예하게 대립될 때는 으레 적당히 타협하려는 움직임이 있듯이 오염원인자부담 원칙과 수익자부담의 원칙이 첨예하게 대립되다 보니 이 두 원칙을 적당히 절충하자는 주장이 상당한 설득력을 얻고 있다. 예를 들면, 팔당 상수원 문제의 경우 상수원을 깨끗하게 만드는 데에 소요되는 비용을 이 두 원칙에 입각해서 분담하자는 타협안이 대두되었다. 그래서 오염원인자부담의 원칙에 입각해서 팔당 상류 지역 주민들이 그 비용의 일부를 분담하고 수익자부담의 원칙에 입각해서 팔당 하류 지역 주민이 나머지를 분담하자는 것이다.[18] 어떻든 이렇게 해서 1999년 가을부터 수도권 시민들은 소위 '물 이용 부담금'의 형태로 팔당 상수원 수질개선에 소요되는 비용의 일부를 내게 되었다.

하지만, 이런 식의 타협안은 오염원인자부담의 원칙을 오해한 것이다. 이 원칙은 환경오염을 사회적으로 허용 가능한 수준으로 통제함을 주된 목적으로 삼는 원칙이지 통제에 소요되는 비용을 분담하기 위한 원칙이 아니다. 이 원칙의 요체는 각 오염원인자에게 응분의 대가를 치르게 함으로써 환경오염물질의 배출을 적정수준으로 자제하도록 유도하는 것이다. 이런 점에 비추어 볼 때 오염원인자부담 원칙을 단순히 비용을 부담시키기 위한 원칙으로 취급하는 것은 이 원칙의 원래 취지를 망각한 것이다.

오염원인자부담 원칙이 특정인에게 큰 경제적 부담을 준다고 해서 수익자부담의 원칙과 타협을 한는다는 것은 마치 시장에서 결정된 라면값이 너무 비싸서 서민들에게 경제적 부담을 주기 때문에 라면가격을 반으로 깎아야 한다고 주장하는 것과 진배없다. 시장에서 결정된 라면가격은 대한민국에서 라면이 너무 많이 생산되지도 않고 또 너무 적게 생산되지도 않게 유도하는 역할을 한다. 다시 말하면 자원배분의 효율을 위함이다. 만일 라면가격이 서민에게 너무 큰 경제적 부담을 준다면 라면가격을 억지로 깎을 것이 아니라 다른 방법으로 서민의 경제적 부담을 직접적으로 덜어 주는 것이 경제원리에 부합한다.

수익자부담의 원칙은 경제원리에 맞지도 않는다. 이 원칙은 혜택을 받았으면 이에 상응해서 대가를 지불해야 한다는 생각에 바탕을 둔 것이다. 하지만 상품에 대하여 가격을 지불하는 이유는 혜택을 받았기 때문이 아니라 기회비용이 발생하기 때문이다. 이익을 얻었다고 해서 반드시 대가를 지불해야 한다는 법은 없다. 예를 들어서 우리는 산에서 깨끗한 공기를 마시고 바닷가에서 아름다운 바다경치를 구경함으로써 많은 혜택을 누리지만 이에 대해서 대가를 치르지 않는다. 더 현실적인 예로 일기예보를 생각해 보자. 비싼 돈을 들여 제공한 일기예보로부터 많은 시민들이 혜택을 받고 있지만 그렇다고 혜택을 입은 사람들이 일일이 정당한 대가를 지불하지 않는다. 또한 반드시 그럴 필요도 없다. 일기예보는 공공재이기 때문에 내가 일기예보로부터 혜택을 받았다고 해서 다른 사람에게 아무런 피해를 주지 않는다는 것이다. 다른 사람들에게 아무런 피해를 주지 않는데 내가 굳이 일기예보에 대해서 대가를 지불해야 할 이유가 없다.

수혜에 대하여 대가지불을 강제하는 것은 옳은 처사도 아니다. 보통 상품의 경우에는 돈을 제대로 내지 않는 사람에게는 그 상품을 주지 않는 것이 경제원리에 부합하지만 일기예보와 같은 공공재의 경우에는 정당한 대가를 지불하지 않는다고 그 공공재의 혜택을 받지 못하게 하는 것은 경제원리에 어긋난다. 경제원리란 최소의 비용으로 최대의 효과를 얻는 것이다. 일단 일기예보를 했으면 돈을 지불하든 않든 상관없이 되도록 많은 사람들이 혜택을 받게 하는 것이 경제원리에도 부합한다.

3. 사용자부담 원칙

사용자부담 원칙의 취지

오염원인자부담 원칙과는 달리 사용자부담 원칙은 미래세대의 이익을 보다 더 직접적으로 고려하는 원칙이다. 석유, 석탄, 철광석 등 자연자원을 채취해서 시장에 파는 사람들은 대개 단기적 이익만을 노리고 사업을 한다. 비록 이들이 먼 미래를 내다보고 사업을 하고 싶어도 너무나 많은 불확실성 때문에 그렇게 할 수도 없는 처지이다. 이렇게 자연자원 이용자들이 단기적 이익만을 노리고 경제행위를 할 경우 다음과 같은 두 가지 중요한 것을 놓치게 된다. 그 하나는 그 자연자원을 현재에 채취하지 않고 미래에 채취했을 경우 현 세대가 얻을 수 있는 이익, 즉 기회비용이요 다른 하나는 미래세대에 직접적으로 미치는 피해다. 예컨대 현 세대가 석유를 과다하게 채취하면 자연히 미래세대가 이용할 양은 감소하게 될 것이므로 그들의 복지에 현저한 영향을 미칠 수가 있다. 이와 같이 자연자원 생산자들이 단기적 이익만을 추구하는 상황에서 시장에서 형성되는 자연자원의 가격은 그러한 미래의 이익(즉, 기회비용)이나 미래세대에 미치는 영향을 충분히 반영하지 못한 가격이 될 것이다.

석유, 석탄, 철광석, 삼림, 어족 등 현 세대가 절대적으로 의존하고 있는 수많은 자연자원들은 과거 우리 조상들로부터 물려받은 자원들이요 미래세대도 이용할 수 있게 물려주어야 하는 귀중한 자원들이다. 사용자부담 원칙은 이런 자연자원의 이용으로 이득을 보는 사람으로 하여금 올바른 대가를 치르게 함으로써 자연자원의 효율적 이용을 겨냥한 원칙이다. 자원을 효율적으로 이용한다는 것은 사회적으로 보다 더 적은 양의 자원으로 보다 더 많은 이익을 올린다는 뜻이다. 자원을 효율적으로 이용하기 위해서는 자원을 생산성이 높은 용도에서부터 차례로 배분해야 한다. 이것이 바로 자원의 가격이 하는 역할이다. 예를 들어서 에너지 가격을 올리면 에너지 자원이 불요불급한 용도로부터 보다 더 생산성이 높은 용도로 재배분된다. 따라서 에너지 이용량이 총량적으로 감소한다. 사용자부담 원칙은 앞에서 말한 자연자원의 기회비용과 미래세대에 미치는 악영향이 충분히 반영되도록 자연자원의 가격을 현실화시킬 것을 요구하는 원칙이다. 만일 모든 자연자원의 가격이 사용자부담 원칙에 따라 현실화된다면, 아마도 자연자원의 가격은 높아질 것이고 따라서 자연자원 이용량도 감소할 것이며 겸하여 대체자원의 개발도 크게 활성화될 것이다.

제2장에서도 언급하였지만 환경오염문제를 가장 확실하게 원천적으로 해결하고 동시에 자원고갈문제도 해결하는 일석이조의 가장 좋은 방법은 환경으로부터 채취되어 경제로 유입되는 자연자원의 물량 그 자체를 대폭 줄이는 것이다. 그러면 환경에 버려질 폐기물의 양은 자동적으로 줄어들게 마련이다. 사용자부담 원칙은 경제로 투입되는 자연자원의 물량을 감축함

으로써 자원고갈도 완화시킬 뿐만 아니라 환경오염의 저감에도 기여하게 된다. 경제에 투입되는 자연자원의 양을 통제한다는 점에서 사용자부담 원칙은 오염원인자부담 원칙보다는 더 근원적인 원칙이라고 할 수 있다.

물론 사용자부담 원칙 역시 주로 시장의 실패를 다루기 위한 원칙이요, 오염원인자부담 원칙에서 소홀히 취급되는 미래세대에 대한 외부효과를 특히 강조한다는 점에서 오염원인자부담 원칙을 보완하는 원칙이라고 말할 수도 있다. 하지만 환경오염문제가 자연의 자정능력을 초과해서 환경을 이용함으로 인한 문제이며 자연의 자정능력 역시 자연자원의 하나라고 할 수 있으므로 결국 사용자부담 원칙은 오염원인자부담 원칙을 포함하는 포괄적 원칙이라고 볼 수도 있다.

환경세나 배출부과금 등 오염원인자부담 원칙을 시행하기 위한 현실적 정책수단들은 대체로 보면 사회적 적정오염 수준을 달성하기 위한 수단이라기 보다는 외생적으로 주어진 환경기준을 최소의 비용으로 달성함을 목적으로 하는 것들이다. 이에 반해서 사용자부담 원칙은 명시적으로 자연자원 이용에 있어서 사회적 적정수준을 겨냥하는 원칙이다. 하지만 이 원칙이 사회적 적정수준을 달성하기 위해서는 사용자가 지불하는 가격이 사회적 적정수준으로 결정되어야 한다는 데에 어려움이 있다. 이 원칙이 미래세대의 이익을 직접적으로 반영하는 장점을 가진 원칙이라면 물론 이 가격에는 미래세대의 이해가 충분히 반영되어야 한다.

자연자원의 최적이용과 희소지대의 개념

사용자부담 원칙을 적용해서 자연자원의 이용에 있어서 사회적 적정을 달성하려면 다음과 같은 두 가지 문제를 제대로 풀 수 있어야 한다. 우선, 특히 고갈의 위험이 높은 재생불능자원의 경우 미래에 이용하지 않고 현재에 이용함으로 인해서 사회가 부담하여야 하는 손실, 달리 말하면 소위 희소지대(scarcity rent)를 정확하게 추정할 수 있어야 한다. 희소지대란 고갈성 자원의 고갈로 인한 사회적 손실을 반영하는 지대를 말한다.

이 희소지대의 개념을 이해하기 위해서 예를 하나 들어보자. 지금 우리나라에 1억톤의 중석이 매장되어 있다고 하자. 이 경우 첫 번째 경제문제는, 과연 매년 몇 톤씩 채굴하는 것이 이 1억톤으로부터의 사회적 이익이 극대화될 것인가를 결정하는 일이다. 만일 2, 3년 안에 이 중석을 모조리 채굴해 버리면 당분간 중석이 흔해서 풍족하게 쓰게 되지만, 그 후에는 중석이 너무 귀해져서 중석을 이용한 재화를 생산하지 못한다면 큰 사회적 손실이 발생하게 될 것이다. 이렇게 되면 처음 2, 3년 동안에 너무 많이 채굴해 버린 것을 훗날 크게 후회하게 될 것이다. 후회한다는 것은 사회적 이익이 극대화되지 못했음을 의미한다. 그렇게 많은 중석을 한꺼번에 대량 채굴하려면 단위당 비용이 굉장히 비싸질 것이라는 점도 생각해야 한다.

그렇다고 채굴하지 않고 너무 아껴 두면 먼 미래에는 좋겠지만 그 이전에 너무 큰 희생을 치러야 한다. 그러면 매년 동일한 양을 채굴하는 것은 어떨까? 중석의 유용성이 때에 따라 달라질 것이니 이렇게 하는 것이 반드시 좋을지도 의문이다. 어떻든 채굴량을 각 연도에 걸쳐 잘 안배하는 것이 곧 사회적 이익을 극대화하는 길이다. 어떻게 안배할 것인가? 중석의 이용으로부터 매년 얻는 단위당(예컨대 톤당) 사회적 순이익이 모든 연도에 걸쳐 균일화되도록 각 연도의 채굴량을 결정하는 것이 그 요령이다. 그 이유는, 이렇게 하지 않으면 사회적 이익이 극대화되지 않기 때문이다. 예를 들어서, 5년도에 2만톤을 채굴했을 때 톤당 사회적 순이익이 1만 5천원이고, 8년도에 3만톤 채굴했을 때의 톤당 사회적 순이익이 1만원이라고 하자. 그렇다면 무언가 잘못된 것이다. 왜냐하면, 8년도의 채굴량을 1톤 줄이면 사회적 순이익이 1만원 감소하지만, 그 대신 5년도에 채굴량을 1톤 늘리면 1만 5천원의 사회적 순이익이 추가되니 이렇게 채굴량을 조정하는 것만으로도 사회적 순이익의 합계가 5천원 더 늘어나기 때문이다. 결국 이렇게 각 연도의 사회적 순이익이 달라진다는 것은 5년도에 너무 적게 채굴했고 8년도에 너무 많이 채굴했다는 얘기가 된다. 무엇이든지 흔하면 사회적 가치가 떨어지게 되고 귀하면 사회적 가치가 커진다.

그런데 문제는 이 자연자원의 사회적 순이익을 어떻게 알아내느냐이다. 만일 시장에서 형성된 중석의 가격이 사회적 이익을 정확하게 반영하고 또한 중석은 채굴하고 가공하는 비용, 달리 말하면 중석생산비가 사회적 손실을 정확하게 반영한다면, 중석 한 단위의 사회적 순이익은 가격에서 한계비용을 뺀 값이 된다. j년도의 중석가격을 P_j, 한계비용을 MC_j라고 하자. 그러면 $(P_j - MC_j)$가 j년도의 중석 한 단위의 사회적 순이익이 된다. 한계비용 MC_j는 채굴량이 증가함에 따라 증가하는 변수다. 그러므로 사회적 순이익의 총계가 극대화되도록 하기 위해서는 제3장에서 설명한 한계가치균등화의 원칙에 입각해서 각 연도의 채굴량을 다음 공식이 충족되도록 조정해야 한다.

$$P_1 - MC_1 = P_2 - MC_2 = \cdots = P_n - MC_n = \cdots (= P^* - MC^*)$$

이와 같이 모든 시점에 걸쳐 균일화된 사회적 순이익이 바로 희소지대인데, 시장에서의 가격과 비용이 정확하게 사회적 이익과 손실을 반영한다면 균일화된 가격과 한계비용의 차이, 즉 $(P^* - MC^*)$가 곧 희소지대를 반영한다. 만일 정부가 사용자부담 원칙에 입각해서 자연자원의 이용자에게 자연자원 이용에 대한 사회적 대가를 치르게 한다면, 바로 이 $(P^* - MC^*)$에 해당하는 금액을 징수하면 된다.

하지만, 시장에서 결정된 가격과 비용이 사회적 이익과 손실을 정확하게 반영한다는 보장은 전혀 없다. 자연자원에 대한 시장은 대부분 불완전경쟁시장이다. 예를 들어서 석유시장은 거대 정유회사의 농간에 놀아나고 있다는 것은 이미 잘 알려진 일이다. 비록 자연자원의 시장이 완전경쟁시장이라고 하더라도 가격과 비용이 사회적 이익과 손실을 정확하게 반영한다는 보장은 없다. 왜냐하면 미래세대의 이익이 제대로 반영되지 못하기 때문이다.

재생불능자원을 지금 한 단위 이용하면 이 한 단위는 영원히 이 지구상에서 사라진다. 예를 들면, 석유 한 배럴을 지금 태우면 이 한 배럴만큼 지구상에 있는 석유자원의 양은 감소한다. 우리 인류가 지금과 같은 속도로 석유를 채굴한다면 50년 이내에 지구상의 석유는 완전히 고갈되어 버릴 것이라는 설도 있지만, 어떻든 현재는 석유가 비교적 풍부하다고 해서 석유 한 단위가 별로 값지게 사용되고 있지 않지만 이 한 단위를 20년 후에 이용한다면 지금보다 훨씬 더 값어치 있게 쓸 수 있다고 하면 이 값어치를 현재의 석유가격에 반영하는 것이 장기에 걸쳐 한정된 석유를 최대한 잘 이용하는 데에 기여하게 될 것이다. 예컨대 현재는 석유 1리터당 1,000원어치 정도의 값어치밖에 가지지 않지만 30년 후 미래세대는 석유 1리터당 현재가치로 1만원어치 정도의 높은 값을 부를 만큼 많이 값지게 이용할 수 있다고 하면 그 1리터를 현재에 이용하기보다는 미래세대에게 1만원 주고 파는 것이 현재세대에게도 훨씬 더 이익이다. 물론 이 경우 미래세대는 존재하지 않으니까 현 세대는 이 돈을 받을 수는 없다. 다시 말해서 현 세대와 미래세대가 직접적으로 흥정할 수 있는 시장이 존재하지 않는다. 그렇더라도 석유가격을 지금보다 더 높여서 미래세대에게 더 많이 넘겨 주는 것이 지구상에 한정된 석유자원을 인류가 더 잘 이용하는 결과를 가져오게 할 것이다.

어떻든 시장에서 결정된 가격과 비용이 왜곡되어 있다고 하면, 이 왜곡을 시정해서 희소지대를 별도의 방법으로 추정하는 수밖에 없다. 이 때의 희소지대는 결국 모든 연도에 걸쳐 균일화된 사회적 순이익을 반영한 값이 될 것이다. 물론 이 사회적 순이익에는 미래세대의 이익이 적절히 반영되어야 할 것이다. 결국 정부가 미래세대 이익의 대변자가 되어서 이 희소지대를 추정할 수밖에 없을 것이다. 석유가격을 포함한 자연자원의 가격을 사회적 적정수준으로 높이는 한 가지 방법은 이렇게 추정된 희소지대를 사용자부담의 원칙에 입각해서 자연자원의 이용자에게 징수하는 것이다. 이 일이 사용자부담 원칙이 당면하는 첫 번째 과업이 될 것이다.

사용자부담 원칙을 실행함에 있어서 당면하게 되는 또 하나의 어려운 과제는 흔히 말하는 환경가치를 추정하고 이것을 가격화해서 사용자에게 부담시키거나 혹은 개발사업의 추진자에게 부담시키는 문제다. 사용자부담 원칙이 적용되는 자연자원 중에는 굳이 생산에 이용되지 않더라도 있는 그 자체로서 많은 혜택을 발생시키는 자원들이 있다. 바다의 경치라든가 산림, 명승지 등이 그 좋은 예다. 예를 들면, 산림을 벌채하지 않고 있는 그대로 보전하면 깨끗한 공기를 공급함으로 인한 이익이라든가 수자원을 함양하고 물을 깨끗하게 해줌으로 인한 이익, 토양이 씻겨 내려가지 않게 해줌으로써 산사태를 막고 댐이나 저수지의 기능을 보전하는 등 여러 가지 이익을 발생시킨다. 환경가치의 추정문제나 이를 개발사업의 타당성에 고려하는 문제는 뒤에서 다시 자세히 살펴보기로 한다.

4. 예방원칙과 최근접결정의 원칙

불확실성과 기존 접근방법의 한계

오염원인자부담 원칙이나 사용자부담 원칙에 공통적인 큰 약점은 불확실성의 문제를 제대로 다룰 수 없다는 점이다. 예를 들면 오염원인자부담 원칙에 따라 배출부과금제도를 실시한다고 하더라도 이 제도가 생산에 미치는 영향 그리고 이 영향이 오염물질의 배출량에 미치는 영향 사이에는 불확실한 요인들이 너무나 많이 개재되어 있기 때문에 결과적으로 배출부과금제도의 실시가 얼마나 많은 효과를 발생시킬지는 아무도 장담할 수 없다. 뿐만 아니라 환경오염물질의 배출과 환경오염피해 사이에도 오랜 불확실성이 개재되어 있다. 환경오염으로 인한 구체적 피해는 오랜 시일이 지난 후에야 나타나는 경우도 많기 때문에 더욱 그렇다. 오염원인자부담 원칙을 실행하기 위한 정책수단들이 경제활동과 환경오염물질 배출량 그리고 환경오염피해에 미치는 영향을 잘 알지 않고는 환경오염원인자에게 환경오염피해에 대한 책임을 묻는 것 자체가 어불성설이 될 가능성마저 있다.

이런 점에서 사용자부담 원칙 역시 예외는 아니다. 이 원칙을 제대로 실행에 옮기기 위해서는 희소지대와 환경가치의 추정이 전제되어야 하는데, 이는 기본적으로 미래의 예측에 관한 일이니 미래의 온갖 불확실성을 감당해야 한다. 이 원칙들의 궁극적 목적이 되는 지속가능발전의 이념이 미래세대를 보호하는 이념이라는 것을 생각하면 불확실성의 문제는 더욱 심각해진다.

이런 불확실성은 오염원인자부담 원칙이나 사용자부담 원칙으로 다루기는 매우 어렵기 때문에 예방적 차원에서 대처해야 한다는 논리가 성립한다. 그래서 국제환경문제에 대한 국제적 협상에 있어서도 예방원칙을 하나의 지도원칙으로 삼아야 한다는 주장이 제기되었다. 지구온난화문제가 예방원칙을 적용해야 할 좋은 예로 지적되고 있다. 즉, 예방원칙에 의하면, 이산화탄소나 기타 온실효과의 원인으로 지목되는 물질들이 비록 현재로서는 온실효과를 초래한다는 과학적 확증이 없다고 하더라도, 그리고 지구온난화로 인한 피해의 정도에 대한 과학적 확증이 없다고 하더라도 엄청난 불가역적 재앙을 가져올지도 모르는 지구온난화에 대한 대책을 소홀히 할 수는 없다. 예방원칙은 불가역적인 재앙의 예방에 주안점을 두는 원칙이다. 돌이킬 수 없는 엄청난 손실을 초래할 재앙이 만에 하나 발생할지도 모른다고 하면 이 재앙이 발생할 가능성이 어느 정도 되느냐에 너무 집착하지 말고 최악의 사태에 대비해야 한다는 고전적 결정 이론이 이 원칙의 근저를 이루고 있다.

위험(risk)이나 미지의 문제에 합리적으로 대응하는 문제를 다루는 전통적인 이론은 소위 기대효용 이론(expected utility theory)이다. 즉, 기대효용 이론이란 간단히 말하면 발생하리라고 예상되는 이익에 확률을 곱한 기대이익을 극대화하는 전략을 택하는 것이 합리적이라고 보는 이론이다. 예를 들어서 A전략을 택할 경우 100만원의 순이익이 0.1의 확률로 발생하고 B전략을 택할 경우 0.9의 확률로 20만원의 순소득이 발생한다고 하면 A전략으로부터의 기대이익은 10만원(0.1 × 100만원)이고 B전략으로부터의 기대이익은 18만원(0.9 × 20만원)이다. B전략으로부터의 기대이익이 A전략으로부터의 기대이익보다 더 크므로 기대효용 이론은 B전략을 택하는 것이 합리적이라고 권고하게 된다.

이 이론은 사람들이 합리적으로 결정하고 선택함을 전제하고 있는데, 실제 사람들은 이 이론이 주장하는 바와는 다르게 행동함을 보이는 실증연구들이 무척 많이 있다. 기대효용 이론이 주장과는 달리 실제에 있어서 사람들은 극단적인 상황, 예컨대 발생할 확률은 적지만 일단 터졌다 하면 막대한 피해가 예상되는 상황에 필요 이상 신경을 쓰는 경향이 있다. 비록 기대효용 이론이 경제학 교과서를 도배하고 있지만, 위험을 내포한 실제 상황에 처한 사람들의 행태를 잘 설명하지 못하는 공리공담이라는 비판이 꾸준히 제기되고 있다. 특히 비록 확률은 낮지만 엄청난 재앙을 몰고 오는 상황에서 사회적 선택을 예측하는 데에는 기대효용 이론은 적합한 이론은 아니라는 지적이 있다.

행태경제학자들의 연구에 의하면 확률이 비교적 잘 알려진 상황에서도 많은 사람들이 확률에 의거해서 행동하지 않는다. 그러다 보니 경제학적으로 볼 때 앞뒤가 잘 맞지 않는 이상한 행동들이 일상생활에서도 흔히 나타난다. 예를 들면, 많은 사람들이 복권을 사지만, 이것이야말로 미련한 짓이다. 복권은 애당초 당첨될 가능성이 거의 없게끔 치밀하게 계산해서 만들어진 상품이다. 그러므로 극히 예외적인 사람을 빼고는 대다수의 사람들은 수없이 돈만 날리게 되어 있다. 경제학적으로 말하면, 기대이익이 복권가격보다 훨씬 작다는 것이다. 따라서 복권을 사는 행위는 합리적이라고 볼 수 없다.

복권의 경우에는 사람들이 무모하게 모험을 감행하면서도, 이와는 대조적으로 많은 사람들이 어떤 경우에는 미련할 정도로 모험을 기피한다. 노벨경제학상을 받은 한 유명한 미국의 경제학자가 동료 교수들에게 동전 던지기 놀음을 제안하였다. 동전을 던져서 앞면이 나오면 15만원을 따고 뒷면이 나오면 10만원을 잃는 게임이다. 기대효용 이론에 의하면 분명히 이익이 되는 게임이다. 확률은 반반이지만, 이익이 손실보다 훨씬 크다. 따라서 합리적인 사람은 이 놀음에 선선히 응해야 한다. 하지만, 실험결과에 의하면 대부분의 사람들이 그런 게임을 거부한다. 이겼을 때 이득이 졌을 때 손실의 최소한 두 배 이상 되어야만 놀음에 응한다. 사람들이 이익보다는 손실에 대하여 더 민감하기 때문에 이런 이상한 일이 발생한다. 좀 더 정확하게 말하면, 이익으로 인한 만족의 강도보다 손해로 인한 불만족의 강도가 더 크기 때문에 사람들이 손실 가능성이 있는 모험을 회피하는 성향이 있다는 것이다.

불확실한 상황에서 사람들의 이런 이상한 행동에 특히 주목한 두 명의 심리학자가 있었다. 이들을 자신들의 연구결과를 이른바 전망이론(prospect theory)으로 발전시켰고, 그 공로로 노벨경제학상을 수상함으로써 많은 사람들을 깜짝 놀라게 하였다. 경제학자도 받기 힘든 상을 경제학자가 아닌, 심리학자들이 받았기 때문이다. 카네만(D. Kahneman)과 트버스키(A. Tversky)가 바로 그들이다. 요컨대 이 이론에 의하면 불확실한 상황에서는 많은 사람들이 경제적 교과서가 얘기하는 것과 사뭇 다른 행동양태를 보인다는 것이다.

예를 들어 보자. 2010년 남아공 월드컵대회 제1차 예선에서 우리나라 축구팀은 강호로 알려진 아르헨티나 팀과 그리스 팀을 상대하게 되었다. 이 두 강호 중에서 어느 한 팀을 이길 가능성은 있어도 이들을 모두 이길 확률이 낮다는 것은 수학적으로 분명하다. 그럼에도 불구하고 이 두 팀을 모두 이길 확률이 그 어느 한 팀만 이길 확률보다 높다고 말하면, 아마도 누구나 이상하게 생각할 것이다. 이런 잘못된 생각을 결합의 오류라고 하는데, 실제로는 이 결합의 오류를 범하는 사례가 일상생활에서 의외로 많다고 한다.

결합의 오류에 대한 가장 유명한 실험의 예는 소위 '린다의 역설'로 알려져 있다. 우선 피실험자들에게 젊고 성실하고 사람들과 잘 어울리며 계산을 잘 하는 여성을 구체적으로 서술하고 나서 이 여성이 다음 중 어떤 사람일 가능성이 가장 높으냐고 물었다. ① 은행 여직원, ② 여성운동을 하는 은행 여직원, ③ 전업 가정주부. 실험 결과, 대다수가 이 여성이 여성운동을 하는 은행 여직원일 가능성이 가장 높다고 대답하였다. 보통 사람들뿐만 아니라 교육수준이 상당히 높은 사람들 중에서도 이렇게 대답하는 사람이 많았다고 한다. 여성운동가이면서 동시에 은행 여직원일 확률은 단순히 은행 여직원일 확률보다 낮지 않으냐고 반문하면 그제서야 고개를 갸우뚱한다.

기대효용 이론의 또 한 가지 심각한 문제는, 예상되는 모든 상황별로 발생 확률을 잘 알고 있음을 전제한다는 점이다. 만일 확률을 모른다면 기대값을 구할 수 없고 따라서 어떤 전략이 가장 합리적인 전략인지 말할 수 없게 된다. 환경과 관련된 재앙들이 대개 이런 경우에 해당한다. 환경재앙은 대부분의 경우 이것이 발생할 확률조차 알 수 없다는 데에 문제가 있다. 자동차 사고라든가 화재, 홍수 등은 우리 인류가 수없이 겪어 왔기 때문에 이런 것들이 어느 정도의 확률로 어떤 손실을 초래할 것인지는 비교적 잘 알려져 있고 이것을 이용해서 돈벌이하는 기업(소위 보험회사)들도 다수 있다.

하지만 환경 관련 재앙, 예컨대 지구온난화로 인한 재앙은 일찍이 우리 인류가 경험한 적이 없는 그런 성격의 재앙이라서 그 확률을 짐작조차 하기 힘들다. 보통 발생 확률이 알려져 있으면 위험이라는 용어를 사용하고, 발생 확률조차 알 수 없는 것에 대해서는 불확실이라는 용어를 사용한다. 환경 관련 재앙은 불확실한 것이기 때문에 기대효용 이론을 매우 적용하기 곤란하다. 따라서 발생확률조차 알 수 없는 환경문제의 경우에는 다른 이론에 입각해서 바람직한 선택을 해야 하는데 이 경우 흔히 제시되는 대안 이론이 소위 Minimax 이론이다. 이 이론은 최악의 경우 중에서도 가장 덜 나쁜 것을 선택할 것, 달리 말하면 '악마 중에서 가장 착한 악마'의 선택을 기본으로 삼는 이론이다. 바로 이 Minimax 이론이 예방의 원칙을 정당화하는 데에 가장 자주 이용되는 이론이고 후회최소화 이론도 자주 거론된다.

불확실성과 예방원칙의 정당성

그러면 Minimax 이론이 어떻게 예방원칙을 정당화하는지 기후변화의 경우를 예로 들어보자. 우선 기후변화에 대하여 두 가지 상황을 상정할 수 있다. 그 하나는 기후변화로 인한 엄청난 재앙이 실제로 발생하는 상황이고 다른 하나는 기후변화로 인한 재앙이 발생하지 않는 상황이다. 물론 이 두 상황 모두 불확실한 상황이어서 과연 어떤 상황이 실제로 전개될지 그 확률조차도 알 수 없다. 그러면 이런 두 상황을 놓고 어떻게 대응할 것인가? 두 가지 대응을 생각해 볼 수 있다. 그 하나는 통상 경제학자를 포함한 많은 과학자들이 주장하듯이 과학적 확증이 없으므로 이에 대하여 아무런 대책을 취하지 않는 대안이고 다른 하나는 예방의 원칙에 따라 대책을 마련하는 대안이다. 우선, 대비책을 마련하지 않는다고 해보자. 만일 기후변화로 인한 재앙이 발생하면 예컨대 L만큼의 손실이 발생한다고 하자. 대비책을 마련하는 경우에는 대비책 수행비용이 소요되는데 그 금액을 C라고 하자. 물론 L은 C보다 훨씬 더 크다. 확실치도 않은 재앙에 대해서 이것이 일어난다고 했을 때에 당하게 될 것으로 예상되는 손실액보다 더 큰 비용을 들여서 그 재앙에 대비한다는 것은 미련한 짓이다. 이렇게 각 상황별 예상 손실액을 정리하면 [표 6-1]과 같은 행렬을 그려 볼 수 있을 것이다.

기후변화가 실제로 일어더라도 이에 대하여 충분한 대비책을 마련했으면 재앙은 발생하지 않을 것이다. 그러므로 이 경우 대비책 수행에 소요되는 비용 C만 날리게 된다. 즉, C가 손실이 된다. 만일 대비책을 마련하지 못했으면 재앙이 발생할 것이므로 L에 상당하는 손실이 발생한다. 기후변화가 발생하지 않는 경우에는 대비책을 추진하면 비용 C만 날리게 되고 대비책이 없었으면 아무런 손실도 발생하지 않는다.

[표 6-1]을 보면 예방의 원칙에 따라 대비책을 마련하는 경우 기후변화

표 6-1 기후변화가 발생할 경우와 발생하지 않을 경우의 payoff 행렬

	기후변화 발생	기후변화 없음	:	최대손실
대비책 실행	C	C	:	C ← 최소손실(解)
대비책 없음	L	0	:	L

가 발생하든 하지 않든 C만큼의 손실이 발생한다. 반면에 대비책을 마련하지 않을 경우 다행히 재앙이 발생하지 않으면 아무런 손실이 없지만 재앙이 발생하는 날이면 L이라는 엄청난 손실이 발생한다. 대비책이 없을 경우 최악의 상황은 L이 발생하는 것이다. 다시 말해서 대비책을 마련하는 경우 최악의 상황은 C를 지불하는 것이고 대비책이 없었을 경우 최악의 상황은 L을 당하는 것이다. Minimax 이론에 의하면 발생할 수 있는 손실이 가장 적어지는 대안을 택하는 것이 최선인데 C가 L보다 적으므로 예방원칙에 따라 대책을 마련하는 것이 Minimax 이론이 추천하는 최선의 대응책이 된다.

물론 이 경우 예방원칙에 의거한 대응책이 재앙을 예방함에 있어서 효과적이고 효율적으로 수행됨을 전제한다. 만일 이런 전제가 성립하지 않는다고 하면, 예방원칙에 따라 대책을 실시했으나 효과가 별로 없어서 재앙을 막지 못한다고 하면 돈은 돈대로 날리고 막대한 손실만 당하게 되니 바로 이런 상황이 최악의 상황으로 떠오르게 된다. 바로 이런 상황이 Minimax의 이론에 의하면 가장 기피해야 하는 상황이기 때문에 아무리 예방의 원칙에 따른다고 하더라도 실효가 별로 없는 대책으로 예방원칙을 추진하는 일은 Minimax 이론의 지지를 받지 못하게 된다. 오히려 그런 대책은 추진하지 않는 것이 Minimax 이론의 취지에 부합한다.

이를 위의 [표 6-1]과 같이 손실-이익의 행렬을 이용해서 살펴보자. [표 6-1]의 두 상황 이외에 제3의 상황으로서 예방원칙에 의거해서 대비책을 추진하지만 별로 효과가 없어서 기후변화의 재앙이 발생하는 상황을 상정해 보자. 이 경우 총손실은 재앙으로 인한 손실에 대비책 추진에 소요되는 비용까지 합친 $(L+C)$가 된다. 그렇다면 차라니 대비책을 추진하지 않았더라면 총손실은 재앙으로 인한 손실 L만 당했을 것이다.

[표 6-2]는 [표 6-1]에 이 제3의 상황을 첨가한 것이다. 이 표에서 보듯

표 6-2 예방원칙에 의거한 대비책이 실효를 거두지 못하는 경우를 포함한 pay-off 행렬

	기후변화 발생	기후변화 없음	대비책 효과없음	:	최대손실
대비책 실행	C	C	$L+C$	:	$L+C$
대비책 없음	L	0	L	:	L ← 최소손실(解)

이 대비책을 실행하는 경우 최대손실은 $(L+C)$이지만 대비책을 실행하지 않는 경우 최대손실은 L이니 대비책을 마련하지 않는 것이 차라리 Minimax의 취지에 맞는다. [표 6-2]를 보면 C가 조금이라도 0보다 크더라도 대비책을 실행하는 것이 최선의 선택이 되지 못한다. 이 말은 예방원칙에 의거한 대비책이 약간만이라도 효과가 없다고 해도 Minimax 이론의 지지를 받을 수 없음을 시사한다. 그렇기 때문에 예방원칙은 이를 실천에 옮기는 대비책이 충분히 효과가 있음이 입증되어야만 비로소 정당화된다는 점에서 상당히 부담스러운 원칙이라고 할 수 있다.

물론 Minimax 이론만이 예방원칙을 정당화하는 것은 아니다. 예컨대 후회를 최소화한다는 차원에서도 예방원칙을 정당화할 수 있다. 예를 들어 기후변화가 발생하는 경우 만일 대비책을 세웠다면 후회할 손실은 없을 것이나, 대비책을 세우지 않았다면 후회하게 될 손실은 $(L-C)$가 될 것이다. 그러나 만일 기후변화가 발생하지 않는다면 대비책을 추진할 경우 돈만 날리게 되니 후회하게 될 손실은 C가 될 것이며 대비책을 추진하지 않는다면 후회할 것도 없다. 각 상황별로 후회하게 될 손실액을 행렬로 작성하면 [표 6-3]과 같이 될 것이다. 결국 어떤 상황이 발생하든 대비책을 실행하는 경우 가장 많이 후회하게 될 손실액은 C이고 대비책이 없을 경우에 가장 많이 후회할 금액은 $(L-C)$이니 만일 $L-C>C$, 즉 $L>2C$이면 예방원칙에 따라 대비책을 실행하는 것이 후회를 최소화하는 전략이 된다.

이와 같이 Minimax 이론으로나 후회최소화 이론으로 예방의 원칙을 정당화할 수 있는데 위의 예에서는 예상되는 환경재앙이 불가역적인지 아닌지는 고려하지 않았다. 그러나 많은 환경 관련 과학자들은 환경재앙이 불가역적임을 특징으로 한다고 주장한다. 자연상태로 보존된 임야나 산림은 꼭 필요하다면 언제든지 환경의 가치를 포기하고 개발사업을 위한 토지로 전용이 가능하다. 그러나 일단 개발이익을 위해서 전용된 토지를 개발이전의

표 6-3 후회하게 될 손실의 금액과 후회최소화 전략

	기후변화 발생	기후변화 없음	:	후회할 최대금액
대비책 실행	0	C	:	C ← 후회최소전략
대비책 없음	$L-C$	0	:	$L-C$

자연상태로 돌려 놓아서 원래의 환경의 가치를 회복한다는 거의 불가능함이 상례이다. 예를 들면, 한라산을 뭉개서 공업단지를 짓는 것은 언제든지 가능하지만 일단 공장용지로 바뀐 것을 다시 원래의 한라산으로 정밀하게 복원하는 것은 사실상 불가능하다고 보아야 한다. 한 번 없어진 한라산을 국민들이 아무리 아쉬워한들 그 때는 이미 늦은 것이다. 우리 일상생활에서도 돌이킬 수 없는 결과에 이르는 결정은 극히 신중을 기하듯이 국가 전체의 차원에서도 경제개발을 촉진한다는 명분 아래 자연환경을 개발이익을 위해서 파괴하는 결정은 극히 신중을 기해야 할 것이다. 그러므로 환경재앙이 불가역적인 경우에는 예방원칙이 더 강한 설득력을 가지며 그만큼 더 중요해진다.

예방원칙이 이와 같이 충분한 이론적 근거를 가진다고 하면, 이 원칙을 구체적으로 구현하기 위한 정책수단은 무엇인가? 물론 여러 가지 정책수단이 있겠지만 직접규제는 환영받지 못한다. 앞장에서 자세히 언급하였듯이 직접규제는 매우 비효율적이라고 알려져 있기 때문이다. 예방원칙을 실천하기 위한 정책수단의 경우에도 경제적 인센티브를 활용한 수단이 많이 권고되고 있다. 예를 들면 지구온난화문제의 경우 국제사회에서 많이 거론되는 정책수단은 탄소세와 거래가능배출권제도이다. 다른 환경세나 배출부과금이 주로 각종 오염물질의 배출량을 이미 정해진 법적 기준 이하로 통제함을 목적으로 함에 반해서 탄소세는 주로 예방원칙에 따라 지구온난화를 예방하려는 취지를 가진 정책수단이다.

이와 같이 선진국들은 범지구적 환경문제에 대하여 예방원칙을 실천하기 위한 여러 가지 계획이나 정책수단을 제안하는 데 반해서, 문제는 후진국들이나 개도국들이 경제개발에 급급하여 예방의 원칙을 실천할 의지도 약하고 실제로 그럴 만한 경제력도 가지지 못하고 있다는 것이다. 물론 선진국이 예방의 원칙 실시에 소요되는 비용을 부담해 준다면 후진국도 이 원칙을 실천에 옮기겠다는 것이 후진국의 입장이다. 그러나 워낙 경제개발을 급선무로 생각하는 후진국은 약간의 경제적 부담이 있어도 예방의 원칙을 실행할 여유를 갖지 못하고 있는 것이 현 실정이다. 결국 예방원칙의 차원에서 후진국이나 우리나라와 같은 개발도상국이 택할 수 있는 현실적이고 유일한 전략은 아마도 에너지 효율 증대 전략일 것이다. 왜냐하면 이 전략은 기후변화의 재앙이 오든 안 오든 손해날 것이 없는 전략이기 때문이다.

최근접결정의 원칙

최근접결정의 원칙은 개인의 자주성에 뿌리를 둔 원칙으로서 말하자면 개인 자주성의 개념을 정치조직과 환경문제의 해결에 확대한 원칙이라고 할 수 있다. 최근접결정의 원칙이 정초하고 있는 또 하나의 뿌리는 시민의 이해관계가 걸린 문제에 대한 결정은 시민의 참여 하에 시민의 가장 가까이에서 결정해야 한다는 민주주의 원칙이다. 따라서 최근접결정의 원칙은 중앙집권보다는 지방자치를 옹호하는 원칙으로서 중앙집권화와 지방분권화 중에서 어느 것이 더 바람직한가에 대한 논쟁에서 으레 등장하는 원칙이기도 하다. 실천적 차원에서 보면 최근접결정의 원칙은 작은 단위나 규모에서의 결정이 큰 단위나 규모에서의 결정보다 더 효율적임을 전제한 원칙이라고 볼 수 있다.

사실 나라마다 그리고 지역마다 자연적 조건이 다르다. 예를 들면, 어떤 나라는 자연적으로 자연의 자정능력이 크고 또 어떤 나라는 자정능력이 적다. 열대 지역은 다른 지역에 비해서 자연의 자정능력이 더 큰 것으로 알려져 있다.[19] 높은 온도와 많은 강우량은 오염물질을 분해하고 희석하며 씻어내리는 데에 크게 도움이 될 법하다. 바다는 아무래도 강보다는 더 많은 오염물질을 수용할 수 있을 터이니 이런 점에서는 섬 나라인 영국은 유럽 내륙 나라에 비해서 자정능력이 큰 나라라고 할 수 있을지도 모른다. 환경의 자정능력이 큰 나라에서는 다른 나라와 똑같은 양의 오염물질을 버려도 환경오염피해가 덜하다. 자정능력이 상대적으로 크다는 것은 환경오염물질 배출의 매체로 이용할 수 있는 환경자원의 양이 상대적으로 많다는 것이니, 말하자면 환경재가 풍부한 것으로 이해할 수가 있다.

나라마다 그리고 지역마다 사람들이 환경에 부여하는 가치가 다르다. 어떤 나라의 국민들 혹은 어떤 지역의 주민들은 깨끗한 환경보다는 경제적으로 생활수준이 높아지는 데에 더 신경을 쓰는가 하면 또 어떤 나라 혹은 지역의 사람들은 깨끗한 환경에 유난히 민감하다. 이와 같이 환경에 부여하는 가치가 달라지는 이유는 국민성 및 지역성 때문이기도 하겠지만 아마도 주로 소득수준이 다르기 때문일 것이다. 소득수준이 높을수록 깨끗한 환경을 더 선호하는 경향이 있다. 따라서 대체로 선진국의 국민들은 후진국의 국민들에 비해서 깨끗한 환경에 더 큰 가치를 부여할 가능성이 높고, 따라서 이런 나라의 환경정책은 그러한 국민들의 여망에 부응하는 방향으로 전개될 것이다.

환경오염 및 환경파괴의 정도에 대한 정보나 자료, 환경오염 및 환경파괴의 피해에 대한 기대 내지는 위험부담이 나라마다 그리고 지역마다 다르다. 예를 들면, 흔히 지구온난화로 인한 피해를 온 인류가 똑같이 당하는 것같이 말하고 있지만, 우선 지구온난화로 인해서 구체적으로 어떤 피해가 발생하는지에 대한 인식이 나라마다 그리고 지역마다 다르다. 유럽의 국가들은 지구온난화로 인한 피해를 매우 심각하게 생각하는가 하면, 미국에서는 그다지 심각하게 생각하지 않는 경향이 있다.

이와 같이 인문 · 사회적, 경제적, 그리고 자연적 여건이 나라마다 다르고 지역마다 다름에도 불구하고 전 세계에 걸쳐 혹은 한 나라 안에서도 전국에 걸쳐 획일적으로 동일한 환경기준을 설정하고 동일한 환경규제를 집행하는 것은 비효율적일 뿐만 아니라 무리다. 만일 나라별, 지역별 여건에 맞는 환경정책을 추진하는 것이 바람직하다면, 당연히 환경문제에 대한 공적 결정은 나라별로 그리고 지역단위별로 이루어져야 한다.

이런 점에서 보면 오염원인자부담 원칙을 수행하는 대표적인 정책수단인 배출부과금제도는 최근접결정의 원칙에 따라 지역별로 자율적으로 실시하는 것이 바람직할 것이다. 환경을 적정수준까지 이용하게 유도하기 위한 가격은 나라에 따라 그리고 지역에 따라 달라지기 때문이다. 그래서 예를 들면 수질오염에 대한 배출부과금제도는 수계별로 실시하되 경제개발보다는 높은 수질을 더 선호하는 지역에서는 배출부과금 요율을 높게 책정하고 반대로 높은 수질보다는 경제개발이 시급한 지역은 배출부과금 요율을 낮게 책정하게 해야 한다. 왜냐하면 앞의 지역에서는 깨끗한 물의 가치가 상대적으로 높고 뒤의 지역에서는 깨끗한 물의 가치가 상대적으로 낮기 때문이다.

원래 배출부과금제도는 지방자치단체별로 지역 여건에 맞게 실시하는 제도였다. 그러므로 배출부과금제도는 오염원인자부담 원칙에 부합하면서 동시에 최근접결정의 원칙에도 부합하는 정책수단이라고 할 수 있다. 그럼에도 불구하고 우리나라에서는 배출부과금제도가 중앙정부의 주관 하에 전국에 걸쳐 획일적으로 실시되고 있다. 아마도 장기적으로는 우리나라도 최근접결정의 원칙에 따라서 배출부과금제도의 실시를 지방자치단체에 이관하는 것이 바람직할 것이다.

비단 배출부과금제도뿐만 아니라 다른 많은 환경정책 수단들을 중앙정부가 거의 전적으로 주관하고 있다. 앞으로 환경문제에 대한 대응에 있어서 중앙정부와 지방정부가 어떻게 역할분담을 할 것인지가 매우 중요한 과제가 되고 있다. 대체로 보면 외국의 경우 쓰레기수거 및 처리는 지방자치단체가 자율적으로 수행함이 거의 관례이기 때문에 쓰레기에 대한 정책의 수립도 지방자치단체의 몫으로 인식되고 있다.

이런 점에서 보면 1995년 1월을 기해서 전국에 걸쳐 획일적으로 실시된 우리나라의 쓰레기수거료 종량제는 최근접결정의 원칙에 부합한다고 보기 어렵다. 쓰레기발생 양태와 수거효율이 아파트 동네와 단독주택 동네가 다르고 달동네와 부촌이 다르며 언덕 지역과 평지가 다르게 마련인데 모든 지역이 똑같이 획일화된 비닐쓰레기봉지를 사용한다는 것도 이상하다. 쓰레기수거료 종량제를 실시한다고 하더라도 이를 실시하는 구체적인 방법은 지방자치단체가 자율적으로 결정하는 것이 최근접결정의 원칙에 부합하는 일일 것이다.

물론 오늘날의 환경오염이 지역성보다는 광역성을 띠는 경우가 많아서 이에 대한 대응을 지역에 맡길 수만은 없는 것도 사실이다. 예컨대 위천공단을 둘러싼 낙동강 수질오염문제는 대구 지역과 부산 지역이 자율적으로 해결할 문제로 내버려 두기 곤란한 측면을 내포하고 있다. 한강을 둘러싼 서울, 경기도, 강원도 사이의 첨예한 이해관계 대립에는 단순히 지방정부의 차원에서 해결하기 어려운 측면이 많이 있다. 지구온난화문제와 같은 범지구적 환경문제로 인한 국제적 압력은 지역 차원이 아닌 중앙정부 차원에서 대응해야 할 사항이다.

핵심 주장

1. 세계의 대부분의 나라들이 GDP를 중요한 국정지표로 삼고 있다. GDP는 한 나라의 경제적 생산력 내지는 국민소득수준이 지표로 이용되기도 하고 국민의 복지수준을 반영하는 지표로 이해되기도 한다. 그러나 지속가능발전 이념의 시각에서 보면 GDP는 그 어느 것도 제대로 반영하지 못하는 지표이다. 오래 전부터 기존의 GDP의 문제점을 시정하고 새로운 지표를 구성하기 위한 노력은 계속되어 왔는데, 크게 두 가지 다른 방향으로 진전되어 왔다. 그 하나는 사회복지의 측면에 큰 비중을 두고 새로운 경제복지지표를 개발하는 방향으로 전

개된 일단의 노력이다. 또 다른 부류의 노력으로는 사회복지를 잘 측정하려 하기보다는 좀 더 정확한 소득의 개념에 의거해서 소득을 보다 더 잘 계측해 보려는 쪽으로 수행되어 온 일단의 노력이다.

2. 지속가능발전의 이념은 환경성, 효율성, 형평성을 지향하는 이념이다. 지속가능발전의 이념은 모든 경제활동이 환경의 수용능력의 범위 안에 제약되어야 함을 강조한다. 그러나 지속가능발전의 이념은 자원의 효율적 이용을 통해서 경제성장과 환경보전의 동시 달성이 얼마든지 가능하다는 굳은 신념을 바탕으로 한다. 지속가능발전의 이념은 빈부격차가 환경문제의 근본 원인이며 또한 빈부격차가 환경문제를 해결함에 있어서 근원적인 장애가 된다는 생각을 바탕으로 한다. 따라서 지속가능발전의 이념은 소득분배의 형평성을 대단히 강조하는 이념이다.
3. 지속가능발전의 이념을 실천하기 위한 행동강령서인 '의제 21'은 이 이념을 실현하기 위한 네 가지 원칙을 제시하고 있다. 오염원인자부담의 원칙, 사용자부담의 원칙, 예방의 원칙, 최근접결정의 원칙이 그것이다. 경제학적으로 보면, 이 네 원칙은 시장의 실패를 교정하기 위한 원칙이라고 할 수 있다. 오염원인자부담 원칙은 이들 중 가장 대표적인 원칙이지만, 자원고갈문제와 미래세대의 이익을 제대로 고려하지 못한다는 문제점을 안고 있다. 이를 보완하기 위한 원칙이 사용자부담의 원칙이다. 그러나 이 두 원칙 모두 불확실성의 문제에 대처하기에는 미흡하다. 환경문제는 특히 많은 불확실성을 내포하고 있다. 예방의 원칙은 이 불확실성에 대처하기 위한 원칙이다. 최근접결정의 원칙은 이 세 원칙에서 빠져 있는 의사결정과정의 민주성을 강조하는 원칙이다.

---

5. 지속가능발전의 이념과 시장원리

경제적 인센티브를 이용한 환경정책

지속가능발전의 이념이 형평성을 특히 강조하고 있음에도 불구하고 한 가지 놀라운 것은, '리오지구환경선언'과 '의제 21'이 경제적 수단들과 경제적 인센티브를 중심으로 한 시장의 역할을 매우 강조하고 있다는 점이다. '리오지구환경선언'의 원칙 16은 "…각국 정부는 환경오염비용의 내부화와 경제적 수단의 사용을 촉진하도록 노력해야 한다"고 규정하고 있다. '의제 21'의 제8장은 이 원칙을 실행하기 위한 구체적인 내용을 담고 있다.

즉, '의제 21'의 제8장은 환경법이나 환경규제만으로는 환경문제를 해결하는 데에 한계가 있음을 인정하면서 "시장을 이용한 방법들을 개발해서 효과적으로 그리고 광범위하게 이용하기 위한 적절한 노력이 절실히 필요하다"고 선언하고 이어서 다음과 같은 세 가지 행동목표를 설정하고 있다. 첫째, 환경파괴로 인한 피해가 다른 사람이나 다른 나라 또는 미래세대에게 파급되지 않도록 하며, 둘째, "자원의 희소성이 가격에 정확하게 반영되도록 함으로써 환경파괴의 방지에 기여하도록 하고", 셋째, "경제적 수단과 지속가능개발을 추구하기 위한 정책에는 시장원리가 활용되도록 한다"는 것이다. 이 행동계획에는 이러한 목표를 달성하기 위한 여러 가지 전략적인 행동들이 제안되어 있다. 이들 중에서 특히 관심을 끄는 것으로는, 환경과 관련한 새로운 시장의 창출을 진작시키기 위한 정책의 틀을 세워야 한다는 것, 지속가능개발에 도움이 되는 방향으로 환경의 가격화를 추구해야 한다는 것, 경제적 수단과 동기유발에 관한 각국의 경험들을 교환한다는 것 등이다.

지속가능발전 이념의 주창자들이 이와 같이 시장의 원리 및 경제적 인센티브에 입각한 환경정책을 강조하는 이유는 이것을 통해서 경제개발과 환경보전의 조화가 가능하다고 믿었기 때문이다. '리오지구환경선언' 이나 '의제 21' 이 주창하는 지속가능개발이란 기본적으로 경제개발도 이루면서 환경보전도 달성할 수 있음을 전제할 뿐만 아니라 이 두 가지 목표의 동시달성이 꼭 필요함을 강조하는 개념이다. 경제학 역시 환경도 보전하면서 경제성장도 달성할 수 있음을 굳게 신봉하는 경향을 보인다. 그것도 정부의 적극적인 개입에 의해서가 아니라 시장기구의 활용에 의해서 달성할 수 있다고 생각한다는 점이 특히 주목을 끈다. 이런 점에서 보면 지속가능개발의 이념을 천명한 '리오지구환경선언' 이나 '의제 21' 의 기본 입장과 환경문제에 대한 경제학의 기본 입장 사이에는 어느 정도 공통점이 있다.

그러나 지속가능발전의 이념과 경제학의 이념 사이에는 어떻게 보면 근원적인 차이가 있다. 경제학은 사익추구가 곧 공익이 된다는 신념을 밑바탕으로 하고 있기 때문에 전체의 이익을 생각하지 않는 사익추구를 정당화한다. 경제학에 의하면, 각 개인들이 전체의 이익은 생각하지도 않고 그리고 나의 행동이 남에게 어떤 영향을 미치는지 생각하지도 않고 오직 개인의 이익만을 추구해도 '보이지 않는 손' 에 의해서 사익과 공익은 조화되게 되어 있다. 시장에서 거래하는 사람은 누구나 자신의 이익만 챙기지 남의 이익은 안중에도 없다.

환경문제에 시장의 원리를 이용한다는 것 혹은 경제적 인센티브를 활용한다는 것은 곧 환경에 관하여 인위적으로 시장을 조성하거나 혹은 이미 있는 시장을 좀 더 완전한 시장으로 바꾸는 것을 의미한다. 그러나 이런 식의 접근방법이 환경문제를 제대로 해결할 수 있을 것인지에 대해서는 많은 의문이 제기된다. 각 개인의 사익추구 행위가 환경에 미치는 악영향은 너무나 많은 불확실성의 베일에 싸여 있다. 예컨대, 기업들이 오존층파괴물질이라고 하는 CFC를 개발해서 시판을 시작했을 때만 해도 아마도 그 어느 누구도 이 물질이 그렇게 엄청난 환경악영향을 가져오리라고는 미처 생각하지 못했을 것이다. 심지어 CFC를 개발한 연구팀은 많은 사람들 앞에서 CFC를 마시기까지 했다고 한다. 다행이 CFC의 경우에는 조기진단이 나와서 그런 대로 대책을 마련할 수가 있었다. 그러나 항상 이렇게 된다는 보장은 어디에도 없다. 암으로 죽는 사람들을 보면 자각증상이 나타났을 때는 이미 손을 쓸 여지가 없는 경우가 대부분이라고 한다.

환경문제의 특성에 비추어 보아 개인의 무분별한 사익추구로 인한 환경 악영향이 소리 없이 누적되다가 어느 날 느닷없이 터지면서 우리 인류에게 치명적인 타격을 줄 가능성은 얼마든지 있다. 바로 이것이 환경운동을 하는 사람들이 진실로 걱정하는 바이다. 예를 들면 세계의 모든 나라가 자국의 경제성장만을 생각하고 현재와 같이 화석 에너지를 마구 이용한다면 결국 지구온난화를 초래하여 모든 나라가 공멸한다는 우려가 확산되고 있다. 이러한 우려 때문에 1997년 11월 일본의 교토회의에서 국제회의가 개최되었지만, 결국 만족할 만한 타협을 이루어내지는 못하고 말았다. 환경을 걱정하는 사람들의 눈에는 경제학의 주장은 전체이익의 희생 위에 개인의 이익을 추구하는 그런 무분별한 행위를 부채질하는 참으로 무책임한 생각으로 보인다. 그래서 "생각은 범지구적으로, 그러나 행동은 지역적으로"라는 환경구호가 시사하듯이 지속가능발전의 이념은 개인이 자신의 이익을 추구하기에 앞서 우선 전체의 이익을 먼저 생각해 보기를 강력하게 요구한다. 그렇다면, 지속가능발전의 이념은 사익추구를 강조하는 시장의 원리와 정면으로 충돌할 여지가 매우 많다.

이런 점에서 보면, '의제 21' 이 한편으로는 시장의 원리 및 경제적 인센티브의 활용을 강조하면서도 또 다른 한편으로는 시장의 원리 및 경제적 인센티브를 통해서 환경문제를 해결하려는 것이 과연 어떤 의미를 가지는가를 면밀히 음미해 볼 필요성을 강조하고 있음은 시사하는 바가 매우 크다.

시장원리 및 경제적 유인제도에 대한 근원적 비판

지속가능발전의 이념을 실현하기 위한 수단으로서 '의제 21'이 강조한 경제적 유인제도 혹은 시장원리를 활용한 정책수단들은 사실 무척 오래 전부터 경제학자들이 매우 강력하게 추천해 온 제도들이기도 하다. 그러나 경제학자들의 강력한 추천에 대한 일반 대중이나 정치권의 반응은 경제학자들을 화나게 하고 좌절감에 빠지게 할 만큼 너무나 냉담한 것이었다.[20] 이미 1970년대에 하바드대학 초청강연에서 슐츠(C. L. Schultz)는 "인간의 가장 원초적인 물질적 이기심을 공익의 증진에 이용하는 것, 이것이야말로 아마도 인류가 이룩한 가장 중요한 사회적 발명일 것이다"라고 설파하면서 환경문제의 해결에 경제적 인센티브제도를 최대한 활용할 것을 촉구했으나 그의 주장은 같은 경제학자들에게는 감명 깊게 울려 퍼졌을 뿐 일반 대중들에게는 공허한 메아리로 사라져 버렸다.[21]

경제적 유인제도가 그나마도 약간의 주목을 받기 시작한 것은 극히 최근의 일이다. 어떻든 그토록 논리적인 경제학자들의 경제적 유인제도에 대한 주장이 그토록 외면당해 온 것에 미국의 켈만(S. Kelman)은 큰 의아심을 품고 그 원인을 캐어 보기까지 하였다. 결국 그가 알아낸 것은 경제학자들의 주장은 일반 대중의 정서와 너무나 거리가 멀다는 것 그리고 경제적 유인제도의 취지에 대한 보통 사람들의 반감은 매우 뿌리 깊다는 것이었다.[22]

대체로 경제학자들은 결과를 중시하며 이 결과를 초래한 동기의 좋고 나쁨은 따지지 않는다. 쥐만 잡으면 검은 고양이든 흰 고양이든 상관이 없다는 것이 경제학자들의 기본 사고방식이다. 경제학자들이 경제적 인센티브제도를 강력하게 추천할 때는 경제적 동기가 좋든 나쁘든 환경오염문제를 효율적으로 해결하면 그 뿐이라는 사고방식이 밑바닥에 깔려 있다. 경제학자들의 이러한 자세는 사람들의 취향이나 선호를 다만 주어진 것으로 볼 뿐 그 취향이나 선호가 정당한지 아닌지 또는 어떤 과정을 거쳐서 그런 취향이나 선호가 형성되었는지를 전혀 불문에 부치는 오랜 전통에 기인한다.

그러나 일반 대중은 동기의 좋고 나쁨을 매우 까다롭게 따지는 경향을 보인다. 법도 그러한 대중의 정서를 반영한다. 재판에서 보면, 애당초 속일 의도가 있었는지 없었는지, 해칠 의도가 있었는지 없었는지, 죽일 의도가 있었는지 없었는지가 매우 중요하고, 의도가 있었느냐 없었느냐에 따라 형량이 전혀 달라지는 것은 어느 나라에서나 상식이다. 사람들이 이같이 동기의 좋고 나쁨을 중요하게 생각하는 이유는 물론 좋은 동기는 좋은 결과를 초래하는 경향이 있고 나쁜 동기는 나쁜 결과를 초래하는 경향이 있기 때문이기도 하지만 좋은 동기 그 자체가 원초적인 가치를 가지고 있기 때문이기도 하다. 사랑 그 자체, 남에게 잘 해주려고 하는 착한 마음 그 자체, 성실하게 일에 임하는 자세 그 자체만을 보는 것으로 많은 사람들은 흐뭇하게 생각한다. 그렇기 때문에 오염물질의 배출량을 똑같이 1톤 줄이더라도 남에게 깨끗한 환경을 주기 위해서 1톤 줄이는 것과 단지 환경세를 덜 내기 위해서 1톤을 줄이는 것을 많은 사람들은 크게 다르게 생각하면서 앞의 것이 우리의 현실이 되기를 간절히 바란다는 것이다.

경제적 인센티브제도는 결국 개인의 이기심에 호소해서 환경을 개선하려는 제도이다. 경제학의 아버지라고 하는 아담 스미스도 시장이란 각 개인이 자신의 이익을 추구하는 가운데 사회 전체의 공익도 증진시키는 기막힌 장치라고 주장했듯이 시장기구 자체가 현실적으로는 사익추구의 장이다. 그래서 경제적 인센티브제도에 대해서 반대하는 많은 사람들은 이 제도가 개인의 이기심을 조장함으로써 사회에 이기적인 행동이 만연해질 것을 우려한다. 마치 신체의 기능에 있어서도 자주 쓰는 기능은 발달하고 그렇지 않은 기능은 퇴화하듯이 반복해서 이기심에 따라 행동하다 보면 점차 남을 생각하지 않고 자기만 생각하는 인간이 될 가능성이 높을 것이다.

경제적 인센티브제도가 사람들의 도덕심을 무디게 함으로써 장기적으로는 사회문제의 해결을 오히려 더 어렵고 비싸게 만든다는 우려를 뒷받침하는 실증연구도 있다. 행태경제학에 자주 소개되는 실험의 예를 하나만 들어보자.

|실|험|

유아원에서 생기는 골치 아픈 일 중의 하나는, 아이를 맡긴 부모가 정해진 약속시간을 어기고 늦게 아이를 찾으러 오는 것이다. 그러면 직원들은 퇴근하지 못하고 기다려야만 하는 불편을 겪어야 한다. 이 문제를 해결하기 위해서 어느 유아원에서 꾀를 하나 생각해 냈다. 늦게 아이를 찾으러 오는 부모에게 벌금을 부과하는, 이른바 경제적 인센티브제도를 도입하였다. 그랬더니 의외의 결과가 나왔다. 지각하는 부모의 수가 오히려 더 늘어났다.

심리학자의 연구에 의하면, 이런 이상한 결과가 나타난 이유는 벌금의 부과가 부모들을 도덕적으로 무감각하게 만들었기 때문이었다. 돈만 내면 그만이라고 생각하면서 지각하는 것을 전혀 미안하게 생각하지 않게 되었다는 것이다.

경제적 인센티브제도가 실패하였음을 알게 된 유아원은 이 제도를 취소하였다. 이제 원래의 상태로 돌아간 셈이다. 그렇다면 지각하는 부모의 수가 줄어야 한다. 하지만, 지각하는 부모의 수가 줄지 않았다. 이 결과는 일단 사람들의 마음이 도덕적으로 무뎌지면 돌이킬 수 없다는 사실을 시사해 주고 있다.

이렇게 보면, 경제학자들의 주장대로 아무리 경제적 인센티브에 의한 방법이 효과에 있어서 탁월하다고 해도 이것을 이용해서 인간의 선택을 바꾸자는 발상 자체가 매우 치사할 뿐만 아니라 위험스럽기조차 하다. 마르크스가 개탄하고 혐오했던 것도 바로 그런 식의 발상이다. 경쟁 그 자체가 나쁜 것이 아니라 경쟁을 이용해서 사람을 움직이려는 의도가 참으로 문제요, 경제적 인센티브 그 자체가 나쁜 것이 아니라 돈을 이용해서 사람의 의식과 행태를 바꾸려는 의도가 참으로 문제이며, 자본주의란 인간 사이의 경쟁과 돈으로 움직여지는 참으로 추악하고 비인간적인 사회라는 것이 마르크스의 주장이다.

많은 사람들이 환경을 오염시키는 행위는 나쁜 행위이며 또한 사회적으로도 나쁜 행위로 낙인찍히기를 원한다. 이것이 대중들에 있어서 지배적인 정서이며 현실이다.[23] 경제적 인센티브제도에 대해서 많은 사람들이 반대하는 보다 더 현실적인 이유는 이 제도가 돈만 주면 환경을 얼마든지 오염시켜도 좋다는 식의 생각을 유포시킴으로써 환경을 오염시키는 행위에 대하여 면죄부를 주게 될 것을 우려하기 때문이다.

핵심 주장

1. 21세기는 환경의 시대라고는 하지만 또한 무한경쟁의 시대, 경제전쟁의 시대라고 할 수도 있다. 무한경쟁, 경제전쟁을 주도하는 큰 힘은 시장의 원리가 될 것이다. 지속가능발전의 이념과 더불어 21세기를 주도할 것으로 기대되는 자유무역의 이념은 시장의 원리를 국제사회에 펼친 것이다. 비록 지속가능발전의 이념이 경제성장과 환경보전의 동시추구를 주장하지만 이 이념과 시장의 원리는 앞으로 충돌할 여지가 매우 많다. 우선, 시장의 원리는 개인의 사익추구가 곧 공익의 증진으로 연결된다는 생각을 바탕으로 하기 때문에 개인의 자유스런 사익추구를 적극 옹호함에 반해서 지속가능발전의 이념은 개인에게 전체의 이익을 생각하면서 행동할 것을 요구한다. 그럼에도 불구하고 지속가능발전의 이념에 대한 행동강령서인 '의제 21'은 시장의 원리를 이용한 환경정책의 실시를 강조하고 있다. 과연 시장의 원리를 이용한 환경정책이 환경문제를 어느 정도 해결해 줄지는 앞으로 심각하게 생각해 볼 사항이다.
2. 지속가능발전의 이념과 시장원리 사이에 한 가지 공통점이 있다면, 이 둘 모두 인간중심주의적이라는 점이다. 많은 환경운동가나 환경단체들은 인간중심주의를 배격하며 따라서 지속가능발전의 이념에 대하여 상당히 유보적이다.
3. 흔히 시장은 효율적이라고 말하는데, 이 말은 시장이 인간의 욕망을 가장 잘 충족시켜 준다는 뜻이다. 그러나 시장은 아무리 하찮은 욕망이라도 구매력을 갖춘 욕망은 잘 충족시켜 주는 반면, 아무리 절실한 욕망이라도 구매력을 갖지 않는 욕망은 무시해 버린다. 인류사회가 점점 더 풍요로워짐에 따라 인간의 절실한 욕망은 제대로 충족되지 못하면서 하찮은 욕망은 과다하게 충족되는 경향이 있다. 하찮은 인간의 욕망을 충족시키기 위해서 시장은 너무나 많은 자연자원을 소모하고 또한 너무나 많은 환경오염물질을 배출시키고 있고, 그래서 환경위기가 오고 있다. 더욱이 시장은 자본주의 체제를 유지하기 위해서 인간의 욕망을 끊임없이 부풀리는 경향이 있다. 본래 인간의 욕망은 변화무쌍한 것이다. 변화무쌍하고 하찮은, 그러나 끊임없이 팽창하는 인간의 욕망에 인류의 운명이 걸려 있다는 것, 이것이 오늘날 인류가 당면한 환경위기의 핵심이다.

부록 1 자연자원 고갈에 대한 감가상각

자연자원의 고갈을 보전하기 위한 감가상각비를 계산하는 한 가지 방법은 엘 세라피(El Serafy) 공식에 의한 방법이다. 광물자원을 예로 들어 보자. 이 광물자원의 소유주가 매년 획득하는 순수익을 R, 할인율을 r%, 그리고 이 광물자원의 완전고갈 시기를 n이라고 하자. 즉, 순수익 R을 받아서 완전히 다 써버리면 n년 후에는 소득이 완전히 끊기게 된다. n년 후에도 계속 일정액의 소득을 얻기 위해서는 평소에 일정액을 공제해서 적립해 두어야 한다. 매년 k만큼씩 공제해서 적립한다고 하면, 연간소득은 $(R-k)$가 될 것이다. 이 연간 공제액을 잘 계산하면, 광물자원이 완전히 바닥이 난 후에는 n년간 적립해 둔 목돈으로부터 매년 종전과 같이 $(R-k)$만큼씩 소득을 영원히 얻을 수 있을 것이다. 즉, $(R-k)$는 지속가능한 소득이 된다. 그럴려면 매년 얼마만큼씩 적립해야 할 것인가? 연간 적정공제액은 연간 순수익 R과 지속가능소득과의 차이이므로, 이 지속가능소득을 X라고 하면 X는 다음 공식에 의해서 계산된다.[24)]

$$X = R\left(1 - \frac{1}{(1+r)^{n+1}}\right)$$

그러면 $(R-k)$가 곧 매년 적립해야 할 연간 적정공제액 k가 된다. 예를 들어보자. R이 250억원이고 n은 20년이며, 할인율은 10%라고 하자. 위의 공식에 의해서 X는 213억원이 되며, 따라서 연간 적정적립액은 37억원이 된다. 이 37억원을 10% 복리로 적립해 두면 20년 후에는 2,130억원이 된다. 그러므로, 처음 20년간은 250억원에서 37억원을 공제한 213억원의 소득을 받고, 광물자원이 완전히 고갈된 다음에는 2,130억원의 10%인 213억원을 매년 받으면 이 원금을 다치지 않고 영원이 이 소득을 유지할 수 있게 된다.

엘 세라피 공식에 의하면, 국민경제 전체의 차원에서도 $(R-X)$가 자연자원의 고갈을 보전하기 위해서 따로 적립해 두어야 할 투자액이다. 달리 말하면, 자연자원의 고갈로 인한 사회적 손실을 매년 $(R-X)$만큼씩으로 잡고 위에서 설명한 힉스국민소득을 구할 때 NNP에서 $(R-X)$를 공제하게 되는 것이다. 그러나 문제는, 각 개인이 소유한 자연자원에 대한 손실은 엘 세라피의 공식에 의한 감가상각비의 적립으로 보상이 가능할지 몰라도 우리 인류 전체는 그런 식으로 보상을 받을 수 없다는 것이다. 자연자원, 특히 재생불능자원의 경우에는 채취된 만큼 영원히 지구에서 없어져 버리기 때문에 인류 전체의 입장에서 보면 고정자본처럼 복구라는 것이 있을 수 없다. 또한 환경오염이나 생태계의 기능에 대해서 이런 식의 감가상각비를 계산하는 데는 상당한 어려움이 있다. 왜냐하면, 환경이나 생태계는 우리 인류에게 두 가지 혜택을 동시에 제공하는데, 한편으로는 목재라든가 물고기 등 물자의 흐름을 공급하기도 하지만 또한 동시에 아름다운 경관이라든가 삼림의 대기정화기능 등과 같이 자연상태로 있는 그 자체로서 많은 서비스를 제공하기 때문이다. 엘 세라피 공식은 자연자원의 고갈 시점이 일정하게 주어져 있으며, 자연자원의 상대가격(일반물가 대한 자연자원의 상대가격) 역시 일정하게 주어져 있음을 전제하고 이 두 가지를 상수로 다루고 있다. 그러나 이 두 가지는 일정하게 주어지지 않는다. 다른 조건이 같다면 부존량이 많을수록 고갈시점은 늦추어질 것이며, 채취량이 많을수록 고갈시점은 짧아질 것이다. 또한 채취량은 채취비용에 따라 크게 달라질 수 있다. 그러므로 자연자원의 고갈시기는 자연자원의 부존량, 채취량, 그리고 채취비용에 따라 달라지는 변수이다. 자연자원의 상대가격 역시 일정하지 않고 특히 고갈이 가까워 올수록 급상승할 것이므로 자연자원으로부터의 순수익 역시 시간이 흐름에 따라 크게 변할 것이다. 그렇다면, 현재가격에 의거해서 자연자원의 고갈에 대한 감가상가비를 계산할 것이 아니라 미래가격을 추정해서 이것에 의거해서 감가상각비를 계산해야 옳다. 사실 현실적인 문제로, 엘 세라피 공식이 전제하는 자연자원의 순수익을 추정한다는 것도 결코 쉬운 일은 아니다. 정확한 자료가 없는 탓이다.

이런 근원적인 문제점이 있기는 하지만 자연자원의 고갈을 적극적으로 고려한다는 점에서 엘 세라피 공식에 의한 감가상각의 계산은 종래의 GDP 계산에서 진일보한 시도라는 점은 어느 정도 인정해야 할 것이다.

부록 2 지속가능발전의 이념과 녹색(그린) GDP의 개발

사회복지지표

(1) 노드하우스와 토빈의 경제복지지표(MEW)

노드하우스와 토빈의 경제복지지표(MEW: Measure of Economic Welfare)는 경제적 후생을 보다 더 충실히 나타내려는 취지로 만들어진 지표이다. 후생 혹은 사회복지란 소비의 함수라고 생각한 그들은 기본적으로 GDP는 생산에 대한 지표이지 사회복지의 핵심이 되는 소비를 반영하는 지표가 아니라고 보고 NNP를 다음과 같이 수정해서 MEW를 구했다. 우선, NNP에서 다음과 같은 것들을 공제하였다: ① 인구증가에도 불구하고 일인당 소비수준을 일정하게 유지하기 위해서 필요한 투자액, ② 국방비, 치안유지비, 공중위생유지비 등 각종 유감스런 방어적 지출, ③ 도로유지관리비, ④ 도시인 소득과 농촌소득 사이의 차이, ⑤ 도시인의 통근비용. 그들은 특히 도시의 심각한 공해가 도시에로의 인구집중 탓이라고 보아 농촌으로부터 도시에의 인구이동으로 인한 GDP의 증가는 사회복지의 증가로 볼 수 없다고 생각하였다. 그래서 그들은 도시인 소득과 농촌소득의 차이를 도시공해에 대한 일종의 방어적 지출로 보았고 도로유지관리비나 도시인의 통근비용도 일종의 방어적 지출로 보았다. 그들은 여가를 매우 중요한 사회복지의 요인으로 보았다. 따라서 여가의 가치를 추정해서 이를 NNP에 더했다.

이와 같이 여러가지 요소들을 방어적 지출로 간주하고 구한 MEW에 대해서 왜 그런 것들을 또는 그런 것들만 방어적 지출로 간주했는가에 대한 시비가 제기되는 것은 당연하다. 그러나 어떻든 노드하우스와 토빈은 이렇게 정의된 MEW를 1929년과 1965년 사이의 미국경제에 대해서 계산해 본 결과 일인당 MEW의 연평균 증가율은 1.1%로 나타났다.[25] 같은 기간에 일인당 NNP의 연평균 증가율은 1.7%이었으니 MEW의 증가율은 NNP의 증가율보다 상당히 낮음을 알 수 있다. 그러나 노드하우스와 토빈은 전반적으로 MEW와 NNP는 같은 방향으로 변동하는 경향이 있는 것으로 보아 전통적으로 계산해 온 지표인 GDP나 NNP에 의해서 계측된 경제적 복지의 증가가 결코 허구가 아님을 여실히 보여 준다고 주장하였다. 사실 노드하우스와 토빈은 기존의 GDP의 결함을 교정하기 위해서 MEW를 만들었다고는 하지만 그들의 원래 의도는 기존의 GDP로도 경제적 후생의 변동을 측정할 수 있음을 보이는 것이었다.

그러나 노드하우스와 토빈의 그러한 주장에는 다소 무리가 있어 보인다.[26] 1929년과 1969년 사이의 전 기간에 대해서는 그들의 주장에 일리가 있지만, 예를 들어 1945년과 1947년 사이에는 1인당 GDP는 15% 하락하였는데, 1인당 MEW는 오히려 16% 증가한 것으로 나타났고, 1947년과 1965년 사이에는 1인당 GDP는 연 2.2% 증가하였지만 1인당 MEW는 형편없이 낮은 연 0.4%의 증가율을 보였으니 GDP와 MEW 사이에는 현격한 격차가 있다. 따라서 이 결과를 보면, 과연 전통적인 지표인 GDP가 경제적 후생을 잘 반영하는지에 대해서 의심이 간다.

(2) 일본의 국민복지척도와 조로타스의 경제복지지표

일본에서는 시노하라 미요헤이 교수가 '노드하우스와 토빈의 MEW보다 더 적극적으로 사회복지의 측면을 부각시킨 국민복지척도' (NNW: Net National Welfare)를 개발하여 적용한 예가 있다.[27] 이 NNW는 환경오염으로 인한 사회적 손실을 명시적으로 그리고 구체적으로 반영하고 있다는 데 큰 특징이 있는데, 크게 6가지 국민복지 증진요소를 더하고 여기에서 세 가지 국민복지 저해요소를 빼서 구한다. 그 6가지 국민복지 증진요소에는 ① 개인의 소비지출 중에서 실제로 복지를 증진시키는 지출, ② 내구소비재의 서비스 중 실제 소비되는 부분, ③ 정부서비스지출 중에서 보건 · 의료 · 교육 · 문화관계 등 국민복지를 직접 증진시키는 지출, ④ 학교, 도로, 상 · 하수도, 폐기물처리시설 등 사회간접자본으로부터 발생하는 서비스, ⑤ 주부의 가사노동의 가치, ⑥ 여가의 가치 등이 포함되고, 국민복지 저해요소로는 ① 환경오염물질을 처리하는 데 소요되는 비용, ② 도시의 통근비용이나 교통사고 손실 등 도시화에 따른 손실, ③ 기타 각종 방어적 지출을 포함한 세 가지이다. 이렇게 정의된 NNW를 1965년과 1975년 사이 일본경제에 대해서 실제로 계산해 본 결과 이 기간 동안에 NNW는 2.31배 증가한 것으로 나타나는데, 같은 기간 동안 GDP도 2.28배 증가하였기 때문에 일본의 경우에는 국민복지지표라는 NNW가 GDP와 별 차이를 보이고 있음이 주목된다.[28]

조로타스(X. Zolotas)가 제안한 '경제적 복지' 지표인 EAW(Economic Aspects of Welfare)도 NNW와 같이 환경오염으로 인한 사회적 손실을 명시적이고 구체적으로 다루었다. 그 뿐만 아니라 이 EAW는 자연자원의 고갈을 사회복지의 손실로 인정함으로써 이를 명시적으로 고려한 최초의 지표로 꼽힌다. 자연자원의 시장이 정상적으로 움직인다면, 자연자원의 가격은 자연자원의 고갈로 인한 사회적 손실을 반영하면서 변동하게 되어 있는데, 이론에 의하면, 이 때에 자연자원의 가격은 자연자원 자체의 지대를 포함하면서 장기이자율과 위험부담률을 합친 비율로 기하급수적으로 상승하게 되어 있다. 그러나 현실의 자연자원 시장에서는 자연자원의 가격이 그렇게 변하지 않는다. 이 현실의 가격과 이론 가격 사이의 괴리만큼 현 자연자원의 가격이 자연자원의 고갈을 반영하지 못한다고 보아 조로타스는 이 현실가격과 이론가격 사이의 차이를 자연자원 고갈로 인한 국민복지의 손실로 처리했다. 그렇다고 해서 노드하우스와 토빈이 자연자원 고갈의 문제가 전혀 존재하지 않았던 것처럼 생각했던 것은 아니다. 그들도 자연자원 고갈의 문제가 있음을 인정했다. 다만 그들은 앞에서 소개한 성장옹호론자의 논리에 따라 장기적으로는 이 문제가 잘 해결될 것으로 믿었을 뿐이다.

EAW의 또 한 가지 흥미로운 특징은 상품광고비 지출의 많은 부분이 소비를 위한 참된 정보를 제공하는 데에 소요되는 비용이 아니라고 보아 그 절반만 EAW에 포함시켰다는 점이다. 조로타스는 광고를 암시적 광고(suggestive advertising)와 정보제공적 광고(informational advertising)으로 나누어 보았다. 암시적 광고는 새로운 상품에 대한 탐욕스런 욕망을 창출해 내고 기존 상품에 대해 불만족을 갖도록 함으로써 현 소비사회에서 시장재화의 유형과 특성을 혼동, 왜곡시키며, 가격을 상승시키는 요인이 되고 유사상품의 생산을 폭증시키는 요인이 되기도 한다. 반면에 정보제공적 광고는 소비자들에게 유익한 정보를 제공해 준다. 따라서 조로타스는 광고비 지출 중에서 암시적 광고를 위한 지출은 EAW에서 제외시켰다.[29)]

그런데, 이렇게 정의된 EAW는 MEW와 내용상 상당히 다른 지표임에도 불구하고 실제로 현실경제에 적용해 본 바에 의하면 이 두 지표는 매우 흡사한 결과를 보였다. 이 두 지표뿐만 아니라 다른 복지지표들도 대체로 GDP보다는 상당히 낮은 증가율을 나타내고는 있지만 전반적으로는 GDP와 같은 방향으로 움직이는 경향을 보인다. 그 한 가지 큰 이유는 GDP에 있어서나 EAW와 MEW를 포함한 사회복지지표들에 있어서 공통적으로 소비지출이 매우 큰 비중을 가지고 포함되기 때문이다. 그러나 전반적으로 사회복지지표들이 GDP와 같은 방향으로 움직인다고 해서 GDP만으로도 사회복지를 충분히 측정할 수 있다거나 또는 이런 사회복지지표들이 필요 없다는 주장으로 치달을 수는 없기도 하려니와 엄밀히 말하면 많은 사회복지지표들이 GDP와 차이를 보이는 것은 사실이다.

(3) 델리와 콥의 지속가능경제복지 지수(ISEW)

델리와 콥은 이상에서 살펴본 여러 경제복지지표들을 참고해서 이들의 문제점을 보완하는 새로운 지표의 개발을 시도하였다. 그들도 역시 개인의 소비를 복지의 핵심요소로 삼고, 여기에 사회복지 증진요소로서 ① 가사노동의 가치, ② 내구성소비재의 서비스, ③ 도로의 서비스, ④ 교육과 보건에 대한 공공지출, ⑤ 순자본형성, ⑥ 해외순투자를 더한 값에서 사회복지를 감소시키는 요소로서 ① 정부의 각종 방어적 지출, ② 내구성소비재구입비, ③ 광고비 지출의 일부, ④ 통근비, ⑤ 도시화비용, ⑥ 교통사고피해, ⑦ 환경오염 및 환경파괴로 인한 사회적 손실, ⑧ 자연자원 고갈로 인한 사회적 손실 등을 공제하여 지속가능경제복지지표(ISEW)를 만들었다.

다른 기존의 경제복지지표와 구별되는 ISEW의 두드러진 특징은 소득분배 양태를 구체적으로 복지지표에 반영했다는 점일 것이다. 델리와 콥은 소득분배의 문제가 가치판단에 관한 문제라고 해서 이를 제쳐 두는 전문가들, 특히 경제학자들의 태도는 결과적으로 사회복지에 있어서 소득분배의 비중을 크게 격하하는 태도이며 소득분배의 불평등을 묵인하는 셈이라고 보았다. ISEW의 핵심적 요소인 개인소비지출은 국민회계체계의 개인소비지출을 소득분배 불평등도에 따라 조정한 소비지출이다.[30] 즉, 소득불평등의 정도가 심한 해의 개인소비지출은 그렇지 않은 해의 개인소비지출에 비해서 상대적으로 낮게 조정된다.

다른 경제복지지표에서와 같이 가사노동은 경제복지에 기여한다고 보아 ISEW에 포함시켰다. 그러나 여가의 가치는 포함시키지 않았다. 여가라는 것이 무엇인지를 정의하기가 매우 힘들기도 하지만, 많은 실증연구들은 예나 이제나 사람들의 실질적 여가시간에 별 의미있는 변화를 발견하지 못하고 있다. 델리와 콥이 보기에는 점차 더 치열해지는 사람들 사이의 경쟁 그리고 신제품의 끊임없는 출하가 사람들을 잠시도 쉬지 못하게 만들며, 그래서 오늘날의 사람들은 옛날 사람들보다 더 바쁘게 지낸다. 오늘날, 생활을 편하게 하고 시간을 절약시켜 주는 각종 가전제품들이 쏟아져 나온다고는 하지만, 실증연구에 의하면 놀랍게도 주부의 가사노동의 양은 1910년대나 1980년대나 별로 감소하지 않았다. 예를 들면, 1910년대 주부의 평균 가사노동시간은 주당 56시간이었는데, 1965-66년에도 주부들은 주당 평균 53시간을 일해야 했고, 1980년대에도 주중에 주부는 하루 평균 8.5시간을 일해야 했다.[31]

내구성소비재에 관해서는 매년 개인이 실제로 누리게 되는 내구성소비재의 서비스만 경제복지에 포함시켰다. 따라서 내구성소비재의 구입비는 경제복지에 포함되지 않도록 했다. 정부의 각종 방어적 지출은 모두 복지에 기여하지 않는다고 보아 이를 제외하였는데, 다만 도로의 서비스는 복지에 기여한다고 보아 이를 경제복지에 포함시켰다. 보건이나 교육에 대한 공공지출은 대부분 방어적 지출의 성격을 띤다고 보아 그 일부(고등교육에 대한 지출의 절반)만을 경제복지에 포함시켰다.[32] 즉, 교육비의 일부만이 진정한 소비의 성격을 가진다는 것이다. 광고비지출 중에서 전국광고는 진정한 정보를 제공하기 위함이라기보다는 소비자의 욕구를 자극하기 위한 것이라고 보아 이를 경제복지에서 제외하였다. 통근비용에는 출퇴근에 실제로 소요되는 직접비용만을 포함시켰고 자료 부족 때문에 시간비용, 즉 출퇴근에 소요되는 시간의 가치는 경제복지 속에 포함시키지 못했다. 도시화비용이란 과밀로 인해서 추가로 부담해야 하는 생활비인데, ISEW를 실제 계측에 있어서는 농촌의 땅값과 도시의 땅값의 차이를 도시화비용으로 보았다.[33] 교통사고로 인한 사회적 손실도 사회복지 저해요인으로 포함시켰다.

환경오염 및 환경파괴로 인한 사회적 손실로는 점오염원으로부터의 수질오염피해, 토양유실로 인한 피해, 대기오염피해, 저습지 손실, 농경지의 생물학적 생산능력의 저하 등을 포함시켰고, 지구온난화로 인한 미래세대의 피해에 대해서는 이를 보상하기 위한 기금적립의 명목으로 일정액을 매년 공제하는 방법을 택하였다. 대기오염피해 속에는 농작물피해, 금속의 부식과 같은 물질적 피해, 세탁비, 산성비 피해, 도시의 쾌적성 감소, 경관피해, 소음 · 진동피해 등을 포함했다. 대기오염으로 인한 건강피해는 의료비 지출에 반영되는 것으로 보았다. 그러나 의료비 지출로 나타나지 않는 대기오염의 건강피해도 무시할 수 없음에도 불구하고 자료부족을 생각해서 이를 사회복지 감소요인으로 포함시키지 못했다. 그래서 대기오염피해가 상당히 과소평가되리라는 점을 델리와 콥은 인정하였다.

ISEW를 실제로 계산할 때 토양유실로 인한 피해액에 대해서는 델리와 콥은 준설비용과 댐의 토양퇴적으로 인한 홍수 피해액으로 이를 추정하였다. 농경지의 생물학적 생산능력저하란 도시의 팽창에 따른 농경지의 감소와 토지관리의 부실로 인한 토지생산성의 감소를 뜻한다. 많은 경우 도시로 편입되는 토지는 농경에도 적합한 토지이기 때문에 문제가 더 심각해지며, 비록 도시용 토지로 전환되지 않더라도 화학비료의 과잉투여나 농약 및 제초제의 과다이용 등으로 지력이 하락되는 문제가 있기 때문에 델리와 콥은 이런 것들을 사회복지 감소요인으로 포함시켰다.

델리와 콥은 자연자원의 이용가능성은 부존량과 채취비용의 함수라고 보았다. 예컨대, 극단적으로 말해서, 아무리 부존량이 많아도 채취비용이 너무 비싸면 이용가능성은 그만큼 떨어질 수밖에 없다. 그러나 실제에 있어서는 부존량과 채취비용은 밀접한 관계를 가진다. 대체로 보면 부존량이 감소함에 따라 채취비용은 상승한다. 그러므로 델리와 콥은 자연자원의 고갈로 인한 사회적 손실에는 채취비용도 포함되어야 한다고 보았다. 그래서 그들은 자연자원의 순수익과 채취비용이 생산액에 포함되어 있다고 보고 자연자원 생산액 전체를 자연자원의 고갈로 인한 사회적 손실로 간주하고 이를 사회복지의 감소요인으로 ISEW에 반영시켰다.

델리와 콥은 이와 같이 정의된 지속가능경제복지지표 ISEW를 1951년부터 1986년 사이의 미국경제에 대해서 실제로 계산하여 보았다. 이 결과에 의하면 ISEW는 GDP보다 현저하게 적은데, 델리와 콥이 언급하지 않은 한 가지 특이한 현상은 ISEW의 GDP에 대한 비율이 세월이 흐를수록 꾸준히 떨어지고 있다는 점이다. 대체로 보면, 1950년대에는 이 비율이 76%에서부터 81% 사이였다가, 1960년대에 와서는 70% 내지 75%로 떨어지고, 1970년대에 와서는 초기에 70% 수준이었다가 말기에는 57% 정도로 떨어지며, 1980년대에 들어서는 57%로부터 시작해서 47%까지 떨어진다.[34] 만일 ISEW가 사회복지를 잘 반영하는 지표라면 델리와 콥의 연구는 GDP가 사회복지지표로서는 실제 복지수준을 지나치게 과대평가하는 경향이 있을 뿐만 아니라 과대평가하는 정도가 점차 더 커지고 있음을 보이는 셈이다.

다른 경제복지지표들과 마찬가지로 ISEW의 증가율도 GDP 증가율보다 현저하게 낮은 것으로 나타났다. 그 35년의 기간 동안에 일인당 GDP의 증가율은 연 1.9%이었음에 반해서 일인당 ISEW의 증가율은 연 0.53%에 그쳤다. 비록 그렇다고 하더라도 GDP와 ISEW는 같은 방향으로 변하기 때문에 GDP는 사회복지의 변화방향을 잘 반영하는 지표라는 주장에 대해서도 델리와 콥의 연구결과는 매우 부정적인 답을 제시하고 있다. 즉, 1950년부터 1960년까지의 기간에는 일인당 ISEW의 증가율은 연 2.06%로 일인당 GDP의 증가율 연 1.51%보다 상당히 높다. 1950년부터 1965년까지 기간을 연장해 보아도 그렇다. 이에 대해서 델리와 콥은 이 기간에 미국 정부가 소득재분배정책을 강력하게 추진했기 때문에 경제복지지표가 GDP보다 더 높은 증가율을 시현했다고 주장하지만 이에 대해서 확고한 근거를 제시하지는 못하고 있다.[35] 반면에 1970년대에 와서는 일인당 GDP의 증가율은 연 2%임에 반해서 일인당 ISEW의 증가율은 연 −0.14로 부(負)의 숫자를 기록하고 있다. 80년대에도 비슷한 현상이 관측되고 있다. 이와 같이 경제복지지표가 마이너스를 기록하게 된 원인으로 델리와 콥은 소득분배 불평등의 심화와 자원고갈, 특히 에너지 생산에 있어서 물리적 효율의 저하를 꼽았는데, 이런 것들은 GDP에 반영이 잘 되지 않는 것들이다.

GDP의 환경친화적 개편

GDP는 과장된 소득이요 지속성을 갖지 못한 소득이라는 점에 대해서는 많은 사람들이 동의하고 있다. 그와 같이 경제적 성과를 과장하는 지표를 정책지표로 삼는다면 현실과 정책지표 사이의 왜곡은 더욱 더 심해질 것이고 그런 부정확한 GDP에 의한 경제계획과 경제운용은 장기적으로는 지속적 경제발전 그 자체를 불가능하게 만들 것이다. 그러나 GDP는 또한 그 나름대로 경기정책이나 경제성장정책에 필요한 유용한 지표임에는 틀림없다. 예를 들면 델리와 콥의 ISEW나 기타의 경제복지지표들은 경제가 불황 속으로 들어갔는지 호황국면을 치닫고 있는지를 민첩하고 정확하게 보여 주지 못한다. 흔히 GDP는 환경오염이나 자연자원의 고갈로 인한 사회적 손실을 전혀 반영하지 못한 지표인 것처럼 지탄하지만 엄밀히 말하면 이는 틀린 주장이다.

GDP는 유엔이 국제적으로 권장하고 우리나라도 채택하고 있는 국민회계체계(SNA)에 의거해서 작성되는데, 국민회계체계에서 취급되는 자산 중에서 인간이 만들지 않은 자산, 즉 자연적 자산으로는 토지, 생물상(生物相, biota), 그리고 지하자원이 있다. 물 중에서도 내수(inland water)는 인접토지와 한 묶음으로 취급되면서 물의 가치는 토지의 가치에 반영되는 것으로 본다. 모든 형태의 토지에 대해서 회계연도 개시 때의 총가치와 마감 때의 총가치가 국민회계체계에 기록되게 되어 있으며, 따라서 자산재평가로 인한 가치변화나 지가변화로 인한 가치변화 또는 비경제적 요인에 의한 가치변화 모두가 국민회계체계에 기록된다. 그러나 예를 들면 토지의 남용이나 잘못된 이용으로 인한 토지 비옥도의 하락에서 보는 바와 같은 토지의 감손(degradation)은 이것이 지가에 반영되는 범위 안에서만 국민회계체계에 잡힌다.

생물상 중에서도 경작되는 생물상에 대해서도 토지의 경우와 똑같이 회계연도 개시 때의 총가치와 마감 때의 총가치가 국민회계체계에 기록되게 되어 있으며, 이들의 자연증식은 국민회계체계에 잡히도록 되어 있고, 이들의 질(質) 저하는 이들의 가격이 떨어지는 범위 안에서만 국민회계체계에 반영된다. 야생 생물상이라도 경제적 산물을 생산하는 것들은 경작되는 생물상과 동일하게 취급된다. 다만 경제적 산물을 낳지 않는 야생 생물상에 대해서는 국민회계체계에 기록되지 않는다.

국민회계체계가 이러하기 때문에 환경오염으로 인한 영향 및 환경정책으로 인한 영향은 여러 경로로 국민회계체계에 부분적으로나마 잡히게 되어 있다. 환경오염이나 환경정책의 변화는 국민들의 소비수준이나 기업의 투자 그리고 정부의 활동에 분명히 어떤 영향을 주게 되고 이 영향은 GDP의 변화로 나타나게 될 것이다. 문제는 그 크기나 방향이다. 예를 들면 대기오염이나 토양오염은 토지의 생산성을 떨어뜨림으로써 토지로부터의 소득을 감소시키며, 이렇게 되면 땅값은 자연히 떨어지게 되니 국민회계체계에 잡히게 된다. 또 대기오염이나 수질오염은 생물상의 생장을 저해함으로써 이들로부터의 소득을 감소시키니 이 역시 국민회계체계에 잡히게 된다. 이렇게 여러 경로를 거쳐서 환경오염의 영향이 기록되기 때문에 이중계산이 될 우려가 있다.

어떻든 GDP는 환경오염과 자연자원의 가치저하를 불충분하게 반영하다 뿐이지 이들을 전혀 반영하지 못하는 지표는 아니라는 것이다. 그러므로 기존의 국민회계체계을 보완함으로써 GDP의 문제를 해결할 여지는 얼마든지 있다. 우선, 내용상으로 GDP를 보완하는 방법에는 크게 세 가지가 있을 수 있다.[36] 그 첫 대안은 기존의 GDP에서 환경파괴에 해당하는 만큼을 빼는 방법이다. 이렇게 수정된 국민총생산을 GDP′ 라고 하자. 그러면,

① GDP′ = GDP − 환경파괴 총액

앞에서도 설명하였듯이 기존의 GDP에는 소비자나 정부의 환경오염방지를 위한 지출이 포함되기 때문에 환경오염이 심할수록 GDP는 늘어나는 이상한 현상이 발생하는데 GDP′는 이런 문제점의 해결에 초점을 두고 국민복지를 보다 더 정확하게 반영하기 위한 지표이다. 두 번째 대안은 기존의 GDP에 환경의 서비스로 인한 편익을 더하는 방법이다. 이 새로운 지표를 GDP″라고 표기하면,

② GDP″ = GDP + 환경의 혜택

환경의 파괴가 있었다는 것은 환경을 이용했음을 의미하고 환경을 이용했다면 무슨 이익이 발생하였을 것이다. GDP′는 이런 긍정적인 측면을 놓치고 있다. 그런데 환경의 이용으로 인한 이익은 대부분 시장에서 거래되지 않기 때문에 가격이 붙어 있지 않고 따라서 GDP에 잡히지 않는다. 다시 말하면, GDP는 국민복지를 과소평가한 지표라는 얘기이다. 따라서 참된 국민복지지표는 그와 같이 기업이나 소비자들이 가격을 치르지 않고 누리는 환경의 혜택을 제대로 반영해야 한다는 것이 GDP″의 배경에 깔린 논리이다. 예를 들면, 기후 좋고 경치도 좋으며 강우량도 풍부한 후진국의 국민들은 비록 GDP로 따져서는 못 살지만 자연의 혜택을 비교적 풍부하게 누리는 반면, 춥고 음산하고 척박한 환경에 있는 선진국의 국민들은 GDP로 따져서는 잘 살지 모르나 자연의 혜택은 비교적 많이 받지 못하는 국민들이니 전체적으로 보면 이 후진국의 국민들이 선진국의 국민들보다 더 행복한지도 모른다. 그러니 GDP로만 본다면 이 후진국과 선진국의 차이는 필요 이상으로 과장될 우려가 있다. GDP″는 이러한 GDP의 문제점을 해소해 준다.

그러나 GDP″는 자칫하면 2중계산의 오류를 내포한다. 예컨대, 기업이 환경서비스를 공짜로 이용한다면 그만큼 기업의 이윤을 커질 것이니 이 부분이 어떤 경로로든 GDP에 반영될 것이다. 이렇게 되면 그러한 기업의 이익은 환경의 혜택에도 반영되고 GDP에도 반영되니 2중계산이 되는 셈이다. 뿐만 아니라 GDP″는 환경개선으로 인한 편익을 정확하게 반영하지 못할 수가 있다. 예를 들어서, 기업이 환경오염방지시설을 설치하여 가동하면 환경이 깨끗해지는 편익이 발생한다. 그러나 완전고용의 상태에서는 기업이 환경오염방지시설을 설치했다는 것은 오염물질을 덜 배출했음을 의미하며, 이는 환경의 서비스를 덜 이용했다는 말이

된다. 그렇다면 환경의 혜택은 감소할 것이며 따라서 GDP″도 감소할 것이다. 환경은 개선되는데 GDP″는 감소하는 셈이니 GDP″는 이상한 지표가 된다.

세 번째 대안은 기존의 GDP에 환경의 혜택을 더하고 환경파괴 총액을 빼는 방법이다. 이 새로운 지표를 GDP‴ 라고 하면,

③ GDP‴ = GDP + 환경의 혜택 − 환경파괴 총액

이 지표는 환경파괴로 인한 사회적 손실과 환경서비스의 증가로 인한 편익을 모두 반영함으로써 GDP′와 GDP″의 단점을 보완하려는 취지를 가진 지표이다. 따라서 환경과 관련된 복지의 변동을 가장 잘 반영하는 지표인 것으로 보인다. 하지만 이 지표에도 문제는 있다. 예컨대, 기업이 환경을 덜 오염시키면, 사회적 편익이 증가하는 것이니, 만일 GDP‴ 가 참된 지표라면 이를 정확하게 반영해야 할 것이다. 기업이 환경을 덜 오염시킨다는 것은 환경파괴가 감소함을 의미하니 이는 환경파괴 총액의 감소로 나타난다. 그러나 기술진보가 없는 상태에서는 기업이 환경을 덜 오염시킨다는 것은 그만큼 환경의 서비스를 덜 이용하는 것이니 이는 환경혜택의 감소로 나타난다. 그렇다면 결과적으로 GDP‴ 는 변하지 않을 수도 있으니 이 경우 GDP‴ 는 부정확한 지표가 된다.

실제에 있어서는 GDP′, GDP″, GDP‴ 모두 정확한 지표가 되기 어렵다. 왜냐하면 이 지표들의 구성요소인 환경의 혜택과 환경파괴 총액을 정확하게 추정하기가 매우 어렵기 때문이다. 예를 들면, 깨끗한 공기와 깨끗한 물, 아름다운 경치 등과 같이 주요 환경서비스들의 가치를 추정하는 데에는 아직도 너무나 많은 문제가 있다. 그렇다고 이런 직접적인 환경서비스들을 무시하고 오염물질을 받아주는 환경의 서비스만을 추정한 환경의 혜택은 진정한 환경서비스를 매우 과소 평가하게 될 것이고 그러한 환경의 혜택에 입각한 수정된 GDP는 부정확한 지표가 될 것이다.

환경 · 경제통합회계체계(SEEA)

기존의 국민회계체계를 완전히 둘러엎고 환경의 구성요소와 자연자원의 종류를 낱낱이 밝혀서 이를 가치화한 새로운 국민소득지표나 경제복지지표를 구축한다는 것은 말이 쉽지 사실상 불가능한 일인지도 모른다. 그래서 기존의 국민회계체계의 구조와 논리를 최대한 유지하면서 환경을 고려한 새로운 국민회계체계를 작성하려는 노력이 있게 되는데 형식상으로 보면 그렇게 하는 방법에는 대략 세 가지가 있을 수 있다. 첫 번째 방법은 환경 관련 자료를 기존의 국민회계체계

에 포함시켜서 이를 확장시키는 것이요, 두 번째 방법은 기존의 GDP계정에 보조계정(satellite accounts)을 덧붙이는 방법이며, 세 번째 방법은 궁극적으로는 기존의 국민회계체계에 연결시키기로 하되 우선은 하나의 독립된 자연자원계정을 개발하는 방법이다.[37] 이하에서 살펴보게 될 환경 · 경제통합회계체계는 유엔환경개발회의(UNCED)의 요청에 의해 유엔통계국(UNSTAT)이 세계은행과 협력하여 개발한 새로운 국민회계체계로서 위의 두 번째 방법을 택하면서도 결국은 환경 및 자연자원에 대한 것들을 고려하여 NNP로부터 지속가능국민소득을 계산해 내는 형식을 취하고 있다.

환경 · 경제통합회계체계, 즉 SEEA를 개발에 참여한 학자들에 의하면 환경 · 경제통합회계체계는 기존의 국민회계체계가 국민경제의 지속성을 위협하는 자연자원의 고갈과 환경오염을 충분히 고려하지 못한 점을 보완함으로써 환경적으로 건전한 지속가능개발(ESSD)을 위한 정책수립과 계획에 기여함을 목적으로 한다.[38] 환경 · 경제통합회계체계의 주된 특징은 환경과 자연자원에 관한 보조계정을 설정한다는 점이다. 이 보조계정은 현 국민회계체계를 보완하는 한편 이의 핵심 부분과 직접 연결될 수 있는 계정들로 구성된다. 그럼으로써 기존의 국민소득계정은 그대로 유지하고 또한 기존의 시계열자료의 연속성에도 영향을 주지 않으면서 경제의 환경적 측면을 쉽게 파악하여 기존의 국민소득을 간편하게 조정할 수 있게 한다.

보조계정체계는 크게 국민경제에로 물자의 투입을 기록하는 계정, 인공자산(고정자본)의 소모, 자연자산(자연자원)의 사용내역, 정부의 환경개선 활동 등을 기록하고 이를 바탕으로 생태적 국민총생산을 계산해 보이는 계정, 그리고 인공자산과 자연자산의 총재고량에 있어서 변동을 점검하는 계정 등 세 가지 계정으로 구성되어 있다. 물자투입을 기록하는 계정에는 농작물, 수산물, 임산물 등 자연증식작물의 공급, 환경이나 자연적 자산의 질을 보전하거나 개선하기 위한 활동들, 그리고 국외로부터의 폐기물유입량 등이 기록된다. 두 번째 계정에서 자연자산의 사용내역에는 자연자원의 양적 고갈, 토지의 감손, 폐기물에 의한 환경오염 등이 포함된다. 세 번째 계정에는 자연자산 총재고량으로 자연적인 생물상, 토지, 지하자원 각각에 대한 부존량이 기록된다. 이와 같이 환경 · 경제통합회계체계는 자연자원 및 환경이라는 자산이 어떻게 감손되며 또한 얼마나 감손되는가를 일목요연하게 파악할 수 있게 하는데, 이 감손의 크기는 이를 회피하거나 또는 그런 감손이 없었던 원래의 상태로 복구하는 데 소요되는 비용으로 추정한다. 이렇게 추계된 감손분을 NNP로부터 빼줌으로써 생태적 국민생산을 계산하게 되는데, 환경 · 경제통합회계체계를 개발한 연구팀은 이 생태적 국민생산을 환경적으로 건전하고 지속가능한 개발, 즉 ESSD의 취지에 합당한 국민생산이라

고 주장하고 있다.[39]

대체로 보면, 사회적으로 바람직한 상태는 환경오염이 전혀 없는 상태나 자원고갈이 전혀 없는 상태가 아니라 환경오염이 적당히 있고 자원고갈도 적당히 있는 상태, 다시 말해서 적정상태라고 본다면, 회피라든가 또는 원상복구란 그런 적정상태보다도 더 많은 것을 요구하는 개념이기 때문에 회피비용이나 원상복구비용은 그런 적정상태를 달성하기 위한 비용보다도 더 클 가능성이 높다. 달리 말하면 자연자원 및 환경자원의 감손에 대한 회피비용이나 원상복구비용은 그런 감손으로 인한 사회적 손실을 과대평가할 우려가 있다는 것이다. 그러나 환경·경제통합회계체계를 개발한 연구팀은 자연자원 및 환경의 감손으로 인한 손실을 어느 정도 부풀려서 계산할 필요가 있다고 본다. 왜냐하면 자연자원 및 환경의 감손으로 인한 미래의 사회적 손실에는 많은 불확실성을 내포하고 있어서 이 불확실성을 무시해서는 그 손실을 과소평가할 우려가 있기 때문이다. 그래서 이런 불확실성까지 고려할 때 감손회피비용 또는 원상복구비용에 의거해서 사회적 손실을 추정해 두는 것이 지속가능성에 더 충실한 태도라고 그들은 주장한다.

요컨대, 환경·경제통합회계체계는 환경에 관련된 물자의 흐름이나 환경에 관련된 자산의 부존량에 관한 사항들을 기존의 국민소득계정으로부터 분리해 낸 다음 환경을 양적으로나 질적으로 유지하고 보전하는 데 소요되는 총비용을 추정하는 데 목적이 있다. 다시 말하면, 경제성장의 부작용들을 보완하기 위한 방어적 지출에 관한 사항들을 기존의 국민소득계정으로부터 판별해 내자는 것이다.

환경·경제통합회계체계(SEEA) 보조계정의 내용

보조계정체계는 크게 공급/원천계정, 사용/부가가치계정, 그리고 유형자산 재무상태표의 세 부분으로 구성된다. 공급/원천계정은 국민경제에로 물자의 투입을 기록하는 계정인데, ① 재화와 용역의 공급으로서 주로 산업부문의 생산, ② 농작물, 수산물, 임산물 등 자연증식작물의 공급, ③ 환경보전서비스, 즉 환경이나 자연적 자산의 질을 보전하거나 개선하기 위한 활동들, 그리고 ④ 국외로부터 유입된 폐기물들이 이 계정에 기록되는 주요 항목들이다. 이들 중에서 앞의 세 항목을 합산하고 네 번째 항목을 뺀 나머지(① + ② + ③ − ④)가 총공급, 즉 국민경제에로의 총투입에 해당한다.

사용/부가가치계정은 ① 국민경제에로 총공급의 사용내역, ② 인공자산(고정자본)의 소모, ③ 자연자산(자연자원)의 사용내역, ④ 정부의 환경개선 활동 등을 기록하고 이를 바탕으로 GDP, NNP, 그리고 환경을 고려한 국민생산이라고 볼 수 있는 생태적 국민총생산을 계산해 보이는 계정이다.[40] 국민경제에로의 총공급은 앞에서 설명한 공급/원천계정에서 계산된 것이며 이의 주된 사용처는 산업부문과 최종수요부문이 된다. 사용/부가가치계정에서 말하는 자연자산의 사용이란 자연자원의 양적 고갈, 토지의 감손, 폐기물에 의한 환경오염 등을 포함한다. 자연자원의 양적 고갈은 지하자원 및 지하수의 고갈과 농업 · 임업 · 수산업에 의한 동 · 식물자원의 고갈을 말하는데, 이런 자원들의 채취가 자연증식이나 자연증가를 초과할 경우에만 그 초과한 부분이 고갈로 기록된다. 토지감손이란 경제활동에 의한 토양유실이라든가 염분증가 등 토지남용이나 오용으로 인한 감손을 말한다. 폐기물에 의한 환경오염이란 경제활동으로 인한 대기, 수질, 토양오염을 말하며 이에는 폐기물이 된 인공자산의 매립으로 인한 환경오염도 포함된다. 자연자원의 양적 고갈이나 토지감손 그리고 폐기물에 의한 환경오염은 모두 자연자산을 감소시키는 요인으로 기록되는데, 정부의 환경개선 활동은 자연자산의 증가요인으로 기록된다. 따라서 자연자산의 소모분은 자연자원의 양적 고갈과 토지감손 그리고 폐기물에 의한 환경오염을 합친 것에서 정부에 의한 환경개선을 차감한 값이다.

유형자산 재무상태표는 인공자산과 자연자산의 총재고량에 있어서 변동을 점검하는 계정이다. 이 재무상태표의 첫번째 기록사항은 회계연도가 시작될 때에 있어서 모든 인공자산과 자연적인 생물상, 토지, 지하자원 각각에 대한 부존량, 즉 개시재고(opening stock)이다. 유형자산 재무상태표의 두 번째 기록사항은 순자본형성으로서 사용/부가가치계정에 나타난 인공자산의 변동사항을 보다 더 구체화시킨 내용들이다. 경작되는 생물상의 자연증식이나 고갈은 고정자본의 증감과 같이 취급된다. 이어서 유형자산 재무상태표에 기록되는 내용은 자연자산 재고의 변동이다. 이것 역시 자연자원 이용과 관련하여 사용/부가가치계정에 기록되어 있는 사항을 좀 더 구체화한 것들인데, 자연자원의 양적 고갈, 토지감손, 환경오염으로 인한 자연자원 재고의 변동이 기록되고 이에 추가해서 토지이용 변동이라든지 새로운 자연자원 매장량 발견 등으로 인한 자연자원의 재고변동도 기록된다.

07

소득분배의 문제와 환경문제

1. **소득분배의 측면에서 본 환경문제**
   분배의 불평등이 환경문제의 원인/ 분배의 불평등이 환경문제 해결의 장애요인/ 환경문제는 계층 간의 갈등문제?
2. **환경오염의 분배효과**
   환경에 대한 소득계층별 인식의 차이/ 소득계층별 환경오염피해
3. **환경개선의 분배효과**
   문제의 복잡성/ 환경개선으로 인한 편익의 계층별 귀속/ 환경개선 비용의 계층별 귀속/ 근원적인 대책

돈은 위로 흐르고 환경오염은 아래로 흐른다.[1)]

– Odum and Odum

1. 소득분배의 측면에서 본 환경문제

분배의 불평등이 환경문제의 원인

이론적으로는 경제성장과 환경오염문제가 별개의 문제이며 이 양자 간의 조화가 얼마든지 가능하다고 하지만, 현실적으로 우리나라의 환경오염과 환경파괴가 이렇게 심해진 주된 이유가 저돌적인 고도 경제성장이었음을 부정하기는 어렵다. 최근에는 극심한 우리의 환경오염이 오히려 생산비를 가중시킴으로써 이제는 경제성장에 지장을 주는 단계에 이르렀다는 요지로 환경문제를 경제성장에 연결시키는 주장도 가끔 듣게 된다.[2)] 만일 이런 주장들이 옳다고 하면, 경제성장과 환경보전 사이에는 서로 영향을 주고받는 고리가 형성되는 셈이다.

경제성장과 소득분배의 양태 사이의 관계는 진부하다는 느낌마저 줄 정도로 오래 된 논쟁거리이다. 이미 1954년에 쿠즈네츠(S. Kuznets)가 이 둘 사이의 관계에 대한 주장을 펴서 학계의 주목을 끌었다. 그에 의하면, 경제성장 초기에는 소득불평등이 심화되었다가 경제성장이 진척됨에 따라 궁극적으로는 소득불평등이 점차 완화된다. 하지만, 오늘날의 우리 현실은 그의 주장과는 반대로 가고 있다. 역시 마르크스가 옳았던 것 같다. 그가 외쳤던

그림 7-1 **경제성장, 소득분배, 환경보전 사이의 삼각관계**

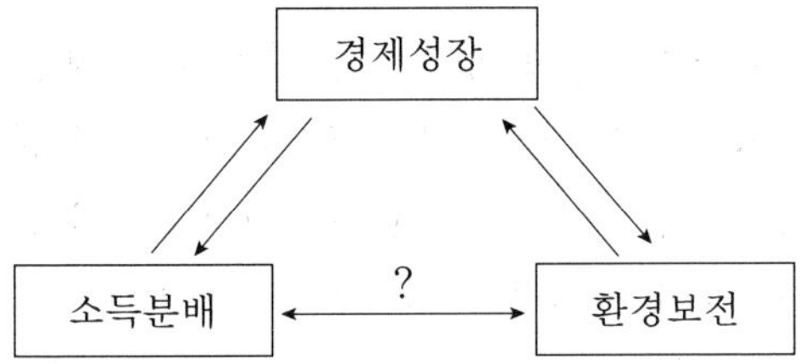

대로 자본주의 경제발전이 진행됨에 따라 노동자계급은 자본가계급에 비하여 상대적으로 점차 궁핍화되었다.[3]

이와 같이 경제성장과 환경보전 사이에 상호관계가 있고 또한 경제성장과 소득분배 사이에도 상호관계가 있다면, 분명히 환경보전과 소득분배 사이에도 무슨 관계가 있음직하다. 만일 그렇다면, [그림 7-1]에서 보듯이 경제성장, 환경오염, 소득불평등 사이에는 순환관계가 성립한다. 그럼에도 불구하고 환경문제를 소득분배의 문제와 연결지어 생각하는 사람은 그리 많지 않다. 하지만, 지속가능발전의 원칙을 제시한 학자들은 이 둘 사이에 밀접한 관계가 있음을 다음과 같은 주장으로서 분명히 하였다.

주장 1: 소득분배의 극심한 불평등은 환경문제의 근본적인 원인이면서 동시에 환경문제 해결의 근원적인 장애가 되고 있다.

이 주장은 한 나라 안에서의 환경문제뿐만 아니라 국제환경문제에도 그대로 적용된다. 이 주장은 크게 두 가지 내용을 담고 있다. 그 첫째는 소득불평등이 환경문제의 주된 원인이라는 것이고, 둘째는 소득불평등이 환경문제 해결의 장애요인이라는 것이다. 우선 첫 번째 내용부터 살펴보자. 1972년 스위스에서 열렸던 『인간환경에 대한 유엔회의(UN Conference on the Human Environment)』는 환경문제가 무모한 경제성장 때문에 발생하기도 하지만 또한 경제성장이 너무 없기 때문에 발생할 수도 있다는 색다른 결론을 내린 바 있다.[4] 달리 말하면 풍요와 가난 모두 환경문제를 초래하는 원인이 된다는 것이다. 선진국의 경우에는 지나친 물질적 소비풍조가 환경문제의 원인이 되는 반면, 후진국의 경우에는 환경의 수용능력을 초과하는 폭발적 인구증가 그리고 이로 인한 빈곤이 환경파괴의 주된 원인으로 꼽힌다. 풍요로 인한 환경파괴 그리고 빈곤으로 인한 환경파괴, 이 모두가 문제라는 의식이 지속가능발전의 이념에 그대로 이어지고 있다.

첫 번째 주장에 의하면, 한쪽에서는 부자들이 떵떵거리고 있는데 또 다른 한쪽에서는 가난한 사람들이 우글거리고 있는 한 환경문제에 대한 근원적인 해결은 요원하다. 왜냐하면, 현저한 빈부격차가 존재하는 한 상대적으로 가난한 계층의 불만을 달래고 체제의 정당성을 유지하기 위해서도 지속적인 경제성장은 어쩔 수 없고, 그러다 보면 지속적인 자원고갈과 환경오염 역시 각오해야 하기 때문이다. 경제성장이 계속되는 상황에서는 가난한 사람들도 언젠가는 잘 살 수 있다는 희망을 가지고 참으면서 현 체제를 묵인할 수가 있다. 그러나 빈부격차가 극심한 상황에서 경제성장을 중지시킨다고 하자. 이제 가난한 사람들이 가난을 벗어나는 길은 지금의 부자로부터 돈을 빼앗아 오는 것이다. 이렇게 되어서는 사회는 극심한 혼란에 빠지게 될 것이다.

국제사회에 대하여도 똑같은 말을 할 수가 있다. 한쪽에서는 부자나라들이 떵떵거리고 있고 다른 한쪽에서는 가난한 나라들이 우글거리는 상황에서는 세계의 모든 나라들은 기를 쓰고 경제성장을 추구할 것이며 그러다 보면 범지구적 자연자원의 고갈과 환경파괴 역시 지속될 것이다. 중국과 인도가 미국처럼 잘 사는 나라가 되기 위해서 저돌적으로 경제성장 정책을 밀어붙이는 한 범지구적 환경오염은 불가피하다. 중국은 이미 미국에 이어 세계에서 두 번째로 이산화탄소를 많이 배출하는 나라가 되었으며, 지금과 같은 경제성장을 지속하면 미국을 따라잡는 것도 시간문제다.

그래서 '의제 21'은 국가 간 빈부격차를 좁히는 것, 특히 후진국에 대한 선진국의 적극적 지원을 범지구적 환경문제 해결의 첫 번째 조건으로 삼았다. 총 40개 장으로 구성된 '의제 21'의 제2장의 주제는 선진국들이 후진국들에게 특별한 배려를 제공하는 가운데 범세계적으로 지속가능발전을 이루기 위한 국제적 협력에 관한 것이요, 제3장의 주제는 지구상의 빈곤 퇴치를 위한 각 국가별 노력 그리고 국제사회의 노력에 관한 것이다. 이것만 보아도 '의제 21'은 형평성을 무척 강조하고 있음을 알 수 있다.

대부분의 사람들이 흔히 환경문제라고 하면 대량생산과 소비로 인한 부작용 정도로 이해함으로써 환경문제를 물질적 풍요와 연결시킴에 반해서 지속가능발전의 원칙을 제안한 학자들 그리고 '의제 21'은 환경문제를 빈곤이나 빈부격차와 연결시킴으로써 문제의 본질을 좀 더 근원적으로 파악하고 있다는 점은 특기할 만하다. 이들이 사양화되고 있는 농림업(農林業)의 중요성을 매우 강조하는 이유도 바로 이런 문제의식 때문이다. 아직도 이 세계에는 끼니를 때우지 못하는 극심한 빈곤이 도처에 상존하고 있음에 비추어 볼 때 식량생산의 증가를 통해서 이 빈곤을 해소하기 위해서라도 농림업의 비중이 지금보다 더 커져야 한다는 것이 '의제 21'의 입장이다.

물론 농림업의 비중이 높아진다고 해서 빈곤이 자동적으로 없어지는 것은 아니다. 남미나 아프리카의 대규모 기계화 농업은 오히려 부농들만 살찌움으로써 빈부격차를 심화시켰을 뿐만 아니라 환경을 대규모로 파괴하였다. 전통적인 농업은 비교적 환경을 덜 파괴하지만 생산성이 낮아서 빈곤을 없애기에는 역부족이다. 그래서 '의제 21'은 환경친화적인 농림업의 발전을 매우 강조하고 있으며 특히 후진국의 환경친화적 농림업의 발전을 위해서 선진국들이 많은 금전적 원조와 기술적 지원을 아끼지 않아야 함을 강조하고 있다.

대체로 보면 지속가능발전의 이념의 지지자들은 선진국들은 지속가능발전을 이룰 수 있는 능력이 있음에 반해서 후진국들은 그럴 능력이 없다고 본다. 특히 후진국의 높은 인구증가율이 후진국 빈곤의 퇴치에 있어서 결정적 장애요인으로 지목되고 있다. 많은 후진국들, 특히 아프리카의 후진국들은 빠르게 증가하는 인구를 먹여 살리기 위해서 그들의 생존의 기반이 되는 생태계를 마구 파괴하고 있는 실정이다. 따라서 범세계적인 지속가능발전을 위해서는 후진국에 대한 선진국들의 전폭적인 원조가 불가피하다는 것이 '의제 21'에 흐르고 있는 하나의 중요한 메시지이다.

분배의 불평등이 환경문제 해결의 장애요인

이번에는 두 번째 주장, 즉 소득분배의 불평등이 환경문제의 해결에 있어서 원천적인 장애가 된다는 주장을 살펴보자. 이런 현상은 특히 국제사회에서는 분명하다. 1992년 『유엔환경개발회의』가 소문만 요란했지 먹을 것 별로 없는 잔치로 끝났다는 말이 나왔던 이유도 바로 국제 환경문제를 둘러싼 후진국 집단과 선진국 집단 사이의 메울 수 없는 괴리 때문이었음은 이미 잘 알려진 바이다.

예를 들어서 지구온난화문제만 해도 그렇다. 지구온난화를 방지하기 위해서 세계의 모든 나라가 일제히 화석연료의 사용을 크게 줄여야 한다고 아무리 설교해 봐야 빈곤에서 빨리 탈피하기 위해서 필사적으로 몸부림치는 중국이나 인도와 같은 나라에게 그것은 공염불에 불과하다. 화석연료의 사용을 크게 줄인다는 것은 경제성장의 포기를 의미하는 것이요, 경제성장의 포기는 중국이나 인도 같은 나라가 영원히 빈국(貧國)의 굴레 속에 갇히게 됨을 의미하기 때문이다. 그러니 그런 나라들이 존재하는 한 범지구적 환경문제를 해결하기 위한 명실상부한 국제협력이란 기대하기 어렵게 되어 있다.

물론, 나라 안이든 국제사회든 문제를 해결하는 데에는 원칙이라는 것이 있고, 이 원칙에는 가난한 사람이라고 해서 예외가 될 수 없고 중국이나 인도라고 해서 예외가 될 수는 없다. 국제사회에서 공인된 대표적인 원칙은 오염원인자부담의 원칙이다. 후진국 내지는 개발도상국들은 엄청나게 많은 화석연료를 사용하면서 환경오염물질들을 대량으로 방출하여 지구를 더럽히고 그럼으로써 지구인에게 피해를 준다. 그러므로 국제적으로 공인된 오염원인자부담의 원칙에 의거해서 이들도 지구환경의 오염에 대해서 책임을 지고 선진국들과 함께 화석연료의 사용을 자제하는 노력에 동참해야 한다는 것은 지당한 말씀이다.

하지만 개도국 및 후진국 집단도 할 말은 많다. 선진국은 산업혁명 이래 수백 년 동안 엄청난 양의 화석연료를 마음껏 이용해 오면서 이미 이 지구를 잔뜩 더럽혀 놓았다. 오늘날 선진국의 엄청난 부는 그렇게 지구를 더럽히면서 이룬 것이다. 선진국이야말로 오염원인자부담의 원칙에 입각하여 책임을 져야 함에도 불구하고 이제 와서 개도국 및 후진국이 이산화탄소를 많이 배출하고 있다고 지탄하는 것은 망발이라고 개도국 및 후진국 집단은 맞받아친다. 더욱 중요한 것은, 개도국 및 후진국들도 모두 선진국처럼 잘 살 권리가 있다는 것이다. 왜 선진국만 잘 살아야 하는가? 이런 큰 명분 앞에서는 오염원인자부담의 원칙도 그 빛을 잃을 수밖에 없는 것이 오늘날 국제사회의 현실이다.

범지구적 환경문제를 해결하기 위해서는 모든 국가들의 협력과 공동노력이 필수적이라고 한다면, 그리고 선진국들이 진정으로 지구온난화를 비롯한 범지구적 환경문제를 걱정하고 그래서 원만한 국제협력을 끌어내려한다면, 선진국들은 오염원인자부담의 원칙으로 후진국들을 닦달할 것이 아니라 반대로 후진국들을 경제원조로 회유해서 환경파괴적 경제성장을 자제하게 만들어야 한다. 그러므로 국제사회에서는 오히려 거꾸로 환경오염 피해자가 환경오염원인자에게 뒷돈을 주면서 환경오염을 자제하도록 유도하는 소위 '희생자부담의 원칙(VPP)' 이 더 효과적이다.

환경문제는 계층 간의 갈등문제?

이렇게 보면, 환경문제는 소득분배의 문제와 떼어서 생각할 수 없는 불가분의 문제임을 알 수 있는데, 여기에서 한 걸음 더 나아가 환경문제를 아예 소득분배문제에 포함시켜서 파악하는 학자도 있다. 미국의 저명한 경제학자 더로우(L. C. Thurow)가 바로 그런 학자이다. 우리나라에서도 많이 읽혔던 『영합사회(零合社會, The Zero-sum Society)』라는 저서에서 그는 "환경보호주의는 생활수준의 향상으로 인한 자연스런 결과물"에 불과하다고 말하면서 오늘날의 환경문제를 소득분배문제의 한 측면으로 부각시키고 있다.[5] 의식주가 어느 정도 해결되어 주위를 둘러볼 수 있을 만큼 생활의 여유가 있어야 비로소 깨끗한 물, 깨끗한 공기, 아름다운 경치를 찾게 되는데, 그러기 위해서는 생활수준이 중산층 이상은 되어야 한다는 것이다.

더로우에 의하면 환경보호주의란 다름이 아니라 소득수준이 향상함에 따라 깨끗한 물, 깨끗한 공기, 아름다운 경치 등, 보다 더 좋은 환경에 대한 수요가 증대했음을 반영하는 것에 불과하다. 이런 식의 논리에서는 깨끗한 물, 깨끗한 공기, 아름다운 경치 등 우리의 환경을 구성하는 것들은 우리의 생활수준이 어느 정도 높아졌을 때 찾게 되는 일종의 재화로 취급된다. 단지 이 특수한 재화들, 달리 말하면 환경재는 일단 공급되면 모든 사람들이 공동으로 즐기게 되며 따라서 모든 사람들의 집단적 노력이 있어야 효과적으로 공급될 수 있다는 점에서 쌀이나 고기 등과 같은 보통의 소비재와 근본적으로 성격을 달리할 뿐이다. 바로 이 집단적 노력의 필요성 때문에 환경보호주의자들이 사회의 다른 계층 사람들에게 환경보전의 중요성을 열심히 설득하고 정부를 향해서 환경오염에 대한 강력한 제재를 요구하게 된다고 더로우는 말한다.

그런데, 그에 의하면, 환경보호운동에 내심 은근히 반감을 품는 계층은 저소득계층과 초고소득계층이다. 환경보호를 위해서는 한정된 국민경제 재원의 일부를 환경보호에 투입해야 하므로 그만큼 산업생산에의 투자가 줄어들게 될 것이다. 이 결과 환경보호투자가 경제개발을 위축시키게 되면 한편으로는 일자리가 줄어들게 되니 저소득계층에게 타격을 주게 되고 또 다른 한편으로는 돈벌이 기회가 줄어들게 되니 초고소득계층에게 재미가 없다. 이런 점에서 저소득계층과 초고소득계층의 이해가 서로 맞아떨어지면서 환경보호운동을 못마땅하게 생각하게 된다는 것이다.

그렇다고 저소득계층의 사람들이나 초고소득계층의 사람들이 환경오염을 무시하고 환경개선을 하찮게 본다는 것은 물론 아니다. 그들도 환경오염을 매우 우려하고 환경개선을 원한다. 단지 정도의 차이가 있을 뿐이다. 생활의 질을 결정하는 여러 가지 요인들 중에서 중산층은 다른 계층에 비해서 공공의 비용에 의한 환경개선에 큰 비중을 두는 반면 다른 계층은 그런 환경개선 이외의 것에 더 큰 비중을 두기 때문에 환경문제를 놓고 계층 간 시각차이가 발생하게 된다. 또 이런 시각차이는 환경문제에 대한 해결책의 강구에 있어서도 계층 간의 큰 견해 차이를 초래하면서 계층 간 갈등으로 발전하게 된다. 그래서 더로우는 환경문제를 소득분배에 따른 계층 간 갈등문제로 파악했던 것이다.

지구온난화는 후진국 국민들에게 더 큰 피해를 준다는 연구결과가 있다.[6] 하지만, 화석연료 이용으로 인한 혜택은 주로 선진국에 떨어지고 있다. 국제사회에서는 그렇다치고, 한 나라 안에서는 어떤가? 환경보전과 소득분배 사이의 관계에 있어서 가장 궁금한 것은 다음 두 가지일 것이다. 첫째, 환경이 오염됨으로 인한 피해의 정도가 소득계층에 따라 달라지는가? 만일 달라진다면 어떻게 달라지는가? 둘째, 그러면 환경개선으로 인한 혜택의 정도는 소득계층에 따라 달라지는가? 만일 달라진다면 어떻게 달라지는가? 좀 더 직설적으로 말한다면, 환경오염으로 인한 피해를 저소득계층과 고소득계층 중에서 어느 계층이 더 많이 받게 되며, 반대로 환경이 개선됨으로 인한 혜택은 어느 계층이 더 누리게 되는가이다. 이러한 문제에 대한 논의는 환경오염의 분배상의 효과 또는 환경개선의 분배상의 효과라는 주제 아래 최근에 와서야 조금씩 진전되기 시작하였다. 그렇기 때문에 이 문제에 대해서는 아직도 어떤 단정적인 대답을 줄 수 있을 만큼 충분한 연구가 이루어지지 못한 상태이다. 그러나 이런 질문에 대한 그간의 여러 연구들의 결과를 종합해 보면 대략 다음과 같은 주장이 가능해진다.

> **주장 2:** 환경이 오염되면 고소득계층보다는 저소득계층이 더 큰 피해를 받는 경향이 있다. 그렇다고 정부의 환경개선투자로 환경이 개선되면 저소득계층이 더 큰 혜택을 누리게 되느냐 하면, 그렇지는 않다. 정부의 환경개선 투자는 매우 복잡한 파급효과를 수반하는데, 대체로 보면 저소득계층보다는 고소득계층에 더 큰 순혜택을 주는 경향이 있다.

만일 이 주장이 사실이라면, 환경오염은 저소득계층을 상대적으로 더욱 더 가난하게 만드는 요인이 되며, 정부의 환경개선 노력 역시 저소득계층을 상대적으로 더 가난하게 만드는 요인이 되는 셈이다. 그렇다고 하면, 소득분배의 불평등이 심각한 사회문제로 걸려 있는 나라에 있어서는 환경문제는 그 자체로서 하나의 사회문제가 될 뿐만 아니라 소득분배의 차원에서도 또 하나의 사회문제가 아닐 수 없다. 그렇다고 저소득계층으로 하여금 환경오염피해를 더 받게 만든다거나 이들의 환경을 개선해 주는 것은 근원적인 대책이 될 수 없다. 근원적인 대책은 빈부격차를 완화함으로써 가난한 사람을 없애는 것이다.

2. 환경오염의 분배효과

환경에 대한 소득계층별 인식의 차이

얼핏 생각하면, 환경이 오염되면 저소득계층과 고소득계층 중에서 어느 계층이 더 피해를 많이 받게 될 것인가라는 질문 자체가 어리석은 질문같이 보이기도 한다. 일단 우리의 환경이 오염되면 가난한 사람이든 부자이든 똑같이 환경오염에 노출되어 피해를 입게 될 것이라고 생각할 수도 있기 때문이다. 반대로 환경이 깨끗해짐으로 인한 혜택 역시 저소득계층에게나 고소득계층에게나 골고루 미칠 것이라고 생각할 수 있다. 대부분의 사람들이 실제로 이렇게 생각하고 있기도 하다. 이런 생각이 틀린 것은 아니다. 오히려 기본적으로는 옳다고 볼 수 있다.

환경은 공공재의 성격을 가지고 있기 때문이다. 그러나 부자나 가난한 사람이나 모두 깨끗한 환경 또는 더러운 환경에 같은 정도로 노출된다고 하더라도 각자가 실제로 느끼는 피해의 정도는 사람마다 다를 것이다. 앞의 더로우 교수의 주장이 시사하듯이 가난한 사람들보다는 경제적으로 푼푼한 사람들이 환경오염으로 인한 피해를 더 강하게 느낄 가능성이 높다. 왜냐하면 대체로 보아 소득수준이 높은 사람일수록 깨끗한 환경에 보다 더 큰 가치를 두는 경향이 있기 때문이다. 달리 말하면 환경재는 사치재 혹은 우등재에 해당한다고 볼 수 있다는 것이다.

환경부는 1982년, 1987년, 1990년, 1995년 네 차례에 걸쳐 『환경보전에 관한 국민의식조사』를 실시하였는데 이 의식조사의 원자료를 재처리해 보면 우리나라에서도 환경재가 우등재임을 시사하는 자료들을 비교적 풍부하게 얻을 수 있다. [표 7-1]은 이 네 차례의 의식조사에서 경제성장과 환경보전의 우선순위를 묻는 질문에 대한 응답을 분석해 본 결과인데, 이것을 보면 환경보존에 비해 경제성장을 선호하는 응답의 비율이 시간이 변화하면서 점차 낮아지고 있다. 이는 소득수준이 향상됨에 따라 상대적으로 환경보존에 보다 더 큰 가치를 부여하고 있음을 간접적으로 시사하는 것이다.

표 7-1 환경보전에 비해서 경제성장을 선호하는 비율

연 도	1982	1987	1995
비율(%)	14.0	6.0	4.4

자료: 고재경 · 이정전(1997), "환경의식과 환경오염회피 비용에 대한 소득 계층별 분석," 한국환경정책학회, 『환경정책』, 제5권 제2호.

표 7-2 경제성장과 환경보전 사이의 바람직한 관계에 대한 설문조사 결과(1987) (단위 : %)

소득계층 \ 응답내용	경제성장을 위해서는 환경보전은 유보되어야 한다	경제성장과 환경보전은 조화롭게 이루어져야 한다	기타
고소득계층	2.4	93.2	4.4
중소득계층	5.8	89.5	4.7
저소득계층	10.9	79.0	10.1

주1: 1987년 당시의 고소득은 월 80만원 이상, 저소득은 월 20만원 미만으로 잡았음.
주2: "1987 환경보전에 관한 국민의식조사"의 원 자료로부터 별도로 계산한 것임.

[표 7-2]에서 [표 7-5]까지의 자료는 이 의식조사의 원 자료를 소득계층별로 분석해 본 결과이다. [표 7-2]는 1987년에 경제성장과 환경보전 사이에 있어서 정책적 선택에 관한 설문조사 결과를 소득계층별로 정리한 것이다. 이를 보면, 전체적으로 90%에 가까운 압도적인 다수가 경제성장과 환경보전은 조화롭게 이루어져야 한다고 강조하고 있기는 하지만 소득수준이 높은 계층일수록 이 두 가지 사이의 조화를 강조하는 사람의 비율이 현저하게 높아진다. 반면에 소득수준이 낮은 계층일수록 경제성장을 위해서는 환경보전은 유보되어야 한다는 반응을 보이는 사람의 비율이 현저하게 높아지고 있어서 저소득계층은 환경문제보다는 생계의 문제에 더 신경을 쓰고 있음을 단적으로 보여 주고 있다.

경제성장과 환경보전의 상대적 중요성을 묻는 질문에 대한 응답에 관해서 환경보전을 우선적으로 생각하는 응답에 3점, 경제성장과 환경보전은 조화되어야 한다는 응답에 2점, 경제성장을 우선적으로 생각하는 응답에 1점의 점수를 부여하여 평균을 구한 결과가 [표 7-3]에 나와 있다. 이 표에서 보듯이 환경보전에 부여하는 가치가 전반적으로 저소득층보다는 중 · 고소득층에서 더 높게 나타나고 있음을 알 수 있다. 환경문제의 심각성의 정도를 묻는 질문에서 '매우 심각하다' 라는 응답에 4점, '심각하다' 라는 응답에 3점, '보통이다' 라는 응답에 2점, '문제없다' 라는 응답에 1점을 부여하고 계층별 평균을 구해 본 결과가 [표 7-4]에 제시되어 있다. 이것을 보면 저소득층보다는 중 · 고소득계층의 평균이 더 높게 나타나고 있어 소득이 높을수록 환경오염이 더 심각한 것으로 인식하고 있다.

표 7-3 환경보전의 중요성에 대한 소득계층별 인식

연도 / 소득	1982	1987	1985
고	1.92	1.99	2.41
중	1.93	1.99	2.37
저	1.87	1.94	2.37

주: 근사표준오차(ASE)를 이용한 분석결과에서도 소득계층별 인식의 차이가 유의미한 것으로 나타났음.
자료: 고재경 · 이정전(1997), "환경의식과 환경오염회피 비용에 대한 소득 계층별 분석," 한국환경정책학회, 『환경정책』, 제5권 제2호.

표 7-4 환경오염의 심각성에 대한 소득계층별 인식

소득 \ 연도	1982	1990	1996
고	2.89	3.00	3.25
중	2.86	2.88	3.31
저	2.57	2.85	3.16

주: 근사표준오차(ASE)를 이용한 분석결과에서도 소득계층별 인식의 차이가 유의미한 것으로 나타났음.
자료: 고재경 · 이정전(1997), "환경의식과 환경오염회피 비용에 대한 소득계층별 분석," 한국환경정책학회, 『환경정책』, 제5권 제2호.

표 7-5 지역사회에 환경오염업체가 진입하는 것에 대한 설문조사 결과(1987) (단위 : %)

소득계층 \ 응답내용	절대로 들어와서는 안 된다	오염방지시설만 하면 들어와도 좋다	지역발전을 위해서 공해를 감수하겠다	기타
고소득계층	28.3	66.1	4.0	1.6
중소득계층	21.9	71.1	5.3	1.7
저소득계층	19.7	69.0	7.9	3.5

주1: 1987년 당시의 고소득은 월 80만원 이상, 저소득은 월 20만원 미만으로 잡았음.
주2: "1987 환경보전에 관한 국민의식조사"의 원 자료로부터 별도로 계산한 것임.

[표 7-5]는 각자가 사는 마을에 환경오염업체가 들어온다고 하면 어떻게 할 것인가에 대한 반응을 소득계층별로 계산해 본 결과이다. 이것을 보면, 환경오염업체는 무조건 용납할 수 없다는 단호한 반응을 보이는 사람의 비율은 소득수준이 높은 계층일수록 눈에 띄게 높아지는 반면, 지역발전을 위해서는 공해도 감수하겠다는 지극히 관대한 반응을 보이는 사람의 비율은 소득수준이 낮은 계층일수록 높아진다. 전체적으로 보면, 70%에 가까운 많은 사람들이 환경오염방지시설을 한 업체는 허용하겠다는 반응을 보인 반면, 절대로 안 된다고 단호한 반응을 보인 사람은 23%쯤 된다. 실제에 있어서는 많은 환경오염업체들이 환경오염방지시설을 갖추고도 이를 충분히 가동하지 않음으로써 심각한 환경오염문제를 발생시키고 있고 또 이런 사실들이 언론매체를 통해서 많이 전달되었음에 비추어 볼 때 이 70%의 높은 비율은 상당히 관대한 반응이라고 볼 수 있을 것이다.

이상의 여러 가지 단편적인 자료들은 가난한 사람들보다는 경제적으로 여유가 있는 사람들이 깨끗한 환경에 더 큰 가치를 두며 따라서 환경오염에 대하여 더 심각하게 우려하고 있고, 환경이 오염되면 더 큰 피해를 입을 가능성을 상당히 강하게 뒷받침하는 것으로 보인다. 위에서 본 바와 같이 환경부의 국민의식조사 자료를 소득계층별로 다시 분석해 본 결과에서 한 가지 재미있는 현상은 1990년대에 들어와서 환경의 중요성에 대한 소득계층별 인식의 차이가 점차 줄어들고 있다는 점이다. 이는 1990년대 이래 우리나라 국민의 소득수준이 전반적으로 향상됨에 따라 저소득계층도 서서히 환경의 중요성을 인식하기 시작하고 있기 때문인 것으로 추정된다.[7)]

소득계층별 환경오염피해

소득계층에 따라 환경에 부여하는 가치도 달라지지만 또한 환경오염피해에 대한 인식도 소득계층에 따라 달라진다. 환경오염피해의 여부를 묻는 질문에 대한 결과를 보면 1987년을 기점으로 환경오염피해를 받았다고 주장하는 응답 비율이 급격히 증가하고 있는데([표 7-6] 참조), 이를 소득계층별로 분석한 [표 7-7]에 의하면 고소득층의 경우에는 1982년에는 25.7%, 그리고 1995년에는 73.1%가 피해를 입었다고 대답한 반면 저소득층의 경우에는 1982년에는 16.3%, 1995년에는 63.2%가 피해를 입었다고 대답해 소득이 높을수록 환경오염피해에 대한 인식이 높은 것으로 나타나고 있다. [표 7-7]의 자료 역시 환경부의 국민의식조사 자료를 소득계층별로 분석해 본 결과인데, 이 자료를 교육수준별로 분석해 보면, 소득수준보다는 교육수준이 높을수록 환경오염피해를 입었다는 응답의 비율이 훨씬 더 현저하게 높아짐을 알 수 있다. 이는 교육수준이 높을수록 대중매체에 의한 정보의 전달

표 7-6 환경오염피해를 입었다는 응답의 비율

피해 \ 연도	1982	1987	1990	1995
피해입음(%)	18.2	69.1	64.4	70.5
피해없음(%)	81.8	30.9	35.7	29.5

주: 환경부의 "환경보전에 관한 국민의식조사"의 자료로부터 계산한 것임.

표 7-7 소득계층별로 환경오염피해를 입었다는 응답의 비율 (단위 : %)

소득 \ 연도	1982	1987	1990	1995
고	25.7	74.5	72.3	73.1
중	18.0	72.3	65.5	71.4
저	16.3	64.2	53.7	63.2

자료: 고재경 · 이정전(1997), "환경의식과 환경오염회피 비용에 대한 소득계층별 분석," 한국환경정책학회, 『환경정책』, 제5권 제2호.

과 수용이 용이하게 이루어지기 때문인 것으로 보인다. 환경부의 원 자료를 더 심층 분석해 본 결과, 통계적으로도 소득수준보다는 교육수준에 따른 차이가 더 유의미한 것으로 나타났다.[8)]

그러나 엄밀히 말하면, 위에서 살펴본 양적 자료들은 환경오염에 대한 소득계층별 인식의 차이 혹은 피해의식의 차이에 관한 것들이지 실제로 당하는 소득계층별 환경오염피해에 관한 것들은 아니다. 실제로 발생하는 피해의 측면에서 볼 때에는, 잘 사는 사람들보다는 오히려 저소득계층이 환경오염으로 인한 피해를 더 많이 입을 가능성을 보이는 자료들이 많이 있다. 예를 들면, 미국의 대도시에 있어서 소득계층별로 주거 지역의 대기오염 정도를 조사해 본 결과들을 거의 예외 없이 소득수준이 낮은 계층일수록 대기오염이 심한 지역에 살고 있음을 읽을 수 있다.[9)] 여기에는 그럴 만한 충분한 이유가 있다.

앞에서 환경은 공공재적 성격을 갖는다고 말했는데, 엄밀히 말하면 어떤 공간적 범위 안에서만 공공재적 성격을 가지게 됨이 보통이다. 예를 들면, 서울의 대기가 오염됐다고 해서 서울의 모든 지역에 걸쳐 공기가 똑같은 정도로 더러워지지 않음이 보통이다. 대체로 보아 대기의 상황에 따라 어느 지역은 심하게 오염되고 다른 지역은 가볍게 오염되거나 또는 거의 오염되지 않을 수도 있다. 반대로 어떤 환경오염방지대책 덕분에 서울의 공기가 깨끗해진다고 하더라도 기상조건에 따라 어떤 지역의 공기는 현저하게 깨끗해지고 또 어떤 지역의 공기는 별 변화가 없을 수도 있다. 이와 같이 환경의 질이 지역에 따라 현저하게 달라지는 상황에서는 경제적으로 잘 사는 사람들은 환경오염의 피해를 피할 수 있는 기회를 갖게 된다. 환경오염의 피해를 피하는 대표적인 방법은 오염이 덜 된 지역으로 옮겨가는 것이다. 이 결과 잘 사는 사람들은 환경이 깨끗한 곳에 살게 되고 못 사는 사람들은 환경이 더러운 곳에 살게 된다.

옮겨가는 것 이외에도 환경오염을 피하는 방법은 매우 다양하다. 현재 살고 있는 지역의 물이 오염되어 있으면 오염되지 않은 곳의 물을 날라다 먹을 수도 있다. 예를 들어 한강의 오염으로 서울의 수돗물이 더러워지면 설악산의 물을 날라다 먹을 수도 있고 제주도의 물을 날라다 먹을 수도 있으며, 심지어 스위스의 물을 운반해서 먹을 수도 있다. 오염된 것을 다시 깨끗하게 만들 수도 있다. 예를 들면 정수기를 설치하여 더러운 물을 깨끗하게 만들어 마실 수도 있고 공기정화기를 달아 놓고 더러운 공기를 깨끗하게 정화할 수도 있다. 채소가 농약으로 오염되어 있을 때는 농부들과 따로 계약을 맺어서 농약을 치지 않은 채소를 공급받을 수도 있다. 먼지나 소음, 진동이 심하면 주변에 나무를 많이 심거나 방음 · 방진장치를 설치함으로써 이것들을 차단할 수도 있다.

환경오염을 피하는 이러한 갖가지 방법들에 한 가지 공통적인 것은 돈이 있어야 된다는 것이다. 그러한 방법들은 결국 깨끗한 환경을 돈을 주고 사는 셈이다. 달리 말하면, 깨끗한 환경이 상품화된다는 것이다. 상품이란 돈 있는 사람들을 위한 것이기 때문에 잘 사는 사람들은 상품화된 깨끗한 환경을 사서 이를 즐길 수 있는 반면, 돈 없는 저소득계층은 환경오염을 꼼짝없이 앉아서 당할 수밖에 없다. 소득수준이 높을수록 환경오염회피에 많은 돈을 쓴다는 것은 소득계층별 식수이용 양태에도 나타난다.

전국의 주요 하천이 심하게 오염되자 국민의 수돗물에 대한 불신이 깊어졌다. 정부는 수돗물은 그냥 냉수로 마셔도 상관없다고 안심시키지만, 하천의 오염을 익히 보아온 일반 시민들은 수돗물을 계속 꺼림직하게 생각해왔다. 이미 1987년 "환경보전에 관한 국민의식조사"에서도 수돗물을 그대로 마신다는 가구는 조사 대상가구 전체의 7%도 채 안 되고 절반 가까이가 반드시 끓여 마시며, 때때로 끓여 마시는 가구는 30%를 약간 넘는 것으로 나타났다. 이 자료를 소득계층별로 다시 분석해 보면, 소득수준이 낮은 계층일수록 수돗물을 냉수로 마시는 가구의 비율이 높아지는 반면, 소득수준이 높은 계층일수록 반드시 끓여 마시는 가구의 비율이 높아지는 경향을 보였다. 끓여 마시는 것보다 더 돈이 많이 드는 방법이라고 볼 수 있는 정

표 7-8 소득계층별 식수이용 양태 (단위 : %)

연도 소득	1987		1990		1995	
	정수기 · 생수	우물물 · 샘물	정수기 · 생수	우물물 · 샘물	정수기 · 생수	우물물 · 샘물
고	16.7	4.4	39.1	7.0	46.0	6.4
중	5.0	5.8	25.4	16.1	36.1	11.9
저	3.1	11.4	13.7	34.3	27.7	24.0

수기를 사용하는 가구의 비율도 소득수준이 높은 계층일수록 높아지며, 특히 최고소득계층에서 이 비율이 다른 계층에 비해서 월등하게 높다. 그 반면 소득수준이 낮은 계층일수록 우물물이나 샘물을 마시는 가구의 비율이 높아진다. 이 국민의식조사가 실시되던 당시에도 용기에 담아 파는 물, 즉 생수에 대한 시비가 신문지상에서도 심심치 않게 크게 보도되곤 했었다.[10)]

생수장사가 일반가정을 대상으로 버젓이 성업 중임에도 불구하고 정부는 매우 오랫동안 생수의 시판을 공식적으로 허용하지 않았다. 그 이유인즉 생수시판의 허용은 수돗물에 대한 불신감을 가중시키며 사회계층 사이의 위화감을 부채질한다는 것이었다. 그러나 오늘날 생수는 일상 소비품이 되었다. 옛날에는 가난한 사람이든 부자이든 마음껏 공짜로 마실 수 있었던 깨끗한 자연수가 이제는 귀해졌고 그래서 이제는 마시는 물도 경제적 능력에 따라 대가를 지불하고 사야 하는 상품이 되어 버린 하나의 단적인 예라고 할 수 있다.

[표 7-8]은 식수이용 양태에 대한 환경부 국민의식조사의 원 자료를 소득계층별로 분석해 본 것이다. 정수기 및 생수의 이용비율은 해가 지남에 따라 전체적으로 점점 증가하고 있는데, 이를 소득계층별로 살펴보면 고소득층의 정수기 또는 생수 이용비율은 연도별로 각각 16.7%, 39.1%, 46.0%로 나타나고 있으나 저소득층은 이보다 훨씬 낮은 수준인 3.1%, 13.7%, 27.7%에 그치고 있다. 이와는 반대로 수돗물이 아닌 지하수 또는 우물물을 식수로 이용하고 있는 사람들의 비율은 소득이 낮을수록 현저히 높게 나타난다.

돈 없는 사람들을 더욱 서글프게 만드는 것은, 우리의 환경이 오염되지 않았던 불과 얼마 전만 해도 이들도 깨끗한 환경을 얼마든지 즐길 수가 있었다는 것이다. 같은 공공재의 성격을 갖고 있다고 하는 국방, 치안, 일기예보, 등대 등의 공급에는 많은 비용이 소요됨에 반해서, 깨끗한 환경은 원래 대자연이 우리에게 무상으로 베풀어 준 것이다. 그렇기 때문에 가난한 사람이나 부자나 모두 공짜로 환경이 베푸는 혜택을 얼마든지 누릴 수가 있었다. 돈 없는 사람들도 고소득계층과 꼭 마찬가지로 깨끗한 공기를 마실 수가 있었고, 깨끗한 물을 마실 수가 있었으며, 아름다운 경치를 즐길 수 있었다. 이같이 우리의 환경을 구성하는 것들 앞에서는 가난한 사람들도 부자들과 동등할 수가 있었다.

그러나 우리의 환경이 오염되면서 깨끗한 공기, 깨끗한 물, 아름다운 경치 등 이런 환경재들이 점차 귀해지게 되었다. 무엇이든지 귀해지면 가격이 붙어서 상품화되는 것은 정한 이치이다. 환경도 그 예외는 아니어서 충분히 돈을 지불할 수 있는 사람들만이 차지할 수 있도록 은연중에 가격이 붙게 마련이다. 다른 조건이 같다면 공기가 깨끗한 곳, 경치가 좋은 곳, 조용한 곳의 땅값이나 집값은 그렇지 않은 곳의 땅값이나 집값보다 으레 비싸기 마련인데, 이것이 환경이 상품화되는 단적인 예이다. 이 밖에도 위에서 열거한, 환경오염을 회피하는 온갖 방법들 역시 환경이 상품화되는 예들이다.

요컨대, 환경이 오염되더라도 잘 사는 사람들은 상품화된 깨끗한 환경을 구매함으로써 환경오염피해를 최대한 피할 수 있는 반면, 가난한 사람들은 전에는 가질 수 있었고 즐길 수 있었던 많은 것들을 잃은 채 환경오염의 피해를 고스란히 당할 수밖에 없다. 이와 같이 환경오염은 특히 가난한 사람들을 더욱 더 가난하게 만들고 나라 전체로서도 손실임에도 불구하고, 아이러닉하게도 국민소득 통계상으로는 나라가 더욱 부유해진 것처럼 보이게 한다. 잘 사는 사람들이 상품화된 물을 마시고 공기정화기를 달고, 소음차단공사를 하는 등 환경오염을 회피하는 데에 뿌린 돈이나 깨끗한 환경을 위해서 뿌린 돈이 GDP 통계조사망에 잡히기 때문이다. 그러므로 GDP 숫자상으로만 보면 환경이 상품화된 만큼 우리는 더 잘 사는 것처럼 비쳐지게 된다.

환경오염으로 인해서 저소득계층이 당하는 피해는, 임금은 오르지 않고 물가만 오르는 것보다도 더 저소득계층을 궁색하게 만들 수가 있다. 왜냐하면, 깨끗한 환경은 값싸고 손쉬운 놀이공간을 제공함으로써 서민들의 생활에 낙을 불어넣어 주고 때로는 일거리를 제공하기도 하는데, 환경오염은 이런 것들을 앗아가기 때문이다. 한강의 오염은 우리에게 그 좋은 예를 제공하고 있다(Box의 내용 참조).

조선시대에도 그랬고 8 · 15 해방 이후에도 매우 오랫동안 한강은 서울 시민들에게 편리한 휴식처요 친근한 놀이공간이었다. 한강의 좋은 점은 무엇보다도 남녀노소를 막론하고 누구나 손쉽게 가서 즐길 수 있었다는 것이다. 1950-60년대의 신문을 보면, 무더위로 한강이 인산인해를 이루었다는 기사, 세검정 골짜기와 정릉 골짜기 등 서울 시내 물 흐르는 곳마다 더위를 식히려는 많은 사람들로 붐비었다는 기사, 보트놀이와 낚시가 성황을 이루었다는 기사, 비가 개인 뒤 한강변에 양산을 든 여인들의 행렬이 줄을 이었다는 기사 등등 여름철에는 한강 물놀이에 대한 기사들이 으레 사회면을 장식하였다. 서울시의 인구가 200만도 되지 못했던 1950년대 말, 여름철 한강에는 하루 평균 1만 여명의 인파가 몰렸고 주말에는 2만 여명이 한강변에 몰려들었다고 한다. 당시의 유명한 해수욕장으로는 대천 해수욕장이나 만리포 해수욕장이 손꼽혔는데, 만리포 해수욕장이 가장 붐비었을 때의 인파가 한 2만명쯤이었다고 하니, 여름철 한강의 물놀이 인파가 당시 유명 해수욕장의 인파와 맞먹을 정도로 대단했던 모양이다. 겨울이면 겨울대로 한강은 서민들에게 인기가 있었다. 겨울이 되어 한강이 얼어붙을 즈음이면 한강 여기 저기에 스케이트장이 생겨서 시민들이 스케이팅을 즐겼다. 그리고 곳곳에서 강태공들이 겨울 낚시를 즐겼다. 어둑어둑할 즈음이면 한강 여기 저기에서 수많은 사람들이 뱃놀이를 즐겼는데, 이 놀이 배들은 오늘날로 말하면 물 위를 떠다니는 포장마차인 셈이다.

그러던 한강이 서서히 오염으로 병든 증상을 여기 저기에서 보이기 시작하였다. 드디어 1964년 물놀이 철을 앞두고 서울시는 한강 인도교, 마포와 한남동의 나루터, 금호동 앞의 4개 지점에 입수금지령을 내렸다. 조사결과 수질이 너무 오염되었던 까닭이다. 서울시는 1971년 드디어 광나루를 제외한 한강에서 수영금지령을 내렸고 5년 후에는 광나루에서의 수영도 금지되었다. 1973년에는 한강대교 근처의 뱃놀이도 금지되면서 곧이어 1974년에는 한강에서의 스케이팅도 금지시켜 버렸다.[11] 말하자면, 시민과 한강 사이의 직접 접촉이 전면 금지된 셈이다. 서울 시민들이 즐겨 찾던 한강이 오염으로 병들어 이와 같이 일단 시민들과 멀어진 다음에는 다시 가까워지기가 매우 어렵게 되어 버리고 말았다. 이렇게 돼도 잘 사는 사람들은 아쉬울 것이 별로 없다. 잘 사는 사람들이야 돈이 있으니까 가서 놀고 즐길 곳은 한강 말고도 얼마든지 있지만 저소득계층은 그렇지 못하다. 옛날의 물놀이 배보다 훨씬 시설이 좋은 유람선이 한강에 뜬다고는 하지만, 일류극장 입장료와 맞먹는 비싼 승선료는 접어두고, 옛날처럼 풍류까지는 못 간다 하더라도 가까운 사람들끼리 한적하게 술잔을 기울이며 담소하는 그런 뱃놀이와는 거리가 먼 상업화되고 단체화된 그런 유람선이다.

강은 우리에게 여러 가지 일거리를 제공한다. 어떤 것은 생계를 댄 일거리이고 또 어떤 것은 부업 또는 취미삼아 하는 일거리일 수도 있다. 한강의 본류 또는 지류들이 오염되면서부터 사라진 일거리들도 꽤 많은 것 같다. 우선 손꼽을 수 있는 것은 물놀이와 관련된 수많은 행상들이다. 한강과 관련된 일거리로 빼놓을 수 없는 것은 고기잡이다. 옛날 깨끗하던 한강에는 쏘가리, 뱀장어, 메기, 붕어, 잉어 등 온갖 담수어 종류가 풍부하여 여름에는 물론 봄과 가을에도 즉석 생선회와 매운탕을 만들어 술안주로 하면서 물놀이를 즐기는 시민들로 한강이 붐비었다. 또한 한강가에는 생선과 매운탕을 파는 수상식당들이 꽤 많았었다. 그러나 한강이 오염되면서 서울시는 1973년 5월 양화대교 아래서의 고기잡이를 금지하였으며, 1980년에 한강에서의 고기잡이와 한강에서 잡은 물고기의 판매를 금지시키고 이를 단속하기 시작하였다. 한강변 농사일도 한강이 오염되면서 사라져 갔다. 옛날에는 뚝섬이나 왕십리는 채소생산으로 유명해서 서울 채소시장의 주 공급원이 되다시피 했었다고 한다. 더러워진 한강물 그리고 이로 인해 토양마저 오염되자 1980년 3월부터 한강 양쪽의 기슭, 중랑천 주변, 안양천 주변의 농작물 재배가 금지되었다.

한강 및 그 지류의 오염과 함께 아쉬움을 남기며 사라진 서민들의 일거리 중에서 재미있는 것은 빨래터의 빨래이다. 손빨래는 육체적으로 고된 노동인데, 옛날의 우리 할머니, 할아버지들은 빨래터에서 단순히 빨래만 하는 것이 아니고 물가에 솥 걸고 불을 지펴 음식을 만들어 먹으면서 그리고 때로는 일종의 야유회를 겸하면서 그 육체적 고됨을 더는 지혜를 가졌었던 것 같다. 서울의 물 흐르는 냇가는 모두 좋은 빨래터가 되었겠지만 특히 세검정과 정릉 골짜기가 옛날에는 장안에서 유명한 빨래터였다고 한다. 해방되기 전에는 청계천 주변 역시 좋은 빨래터이자 민속놀이터였다고 한다.

빨래터 정경이 서울에서 사라진 것이 그리 오래 전은 아니다. 한강 본류와 지류가 오염되기 직전인 1950년대에만 하더라도 비가 온 뒤 불어난 서울의 냇가는 어디나 부지런히 달려온 빨래꾼으로 대성황이었다고 하고, 장마 후 흑석동 주변의 빨래터가 크게 붐볐음을 당시의 신문에서도 읽을 수 있다. 요즈음에는 세탁기라는 것이 있고 또 세탁소라는 것이 있지만, 많은 가난한 사람들은 집안에서 수돗물 받아 놓고 여전히 손으로 빨래할 것이다. 하지만 나이 드신 분들로부터 직접 들을 필요도 없이 이렇게 하는 빨래는 흐르는 시냇가에서 하는 빨래보다 육체적으로도 훨씬 더 고되리라는 것은 쉽게 짐작할 수 있을 것이다.

3. 환경개선의 분배효과

문제의 복잡성

앞에서 살펴본 바와 같이 환경이 오염될 때, 고소득계층보다는 저소득계층이 그 피해를 더 많이 입게 된다고 하면, 반대로 환경이 깨끗해지면 고소득계층보다는 저소득계층이 더 혜택을 받게 될 것같이 보인다. 그러나 현실은 그렇지 못하다. 물론 환경개선이 각 소득계층에 미치는 효과를 이렇게 간단히 말해 버릴 사항은 아니다. 사실 이 효과는 매우 복잡하다.

예를 들어서, 공항의 항공기 소음을 줄이기 위해서 항공기 이착륙에 대해서 부과금을 징수하는 경우를 살펴보자. 일단 단기적으로 보면, 이착륙에 대한 부과금의 징수는 항공사의 비용을 인상시키기 때문에 항공사에게 이윤감소의 손실을 입힐 것이다. 그러나 장기적으로는 항공사는 이착륙부과금을 항공료에 얹어서 고객에게 전가할 것이다. 그렇더라도 항공료가 비싸지면 자연히 항공서비스에 대한 수요가 줄어들 터이니 항공사의 이윤도 감소하게 되고 직원을 일부 감원하게 될 것이다.

그러면 이착륙부과금 징수 덕분에 혜택을 입는 사람들은 어떤 사람들일까? 우선, 비행기 소음에 시달리던 공항 주변의 주민들을 꼽아볼 수 있다. 이들은 여러 가지 형태의 혜택을 받을 수가 있다. 직접적으로는, 비행기 운항수 감소에 따른 소음피해 감소의 혜택을 받게 될 것이다. 간접적으로는, 이착륙 부과금 세입으로 설치될 공항 주변 지역 공공시설이나 소음방지시설의 혜택도 받게 될 것이다. 그러나 이런 혜택이 지역주민들에게 고르게 미치지는 않을 것이다. 왜냐하면 소음공해피해와 소음방지대책의 혜택이 정확하게 일치하지 않음이 상례이기 때문이다. 예를 들면, 소음공해피해에 비해서 대책의 혜택을 상대적으로 적게 받는 사람도 있고 반대로 상대적으로 많이 받는 사람도 있게 된다.

그러나 대체적으로 보면, 항공기소음대책으로 인한 혜택은 주로 공항 주변 지역의 주민들에게 돌아가고 그 손실은 주로 비행기 여행자나 항공사 주주에게 떨어질 것으로 추정된다. 비행기 여행자나 항공사 주주들이라면 대체로 괜찮게 사는 사람들일 것이다. 비행기 여행자는 다수이기 때문에 이들에게 떨어지는 손실은 다수에게 분산되는 셈이니 여행자 각 개인이 입는 손실은 경미할 것이다. 그러므로 전체적으로 보면, 이착륙 부과금을 징수하는 소음대책은 소득분배의 측면에서는 큰 문제는 없다고 말해도 무방할 것 같이 보인다. 다만, 위에서 언급한 실업의 문제가 발생한다면, 이착륙부과금의 징수는 비록 효율의 차원에서는 정당화된다고 하더라도 형평의 차원에서는 문제가 있다고 말할 수 있다.

문제가 여기에서 그치지 않는다. 다른 사회문제의 경우에도 그렇지만, 문제의 발생과 대책의 실시 및 효력발생 사이에는 상당한 시차가 있기 마련인데, 이미 상당한 정도의 소음피해가 발생하여 사회문제화된 다음에라야 비로소 소음공해대책이 실시됨이 상례라고 할 수 있을 것이다. 그래서 소음공해대책이 시행되었을 즈음에는 이미 상당수의 주민들이 소음공해를 피해서 집과 땅을 팔고 다른 곳으로 이사해 버렸을 수도 있다. 이들이 부동산을 팔 때는 소음공해의 피해에 상응하는 만큼을 할인해서 헐 값에 팔게 된다. 경제학 전문용어로는 부동산 가격에 소음공해의 피해가 자본화된다고 말한다. 그러므로 새로 이사해 들어온 주민들은 사실상 소음공해의 피해에 상응하는 만큼을 이미 보상받은 것에 진배 없으며 따라서 이들은 소음공해에 나름대로의 대비책을 마련했거나 또는 소음공해를 각오한 사람들이다. 그러므로 많은 사람들이 이사해나간 자리를 새로 이사 온 사람들이 차지한 다음에 소음방지대책이 시행되었다고 하면, 그 혜택이 이들에게 떨어질 것이므로 새로 이사온 주민들은 우발이익 형태의 불로소득을 얻게 되니, 이는 형평상 큰 문제가 될 수가 있다.

이런 비슷한 일은 흔하게 발생한다. 흔히 환경오염에 대한 규제가 없으면, 환경오염업체는 환경을 공짜로 이용하게 된다고 말한다. 환경을 공짜로 이용하는 만큼 환경오염업체는 더 많은 이윤을 올릴 것이요. 따라서 환경오염업체는 환경을 공짜로 이용해서 돈을 버는 악덕 기업이라는 지탄을 받는다. 그래서 환경오염에 대한 규제를 강화해서 이들의 불로소득은 환수해야 한다고 말한다. 그러나 이런 말은 정확한 말은 아니다. 환경을 공짜로 이용하는 덕분에 추가되는 이윤만큼 이 환경오염업체의 주가는 높아질 것이며 따라서 이 환경오염업체를 인수하는 기업가는 그만큼 비싼 대가를 치르게 된다. 달리 말하면, 이 새 주인은 환경에 대해서 목돈으로 가격을 치른 셈이니 환경을 공짜로 이용하고 있다고 말할 수 없다. 이런 상황에서 환경오염에 대한 규제를 강화한다면, 환경오염업체를 인수한 기업가들은 우발손실의 날벼락을 맞는 꼴이 되고 만다. 우발손실이나 우발이익 모두가 형평의 문제를 안고 있다.

다시 항공기소음의 문제로 돌아가서, 항공기소음대책으로 인한 혜택이 반드시 공항 주변 지역의 주민들에게 국한되라는 법은 없다. 공항 주변 지역의 주민 이외에도 혜택을 받는 사람이 얼마든지 있을 수가 있다. 항공서비스에 대한 수요가 줄어드는 대신 철도나 버스 등 다른 교통수단에 대한 수요가 증가할 것이다. 따라서 다른 교통수단에 관련된 사람들 중에도 혜택을 받는 사람들이 발생하게 될 것이다. 만일 다른 교통수단에 대한 수요가 늘어난 결과 실업자의 고용이 늘었다고 하면, 이착륙 부과금 징수는 한편으로는 고용감소 효과를 수반하면서 다른 한편으로는 고용증대 효과를 발생시키니 부과금 징수의 고용 및 소득분배에 미치는 효과를 한 마디로 판단하기 어렵다. 일반적으로 환경개선을 위한 정부의 환경규제강화나 환경개선사업이 기업에 비용인상의 부담을 주어서 실업을 초래하고 그럼으로써 오히려 빈부격차를 심화시킬 우려가 있다는 말을 흔히 듣게 되지만, 환경규제강화나 환경개선사업은 다양한 양태로 고용을 창출하는 효과를 수반할 수도 있기 때문에 그렇게 간단하게 말할 수는 없다.

환경개선으로 인한 편익의 계층별 귀속

이와 같이 환경개선 사업의 소득분배에 미치는 효과는 복잡하기도 하지만 또한 매우 최근에 와서야 경제학자들이 이 방면에 관심을 가지고 연구를 하기 시작하였기 때문에 아직까지는 분배효과에 대한 실증적 근거가 충분히 축적되어 있지 못하다. 그러나 이제까지의 실증적 연구들을 종합해 보면, 정부의 환경개선 사업은 대체로 보아 저소득계층보다는 고소득계층에 더 큰 순혜택을 주는 경향이 있다는 것이다.[12] 다시 말하면, 정부의 환경개선 사업의 분배상 효과는 역진적이라는 것이다.

편의상 우선 비용부담의 측면은 뒤로 미루고, 순전히 환경개선으로 인한 혜택(편익)의 측면부터 살펴보자. 환경개선으로 인한 소득계층별 혜택은 물론 이 환경개선이 어떤 형식으로 이루어졌느냐에 따라 달라질 것이다. 환경개선이 이루어지는 형태에도 여러 가지 유형이 있을 수 있는데, 그 한 가지로 환경개선이 모든 지역에 걸쳐 비슷한 정도로 이루어지면서 다분히 순수한 공공재의 성격을 갖게 되는 경우를 생각해 볼 수 있다. 예를 들어 외국에서 수입되는 연료가 고유황 연료로부터 저유황 연료로 일제히 바뀌었다든가 혹은 모든 대기오염원에 환경오염방지시설을 부착하여 효과적으로 가동시킨 결과 모든 지역에 걸쳐 대기가 비슷한 정도로 깨끗해진 경우를 생각할 수 있다. 이렇게 되면 일단은 저소득계층이 사는 곳이나 고소득계층이 사는 곳이나 모두 똑같이 골고루 혜택이 미친다고 말할 수 있을지 모른다.

그러나 깨끗한 환경의 가치는 소득계층별로 다르다. 저소득계층보다는 경제적으로 여유가 있는 사람들이 깨끗한 환경에 더 큰 가치를 두며 그리고 환경오염에 대하여 더 심각하게 우려함을 시사하는 자료들을 앞에서 보았다. 그렇다고 가난한 사람들이 부자들보다 깨끗한 환경을 덜 좋아한다는 것은 물론 아니다. 다른 것들은 모두 제쳐두고 환경 하나만을 놓고 본다면 오히려 가난한 사람이 부자들보다 환경개선을 더 절실히 원할 수도 있다. 중요한 것은 다른 것들, 예컨대 생활필수품에 비한 환경개선의 상대적 가치이다. 대체로 보아 고소득계층에게는 그 상대적 가치가 매우 크고 저소득계층에게는 이 상대적 가치가 적다. 저소득계층은 환경개선보다 생필품을 더 절실히 원하고 고소득계층은 생필품보다는 환경개선을 더 절실히 원하는데 이들 모두에게 생필품 대신 환경을 개선해 준다면 당연히 고소득계층이 더 큰 혜택을 받게 될 것이라고 볼 수 있다.

그렇다면 저소득계층이 사는 지역의 환경만을 집중적으로 개선해 주는 환경개선대책은 어떨까? 물론 이런 대책은 분명히 저소득계층에게 환경개선의 혜택을 집중시킬 것이다. 그러나 이것은 일시적일 것이다. 깨끗한 환경은 부동산 값에 반영되기 마련이다. 다른 조건들이 모두 같다면, 환경이 깨끗한 곳의 땅값이나 집값은 그렇지 못한 곳의 땅값이나 집값보다 당연히 비쌀 것이다. 환경이 개선될 때에도 마찬가지이다. 환경이 개선된 만큼 땅값과 집값이 올라갈 것이다. 이렇게 되면 월세, 전세도 덩달아 올라가게 될 것이다. 깨끗해진 환경에 대한 대가를 치를 수 없는 저소득계층은 월세나 전세가 싼 다른 곳으로 이사를 갈 수밖에 없다. 앞에서 저소득계층은 더러운 환경에 살게 되고 고소득계층이 깨끗한 환경에 살게 되는 이유를 고소득계층이 환경오염을 피해 깨끗한 환경으로 옮겨가기 때문이라고 했는데, 사실은 저소득계층이 좋고 깨끗한 환경에 대한 대가를 치를 경제적 능력이 없어서 환경이 더러운 곳으로 밀려났기 때문일 수도 있다. 실제로 미국의 경우 대도시에 대하여 조사해 본 결과 대기오염이 심한 지역일수록 부동산 가격이 싸고 공기가 깨끗한 곳일수록 부동산 가격이 비싸다는 것을 확인한 연구가 이미 오래 전부터 있었다.[13)]

모든 지역의 환경을 개선하는 것이나 혹은 환경이 오염된 지역을 깨끗하게 만드는 것은 워낙 비용이 많이 들기 때문에 환경이 비교적 덜 오염된 지역 혹은 환경이 깨끗한 지역의 환경을 보존하거나 혹은 더욱 깨끗하게 개선하는 대책이 훨씬 더 현실적인 경우가 많다. 그러나 이런 대책 역시 고소득계층에 더 큰 이익이 될 가능성이 많다. 그 까닭은 환경이 덜 오염되거나 깨끗한 지역 혹은 그 근처에는 가난한 사람들보다는 경제적으로 여유가 있는 사람들이 주로 살고 있을 가능성이 높기 때문이다. 경우에 따라서는 그런 대책은 직접적으로는 잘 사는 사람들에게 더 큰 이득을 줄 뿐만 아니라 간접적으로는 저소득계층에게 더 큰 불이익을 가져다 줄 수도 있다. 대체로 보아 그런 대책의 수행에 있어서 동원되는 정책도구는 해당 지역의 환경기준을 대폭 강화하는 것이다. 이렇게 되면 이 지역에 있던 환경오염업체들이나 혹은 이 지역으로 진출할 환경오염업체들이 환경기준이 약한 다른 지역으로 몰려들게 될 것이다. 대체로 환경기준이 약한 지역이란 이미 환경이 오염된 지역들이면서 저소득계층이 많이 사는 지역들이기 때문에 저소득계층이 사는 지역들은 더욱 오염되고 더욱 혼잡해질 가능성이 크다.

이와 같이 노골적으로 잘 사는 사람들에게 유리하고 못 사는 사람들에게 불리한 환경정책 및 환경개선은 아무리 비용 때문이라고는 하지만 부당하게 보이고 비현실적으로 보일 수도 있다. 그러나 그런 식의 환경개선은 흔히 있는 일이다. 앞으로 우리나라에도 지방자치제가 본격적으로 실시되고 그래서 지역 · 지구제(地域 · 地區制)가 지역별로 활성화되면 아마도 환경이 비교적 좋은 지역은 계속 좋아지는 반면, 오염된 지역은 더욱 오염되는 현상이 보편화될 우려가 있다. 그 까닭은, 잘 사는 사람들은 환경이 좋은 곳에 모여 살면서 그들의 환경을 보존하거나 또는 더욱 좋게 만들기 위해 환경에 대한 규제를 강화하는 방향으로 지역 · 지구제를 운영할 뿐만 아니라 그들이 낸 세금이 그런 방향으로 쓰이도록 정치적 · 경제적 영향력을 행사할 것이기 때문이다.

그렇다면 이번에는 고소득계층의 사람들도 살지 않고 저소득계층의 사람들도 살지 않는 지역, 말하자면 주거 지역에서 멀리 떨어진 지역의 환경을 크게 개선하기 위한 투자는 어떤가? 주거 지역에서 멀리 떨어진 지역으로서 환경개선 투자를 많이 받는 지역은 대체로 보아 고급관광 · 휴양지가 될 가능성이 많다. 소득이 높을수록 관광 · 휴양에 대한 수요가 증가한다는 것은 잘 알려진 사실이다. 아무래도 가난한 사람들보다는 경제적으로 푼푼한 사람들이 관광 · 휴양지를 더 자주 찾게 될 것이다.

환경개선 비용의 계층별 귀속

물론 이와 같이 혜택의 측면만 보고 환경개선투자는 저소득계층보다는 고소득계층에게 더 많은 혜택을 주는 경향이 있다고 딱 부러지게 말할 수는 없다. 환경개선은 많은 비용을 소요됨이 보통이기 때문이다. 따라서 어떤 소득계층이 환경개선을 위한 비용의 부담을 더 많이 지는가도 살펴볼 필요가 있다. 아무래도 편익보다는 비용이 더 가시적이기 때문에 이런 방면으로는 실증적 연구가 더러 있다.

편익의 경우에서와 마찬가지로 비용부담의 경우에도 이 비용이 어떤 형식으로 부과되느냐에 따라 소득계층별 비용부담의 정도가 달라짐은 물론이다. 예를 들어 누진성이 비교적 현저하고 전가가 잘 안 된다고 인정되는 일반 소득세나 재산세로부터 투자비를 염출하여 이루어진 환경개선의 경우에는 저소득계층보다 고소득계층이 더 큰 비용부담을 진다고 볼 수 있다. 그러나 환경을 오염시키는 행위가 사회적 지탄을 받으면서 오염원인자부담의 원칙(PPP)이 사회적으로 폭넓게 지지를 받고 그래서 환경세나 환경오염 관련 각종 공과금을 징수해야 한다는 주장이 강해지면서 환경개선을 위한 투자비도 그런 조세나 공과금에서 최대한 염출하는 방안이 상당한 설득력을 가지게 되었다.

그러나 오염원인자부담의 원칙에 따라 환경오염원인자에게 부과된 조세나 공과금을 환경오염원인자가 부담하게 된다는 것은 단순한 생각이다. 이 원칙에 입각해서 환경오염원인자에 부과된 조세나 공과금은 다른 조세나 공과금과 마찬가지로 생산물의 가격인상을 통해서 결국 환경오염과는 직접 관계가 없어 보이는 소비자들에게 전가되어 버린다는 것이다. 물론, 최소한도 효율의 측면에서 보면 이 전가가 부당한 것은 아니다. 다만, 소득분배의 차원에서 보면 전가가 그렇게 바람직하지도 않다. 미국이나 유럽 선진국의 경우에는 그런 전가로 인한 부담이 고소득계층에서 보다는 저소득계층에게 상대적으로 더 크다는 것을 보이는 실증연구들이 많이 있다.[14] 다시 말해서, 고소득계층에 비해 저소득계층이 환경오염방지 및 개선을 위한 비용을 상대적으로 더 많이 부담하게 된다는 것이다. 그 한 가지 이유는, 대체로 보아 저소득계층이 주로 많이 소비하는 품목들이 환경오염방지에 돈을 많이 지출하는 산업의 생산품에 집중되어 있기 때문이라는 것이다.

예를 들면, 배출부과금의 금전적 부담은 환경오염물질을 많이 배출하는 경향이 큰 기업이나 산업에 집중되기 마련인데, 이런 기업이나 산업의 생산물들 중에는 생활필수품에 가까운 재화들 혹은 대체품이 풍부하지 않은 재화들이 많이 있다. 전력이 그 한 예이다. 이런 재화들이 저소득계층의 가계에서 차지하는 비중이 적지 않을 뿐만 아니라 이런 재화에 떨어지는 배출부과금은 가격인상으로 전가되는 정도도 큰 경향을 보인다. 따라서 배출부과금은 고소득계층에 비해서 저소득계층에 상대적으로 큰 금전적 부담을 줄 우려가 있다.

환경세의 분배효과에 대해서도 많은 논란이 있다. 하지만 최근 OECD의 결론에 의하면, 환경오염억제에 소요되는 비용은 대체로 고소득계층보다는 저소득계층에 상대적으로 더 무겁게 떨어지며, 환경개선으로 인한 편익은 대체로 고소득계층에게 더 많이 돌아가는 경향이 있다. 다시 말해서 환경세의 부담은 대체로 역진적이고 환경개선편익은 대체로 누진적이라는 것이다.[15]

물론 오염원인자부담의 원칙에 따라 부과되는 비용의 전부가 소비자들에게 전가되라는 법은 없다. 경우에 따라 환경오염업체는 그 일부만을 전가하거나 혹은 전혀 전가할 수 없는 상황에 처할 수도 있다. 만일 이같이 환경오염업체가 환경오염방지 및 개선비용을 전가할 수 없을 경우에는 어떻게 될 것인가? 전가할 수 없는 만큼 수익성이 감소할 것이고, 따라서 환경오염업체는 조업을 줄이고 이에 따라 고용을 감소시킬 것이다. 기업체가 해고를 단행할 때는 아무래도 임시고용자나 단순노동자 등 저임금 노동자들이 해고의 첫 대상자가 되기 쉽다. 그렇다면 환경오염방지 및 개선비용이 소비자들에게 전가되지 않는다고 하더라도 그 부담은 결국 고소득계층에게 보다는 저소득계층에 상대적으로 더 무겁게 떨어질 가능성이 많다.

근원적인 대책

이와 같이 환경개선으로 인한 혜택을 저소득계층보다는 고소득계층이 더 많이 누리게 되고 반대로 고소득계층보다는 저소득계층이 환경개선에 소요되는 비용을 상대적으로 더 많이 부담하게 된다고 하면 이 편익과 비용의 두 측면을 종합한 환경개선의 순혜택(순편익) 역시 저소득계층보다는 고소득계층이 더 많이 누리게 되는 경향이 있을 것이라고 결론지을 수 있을 것이다. 이를 실증하는 연구결과도 있다. 미국의 경우, 정부가 정한 환경기준을 달성하기 위한 환경오염방지 비용과 환경개선으로 인한 편익을 추정하고 이를 바탕으로 각 소득계층이 누리는 편익과 각 소득계층이 부담하는 비용을 계산한 연구가 있는데, 이에 의하면, 저소득계층은 편익에 비해서 비용을 더 많이 부담하는 반면, 고소득계층은 비용에 비해서 편익을 더 많이 누리는 것으로 나타났다.[16] 물론 모든 실증연구가 이와 똑같은 결론을 얻은 것은 아니다. 예를 들면, 미국 대기정화법(the Clean Air Act)의 환경기준을 달성하기 위한 환경개선사업의 분배효과를 추정해 본 연구가 있었는데, 이 연구에서는 환경개선사업이 고소득계층에 더 큰 순편익을 주는지 또는 저소득계층에 더 큰 순편익을 주는지 분명하게 드러나지 않았다. 다만, 소득이 높은 계층일수록 환경개선사업의 비용부담이 상대적으로 가볍다는 것, 다시 말하면 환경개선사업의 비용부담은 역진적이라는 점만을 분명히 밝혀냈을 뿐이다.[17]

이상에서 논의한 것들을 다시 한 번 정리해 보면, 우리의 환경이 오염되면 고소득계층보다는 저소득계층이 그 피해를 더 크게 입으며, 반대로 환경이 개선될 경우에는 이로 인한 혜택은 장기적으로는 저소득계층보다는 고소득계층이 더 많이 누리게 되므로 환경오염 그리고 이에 대처한 각종 환경시책들은 저소득계층을 사실상 더 가난하게 만들면서 빈부의 격차를 확대하는 경향을 보일 것이라는 결론으로 요약할 수 있을 것이다. 이 방면에 대한 연구의 역사가 매우 짧기 때문에 이 결론은 잠정적인 것임은 물론이다. 그러나 만일 이 결론이 옳다면, 그러한 경향에 대하여 어떻게 대처할 것인가? 물론 되도록 이면 그런 경향에 유념해서 너무 환경오염을 억제하는 데에만 급급하지 말고 사실상의 소득분배구조를 악화시키지 않는 방향으로 앞으로 환경정책을 펴나가야 할 것이다. 예를 들면, 어떤 학자들은 환경개선을 위한 투자비를 되도록 이면 누진성이 강한 일반소득세나 재산세로부터 조달할 것을 권고하기도 한다. 그리고 겸해서 환경오염규제를 강화함으로 인해서 발생할지도 모르는 실업의 문제에 대한 정책적 배려를 당부하기도 한다.[18)]

그러나 그들도 인정했지만, 환경오염억제대책이나 환경개선대책들은 빈부의 격차를 좁히기 위한 효과적인 도구가 되기는 어렵다. 잘 해야 환경오염 혹은 환경개선으로 인한 소득분배구조의 악화를 다소 막아 주는 정도일 것이다. 물론 환경대책을 통해서 빈부격차를 억지로 좁혀 보려고 못할 이유도 없다. 그러나 중요한 것은 이런 방법이 효과적이지 못할 뿐만 아니라 보다 더 효과적인 다른 방법들이 있을 수 있다는 것이다.

환경문제나 경제성장의 문제가 모두 기본적으로 자원의 효율적 이용에 관련된 문제라고 보면, 빈부격차의 문제는 못 사는 사람들의 환경을 개선해 주거나 경제성장률을 조정함으로써 해결할 문제가 아니라 보다 더 근본적으로 소득분배의 형평이라는 별개의 목적 아래 적극적인 소득재분배 과정을 통해서 직접적으로 해결해야 할 문제로 부각된다. 요컨대, 효과적인 소득재분배 정책을 통해서 가난을 없애고 그리하여 빈부격차를 해소하는 것만이 환경오염 및 환경개선으로 인하여 가난한 사람들이 더욱 궁색해지고 소득분배구조가 악화되는 부작용을 해결하는 길이다.

핵심 주장

1. 극심한 소득분배의 극심한 불평등은 환경문제의 근본적인 원인이면서 동시에 환경문제 해결의 근원적인 장애가 되고 있다. 이 말은 한 나라 안에서의 환경문제뿐만 아니라 국제환경문제에도 그대로 적용된다.
2. 환경이 오염되면 고소득계층보다는 저소득계층이 더 큰 피해를 받는 경향이 있다. 그렇다고 정부의 환경개선투자로 환경이 개선되면 저소득계층이 더 큰 혜택을 누리게 되느냐 하면, 그렇지는 않다. 정부의 환경개선투자는 매우 복잡한 파급효과를 수반하는데, 대체로 보면 저소득계층보다는 고소득계층에 더 큰 순혜택을 주는 경향이 있다.

08

환경가치추정과 경제적 타당성 분석

1. **비용-편익분석**
   경제적 타당성 분석의 필요성/ 위험한 숫자놀음/ 편익과 비용의 개념/ 합산의 문제/ 경제학과 비용-편익분석의 철학적 근거: 공리주의/ 경제적으로 타당하다는 판정의 의미
2. **편익의 판별과 금전화**
   유무검증과 전후검증/ 경제분석과 재무분석/ 편익의 금전화
3. **경제적 타당성 판정의 기준**
   순현가(Net present value)에 의한 판정/ B/C율에 의한 판정/ 내부수익률(IRR)
4. **할인율의 문제**
   할인율은 0이거나 매우 낮아야 한다는 주장/ 할인율의 근거
5. **환경가치의 추정**
   환경가치의 성격과 추정의 필요성/ 환경가치의 종류/ 환경가치추정방법의 유형/ 지불용의액에 의한 추정/ 여행비용에 의한 추정/ 속성(屬性)가격기법
6. **환경가치 추정에 대한 비판**
   생명의 가치/ 경제학자들이 추정하는 환경가치의 성격

부록: 시장이자율의 결정과 기능

1. 비용-편익분석

경제적 타당성 분석의 필요성

과거에는 환경문제라고 하면 사람들은 흔히 환경오염이라든가 공해병을 주로 연상하였다. 하지만, 이제는 이것뿐만 아니라 경관손상, 자연 생태계의 파괴, 녹지훼손, 생물다양성의 감소 등까지도 포함해서 환경문제를 생각하게 되었다. 그 이유는 물론 이런 것들에 대하여 사람들이 점차 더 큰 가치를 부여하기 때문이다. 점차 더 큰 가치를 부여하게 된 이유는 소득수준의 향상, 교육수준의 향상, 환경파괴로 인한 부작용의 증가 등 여러 가지 요인으로 설명된다.

문제는 경관, 녹지, 생태계, 생물다양성 등에 사람들이 부여하는 가치가 시장에서 형성되는 가격에는 잘 반영이 안 된다는 것이다. 예를 들어서, 호랑이고약이나 호랑이가죽의 가격에는 호랑이 멸종에 대한 지구인들의 깊은 우려가 잘 반영이 되지 않는다. 만일 그런 우려가 충분히 반영된다면 호랑이고약이나 호랑이가죽의 가격은 호랑이의 멸종을 방지할 수 있을 정도로 충분히 높아야 한다. 우리가 즐겨 먹는 삼겹살의 가격에는 하천오염으로 인한 사회적 손실이 제대로 반영되지 않는다. 이런 사회적 손실을 반영한다면 삼겹살의 가격은 좀 더 높아야 한다.

과거에는 환경문제라고 하면 주로 환경오염업체만 생각하였다. 그래서 환경정책의 초점도 민간기업의 환경오염물질 배출행위를 규제하는 데에 맞추어졌다. 그러나 경관, 녹지, 생태계, 생물다양성 등이 환경문제의 주요 내용으로 자리잡으면서 민간기업의 경제행위뿐만 아니라 정부 및 공기업의 각종 개발행위가 환경파괴의 주된 원인으로 인식되기 시작하였다. 댐 건설, 도로 건설, 주택단지 건설, 발전소 건설, 철도 건설, 비행장 건설 등 정부나 공기업의 각종 개발사업들이 옛날에는 경제개발의 명분 아래 찬양되었지만 지금은 환경보전의 이름으로 지탄을 받고 있다. 그만큼 국민들의 가치관이 달라졌다. 그렇다면, 개발사업의 타당성 검토과정에서 그런 가치관의 변화가 정확하게 반영되어야 할 것이다.

민간부문의 사업들은 국민의 가치관 변화를 민감하게 따라간다. 왜냐하면 이것이 돈벌이에 직결되기 때문이다. 도시 주변이나 농촌 지역 여기저기에 러브호텔이나 고급음식점들이 우후죽순처럼 돋아나는 현상도 자동차를 타고 나가 경치 좋고 호젓한 곳에서 즐기고 싶어하는 요즈음 사람들의 심리를 돈벌이에 교묘하게 이용한 결과이며, 라면이니 각종 가공식품들에 쏠리는 인기 역시 편리함과 다양한 맛을 즐기고 싶어하는 국민들의 취향을 반영한다.

기본적으로 민간부문에서 추진하는 사업의 경제적 타당성은 시장에서 검증된다. 경제성이 없는 상품을 개발한 기업은 망하고 경제성이 높은 상품을 개발한 기업은 돈방석에 앉게 된다. 다만, 이 경제성에는 공익성이나 환경오염이나 환경파괴로 인한 사회적 손실이 잘 고려되지 않는다는 점이 문제가 되는데, 이 문제는 앞장에서 설명한 외부효과의 여러 가지 내부화 방법을 통해서 원격조정을 해주면 된다는 것이 경제학의 기본 입장이다.

그러나 정부나 공기업이 수행하는 사업의 경제적 타당성은 시장을 통해서 검증되지도 않고 또한 경우에 따라서는 시장을 통해서 검증하기도 곤란하다. 예를 들어 보자. 시장은 지속적인 적자를 허용하지 않는다. 허나, 적자 여부만으로 정부가 수행하는 사업의 타당성을 판단할 수는 없다. 지하철과 같은 대중교통수단은 비록 적자가 나는 일이 있더라도 저렴한 요금으로 대중에게 봉사하는 것이 중요하다. 적자를 면하기 위해서 비싼 요금을 징수한다면 보통사람들에게 봉사한다는 대중교통수단의 의의가 상실된다. 공익이 개입될 때에는 경제성과 수익성은 달라지기 때문에 비록 어떤 사업의 수익성이 낮아서 적자가 나더라도 경제성이 있다면, 그 사업은 타당성을 가진다.

어떻든 정부나 공기업이 수행하는 사업의 타당성은 다른 방법으로 검증해야 하는데 그런 방법들 중에서 가장 많이 이용되는 방법은 소위 비용-편익분석(Cost-Benefit Analysis)이다. 비용-편익분석이란 정부나 공기업이 수행하는 사업의 사회적 이익과 사회적 손실을 비교해서 경제적 타당성을 타진하는 기법으로서 사실은 전문가들이 생각하는 것보다 훨씬 더 고도의 경제학적 지식을 필요로 하는 방법이다. 여기에서 '사회적 이익'과 '사회적 손실'이란 어떤 개인이나 개별기업의 입장이 아닌, 국민경제 전체의 입장에서 본 이익과 손실을 의미한다. 경제학에서는 이 사회적 이익을 보통 편익이라고 부르고 사회적 손실을 비용이라고 부른다.

위험한 숫자놀음

비용-편익분석에는 관례화된 분석틀이 있다. 대개는 관례화된 지침에 따라 분석하게 되는데, 그러다 보면 그 지침의 밑바탕에 깔린 이론의 진정한 의미를 생각해 보지도 않은 채 기계적으로 분석을 진행하게 된다. 예를 들어보자. 비용-편익분석의 지침서에는 편익이 비용보다도 크면 경제적 타당성이 있는 것으로 판정하는데, 왜 그래야 하는지는 잘 설명하고 있지 않다. 통상 공공투자사업의 수행에 소요되는 인건비, 자재비 등 각종 지출들을 비용으로 간주하고 있지만, 이것이 하나의 편법이지 원칙이 아니라는 것도 잘 설명하고 있지 않으며, 미래의 비용과 편익을 할인하는 것이 관례이지만, 왜 할인해야 하며 얼마나 할인해야 하는지에 대해서는 정답이 없다는 사실을 잘 언급하고 있지 않다.

관례화된 지침들 중에는 이론적 근거가 취약할 뿐만 아니라 일견 엉터리 같은 것들도 있다. 그럼에도 불구하고 그런 지침에 따라 공공투자사업의 편익과 비용이 숫자로 표현되고 이것에 의거해서 전문가가 일단 그 타당성 여부를 판정하면, 이 판정이 갑자기 엄청난 권위를 가진다. 대부분의 사람들이 숫자로 표현된 것에 약하다. 비용-편익분석의 밑바탕을 이루는 이론적 근거를 깊이 이해하지 못하면 자칫 이 기법은 단순한 숫자놀음에 그칠 가능성이 높고 심지어 고등 사기술이 될 수도 있다.

과거 전통적인 비용-편익분석에서는 관례상 환경의 가치를 무시하였고 그러다 보니 수많은 환경파괴적인 개발사업들이 타당성 검토 과정을 무난히 통과하여 합법적으로 추진될 수 있었다. 허나, 국민의 환경의식이 높아지면서 그런 환경파괴적 사업들이 많은 사회적 물의를 빚게 되었다. 수년 전 큰 말썽거리였던 시화호방조제사업도 타당성 검토를 거친 사업이라고는 하지만 환경을 고려해서 비용-편익분석을 제대로 했더라면 도저히 추진될 수 없는 사업이었다. 극심한 수질오염 탓으로 이 사업이 애당초 의도한 공업용수 공급계획이 취소되고 말았는데, 문제는 이런 불상사가 이미 충분히 예상되었음에도 불구하고 묵살되었다는 것이다. 그래서 결국 시화호방조제사업은 환경오염을 고려하지 않아 실패한 대표적 사례로 꼽히게 되었다.

영월댐 건설계획도 애당초에는 타당성 검토를 거쳐 확정된 사업이었지만 환경운동단체의 반대에 부딪혀 왈가왈부하다가 결국 대통령이 직접 타당성 재검토를 지시하기에 이르렀다. 새만금간척사업 역시 국내 유수한 전문연구기관의 엄밀한 타당성 검토를 거쳐 경제적 타당성을 인정받아 상당한 정도로 공사가 진행되었지만, 환경영향을 고려하지 않았다는 거센 반대에 부딪혀 공사가 보류된 채 그 타당성을 재검토하게 되었었다. 새만금간척사업은 동일한 사업에 대하여 두 차례(1988년과 2000년)에 걸쳐 경제적 타당성 검토를 받게 된 아주 드문 사례로 기록되었다. 비록 환경문제 때문만은 아니지만, 경부고속전철사업도 수많은 말썽을 빚자 대통령이 나서서 타당성 재검토를 지시한 바 있었다.

이런 일련의 사례들은 정부나 공기업이 수행하는 투자사업(공공투자사업)에 대하여 보다 더 엄밀한 비용-편익분석을 해야 할 필요성을 여실히 보여 주고 있다. 앞으로 소득수준과 교육수준이 계속 높아지고 이에 따라 환경의식도 높아지면, 환경파괴적인 공공투자사업의 타당성은 더욱 더 떨어질 것이다. 그러므로 환경가치를 고려한 엄밀한 비용-편익분석은 환경보전에도 어느 정도 보탬이 될 것으로 기대된다. 하지만 문제는, 환경가치를 정확하게 추정하는 것 자체가 대단히 어려우며, 엄밀하고 객관적인 비용-편익분석이 말같이 그리 쉽지 않다는 것이다.

편익과 비용의 개념

위에서 말했듯이, 비용-편익분석은 편익과 비용을 비교하는 작업이므로 자연히 편익의 개념과 비용의 개념이 절대적으로 중요하다. 과연 무엇을 편익으로 보고 또한 무엇을 비용으로 보느냐에 따라 대상 사업의 경제적 타당성이 크게 흔들릴 것은 뻔하다. 그런데 문제는, 편익과 비용의 개념이 상당히 애매모호하다는 것이다. 우선 비용-편익분석에서 말하는 편익의 개념부터 살펴보자. 원칙적으로 편익이란 우리 모두가 소중하게 생각하는 기본가치의 증가분을 의미한다. 그러면 우리 모두가 가장 소중하게 생각하는 것은 무엇인가? 결국 각자의 행복이다. 바로 이 행복을 가장 소중한 가치로 삼는 사상이 공리주의다. 경제학은 철저하게 공리주의에 입각하고 있다. 다만, 경제학에서는 행복이라는 단어보다는 효용이라는 단어를 사용할 뿐이다. 그러므로 어떤 공공투자사업을 수행한 결과 우리의 행복이 증진되었으면 행복의 증가분이 곧 편익이 된다.

하지만, 행복의 정도는 숫자로 나타내기가 매우 어렵다. 따라서 행복을 근거로 편익을 계산하는 것은 곤란하다. 여기에서 경제학은 중요한 가정을 내세운다. 즉, 우리의 행복을 가장 잘 대변하는 대리변수는 각자의 소비라는 것이다. 즉, 소비가 증가하면 이에 비례해서 행복도 늘어난다는 것이다. 그래서 비용-편익분석에서는 소비의 증가를 편익으로 간주한다. 달리 말하면, 소비의 증가분이 곧 편익이 된다. 생산은 소비를 위해서 존재한다. 그래서 식량생산을 위한 공공투자사업이 1억원어치의 소비를 증가시켰다고 하면 비용-편익분석에서는 1억원의 편익이 발생하였다고 말한다.

물론 대부분의 공공투자사업들은 직접 우리의 소비를 증가시키지 않는다. 예를 들면, 기계가 당장 우리의 소비를 증가시키지 않는다. 다만, 미래의 소비를 증가시킬 뿐이다. 미래의 보다 더 많은 소비를 목적으로 생산수단을 마련하기 위한 지출을 보통 투자라고 한다. 그렇기 때문에 투자도 편익으로 간주된다. 예를 들어서 어떤 공공투자사업이 1억원어치 쌀을 생산하였고 2억원어치의 기계를 생산하였다면 총 3억원어치의 편익을 발생시켰다고 할 수 있다. 비록 2억원어치의 기계는 지금 당장 우리의 소비를 증가시키지 않지만 미래에 소비를 2억원어치 증가시킨다고 보아 편익으로 간주하는 것이다.[1)]

소비와 투자를 합친 것을 보통 소득이라고 한다. 그렇다면 결국 비용-편익분석에서 말하는 편익이란 사실상 국민소득의 증가를 의미하게 된다. 그래서 어떤 공공투자사업이 국민소득을 예컨대 100억원어치 증가시켰다고 하면, 비용-편익분석에서는 100억원어치의 편익이 발생했다고 말하게 된다.

그렇다면 결국 비용-편익분석은 우리의 행복이 소득에 비례한다는 생각을 바탕으로 한다. 소득이 늘어나면 소비가 늘어나고 그래서 사람들이 더 행복해진다는 것이다. 허나, 행복을 전문적으로 연구하는 학자들은 이런 생각이 고정관념에 불과하다고 주장한다(제2장 참조). 만일 지난 반세기 동안 수많은 과학자들이 통계적으로 그리고 과학적으로 규명한 대로 행복이 소득에 비례하지 않는다면(행복의 역설이 옳다면), 비용-편익분석의 이론적 기초는 와르르 무너진다. 비용-편익분석 그 자체가 정당성을 잃는다는 것이다. 그러므로 비용-편익분석을 수행하기 위해서는 행복이 소득에 비례한다는 고정관념을 그대로 고수해야 한다.

그러면 비용이란 무엇인가? 경제학에서 말하는 비용이란 항상 기회비용, 즉 포기된 편익을 의미한다. 예를 들어서 10조원의 돈을 들여서 정부가 4대강 사업을 추진한다고 하자. 만일 정부가 이 사업을 강행하지 않는다고 하면, 이 10조원의 돈은 민간부문에서 최선의 용도로 사용되었을 것이다. 그러므로 정부가 4대강 사업을 추진한다는 것은 곧 민간부문으로부터 그 10조원의 돈을 빼돌린다는 것을 의미하며, 따라서 민간부문에서 최선의 용도로 그 10조원이 이용되었을 때 발생할 편익의 포기를 의미한다. 이 포기된 편익이 곧 4대강 사업의 기회비용이 된다. 4대강 사업에 대하여 많은 학자들이 강력하게 반대한 이유는 이 기회비용이 너무 크다는 것이었다. 어떻든 4대강 사업의 참된 비용을 추정하기 위해서는 그 사라진 편익, 즉 그 10조원을 민간부문의 최선의 용도로 쓰지 못함으로 인해서 우리 국민이 무엇을 잃는가를 면밀하게 짚어 봐야 한다.

하지만, 말이 그렇지 이 상실된 편익을 일일이 알아낸다는 것은 사실상 불가능하다고 보아야 한다. 그 10조원이 민간부문에 남아 있었더라면 과연 이것이 자동차 생산에 이용되었을지, 라면 생산에 이용되었을지, 컴퓨터 생산에 이용되었을지, 껌 생산에 이용되었을지, 이쑤시개 생산에 이용되었을지 알기 어렵다. 다만, 기껏 얘기할 수 있는 것은, 어떤 용도로 이용되었던 간에 대략 10조원어치 편익이 발생하지 않았겠는가 하는 정도일 것이다. 어떻게 보면 상당히 막연한 생각이지만, 비용-편익분석은 이런 막연한 생각을 바탕으로 한다. 그래서 4대강 사업으로 포기된 국민적 편익은 대체로 이 사업의 각종 경비에 충당할 10조원과 비슷할 것이라고 가정하고 그 10조원을 4대강 사업의 비용으로 간주하는 것이 비용-편익분석의 한 관례다.

물론 예외는 있지만, 일반적으로 공공투자사업의 추진을 위해서 실제로 지출된 돈, 예컨대 건설비, 인건비, 자재비, 전기료 등 각종 경비의 합계를 이 사업의 비용으로 간주한다. 이 합계를 보통 투자비라고 말하기도 한다. 하지만 이 투자비를 비용으로 간주하는 것은 하나의 편법이요 관례일 뿐, 원칙은 아니다. 비용-편익분석은 이런 식으로 관례화된 편법을 무수히 많이 담고 있는 분석방법이다. 만일 실제 지출액을 비용으로 삼는 것이 기회비용의 원칙에 너무 어긋난다고 생각하면, 진짜 기회비용을 추정하지 않는 한 비용-편익분석은 한 발짝도 더 나아갈 수 없다.

이렇게 이론적 근거가 의심스러운 여러 가지 편법에 의지해서 편익과 비용을 개념화하는 관례를 일단 눈감아 준다면, 비용-편익분석은 대략 다음과 같은 세 단계를 거쳐 공공사업의 경제적 타당성을 분석한다. 첫 번째 단계는 편익과 비용의 판별과정으로서, 해당 공공사업으로 인해서 발생하는 각종 편익과 비용의 구체적인 종류들을 알아내는 과정이다. 두 번째 단계는 판별된 편익과 비용을 금액으로 나타내는 것(금전화)이고, 세 번째 단계는 금전화된 각종 편익과 비용들을 합산한 다음 평가원칙에 따라 경제적 타당성을 판정하는 과정이다. 이 각 단계 역시 여러 가지 편법을 동원하게 되는데, 특히 이 세 번째 단계를 둘러싼 논쟁이 비용-편익분석의 근본적 취약점을 노출하고 있다. 왜 그런가?

합산의 문제

(1) 대인합산

공공투자사업의 편익과 비용은 공간적으로 확산된다. 경부고속철도의 건설로 인한 편익은 서울 사람, 경상도 사람, 충청도 사람, 전라도 사람 등 수많은 사람들에게 떨어진다. 이들 각각에게 귀속된 편익을 어떻게 합칠 것인가. 예를 들어서, 두 가지 공공투자사업이 있는데, 첫 번째 사업은 갑의 소득을 천만원 증가시키고 을의 소득은 5백만원 증가시키며, 두 번째 사업은 반대로 갑의 소득을 5백만원 증가시키고 을의 소득을 천만원 증가시킨다고 하자. 그러면 각각의 사업은 총 얼마만큼의 편익을 발생시킨다고 보아야 하는가? 갑의 소득과 을의 소득을 그냥 합친다면 첫 번째 사업이나 두 번째 사업 모두 똑같이 총편익이 각각 천오백만원이다. 그렇게 두 사람의 소득을 1 대 1로 합쳐도 좋은가? 예를 들어서 갑은 극빈자이고 을은 재벌총수라고 하자. 두 사업은 다음과 같이 정리된다.

첫 번째 사업: 갑(극빈자)에게 천만원의 소득, 을(부자)에게 5백만원의 소득
두 번째 사업: 갑(극빈자)에게 5백만원의 소득, 을(부자)에게 천만원의 소득

첫 번째 사업은 극빈자에게 유리한 사업이고 두 번째 사업은 부자에게 유리한 사업이다. 갑에게 백만원은 한 달 먹고 살 큰 돈이지만 을에게 백만원은 하루 저녁 고급술집 술값 정도의 푼돈에 불과하다. 극빈자에게 상당히 크게 느껴지는 100만원을 재벌총수는 만원 정도의 가치밖에는 느끼지 못한다고 하자. 이래도 그 두 공공투자사업이 똑같이 천오백만원의 소득을 발생시켰다고 할 것인가? 아마도 부자에게 귀속되는 소득과 가난한 사람에게 귀속되는 소득을 1 대 1로 합쳐서는 안 된다고 생각하는 사람들도 많을 것이다. 빈부격차의 문제를 심각하게 생각하는 사람들은 각각의 소득에 각기 다른 가중치를 곱하고 나서 합산해야 한다고 주장할 것이다. 여기에서 합산의 문제가 제기된다.

만일 재벌총수에게 귀속되는 소득을 100분의 1로 축소시켜서 이것을 극빈자의 소득에 합쳐서 총소득을 계산한다고 하자. 다시 말하면, 갑의 소득에는 1의 가중치를 주고 을의 소득에는 0.01의 가중치를 주어서 합산한다는 것이다. 그러면 첫 번째 사업의 경우에는 을(부자)의 소득이 5백만원이 아닌 5만원으로 간주되므로 1,005만원에 상당하는 편익이 발생한 것으로 계산되며, 두 번째 사업의 경우에는 을(부자)의 소득이 천만원이 아닌, 10만원으로 간주되므로 총 510만원에 상당한 편익이 발생한 것으로 계산된다. 정리하면 다음과 같다.

첫 번째 사업의 총편익 = 1,000만원 + 0.01 × 500만원 = 1,005만원
두 번째 사업의 총편익 = 500만원+0.01 × 1,000만원 = 510만원

두 사람에게 귀속되는 소득을 1 대 1로 합치면(즉, 동일한 가중치를 주어 합산하면) 첫 번째 사업과 두 번째 사업은 똑같은 편익을 발생시키지만, 부자에게 귀속되는 소득에 낮은 가중치를 부여하면 당연히 부자에게 유리한 두 번째 사업의 경제성이 떨어지게 된다. 이와 같이 어떤 가중치를 이용하여 합산하느냐에 따라서 사업의 경제성이 크게 달라질 수 있다. 하지만, 구체적으로 어떤 가중치를 택하는 것이 타당한지에 대해서는 정답이 없다. 그렇다고 똑같은 가중치를 부여하는 것이 옳은 것도 아니다. 그럼에도 불구하고 비용-편익분석에서는 누구에게 귀속된 소득인가를 따지지 않고 무조건 그냥 합친다. 다시 말해서 모든 사람의 소득에 동일한 가중치를 부여한다. 무슨 특별한 논리적 이유가 있는 것이 아니라 그저 편의상 그렇게 한다.

하지만, 수많은 공공투자사업에 대하여 이런 식으로 1 대 1 합산 방법에 의거해서 비용-편익분석을 계속한다면 어떤 결과가 나올 것인가? 고소득계층의 소득에 낮은 가중치를 주어 합산할 때에 비해서 고소득계층에 유리한 공공투자사업들이 상대적으로 더 많아질 것이다. 결과적으로 공공투자사업이 빈부격차를 확대하는 요인이 될 수 있다.

(2) 시간적 합산: 현 세대 대 미래세대

공공투자사업의 편익과 비용은 시간적으로도 확산된다. 공공투자사업의 대상이 되는 도로, 교량, 발전소, 댐, 철도 등은 수십 년간 이용되면서 편익을 발생시킨다. 예를 들어서 댐 건설로 인한 용수공급의 편익은 10년 후에도 발생하고 20년 후에도 발생하며 30년 후에도 발생한다. 새만금간척사업에 대한 2000년도 비용-편익분석에서는 편익이 50년 동안 발생하는 것으로 간주하였다. 그래서 현재의 사람들에게 10억원어치 편익을 베풀고 30년 후의 사람들에게도 10억원어치의 편익을 베푼다면 합쳐서 얼마의 편익이 발생한다고 보아야 하는가? 여기에서 또 하나의 합산의 문제가 제기된다.

만일 1 대 1로 합산하는 위의 논리를 여기에까지 확대 적용하면 현존하는 사람의 10억원과 30년 후에 나타날 사람의 10억원을 1 대 1로 합쳐서 20억원어치의 편익이 발생한다고 말해야 옳다. 왜냐하면 현재에 존재하는 사람이나 30년 후에 이 지구에 존재하는 사람이나 똑같은 인간이기 때문이다. 그럼에도 불구하고 실제 비용-편익분석에서는 이렇게 1 대 1로 합산하지 않고, 통상 미래에 발생할 편익은 일정한 율로 할인하여 현재의 가치로 환산한 후에 현재의 편익에 합친다.

예를 들어서, 할인율이 10%라고 하자. 그러면 내년의 100만원을 할인해서 현재가치로 환산한다는 것은 이 100만원을 (1 + 0.1)로 나눈다는 뜻이다. 그러면 약 90만원 정도가 된다. 내 후년의 100만원을 현재가치로 환산한다는 것은 그 100만원을 (1 + 0.1)로 두 번 나누어 준다는 것, 달리 말하면 $1/(1+0.1)^2$로 곱해 준다는 뜻이다. 그러면 대략 82만 6천원쯤 된다. 그러면 3년 후의 100만원은 현재가치로 따지면 100만원에 $1/(1+0.1)^3$로 곱해 준 값이니 대략 75만원 정도 된다. 결국 똑같은 100만원인데 현재의 100만원은 그냥 100만원이고 3년 후의 100만원은 75만원으로 간주된다.

그렇다면, 현 세대와 30년 후의 세대에게 똑같이 10억원의 편익을 발생시키는 공공투자사업의 경우 30년 후의 10억원은 30번 할인한 다음 현 세대의 10억원에 합쳐서 총편익을 계산하게 되니 그냥 1 대 1로 합산한 경우에 비해서 상당히 작은 금액이 된다. 왜 이렇게 미래세대의 편익을 할인하는가? 그렇게 할인하는 관행이 현 세대 사람들 사이에 널리 퍼져 있기 때문이다. 현 세대 사람들이 할인을 하니까 그 할인율을 현재 존재하지도 않는 미래세대 사람들에게도 적용한다는 것이다

그러면 현 세대 사람들은 왜 미래소득을 할인할까? 여러 가지 이유가 있다. 아마도 가장 큰 이유는 불확실성일 것이다. 현재 내 손 안의 100만원은 확실한 것이지만, 3년 후의 100만원은 내 손에 들어올지 아닐지 불확실하다. 그래서 대부분의 사람들은 3년 후의 100만원을 현재의 100만원보다 더 낮게 평가한다.

일단 이런 불확실성이 전혀 없다고 가정하자. 그래도 사람들은 미래의 돈을 할인하게 되는데, 그 첫 번째 이유는 물가상승이다. 물가가 상승하면 명목상 똑같은 100만원이라도 3년 후의 100만원은 현재의 100만원에 비해서 구매력이 떨어진다. 그러니 미래의 100만원을 깎아 볼 수밖에 없다.

두 번째 이유는 투자기회이다. 물가상승이 전혀 없더라도 예컨대 어떤 사람에게 지금 100만원 받겠느냐 3년 후에 100만원 받겠느냐고 물으면 백발백중 지금 받겠다고 말한다. 지금의 100만원은 은행에 저금하거나 또는 증권에 투자하면 3년 후에는 100만원보다 더 큰 금액으로 불릴 가능성을 가지고 있다는 점에서 3년 후의 100만원과는 근본적으로 다르다.

물가상승도 없고 투자기회도 없다고 하자. 그래도 착각 탓이든, 성격

탓이든, 취향 탓이든, 생리적이든 어떻든 간에 대부분의 사람들은 미래의 소비보다는 현재의 소비를 더 값지게 느끼며 따라서 현재의 100만원을 미래의 100만원보다 더 높게 평가한다. 사람들이 미래의 소비에 비하여 현재의 소비를 더 중요하게 여기는 정도를 보통 시간선호율이라고 한다(본 장의 부록 참조).

그러면 미래의 편익을 몇 %의 할인율을 적용해서 현재가치로 환산하는 것이 옳은가? 이 문제는 마치 위의 예에서 갑과 을의 소득에 각각 얼마씩 가중치를 둘 것인가의 문제와 매우 흡사해서 정답이 없다. 그냥 적당하다고 생각되는 할인율을 적용할 뿐이다. 뒤에서 설명하겠지만 문제는, 대부분의 공공사업의 타당성이 할인율에 무척 민감해서 할인율이 아주 조금만 달라져도 그 타당성이 왔다 갔다 한다는 것이다. 그렇다고 꼭 이 할인율은 되고 저 할인율은 안 된다는 강력한 이론적 근거도 없으니 답답한 노릇이다. 정답이 없는 문제다. 결국 어떤 할인율을 적용할 것인가의 문제는 다분히 분석자의 자의적 판단에 의존하게 된다. 할인율에 대해서도 학자들 사이에 논란이 매우 많기 때문에 뒤에서 다시 자세히 살펴보기로 한다.

경제학과 비용-편익분석의 철학적 근거: 공리주의

거의 대부분의 경우 공공투자사업을 벌이면 이익을 보는 사람도 있지만 손해를 보는 사람도 있기 마련이다. 찬성하는 사람도 있지만, 반대하는 사람도 있다. 여기에서 한 가지 분명히 해둘 것은, 특정 공공투자사업에 대하여 찬성과 반대가 엇갈릴 경우에는 경제학적으로는 이런 사업의 경제적 타당성을 얘기할 아무런 근거가 없다는 것이다. 설령, 각종 편익들을 합산해서 총편익을 구하고 그리고 각종 비용들을 합산해서 총비용을 구한 다음에는 총편익과 총비용을 비교해 본 결과 총편익이 총비용에 비해서 현저하게 크다고 해도, 찬성하는 사람과 반대하는 사람이 공존하는 한 최소한도 경제학적으로는 해당 사업이 경제적으로 타당한지 아닌지에 대하여 판단을 할 아무런 이론적 근거가 없다.

타당하다든가 타당하지 않다고 판정하는 것은 명백히 가치판단이다. 경제학자들은 자신이 과학자임을 자랑스럽게 생각하며 경제학은 과학이어야 한다고 말한다. 실제로 경제학자들은 수학방정식 풀기에 여념이 없다.

그렇기 때문에 표면상 과학자로서의 경제학자는 가치판단을 극력 회피한다. 하지만, 경제학은 어디까지나 사회과학이기 때문에 가치판단을 하지 않을 수 없다. 사실, 과학이라는 학문을 전문적으로 연구하는 이른바 과학철학자들은 이 세상에 가치중립적인 과학은 존재하지 않는다고 주장한다. 자연과학이든 사회과학이든 모든 과학은 문제의식으로부터 시작하는데, 이 복잡다단한 세상에서 과연 무엇을 문제로 볼 것인지, 그 자체부터가 가치판단이라는 것이다.

어떻든 비용-편익분석을 할 때와 같이 어쩔 수 없이 가치판단을 해야 하는 경우에는 경제학은 '누구나 수용할 것이라고 판단되는 기본원칙' 에 의거해서 최소한도의 범위 안에서만 가치판단을 하려고 한다. 그렇다면 '누구나 수용할 것이라고 판단되는 기본원칙' 이란 무엇이며 이것이 비용-편익분석에 어떻게 적용되는가?

앞에서도 언급하였듯이 경제학이라는 학문 자체가 사실은 공리주의에 그 뿌리를 두고 있다. 보통 말하는 공리주의는 세 가지 내용으로 구성된다. 첫째, 행위나 제도의 좋고 나쁨(혹은 옳고 그름)을 판단하는 유일한 근거는 개인의 행복이다. 흔히 공리주의라고 하면 벤담(J. Bentham)이 주장한 '최대다수의 최대행복' 의 원칙을 연상하게 되는데, 이 원칙에 있어서 첫 번째 핵심적 내용은, 어떠한 행위나 제도의 옳고 그름은 오직 그것이 행복을 증진시키는 경향이 있는가 아니면 감소시키는 경향이 있는가에 의해서 결정해야 한다는 것이다. 이런 주장을 복지주의라고도 한다. 즉, 행복을 증진시키는 행위 및 제도는 옳고 좋은 것이요, 행복을 저해하는 행위 및 제도는 나쁜 것이요 틀린 것이다. 공리주의는 모든 사람이 행복을 추구한다는 엄연한 사실에 뿌리를 둔 매우 현실적인 사상이다.

둘째, 행위나 제도에 대한 평가는 오직 그것이 초래하는 결과에 입각해서 이루어져야 한다. 의도나 과정이 아무리 좋아도 결과가 나쁘면 소용이 없다. 결국 중요한 것은 결과라는 것이다. 이런 주장을 결과주의라고 한다.

셋째, 다수의 상황을 비교할 때는 상황별로 관련된 사람들의 행복의 총합계를 구한 다음 총합계가 큰 상황이 적은 상황보다 사회적으로 더 바람직한 것으로 판정해야 한다. 이런 주장을 총계주의라고도 한다. 총합계를 계산할 때 각 사람들의 행복은 1 대 1로 더한다. 왜냐하면, 모든 인간의 행복은 똑같이 중요하기 때문이다. 이런 점에서 보면, 공리주의는 평등지향적이다.

경제적으로 타당하다는 판정의 의미

요컨대, 공리주의는 복지주의, 결과주의, 총계주의를 특징으로 하고 있다는 것이다. 경제학은 이 세 가지 핵심내용 중에서 표면상 총계주의를 제외하고 복지주의와 결과주의만 수용한다. 경제학이 총계주의를 수용하지 않는 가장 큰 이유는 각 개인의 행복을 숫자로 나타내기 곤란하며, 따라서 여러 사람의 행복을 더할 수도 없기 때문이다. 그러나 개인이 느끼는 행복을 간접적인 방법으로 숫자화할 수는 있다. 예를 들어서 라면을 먹었을 때 얼마나 행복한지를 알고 싶으면 그 라면에 대하여 얼마나 많은 돈을 지불할 용의가 있는지를 물어보면 된다. 상품이나 서비스에 대한 사람들의 지불용의액은 그것으로부터 사람들이 느끼는 행복의 정도를 반영한다고 볼 수 있다. 지불용의액은 금액으로 표현되므로 여러 사람들의 지불용의액을 합산할 수 있다. 따라서 사람들의 행복을 직접 합산할 수는 없어도 지불용의액을 이용해서 합산함으로써 간접적으로 총 행복의 크기를 추정할 수 있다는 것이 경제학의 입장이다. 경제학은 노골적으로 총계주의를 수용하지는 않지만 뒷구멍으로는 이를 수용하는 셈이다.

공리주의의 핵심내용인 복지주의와 결과주의는 경제학에서 파레토 원칙으로 구체화된다. 이 원칙은 사람들이 합리적으로 자신의 행복을 추구한다고 전제한다. 과연 정말 그런가에 대해서는 수많은 과학자(주로 신경심리학자나 두뇌과학자)들이 고개를 가로 젓고 있지만 어떻든 그렇다고 치자. 두 가지 상황, x와 y가 있는데, 예컨대 x는 공공투자를 한 상황이고 y는 공공투자를 하지 않은 상황이라고 하자. 이 두 가지 상황을 비교할 때 사람들은 각각의 상황이 자신에게 얼마만큼의 행복을 주는지를 잘 알고 있으며, 더 큰 행복을 주는 상황을 더 선호한다고 가정하자. 만일 x 상황(공공투자를 수행한 상황)이 모든 사람들에게 더 큰 행복을 가져다 준다면, 모든 사람이 x를 y보다 더 선호할 것이다. 그렇다면, x 상황의 총 행복이 y 상황의 총 행복보다 더 클 것이므로 공리주의에 의하면 사회적으로도 x가 y보다 더 바람직한 상황으로 간주할 수 있을 것이다. 만일 최소한도 한 사람은 x를 선호하고 다른 사람은 x가 y보다 나쁘지 않다고 하면, y(공공투자를 하지 않은 상황)에 비해서 x(공공투자를 한 상황)에서는 최소한도 한 사람은 더 행복해지는 반면 불행해지는 사람은 없다. 그러니 사회적으로도 x는 y보다 좋다고 판정하자는 주장이 곧 파레토 원칙이다. 이와 같이 파레토 원칙은 각 개인이 합리적이라는 가정 아래 각 개인의 선호를 바탕으로 상황을 비교하는 원칙이다.

경제학에서 말하는 효율성, 혹은 파레토 효율이란 각 개인의 효용(행복)이 최대한 달성되었기 때문에 어떤 특정인의 효용을 증진시키기 위해서는 필히 다른 사람의 효용을 필히 희생시켜야만 하는 상황을 지칭한다. 말하자면 파레토 원칙은 만장일치를 지향하는 기준이다. 그런데 만일 최소한도 한 사람이라도 y가 x보다 좋다는 반대의사를 나타내면 어떻게 할 것인가? 파레토 원칙만으로는 할 말이 없다. 앞에서도 말했듯이 거의 대부분의 경우 공공투자사업을 벌이면 이익을 보는 사람도 있지만 손해를 보는 사람도 있기 마련이다. 손해를 보는 사람은 이 공공투자사업을 반대할 것이다. 이럴 경우 파레토 원칙만으로는 그 공공투자사업을 수행하는 것이 좋은지 안 하는 것이 좋은지를 판단할 수가 없다. 다시 한 번 더 말하지만, 과학을 지향하는 경제학의 입장에서는 그런 사업의 타당성 여부를 얘기할 아무런 과학적 근거가 없다는 것이다.

하지만, 공공투자사업에 대하여 비용-편익분석을 한다면 그 사업에 찬성하는 사람과 반대하는 사람이 공존하더라도 불가피하게 그 경제적 타당성을 판단해야 한다. 그래서 파레토 원칙에 대한 하나의 편법이 동원된다. 만일 그 공공투자사업의 수행으로 인해서 이익을 보는 사람들이 손해를 보는 사람들을 충분히 보상해 줄 수 있다면 그 공공투자사업은 모든 사람을 더 행복하게 만들 수가 있을 것이다. 그렇다면 모든 사람이 공공투자사업을 수행한 상황을 더 선호하게 될 것이므로 파레토 원칙에 입각해서 그 공공투자사업은 사회적으로 타당하다는 판단을 내릴 수 있게 될 것이다.

이와 같이 공공투자사업으로 인하여 손실을 충분히 보상할 수 있을 만큼 편익이 클 때에는 해당 사업을 사회적으로도 타당한 것으로 간주하자는 주장을 칼도-힉스기준이라고 하며 보상의 원칙이라고도 한다. 공공투자사업으로 인한 편익의 총합계가 비용의 총합계보다 크면 결과적으로 이 사업은 손해를 보는 사람이 없게 만들 수 있다. 그러므로 어떤 공공투자사업으로 인한 편익의 총계가 비용의 총계보다 클 때에는 이 사업이 경제적으로 타당하다고 보자는 주장이 칼도-힉스기준의 핵심이다. 이렇게 보면, 칼도-힉스기준은 파레토 원칙을 간접적으로 적용하는 편법이라고 볼 수 있다. 하지만, 타당성의 궁극적 근거는 어디까지나 파레토 원칙이다. 달리 말하면 칼도-힉스기준은 파레토 원칙의 이름으로 공리주의를 간접적으로 적용한다는 것이다.

요컨대, 경제학적으로 보았을 때, 공공투자사업으로 인한 총편익이 총비용보다 더 클 때 경제적 타당성이 있다고 판단하는 이유는 사업의 편익으로 손실을 충분히 보상해 줄 수 있으므로 파레토 원칙을 적용할 수 있기 때문이다. 여기에서 중요한 것은, 그 사업으로 인해서 손해를 보는 사람들의 손실을 보상해 준다고 가정만 한다는 것이다. 만일 보상해 준다면, 손해를 보는 사람들을 없앨 수 있을 만큼 총편익이 충분히 큰지 아닌지가 경제적 타당성을 결정하는 핵심 근거다. 손실을 실제로 보상해 주는지 아닌지는 상관이 없다.

하지만, 실제에 있어서는 공공투자사업으로 인하여 손해를 보는 사람들의 손실을 사업의 편익으로 정확하게 보상해 주는 것은 아니다. 충분한 보상을 받지 못하는 억울한 사람들이 실제에 있어서는 적지 않다. 그렇다면, 실제로 보상은 해주지 않으면서 보상을 해준다고 가정하고 총편익이 총비용보다 크기 때문에 경제적 타당성이 있다고 판정하는 사례가 반복된다면 결국 공공투자사업은 억울한 사람들을 양산하게 된다.

달리 말하면, 공공투자사업에 대한 비용-편익분석은 그 사업의 편익이 누구에게 떨어지고 그 사업의 비용을 누가 치르는지에 대해서는 전혀 개의치 않고 오직 편익의 총합계와 비용의 총합계만 비교한다는 것이다. 비용-편익분석의 내용을 좀 아는 사람들은 이 부분을 몹시 못마땅하게 생각하지만, 대부분의 사람들은 그렇다는 사실조차 모른 채 전문가들이 어련히 알아서 잘 판단할 것으로 생각한다.

핵심 주장

1. 과거에는 환경문제라고 하면 사람들은 흔히 오염물질을 대량 배출하는 공해업체병를 주로 연상하였다. 하지만, 이제는 이것뿐만 아니라 경관손상, 자연생태계의 파괴, 녹지훼손, 생물다양성의 감소 등까지도 포함해서 환경문제를 생각하게 되었다. 이렇게 자연환경에 대한 경각심이 높아지면서 정부 및 각종 공기업의 각종 개발사업들에 의한 환경파괴가 새로운 심각한 환경문제로 떠오르고 있다.

따라서 정부 및 정부기관의 개발사업에 대하여 보다 더 엄밀한 비용-편익분석을 수행할 필요성이 절실해지고 있다. 종전에 무시되었던 환경적 측면을 고려한 소위 '확대된 비용-편익분석'은 경제개발과 환경보전을 조화시키는 데에 큰 보탬이 될 수 있다.

2. 흔히 비용-편익분석은 정형화된 틀과 공식에 따라 기계적으로 수행되는 숫자놀음 정도로 인식되고 있다. 하지만, 비용-편익분석은 사업의 타당성 여부를 판정하는 기법으로서 고도의 가치판단을 수행하는 기법이다. 사실 경제학이라는 학문 자체가 공리주의에 뿌리를 두고 있다. 비용-편익분석은 경제학 이론에 근거한 것이므로 공리주의에 입각하여 가치판단을 하는 기법이다. 공리주의는 많은 논쟁을 몰고 다니는 도덕철학이다. 그렇기 때문에 비용-편익분석에서 이용되는 기본개념들은 모두 철학적 의미를 가진 것들이며, 특정 가치관을 수용하고 다른 가치관은 배제한다. 따라서 비용-편익분석을 올바로 이해하고 그리고 이 바탕 위에 비용-편익분석을 제대로 수행하기 위해서는 이 기법에 나타나는 기본개념과 관례화된 절차의 철학적 의미를 잘 이해하는 것이 매우 중요하다.
3. 비용-편익분석에서 편익이란 기본적으로 소비를 증가시키는 효과를 말한다. 왜냐하면 소비가 모든 경제활동의 목적이기 때문이다. 물론 소비를 직접 증가시키지 않는 사업도 많다. 예컨대 투자행위는 간접적으로 소비를 증가시킨다. 그래서 통상 비용-편익분석에서는 소득증대를 편익으로 간주한다.
4. 어떤 사업의 비용이란 이 사업으로 인해서 포기된 편익을 말한다. 경제학에서 말하는 비용이란 늘 기회비용을 의미한다. 따라서 비용과 편익은 부호만 다를 뿐 내용은 동일하다. 그러므로 내용상으로는 편익과 비용을 구별할 필요가 없다. 그러나 이런 기회비용의 계산이 사실상 불가능하기 때문에 관례상 사업의 수행에 소요되는 실제 지출액을 비용으로 간주한다. 그러나 이것은 어디까지나 편법이지 원칙은 아니다. 비용-편익분석에는 이런 편법이 수없이 많이 동원된다.
5. 공공사업으로 인한 편익은 장소적으로나 시간적으로 다수의 사람들에게 분산귀속된다. 따라서 각 개인에게 귀속되는 편익을 합산하는 문제가 발생한다. 비용-편익분석에서는 현재의 각 개인에게 귀속되는 편익은 모두 1 대 1로 합산하고 미래에 발생하는 편익은 할인해서 합산하는 것이 관례이다. 그러나 이것도 하나의 편법일 뿐 어떤 확고부동한 이론에 따른 것은 아니다. 따라서 이런 편법에 대하여 강력한 반대가 제기되는 것은 당연하다.
6. 어떤 공공사업의 편익이 비용보다 더 크면 비용-편익분석은 이 사업이 경제적으로 타당하다고 판정하게 되는데, 이런 판정의 정당성은 보상의 원칙(혹은 칼도-힉스기준)에 근거한다. 보상의 원칙은 경제학의 파레토 기준을 현실화한 것이며, 파레토 기준은 공리주의에서 나온 것이다. 결국 비용-편익분석의 이론적 근거는 공리주의이다.

2. 편익의 판별과 금전화

비용-편익분석의 관례상 보통 비용은 사업의 수행에 소요되는 각종 경비를 뜻하므로 이 경비의 총액은 대부분 가시적이고 가측적이며, 기술적으로 결정된다. 예를 들면, 경부고속철도 사업의 경우 노반조성비, 굴착비, 건설비, 인건비, 자재비 등의 경비는 기술적으로 결정된다. 하지만 편익의 판별과 추정은 고도의 경제적 판단을 필요로 한다. 따라서 이하에서는 주로 편익의 판별과 추정의 문제만을 다루기로 한다.

보통 공공사업의 편익은 크게 직접편익과 부차적 편익으로 나뉜다. 직접편익이란 주로 공공투자사업의 주 목적과 관련해서 제1차적으로 발생하는 편익을 말하고 부차적 편익이란 직접편익으로부터 파생된 편익을 말한다. 그래서 부차적 편익을 흔히 파생된 편익이라고도 한다.

예를 들어 보자. 어느 지역에 쌀을 생산하기 위해서 저수지를 건설하였다고 하자. 이 경우 쌀 생산은 직접편익에 해당한다. 하지만, 대부분의 경우 저수지 건설로 인한 영향이 쌀 생산으로 그치지 않는다. 왜냐하면, 쌀 생산에 연결되어 여러 가지 경제활동이 전개될 수 있기 때문이다. 예를 들면, 이 지역에서 쌀이 많이 생산되면 정미소가 들어서게 되고 그 다음에는 정미소에서 나온 쌀을 이용해서 술을 만드는 양조장이 들어서게 되고 그러면 술집, 노래방, 러브호텔이 생기게 된다는 것은 쉽게 예상할 수 있다. 또한 쌀 생산에 이용될 생산요소를 공급하는 경제활동, 예컨대 농기구상, 농약상, 비료상 등도 이 지역에 들어설 것으로 예상된다. 이 모든 경제활동으로부터의 순수익은 쌀 생산에서 파생된 편익이기 때문에 부차적 편익이 된다. 똑같은 부차적 편익이지만 정미소, 양조장, 술집, 노래방, 러브호텔 등과 결부된 순수익은 쌀 생산에서부터 소비자 사이에서 발생하는 편익이기 때문에 전방연쇄효과로 인한 부차적 편익이라고 하며, 농기구상, 농약상, 비료상 등의 순수익은 쌀 생산을 후방에서 지원하는 과정에서 생기는 편익이기 때문에 후방연쇄효과로 인한 부차적 편익이라고 한다.

그러면, 이와 같이 쌀 생산을 주목적으로 하는 저수지 건설사업의 경제적 타당성을 따질 때 이 모든 파생된 편익까지 고려해서 총편익을 계산해야 하는가, 아니면 일부분만 진짜 편익으로 간주해야 하는가? 대답은, 상황에 따라 적절히 판단해서 결정한다는 것이다. 우선, 후진국이나 낙후 지역에서 흔히 보듯이 일자리가 없어서 노는 사람들이 많고, 산업활동이 활발하지 못해서 노는 땅도 많고, 자원도 남아도는 경우와 선진국이나 우리나라에서 흔히 보듯이 쓸 만한 사람을 구하기도 어렵고 땅도 부족하고 온갖 자원이 부족한 경우를 구별해 볼 수 있다.

이렇게 두 경우가 있다면 편익의 판별을 어떻게 할 것인가? 한 가지 관례는, 선진국이나 우리나라와 같이 대부분의 생산요소가 거의 완전고용상태에 있는 사회에서는 다음과 같은 이유로 부차적 편익을 무시하고 오직 직접편익만 고려한다는 것이다. 완전고용상태라면 부차적 편익을 낳은 생산요소들은 다른 지역의 경제활동에 고용되었다가 이 지역으로 옮겨왔다고 보아야 하는데, 그렇다면 분명히 다른 지역의 생산에 손실이 발생하였을 것이다. 정확하게 얼마나 손실이 발생하였을지는 알기 어렵지만, 아마도 이 지역에서 발생한 부차적 편익만큼 다른 지역에 손실이 초래되었을 것이라고 비용-편익분석에서는 가정한다. 그렇다면 국민경제 전체적으로는 부차적 편익은 다른 지역의 손실과 상쇄되어 버린다. 비용-편익분석은 국민경제 전체의 차원에서 타당성을 따지기 때문에 이렇게 경제 전체적으로 부차적 편익들이 서로 상쇄되어 버린다면 이를 편익으로 계산할 필요가 없다는 결론이 나온다. 그러므로 완전고용상태에 가까운 사회에서는 편의상 부차적 편익을 무시하는 것이 원칙이다. 달리 말하면 부차적 편익은 진짜 편익으로 간주하지 않는다는 것이다. 만일 이 원칙을 무시하고 부차적 편익까지 타당성 분석에서 고려한다면 그 이유를 분명히 밝혀야 한다.

하지만, 인적 자원이나 물적 자원이 남아도는 사회, 예컨대 후진국이나 낙후 지역에서 공공투자사업이 수행되는 경우에는 부차적 편익도 비용-편익분석의 계산 속에 포함시킴이 관례다. 이런 부차적 편익을 흔히 지역개발효과라고 부르기도 한다.

이론상으로는 그렇지만, 현실적으로는 완전고용 상황인지 그 정반대의 상황인지를 두부모 자르듯 명쾌하게 판단하기 어려운 어중간한 경우가 대부분이다. 이럴 경우 부차적 편익을 어느 정도로 비용-편익분석에 고려할 것인지는 다분히 분석자의 재량에 속한 사항이 되어 버린다. 물론, 그 재량에는 분명한 이유를 첨부하여야 한다. 어떻든 분석자가 재량권을 행사하게 되면 누가 비용-편익분석을 수행하는가에 따라 편익의 종류가 고무줄처럼 늘었다 줄었다 할 수 있다. 예를 들면, 새만금간척사업에 대하여 두 차례의 비용-편익분석이 수행되었는데 편익의 종류가 첫 번째 분석(1988년의 분석)에서는 7개였던 반면 두 번째 분석(2000년의 분석)에서는 14가지로 자그마치 두 배나 늘었다.[2] 그러다 보니 두 번째 분석은 새만금간척사업의 경제적 타당성을 높이기 위해서 의도적으로 편익을 크게 부풀렸다는 의혹을 받을 수밖에 없었다.

흔히 편익을 금전적 편익과 비금전적 편익으로 분류하기도 한다. 금전적 편익은 돈으로 환산할 수 있는 편익을 말하고 비금전적 편익은 그렇지 못한 편익을 말한다. 그러나 경제학에서는 이런 분류는 별 큰 의미가 없다. 이론상 거의 모든 편익은 금전화할 수 있을 뿐만 아니라 실제로 사람들은 거의 모든 편익을 은연중에 금전화시키고 있다고 많은 경제학자들이 생각한다. 누구나 인간의 생명은 존엄하고 돈으로 따질 수 없이 고귀하다고 말한다. 그러면서도 비행기가 추락해서 사람이 죽으면 유가족이나 항공사 그리고 공무원들은 죽은 사람의 생명을 돈으로 환산하기 바쁘다. 인명에 관해서 과거 정부나 기업이 취한 각 가지 조치나 결정들을 분석해 보면 사람 목숨의 가치를 대략 추정해 낼 수 있다고 경제학자들은 생각한다. 이들은 환경문제에 관해서 정부가 취한 각종 결정을 분석해 보면 환경에 정부가 얼마나 많은 가치를 부여하는지도 대략 알아낼 수 있다고 본다.

유무검증과 전후검증

비용-편익분석에서 편익과 비용을 판별할 때에 중요한 것은 사업을 했을 경우와 하지 않았을 경우를 비교해야지 사업을 하기 전과 사업을 한 후를 비교해서는 안 된다는 것이다. 왜냐하면 수행하였을 경우와 하지 않았을 경우를 비교해야만 진정한 기회비용을 고려할 수 있기 때문이다.

예를 들어 보자. 새만금간척사업과 같이 천혜의 갯벌을 메워서 논을 조성하는 사업을 생각해 보자. 정부가 2000년에 발표한 새만금간척사업의 원래 목적은 쌀 생산을 위한 대규모 논의 조성이었다. 이 사업을 원래대로 추진한다면 갯벌이 없어지는 대신 그곳에 논이 조성된다. 환경운동단체는 갯벌로 남겨두는 것이 훨씬 더 이익이라고 주장한 반면 당시 농림부는 논을 조성하는 것이 더 이익이라고 주장하였다. 그렇다면 이 논쟁은, 없어지는 갯벌의 가치와 논에서 생산되는 쌀의 가치 중에서 어느 것이 더 큰가에 의해서 판가름난다. 예를 들어서 지난 5년간의 자료에 의하면, 갯벌에서 생산되는 해산물의 가치와 갯벌의 환경가치(수질개선 편익, 관광가치 등)를 합쳐서 예컨대 연간 10억원으로 추정된다고 해보자. 그런데, 논이 조성되었을 경우 쌀 생산으로부터의 미래의 소득은 연간 15억원에 이르는 것으로 추정되었다고 하자. 이렇게 추정된 10억원과 15억원을 놓고 보면 쌀 생산의 가치가 갯벌의 가치보다 크기 때문에 새만금간척사업은 경제적 타당성을 가지는 것처럼 보인다.

이렇게 공공투자사업을 수행하기 전의 편익과 수행한 후의 편익을 비교한 다음 이를 바탕으로 타당성을 따지는 방법을 전후검증이라고 하는데, 실제로 새만금간척사업의 비용-편익분석은 이 전후검증을 채택하였다. 그러나 원칙적으로 전후검증은 옳지 않다. 왜 그럴까? 전후검증은 과거의 편익이 미래에도 지속됨을 전제하는데, 지난 5년간 갯벌의 가치가 그대로 미래에도 지속된다는 보장은 전혀 없다. 과거에는 갯벌의 가치가 연간 10억원이었지만, 앞으로 소득수준이 높아짐에 따라 갯벌의 가치는 기하급수적으로 높아질 가능성이 매우 높다. 제2장에서 자세히 설명하였듯이 농산물의 가치는 소득수준의 영향을 크게 받지 않지만 환경의 가치는 소득수준의 영향을 크게 받는다. 왜냐하면 환경에 대한 수요는 대체로 소득탄력적이기 때문이다. 다시 말해서 환경에 대한 수요의 소득탄력성은 대체로 1보다 더 크다. 반면에 농산품에 대한 수요의 소득탄력성은 1보다 현저하게 작다.

앞으로 우리나라는 10년 안에 선진국 대열로 진입한다고 한다. 현재는 1인당 국민소득이 2만달러 정도이지만 10년 안에 4, 5만달러로 높아진다는 것이다. 그렇다면 선진국에서 보듯이 갯벌의 가치가 크게 증가할 것이다. 1인당 국민소득이 이렇게 2배 이상 높아진 결과 새만금 갯벌의 가치 역시 앞으로 연간 20억원으로 커진다면, 새만금간척사업은 쌀 생산 편익 15억원을 얻기 위해서 20억원을 포기하는 사업이 된다. 달리 말하면 경제적 타당성이 없는 사업이 된다는 것이다.

이와 같이 공공투자사업을 수행하였을 때 기대되는 미래의 편익과 그 사업을 하지 않았다고 가정했을 때 기대되는 미래의 편익(사업을 했을 때 포기되는 편익, 즉 기회비용)을 비교한 다음 이를 바탕으로 경제적 타당성을 판단하는 방법을 유무검증이라고 부른다. 경제학은 항상 기회비용의 개념에 입각하고 있으므로 비용-편익분석에서 편익과 비용의 판별은 유무검증을 거쳐야 한다. 물론 유무검증은 대단히 어렵다. 그래서 전후검증을 채택하는 것이 비용-편익분석의 관례가 되어 있는 것은 사실이다. 하지만 이것은 어디까지나 편법이지 원칙은 아니다. 새만금간척사업에 대한 비용-편익분석처럼 유무검증을 하지 않고 전후검증을 한다면, 이는 원칙에 어긋나는 것이므로 그 이유를 분명히 제시하여야 한다. 특히 환경문제와 관련되는 경우에는 전후검증은 심각한 오류를 범하게 된다.

경제분석과 재무분석

경제분석(economic analysis)은 국민경제 전체의 입장에서 편익과 비용을 판별하는 반면, 재무분석(financial analysis)은 사업수행 주체의 입장에서 편익과 비용을 판별한다. 예를 들어서 어떤 공기업이 강 상류에 공단을 조성한 결과 10억원의 순수익이 발생하였지만 이 공단에서 배출되는 오염물질로 강 하류의 어민들이 10억원어치 피해를 입었다고 하자. 이 공기업의 입장에서 보면 분명히 10억원의 편익이 발생하였다. 따라서 재무분석을 한다면 10억원의 편익이 발생한 것으로 계산된다. 하지만 국민경제 전체의 입장에서 보면, 공기업의 10억원 편익과 어민의 10억원 손실이 상쇄되어 버린다. 비용-편익분석은 물론 경제분석이다. 그러므로 이 사업에 대하여 비용-편익분석을 한다면 아무런 편익이 발생하지 않은 것으로 계산된다.

재무분석은 사업 주체의 입장에서 모든 것을 판단하기 때문에 편익과 비용의 개념이 비교적 간단하다. 즉, 사업 주체의 호주머니로 들어간 것은 편익이고 호주머니에서 나간 것은 비용이다. 하지만, 경제분석에서는 편익과 비용의 개념이 그렇게 간단하지 않다. 국민경제 전체의 입장에서 판단해야 하기 때문이다. 예를 들어서 어떤 공기업이 사업수행으로 얻은 100억원의 수입에서 10억원의 세금을 냈다고 하자. 이 공기업의 입장에서 보면 10억원이라는 돈이 공기업의 호주머니로부터 나갔으므로 그 세금은 비용으로 처리된다. 따라서 재무분석을 한다면 이 공기업의 수입은 90억원이 된다. 그러나 국민 전체의 입장에서 보면, 세금으로 낸 그 10억원은 하늘로 솟아 없어지거나 땅으로 꺼져 없어지는 돈이 아니라 정부의 손을 거쳐 결국 국민에게 돌아올 돈이다. 그러므로 비용-편익분석을 한다면, 그 세금은 비용이 아니다. 다만, 편익의 일부일 뿐이다. 따라서 비용-편익분석에서는 해당 사업이 100억원의 편익을 발생시켰다고 본다. 이 사업은 10억원의 세금을 낼 수 있을 만큼 경제성이 큰 것으로 간주된다.

비용-편익분석에서 이와 같이 세금을 편익의 일부로 간주한다면, 세금의 반대인 정부의 보조금은 비용으로 간주한다. 정부의 보조금은 국민의 세금으로 충당되는 까닭에 보조금이 투입된 만큼 국민이 쓸 돈이 감소한다. 국민이 쓸 돈을 축내면서까지 어떤 공공사업이 추진된다면 이 사업으로부터의 이익이 그 보조금을 갚고도 남을 만큼 충분히 커야만 경제적 타당성을 인정받을 수 있을 것이다. 어떻든 이와 같이 비용-편익분석을 할 때는 편익과 비용의 판별을 국민경제 전체의 입장에서 파악해야 한다는 것을 명심해야 한다.

편익의 금전화

국민경제 전체의 차원에서 편익과 비용을 판별한다는 것은 공공사업으로 인한 국민 경제적 파급효과를 철저하게 파악해야 함을 의미하지만 말이 그렇지 편익의 판별 자체가 대단히 어려운 작업이다. 설령 편익과 비용이 모두 파악되었다고 하더라도 이것을 돈을 환산하는 일, 즉 금전화 작업은 더 더욱 어려운 일이라서 분석자 개인의 재량이 상당히 많이 개입될 수밖에 없다.

공공사업의 산출물 중에는 시장에서 거래되는 것이 있고 그렇지 않은 것이 있다. 원래 비용-편익분석은 농업경제학에서 발전된 분야이다. 예로부터 치수(治水)가 국가적 토목사업의 주요 대상이었고, 치수의 주된 목적 중의 하나가 농산물 생산이었다. 대부분의 농산물은 시장에서 거래되는 상품이다. 이와 같이 시장에서 거래되는 산출물의 편익에 대해서는 산출물의 양에 가격을 곱해서 금전화한다. 가격은 지불용의액을 반영하고, 지불용의액은 행복 혹은 효용을 반영하기 때문이다.

하지만, 문제가 그리 간단하지 않다. 경우에 따라서는 한 상품에 여러 가지 가격이 있을 수 있다. 설령 현재 시장에서 단일한 가격이 형성되어 있다고 해도 그 가격이 과연 사회적으로 정당한 가격인지 의심스러울 수도 있다. 비용-편익분석은 국민경제 전체의 입장에서 수행하는 분석이기 때문에 사회적으로 적정하다고 판단되는 가격을 적용해야 함은 물론이다.

새만금간척사업에 대한 2000년 비용-편익분석을 예로 들어 보자. 당시 이 사업의 가장 중요한 직접편익은 쌀 생산이었다. 이 편익의 크기는 이 사업으로 조성되는 농지에서 생산될 것으로 추정되는 쌀 생산량에 쌀 가격을 곱함으로써 추정할 수 있다.

직접편익 = 예상되는 쌀 생산량 × 쌀 가격

예상되는 쌀 생산량에 대해서는 별 이견이 없었다. 문제는 쌀 가격이다. 쌀 가격에도 크게 두 가지가 있기 때문이다. 그 하나는 국내시장에서 형성되는 쌀 가격이요 다른 하나는 국제시장에서 형성되는 쌀 가격이다. 국내 쌀 가격은 국제시세의 약 3배에 이른다. 이렇게 큰 차이가 나기 때문에 어떤 가격을 적용하느냐에 따라 사업의 타당성이 크게 달라질 수가 있다. 그러면 도대체 어떤 가격을 적용해야 하는가? 이에 대한 대답은 전문가에 따라 크게 달라진다. 대부분의 경제학자들은 국제시세를 적용해야 한다고 주장할 것이다. 왜냐하면, 국제시세로 쌀을 얼마든지 수입해서 사먹을 수 있기 때문이다. 국제시세가 곧 기회비용이다. 국제시세보다 3배나 비싼 국내 쌀값은 농업을 보호하기 위한 쌀 수입 제한조치 탓으로 왜곡된 가격이라고 경제학자들은 생각한다. 비용-편익분석을 할 때는 왜곡된 가격을 적용하지 말아야 한다는 것이 경제학자들의 생각이다.

반면에, 우리나라의 농업을 보호해야 한다고 생각하는 전문가들은 국제시세의 적용을 반대할 것이다. 국제시세는 너무 낮아서 이를 적용해서 직접편익을 추정하면 새만금간척사업을 포함한 거의 대부분의 농업 관련 공공사업의 경제성은 전혀 없는 것으로 판정될 수밖에 없다. 이미 1988년 비용-편익분석으로 확인되었듯이(앞에서 언급하였듯이 새만금간척사업에 관해서는 두 차례의 비용-편익분석이 있었음), 사실은 국내가격을 적용해도 새만금간척사업은 경제성이 없었다. 새만금간척사업에 대한 2000년 비용-편익분석을 수행한 농업경제학자들은 국제시세와 국내가격 모두를 거부했다. 이들은 쌀의 자급자족 기반을 확립하는 것은 우리의 안보를 확고히 하는 것이므로 우리나라에서 생산되는 쌀에는 특별한 가치를 부여해야 한다고 주장하였다.

시장에서 형성된 가격을 부정한다면, 다른 가격을 제시해야 된다. 일반적으로, 어떤 합당한 이유로 시장에서 형성된 가격이 옳지 않다고 판단될 경우, 비용 · 편익분석 전문가들은 국민경제의 입장에서 합당하다고 판단되는 가격을 별도로 추정해서 이를 적용하게 되는데, 이 가격을 잠재가격(shadow price)이라고 부른다. 전통적으로 경제학은 설문조사를 과학적 방법으로 인정하지 않음에도 불구하고 새만금간척사업에 대한 2000년도 비용-편익분석을 수행한 농업경제학자들은 이 방법을 이용해서 소위 '안보미가'라고 부른 제3의 가격을 추정해냈다. 이 안보미가는 국내 쌀 가격의 약 2배에 이르며, 국제시세의 약 6배에 달한다. 결과적으로 똑같은 쌀에 대하여 전문가들이 생각하는 쌀 가격은 세 가지인 셈이다. 이 안보미가를 적용할 때 비로소 새만금간척사업은 간신히 경제적 타당성을 가지게 된다.

흔히 완전한 자유경쟁시장(경제학에서 말하는 완전경쟁시장)에서 형성되는 가격을 사회적 적정가격이라고 말한다. 왜냐하면, 이 가격은 적정량만 공급되었을 때에 시장에서 형성되는 가격이기 때문이다. 그러나 완전경쟁시장에서 결정된 가격을 무조건 사회적 적정가격이라고 보는 데에는 많은 문제가 있다. 외부효과와 공공재의 문제는 접어두고라도 현실적으로는 소득분배의 문제가 심각하게 제기된다.

완전경쟁시장에서 결정되는 가격은 한 나라의 소득분배양태에 상대적이다. 다른 조건은 동일하더라도 소득분배양태가 달라지면 완전경쟁시장에서 결과 되는 가격도 다르게 된다. 소득분배양태가 완전경쟁시장에서 결정되는 가격의 배경을 이룬다. 만일 현재의 소득분배양태가 만족스러운 것이라면 이를 배경으로 완전경쟁시장에서 결정된 가격을 국가적 사업의 타당성 검증에 이용해도 큰 불만은 없겠지만, 심한 빈부격차 탓으로 또는 다른 이유 때문에 현재의 소득분배양태가 매우 바람직하지 못하다면 이를 배경으로 완전경쟁시장에서 결정된 가격을 권위 있는 가격으로 받아들이기는 어렵다.

하물며, 현실의 시장은 완전경쟁시장과 거리가 멀다. 그러니 문제투성이 현실의 시장에서 형성된 가격을 국가적 사업의 타당성 검증에 이용한다는 것은 더욱 더 문제가 된다. 예를 들면, 많은 상품들이 독점기업에 의해서 생산되고 있는데, 국가적인 사업의 타당성을 검토하는 데 이런 독점가격을 적용해서 그 타당성을 따져도 좋은가? 우리나라의 땅값과 아파트 가격은 미친 가격이라고 하는데 이 가격을 공공투자사업의 비용–편익분석에 이용해도 되는가? 농한기 농촌의 유휴인력을 활용하기 위한 공공투자사업의 경우 의도적으로 살포된 임금을 가격이라고 보아 인건비로 처리해도 되는가? 수없이 많은 질문이 제기된다.

핵심 주장

1. 비용–편익분석은 항상 사업 주체가 아닌, 국민 전체의 입장에서 득(편익)과 실(비용)을 파악하고 비교해야 한다. 이런 점에서 비용–편익분석은 재무분석과 근본적으로 다르다.
2. 비용–편익분석은 사업을 수행하였을 경우와 수행하지 않았을 경우의 차이에 의거해서 득과 실을 파악하는 것이 원칙이다. 즉, 유무검증을 거쳐야 한다. 하지만 이것이 무척 어렵기 때문에 통상 사업을 수행하기 전과 수행한 후의 차이에 의거해서 편익과 비용을 파악하는 것, 즉 전후검증이 비용–편익분석에서 관례화되어 있다. 전후검증 역시 하나의 편법에 불과하지 원칙은 아니다. 특히 전후검증은 환경의 참된 가치를 크게 과소평가하게 되며 앞으로는 더욱 더 큰 과소평가 오류를 범하게 될 것이다. 따라서 환경문제가 개입될 경우에는 앞으로는 유무검증을 하도록 노력해야 한다.
3. 대부분의 경우 공공사업으로 인한 편익은 매우 다양하다. 크게 직접편익이 있고 부차적 편익이 있다. 부차적 편익 혹은 간접편익에도 전방연쇄효과로 인한 편익이 있고 후방연쇄효과로 인한 편익이 있다. 문제는, 최종 타당성 판정에 고려해야 할 편익의 범위를 정하기가 무척 어렵다는 것이다. 결국 분석자가 경제상황을 어떻게 보느냐에 따라 편익의 범위가 상당히 달라질 것이다. 여기에 분석자의 주관적 자의성이 상당한 정도로 개입된다.
4. 시장에서 거래되는 산출물의 편익을 금전화할 때에는 가격을 이용한다. 이 때의 가격은 물론 국민경제 전체의 입장에서 보았을 때 적정하다고 판단되는 가격이다. 현재 시장에서 형성되어 있는 가격이 사회적으로 적정한 가격이 아니라고 판단되면 잠재가격을 추정해야 한다. 시장에서 잘 거래되지 않는 산출물의 편익을 금전화할 때에는 별도의 가치추정방법을 거쳐야 한다.

3. 경제적 타당성 판정의 기준

순현가(Net present value)에 의한 판정

편익과 비용을 판별하고 이를 금전화한 다음에는 [표 8-1]과 같이 편익과 비용의 종류를 나열한 다음 각 종류별로 금전으로 표시된 값을 기입하여 일목요연하게 편익과 비용의 총괄표를 작성하게 된다. 그런 다음 각 연도별로 각종 편익들을 합산하고, 또한 각종 비용들도 연도별로 합산한다. t연도의 편익과 비용을 각각 B_t와 C_t로 표기하자. 대체로 초기 수년 동안에는 비용만 큰 규모로 발생하고 편익은 발생하지 않는다. 초기 3년 동안 편익은 전혀 발생하지 않는다고 하면, $B_0 = B_1 = B_3 = 0$ 이다. 할인율을 i%라고 하자. 그러면 k연도 편익의 현재가치(줄여서 현가)는 $B/(1 + i)^k$가 되고 k연도 비용의 현재가치는 $C/(1 + i)^k$가 된다.

이렇게 각 연도의 편익을 현재가치로 환산한 다음 이들을 전부 합친 값을 편익의 총현가, 각 연도의 비용을 현재가치로 환산한 다음 이들을 전

표 8-1 비용-편익 총괄표

	연도					합계
	0	1	2	···	30	
편익의 종류 ○○○ ○○○ ⋮						
합 계	B_0	B_1	B_2		B_{30}	$\sum_{t=0} B_t(1 + i)^t$
비용의 종류 □□□ □□□ ⋮						
합 계	C_0	C_1	C_2		C_{30}	$\sum_{t=0} C_t(1 + i)^t$

부 합친 값을 비용의 총현가라고 한다. 편익의 총현가에서 비용의 총현가를 뺀 값을 순현가(Net Present Value)라고 한다. 즉,

$$\text{편익의 총현가} = \sum_{t=0} B_t/(1+i)^t, \quad \text{비용의 총현가} = \sum_{t=0} C_t/(1+i)^t$$

$$\text{순현가} = \sum_{t=0} B_t/(1+i)^t - \sum_{t=0} C_t/(1+i)^t = \sum_{t=0} (B_t - C_t)/(1+i)^t$$

순현가에 의한 공공사업의 타당성 판정은 다음 두 가지 원칙에 따른다.

첫째 원칙: 타당성 판정의 대상 사업이 하나일 때에는 순현가가 0보다 클 때에만 해당 사업은 경제적으로 타당하다고 판정한다.

둘째 원칙: 타당성 판정의 대상이 되는 사업이 다수일 때에는 순현가가 더 큰 사업에 더 높은 우선순위를 부여한다. 단, 순현가가 0보다 적은 사업은 제외한다.

순현가의 개념은 수학적으로는 간단하지만, 그 의미를 잘 새겨볼 필요가 있다. 어떤 사업의 순현가란 쉽게 말해서 돈을 빌려서 사업을 했을 때 원금과 이자를 갚고 남는 순이익이다. 위의 사례에서 순현가가 556만원이라는 것은 1,000만원을 빌려서 이 사업을 하면 향후 3년 동안의 사업수입으

사례

첫해에 1,000만원을 투자하면, 두 번째 해에 500만원, 세 번째 해에 1,000만원, 네 번째 해에 200만원의 수입을 가져다 주는 사업, 즉 비용과 편익의 흐름이 다음과 같은 사업:

–1,000만원, 500만원, 1,000만원, 200만원

할인율이 5%라고 할 때,

편익의 총현가 = 500/(1 + 0.05) + 1,000/(1 + 0.05)^2 + 200/(1 + 0.05)^3 = 1,556만원
비용의 총현가 = 1,000만원
순현가 = (=1,556–1,000) = 556만원

그러므로 이 사업은 경제적 타당성을 가진다.

로 원금 1,000만원뿐만 아니라 이자를 갚고도 556만원이 남는다는 뜻이기도 하고, 또는 더 노골적으로 말하면, 아예 1,556원을 빌린 다음 556만원을 지금 소비하고 나머지 1,000만원으로 사업을 하면 향후 3년 동안의 사업수입으로 원금과 이자를 완전히 청산할 수 있다는 뜻이다. [표 8-2]와 [표 8-3]이 이것을 구체적으로 설명하고 있다.

[표 8-2]은 1,000만원을 빌려서 사업을 하는 경우, 순현가를 계산하는 과정을 보이고 있다. 1년 후에는 원금과 이자를 합쳐서 총부채가 1,050만원이 되는데, 이 중 첫 해의 사업수입 500만원으로 이 부채를 탕감하면, 나머지 550만원이 둘째 해의 빚으로 넘어간다. 둘째 해에는 28만원의 이자가 붙어서 총부채가 578만원이 되는데, 이 해의 사업수입 1,000만원에서 이 빚을 완전히 청산하고 나면 422만원이 남는다. 이 422만원의 현재가치 그리고 세 번째 해의 사업수입 200만원의 현재가치를 합치면 556만원이 된다.

[표 8-3]에서처럼 1,556만원을 빌리는 경우에는 1년 후 원금과 이자를 합친 총부채가 1,634만원이 된다. 첫해의 사업수입 500만원으로 이 빚의 일부를 갚고 나면 1,134만원이 두 번째 해의 빚으로 넘어간다. 두 번째 해에는 이자까지 합쳐 총부채가 1,190만원으로 불어나는데 두 번째 해의 사업

표 8-2 1,000만원을 빌려서 사업을 하는 경우(이자율=5%) (단위 : 만원)

연 도	개시 부채	이자	총부채	사업수입	남은 빚	순소득
1년 후	1,000	50	1,050	500	550	–
2년 후	550	28	578	1,000	0	422(383)
3년 후	–	–	–	200	–	200(173)

주: ( ) 안의 숫자는 현재가치임.

표 8-3 1,556만원을 빌려서 사업을 하는 경우(이자율=5%) (단위 : 만원)

연 도	개시 부채	이자	총부채	사업수입	남은 빚	순소득
1년 후	1,556	78	1,634	500	1,134	556
2년 후	1,134	56	1,190	1,000	190	–
3년 후	190	10	200	200	0	–

수입 1,000만원으로 빚을 갚고 나면 190만원의 빚이 남는다. 이 빚에 이자를 합친 200만원의 총부채는 마지막 해의 사업수입 200만원으로 완전히 청산된다.

이 두 표를 자세히 뜯어보면, 순현가를 구하는 과정에서 이미 이자가 청산되는 것을 분명히 알 수 있다. 사업 주체의 입장에서 보면 이자는 분명히 호주머니에서 나가는 경비이지만, 비용-편익분석에서 [표 8-1]과 같은 편익-비용 총괄표를 작성할 때 비용항목에 이자를 넣지 않는다. 그 이유는 순현가를 구하는 과정에서 이자가 고려되기 때문이다. 이렇게 보면, 어떤 사업의 순현가란 이 사업을 직접 수행하지 않고 다른 사람에게 이 사업의 아이디어를 판다고 했을 때 최대한 요구할 수 있는 금액이라고 할 수도 있다. 왜냐하면, 사업을 직접 수행하지 않고 다른 사람에게 넘기면 순현가를 포기하는 셈이기 때문이다.

B/C율에 의한 판정

순현가에 의한 경제적 타당성 판정은 경제학자들이 가장 많이 추천하는 방법이기는 하지만, 이 방법을 고집하다 보면 이상한 결론을 내릴 수가 있다. 대체로 보아 규모가 큰 사업의 순현가는 크고 규모가 작은 사업의 순현가는 작은 경향이 있다. 그렇기 때문에 다수의 대안들이 있을 때 순현가에 의거하여 우선순위를 정한다면, 비록 규모는 작지만 수익률이 높은 사업이 탈락하고 규모는 크지만 수익률은 낮은 사업이 높은 점수를 받을 수가 있다. 예를 들어서 세 가지 사업 *X*, *Y*, *Z*가 있고 이들 각각의 편익과 비용의 총현가가 [표 8-4]와 같다고 하자. 비용으로는 초기투자비만 필요하다

표 8-4 순현가 방법의 문제점 (단위 : 억원)

사 업	초 기 투자비	편익의 총현가	순현가	순현가에 의한 순위	B/C율	B/C율에 의한 순위
X	100	200	100	1	2.0	3
Y	50	110	60	3	2.2	2
Z	50	120	70	2	2.4	1

고 하자. 따라서 비용의 총현가는 사실상 초기 투자비뿐이다. X의 편익총현가는 200억원이고 투자비는 100억원이며, 따라서 순현가는 100억원이 될 것이다. Y의 순현가는 60억원이고 Z의 순현가는 70억원이 된다. 이 두 사업 각각 50억원의 투자비가 소요된다.

순현가에 따라 우선순위를 정한다면, X가 1위, Y가 2위, Z가 3위이다. 만일 투자자금이 100억원밖에 없다면 순현가 원칙에 의거해서 Y와 Z는 탈락되고 X가 뽑히게 된다. 그러나 Y와 Z를 동시에 수행한다면 똑같은 100억원의 돈으로 130(= 60 + 70)억원의 순현가를 올릴 수 있다. 즉, 30억원의 돈을 더 벌 수 있음에도 불구하고 순현가에 따라 우선순위를 정해서 사업을 선정하다 보면 이 30억원을 더 벌 기회를 날리게 된다.

순현가의 이러한 문제를 보완하기 위한 대안이 흔히 B/C율로 알려진 편익의 비용에 대한 비율이다. B/C율이란 편익의 총현가를 비용의 총현가로 나눈 값이다. 즉,

$$\text{B/C율} = \frac{\sum_{t=0} B_t / (1+i)^t}{\sum_{t=0} C_t / (1+i)^t}$$

B/C율에 의한 판정의 원칙은 다음과 같다.

첫째 원칙: 타당성 판정의 대상 사업이 하나일 때에는 B/C율이 1보다 클 때에만 해당 사업은 경제적으로 타당하다고 판정한다.

둘째 원칙: 타당성 판정의 대상이 되는 사업이 다수일 때에는 B/C율이 높은 사업에 더 높은 우선순위를 부여한다. 단, B/C율이 1보다 적은 사업은 제외한다.

단일한 사업에 대하여 타당성을 따질 때에는 순현가에 의한 판정이나 B/C율에 의한 판정이 동일한 결론에 이른다. 순현가가 0보다 크다는 것은 B/C율이 1보다 크다는 뜻이요, B/C율이 1보다 크다는 것은 순현가가 0보다 크다는 뜻이다. 다만, 다수의 사업에 대하여 우선순위를 정할 때 순현가에 의한 판정과 B/C율에 의한 판정이 달라진다.

[표 8–4]의 경우 B/C율에 의한 판정은 올바른 결론을 낳는다. Z의 B/C율이 2.4로 제일 높고 Y의 B/C율이 2.2로 그 다음 높으며 순현가가 제일 큰 X의 B/C율은 2.0으로 제일 낮다. 따라서 B/C율에 의한 판정원칙에 따르면 100억원을 투입하여 우선순위가 높은 Z와 Y를 동시에 수행하게 되고 X는 탈락시킴으로써 순현가에 의한 판정보다 30억원 더 많은 이익을 확보하게 된다.

그러나 B/C율에 의한 판정에도 문제는 있다. 우선, B/C율의 공식을 보면, 편익은 분자에 올라가 있고 비용은 분자에 내려가 있는데, 이는 편익과 비용이 명확하게 갈림을 전제한다. 그러나 편익과 비용이 명확하게 갈리지 않는 경우도 흔히 있다. 그 대표적인 예가 환경오염피해이다. 흔히 환경오염피해는 사회적 비용이라고 말한다. 그렇다면 환경오염피해를 비용의 일종으로 간주할 수 있다. 하지만 우리는 흔히 비용이라고 하면 인건비, 재료비 등 경비지출로 이해하는 데 환경오염피해는 경비지출은 아니다. 그러면 환경오염피해를 부(負)의 편익(마이너스 편익)으로 간주할 수도 있다. 새만금간척사업이 엄청난 수질오염피해를 초래한다는 비난이 거세게 일어났었는데, 새만금간척사업의 타당성을 B/C율에 의해서 판정한다고 하면, 수질오염피해를 부(負)의 편익으로 간주하여 분자에서 뺄 수도 있고 비용으로 간주하여 분모에 더할 수도 있다. 어떤 방법을 택하는가는 해석하기 나름이지만, 어떤 방법을 택하는가에 따라 B/C율의 값은 달라질 수가 있다. 즉, 수질오염피해의 규모를 E라고 하면,

$$\frac{\sum_{t=0} B_t / (1+i)^t - E}{\sum_{t=0} C_t / (1+i)^t} \neq \frac{\sum_{t=0} B_t / (1+i)^t}{\sum_{t=0} C_t / (1+i)^t + E}$$

따라서 다수의 대안에 대하여 B/C율에 따라 판정할 경우 투자우선순위가 바뀔 수가 있다. 그러나 순현가를 이용할 경우에는 이런 문제는 없다. 환경오염피해를 편익에서 빼주던, 혹은 비용에 더해 주던 순현가는 다음과 같이 같아지기 때문이다.

$$[\sum_{t=0} B_t / (1+i)^t - E] - \sum_{t=0} C_t / (1+i)^t = \sum_{t=0} B_t / (1+i)^t - [\sum_{t=0} C_t / (1+i)^t + E]$$

내부수익률(IRR)

순현가에 의한 판정이 대체로 규모가 큰 사업을 선호하는 쪽으로 편향되는 문제가 있다고 했는데, 반대로 B/C율에 의한 판정은 소규모 사업을 선호하는 쪽으로 치우치는 경향이 있다. 그러나 이런 문제는 사소한 문제이고, 순현가에 의한 판정이나 B/C율에 의한 판정에 공통적인 치명적 약점은 사전에 할인율을 알아야 할 뿐만 아니라 할인율에 매우 민감하다는 것이다. 대부분의 경우 [그림 8-1]에서 보듯이 할인율이 높을수록 순현가는 급속하게 감소한다. 이 그림에서 절편 y는 할인율이 0일 때의 순현가이다.

그러면 순현가와 B/C율에 의한 판정이 할인율에 얼마나 민감할까? 과거 미국 중앙정부가 수행한 수자원개발 공공투자사업들이 할인율에 얼마나 민감한가를 조사한 연구가 흥미를 끈다. 이 조사에 의하면 할인율이 2.625%라면 91%가 경제적 타당성을 가지지만, 할인율을 4%로 약간만 올리면 64%가 경제적 타당성을 잃게 되며, 할인율을 6%로 올리면 80%는 경제성이 없어서 탈락된다. 말하자면 할인율을 약간만 올리면 대부분의 공공투자사업들은 경제적 타당성을 크게 위협받게 된다는 것이다. 그러면 어떤 할인율이 옳은 할인율인가? 뒤에서 살펴보겠지만, 정답이 없다.

그림 8-1 할인율과 순현가의 관계

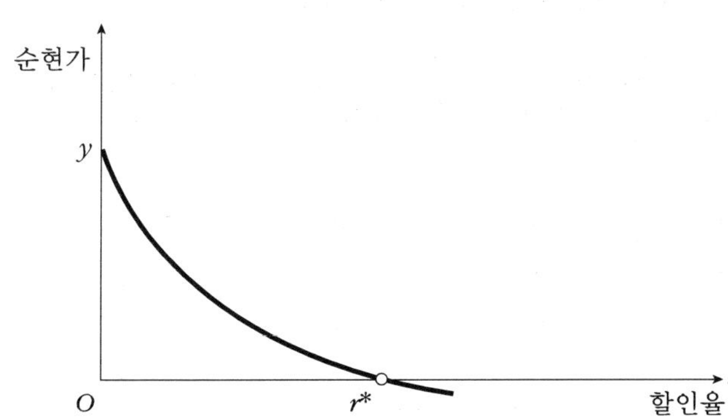

순현가를 적용하느냐 혹은 B/C율을 적용하느냐에 따라 사업들의 우선순위가 바뀌듯이 할인율을 몇 %로 하느냐에 따라 투자의 우선순위도 바뀔 수 있음은 물론이다. 그러면 할인율을 알지 않고도 투자의 우선순위를 정하는 방법은 없을까? 있다. 내부수익률(Internal Rate of Return)이 바로 그것이다. [그림 8-1]이 보이듯이 순현가는 할인율의 함수인데, 내부수익률이란 순현가를 0으로 만드는 할인율, 즉 총편익의 현가와 총비용의 현가를 같게 만드는 할인율을 말한다. [그림 8-1]에서 r^*가 바로 내부수익률이다. 달리 말하면, 어떤 사업의 내부수익률이란 그 사업이 지불할 수 있는 최대 이자율이라고 할 수도 있다. 예를 들면, 위에서 예로 든 투자사업(비용과 편익의 흐름이 −1,000만원, 500만원, 1,000만원, 200만원인 사업)의 내부수익률은 35%이다. 즉, 35%의 할인율을 적용하면 이 사업의 순현가는 영이 된다는 것이다. 따라서 이 사업은 최대 35%의 이자를 지불할 능력이 있지만 그 이상 높은 율의 이자를 지불하면 순현가가 마이너스가 된다.

내부수익률은 할인율과 관계없이 사업의 수익성을 손쉽게 짐작할 수 있게 하며 다수의 사업들에 대해서 일목요연하게 우선순위를 정할 수 있게 해준다는 장점을 가진다. 어떤 사업의 내부수익률이 20%라고 하면 일단은 은행금리보다 상당히 높은 수익을 올린다고 볼 수 있으므로 상당히 경제적 타당성이 크다고 말할 수 있다. 다수의 사업에 대하여 우선순위를 정할 때는 물론 내부수익률이 높을수록 높은 순위를 부여하게 된다. 예를 들어서 첫해에만 비용이 들어가는 5개 사업의 비용과 편익의 흐름이 [표 8-5]와 같다고 하자. 사업 A는 첫해에 100억원 투입하면 두 번째 해에 110억원의 수

표 8-5 내부수익률에 의한 투자우선순위 결정의 예 (단위 : 억원)

사 업	첫해의 투자비	둘째 해의 편익	셋째 해의 편익	내부수익률 (순위)	순현가 (순위)
A	100	110	0	10% (1)	7 (2)
B	100	0	115	7% (2)	8 (1)
C	100	106	0	6% (3)	3 (3)
D	50	52	0	4% (4)	1 (4)
E	200	2	208	2% (5)	−2 (5)

익을 발생시킨다. 그러면 사업 A의 내부수익률은 10%가 된다. 나머지 사업들에 대해서도 내부수익률을 구해 보면 [표 8-5]와 같다. 이 내부수익률을 보면 A, B, C, D, E의 순으로 순위를 일목요연하게 매길 수가 있다. 참고로, 순현가에 따라 순위를 정하려면 우선 할인율을 알아야 하는데 만일 할인율을 3%로 잡으면, 사업 B의 순현가가 제일 크기 때문에 순위매김에서 사업 B가 1위를 차지하게 된다. 표를 보면 순현가에 의한 순위가 내부수익률에 의한 순위와 달라지는 것을 알 수 있다. 할인율을 달리 하면 순현가에 의한 순위도 변한다.

이와 같이 할인율을 알지 않아도 내부수익률을 구해서 투자의 우선순위를 일목요연하게 정할 수 있다는 장점은 있지만, 내부수익률 그 자체는 사업의 수익성에 대한 감을 잡게 해줄 뿐이지, 사업의 경제적 타당성을 똑부러지게 말해 주지는 못한다. 예컨대 어떤 사업의 내부수익률이 8%라면 추진해야 하는가 말아야 하는가? 다른 어떤 객관적 정보의 도움이 없으면 판단하기 어렵다.

또 한 가지 문제점은, 한 사업에 대하여 두 개 이상의 내부수익률이 나올 때도 있다는 것이다. 이론상 이럴 가능성은 항상 존재한다. 위에서 말했듯이 내부수익률은 할인율을 변수로 놓았을 때 순현가를 0으로 만드는 할인율이다. 따라서 내구연한이 n년인 사업의 순현가는 할인율에 대한 $(n-1)$차 방정식이고 이 방정식의 근이 곧 내부수익률이다. 이론상 $(n-1)$차 방정식은 $(n-1)$개의 근을 가진다. 다시 말해서 $(n-1)$개의 내부수익률이 나올 수 있다. 물론 이렇게 다수의 내부수익률이 존재할 가능성은 적지만 어떻든 한 사업에 대하여 두 가지 내부수익률이 있다고 어떤 것이 진짜인지 알 수가 없다. 예를 들어서 어떤 사업의 내부수익률이 하나는 5%이고 다른 하나는 18%라고 하자. 과연 어떤 내부수익률이 올바른 내부수익률인가? 대답하기 난처한 일이 아닐 수 없다.[3)]

이렇게 보면, 순현가에 의한 판정, B/C율에 의한 판정, 내부수익률에 의한 판정 각각이 치명적인 약점을 안고 있음을 알 수 있는데, 그럼에도 불구하고 경제학자들은 순현가에 의한 판정을 제일 많이 추천하는 편이다. 그러나 실제에 있어서는 순현가, B/C율, 내부수익률 모두를 계산하고, 이 세 가지를 적절히 참작하여 타당성을 판정하는 것이 비용-편익분석의 관례이다.

4. 할인율의 문제

할인율은 0이거나 매우 낮아야 한다는 주장

위에서 자세히 설명하였듯이 사람들은 여러 가지 이유로 미래의 소득을 할인해서 현재가치로 환산하는데, 어떻든 할인한다는 것은 미래의 소득을 현재의 소득에 비해서 낮게 평가한다는 얘기다. 예를 들어서 3년 후의 100만원을 10%로 할인해서, 다시 말해서 $1/(1+0.1)^3$을 곱해서 현재가치로 환산하면 75만원에 불과하다. 이런 식으로 계산하면, 50년 후 100만원의 현재가치는 만원에 불과하다. 이것이 무엇을 의미하는가?

구체적으로 예를 들어보자. 축제기간 동안 어느 학생회에서 학생회비를 100만원 걷어서 학생을 위한 행사를 치르기로 했다고 하자. A안과 B안, 두 가지 대안이 거론되었는데, 여론조사를 해본 결과 A안은 학생들에게 총 140만원어치의 편익을 주고 B안은 120만원어치의 편익을 주는 것으로 나타났다고 하자. 그렇다면 당연히 A안이 더 타당해 보인다. 그런데 [표 8-6]에 예시하였듯이 A안은 남학생들에게는 100만원어치의 편익을, 여학생들에게는 40만원어치의 편익을 주는 반면, B안은 여학생들에게 90만원어치의 편익을 주고 남학생들에게는 30만원어치의 편익을 준다고 하자. 이 자료를 놓고 학생회장단 측은 총편익을 계산할 때 여학생들에게 돌아가는 편익은 그대로 두고 남학생들에게 돌아가는 편익에는 일률적으로 0.5를 곱해서 총편익을 계산했다고 하자. 그러면 조정된 총편익은 A안의 경우 90만원이 되고 B안의 경우 105만원이 된다. 그래서 학생회장단은 A안의 순현가는 −10만원이고 B안의 순현가는 5만원이므로 B안을 채택하기로 결정했다고 발표했

표 8-6 할인율을 적용하는 관례의 의미

대 안	투자비	편익		총편익	조정된 총편익(근거)
		여학생	남학생		
A	100	40	100	140	90(= 40 + 0.5 × 100)
B	100	90	30	120	105(= 90 + 0.5 × 30)

다고 하자. 그러면 아마도 남학생들은 거세게 항의할 것이다. 왜 남학생들의 편익에 0.5를 곱했느냐고 물을 것이다. 학생회장단은 “무슨 특별한 이유가 있어서 그런 것은 아니고 그저 그러는 것이 좋을 것 같아서 그랬다”고 답변한다면 아마도 누구나 어처구니 없어 할 것이다.

어떻든 이와 같이 남학생들에게 돌아갈 편익을 반으로 깎아 본다고 하면 당연히 여학생들에게 유리한 사업만 경제적 타당성을 가지게 될 것이다. 타당성 판정이 구조적으로 여학생들에게 유리하게 되어 버린다. 즉, 남학생에 대한 차별이 구조화된다는 것이다. 공공투자사업에서 할인율을 적용하여 미래의 편익을 합산하는 관례는 결국 미래세대에게 귀속되는 편익을 깎아 버리는 짓이다. 위의 예에서 여학생을 현 세대로 그리고 남학생을 미래세대로 대치한 것과 똑같은 결과를 초래한다. 다만, 위의 예에서는 남학생들의 편익에 0.5를 곱했지만, 할인율을 적용하는 경우에는 미래세대에게 돌아갈 편익에 이보다 훨씬 적은 숫자, 예컨대 0.1이나 0.01을 곱한다는 것이 좀 다르다. 그만큼 구조적으로 타당성의 판정이 미래세대에게 불리하게 이루어진다. 따라서 이런 관례에 반대하는 사람들은 논리상 할인율의 적용은 똑같은 인간인 미래세대를 구조적으로 차별하는 짓이라고 비난한다. 환경세의 도입을 제창하였던 경제학자 피구(A. C. Pigou)도 할인율을 적용하는 관례는 인간을 차별하는 것이므로 철폐되어야 한다고 주장하였다.

요즈음에도 특히 환경보전론자나 환경운동가들 중에는 할인율 적용에 반대하는 사람이 많이 있다. 높은 할인율의 적용은 자연자원의 고갈을 촉진하는 요인이 된다는 것이 반대하는 이유의 하나이다. 할인율이 높으면 먼 미래보다는 가까운 장래에 가시적 이익을 많이 창출하는 공공투자사업의 경제적 타당성이 높아진다. 그러므로 비록 0의 할인율까지는 아니더라도 매우 낮은 할인율을 적용하게 함으로써 미래세대를 위해서 자원고갈을 최대한 늦추자는 주장이 설득력을 가진다.

하지만, 그렇다고 무작정 낮은 할인율을 고집하는 것은 환경보전에 좋을 것이 별로 없다. [그림 8-1]에서 보듯이 할인율이 높을수록 순현가와 B/C율은 감소하고, 할인율이 낮을수록 순현가와 B/C율은 증가하는 경향이 있다. 그러므로 할인율이 낮을수록 개발사업의 타당성이 높아지게 된다. 실제로 개발사업을 추진하는 공기업들은 되도록 이면 낮은 할인율을 적용해서 자신들의 개발사업을 정당화하려고 노력한다. 그래서 개발사업들이 무더기로 타당성을 인정받아 추진되면 환경파괴가 가속화될 우려가 있다. 환경보전의 측면에서 보면, 과연 낮은 할인율이 도움이 되는지 혹은 높은 할인율이 도움이 되는지 쉽게 판단이 서지 않는다.

어떻든 할인율 적용관례를 철폐하자는 주장 혹은 낮은 할인율을 적용하자는 주장은 도덕적으로는 그럴듯해 보이지만, 현실론에 많이 밀리고 있다. 현재 우리만 할인율 관례를 가지고 있는 것이 아니다. 과거 우리 선조들도 모든 공공사업에 할인율을 적용했다. 할인율 적용이 인간차별이라고 하지만, 과거 우리 선조의 할인율 적용 관례 때문에 결과적으로 현재의 우리 세대가 선조들에 비해서 손해를 본 것이 뭐가 있는가. 오히려 현재 우리 세대는 선조들보다 훨씬 더 잘 살고 있지 않은가. 할인율의 적용으로 자연자원이 많이 고갈되었다고는 하지만, 선조들이 자연자원을 이용하는 과정에서 터득한 각종 지식과 신기술이 오히려 우리 세대로 하여금 더욱 더 풍족한 생활을 영위하게 만들지 않았는가. 대략 이런 식의 반론도 만만치 않게 대두되고 있다.

할인율의 근거

0의 할인율 주장이 너무 도덕적이고 현실성이 없다고 하면, 0이 아닌 할인율을 택해야 할 것이다. 그러면 구체적으로 어떤 할인율을 택할 것인가? 잡다하게 많은 주장들이 있는데, 대략 다음과 같이 세 줄기로 정리해 볼 수 있을 것이다. 그 첫째는, 사회적 적정할인율을 적용해야 하는데 이것은 소비자들이 느끼는 이자율(소비이자율 혹은 시간선호율)을 반영한 값이라는 주장이다. 각 개인들은 현재의 소비를 미래의 소비보다 더 중요하게 생각하는 것이 현실이다. 사람들이 현재의 소비를 미래의 소비보다 더 중요하게 여기는 정도를 시간선호율이라고 한다. 사회란 결국 각 개인으로 구성된 집합에 불과하다. 사회적 결정은 각 개인의 선호, 즉 시간선호율을 반영해야 한다는 것이 이른바 후생경제학의 기본입장이다.

둘째는, 자본의 기회비용을 강조하는 일련의 주장들이 있다. 공공투자사업을 추진한다는 것은 민간부문에서 이용될 자금을 공공부문으로 빼돌리는 것이다. 그러므로 공공사업이 사회적 타당성을 인정받으려면, 민간부문에서 상실된 손실을 충분히 보상할 만큼 수익률이 높아야 한다. 이렇게 높은 수익률을 올리는 공공사업만이 타당성을 인정받도록 하려면 공공사업에 적용되는 할인율이 최소한도 민간부문의 평균투자수익률만큼은 되어야 한다는 것이다. 실제에 있어서는 세금이니 위험에 대한 보상 등의 요인 탓으로 자본의 기회비용은 민간부문의 평균수익률보다 더 높다.

그러면, 구체적으로 자본이 기회비용을 어떻게 계산할 것인가? 민간기업이 자본시장에서 돈을 빌려 쓸 경우 실질적으로 지불해야 할 대가가 기준이 된다. 아주 개략적으로만 계산해 보자. 자본시장에서 자금의 공급자는 안전한 정부의 채권을 살 수도 있다. 정부채권의 차입이자율(정부채권의 수익률)을 $m\%$라고 하자. 정부에 돈을 빌려주면 떼일 가능성이 별로 없지만, 민간기업에 돈을 빌려주면 떼일 가능성을 생각해야 한다. 그러므로 민간기업이 돈을 끌어다 쓰려면 이런 위험에 대한 프리미엄을 얹어 주어야 한다. 이 프리미엄의 비율이 $s\%$라고 하자. 그러면 $(m+s)$가 곧 민간기업이 돈을 끌어 쓰기 위해서 지불해야 하는 최소한의 가격이다. 달리 말하면 $(m+s)$는 민간부문의 평균 증권수익률이라고 할 수 있다. 그러면 $(m+s)$만큼 지불할 수 있으려면 민간기업이 실질적으로 얼마만큼의 수익률을 올려야 할까? 민간기업의 평균 투자수익률을 $r\%$, 민간기업에게 부과되는 세금의 평균세율을 $t\%$라고 하자. 그러면 민간기업의 순수익률은 $r(1-t)$가 될 것이다. 이 순수익률에서 $(m+s)$를 지불해야 하므로, 최소한도

$$r(1-t) = m+s \quad \Rightarrow r = (m+s)/(1-t)$$

즉, $(m+s)/(1-t)$가 민간기업이 투자유치를 위해서 달성해야 하는 최소한도의 수익률이며 이것이 곧 공공사업으로 인한 자본의 기회비용이다. 그러므로 공공사업에 적용해야 할 할인율은 $(m+s)/(1-t)$이어야 한다는 결론에 이른다. 물론 실제에 있어서는 자본의 기회비용 계산은 이보다 훨씬 더 복잡할 것이다.

할인율에 대한 주장의 세 번째 줄기는 시장이자율을 강조하는 주장이다. 이 주장은 상당히 강력한 이론적 근거를 가진다. 만일 자본시장이 완전경쟁시장이라면 시장이자율은 모든 소비자의 시간선호율과 모든 민간기업의 투자수익률을 연결하면서 자본시장에서 적정량의 자본이 공급되고 이용

되도록 유도하는 객관적 지표가 된다(이에 대한 구체적인 내용은 본 장의 부록 참조). 따라서 복잡하게 시간선호율이나 자본의 기회비용을 따로 계산할 필요 없이 시장이자율을 이용하면 그만이다.

하지만, 온갖 불확실성이니 정보의 불완전성 등으로 인해서 현실의 자본시장은 완전경쟁시장과 거리가 멀다. 자본시장이 완전경쟁시장이 아니라면 사회적 적정 규모의 자본이 공급되고 이용되지도 못할 뿐만 아니라 현실에서 보듯이 우선 기둥이 되는 시장이자율부터가 여러 가지이다. 예금금리와 대출금리가 다르고 사채이자율과 공공금리가 상당히 다르며, 장기금융 이자율과 단기금융 이자율이 다르다. 자본시장이 불완전경쟁시장이라서 시장이자율, 시간선호율, 투자수익률이 각각 따로 논다면 공공사업의 할인율을 과연 어디에 정초시켜야 할지 난감한 노릇이다.

설령, 자본시장이 완전경쟁시장이라고 하더라도 거기에서 결정된 시장이자율을 공공사업의 할인율로 삼아야 한다는 결론이 나오는 것은 아니다. 시장이자율이 결정되는 자본시장은 각 경제 주체들이 사적이익을 추구하는 장소이다. 시장이란 기본적으로 사익을 추구하는 장소이고 따라서 시장에서 결정된 가격은 사익을 반영하는 지표이다. 시장이자율 역시 마찬가지다.

이에 반해서 공공사업은 자본시장을 포함한 보통 시장에서 잘 표출되지 않는 공익을 추구하기 위한 사업이다. 모든 시장에서 공익이 잘 반영된다면 공공투자사업이란 있을 수 없다. 정상적인 사람이라면 공과 사를 분명히 구별한다. 대통령을 선거할 때에 개인적으로는 특정 후보를 매우 싫어하지만 공적으로는 그가 대통령이 되어야 한다고 생각하고 그에게 표를 던진다든가, 개인적으로는 러브호텔이나 음란 비디오를 즐기지만 공적으로는 이런 것들의 금지를 적극 주장한다든가, 개인적으로는 군대에 가지 않을 수도 있지만 나라를 위해서 군대를 간다든가 등 ….

심리학자들은 경제학 이론의 근거가 되는 사람들의 선호도 사실은 이중적 체계를 가지고 있다고 말한다. 다시 말해서 사람들의 선호체계가 이중적이라는 뜻이다. 제1차적 선호가 있고 고차적 선호가 있다. 제1차적 선호란 말 그대로 즉흥적으로 느끼는 선호이고, 고차적 선호란 제1차적 선호를 평가하는 선호, 다시 말해서 선호에 대한 선호를 말한다. 예를 들어서, 담배나 술을 끊지 못해서 애를 쓰는 사람들은 자신이 담배와 술을 즐기는 것을 아주 못마땅하게 생각하면서 자기 자신을 질책하는 사람들이다. 시장에서 표출되는 선호는 대체로 제1차적 선호들이다. 음란 비디오시장은 음란물에 대한 사람들의 제1차적 선호를 반영하지 고차적 선호는 잘 반영하지 못한다. 따라서 시장에서 결정되는 가격은 사람들의 제1차적 선호를 반영하는 가격이다. 그래서 시장에서 결정되는 가격에 이의를 제기하는 경우가 많다.

사람들의 고차적 선호, 사람들이 공적으로 생각하는 것, 이런 것들을 반영하는 주체가 바로 정부이며, 정부가 수행하는 각종 공공사업들은 고차적 선호와 공적인 것을 구현하는 사업들이라고 할 수 있다. 예를 들어서 현재세대와 미래세대 사이의 형평문제나 지속가능발전의 이념을 생각해 가면서 자본시장에서 저축액이나 투자액을 결정하는 소비자나 기업은 거의 없을 것이다.[4] 그렇다면 미래세대의 이익이나 지속가능발전의 이념은 각종 공공사업을 통해서 추구할 수밖에 없다. 또한 많은 사람들이 그런 공익추구가 정부의 역할이라고 생각한다. 따라서 공적인 입장에서 혹은 고차적 선호에 입각해서 생각할 때에는 많은 사람들이 정부의 공익사업에 기꺼이 돈을 낼 용의를 가진다. 세금이라든가 각종 기부금 등이 그런 의사를 반영한다.

공은 공, 사는 사라고 대부분의 사람들이 생각한다. 그렇다면 공익을 추구하는 공공사업에 사익을 반영하는 장바닥의 시장이자율을 할인율로 적용하는 것은 앞 뒤의 모순이다. 그래서 수년 전 노벨경제학상을 탄 센(A. Sen)을 비롯한 많은 경제학자들이 공공사업에 적용되는 할인율은 사람들의 고차적 선호나 사람들이 공적으로 생각하는 것에 의거해서 별도로 결정되어야 한다는 주장을 강력하게 제기하고 있다. 그렇다면 구체적으로 어떤 할인율을 적용할 것인가? 물론 딱 부러진 대답은 아직 없다. 다만, 나라마다 지역마다 그리고 대상사업에 따라 신축성 있게 결정하되, 대체로 보아 정부가 돈을 빌려 쓸 때의 이자율, 예컨대 정부채권의 수익률을 기본으로 민간부문의 투자수익률 등 여러 가지 요소들을 종합적으로 고려해서 경제여건에 알맞게 적절히 책정해야 한다는 지극히 막연한 대답이 있을 뿐이다.

핵심 주장

1. 공공사업의 경제적 타당성을 판정할 때 통상 사용되는 기준에는 순현가, 편익-비용비율(B/C율), 내부수익률이 있다. 이 세 가지 판정기준은 각각 치명적인 약점을 가지고 있다. 순현가방법과 B/C율방법이 가장 많이 쓰이는 판정방법이기는 하지만 할인율에 너무 민감하다는 점이 치명적인 약점이다. 내부수익률은

사업의 경제성을 짐작하게 할 뿐 그 자체만으로는 사업의 타당성에 대하여 아무런 답을 주지 못한다. 다만, 다수의 사업을 놓고 우선순위를 매길 때에 내부수익률은 유용하다.

2. 어떤 할인율이 가장 적정한가에 대해서는 수많은 주장이 난립하고 있을 뿐 아직까지 정답이 없다. 크게 보면, 할인하지 말아야 한다는 주장(즉, 할인율이 영이어야 한다는 주장), 소비자들이 느끼는 이자율을 기준으로 해야 한다는 주장, 시장이자율을 기준으로 해야 한다는 주장, 자본의 기회비용을 기준으로 해야 한다는 주장 등이 맞서고 있다. 자본시장이 완전경쟁시장일 경우에는 소비자이자율과 자본의 기회비용이 대략 시장이자율로 통일되기 때문에 시장이자율을 적정할인율로 삼자는 주장이 강력한 설득력을 가진다. 하지만, 완전경쟁시장의 시장이자율도 주로 사익만을 반영하는 하는 가격에 불과한데 공익을 반영해야 하는 공공사업에 사익의 지표를 적용하는 것은 옳지 않다는 주장도 강력하다.
3. 환경보전론자들은 낮은 할인율을 강력하게 요구하는 경향을 보이는데, 과연 낮은 할인율과 높은 할인율, 그 어느 것이 환경보전에 더 도움이 되는지 확실치 않다. 아마도 경우에 따라 대답이 달라질 것이다.
4. 이상에서 살펴본 바와 같이 비용-편익분석은 문제시되는 가치관에 입각하고 있을 뿐만 아니라 분석과정에서 수많은 편법에 의존하고 있음에도 불구하고 사업의 타당성에 대한 최종결과가 숫자로 일목요연하게 표현되기 때문에 대단한 권위를 가지게 된다. 비용-편익분석은 숫자로 가장된 가치판단 기법이다. 겉으로 보기에는 대단히 과학적인 것같지만 사실은 엄청나게 구멍이 많은 기법, 이것이 비용-편익분석이며 이런 점에서 비용-편익분석은 자칫하면 '전문가에 의한 고등사기술'이라는 비난을 받기 딱 알맞다.

5. 환경가치의 추정

환경가치의 성격과 추정의 필요성

공기가 깨끗해지고 물이 깨끗해지는 등 환경이 개선되는 것은 확실히 좋은 일이다. 그러나 환경의 개선이 좋다는 것을 아는 것만으로는 부족하다. 그것이 얼마나 좋은지, 즉 얼마나 가치가 있는지를 알아야 할 필요성이 절실히 요구되는 경우가 매우 많다. 쓸 돈은 한정되어 있고 쓸데가 많기는 개인이나 정부나 마찬가지다. 환경을 깨끗하게 하는 데에는 많은 돈이 요구된다. 그러므로 환경을 깨끗이 한다고 할 때 과연 돈을 들여서 그렇게 할 만한 가치가 충분히 있는지 또는 환경을 개발하지 않고 보존한다고 했을 때 과연 그렇게 할 만한 가치가 충분히 있는지를 꼼꼼히 따져 볼 필요가 있다. 그러자면 깨끗한 공기, 깨끗한 물, 아름다운 경관 등 개선된 환경이 얼마나 값어치가 있는지를 알아내야 한다.

경제학자들이 여러 가지 기법을 이용해서 환경가치, 좀 더 정확하게 말하면 환경의 경제적 가치를 추정하는 주된 목적은 사람들이 다른 것에 비해서 자연환경 혹은 자연환경의 구성요소들을 얼마나 더 중요하게 생각하는가에 대하여 감을 잡음으로써 환경보전에 얼마나 많은 노력을 투입하는 것이 적절한지를 합리적으로 결정하기 위함이다. 아무리 환경보전이 중요하다지만 이것 하나에만 매달릴 수는 없다. 먹고 사는 것도 중요하다. 그렇다고 환경파괴 및 환경오염을 전혀 외면할 수도 없다. 결국 이 양 극단 사이의 절충점을 찾아야 하는데 그러자면 환경의 가치를 알아야 한다.

환경보전론자나 환경운동가들은 환경의 가치가 과소평가되는 경향이 있다는 불평을 많이 제기한다. 경제학자들은 주로 금전적인 것만 생각하기 때문에 환경의 참된 가치를 과소평가할 수밖에 없다는 얘기도 한다. 하지만 이런 주장이 전적으로 옳은 것은 아니다. 물론, 경제 이론에 바탕을 둔 가치추정 기법이 추정해 내는 가치란 결국 경제적 가치이다. 그러므로 이 기법에 의해서 추정해 낸 환경가치도 역시 기본적으로는 경제적 가치이다.

경제적 가치라고 하면 흔히 금전적인 것만 연상하기 쉬운데 그렇지는 않다. 시장에서 거래되지 않는 정서적인 것, 심미적인 것들의 가치도 경제적 가치에 포함된다. 환경가치의 상당한 부분은 비금전적 가치이며 따라서 경제 이론에 바탕을 둔 가치추정 기법이 추정해 내는 경제적 가치도 그런 비금전적 가치를 반영함은 물론이다. 다만, 이 비금전적 가치를 제대로 반영하기가 현실적으로 무척 어렵다는 점은 인정을 해야 한다. 그러다 보니 경제학자들이 추정한 환경의 경제적 가치마저도 현실과 아주 동떨어진 엉성한 것일 수도 있다.

한 가지 더 지적해 둘 것은, 경제적 가치라고 해서 개인적 이익만을 반영한 가치는 아니라는 점이다. 물론 시장에서 거래되는 것들 대부분의 가치(=가격)는 사적 이익을 주로 반영한다. 예를 들면, 라면의 가격은 라면이 각 소비자의 식욕을 평균적으로 얼마나 잘 충족시켜 주는가를 반영한다. 그러나 대부분의 사람들은 자연환경은 어떤 특정인의 개인적 이익을 위한 것이 아니라 공익에 관계되는 것이라고 생각한다. 예를 들면, 많은 사람들은 자신들뿐만이 아니라 우리 후손들을 위해서 희귀 동식물들은 보존되어야 한다고 생각하고 이를 위해서 기꺼이 돈을 지불할 용의가 있음을 표명한다. 이런 지불용의액은 개인의 이익뿐 아니라 후손의 이익을 포함한 공익을 반영하는 것이다. 물론 환경에 대한 경제적 가치를 추정할 때에 이런 공익도 반영된다.

환경의 가치를 정확하게 계산하는 것은 환경의 보전을 설득력 있게 만드는 데에도 매우 긴요하다. 환경을 개발했을 때의 이익은 금전화되지만 환경을 보전했을 때의 이익은 대부분 금전화되지 않는다. 금전화 되는 이익은 당장 눈에 보이는 것이고 금전화되지 않는 이익은 눈에 보이지 않는데, 보통 가시적인 이익이 그렇지 않은 이익보다 더 커 보이게 마련이다. 그뿐만 아니라 보통 금전화되는 이익은 특정인에게 귀속되므로 이를 강력하게 요구하는 이해관계자가 있지만, 금전화되지 않는 이익은 불특정 다수에게 분산되는 경향이 있기 때문에 이를 강력하게 요구하는 개인은 많지 않게 된다. 예를 들어서, 삼림을 벌채해서 목재를 만들어내면 이 이익은 금전화되어 금방 눈에 띌 뿐만 아니라 누군가의 손에 쥐어진다. 따라서 삼림을 목재공급에 이용하려는 강력한 경제적 동기가 존재하게 된다.

그러나 삼림을 벌채하지 않고 그냥 내버려 둔다고 했을 때, 예를 들면 깨끗한 공기가 공급됨으로 인한 이익이라든가 수자원을 함양하고 물을 깨끗하게 해줌으로 인한 이익 등 삼림의 환경정화 기능으로 인한 이익은 금전화되지 않으니까 무시되기 십상이고 또한 이러한 이익은 어느 특정인에게 귀속되지 않기 때문에 아무도 앞장서서 이를 지키려고 하지 않는다. 목재공급을 위해 삼림을 개발할 경우에는 그러한 환경정화 기능으로 인한 이익은 사라진다. 이 사라진 이익은 분명히 삼림개발에 따른 사회적 손실이므로 정확하게 목재공급을 위한 삼림개발의 비용에 포함되어야 한다. 그러기 위해서는 삼림을 보전함으로 인한 이익, 예컨대 삼림의 정화기능으로 인한 이익의 가치가 정확하게 추정되어야 한다.

환경가치의 종류

피어스(D. Pearce)는 환경을 보전함에 따른 사회적 이익, 즉 보전된 환경의 가치를 크게 사용가치(use value)와 비사용가치(non-use value)로 구분하였다.[5] 그는 사용가치를 직접 사용가치, 간접 사용가치, 그리고 선택가치(option value)로 나누었다. 산림의 경우를 예로 들면, 직접 사용가치로 ① 산림을 지속가능한 상태로 유지시키면서 채취되는 목재, ② 열매나 송진, 약재, 약초 등 목재 이외의 부산물, ③ 관광, ④ 식물유전자, ⑤ 자연과학 교육의 산 자료, ⑥ 주거 공간 등을 꼽았고, 간접 사용가치로는 ① 토양을 비옥하게 하는 등 생태계의 영양분 순환을 유지시키는 기능, ② 수자원 함양 기능, ③ 대기정화 기능, ④ 수질정화 기능 등을 꼽았다.

산림청 산하의 임업연구원이 산림 가치에 관하여 연구한 결과에 의하면 1992년도 가격기준으로 우리나라 전체 산림의 사용가치는 총 27조 6천억원으로 국민총생산의 12%에 달하는 것으로 나타났다. 이를 우리나라 인구 수로 나누면 국민 한 사람당 산림의 사용가치는 63만원이다. 산림의 이러한 사용가치의 총규모는 우리나라 임업총생산의 33.5배이고 농림어업 총생산의 1.6배가 된다. 산림의 사용가치의 약 30%는 맑은 공기를 제공해 주는 대기정화기능의 사회적 이익이고 수자원함양기능에 따른 사회적 이익은 28.7%이다. 이렇게 보면 산림의 사용가치는 엄청나다고 할 수 있는데 임업연구원이 추정한 이 산림의 가치도 사실은 대단히 과소평가되었을 가능성도 있다. 왜냐하면 가치추정에서 누락된 것이 너무 많기 때문이다. 그 중의 하나가 선택가치이다.

선택가치란 환경보전의 덕분에 미래에 환경을 이용할 수 있는 기회를 갖게 됨으로 인한 이익을 말한다. 예를 들면, 바다의 비경으로 유명한 전라도의 홍도를 부수어서 공업단지를 만든다고 하면 직장생활에 너무 바빠서 홍도를 구경할 기회를 갖지 못했던 사람들 또는 또 다시 가보고 싶어했던 사람들은 크게 아쉬워할 것이다. 이런 사람들은 비록 지금은 홍도를 가지 못하지만 미래 언제인가는 홍도를 갈 기회를 유보하기 위해서 기꺼이 돈을 지불할 용의를 가질 것이다. 바로 이 지불용의액이 선택가치를 반영한 것이다. 말하자면, 선택가치란 미래에 이용할 수 없게 될지도 모르는 것에 대해서 미래에 이용할 기회를 보장받기 위해서 지불하는 보험금과 같은 것이다.

피어스가 말하는 비사용가치란 주로 존재가치(existence value)를 의미하는데, 선택가치와는 달리 존재가치란 현재 또는 미래의 사용가능성 여부에 상관없이 단순히 존재한다는 것을 아는 것만으로도 흡족하게 느끼는 가치를 말한다. 예를 들어서, 열대지방의 늪에 사는 길이 10미터의 비단구렁이를 어떻게 생각하느냐고 사람들에게 물었을 때, 먹고 싶다든가 보고 만지면서 즐기고 싶다고 대답하는 사람은 극히 드믈 것이다. 만일 이런 사람들이 있다면 그들에게는 비단구렁이는 사용가치를 가진 존재이다. 그러나 아마도 대부분의 사람들은 비단구렁이를 먹거나 만지기는커녕 보기만 해도 소름끼친다고 말할 것이다. 이런 사람들에게는 비단구렁이는 아무런 사용가치를 가지지 않는다. 하지만 비단구렁이를 보기만 해도 소름끼친다는 사람들도 이 지구상의 비단구렁이를 모조리 죽여서 없애 버리는 것에 대해서는 반대할 것이다. 아마도 이들의 대부분은 비단구렁이가 이 지구상에 존재하도록 내버려 두어야 하며 우리 후손들에게 물려주어야 한다고 생각할 것이다. 비단구렁이뿐만 아니라 지구상의 희귀 동식물에 대해서 그렇게 생각할 것이다. 많은 사람들이 지구상의 희귀한 동식물들이 단순히 존재한다는 것만으로도 의미 있게 생각한다. 이와 같이 어떤 것의 단순한 존재에 대하여 사람들이 부여하는 가치를 존재가치라고 한다.

얼른 생각하면 존재가치는 별 것 아니라고 생각하기 쉽다. 그러나 피어스는 열대림의 경제적 가치의 상당한 부분이 존재가치라는 것을 밝혀낸 바가 있다.[6] 다시 말해서 열대림의 목재로서의 가치라든가 산소공급원으로서의 가치보다도 존재가치가 훨씬 더 크다는 것이다. 아마도 비단구렁이의 경우 사용가치보다는 존재가치가 훨씬 더 클 것이다. 미국에서 자연생태계나 자연공원의 가치에 대하여 연구한 결과에 의하면 이런 곳에 직접 탐방해서 즐기는 사람들이 부여하는 가치는 이들이 가지는 총가치의 1%에 불과하다. 나머지 99%는 그런 곳에 가보지도 않은 사람들 또는 언제 가볼지 기약 없는 사람들이 부여하는 가치다.[7] 그러므로 관광자원으로서 홍도의 가치를 추정할 때 홍도를 직접 찾는 관광객의 추세만을 근거로 삼아 추정하면 홍도의 가치는 아마도 엄청나게 과소평가될 것이다.

선택가치나 존재가치를 포함하여 환경가치의 대부분은 시장을 통해서 금전화되지 않는다. 왜냐하면 환경의 구성요소들은 대부분 시장에서 거래되기 곤란하기 때문이다. 마치 설악산이나 한라산의 물을 작은 용기에 넣어서 분할해서 팔 수 있듯이 설악산이나 덕유산 산림의 깨끗한 공기를 각 개인이 혼자서 배타적으로 호흡할 수 있게끔 분할해서 용기에 넣어 팔 수가 있다고 하면 아마도 많은 서울 사람들이 이것을 사려고 할 것이다. 그만큼 설악산이나 덕유산 산림의 공기가 경제적 가치를 가짐을 의미한다. 그러나 설악산이나 덕유산의 깨끗한 공기는 분할해서 팔기가 매우 어렵기 때문에 이런 것들에 대한 시장이 형성되기 어렵고 따라서 설악산이나 덕유산의 깨끗한 공기의 가치가 시장을 통해서 표면화되기가 어렵다. 다만, 뒤에서 살펴보겠지만, 극히 그 일부만이 다른 상품, 이를테면 부동산에 묻어서 금전화될 뿐이다. 그러나 앞에서 말했듯이 산림의 깨끗한 공기의 가치는 산림이 가지는 가치의 극히 일부분에 불과하다.

환경가치의 추정은 앞에서 설명한 그린 GNP 계산이나 환경 · 경제 통합회계체계의 구축에도 필수적이다(제6장 참조). 그래서 UN환경개발회의에서 채택된 '의제 21' 의 제8장은 환경의 가치를 보다 더 정밀하게 추정하는 기법의 개발과 자료의 수집을 강조하고 있다. 사실 경제학에서는 환경의 가치를 추정하기 위한 여러 가지 기법들이 이론적으로는 이미 오래 전부터 개발되어 왔다. 다만 이런 기법들을 현실에 적용할 수 있을 만큼 충분한 자료가 있느냐가 많은 경우 문제시되고 있다.

환경가치추정방법의 유형

환경가치를 추정하는 방법에는 여러 가지가 있는데, 그 중에서도 가장 많이 이용되는 방법은 사람들이 환경에 부여하는 가치 혹은 환경개선에 대한 지불용의액을 사람들에게 직접 물어보는 방법이다. 그 대표적인 방법이 조건부가치추정방법(Contigent Valuation Method)이다. 흔히 영어 머리글자만 따서 CVM이라고도 불리는 이 방법은 마치 환경의 일부를 시장에서 구매하는 듯한 가상적 상황을 설정한다고 해서 가상가치평가법이라고도 한다.

경우에 따라서는 이렇게 사람들에게 직접 환경에 대한 지불용의액을 묻지 않아도 간접적으로 이 지불용의액을 표명하기도 한다. 예를 들면, 많은 사람들이 비싼 돈을 들여 가며 경치 좋고 공기 좋고 물 맑은 곳을 찾아다닌다. 이와 같이 돈을 쓰는 이유는 그만큼 환경에 가치를 부여하고 있기 때문이다. 따라서 이들이 여행에 쓴 돈을 분석해 보면 사람들이 환경에 얼마나 가치를 부여하는지를 알아낼 수 있다. 바로 이런 식으로 환경가치를 추정하는 방법을 여행비용방법(TCM: Travel Cost Method)이라고 한다.

환경의 가치는 시장에서 거래되는 상품에 묻어 있는 경우도 많다. 사람들은 더러운 환경보다는 깨끗한 환경을 더 좋아한다. 따라서 사람들은 은연중에 깨끗한 물이나 깨끗한 공기, 아름다운 경치 등에 대해서 가치를 부여하는데, 이러한 가치가 특정상품의 가격에 내포되는 경우가 많다. 예를 들면, 사람들이 공기 좋은 곳에서 살고 싶어하다 보니 다른 조건이 같다면 공기 좋은 곳의 부동산 값은 공기가 나쁜 곳의 부동산 값에 비해서 비싸진다. 즉, 깨끗한 환경의 가치가 땅값이나 집값 속에 포함된다는 것이다. 소득수준이 높은 선진국에서는 부동산뿐만 아니라 임금에도 환경의 가치가 묻어 있는 경우가 많다. 사람들은 이왕이면 물 좋고 공기 좋고 쾌적한 곳에서 직장생활을 하고 싶어한다. 그래서 환경이 나쁜 곳은 임금이 그만큼 비싸지 않으면 사람들이 잘 가지 않으려고 할 것이며, 환경이 좋은 곳은 임금이 좀 싸더라도 사람들이 가서 살고 싶어한다. 따라서 지역별 임금의 차이를 분석해서 환경의 가치를 끄집어낼 수 있다. 이와 같이 시장에서 거래되는 상품에 묻어 있는 환경의 가치를 훑어내는 대표적인 방법이 속성가격기법(Hedonic Price Technique)이다. 앞에서 설명한 여행비용방법이 사람들의 실제 행태를 직접 관찰함으로써 환경의 가치를 추정하는 방법이라면, 속성가격기법은 실제로 시장에서 유통되는 상품의 가격으로부터 환경의 가치를 추정하는 방법이라고 할 수 있다.

이와 같이 시장에서 거래되는 상품에 환경의 가치가 묻어 있다는 것은 환경의 질과 이 상품 사이에 무슨 관계가 있음을 암시한다. 만일 환경의 질과 시장거래 상품 사이에 아무런 관계가 없다면 환경의 질의 변화가 시장에서 거래되는 상품에 반영되지 않을 것이다.[8)] 하지만 위에서 예를 들었듯이 환경의 질이 좋아진 지역의 부동산이 비싸진다는 것은 환경개선이 부동산에 대한 사람들의 선호를 높인다는 것을 의미한다. 이 경우 환경의 질과 부동산 사이에는 보완관계가 있다고 말한다. 수질이 좋아지면 사람들이 물놀이를 더 많이 나가게 되는데 이 경우에도 환경개선과 물놀이 사이에는 보완관계가 있다고 할 수 있다. 위에 소개한 속성가격기법이라든지 여행비용방법은 환경개선과 시장거래 상품 사이의 이러한 보완관계를 이용한 가치추정방법이라고 할 수 있다.

그러나 환경의 질과 시장거래 상품 사이에 보완관계만 있는 것은 아니다. 예를 들어서 대기오염이 심해지면 사람들이 공기청정기를 구입한다든가 혹은 강물이 더러워지면 사람들이 정수기를 달아서 물을 걸러 마시는 현상이 늘어나게 되는데 이 경우 공기청정기는 대기오염으로 인해서 상실된 깨끗한 공기에 대한 대체품이요 정수기는 수질오염으로 인해서 사라진 깨끗한 물에 대한 대체품이라고 할 수 있다. 다시 말해서 이 상품들은 환경의 질과 대체관계에 있다고 할 수 있다. 시장에서 거래되는 상품과 환경의 질 사이의 이러한 대체관계를 이용해서 환경가치를 추정하는 방법이 소위 오염회피비용방법이다. 이 방법은 사람들이 오염피해를 회피하기 위해서 대체품에 얼마나 많이 지출하는가를 알아내서 환경가치를 간접적으로 추정하는 방법이다.

이와 같이 경제학이 여러 가지 환경가치추정방법들을 개발하였음에도 불구하고 이들을 우리의 현실에 적용하는 데에는 많이 애로가 있다. 환경의 가치를 추정하는 데에 대한 인식이 부족하기도 하지만, 무엇보다도 자료의 부족이 큰 애로사항이다. 경제학이 개발한 대부분의 기법들은 방대한 자료를 필요로 한다. 그러나 지역별 환경의 질에 대한 구체적이고 신빙성 있는 자료라든지, 지역별 소득에 대한 자료, 환경오염과 관련된 기업 및 소비자들의 행태에 관한 구체적인 자료 등과 같이 환경의 가치추정에 매우 유용한 자료들이 많이 축적되어 있지 못하다. 이렇게 자료가 미비하다 보니 환경의 질에 대한 가치를 주먹구구식으로 추정할 수밖에 없다. 예를 들면, 환경의 질이 개선되는 경우 이로 인한 사회적 편익의 가치를 개선에 소요되

환경가치 추정방법

- 사람들의 지불용의액을 직접 물어보는 방법:
  조건부가치측정방법(CVM)
- 상품이나 시장활동에 묻어 있는 환경의 가치를 추출하는 방법:
  속성가격기법(Hedonic Price Technique)
  여행비용방법(TCM, Travel Cost Method)
- 오염회피비용방법
  환경개선에 소요되는 비용으로 추정하는 방법

는 투자비와 같다고 가정하고 이 투자비를 추정하는 방법이 빈번히 사용된다. 이런 방법을 대체비용법이라고도 한다. 말하자면, 대체비용법은 환경개선에 소요되는 비용을 환경개선의 가치로 간주하는 방법이다. 다른 방법에 비해서 대체비용법은 비교적 간단하기 때문에 보편적으로 많이 이용되지만 환경가치의 하한선을 대략적으로 잡아보는 일종의 편법이라고 할 수 있다.

지불용의액에 의한 추정

(1) 가상적 상황의 설정

환경의 가치를 추정하는 가장 기본적이면서 보편적인 방법은 환경개선에 대한 사람들의 지불용의액을 직접 물어보는 방법이다. 예를 들어 어느 지역의 대기를 깨끗하게 만드는 사업을 추진하기로 한다면, 이로 인해서 혜택을 받으리라고 예상되는 사람들이 이 혜택에 대해서 최대한 얼마나 많은 금액을 기꺼이 지불할 용의가 있는지를 물어서 알아낸 다음 해당 사람들의 최대 지불용의액을 전부 합친 값을 깨끗해지는 대기의 총가치로 간주하는 방법이다. 그래서 이 지불용의액이 투자비에 비해서 충분히 크다면 그 지역의 대기를 깨끗이 하는 사업은 경제적 타당성을 인정받게 된다.

지불용의액을 직접 묻는 방법은 말 같이 그리 쉬운 방법은 아니다. 사람들에게 예컨대 신선한 공기나 맑고 깨끗한 강물에 대해서 얼마나 지불할 용의가 있느냐고 불쑥 물으면, 많은 사람들이 어떻게 응답할지 몰라 당황해할 것이다. 따라서 단순한 직접 질문법으로는 응답자들의 정확한 지불의사를 유도하기란 쉽지 않을 것이다. 일반적으로 환경개선 사업에 대한 응답자의 지불용의액은 해당 사업에 대한 응답자의 사전 지식의 많고 적음에 따라 크게 영향을 받는다. 따라서 보다 더 정확한 지불용의액을 추정하기 위해서 해당 사업에 대한 자세한 정보를 미리 응답자에게 알려 주고 나서 지불용의액을 물어야 한다. 또는 환경개선 사업으로 개선된 환경을 상품처럼 취급해서 이것이 시장에서 사고 팔리는 가상적 상황을 구체적으로 설정하고 응답자로 하여금 이 가상적 시장에서 최대 지불용의액을 표명케 하는 방법이 최근에는 많이 쓰이고 있다. 이 방법을 조건부가치추정방법(CVM)이라고 한다.[9)]

조건부가치추정방법은 설문지를 통한 면접조사를 원칙으로 한다. 다만, 부득이한 경우에는 우편조사나 전화면담을 한다. 설문지는 정확한 지불용의액을 대답하도록 특별히 고안되기 때문에 조건부가치추정방법의 핵심이 된다. 이 방법에서 가장 중요한 부분은 수질이니 대기질이니 하는 환경의 질이 응답자의 마음 속에 구체적으로 자리잡을 수 있도록 자세히 묘사하는 것이다. 따라서 설문지의 많은 부분이 이 묘사에 할애된다. 전형적인 CVM 설문지는 환경의 질을 상품처럼 포장하고 응답자가 이를 구입하는 '가상시장'을 설정한 다음 응답자를 이런 상황에 놓음으로써 지불용의액을 대답하도록 치밀하게 짜여진다.[10] 이렇게 가상적 상황을 설정하여 지불용의액을 알아낸다고 해서 이 방법을 가상가치평가법이라고 부르는 학자도 있다.[11]

(2) 지불수단의 결정: 경매법

지불용의액을 묻는 형식은 여러 가지이다. 가장 원시적인 방법은 단순히 "당신의 최대지불의사 액수는 얼마입니까?"라고 직접 묻는 방법이다. 하지만 대부분의 사람들은 환경의 질을 화폐로 나타내는 데에 익숙하지 못하기 때문에 이런 질문을 받으면 당황해서 대답을 기피하거나 혹은 대답하더라도 터무니없는 금액을 제시하는 경우가 많다. 그래서 요즈음은 직접질문법은 잘 이용하지 않고 그 대신 경매법을 많이 이용한다. 이 방법은 우선 일정 금액을 응답자에게 제시하면서 이 금액을 지불할 의사가 있는지를 묻는다. 응답자가 '예'라고 대답하면 좀 더 높은 금액을 제시하고, 반대로 '아니오'라고 대답하면 좀 더 낮은 금액을 제시하면서 다시 지불용의액을 묻는다. 이런 과정을 반복하다가 마치 경매에서처럼 제시된 금액에 응답자가 합의할 때에 이 금액을 응답자의 지불용의액으로 확정한다.

비록 이 방법이 가장 오래되고 현재까지 많이 이용되는 방법이지만, 이 방법의 큰 단점은 처음에 제시된 금액이 응답자의 지불용의액의 크기를 결정하는 데에 상당한 영향을 준다는 것이다. 상품의 수익성이나 경제성과는 달리 환경의 가치는 상당히 막연하기 때문에 처음에 어떤 값을 제시하였느냐에 따라 응답이 크게 영향을 받는다. 이런 현상으로 인한 오류를 출발점 편의 혹은 시작점 편의(偏倚, bias)라고 부른다. 최초에 제시된 금액이 높을수록 최종 합의된 지불용의액이 커지고, 반대로 낮을수록 최종 합의된 지불용의액이 작아질 것이라고 쉽게 짐작할 수 있는데, 실제로 이런 짐작을

확인시켜 주는 연구결과가 있다.[12)]

심리학의 연구결과에 의하면, 대부분의 사람들은 자신이 원하는 것을 콕 집어 말하지 못한다. 어떤 특정 상황이 조성될 때 비로소 자신이 원하는 것을 알게 된다는 것이다. 마치 깜깜한 밤에 비행기가 공황에 착륙할 때는 유도등이 켜져 있는 활주로를 따라 내려앉듯이 우리의 선호 역시 상황이나 유도등의 역할을 하는 것에 의해서 유도되는 경우가 많다.

예를 들어서 사람들이 고급음식점에 들어가 자리에 앉으면 우선 메뉴판을 쭉 훑어본다. 대략 감을 잡으면 음식을 선택하는데, 마치 비행기가 양쪽으로 늘어선 유도등 가운데로 내려앉듯이 사람들은 메뉴판의 가운데에 적힌 음식을 더 빈번히 선택하는 경향이 있다고 한다. 그래서 아주 비싼 음식이나 아주 저렴한 것은 잘 선택하지 않는다. 음식점 주인들도 이런 인간의 심리를 알고 잘 이용한다. 예를 들어서 특별히 많이 팔고 싶은 품목이 있을 때는 이것을 의도적으로 메뉴판 가운데에 올려놓고는 바로 그 위에 아주 비싼 음식을 슬쩍 적어 놓으면 아주 효과가 좋다고 한다. 이와 같이 내가 과연 무엇을 좋아하는지는 주변 상황이 어떠하며 어떤 유도등이 켜지느냐에 의해서 결정된다. 인간은 사물을 인식할 때 항상 주변의 다른 것과 관련짓는 버릇이 있기 때문이다. 따라서 상황을 적절히 조작하고 유도등을 적절히 바꾸면 사람들의 선호를 얼마든지 특정 방향으로 바꿀 수 있다는 얘기가 된다. 이런 사실을 증명하는 실험은 무수히 많이 있다. 그 예를 하나 들어보자.

| 실 | 험 |

어느 교수가 학생들에게 "유엔에 가입한 국가들 중에서 흑인국가의 비율이 얼마나 될까요?"라고 물은 후 종이를 나누어 주고 각자의 답을 쓰게 하였다. 단, 자신의 학생증 번호의 끝 두 자리를 쓴 다음 그 밑에 답을 쓸 것을 요구하였다. 답장을 수거해서 분석해 본 결과 놀라운 사실이 발견되었다. 즉, 학생들이 말한 흑인국가의 비율이 학생증 번호 끝 두 자리 숫자와 아주 높은 상관관계를 보였다는 것이다. 물론 학생증의 번호와 유엔에 가입한 흑인국가의 비율 사이에는 아무런 관계도 없다. 그럼에도 불구하고 학생증 번호 끝 두 자리 숫자가 높은 학생은 흑인국가의 비율을 높게 생각하는 경향이 있었고, 반면에 끝 두 자리 숫자가 낮은 학생은 흑인국가의 비율을 낮게 생각하는 경향이 있었다.

왜 이런 결과가 나왔을까? 학생들이 흑인국가의 비율을 추정할 때 자신의 학생증 번호 끝 두 자리 숫자를 중심으로 머리를 굴리다가 나름대로 그럴듯한 대답을 내놓기 때문이다. 다시 말해서 학생증 번호가 학생들로 하여금 흑인국가의 비율을 추정하는 데 일종의 유도등 역할을 했기 때문이다. 이와 같이 어떤 자극을 중심으로 사람들의 생각이 전개되는 현상을 행태경제학에서는 닻 내림 효과(anchoring effect)라고 한다.[13] 이 닻 내림 효과는 수많은 학자들의 실험을 통해서 확인된 유명한 효과다. 그러므로 경제학자들이 CVM을 수행할 경우, 처음에 어떤 값을 제시하느냐에 따라 지불용의액이 크게 달라지는 것은 당연한 현상이다.

심리학에 의하면, 우리 인간에게는 이것저것 늘 비교하는 성향이 있다. 우리는 어떤 절대적 판단기준에 의해서 뭔가를 선택하는 일은 거의 없다고 한다. 왜냐하면, 우리의 머리 속에는 물건의 고유 가치를 알려 줄 계측기가 없기 때문이다. 따라서 항상 다른 것과 비교하면서 가치를 매긴다. 인간의 두뇌는 그렇게 구조화되어 있다는 것이다. 예를 들어서, 칠판에 원을 하나 그려 놓고 학생들에게 얼마나 크냐고 물으면 모두들 어리둥절해한다. 하지만, 그 원 주위에 더 큰 원들을 둘러 놓고 물으면 그 원이 작다고 말하는 반면, 주위에 더 작은 원들을 둘러 놓고 물으면 그 원이 크다고 말한다.

(3) 지불카드법과 양분선택법

그래서 이런 출발점 편의를 다소라도 완화하기 위해서 여러 가지 방법들이 제안되었다. 예를 들면, 지불카드법이 있는데 이 방법에서는 우선 정부의 각종 공공사업에 대하여 세금이나 또는 기타 형식으로 사람들이 실제로 지불한 평균지출액을 일목요연하게 알려 주는 자료카드를 만든다. 대체로 보면 공공사업에 대한 평균지출액은 소득계층별로 다르기 때문에 소득계층별로 자료카드를 만드는 것이 좋다. 응답자들은 여러 장의 자료카드를 참고하여 환경의 질에 대한 지불용의액을 적어 내게 된다. 여기에서 주의해야 할 것은 자료카드에 적힌 공공사업은 현재 지불용의액을 알아보려고 하는 환경의 질과 직접 관계없는 사업이어야 한다는 것이다. 만일 밀접한 관계가 있다면 응답자들은 밀접한 관계가 있는 사업의 평균지출액에 의거해서 지불용의액을 표명할 가능성이 있다. 이와 같이 설문조사 대상 사업과

밀접한 관계가 있는 다른 사업에 대한 정보가 지불용의액에 미치는 영향을 고정점 편의라고 한다.[14)]

자주 이용되는 또 한 가지 방법은, 양분선택형질문법이다. 이 방법은 경매법과 같이 응답자에게 예/아니오의 형식으로 대답할 것을 요구하는데, 다만 경매법과 달리 단 한 번만 묻는다. 이 방법에서는 우선 사전조사를 통하여 응답자들이 제시하리라고 예상되는 지불용의액의 범위를 개략적으로 탐지해내는 순서를 밟는다. 이를 바탕으로 여러 개의 예상치를 뽑아낸다. 이 예상치의 수에 대응해서 응답자들을 소집단을 나누어 놓고 각 소집단별로 하나의 예상치를 제시한 다음 이 예상치를 지불할 용의가 있는지 아닌지를 묻는다. 소집단이 다르면 묻는 금액도 달라진다. 응답자는 단 한 번만 예 혹은 '아니요' 라고 대답만 하면 그만이므로 응답자의 부담이 적어서 응답률이 높아진다는 장점은 있지만, 응답결과로부터 직접 지불용의액을 알 수 없는 까닭에 응답결과에 대하여 복잡한 계량분석을 함으로써 간접적으로 지불용의액을 추정해내야 하는 번거로움이 있다. 물론 이 계량분석을 수행하기 위해서는 적절한 효용함수(환경의 질과 효용 사이의 관계식)를 상정해야 한다는 문제도 있다.

(4) 지불용의액과 보상요구액

여러 가지 방법으로 지불용의액을 묻는 방법이 있지만, 어떻든 이렇게 지불용의액을 직접 묻는 방법의 유용성에 대해서는 경제학계에서도 사실 오래 전부터 많은 회의가 있었던 것도 사실이다. 조건부가치추정방법이 학계에서 어느 정도 인정을 받게 된 중요한 계기는 아마도 1989년 유조선(엑슨 발데스호) 좌초로 인한 알라스카 해양오염사건일 것이다. 이 때 조건부가치추정방법에 의한 해양오염피해액 추정이 과연 신빙성이 있는가를 판단하기 위한 조사단(NOAA 위원단)이 만들어졌고 애로우, 솔로우 등 저명한 경제학자들이 이 조사단에 포함되었다. NOAA 위원단보고서는 몇 가지 조건을 제시하면서, 이 조건을 충족시키면서 적절히 수행된다면 조건부가치추정방법이 환경가치 추정에 이용될 수 있다는 결정을 내린 바 있다. 하지만, 이 위원단보고서 작성자들이 요즈음 큰 각광을 받고 있는 행태경제학을 잘 알고 있었는지는 매우 의심스럽다. 이 보고서는 행태경제학의 개척자인 두 명의 심리학자, 카네만(D. Kahneman)과 트버스키(A. Tversky)가 2002년 노벨경제학상을 타기 훨씬 전에 작성되었다.

행태경제학의 측면에서 CVM에 관하여 자주 제기되는 또 하나의 심각한 논쟁거리는 과연 지불용의액을 묻는 것이 타당한가이다. 강물을 깨끗하게 만든다든가 공기를 깨끗하게 만든다든가 경치를 아름답게 하는 등 환경을 개선하는 공공투자사업의 경우에는 지불용의액을 물어서 환경가치를 추정하는 것이 크게 이상할 것이 없을지도 모른다. 하지만, 도로 건설, 아파트 건설, 공단 건설 등 대부분의 공공투자사업이 환경파괴적 사업들이다. 이런 사업들이 추진되면 국민은 깨끗하고 쾌적한 자연환경 그리고 아름다운 자연경관을 잃게 되므로 헌법에 명시된 국민의 환경권을 침해받게 된다. 그렇다면 이렇게 상실된 자연환경에 대하여 지불용의액을 물을 것이 아니라 오히려 보상요구액을 물어야 하지 않을까? 문제는, 지불용의액과 보상요구액이 아주 큰 차이가 난다는 사실이다. 이 사실을 증명한 실험 역시 수없이 많다. 그 중의 한 예를 들어 보자.

| 실 | 험 |

학생들에게 학교의 로고가 그려진 커피 잔을 보여 준 다음 이 잔을 준다면 얼마를 지불할 용의가 있는지를 물었다. 이와 같이 지불용의액을 조사한 다음 그 커피 잔을 학생들에게 무료로 나누어 주었다. 며칠 후 그 커피 잔을 받은 학생들을 다시 불러서 커피 잔을 뺏은 다음 그 보상으로 얼마를 받기를 원하느냐고 물었다. 이렇게 보상요구액을 조사한 다음 며칠 전에 학생들이 제시한 지불용의액과 비교해 본 결과 보상요구액의 중위값이 지불용의액의 중위값의 두 배 이상 더 큰 것으로 나타났다.

왜 이런 결과가 나타날까? 심리학에 의하면, 사람들이 자신의 소유물에 대하여 특별한 애착을 가지며 손실을 매우 싫어하는 성향이 있기 때문이라고 한다. 이런 성향으로 인한 효과를 이른바 부존효과(Endowment Effect)라고 하는데, 행태경제학 교과서마다 설명하고 있을 정도로 유명한 효과다. 위의 실험에서 보듯이 보상요구액이 지불용의액의 두 배 정도 차이 나는 것은 예사이고 심지어 7배 내지 10배 차이 나는 경우도 있다고 한다. 이와 같이 보상요구액이 지불용의액에 비해서 현저하게 크다면, 환경파괴적 공공투자사업에 대하여 지불용의액을 바탕으로 환경가치를 추정하고 비용-

편익분석을 할 경우 경제적 타당성이 있다고 하더라도 보상요구액을 바탕으로 분석하면 경제적 타당성이 없어지게 될 것이다.

(5) 전략적 응답의 문제

이 밖에도 조건부가치추정방법에 대하여 많은 이의가 제기되고 있다. 환경보전론자들이나 환경운동가들이 항상 제기하는 근원적인 문제점은 조사를 하는 경제학자나 조사를 받는 응답자들이 조사대상인 환경의 가치를 정확하게 알고 있느냐이다. 설령 응답자들이 환경의 가치를 정확하게 알고 있다고 하더라도 이를 정직하게 대답하리라는 보장도 없다. 응답자들의 대답은 환경개선 사업에 소요되는 비용의 부담방법에 따라 달라질 가능성이 매우 크다. 환경개선사업을 전적으로 중앙정부의 부담으로 실시한다고 하면, 지역주민들은 이런 사업들을 자기들의 지역에 유치하기 위해서 지불용의액을 크게 부풀려서 응답할 수도 있다. 만일 각 응답자가 표명한 지불용의액에 상응하는 금액을 각자로부터 징수해서 환경개선사업을 실시한다고 하면, 응답자들은 저마다 지불용의액을 낮추어서 부를 것이다.

이런 전략적 거짓 의사표명의 문제가 현실적으로는 그리 심하지 않다는 연구결과가 있지만, 전략적 응답문제를 해결하기 위한 방책들이 이론적으로는 많이 개발되어 있다는 점에 비추어 보면 거짓 의사표명이 가볍게 생각할 일은 아닌 것같다.[15] 현실적으로 적용함에 있어서 가장 간단한 방법의 하나는 응답자들이 표명한 지불용의액의 평균값을 각 응답자들로부터 징수하여 비용을 충당한다는 것을 응답자들에게 미리 알려 주는 방법이다. 이렇게 하면, 각 응답자들이 거짓 의사표명을 통해서 결과에 영향을 줄 가능성이 매우 적어질 것이다. 물론 그렇다고 거짓 의사표명의 가능성이 완전히 해소되는 것은 아니다. 허나, 거짓 의사표명의 가능성을 줄이는 방법은 복잡해서 실시하기가 매우 어렵다는 현실적인 문제가 있다.

여행비용에 의한 추정

환경의 가치를 추정하는 또 하나의 고전적인 방법은 여행비용방법(Travel Cost Method)이다.[16] 이 방법은 간단히 말하면 자연환경을 찾아가 즐기는 데에 사람들이 실제로 지불하는 비용을 환경의 가치에 대한 추정치로 삼는 방법을 말한다.

예를 들어서, 여러 지역의 사람들이 즐겨 찾는 자연경관이 있다고 하자. 대체로 보면, 먼 지역의 사람들보다는 가까운 지역의 사람들이 이 자연경관을 더 자주 여행하게 될 것이다. 왜냐하면 대체로 보아 가까울수록 금전적 시간적 비용이 덜 들기 때문이다. 제일 가까운 A지역의 사람들을 조사해 보니 이들은 이 자연경관을 연간 한 사람 당 평균 X_A회 여행한다고 하자. X_A는 A지역 사람들 전체의 총 여행횟수를 A지역의 총인구로 나눈 값으로서 말하자면 일인당 여행횟수이다. A지역 사람들이 일회 여행에 소요되는 경비는 한 사람 당 평균 P_A라고 하자. 이 경비에는 여행에 소요되는 시간을 금전으로 환산한 시간비용도 포함된다. 그 다음 가까운 B지역 사람들을 조사해 보니 일인당 여행횟수는 X_B이고 일회 여행에 소요되는 경비는 한 사람 당 평균 P_B라고 하자. B지역보다 더 먼 C지역 사람들을 조사해 보니 이 지역의 일인당 여행횟수는 X_C이고 일회 여행에 소요되는 경비는 한 사람당 평균 P_C라고 하자. 그러면 가까울수록 여행비용은 적을 것이므로 $P_A < P_B < P_C$ 일 것이며, 멀수록 여행횟수가 적을 것이므로 $X_A > X_B > X_C$ 일 것이다.

[그림 8-2]에서처럼 일인당 여행비용을 종축에 나타내고 일인당 여행횟수를 횡축에 나타내면 조합$(P_A, X_A), (P_B, X_B), (P_C, X_C)$에 대응한 세 점 A, B, C가 관측될 것이다. 이와 같이 다른 모든 지역에 대해서 여행비용과 여행횟수의 조합을 찾아서 이들을 모두 연결하면 그림에서 보듯이 우하향하는 곡선을 얻을 수 있을 것이다. 이 우하향하는 곡선은 마치 수요곡선과 같은 성격을 가진다. 즉, A지역의 사람들은 한 번에 P_A의 대가를 치르면서 한 사람당 연간 X_A회 여행하며, B지역의 사람들은 한 번에 P_B의 대가를 치르면서 한 사람당 연간 X_B회 여행하고, C지역 사람들은 한 번에 P_C의 대가를 치르면서 한 사람당 연간 X_C회 여행하는 것으로 생각할 수 있다. 이 같이 [그림 8-2]의 곡선을 수요곡선과 같이 해석하면, A지역의 사람들은 1인당 사각형 OP_AAX_A의 넓이에 해당하는 만큼의 여행비용을 지불하면서 사다리꼴 $OYAX_A$의 넓이만큼 여행으로 인한 총혜택을 누리는 것으로 해석된다. 따라서 A지역의 사람들은 일인당 세모꼴 P_AYA의 넓이에 해당하는 만큼의 소비자잉여를 누리는 셈이다. 이 소비자잉여에 A지역의 인구를 곱하면 A지역 주민 전체의 소비자잉여가 계산된다.

그림 8-2 자연경관에 대한 수요곡선의 유도

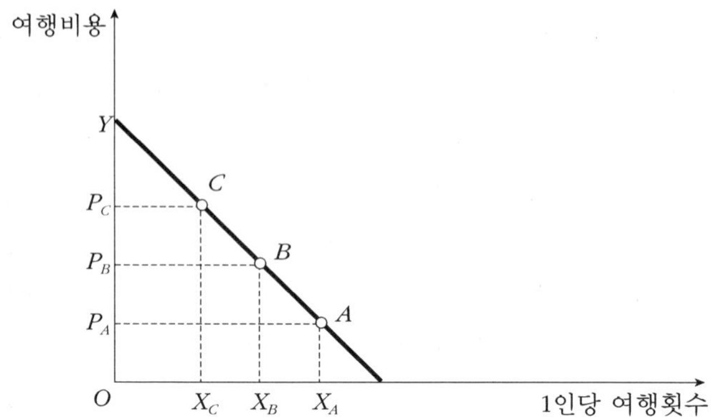

마찬가지 방법으로, B지역의 주민들은 일인당 사각형 OP_BBX_B의 넓이에 해당하는 총 여행비용을 지불하면서 사다리꼴 $OYBX_B$의 넓이에 해당하는 만큼의 총혜택을 누리므로 일인당 소비자잉여는 삼각형 P_BYB의 넓이에 해당하는 만큼이 된다. 이 소비자잉여에 B지역의 인구를 곱하면 B지역 주민 전체가 누리는 소비자잉여가 계산된다. 이런 식으로 모든 지역의 소비자잉여를 전부 합친 금액이 곧 해당 자연경관의 총가치에 대한 추정액이 될 것이다.

이상에서 설명한 여행비용방법은 지극히 원론적인 것임은 물론이다. 그러나 어떻든 여행비용방법은 사람들의 실제 행태에 근거하고 있다는 점에서 허구성이 좀 덜 하다고 하겠으나, 또한 여러 가지 문제점을 안고 있기도 하다. 예를 들면, 여행에 소요되는 시간을 여행비용에 포함시키는 것에 대해서 많은 시비가 있을 수 있다. 주말에 또는 휴가철에 설악산에 여행한다고 했을 때 시원하게 뚫린 영동고속도로를 자동차로 달리는 시간을 공장에서 일하는 시간과 똑같이 지겨운 시간으로 취급하는 것은 무리인지도 모른다. 여행비용방법의 더욱 큰 문제는 공공재로서의 환경의 가치를 충분히 반영하지 못한다는 점이다. 여행비용에는 예를 들면 존재가치나 선택가치가 포함되지 않는다. 따라서 여행비용방법은 공공재로서의 환경의 가치를 과소평가할 우려가 있다.

속성(屬性)가격기법

환경의 가치를 추정하는 또 다른 방법의 하나는 속성가격기법이다. 이 방법은 특성가격기법 또는 헤도닉가격기법 등 여러 가지 명칭으로 불린다. 앞에서 말했듯이 환경의 질에 대하여 사람들이 느끼는 가치가 시장에서 거래되는 상품, 예컨대 부동산에 묻어 있다고 하더라도 문제는 주택이나 땅의 가격에 영향을 주는 요인들이 너무 많다는 것이다. 환경의 질은 그런 여러 가지 요인들 중의 하나이며 다른 요인들과 복합적으로 얽혀 있기 때문에 환경의 질이 부동산가격에 미치는 순수한 효과만을 분리해 낸다는 것은 쉬운 일이 아니다.

부동산의 가격은 부동산이 가지고 있는 여러 가지 속성, 예를 들어 주택의 경우 건평, 학군, 중심지로부터의 거리, 주변의 환경 등이 복합적으로 어우러져서 결정된다. 건평이 넓은 집은 작은 집에 비해서 비싸며, 학군이 좋은 집은 그렇지 못한 집에 비해서 비싸게 마련이다. 이런 속성들이 부동산 가격에 영향을 미치는 이유는 물론 이 속성들 자체가 가치를 가지고 있기 때문이다. 상품의 속성들이 가진 가치를 속성가격이라고 한다. 예를 들어, 주택의 가격을 P, 건평을 w, 학군을 s, 중심지로부터의 거리를 d, 주변 환경의 질을 e, 기타의 요소를 u로 표시하면, 이 주택가격은 다음과 같이 이런 속성들의 함수로 나타낼 수 있다:

$$P = f(w, s, d, e, u)$$

이 함수를 속성가격함수라고 하는데, P, w, s, d, e에 대한 방대한 자료를 수집하여 회귀분석을 통해서 이 함수의 구체적 형태를 추정해 내는 것이 속성가격기법의 첫 번째 작업이다. 일단 이 함수의 구체적인 형태가 추정되면, 이 추정된 함수를 e(환경의 질을 나타내는 변수)로 편미분한다. 편미분 값, 즉 $\partial f/\partial e$는 환경의 질이 한 단위 높아짐에 따라 주택가격이 얼마나 변하는가를 나타낸다. 그러므로 이 편미분 값이 곧 환경의 가치를 나타내는 속성가격인 셈이다. 이 편미분 값 역시 다음과 같이 다른 속성들의 함수일 것이다.

$$\partial f/\partial e = g(w, s, d, e, v)$$

여기에서 v는 기타의 요소들을 나타낸다. 그러나 이 함수는 그 자체가 환경에 대한 수요함수라고 보기는 어렵다.[17] 따라서 이 속성가격을 개인의 소득이라든가 기타 수요에 관련된 변수에 대한 회귀분석을 통해서 수요함수를 추정하는 것이 속성가격 기법의 두 번째 작업이 된다. 일단 이 함수만 추정되면 $\partial f/\partial e$와 e 사이의 관계, 즉 환경의 가치와 환경의 질 사이의 관계가 밝혀지므로 환경의 질에 대한 수요곡선을 유도할 수 있고 이어서 환경의 가치를 추정할 수 있게 된다. 최근 우리나라에서도 속성가격기법을 이용한 환경가치의 추정에 대한 연구가 활발히 진행되고 있다.[18]

6. 환경가치 추정에 대한 비판

생명의 가치

이상으로 환경가치를 추정하는 대표적인 기법들을 간략하게 소개하였는데, 이미 지적하였듯이 각 기법은 나름대로의 치명적인 결점을 가지고 있다. 예를 들면 대부분의 기법들은 편의(bias)의 문제라든가 존재가치를 충분히 추정하지 못한다는 문제 등을 안고 있다. 그러나 이런 기술적 문제들은 보완책을 동원하든가 기존의 여러 가지 추정기법들을 잘 조합해서 최대한 활용한다면 어느 정도 해결될 수 있다.

그러나 해결되기 어려운 근원적인 문제도 있다. 경제학자들이 제안하는 여러 가지 환경가치추정 기법들을 이용하면 과연 환경의 참된 가치를 알아낼 수 있는지, 설령 그렇다치더라도 그런 방법으로 추정된 환경가치만으로 정부의 환경개선투자나 환경정책의 타당성을 평가하는 데 충분한지, 혹시 아주 중요한 것이 누락되지 않았는지 등에 대한 의구심이 끊임없이 제기되고 있다. 예를 하나 들어보자.

환경의 질의 높고 낮음은 우리의 건강과 생명에 큰 영향을 준다. 지난 수십 년간 암 환자가 급속히 늘어나고 있다고 하는데, 대기오염, 수질오염,

유해화학물질 오염 등이 주된 원인으로 지목되고 있다. 그러므로 이런 것들에 대한 정부의 규제나 정책은 국민의 건강과 생명에 직결된다. 예를 들면, 미국에서 연구한 바에 의하면 보건 및 환경규제로 인한 편익의 8,90%가 생명구제의 이익이라고 한다. 그렇다면, 환경개선투자나 환경규제 등 각종 환경정책의 타당성을 판단하기 위해서는 생명의 가치부터 추정해야 한다.

대부분의 일반인들은 인간의 생명이 무한한 가치를 가지고 있다고 생각하고 있으며 또한 그렇게 믿고 싶어한다. 그러나 경제학자들은 그렇게 생각하지 않는다. 사람들이 말은 그렇게 하면서도 실제로는 마치 인간의 생명에 일정 금액의 가격이 매겨져 있는 것처럼 행동한다는 것이다. 각종 보험회사들은 열심히 생명의 가치를 계산해 놓고 나서 정작 사고가 발생하면 그 계산된 금액을 지불하며 받은 사람도 별 말 없이 돈을 챙겨 간다. 생명을 앗아간 각종 참사가 벌어질 때마다 보상금을 놓고 관계 기관과 유가족들 사이에 힘겨운 흥정이 벌어지지만 결국 일정 금액에 합의하게 된다.

우리나라에서는 한 사람 생명의 가치가 평균 약 6억원 정도라고 한다. 이 금액은 대략 소득창출 능력, 즉 일생 동안 벌 수 있는 소득을 근거로 해서 계산된 것이다. 돈을 벌 수 있는 능력은 사람에 따라 달라지기 때문에 생명의 가치도 사람에 따라 달라진다. 고소득계층이나, 젊은 층, 남성의 생명의 가치는 높고, 저소득층이나 늙은이, 여성의 생명가치는 낮게 나타난다. 한 국제연구소의 계산결과에 의하면, 한 사람의 생명의 가치가 고소득국가에서는 150만달러, 중소득 국가에서는 30만달러, 저소득 국가에서는 10만달러라고 한다.[19)]

2000년도 경제학자들이 계산해 낸 미국인의 생명가치는 평균 약 6백만달러이다. 당시의 환율로 계산하면 평균적으로 미국인 생명의 가치는 대한민국 국민의 10배에 이른다. 같은 미국 사람이라도 남자냐 여자냐에 따라 달라지는데, 여성의 생명의 가치는 1천 3백만달러이고 남성의 생명의 가치는 2백 6십만달러다. 미국 여성의 생명가치가 미국 남성의 생명가치의 6배 가까이로 추정된 것은 경제학자들이 특별히 여성을 편애해서가 아니다.

미국인의 평균 생명가치, 600만달러는 위험에 대한 미국인들의 행태를 바탕으로 추정된 것이다. 대부분의 사람들은 위험한 것을 싫어하고 안전한 것을 좋아한다. 직장에도 위험한 직장이 있고 안전한 직장이 있다. 위험한 직장보다는 안전한 직장을 더 선호하는 것은 인지상정이다. 위험한 일을 시키려면 위험에 대하여 충분한 보상(위험수당)을 지불해야 한다. 대체로 보면 위험한 직종일수록 급여수준이 높다. 조사해 본 결과 사망률이 1% 높아짐에 따라 연봉이 600만원 더 높아진다고 하자. 그렇다면 사람들이 사망률 1%와 600만원의 위험수당을 맞바꾼다는 얘기다. 달리 말하면, 1%의 죽을 확률에 대하여 600만원의 위험수당을 요구한다는 것이다. 그렇다면 100%의 죽을 확률에 대해서는 6억원을 요구한다는 얘기다. 이 때 사람들이 자신의 생명에 6억원의 가치를 부여했다고 볼 수 있지 않으냐고 경제학자들은 말한다.

미국인의 생명가치 600만달러는 이런 식으로 미국 직장인들이 요구하는(정확하게 말하면, 요구한 것처럼 보이는) 위험수당의 평균값이다. 생명의 가치를 추정하는 경제학자들은 사람들이 이와 같이 사망률과 위험수당을 비교해 가면서 원하는 직장을 자유롭게 선택한다고 가정한다. 이런 가정 아래 미국의 직종별 연봉수준에 대한 자료와 직종별 사망률에 대한 자료를 통계적으로 비교분석한다. 그러면 사망률이 1% 높아질 때 평균적으로 미국 직장인들이 얼마나 더 많은 보수를 받는지를 알아낼 수 있다. 이 금액이 곧 미국인들이 요구하는 평균 위험수당으로 간주된다. 이 평균 위험수당으로부터 미국인의 생명의 가치가 추정된다. 대체로 보면 여성들은 남성보다 위험을 훨씬 더 두려워하기 때문에 여성 직장인들이 요구하는 평균 위험수당은 1천 3백만달러로 남성 직장인들이 요구하는 위험수당의 6배에 가까운 높은 금액이다.

이렇게 6백만달러나 1천 3백만달러라는 숫자가 계산된 경위를 듣고 나면 아마도 많은 사람들이 의아하게 생각할 것이다. 우선, 여러 개의 직장을 놓고 죽을 확률과 위험수당을 꼼꼼히 비교해 본 다음 원하는 직장을 선택한다는 경제학자들의 기본 가정부터 이상하게 생각할 것이다. 그렇게 손익계산을 한 다음 마음에 드는 직장을 선택하는 사람들이 이 세상에 과연 얼마나 될 것인가. 아마도 대부분의 사람들은 직장별 사망확률은커녕 직종별 사망확률조차 잘 모를 것이다.

더욱 더 비현실적인 것은 직장을 자유롭게 선택한다는 가정이다. 미국에서조차 대부분의 사람들에게 직장을 자유롭게 선택할 여지가 별로 없다. 여러 개의 직장을 놓고 계산기를 두드려 본 다음 마음에 드는 일자리를 고를 수 있는 특권을 가진 사람이 도대체 이 세상에 몇 사람이나 될 것인가.

대부분의 보통 사람들은 와서 일해 보라고 불러 주는 직장이 나타나면 얼씨구나 달려가기 마련이다. 그런 비현실적 가정(여러 개의 직장을 놓고 죽을 확률과 위험수당을 꼼꼼히 비교해 본 다음 원하는 직장을 자유롭게 선택한다는 가정) 아래 추정된 생명의 가치가 과연 얼마나 현실적인 값인가는 끊임없는 논쟁의 대상이다.

더 근원적이 비판도 제기된다. 그런 가정 아래 경제학자들이 추정한 값은 통계놀음에 불과하다는 것이다. 그것은 잘 해야 죽은 사람의 유가족에 대한 위로금의 성격을 가지는 것이지 참된 생명의 가치는 아니다. 예를 들어서 우리나라의 경우 생명의 가치가 평균 6억원이라고 하는데, 이 값은 죽은 사람에 대한 위로금이지 산 사람의 생명의 가치는 아니라는 것이다. 6억원을 줄 터이니 죽어 주겠느냐고 물었을 때 선뜻 그러마라고 대답하는 사람이 과연 얼마나 있을 것인가. 절망 상태에 빠진 사람이라면 선뜻 죽어 주겠다고 대답할지도 모른다. 그렇다고 해서 그 사람의 생명가치가 6억원이라고 볼 수는 없다. 이 6억원은 그 사람이 자기 자신에게 부여한 가치일 뿐이다. 다른 사람들, 예컨대 배우자나 직계 가족들 그리고 그를 사랑하는 친구들이 그 사람에게 부여하는 가치가 빠져 있다.

이와 같이 생명의 가치 추정에 엄청난 난관이 있음에도 불구하고 일단 6억원 혹은 600만 불이라는 숫자가 계산되어 나오면, 이 숫자들이 마구 통용되기 시작한다. 수많은 공공사업의 경제적 타당성 검토에서 이 숫자들이 마치 엄격한 검증을 거친 것인 양 제멋대로 인용된다. 생명의 가치에 대한 추정치가 근본적 문제를 안고 있다면, 이를 바탕으로 이루어진 국책사업의 경제적 타당성 검토 역시 근본적 문제를 안게 된다. 그럼에도 불구하고 이 600만 불이라는 생명의 가치를 이용해서 미국 환경규제의 타당성을 검토하면 미국의 환경규제 대부분을 없애 버려야 한다는 신자유주의 경제학자들의 주장이 강력한 설득력을 가지게 되며, 나아가서 미국의 환경부도 문을 닫아야 한다는 결론이 나오게 된다. 생명가치에 대한 숫자는 많은 문제를 안고 있음과 동시에 이와 같이 엄청난 파괴력을 가진 숫자이기도 하다.

경제학자들이 추정하는 환경가치의 성격

경제학자들의 환경가치의 추정에 대하여 많은 환경보전론자들이나 환경운동가들은 심한 거부감을 보인다. 그러나 이들이 말하는 환경가치와 경제학자들이 말하는 환경가치가 상당히 다른 경우가 많다. 환경보전론자나 환경운동가는 환경의 본질적 가치, 내재적 가치, 궁극적 가치, 혹은 환경 그 자체로서의 가치를 많이 거론한다. 일반적으로 경제학자들이 추정하려고 하는 어떤 사물의 가치란 그 사물 자체의 궁극적 가치라든가 또는 본질적 가치 따위가 아니다. 많은 경제학자들은 이런 가치들이 실제로 있는지에 대하여 의구심을 가지고 있으며, 설령 있다고 하더라도 그런 가치의 추정은 경제학의 범위 밖의 일이다. 경제학자들이 추정하는 가치, 즉 경제적 가치란 어디까지나 인간이 환경의 유용성에 관하여 부여하는 가치요 다른 것과 비교한 상대적 가치다. 어떤 사물의 경제적 가치란 그 사물이 다른 사물에 비해서 얼마나 소중한가, 다시 말해서 이 사물을 얻기 위해서 다른 것을 얼마나 희생할 용의가 있는가를 나타낸다. 그러므로 경제학자들이 말하는 환경의 가치란 어떤 한정된 범위 안의 가치라는 점을 우선 이해할 필요가 있다.

위에서 설명한 여러 가지 환경가치추정방법에 대하여 환경보전론자나 환경운동가들이 제기하는 비판의 핵심은 이런 방법들이 환경의 참된 가치를 잘 알아내지 못하는 정도가 아니라 근원적으로 왜곡시키고 있다는 것이다. 그리고 이 왜곡의 요인은 그 가치추정방법에 구조화되어 있다는 것이다.

(1) '투명 기능'

환경은 무척 다양한 속성들이 유기적으로 얽히고 설킨 복합체이다. 예를 들어 어떤 강물의 수질을 말할 때에도 맛, 냄새, 색깔, 탁도, 온도, 염도, BOD, 중금속함유량 등 수없이 많은 속성들이 열거된다. 하물며 산림이나 생태계라고 하면 더 말할 나위 없다. 물론, 속성가격기법에서도 언급했지만, 주택도 여러 가지 속성을 지닌 복합체이다. 면적, 방의 수, 방의 크기, 향, 층수, 공원으로부터의 거리, 학교로부터의 거리, 중심지로부터의 거리, 지하철로부터의 거리 등. 그러나 주택의 각 속성 사이에는 유기적 관계가 별로 없다. 예컨대, 지하철로부터의 거리와 방의 수와는 별 관계가 없고, 면적과 층수 사이에도 별 관계가 없다. 환경의 경우에는 그렇지 않다. 어떤 생태계에 식물이 없어지면 초식동물이 없어지고, 초식동물이 없어지면 육식동물도 없어진다. 설악산에 나무가 없어지면 수많은 동물들이 없어지고 물맛도 달라지고 공기냄새도 달라질 것이다.

환경이 가진 여러 가지 속성을 벡타 $(a_1\ a_2\ a_3\ \cdots\ a_n)$로 나타내 보자. 여기에서 a_j는 j번째 속성이다. 보통 가치를 추정한다고 하면 이들 각각의 속성에 사람들이 부여하는 가치를 혹은 가중치를 곱하고 더한다. 예컨대 속성 a_j에 부여한 가치(혹은 가중치)를 w_j라고 하자. 가치의 벡타를 $(w_1\ w_2\ w_3\ \cdots\ w_n)$로 표기하자. 속성벡터 $(a_1\ a_2\ a_3\ \cdots a_n)$를 특징으로 하는 환경의 가치는 이 두 벡터를 곱한 값이다. 즉,

$$(a_1\ a_2\ a_3\ \cdots\ a_n)\cdot(w_1\ w_2\ w_3\ \cdots\ w_n)^T = a_1\cdot w_1 + a_2\ w_2 + \cdots$$

위의 주택의 경우에서처럼 이들 여러 속성들 사이에 별 관계가 없다고 하면 이런 식으로 주택의 가치를 추정해도 별 문제가 없다. 하지만, 환경의 경우에는 이들 속성들은 서로 떡처럼 엉겨 그물망을 형성하고 있다. 예컨대, a_i와 a_j는 서로 밀접한 관계를 가지고 있어서 그 어느 하나가 변하면 다른 것도 따라서 변한다. 속성들 사이의 이런 밀접한 관계는 대부분 경제학자의 환경가치 추정이나 비용-편익분석의 범위를 벗어난다. 속성들 사이의 그물망은 끊임없는 시행착오과정을 거치면서 장구한 세월에 걸쳐 발전되어 온 결과물이다. 이럴 경우 어느 한 속성의 기능은 다른 속성과 떡처럼 엉겨 있기 때문에 그 정체가 그물망에 가려서 잘 보이지 않는다. 즉, 각 속성은 투명기능을 가지고 있다. 따라서 한 속성이 전체에 어떻게 그리고 얼마나 기여하는지는 이 속성의 기능이 정지되어 봐야 알 수 있다.

마치 한 가정에서 어머니가 살아계실 때에는 어머니의 고마움을 잘 느끼지 못하지만 어머니가 돌아가셔서 가정이 엉망이 되어야 비로소 어머니의 공백을 뼈저리게 느끼게 되는 것과 같다. 환경의 각 속성이 가지는 참된 기능은 정상적으로 작동하는 한 투명인간처럼 잘 보이지 않는다. 그렇기 때문에 환경의 일부를 헐어서 개발사업을 벌이는 경우 이 파괴가 환경 전체에 어떤 영향을 줄지는 사전에 정확하게 잘 알 수가 없고, 따라서 제대로 비용-편익분석을 할 수가 없다. 경제학자의 환경가치 추정에 대하여 환경

보호론자가 지적하는 가장 큰 문제점의 하나는 이 투명기능이 누락되었다는 것이다. 그만큼 경제학자의 환경가치 추정은 과소평가로 이어질 수밖에 없다.

(2) 금전화의 서투름으로 인한 터무니없는 선택

물론, 모든 환경의 속성이 이와 같이 '투명한' 것은 아니다. 어떻든 설령, 환경의 각 속성의 기능을 소상히 잘 파악했다고 하자. 그 다음의 문제는 이를 돈으로 나타내는 것(금전화하는 것)이다. 즉, 각 w_j를 돈으로 나타낸 다음 속성벡터와 가치벡터를 곱해서 전체의 가치를 추정해야 한다. 그런데 한 가지 이상한 현상은 사람들이 금전화되어 있지 않은 것의 중요성이나 가치를 금전으로 표시하는 데에 매우 서투르며 그러다 보니 비합리적인, 때로는 터무니없는 선택을 자주 한다는 것이다.[20)]

실제 실험결과를 살펴보자. 두 가지 사업이 있다고 하자. 그 하나는 환경을 개선하는 사업, 예컨대 공기와 물을 깨끗하게 하는 사업이다. 다른 하나는 상품의 질, 예컨대 TV 화질을 개선하는 사업이다. 사람들에게 이 두 사업의 성과를 그림으로 자세히 보이고 나서 어떤 것이 더 가치 있다고 생각하는지를 물어 보았다. 이 때 두 가지 가치척도에 입각해서 생각하도록 요구하였는데 그 하나는 중요도이고 다른 하나는 지불용의액이다. 대답도 두 가지 형식으로 요구하였다. 우선 어느 것이 더 중요한가를 생각하고 순위를 매길 것을 요구하였고 다음에는 어느 것에 더 많이 지불할 용의가 있는지를 생각하고 순위를 매길 것을 요구하였다. 실험 결과 중요도에 의거한 순위와 지불용의액에 의거한 순위가 일치하였다.

하지만, 순위를 매기는 대신 중요도와 지불용의액을 직접 돈으로 나타내게 했을 경우에는 매우 이상한 결과가 나왔다. 상식적으로 생각하면, 중요도를 돈으로 나타내게 했을 때는 더 중요하다고 생각하는 것에 더 큰 금액으로 표시할 것이며, 더 중요하다고 생각하는 것에 더 많은 지불용의액을 제시할 것으로 기대된다. 그런데 실험결과 중요도를 생각할 때 응답자들은 상품의 질 개선보다는 환경의 개선에 더 많은 금액을 써냈다. 이는 환경개선을 더 중요하게 생각함을 시사한다. 그러나 사람들이 써낸 지불용의액을 보면 상품의 질 개선에 대한 것이 환경개선에 대한 것보다 더 컸다. 중요도를 순위로 써낼 때에는 더 중요하게 생각하는 것에 더 큰 지불용의액을 표명하였지만, 중요도를 돈으로 나타낼 때에는 중요하게 생각하는 것과 지불용의액이 달라졌다. 돈으로 나타낸 가치와 지불용의액이 달라진다는 것이다. 이는, 지불용의액이 가치를 정확하게 반영하지 못할 가능성이 있음을 시사한다. 그렇다면 조건부가치추정방법에서처럼 응답자들에게 돈으로 표시하게 할 경우 지불용의액이 더 크다고 해서 더 가치가 있다고 해석하기 곤란해진다.

그러면 이런 실험결과가 특이한 것이냐 하면, 전혀 그렇지 않다. 사실 이런 이상한 현상은 경제학에서도 매우 오래 전부터 꾸준히 관측되어 온 현상이다. 경제학에서 말하는 '선호전도(Preference Reversal)'가 바로 그것이다.[21] 예를 들면, 100만원을 딸 확률이 80%인 게임의 기대값과 800만원을 딸 확률이 10%인 게임의 기대값은 수학적으로는 동일하지만, 사람들은 이 두 번째 게임이 더 큰 돈벌이가 된다고 생각한다. 그렇다면 사람들은 이 두 번째 게임을 더 많이 선택할 것 같은데 실제로는 첫 번째 게임을 더 많이 선택하는데 이런 현상을 선호전도라고 부른다.

이것은 예외적인 현상이 아니고 전형적인 현상이라는 것이 수많은 실험을 통해서 밝혀졌다. 한 가지 재미있는 것은, 이런 현상이 있다는 것을 응답자들에게 미리 알려 주고 나서 실험을 해도 선호전도 현상이 계속 나타난다는 것이다. 경제학자들은 선호전도 현상에 대하여 여러 가지 설명을 제시하고는 있지만 아직까지 명쾌한 설명은 나오고 있지 않다. 어떻든 한 가지 분명한 것은, 사람들은 금전화되어 있지 않은 것을 금전으로 나타내는 데에 매우 서투르다는 점이다. 위에서 소개한 조건부가치추정방법은 요컨대 금전화되어 있지 않은 것에 대하여 사람들로 하여금 억지로 금전화시키는 방법이다.

(3) 추정상의 근본적인 오류

통상 경제학자들이 추정하는 어떤 사물의 경제적 가치는 이 사물이 현재보다 약간 더 공급되거나 혹은 약간 덜 공급될 때 그 사물 한 단위가 가지는 가치이지 이 사물의 공급이 한꺼번에 대폭적으로 늘어나거나 대폭적으로 감소할 때의 단위당 가치가 아니다. 예를 들면,설탕 1kg의 가격이 천원이라는 것은 소비자가 1kg 더 살 때 혹은 고작 서너 kg 더 살 때 kg당 천원씩 지불할 용의가 있음을 반영하는 것이지 이 설탕을 1000톤 살 때 kg당

천원씩 쳐서 10억원 지불할 용의가 있음을 나타내는 것은 아니다. 설탕을 한꺼번에 1000톤을 사라고 하면 아마도 대부분의 소비자들은 kg당 10원도 안 내려고 할 것이다. 이와 같이 경제적 가치가 전제하는 상황은 현재의 상태에서 약간의 변동이 있는 상황이지 현재의 상황으로부터 대폭적인 변동이 있는 상황이 아니라는 점에 특히 유의할 필요가 있다. 경제적 가치의 이러한 성격은 환경문제의 경우 심각한 오류를 불러일으킬 우려가 있다.

예를 들어서 지구상에 밍크가 십만 마리가 있다고 하자. 밍크 한 마리의 가치는 얼마가 될까? 상황에 따라 크게 달라질 것이다. 밍크 한두 마리 혹은 기껏해야 100여 마리 정도 잡는다고 했을 때 한 마리당 가격과 한꺼번에 9만 9천 마리를 잡는다고 했을 때 한 마리당 가격은 크게 달라질 것이다. 한꺼번에 9만 9천 마리를 잡는다면 남은 밍크의 수가 너무 적어져서 지구상에서 밍크는 곧 영원히 사라질지도 모른다. 따라서 9만 9천 마리를 잡는다고 했을 때 밍크 한 마리의 가치에는 밍크의 멸종이라는 인류의 손실 그리고 많은 보통 사람들의 밍크 멸종에 대한 아쉬움이 충분히 반영되어야 한다. 밍크가 멸종된다고 하면 현 세대는 다음 세대에 큰 피해를 주는 것이니 이런 것도 밍크의 가치에 반영되어야 할 것이다. 따라서 9만 9천 마리 잡는다고 했을 때의 한 마리당 가치는 100여 마리 잡는다고 했을 때의 한 마리당 가치와 비교할 수 없을 정도로 클 것이다. 100여 마리 잡을 때와는 달리 9만 9천 마리 잡을 때는 세대 간의 형평성의 문제, 도덕성의 문제, 생명의 문제 등 매우 철학적이면서도 근본적인 문제까지 개입된다.

경제학자들이 추정하는 밍크의 경제적 가치는 한두 마리 혹은 기껏해야 100여 마리 정도 잡을 때 한 마리당 가치다. 9만 9천 마리 잡을 때의 밍크 한 마리당 가치는 경제학자들의 추정능력을 뛰어 넘는 가치이다. 왜냐하면 형평성의 문제나 도덕성의 문제, 생명의 문제는 경제학자들이 도저히 감당할 수 없는 형이상학적 문제이기 때문이다. 경제적 가치는 그런 경제학의 범위를 뛰어 넘는 가치판단의 문제가 개재되지 않는 상황을 전제한 것이며 따라서 그런 상황에 국한해서 적용되어야 한다. 그러나 많은 경우 현실은 그렇지 못하다. 경제학자들이 정교한 추정기법을 이용해서 일단 어떤 것의 가치를 추정해 내면 보통 사람들은 이 추정치가 무슨 의미를 가지는지는 묻지 않고 이 추정치를 무차별하게 적용하는 경향이 있는 까닭이다.

이렇게 하면 어떤 문제가 있는지를 밍크 서식지에 모피공업단지를 건설하는 가상적 상황을 생각해 보자. 이 공업단지를 건설하면 개발비용을 빼고 천 5백만달러의 순개발이익이 발생하지만 밍크는 수년 안에 멸종할지도 모른다고 하자. 그러나 위에서 말한 대로 경제학자들은 멸종하지 않는 범위 안에서의 밍크의 가치만 추정할 수 있을 뿐이다. 이렇게 추정한 밍크 한 마리당 경제적 가치가 100달러였다고 하자. 경제학자가 추정한 이 100달러를 곧이곧대로 받아들여서 지구상에 존재하는 밍크 십만 마리에 무차별적으로 적용하면 이 지구상에는 천만달러어치의 밍크가 존재한다는 계산이 나온다. 이 모피공업단지 건설로 인한 순개발이익이 천 5백만달러라고 하니 비록 밍크가 모두 멸종한다고 해도 이 순개발이익에서 밍크의 총 경제적 가치인 천만달러를 빼면 5백만달러가 남는다. 그러니 결국 밍크가 멸종하더라도 이 모피공업단지의 건설은 경제적으로 타당하다는 계산이 나온다. 하지만 이런 식의 계산은 엄청난 오류를 범하게 된다. 멸종하지 않는 상황을 상정하고 얻은 추정치를 멸종하는 상황에 적용했기 때문이다.

흔히 환경운동가나 환경보호론자들은 예컨대 깨끗한 공기의 가치, 깨끗한 물의 가치, 팬더 곰의 가치, 아마존강 유역 밀림의 가치, 돌고래의 가치 등 환경의 가치, 혹은 환경을 구성하는 요소들의 가치는 돈으로 나타낼 수 없이 고귀한 것들이라고 말한다. 이들이 이렇게 생각하는 것은 공기라는 존재, 물이라는 존재, 팬더 곰이라는 존재, 밀림이라는 존재, 돌고래라는 존재 등 각 사물의 총체적 가치를 생각하기 때문이다. 확실히 공기나 물이 없으면 인간은 살 수가 없으므로 공기나 물의 총체적 가치는 무한하다고 말할 수 있다. 그러나 공기나 물의 경제적 가치는 그 많은 공기와 물 중에서 각 개인이 쓰는 공기나 물 한 단위의 가치이다. 사람들은 자신이 사용하는 공기나 물의 양은 전체 공기와 물의 양에 비해서 비교가 안 될 정도로 적다고 생각한다. 그러니 대부분의 경우 공기나 물의 경제적 가치는 매우 적을 수밖에 없다.

경제적 가치를 추정하는 경제학자들이 상정하는 상황은 환경운동가들이 상정하는 상황과 사뭇 다르다. 경제학자들이 상정하는 상황은 현재의 상황으로부터 대폭적인 변동이 있는 상황이 아니라 현재의 상태에서 약간의 변동이 있는 상황이지만, 환경문제에 관한 한 환경운동가들이 볼 때 우리의 현실은 수없이 많은 종류의 생물들이 생존을 위협당할 정도로 환경오염이나 환경파괴가 우려스러울 정도의 심각한 변화를 몰고 오는 상황이다. 그렇기 때문에 환경문제에 관한 한 경제적 가치의 유용성은 극히 제한적이라고 말할 수 있다.

핵심 주장

1. 누구든지 모르는 것의 가치는 알지 못한다. 아는 것에 대하여 아는 범위 안에서만 가치를 부여할 수 있을 뿐이다. 보통사람들은 자연환경에 대하여 잘 모른다. 예를 들어서 반달곰이 없어지면 생태계가 어떻게 변하고 갯벌이 없어지면 주변 환경에 어떤 변화가 일어날지 심지어 환경전문가도 장담 못한다. 많은 경우 환경을 구성하는 부분의 참된 가치는 이 부분이 사라진 한참 후에야 알 수가 있다. 전문가들도 자연환경에 대하여 극히 부분적으로만 알고 있을 뿐이다. 바로 여기에 환경가치 추정의 근본적 문제가 있다.
2. 설령 전문가들은 자연환경에 대하여 잘 알고 있다고 하자. 우리가 보통 말하는 환경가치란 전문가만이 아닌, 보통사람들이 느끼는 환경가치다. 각종 환경가치 추정기법들은 보통사람들이 이미 알고 있는 부분에 대하여 평소에 느끼던 가치를 추정하거나 그렇지 않으면 환경에 대하여 보통사람들에게 소상히 알려주고 나서 가치를 부여하게 만든 다음 이 가치를 알아낸다. 이 후자의 경우에는 분석자가 사람들의 가치형성을 유도하는 과정이 포함된다. 그러면 분석자가 가치형성을 어떻게 유도하느냐에 따라 결과적으로 추정된 환경가치는 크게 다르게 될 것이다. 말하자면 상당한 정도의 분석자의 자의성이 개입된다. 특히 조건부가치추정방법에서 이 점이 심각한 문제가 된다.
3. 경제학자들이 알아내려고 하는 환경가치는 주로 돈으로 나타낸 환경가치이다. 그러나 또한 경제학자들이 수많은 실험을 통해서 알아낸 사실은, 많은 사람들이 비금전적인 것을 돈으로 표현하는 데에 매우 서투르며, 따라서 억지로 돈으로 표현하게 요구하면 엉뚱한 가치를 표명한다는 것이다. 이 세상에는 돈과 결부짓기 싫은 것들이 매우 많다. 예컨대 사랑, 우애, 의리 등이 그렇다. 환경에 대해서도 돈과 연관시키기를 싫어하는 사람도 많다.
4. 경제학자들이 추정하는 환경가치는 윤리적 가치판단이 개입되지 않는 상황에서의 환경가치이다. 그러나 환경오염과 환경파괴가 점차 심각해지면서 윤리적 가치판단이 개입되는 상황이 점차 많아지고 있다. 이런 상황에서 단순히 환경의 경제적 가치를 추정한다면 환경은 과소평가될 소지가 매우 크다.
5. 대부분의 사람들은 공과 사를 구분하며 또한 당연히 그래야 한다고 생각한다. 공적으로 생각하는 것과 사적으로 생각하는 것이 크게 달라지는 경우가 많다. 따라서 공적인 가치와 사적인 가치가 달라진다. 환경보전론자들은, 환경의 참된 가치는 사람들이 환경에 대하여 공적인 입장에서 생각했을 때의 가치라고 주장한다. 그러나 경제학자들의 환경가치추정기법들은 환경을 하나의 상품으로 전락시킴으로써 사람들로 하여금 사적 입장에서 환경에 대하여 부여한 가치를 추정한다. 이렇게 추정한 환경가치는 환경의 참된 가치를 크게 왜곡한다고 환경보전론자들은 주장한다.

부록 시장이자율의 결정과 기능

완전경쟁시장에서는 시장이자율을 중심으로 모든 가계의 시간선호율과 모든 기업의 투자수익률이 평준화되면서 시장이자율과 같아진다. 시장이자율은 시간선호율과 투자수익률을 아우르는 객관적 지표가 된다. 그러면 왜 시간선호율과 민간기업의 투자수익률이 시장이자율과 같아지는가? 이것은 가격으로서의 시장이자율의 역할 때문이다.

보통 자본이라고 하면 밑천으로서의 목돈을 의미한다. 기계, 용구, 공장건물, 원자재 등 소위 자본재(資本財)란 이 밑천으로서의 목돈이 실물로 구체화된 것이다. 그래서 밑천 형태의 자본을 화폐자본, 자본재 형태로의 자본을 실물자본이라고도 한다. 실제 생산요소의 역할을 하는 것은 목돈으로서의 자본이 아니라 자본재이다. 국민경제의 차원에서 볼 때, 자본재가 생산에 이용되어서 올린 수익이 화폐자본과 결부된 소득, 즉 이자의 원천이다. 경제학의 고전적 틀에서는 이 이자 역시 자금의 수요와 공급에 의해서 결정되는 일종의 가격이다.

자본은 저축이 모여서 마련된다. 즉, 저축이 자본의 공급원이다. 경제학에서 저축이라고 하면 미래의 보다 더 많은 소비를 기대하고 현재의 소비를 희생하는 행위를 의미한다. 경제학의 틀에서 보면, 저축은 결국 총효용이 극대화되도록 현재로부터 미래에 걸쳐 소비를 적정수준으로 유지하는 문제이며, 이는 곧 현재의 소비를 희생함으로 인한 효용의 손실과 미래의 소비를 증가시킴으로 인한 효용의 증가를 비교하는 문제로 요약된다. 그러면 현재의 소비를 희생함으로 인한 손실이 얼마나 많은 미래의 웃돈으로 보상을 받아야 총효용이 극대화될지는 사람들의 시간선호율에 달려 있다. 앞에서, 미래의 소비에 비해 현재의 소비를 더 중요하게 여기는 정도를 시간선호율이라고 말했는데, 비유적으로 표현한다면 저축하는 사람이 마음 속으로 적당하다고 생각하는 이자율, 즉 주관적 이자율이다. 대체로 보아 젊은이에 비해 노인들이 현재의 소비에 대한 애착이 더 크다면, 즉 시간선호율이 높다면, 노인들이 현재소비의 희생에 대해서 더 많은 대가를 요구할 가능성이 크다.

그러나 시간선호율이란 어디까지나 저축하는 사람이 마음 속으로 바라는 이자율이지 실제로 보상받는 이자율은 아니다. 그러면 현재의 소비를 희생시키는 대가로 미래의 소비는 얼마나 증가할 수 있을 것인가? 금융기관에 저축하면 미래의 소비는 통상 시장이자율만큼 증가하게 될 것이다. 현실적으로 저축에 대해서 사회가 평균적으로 제공하는 보상은 시장이자율만큼이다. 저축하는 개인의 입장에서 보면 이 시장이자율은 다른 상품의 가격과 마찬가지로 주어진 것으로 느껴진다.

노인과 젊은이의 예에서 보듯이 시간선호율은 사람마다 다르겠지만 또한 저축액에 따라 달라질 것이다. 소득 중에서 저축되는 부분의 비중이 클수록 추가액의 저축은 현재소비의 희생으로 인한 고통을 누적적으로 증대시키며, 따라서 시간선호율을 누적적으로 증가시키는 경향이 있다. 예를 들어 100만원 소득에서 천원을 저축하고 있을 때 1만원 더 저축함으로 인한 부담은 이미 90만원 저축하고 있는 상태에서 같은 1만원 더 저축함으로 인한 고통에 비하면 아무 것도 아닐 것이다. 이같이 저축액이 증가함에 따라 시간선호율이 누적적으로 증가한다면, 총효용을 극대화하기 위해서도 저축에 대한 사회적 보상인 이자보다 시간선호율이 더 높아질 정도로 과다한 저축을 할 필요가 없다.

자본시장이 완전경쟁시장이라면 모든 경제 주체들은 시장에서 결정된 이자율을 주어진 것으로 본다. 저축을 하는 사람들이나 돈을 꾸어다 쓰는 사람들 모두 시장에서 형성된 이자율을 상수로 보고 이것에 입각해서 각자의 저축액이나 차입액의 규모를 합리적으로 결정한다. 일단, 시장이자율이 i%로 주어졌다고 하자. 경제학의 이론에 의하면, 총효용을 극대화하는 저축액은 시간선호율이 주어진 시장이자율과 같아지는 수준에서 결정된다.[22] 즉, 저축에 있어서 효용극대화 조건은,

시간선호율 = 시장이자율

과다한 저축은 시간선호율을 시장이자율보다 더 높아지게 만든다. 이는 현재의 소비를 희생함으로 인한 효용의 손실이 미래소비 증가로 인한 효용증가보다 더 커져서 오히려 총효용이 감소함을 의미한다. 따라서 이럴 경우에는 저축을 적절히 줄임으로써 총효용을 증대시킬 수 있다. 그러나 저축을 지나치게 줄이면, 시간선호율이 너무 낮아져서 오히려 총효용이 감소한다. 따라서 일단 시장이자율이 주어지면, 효용을 극대화하려는 모든 저축자들은 자신의 시간선호율이 시장이자율과 일치하도록 저축액을 조정할 것이다. 이 결과 모든 저축자의 시간선호율이 시장이자율 수준으로 평준화될 것이다. 즉, 시장이자율을 i, 저축자 A, B, C 등의 시간선호율을 ρ_A, ρ_B, ρ_C 등으로 표시하면 다음과 같은 결과를 얻는다.

$$\rho_A = \rho_B = \rho_C = \cdots = i$$

이 등식이 성립하는 상태에서의 모든 저축자들의 저축액을 합친 것이 이 주어진 시장이자율 i에 상응하는 경제 전체의 총저축액이 된다.

한편, 자본에 대한 수요자는 주로 화폐자본으로 자본재를 구입하여 생산에 투입하려는 기업이다. 기업이 노리는 것은 자본재의 생산성으로부터 기대되는 수익이다. 수확체감의 법칙 때문에 이 수익률은 대체로 투자액에 반비례하는 경향을 보인다. 기업의 입장에서 보면, 이자는 지불해야 할 비용인데 기업이 너무 방대하게 투자를 많이 하다보면 수익률이 지나치게 떨어진 결과 이자율보다도 더 낮아서는 이윤을 극대화할 수 없을 것이다. 그래서 수익률이 너무 낮아지지 않도록 투자액을 적정수준으로 조정해 주어야 하는데, 이윤극대화를 위한 투자액은,

투자수익률 = 시장이자율

의 등식이 성립하는 수준에서 결정된다. 지금 어떤 수준의 투자에서 수익률이 시장이자율보다 더 높다고 하는 것은 투자액을 더 늘림으로써 보다 더 많은 이윤을 얻을 여지를 남기고 있음을 의미하며, 반대로 수익률이 시장이자율보다 더 낮다는 것은 지나치게 투자를 많이 했음을 의미한다. 그 어느 경우든 투자수익률이 시장이자율과 다른 상태는 파레토 최적의 상태가 아니며 따라서 비효율적인 상태이다.

모든 기업이 주어진 시장이자율에 적응해서 이윤극대화를 이룬 상태에서는 결국 모든 기업의 수익률이 시장이자율의 수준에서 평준화된다. 즉, i번째 기업의 수익률을 r_i라고 하면 이 상태는 다음과 같이 표현된다.

$$r_1 = r_2 \cdots = r_i \cdots = i$$

이 등식이 성립한 상태에서 결정된 각 기업의 투자액을 전 기업에 걸쳐 총합계한 값이 곧 그 주어진 시장이자율 i에 상응한 총투자이다. 그리하여 일단 시장이자율이 예컨대 i^o로 주어지면, 한편으로는 모든 저축자들은 이 주어진 시장이자율에 각자의 시간선호율을 적응시키는 과정의 결과로 총저축이 결정되고, 다른 한편으로는 모든 기업이 각자의 투자수익률을 그 주어진 시장이자율에 적응시키는 과정의 결과로 총투자가 결정되는데, 이같이 결정된 총저축과 총투자가 일치하란 법은 없다. 만일 시장이자율 i^o에서 총저축이 총투자보다 더 크다고

하면 이는 자본의 공급이 수요를 초과하는 것이므로 수요 · 공급의 법칙에 의해서 시장이자율은 하향조정될 것이다. 이 결과 시장이자율이 낮아졌다면, 이 새로운 시장이자율에 맞추어 모든 저축자들은 저축을 줄이는 방향으로 각자의 시간선호율을 하향조정하고, 다른 한편으로는 모든 기업들은 투자액을 늘리는 방향으로 각자의 수익률을 하향조정하게 될 것이다 이 결과 오히려 총저축이 총투자보다 더 적어졌다면, 시장이자율은 오르는 쪽으로 반전될 것이다. 이와 같이 총저축과 총투자가 조정되는 과정을 거쳐서 이 양자가 일치하는 수준에서 결정되는 이자율이 균형이자율이 된다. 이 균형이자율을 i^*라고 하면 다음과 같이 모든 저축자의 시간선호율 그리고 모든 기업의 수익률이 i^*와 같아지면서 평준화될 것이다.

$$\rho_A = \rho_B = \cdots = i^* = r_1 = r_2 \cdots$$

[그림 8-3]은 경제 전체로서의 이자율의 결정과정을 그림으로 요약한 것이

그림 8-3 시장이자율 결정과정

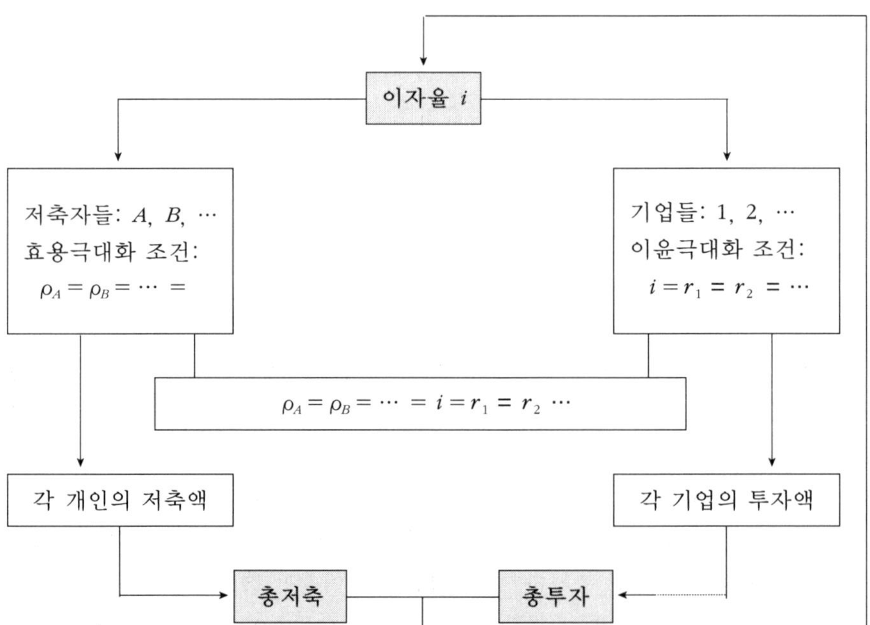

다. 이렇게 보면, 시장이자율의 역할 역시 다른 자원에 대한 가격과 마찬가지로 두 가지 역할을 한다. 즉, 저축자들에게 현재소비의 희생에 대한 대가를 치름으로써 생산에 필요한 자본을 원활하게 공급하게 하는 경제적 유인의 역할이 그 첫째요, 자본을 충분히 잘 이용하여 높은 수익률을 올릴 수 있는 기업들만 가려 뽑아서 국민경제 전체로서 한정된 자본을 배분하는 신호등의 역할이 그 둘째이다.[23)]

09

경제성장과 환경보전을 실질적으로 조화시키기 위한 방안들

1. **환경정책과 토지이용규제**
   상품자원과 현장자원/ 현장자원의 상대적 가치 증가/현장자원의 공공재적 특성 및 결정의 불가역성
2. **환경산업의 육성과 환경기술의 개발**
   환경기술 및 환경산업의 개념과 의의/ 환경산업 발전 및 환경기술 개발의 원동력/ 국민들의 환경의식을 높인 요인들
3. **일반기업과 환경산업**
   환경문제에 대한 기업의 대응양태/ 기업이 환경친화적이어야 하는 이유

1. 환경정책과 토지이용규제

상품자원과 현장자원

1998-1999년 개발제한구역(그린벨트) 해제문제가 사회적 논란이 되었을 때, 해제반대론자들은 환경보전을 위해서라도 그린벨트의 존속이 꼭 필요하다는 주장을 폈다. 반면에 해제론자들은 환경오염방지를 위해서는 환경오염물질의 배출을 직접 통제하는 환경정책이 효과적이며, 그린벨트제도와 같은 토지이용규제는 효과적이지 못하다고 반박하였다. 물론, 해제론자들의 이런 주장이 틀리지는 않지만, 한 가지 중요한 사실을 간과하고 있다. 제3장에서 자세히 살펴보았듯이 환경오염물질의 배출을 직접 통제하는 방법이 진정 효과를 달성하려면 실로 많은 돈과 방대한 행정력이 필요하다는 것이다. 달리 말하면 막대한 거래비용이 소요된다는 것이다. 우선 환경오염원인자들을 파악하고 이들의 배출량과 양태를 정확하게 탐지하는 일부터가 보통 어렵고 번거로운 일이 아니다. 환경오염물질 배출의 직접 통제를 적극 주장하는 학자들은 이런 비용의 측면을 너무 가볍게 생각하는 경향이 있다.

대개 토지이용규제는 환경오염물질의 배출량이나 배출양태를 직접 규제대상으로 하지 않고 주로 토지이용양태를 규제함으로써 간접적으로 환경오염행위를 규제한다. 따라서 토지이용규제의 효과는 간접적이다. 간접적이기 때문에 경우에 따라서는 마치 모기 잡는 데 도끼를 동원하듯이 무리가 따를 수가 있다. 특히 오늘날에 보는 바와 같이 환경오염이 넓은 지역으로 확산되면 토지이용규제만으로 환경문제에 제대로 대처하기는 어렵다.

그러나 역사적으로 보면 사실 그린벨트와 같은 토지이용규제가 환경문제에 대응하는 아주 전통적이고 고전적인 방법이다. 주거지 근처에는 아예 환경오염업체가 입지하지 못하도록 토지이용을 규제하는 방법은 환경오염 문제에 대처하는 초보적인 방법이다. 토지이용규제는 대체로 한 가지 목적만이 아니라 환경보전을 포함하여 여러 가지 목적으로 겨냥한다. 전 세계적으로 보면 환경정책의 비중이 단순히 환경오염물질의 배출을 효과적으로 억제하는 차원에서 점차 생태계를 보호하고 자연환경을 적극적으로 보전하는 차원으로 옮겨가는 추세에 있다. 우리나라도 앞으로 이런 세계적인 추세를 외면할 수 없다. 생태계 보호와 자연환경보전에는 토지이용규제가 매우 효과적인 정책수단이다.

경제학에서는 보통 생산요소를 노동, 자본, 토지의 세 가지로 나누는데, 여기에서 토지는 사람이 만들지 않은, 자연적으로 주어진 모든 것들을 포함한다.[1] 환경보전과 관련하여 토지의 용도를 크게 두 가지로 나누어 볼 수 있다. 그 하나는, 농경지, 상업용지, 공업용지, 택지 등에서 보듯이, 일단은 자연적으로 주어진 토지에 노동과 자본을 투입하여 인위적으로 변형시킴으로써 특정 사회적 이익을 발생시키는 용도이다. 농지는 농산물을 생산하기 위해서 가공한 토지이며, 주차장은 차를 주차하기 위해서 가공한 토지다. 이런 식으로 사회적 이익을 발생시키는 토지를 통상 포괄적으로 상품자원이라고 부르기도 한다.

다른 하나는, 아무런 인공적인 노력이 가해짐이 없이 자연상태로 존재하면서도 직·간접적으로 여러 가지 사회적 이익을 발생시키는 토지다. 예를 들면, 불모지와 황무지를 포함해서 지표수, 삼림, 동·식물군, 빼어난 경관 등을 품고 있는 토지는 있는 그 자체로서 우리에게 많은 사회적 혜택을 준다. 이러한 형식으로 사회적 이익을 발생시키는 토지를 총칭적으로 현장자원(in-situ resource)이라고 한다.[2] 자연상태의 산림은 관광·위락가치, 토양을 비옥하게 하고 생태계의 영양분 순환을 유지시키는 기능, 수자원 함양기능, 대기정화 기능, 수질정화 기능, 토양침식 방지기능 및 홍수피해 방지기능 등을 수행하는 대표적 현장자원이다. 현장자원은 자연상태로 현장에 존재하면서 직접 어떤 효용을 발생시키는 토지이기 때문에 소비재로서의 토지라고 부르기도 한다. 다만, 현장자원란이란 주로 자연상태의 토지를 지칭함에 반해서 소비재로서의 토지에는 반드시 자연상태의 토지만 포함되는 것은 아니다.

현장자원이 제공하는 사회적 혜택(환경가치)은 매우 다양한데, 실용가치, 기능적 가치, 명상적 가치, 심미적 가치, 위락가치, 그리고 생태적 가치 등이 꼽힌다.[3] 여기에서 실용가치란 현장자원을 다른 재화와 교환한다고 했을 때 받을 수 있는 대가로서의 가치인데, 쉽게 말하면 사려고 하는 사람들의 지불용의액으로 구체화되는 가치를 말한다. 앞장에서 설명한 간접사용가치는 자연상태로 보존된 토지의 자연적 기능에 연유하기 때문에 기능의 측면을 강조하는 의미에서 간접사용가치를 특별히 기능적 가치라고 부르기도 한다. 심미적 가치란 자연경관을 직접 탐방함으로써 실제로 체험하는 아름다움에 부여하는 가치를 의미한다. 이런 심미적 가치 이외에 자연상태의 토지는 육체적 건강을 위한 활동공간을 제공하고 휴양, 정서순화 등을 위한 계기 혹은 공간을 제공하는데, 이러한 것들에 부여된 가치가 위락가치이다. 명상적 가치란 자연상태의 토지(주로 자연경관)로부터 과거에 경험했던 즐거움(예컨대 심미적 가치나 위락가치)의 회상, 혹은 앞으로 언제인가는 그곳을 가게 되리라는 기대, 혹은 단순히 그러한 곳이 있다는 그 자체에 사람들이 부여하는 가치를 의미한다. 명상적 가치와 심미적 가치는 앞장에서 설명한 선택가치와 존재가치에 대응한 개념이다. 생태적 가치란 자연상태로의 토지가 담고 있는 천연기념물이나 생태학적 특징, 혹은 연구대상 등에 대하여 사람들이 부여하는 가치를 말한다.

중요한 것은, 이러한 여러 가지 가치들 중에서 시장에서 가격으로 금전화되는 가치는 아주 작은 일부분에 불과하다는 것이다. 대체로 실용가치의 상당한 부분은 시장에서 금전화된다고 말할 수 있다. 다시 말해서 시장에서 가격이 매겨진다는 것이다. 그러나 산림의 대기정화기능이나 수질정화기능 및 수자원함양기능으로 인한 사회적 혜택은 다분히 외부효과와 공공재의 성격을 띠고 있어서 시장에서 가격이 잘 매겨지지 않는 편이다. 예를 들면, 갯벌의 가치는 매우 크지만 그 가격은 매우 낮다. 요컨대, 상품자원의 가치는 시장에서 제대로 가격에 반영되지만, 현장자원의 가치는 가격에 잘 반영되지 않는다는 것이다. 따라서 현장자원의 경우에는 가치와 가격 사이의 괴리가 클 수밖에 없고, 앞으로 자연적이고 쾌적한 자연환경에 대한 국민들의 수요가 높아질수록 이 괴리는 점점 더 커질 가능성이 높다.

용 | 어 | 정 | 리

토지의 용도
생산요소로서의 용도, 자산으로서의 용도, 소비재로서의 용도(이에 대한 자세한 논의는 이정전저 『토지경제학』 참조)

상품자원
노동과 자본을 투입하여 인위적으로 변형시킴으로써 어떤 사회적 이익을 발생시키는 용도로 이용되는 토지

현장자원
생산과정을 거치지 않고 자연상태로 현장에 존재하면서 직접 어떤 효용을 발생시키는 토지

소비에 있어서 규모의 경제
어떤 재화에 대한 소비가 증가할 때 추가되는 비용 보다도 추가되는 편익이 더 커지는 현상

핵심 주장

1. 흔히 환경오염문제에 대해서는 환경오염물질을 직접 통제하는 환경정책이 가장 효과적이라고 말한다. 그러나 반드시 그렇지는 않다. 경우에 따라서는 토지이용규제가 더 비용효과적이고 더 효율적일 수도 있다. 우리나라에서와 같이 환경기초시설의 부실공사 및 부실운영이 고질화되어 있는 사회에서는 특히 더 그렇다. 따라서 토지이용규제는 경제성장과 환경보전을 실질적으로 조화시키는 유효한 정책수단이 될 수 있다.
2. 오늘날의 환경문제는 단순히 환경오염만의 문제가 아니다. 이제 자연보호 및 생태계보호가 더욱 더 중요한 문제가 될 것이다. 이 경우 토지이용규제의 유용성은 더욱 더 커질 것이다.
3. 따라서 앞으로는 토지이용규제는 중요한 환경정책의 수단이 될 것이다. 앞으로 환경정책과 토지정책은 통합되어야 한다.

현장자원의 상대적 가치 증가

어느 나라에 있어서나 현장자원과 상품자원 사이의 비율을 적정하게 유지한다는 것은 매우 어려운 선택의 문제이며 또한 많은 사회적 물의를 일으키는 문제이기도 하다. 대체로 보면, 자본주의 사회에서 상품자원은 소

득을 창출하기 때문에 이것을 더 많이 만들어내고 더 많이 소유하려는 강력한 경제적 인세티브가 작용하는 반면, 현장자원은 돈벌이가 잘 되지 않기 때문에 그런 인센티브가 강하게 작용하지 않는다. 이런 연유로 상품자원은 빠른 속도로 증가하는 반면 현장자원은 감소하는 경향이 있다. 달리 말하면 현장자원이 상대적으로 희소해진다는 것이다. 그러면 현장자원의 가치는 상대적으로 높아진다.

그렇다고 이 가치 상승이 시장에서 가격으로 정확하게 반영되지 않는다. 현장자원은 시장에서 잘 거래되지 않기 때문이다. 어떻든 이 결과 현장자원의 가치가 상품자원의 가치보다 현저하게 높다고 하자. 이는 상품자원이 상대적으로 너무 많다는 뜻이요 따라서 현장자원을 늘리고 상품자원을 줄여야 한다. 상품자원과 현장자원 사이의 적정비율은 현장자원의 가치와 상품자원의 가치가 균형을 이루는 수준에서 결정되어야 할 것이다. 현장자원과 상품자원 사이의 적절한 균형을 달성하고 유지시키기 위한 강력한 정책수단이 바로 토지이용규제다. 통상 환경경제학 학자들이 강조하는 환경정책(환경오염물질의 배출을 통제하는 정책)으로는 이를 달성하기 어렵다.

도시화가 진척됨에 따라 상품자원의 가치가 점차 커질 것이다. 그러나 이에 못지 않게 도시화가 진척되고 특히 소득수준이 향상됨에 따라 현장자원의 사회적 가치도 점차 커질 것이다. 이와 관련해서 한 가지 주목해야 할 것은 앞으로 상품자원의 가치보다는 현장자원의 가치가 더 빠르게 높아지기 때문에 국토에서 현장자원이 차지하는 비율이 앞으로 점점 더 커지거나 최소한도 감소하지 않도록 토지이용규제를 강화해야 한다는 것이다. 이렇게 주장할 만한 여러 가지 근거가 있다. 그 근거는 수요의 측면과 공급의 측면 모두에 있다.

우선, 공급측면부터 짚어 보자. 상품자원을 이용한 생산물 공급은 크게 증가할 여지를 가지고 있음에 반해서 현장자원의 공급은 상당히 한정적이다. 특히 지난 산업혁명 이래의 눈부신 기술진보는 상품자원을 이용한 생산물의 공급을 현저하게 증가시켜 왔고 또 앞으로도 계속 그럴 추세에 있다. 예컨대, 농업기술의 진보는 토지 단위당 농산물 수확량을, 그리고 광·공업기술의 발달은 주어진 토지로부터의 각종 원자재의 공급량을 크게 증가시켜 왔으며, 건축기술의 발달은 한정된 면적의 토지로부터 이용 가능한 주거 및 상·공업 활동 공간을 비약적으로 증가시켜 주었다. 이와 같이 주어진 토지로부터의 생산량이 많아졌다는 것은 토지단위당 생산성이 높아졌음을 의미한다. 달리 말하면, 이는 사실상 상품자원의 공급량이 사실상 증가하였음을 의미한다.

이에 반해서 많은 경우 현장자원의 총 부존량은 자연조건에 의해 극히 한정되어 있으며, 오늘날의 기술수준으로서도 그 공급량을 증가시키기 매우 어렵다. 예를 들어서 설악산이 몹시 붐빈다고 해서 설악산을 다른 곳에 하나 더 만들 수도 없고 낙동강이 오염되었다고 해서 다른 곳에 낙동강을 하나 더 만들 수도 없다. 우리에게 심미적 가치와 위락가치를 제공할 수 있는 자연경관의 총 부존량은 국토 전체로서 절대적으로 한정되어 있다고 보아야 할 것이다. 그렇기 때문에 많은 명승지들이 개발에 밀려 없어지면 우리나라 전체로서 자연경관의 부존량은 그만큼 줄어드는 셈이다.

현장자원 공급의 한정성과 상품자원 공급의 증가 가능성이 던지는 한 가지 중요한 시사점은, 비록 국민들의 취향이 변하지 않는다고 하더라도 시간이 지남에 따라 상품자원이 현장자원에 비해 상대적으로 풍부해지기 때문에 현장자원의 상품자원에 대한 상대적인 가치가 점차 증가한다는 것이다.[4] 기술진보가 현장자원과 상품자원에 대하여 미치는 영향의 차이는 대체재의 경우에도 잘 드러난다. 즉, 현장자원의 경우에는 마땅한 대체재가 풍부하지 못한 반면, 상품자원의 생산물에 대하여는 대체재가 매우 풍부하다. 예를 들어 연료로서의 나무에 대한 대체재는 석탄, 석유, 태양열 등의 대체연료가 있고, 건축자재로서의 나무에 대한 대체재는 시멘트 벽돌, 알루미늄 자재, 플라스틱 자재 등 매우 다양하고 풍부하다.

그러나 한라산과 비슷한 것은 우리나라에 없다. 지리산과 비슷한 것도 별로 없다. 한라산과 지리산은 다른 곳에서 볼 수 없는 독특한 모양이나 기능을 가지고 있다. 한라산과 지리산이 일단 훼손되면 그 자연경관이나 생태계를 다시 원상 복구하는 데에는 장구한 세월이 걸린다. 어떻든 대체재의 풍부 그리고 기술진보에 의한 대체재의 개발가능성은 상품자원의 공급을 사실상 상대적으로 풍부하게 하며 또한 사실상 증가시킴을 의미한다.

반면에 현대의 고도의 기술수준 아래에서도 제주도의 이색적 경관이나 설악산의 빼어난 경관에 대한 마땅한 대체재 그리고 삼림의 대기정화 기능에 대한 마땅한 대체재는 사실상 없다고 보아야 한다. 하기는 제주도를 찾는 사람들에게 이와 흡사한 다른 경치를 권한다거나 또는 제주도의 모조품을 다른 곳에 만들어서 이를 구경시킬 수 있다고 주장할지 모른다. 그러나 이는 마치 미술 감상을 즐기는 사람에게 모조품을 권하는 것과 흡사하다. 소득 및 교육수준의 향상에 따라 자연경관에 대한 의식수준도 당연히 높아질 것이다. 미국의 한 연구는 자연경관을 즐기는 많은 사람들이 각 자연경관들의 개별적 특성 및 그 순수성에 대하여 매우 민감하게 반응함을 실증적으로 보이고 있다.[5] 우리의 주위에서도 많은 사람들이 자연경관 속의 시멘트 구조물에 대하여 식상함을 흔히 볼 수 있고 또 북한산국립공원계획을 비롯한 다수의 공원조성계획이 자연의 순수한 경관을 해친다는 거센 반발에 부딪혀 보류된 일도 있음을 볼 때 우리나라에서도 자연경관에 대한 의식수준이 매우 높아지고 있음을 알 수 있는데, 그럴수록 자연경관의 대체재 가능성은 적어진다고 보아야 할 것이다.

현장자원의 가치가 상품자원의 가치보다도 빠른 속도로 증가한다는 주장을 뒷받침하는 요인은 수요의 측면에도 있다. 현장자원에 대한 수요증가의 한 요인으로는 인구증가를 꼽을 수 있다. 또한 앞으로 인구구조는 비교적 많은 여가를 누릴 수 있는 노년층이 확대되는 방향으로 변하리라는 것이 많은 전문가들의 지적인데, 그렇다면 그러한 인구구조 변화도 현장자원에 대한 수요증가의 한 요인이 될 것이다. 그러나 현장자원에 대한 수요증가의 가장 큰 요인은 무엇보다도 앞으로의 높은 소득증가율 그리고 이에 따른 교육수준의 향상과 여가의 증대일 것이다. 현장자원에 대한 수요의 큰 부분을 이루는 관광수요는 일반적으로 다른 상품에 비해 소득증가에 매우 탄력적이라는 것은 많이 알려져 있다. 예를 들면 정부의 한 보고서는 우리나라 국민관광은 70년대 이후 국민소득 수준이 높아지면서 급증하여 계속 증가일로에 있음을 지적하고 있다. 1971년부터 1981년까지 10년의 기간은 우리나라의 경제성장률이 최고로 높은 수준을 유지하던 시절이었다. 이 기간에 관광객의 수는 약 142% 증가한 것으로 나타나 있는데, 이는 연평균 14.2%의 증가율을 의미한다. 이 증가율은 같은 기간의 우리나라 1인당 GNP 성장률, 약 8%를 훨씬 웃도는 높은 증가율이다.[6]

이와 더불어 관광행태의 변화도 주목할 만하다. 즉, 관광동기에 있어서 1976년에는 피로 · 스트레스 해소가 63.6%로 비중이 높았으나 1981년에는 이 비율이 12.7%로 줄어든 반면, 자연명소 방문 및 자연경관의 비중이 45.4%로 크게 증가하였고, 관광계절의 선택에 있어서도 1976년에는 가을

38.9%, 여름 34.3%로 가을관광 및 여름피서가 큰 비중을 차지하고 있음에 반해서 1981년에는 봄 36.5%, 여름 29.2%, 가을 25.3%로 국민관광이 계절요인에 큰 관계없이 다양화되고 있음을 보이고 있다. 이러한 여러 가지 자료들은 현장자원에 대한 수요는 평균적으로 매우 소득탄력적이라는 것, 따라서 앞으로 소득수준이 향상됨에 따라 현장자원에 대한 수요는 상품자원에 대한 수요보다 빠르게 증가하리라는 짐작을 간접적으로나마 상당히 뒷받침한다.

기술진보는 직접적으로 현장자원에 대한 수요를 증가시키기도 한다. 예를 들면 교통시설에 있어서의 기술진보 그리고 등산장구, 스키장구 등 여가시설의 급속한 개선은 보다 더 많은 사람들에게 자연경관 등 현장자원에의 접근성 및 이용도를 높이고 있다.

이상의 논의를 요약하면, 토지를 크게 상품자원과 현장자원으로 나누어 볼 때 전자의 공급은 대체재의 동원 및 개발, 기술진보 등을 통해서 크게 증가될 수 있음에 반해서 현장자원은 자연적 제약에 의해서 그 공급이 한정적이고 마땅한 대체재 또한 부족하다. 이런 공급측면에서 양 자원의 차이점들은 결국 상품자원을 현장자원보다 상대적으로 풍부하게 만드는 요인이 된다.

한편, 현장자원의 수요는 매우 소득탄력적이며 기술진보는 직·간접적으로 이 수요를 크게 증대시키는 역할을 한다. 이러한 수요의 측면은 현장자원을 상품자원에 비해 상대적으로 부족하게 만든다. 이 수요의 측면과 공급의 측면을 종합하여 볼 때 앞으로 기술진보가 진전되고 소득수준이 향상됨에 따라 결국 현장자원의 상품자원에 대한 상대적인 사회적 가치는 점차 증대하며, 따라서 앞에서 주장하였듯이 현장자원의 가치는 상품자원의 가치보다 더 빠른 속도로 증가할 가능성이 상당히 크다고 할 수 있다. 정부의 토지정책이나 토지이용규제는 앞으로 가치가 크게 높아질 현장자원을 충분히 확보하기 위한 수단이다.

현장자원의 공공재적 특성 및 결정의 불가역성

상품자원은 시장에서 자유롭게 거래되는 토지(자원)이다. 시장이란 요컨대 상품을 사려는 사람과 팔려는 사람 사이에 거래가 이루어지는 장소이다. 이 거래를 조정하는 요인은 가격이다. 수요자는 사려고 하는 상품에 대하여 느끼는 가치를 생각해서 수요량을 결정하고 공급자는 팔고자 하는 상품에 투입한 비용과 연결해서 공급량을 결정할 것이므로 이들 사이의 흥정의 결과 수요량과 공급량이 일치되는 수준에서 결정된 시장균형가격은 수요자 측면과 공급자 측면에서 본 가치를 모두 반영하는 객관적 지표라고 볼 수 있다. 물론 토지의 경우에는 외부효과라든지 혹은 토지의 독과점, 토지투기 등의 요인 때문에 그 시장가격이 항상 사회적 가치를 정확하게 반영한다고 볼 수는 없다. 오히려 토지의 특성상 정확하게 반영하지 못하는 경우가 더 많다고 볼 수도 있다.

이와 같이 상품자원에 대하여는 그 사회적 가치를 반영해 주는 객관적 지표로서의 시장가격이 존재하는 반면에 현장자원의 경우에는 그렇지 못하다. 그 주된 이유는 현장자원의 대부분이 공공재적인 성격을 가지고 있기 때문이다. 아름다운 경관, 산림의 대기정화기능, 산림의 수자원정화기능 및 수자원함양기능 등은 다분히 공공재의 요건을 갖춘다.

상품자원은 사적재의 성격을 가지므로 이의 효율적 이용문제는 기본적으로 시장기구에 맡기는 것이 바람직할 것이다. 하지만 현장자원은 공공재의 성격을 가지므로 공공기관에 의해서 공급되고 관리됨이 바람직하다고 할 수 있겠지만 문제는 그 수요를 어떻게 추정하느냐이다. 마치 기업이 생산량을 결정함에 있어서 수요추정이 필수적이듯이 정부가 현장자원을 보존함에 있어서도 그 사회적 수요를 정확하게 파악하는 것은 매우 긴요하다. 시장가격의 형식으로 사회적 가치에 대한 객관적 지표를 갖지 않는다는 점에서는 현장자원은 국방이나 치안과 같은 다른 공공재와 다를 바 없겠으나, 개발제한구역(그린벨트)에 대한 개발수요의 압력에서 매우 잘 드러나듯이 현장자원은 시장 기구를 배경으로 하는 상품자원이라는 직접적 경합관계의 대상을 갖고 있다는 점에서 다른 공공재와 성격을 좀 달리 한다고 볼 수 있는데, 그렇기 때문에 현장자원에 대한 사회적 수요의 정확한 추정이 더욱 더 중시된다.

일반적으로 공공재의 사회적 가치를 추정하는 것은 매우 어려운 작업인데 현장자원의 사회적 가치에는 다른 보통 공공재에서는 별로 볼 수 없는 여러 가지 요소들이 복합적으로 작용하고 있다. 그 중의 하나가 소위 결정의 불가역성이다. 현장자원은 그 공급이 자연적으로 한정되어 있고 또한 마땅한 대체재도 부족하기 때문에 일단 다른 용도로 전용되면 원상태에로의 복귀가 기술적으로 매우 어렵다. 예컨대 설악산을 깎아서 공업단지를 조성하는 것은 항상 가능하지만 일단 조성된 공업단지를 다시 설악산으로 원상 복구하는 것은 사실상 불가능하다고 보아야 한다. 설악산이 없어진 것을 훗날 크게 후회해도 그 때는 이미 어쩔 수 없다. 일상생활에서 흔히 보듯이 돌이킬 수 없는 상태에 이르는 결정은 되도록 보류하는 것이 상례이다.

불가역적 결정에 대해서는 많은 사람들이 그 불가역성에 대한 일종의 프리미엄을 생각하게 될 것이다. 이런 점은 현장자원을 상품자원으로 전용하려는 정책적 결정에 있어서도 마찬가지이다. 예를 들어 자연경관의 파괴를 수반하는 다목적댐을 건설할 때는 그 사회적 편익이 건설비 및 기타 여러 경비 그리고 파괴되는 자연경관의 현 이용가치뿐 아니라 결정의 불가역성까지 포함한 모든 사회적 비용을 충분히 능가할 수 있어야 그 타당성이 인정된다.

국방, 치안, 교육 등 다른 공공재들의 공급은 통상 막대한 투자비와 유지관리비를 요구한다. 이에 반해서 같은 공공재적 성격을 가지는 현장자원은 자연적으로 우리에게 주어진 것이다. 이와 같이 무상으로 주어진 것이므로 현장자원의 이용으로 인한 사회적 총혜택은 그 자원의 수용범위 내에서는 공급비용과 큰 상관없이 혜택을 누릴 사람의 수에 비례해서 증가한다. 다시 말해서 소비에 있어서 규모의 경제가 있다. 이런 면에서 보면 엄청난 비용이 소모되는 다른 공공재에 비해 무상으로 공급되는 현장자원의 소비에 있어서 규모의 경제는 그만큼 매우 크다고 할 수 있다. 그렇기 때문에 사회 전체의 입장에서 보면 현장자원의 확보는 그만큼 높은 경제성을 가진다는 것이다.

이에 반해서 상품자원의 경우에는 혜택을 누릴 사람의 수를 무작정 늘릴 수가 없다. 왜냐하면 혜택을 누릴 사람의 수를 늘리기 위해서는 더 많이 생산해서 공급해야 하는데, 상품자원의 경우에는 공급을 증가시킴에 따라 소위 수확체감의 현상이나 규모의 불경제가 작용하는 까닭에 생산을 많이 할수록 단위당 비용이 상승하는 경향이 있어서 어느 수준 이상으로 공급하는 것이 너무 비싸므로 경제성을 상실하게 되는 경우가 많기 때문이다. 예를 들어 택지로부터의 혜택을 증가시키기 위해서는 택지를 많이 공급해야 하는데 어느 규모 이상으로 많은 택지를 개발하는 경우에는 단위당 개발비가 급속도로 상승하기 때문에 택지개발의 사회적 편익을 무작정 증가시킬 수가 없게 된다.

소비에 있어서 규모의 경제 현상은 현장자원의 사회적 수요추정을 매우 유동적이게 만드는 요인이 된다. 예를 들면, 일기예보의 경우 일기예보를 얼마나 많은 사람이 들을 수 있게 정책적 배려를 했느냐에 따라서 일기예보로부터 혜택을 받는 사람의 수가 크게 달라질 수 있기 때문이다. 동해안의 절경에 대한 수요가 어느 정도가 될 것인지는 동해안을 얼마나 많은 사람들이 즐길 수 있게 만드느냐에 의해서 크게 달라질 것이다. 어떻든 현장자원을 상품자원으로 전용하는 것은 소비에 있어서 규모의 경제로 인한 기대 이상의 상당한 잠재적 사회적 편익을 희생할 가능성을 내포하고 있다. 따라서 현장자원의 수요를 예측하는 데 있어서는 위에서 언급한 결정의 불가역성과 결부하여 소비에 있어서 규모의 경제도 신중이 고려되어야 할 것이다.

만일 현장자원의 상품자원에 대한 상대적 가치가 시간이 지남에 따라 급격히 감소한다면 물론 현장자원의 이용과 결부된 불가역성이나 또는 소비에 있어서 규모의 경제 현상은 별 심각한 문제가 되지 않을 것이다. 그러나 전혀 그 반대의 경우가 성립되기 때문에 그러한 요인들이 특히 심각해지는 것이다.

현장자원의 수요추정에서 흔히 무시되기 쉬운 부분이 앞에서 말한 선택가치와 존재가치이다. 그렇기 때문에 만일 설악산을 깎아서 공업단지로 조성한다면, 이는 불특정 다수로부터 미래 언젠가는 설악산을 구경함으로써 누릴 수 있는 혜택을 박탈하는 셈이며, 또한 존재가치를 부여하는 사람들의 의사를 무시하게 된다. 이 선택가치나 존재가치가 의미하는 것은 단순히 과거 이용추세로부터 현장자원의 사회적 가치를 추정하는 것은 상당한 정도의 과소평가를 초래할 우려가 있다는 점이다. 현장자원의 사회적 가치 추정은 선택가치 및 존재가치까지 충분히 포함해서 수행되어야 할 것이다.

핵심 주장

1. 어느 나라에서나 개발될 토지(상품자원)의 양과 자연상태로 보전해야 할 토지(현장자원)의 양을 합리적으로 배정하는 일은 결코 쉬운 일이 아니다. 그러나 중요한 것은, 앞으로 현장자원의 가치는 상품자원의 가치에 비해서 더욱 더 빠른 속도로 증가한다는 것이다. 이렇게 만드는 요인은 수요측면과 공급측면 양

쪽 모두에 있다. 이 말은 앞으로는 상품자원 대비 현장자원의 비중을 더 크게 해야 한다는 것이다. 토지이용규제는 현장자원과 상품자원 사이의 적절한 비율을 유지하기 위한 정책수단이다. 통상 환경경제학자가 말하는 환경정책으로는 이를 달성하기 어렵다.

2. 현장자원은 언제나 상품자원으로 전환할 수 있지만, 일단 상품자원이 된 토지는 다시 현장자원으로 바꾸는 것은 거의 불가능하다. 즉, 토지개발에는 결정의 불가역성이 존재한다. 따라서 토지개발은 그만큼 더 신중을 기해야 한다.
3. 현장자원을 충분히 확보하는 것, 이것이 앞으로 토지정책이나 토지이용규제의 중요한 과제가 될 것이다. 왜냐하면 현장자원의 가치는 잘 금전화되지 않으므로 시장의 외면을 당하기 때문이다.

2. 환경산업의 육성과 환경기술의 개발

환경기술 및 환경산업의 개념과 의의

경제성장을 유지하면서 환경도 보전하는 가장 효과적인 방법이라고 하면 흔히 환경기술 개발의 촉진과 환경산업의 육성이 첫 번째로 꼽힌다. 환경문제가 심각해지면서 우리나라 역대 정부는 이것을 늘 강조하였다. 2008년 이명박 정부가 천명한 '저탄소 녹색성장 정책'의 핵심도 환경기술의 개발과 환경산업의 육성이다.

저탄소 녹색성장 정책은 요컨대 탄소배출량을 적극적으로 줄임으로써 환경보전에 기여함과 동시에 저탄소 기술과 에너지 절약 산업을 성장의 동력으로 삼아 지속적 경제성장을 달성하자는 취지의 정책이다. 2009년에 제정된 녹색성장기본법은 "청정에너지와 녹색기술의 개발을 통하여 신 성장동력을 확보하고 새로운 일자리를 창출해 나가는 성장방식"이라고 녹색성장을 정의하고 있다. 여기에서 말하는 녹색기술의 핵심은 탄소배출량을 줄이는 기술이나 화석에너지를 절약하는 기술이다. 정부는 6개 분야에 걸쳐 22개 업종을 녹색산업으로 지정하고 이를 성장의 동력으로 삼고 있는데, 여기에서 녹색산업은 종전보다 저탄소에 무게를 둔 환경산업으로 이해된다. 이렇게 환경기술과 환경산업의 중요성이 급속히 커지고 있지만 사실 구체적으로 어떤 기술과 어떤 산업이 환경기술과 환경산업인지는 분명하지 않다. 우선 환경기술부터 살펴보자.

보통 환경기술을 두 가지 종류로 분류한다. 즉, 발생된 환경오염물질을 사후에 처리하여 환경오염을 방지하는 기술, 환경오염물질의 배출 및 환경 파괴를 사전에 예방하는 기술, 환경을 더욱 좋게 개선하는 기술 등이 그것이다. 사후처리에 관련된 기술을 제1세대 기술이라고 하고 사전예방에 관련된 기술을 제2세대 기술이라고도 한다.[7] 사후처리 기술은 다시 환경오염물질을 처리하는 기술과 환경오염방지용 시설이나 기자재를 생산하는 기술로 나뉜다. 사전예방에 관련된 기술은 환경오염물질을 덜 배출하는 공정에 대한 기술이라든지 환경을 덜 오염시키는 상품을 생산하는 기술, 그리고 나아가서 깨끗한 환경, 자연스런 환경을 적극적으로 만드는 기술을 말한다. 이와 같이 환경기술에 여러 가지 유형이 있지만, 보통은 환경오염물질을 사후에 처리하는 기술을 의미하는 경우가 많다. 환경오염물질을 처리하는 기술에는 대기오염물질을 처리하는 기술, 수질오염물질을 처리하는 기술, 소음 및 진동을 줄이거나 혹은 제거하는 기술, 폐기물을 소각 혹은 매립하는 기술 등이 있다.

환경기술의 개념이 모호하듯이 환경산업의 개념도 모호하다. 대체로 보면, 환경산업이라고 하면 크게 두 가지 다른 의미로 쓰인다. 그 첫째는 좁은 의미의 환경산업으로서, 주로 환경오염물질의 사후적 처리와 관련된 산업을 말한다. 예를 들면, 뉴욕이나 런던 금융가의 기업분석가나 증권중개업자 및 금융기관들은 환경오염물질의 처리를 사업목적으로 삼는 기업, 즉 수질오염, 대기오염, 토양오염 등의 환경오염을 방지하기 위한 시설이나 서비스의 개발, 생산, 판매, 설치, 그리고 운영을 주된 영업으로 삼는 기업을 녹색기업(綠色企業, green company)이라고 정의하고 있다.[8] 이 녹색기업에는 폐기물을 재활용하는 기업은 물론이고 환경오염을 계측하는 계기나 감시하는 장치를 생산하는 기업도 포함된다. 녹색기업을 이렇게 정의하면, 환경산업이란 그러한 녹색기업의 집단으로 정의할 수 있다.

환경산업에 대한 이런 좁은 의미의 정의가 가장 빈번히 이용되는 정의하고 할 수 있으며, 1990년대 초반까지는 우리나라 정부도 환경산업을 대략 이런 식으로 이해하고 있었던 것으로 보인다. 환경부에서 발행하는 『환경백서1994』에 의하면, "환경산업이란 통상 직접 환경오염방지 및 처리에 관여하는 업체를 말하며, 협의적 개념에서 보면 환경관계법률에 의하여 허가,

등록, 지정을 받아 영업하는 각종 용역서비스업, 설계 · 시공업 등을 지칭한다."[9] 이런 협의적 개념에 따르면 ① 환경오염방지 관련 시설업 ② 환경오염물질 처리 및 폐기물재활용업 ③ 환경 관련 서비스대행업,④ 유독물 관련 영업 등이 환경산업으로 분류되며 이들 중에서 특히 대기오염방지 시설업, 수질오염방지 시설업, 그리고 소음 · 진동방지 시설업이 가장 대표적인 환경산업으로 꼽히고 있다.

이와 같이 환경오염방지를 사업목적으로 삼는지 여부에 따른 환경산업의 정의는 과연 어떤 기업이 녹색기업인가를 가려내는 데에 있어서 비교적 분명한 기준을 제공한다는 장점이 있다. 그러나 환경산업에 대한 그런 통상적 정의는 다분히 기술적인 정의이다. 이런 기술적인 정의를 고지식하게 따르다가는, 예컨대 환경오염물질을 대량 배출하면서 환경오염물질 처리시설을 생산하는 업체들을 환경산업으로 분류해서 이를 적극적으로 지원하는 이상한 현상이 나타날 수 있다.

반대로, 환경오염물질의 처리를 사업목적으로 삼지는 않지만 환경보전에 크게 기여하는 기업도 얼마든지 있을 수 있다. 예를 들면, 노르웨이의 어떤 유명한 가구생산업체는 공장 내에서 폐기물을 최대한 재활용하고 에너지를 효율적으로 사용하며 CFC와 같이 환경오염을 유발할 우려가 있는 물질을 사용하지 않음은 물론이고 심지어 삼림조성계획을 위반하면서 벌채한 목재는 원자재로 구입하지 않는 철저한 환경보전 의식을 보였다. 진정한 환경보전을 위해서는 바로 이러한 기업들이 사회적으로 높은 평가를 받고 육성되어야 한다는 주장이 매우 강한 설득력을 가진다.

이런 점에서 보면, 단순히 환경오염방지 사업을 목적으로 삼느냐 아니냐의 요건만으로는 녹색기업 및 환경산업을 정의하기에는 미흡함을 알 수 있다. 단순히 사후적으로 환경오염 물질을 처리하기보다는 사전적으로 환경오염을 예방하거나 또는 적극적으로 환경을 개선하는 것이 더 효과적일 수가 있다. 그래서 환경보전에 실질적으로 기여하는 정도를 근거로 하여 원자재 구입에서 생산 및 판매에 이르기까지 환경보전 대책을 성실히 실시함으로써 두드러지게 다른 경쟁기업의 모범을 보이는 기업, 기존의 상품보다 환경을 현저하게 덜 오염시키는 대체품을 개발 · 생산하는 기업, 그리고 깨끗하고 아름답고 자연스러운 환경을 적극적으로 창조해 나가는 기업을 녹색기업이라고 정의하고 이런 녹색기업의 집단을 환경산업이라고 정의할 수도 있다.

앞에서 정의한 좁은 의미의 환경산업이 기술적 의미의 환경산업이라고 한다면, 이 두 번째 의미의 환경산업은 환경보전이라는 규범을 더 직접적으로 강조한다는 점에서 규범적 의미의 환경산업 혹은 넓은 의미의 환경산업이라고 할 수 있다. 어떤 점에서는 이 넓은 의미의 환경산업이 일반 시민들에게는 더 친숙한지도 모른다. 왜냐하면, 일반적으로 녹색기업이 생산한 상품을 녹색상품이라고 하지만, 보통 일상생활에서 녹색상품이라고 하면 환경오염방지를 사업목적으로 하는 기업이 생산한 상품이라기보다는 바로 이 넓은 의미의 환경산업이 생산한 상품으로 인식하는 경향이 강하기 때문이다. 최근 우리 정부도 환경산업의 범위를 기존의 좁은 의미의 환경산업보다 더 확대하는 경향이 있다.[10] 이미 오염된 환경을 복원하기 위한 재화나 서비스를 공급하는 산업, 자원을 좀 더 효율적으로 이용하기 위한 제품 및 기술 등을 제공하는 산업, 기후변화(지구온난화)에 대응하여 신 · 재생 에너지를 개발하는 산업, 환경친화적 상품을 생산하는 산업 등을 환경산업에 포함시킴으로써 이른바 녹색산업을 넓은 의미의 환경산업으로 정의하고 있다.

이렇게 넓은 의미로 환경산업을 정의하는 것은 취지는 좋지만 이 취지에 따라 구체적으로 어떤 기업이 녹색기업이고 또 어떤 기업이 녹색기업이 아닌가를 판가름하기 위한 실용적 기준을 설정하기가 어렵고 복잡하다는 문제점이 있다. 또한 아무리 넓은 의미의 환경산업에 부합하는 기업이라고 하더라도 국민에게 좋지 않은 인상을 주는 기업을 녹색기업이라고 정의하기 껄끄러운 경우도 많다. 예를 들면, 원자력발전소라든가 담배제조회사, 유독한 화학물질을 생산하는 기업, 무기제조회사 등이 아무리 내부적으로는 환경보전 시책을 모범적으로 철저히 실행하고 있다고 하더라도 이들을 녹색기업이라고 해서 환경산업에 포함시키는 것은 국민정서상 용납되기 어려운 면이 있다. 그렇지만 환경산업을 넓은 의미로 해석할 필요성을 무시할 수는 없다.

환경기술 그리고 환경산업은 경제성장과 환경보전의 양립을 가능하게 한다고 해서 이 가능성을 과신해서는 안 된다. 앞에서도 언급하였지만, 예를 들어서 아무리 에너지 효율적인 가전제품이 개발된들 가전제품에 대한 수요가 워낙 크게 늘어서 에너지 이용의 효율을 압도한다면, 결과적으로 자연으로부터 채취되는 에너지자원의 절대량이 크게 늘어남으로써 환경문제가 더욱 더 심해진다면 지속가능발전의 이념을 달성할 수 없을 것이다. 결국 자연으로부터 채취되는 자원의 절대량을 줄이고 그럼으로써 환경에 배출되는 폐기물의 양을 줄이는 것이 기본이다.

환경산업 발전 및 환경기술 개발의 원동력

(1) 수요측면의 정책

환경산업의 발전과 환경기술 개발에 가장 결정적 요인은 말할 필요도 없이 환경산업이 생산한 상품에 대한 수요의 크기이다. 이 점은 아무리 강조해도 지나치지 않을 것이다. 자본주의 사회에 있어서는 돈벌이를 잘 하는 기업은 흥하게 되어 있고 그렇지 못한 기업은 망하게 되어 있다. 이것은 자본주의의 철칙이다. 돈벌이를 좌우하는 핵심적 요인이 바로 수요이다. 돈벌이가 잘 되기 위해서는 우선 생산된 상품이 시장에서 잘 팔려야 함은 두말할 필요가 없다. 아무리 훌륭하고 사회적으로 바람직한 상품을 생산해도 이것이 시장에서 팔리지 않는다면, 다시 말해서 수요가 없다면 돈벌이가 되지 않을 터이니 그 상품의 생산은 곧 중단될 수밖에 없다. 아무리 환경산업의 발전과 환경기술의 개발이 우리의 환경보전을 위해서 바람직하고 중요하다고 해도 환경산업이 생산한 상품이나 서비스를 아무도 사주지 않는다면 환경산업은 발전은커녕 존속할 수도 없고 환경기술도 개발될 수 없다.

정부가 환경산업의 발전과 환경기술의 개발을 위한 정책을 펼 때 제일 먼저 생각할 것도 바로 어떻게 하면 환경산업이 생산한 제품과 서비스가 많이 그리고 잘 팔리도록 수요를 일으켜 주느냐의 문제이다. 최근 우리나라의 환경산업이 서서히 성장하고 환경기술의 개발이 활발해지고 있는 이유도 환경산업에 대한 수요가 늘어나기 때문이며, 환경산업이 유망산업으로 각광을 받고 있는 이유도 앞으로 이 수요가 엄청나게 커지리라는 전망이 서 있기 때문이다. 다시 말해서 앞으로 돈벌이가 잘 되리라는 밝은 전망이 있기 때문이다.

마치 사람들이 병에 많이 걸리면 의료산업이 번창하며, 범죄가 많으면 법률 서비스업이 돈을 많이 벌듯이 환경오염이 심하면 자연히 환경산업이 발달하게 된다고 말할 수도 있다. 하지만, 엄밀히 말해서 환경오염의 정도는 환경산업의 발달과 직접적인 관계는 없어 보인다. 예를 들면, 중국이나 인도의 환경오염은 세계적으로 악명이 높지만 이들 나라에서 아직까지는 환경산업이 기대한 만큼 번창하지는 못하다. 반면에, 독일은 환경오염이 별로 심하지 않은 것으로 알려져 있는데, 이 나라의 환경산업은 세계 최고로 발달되어 있고 이 나라의 환경기술은 세계 시장에서 인정받고 있다.

환경산업이 생산한 상품에 대한 수요자는 크게 보아 일반 시민, 정부, 기업, 그리고 외국 사람들이다. 바로 이들이 환경산업의 생산물을 많이 사주어야만 환경산업이 번창하고 환경기술이 활발히 개발될 수 있다. 이와 관련해서 한 가지 강조해 둘 점은, 환경산업에 대한 수요의 대부분이 환경 관련 법이나 환경정책에 의해서 인위적으로 창출된다는 것이다. 이것이 환경산업의 가장 큰 특징이다. 환경산업의 존재 그 자체부터 환경 관련 법이나 환경정책 등 법적 · 제도적인 요인에 의해서 크게 좌우되며, 따라서 정부의 역할이 다른 어떤 산업에 비해서도 중요시된다.[11] 기술이나 산업발전에 있어서 가장 중요한 부분이 수요이므로 이 경우 정부 역할의 핵심은 환경 관련 법이나 정책의 집행을 통해서 환경산업과 환경기술에 대한 수요를 어떻게 효과적으로 창출하느냐이다. 다시 말해서 이 수요증대 정책이 환경산업의 발전과 환경기술의 개발을 위한 정부정책에 있어서 최우선적 사항이며 핵심적인 사항이 되어야 한다는 것이다.

환경기술개발과 환경산업의 발전을 위해서 정부가 환경산업에 대한 수요를 증대시키기 위한 정책을 특별히 수요측면의 정책이라고 한다면 여기에는 크게 두 가지 방법이 있을 수 있다. 그 하나는 정부의 직접개입에 의해서 정부가 직접 환경산업에 대한 수요자가 되어 주는 방법이다. 환경산업이 생산하는 상품의 특성상 환경산업의 큰 고객은 정부이다. 대체로 보면, 가정에서 나오는 쓰레기나 생활하수 및 분뇨는 정부가 직접 수거 · 처리해 줌이 여러 나라의 관례이며 이를 위해 각국 정부는 하수처리시설이나 분뇨수거 · 처리시설, 쓰레기 소각 및 매립시설을 설치하고 운영하는 데 많은 돈을 쓰게 된다. 이런 시설들은 환경산업으로부터 구매되니 이 돈의 대부분은 결국 환경산업으로 흘러들어 가게 된다. 정부가 이런 환경오염방지시설을 많이 설치할수록 그리고 환경개선사업을 많이 벌일수록 환경산업의 돈벌이는 좋아지게 될 것이다.

환경산업이 생산하는 친환경상품(녹색상품)을 정부가 적극적으로 구매해 주는 방법도 있다. 우리 정부는 상당히 오래 전부터 정부의 각 부처, 지방자치단체, 공기업 등으로 하여금 환경산업이 생산한 특정 친환경상품을 의무적으로 구매할 것을 요구하고 있다. 2006년에는 『친환경상품 구매촉진에 관한 법률』까지 제정하면서 구매를 독려한 결과 2008년에는 2004년에 비해서 구매액이 6배 증가한 것으로 나타났다.[12)]

정부가 수요를 일으키는 또 다른 방법은 환경 관련 법령이나 환경정책을 강화하고 이를 엄격하게 실시함으로써 일반기업이나 시민들로 하여금 환경산업의 생산물을 많이 구매하도록 유도하는 방법이다. 기업이 환경산업의 상품을 구매하는 주된 이유는 환경오염물질의 배출이나 환경파괴를 규제하는 환경법이나 환경 관련 정부의 규정을 지키기 위함이다. 환경법이나 환경 관련 정부의 규정이 엄격할수록 그리고 이들이 강력하게 집행될수록 기업들은 환경오염방지를 위한 노력을 더 많이 해야 하고 따라서 환경산업이 생산한 상품을 더 많이 사게 될 것이다. 다시 말해서 환경법이나 환경 관련 정부의 규정이 엄격할수록 그리고 이것을 강력하게 집행할수록 환경산업의 상품에 대한 기업의 수요가 커진다는 것이다. 환경산업에 대한 수요는 이와 같이 제도적으로 창출된다는 점을 명심할 필요가 있다.

물론, 법의 강력한 집행만이 능사는 아니다. 어느 정책이나 채찍과 당근이 잘 조화되어야 한다. 정부는 한쪽으로는 법을 강력하게 집행하면서 다른 한쪽으로는 일반기업들이 환경산업의 제품을 많이 구매하도록 유도할 수도 있다. 환경오염방지시설의 설치는 대부분의 경우 많은 자금을 소요하기 때문에 일반기업이 큰 부담을 느끼고 꺼려하기 마련이다. 그래서 정부는 낮은 금리의 자금을 대여해 줌으로써 일반기업의 환경오염방지시설의 설치를 장려할 수도 있다. 일반기업의 환경오염방지시설의 설치에 대한 조세특혜 및 금융지원이나 기타 일반기업의 환경오염방지투자를 유도하기 위한 각종 경제적 유인책들도 있다.

환경산업 및 환경기술에 대한 수요창출에는 일반기업들뿐만 아니라 일반 시민들의 역할도 중요하다. 환경법이나 환경 관련 정부의 규정은 주로 국민들의 환경에 대한 요구에 부응해서 만들어진 것이다. 따라서 환경법이나 환경 관련 규정이 얼마나 엄격하며 얼마나 강력하게 집행되는가는 국민들의 환경에 대한 요구가 얼마나 강한가에 비례하게 될 것이며, 국민들의 환경에 대한 요구는 국민들의 환경의식에 비례할 것이다. 환경산업의 상품에 대한 기업의 수요 역시 근원적으로는 국민들의 높은 환경의식으로부터

녹색상품

환경산업의 개념이 모호한 것과 마찬가지로 녹색상품의 개념도 불분명하기는 마찬가지이다. 좀 넓게 생각하면 환경오염방지에 이용되거나 또는 적극적으로 환경개선에 이바지하는 상품을 녹색상품이라고 볼 수 있을 것이다. 그러나 일반시민들이 주로 사는 녹색상품이란 이런 넓은 의미의 녹색상품이 아니라 제조 · 유통 · 소비과정에서 혹은 폐기된 후 환경을 덜 오염시키는 상품 또는 우리에게 보다 낳은 자연환경을 제공하는 상품들이다.

녹색상품에 대한 기업의 대대적인 광고가 시사하듯이 환경산업이 생산하는 상품들 중에서 가장 폭발적인 잠재수요를 가진 상품은 아마도 일반시민을 대상으로 하는 녹색상품일 것이다. 선진국의 경험을 살펴보면, 녹색상품을 사는 사람들은 대체로 교육수준이 높다. 또한 녹색상품을 사는 사람들 중에는 환경보전에 기여하고 있음을 다른 사람들로부터 인정받고 싶어하는 사람들도 많다. 비록 환경의식을 상당히 가지고 있다고 하더라도 대부분의 사람들은 어떤 상품을 사는 것이 환경보전에 기여하는 것인지를 판단하는 데에 많은 시간을 소비하려고 하지는 않는다. 그렇기 때문에 일반시민들로 하여금 환경보전이라는 큰 명분에 기여하고 있다는 느낌을 손쉽게 제공하는 상품, 강한 환경의식을 가지고 있음을 빠르게 보일 수 있는 상품이 녹색상품으로 성공하기 쉽다.

일반시민을 대상으로 하는 녹색상품에는 정수기라든가 공기정화기 등과 같이 깨끗한 자연환경의 공급에 주력하는 상품도 있지만, 폐기된 후 수질오염을 덜 유발하는 환경친화적 합성세제라든가 재활용한 종이로 만든 책이나 명함, 자연상태에서 쉽게 분해되거나 부패하는 플라스틱 제품, 절전형 가전제품 등과 같이 보통의 상품에 환경적인 요소를 추가적으로 가미한 상품들이 많다. 예를 들면, 환경친화적 합성세제는 세제 원래의 기능에 환경에 덜 부담을 준다는 특성이 추가된 상품이며, 자연분해되는 비닐봉투는 비닐봉투 원래의 기능에 자연분해된다는 친환경적 요소를 가미한 상품이다.

그렇다고 상품이 원래의 기능에 질적인 변화가 없다는 것은 아니다. 실제로 유통되는 녹색상품이 원래의 기능에 있어서는 뒤지면서 환경적으로는 우수한 경우가 매우 흔하다. 예를 들면 환경적으로 우수한 세척제는 원래의 기능인 세척력에서는 다소 뒤짐이 보통이다. 이와 같이 상품 원래의 기능과 환경적 요소 사이의 상충관계는 매우 어려운 선택의 문제를 낳는 경우도 있다. 그럼에도 불구하고 일반시민들은 대부분 녹색상품이라고 하면 그 상품이 가지는 원래의 기능에는 변함이 없고 단지 환경적인 요소가 추가되는 것으로 생각한다. 다시 말해서 녹색상품은 다른 면에서는 같은 종류의 보통상품과 동질적이면서 환경적으로는 더 우수하다고 생각하는 경향이 있다. 그렇기 때문에 대부분의

나온다.

환경산업이 생산한 상품, 예를 들면 공기청정기니 생수니 또는 자연분해되는 합성세제 등 이른바 녹색상품에 대한 일반 시민들의 수요도 무시

일반시민들은 녹색상품은 보통 상품에 비해서 가격이 비싸고 또 으레 그래야 한다고 생각하는 경향이 있다. 그러므로 녹색상품을 사는 사람들은 대부분 그만큼 비싼 가격을 치를 경제적 여유가 있는 사람들이다.

이와 같이 많은 일반시민들이 녹색상품의 환경적인 요소를 상품 원래의 기능에 추가되는 것으로 생각하기 때문에 상품 원래의 기능이 현저히 떨어지는 녹색상품은 곧 인기를 잃게 될 것이다. 따라서 녹색상품으로 성공하기 쉬운 상품이란 소비자들이 상품 원래의 기능에 있어서 질적 차이를 크게 느끼지 않도록 하면서 손쉽게 환경적 요소를 가미할 수 있는 상품이다. 예를 들면, 학생들의 연습장은 재활용 종이로 만들더라도 학생들이 필기용으로 쓰는 데에는 상관이 거의 없기 때문에 녹색상품이 되기 쉽다고 할 수 있다.

이렇게 보면, 반대로 녹색상품으로 성공하기 어려운 상품들도 있을 것이다. 사치품이나 기술진보가 빨리 진행되는 상품들은 성공적인 녹색상품이 되기 어려운 것으로 알려져 있다. 예를 들면, 고성능 컴퓨터나 가전제품, 내구성 소비재들은 매립처분된 후 자연분해되는 플라스틱으로 만들어졌다고 해서 소비자들이 이런 제품을 더 선호할 가능성은 별로 없어 보인다. 고성능 컴퓨터나 가전제품을 살 때 소비자들이 우선적으로 보는 것은 그 제품 본래의 성능이지 폐기 후의 환경친화성이 아니기 때문이다. 물론 절전형 가전제품들도 녹색상품의 범주에 속하지만, 절전형 가전제품을 소비자들이 많이 찾는 이유는 이것이 우리 국가 전체의 전력수요를 줄여 주기 때문이 아니라 각 소비자들이 전기요금을 덜 내는 이익을 직접적으로 얻기 때문이다. 일반시민들의 환경의식이 매우 높아졌다고는 하지만 소비자들이 상품을 선택할 때는 아직까지는 상품 원래의 기능을 우선 중요하게 보고 상품이 환경적으로 건전한지의 여부는 부차적으로만 생각하는 경향이 지배적이다.

대체로 보면, 이미 소비자들에게 잘 알려진 상품에 도전할 신개발 상품도 녹색상품으로 성공하기는 어려운 것으로 알려져 있다. 왜냐하면,기존의 상품은 이미 검증된 상품 원래의 성능에 환경적 요소만 가미해서 신개발 상품의 도전에 응하면 되지만, 신개발 상품은 환경적으로 건전한지의 여부뿐만 아니라 상품 원래의 성능부터 새롭게 소비자의 검증을 받아야 하는 이중의 부담을 안고 경쟁해야 하기 때문이다. 이 말은 이미 소비자들에게 알려진 상품은 녹색상품으로 전환함으로써 새로 선보일 상품과의 경쟁에서 손쉽게 우위를 점할 수 있음을 시사하기도 한다.

할 수 없는 큰 비중을 차지한다(녹색상품에 관해서는 box 참조). 환경오염피해를 피하기 위해서 혹은 깨끗하고 아름다운 환경을 즐기기 위해서 또는 환경을 보전하기 위해서 또는 환경보전에 기여하고 있다는 것을 몸소 보이기 위해서 등 여러 가지 이유 때문에 일반 시민들은 이런 녹색상품을 산다. 이런 구매동기들은 일반 시민들의 환경의식과 직결된다. 시민들의 환경의식이 높을수록 환경상품에 대한 그들의 구매동기는 클 것이고 따라서 녹색상품에 대한 수요는 클 것이며, 시민들의 환경의식이 낮을수록 그들의 녹색상품에 대한 수요는 적을 것이다. 일반시민은 직접 기업에 압력을 넣어서 환경산업에 대한 수요를 창출할 수도 있다. 예를 들면, 환경오염물질의 배출을 자제하지 않는 기업 또는 환경을 심하게 오염시키는 상품을 생산하는 기업의 상품에 대한 불매운동을 펼침으로써 일반시민들은 기업들로 하여금 환경을 고려하게 만들 수도 있다.

그러므로 국민의 환경의식 그리고 이로부터 연유되는 국민의 환경에 대한 요구가 환경산업의 원동력이 된다고 하면, 정부는 기본적으로 이 원동력을 환경산업에 연결시키는 역할을 수행한다. 연결시키는 역할을 얼마나 효과적으로 수행하느냐에 따라 환경산업 발전의 정도 그리고 환경기술 개발의 정도가 크게 좌우될 것임은 물론이다.

정부는 일반기업들에게 환경기술이나 환경산업의 상품에 대한 정보를 제공함으로써 이에 대한 수요를 늘릴 수도 있다. 특히 일반시민들에게 이러한 정보는 유용하다. 일반적으로 소비자들은 어떤 상품이 녹색상품인가를 알기 어렵다. 비록 기업이 자신의 상품이 녹색상품이라고 선전하더라도 그 객관적 신빙성이 의심스러울 때도 많다. 따라서 공신력 있는 기관이 녹색상품을 객관적이고 정확하게 판정해 줄 필요가 있다. 환경마크제도(환경표지제도)는 그런 공신력 있는 기관이 과학적 근거에 의거해서 객관적으로 특정상품이 녹색상품임을 인증해 줌으로써 한편으로는 녹색상품에 대한 수요를 늘리고 다른 한편으로는 기업의 녹색상품 생산을 장려하려는 취지를 가지는 제도이다. 요컨대 이 제도도 환경산업의 상품에 대한 수요를 정부가 늘려 주기 위한 제도이다.

원래 환경마크제도는 1979년 독일이 최초로 시행하기 시작하였던 것으로 알려져 있다. 독일에서는 '푸른천사' 란 환경마크를 단 상품이 1992년 말에 이미 66개 품목 3천 8백여 가지가 선보였다고 한다.[13] 독일에 이어서 일본이 1989년부터 그리고 카나다가 1990년부터 환경마크제도를 실시하기 시작하였다. 1991년부터는 미국, 프랑스, 영국, 호주가 환경마크제도를 실시하기 시작하였다. 우리나라는 1992년 '환경마크제도 운영에 관한 규정' 을 제정하여 이 제도를 실시해 왔으며, 2009년 현재 사무용품, 전자제품, 건축자재, 세제, 자동차 용품 등 140개 품목에 걸쳐 환경표지제도의 이름으로 시행되고 있다. 우리나라는 이 밖에도 재료나 제품의 생산에서부터 폐기되기까지 전 과정에 걸친 환경성을 계량화하여 표시하는 이른바 환경성적표지제도를 실시하고 있다.[14)]

(2) 공급측면의 정책

환경산업의 발전 및 환경기술 개발을 위해서 정부가 할 수 있는 일이 환경산업에 대한 수요를 늘려 주는 것에 국한되지는 않는다. 정부는 환경산업에 속한 기업들이 주어진 수요에 대응해서 재화와 용역을 값싸고 원활하게 잘 공급할 수 있도록 도와 줌으로써 환경산업의 발전과 환경기술의 개발에 기여할 수도 있다. 바로 이렇게 도와 주는 정책이 공급측면의 정책인데, 기본적으로 환경산업에 속한 기업의 생산비 절감이나 경쟁력 보강을 겨냥한 것이다. 이런 공급측면의 정책에도 여러 가지가 있을 수 있는데, 이 중에서도 가장 주목되는 정책은 보조금 정책이다. 원래 환경산업에 대한 보조금 정책의 중요한 취지는 단순히 환경산업의 경쟁력을 높여 주기 위함이 아니라 보조금이 없었을 경우에 빚어지는 자원이용의 왜곡을 시정함으로써 자원이용의 효율을 높이기 위함이다. 보조금제도에 대해서는 앞에서 충분히 설명하였으므로 여기에서는 생략한다(제4장 참조).

보조금 이외에도 공급측면의 정책 중에서 많이 쓰이는 정책으로는 환경산업에 대한 조세감면, 금융지원, 기술 및 정보지원 등을 꼽을 수 있다. 조세감면 정책은 환경산업의 특정활동에 대해서 조세를 감면해 준다든가 또는 환경산업의 주요 기자재 구입 때 관세를 감면해 주는 등의 지원을 말한다. 환경산업들이 겪는 큰 애로사항은 자금부족이다. 따라서 환경산업들에 대한 저리의 자금대출이나 기타 특혜금융은 환경산업의 경쟁력을 높이는 데에 도움이 될 것이다.

환경산업에 대한 기술지원에도 여러 가지 형태가 있을 수 있다. 정부가 직접 환경기술을 개발해서 이를 환경산업에 제공하는 방법도 있고 또는 환경산업의 기술개발을 정부가 물적·금전적으로 지원하는 방법도 있을 수가 있다. 첫 번째 방법은 환경산업이 아직 유치한 단계에서는 효과적인 방법일 것이다. 그러나 이러한 정부 주도의 기술개발에는 질적으로나 양적으로 한계가 있다. 따라서 환경산업이 본격적으로 발전하기 위해서는 정부의 간접적 지원 하에 환경산업 스스로가 기술개발을 주도하는 여건이 정착되어야 할 것이다.

이와 같이 환경산업의 발전을 위한 공급측면의 정책들이 여러 가지가 있을 수 있으나 이런 공급측면의 정책들 역시 어디까지나 보조적인 차원 혹은 부차적인 차원의 정책에 불과하다. 왜냐하면, 아무리 그런 공급측면의 정책들이 효과적이어서 환경산업의 경쟁력이 높아졌다고 해도 그 환경산업에 대한 수요가 충분하지 못하다면 소용이 없는 노릇이기 때문이다. 따라서 환경산업에 대한 수요를 늘려 주는 정책이 환경산업의 발전에 있어서 우선적으로 중요하고 핵심적인 사항임을 분명히 할 필요가 있다. 정부의 직접개입이나 환경오염행위에 대한 규제는 정부의 기본업무요 따라서 정규적 수단이라고 할 수 있고 다른 방법들은 이 기본업무에 대한 보조적 수단들이라고 할 수 있다는 것이다. 그럼에도 불구하고 환경기술개발 및 환경산업 육성을 위한 정부의 최근 녹색성장정책은 수요측면의 정책보다는 공급측면의 정책에 지나치게 치우쳐 있다는 아쉬움을 남기고 있다.*

핵심 주장

1. 환경기술 개발과 환경산업 육성에 있어서 핵심은 돈벌이가 잘 되도록 만들어 주는 것인데, 돈벌이가 잘 되기 위해서는 수요가 충분히 일어나야 한다. 따라서 환경기술과 환경산업에 대한 정책의 핵심은 수요의 창출이다. 그러나 우리나라의 환경산업육성 정책에서는 수요창출의 측면이 매우 소홀히 다루어지고 있다.
2. 환경기술과 환경산업의 가장 큰 특징은 이것에 대한 수요가 환경 관련 법제와 환경정책에 의해서 창출된다는 점이다. 따라서 정부의 역할이 다른 어떤 산업에 비해서 중요시된다.
3. 환경기술개발과 환경산업의 발전을 위해서 정부가 환경산업에 대한 수요를 일으키는 방법에는 크게 두 가지가 있다. 그 하나는 정부가 환경개선을 위한 투자를 많이 함으로써 환경산업의 생산물을 많이 사주는 것이요, 다른 하나는 환경규제를 강력하게 집행하고 환경규제를 강화하는 것이다. 환경법이나 환경 관련 정부의 규정이 엄격할수록 그리고 이들이 강력하게 집행될수록 환경산업의 상품에 대한 일반기업의 수요가 커진다.

---

* 녹색성장에 대한 자세한 논의는 다음 문헌 참조: 홍종호(2010), "한국경제의 녹색성장 가능성 검토," 서울대학교, 『환경농촌』, 제49권.

국민들의 환경의식을 높인 요인들

국민의 높은 환경의식이 환경기술개발과 환경산업 발전의 원동력이 된다는 것을 살펴보았는데, 우리나라 국민의 환경의식도 이제는 상당히 높아졌다. 환경의식에 대한 여러 설문조사들이 이를 뒷받침하고 있다. 그러면 왜 환경의식이 높아졌을까? 그 첫째 이유는 환경오염이 매우 심해져서 각종 피해 및 바람직하지 못한 변화가 광범위하게 발생하기 때문이다.

경제성장 그리고 이로 인한 소득수준의 향상도 환경오염문제를 크게 부각시킨 하나의 중요한 요인으로 꼽힌다. 우리나라의 1인당 GNP는 1982년에는 1,800달러에 불과했으나 1990년에는 5,883달러로 5,000달러를 넘어섰으며 1995년을 기점으로 국민소득 1만달러 시대에 접어들었고 근년에는 2만달러대로 진입하였다. 이와 같은 소득수준의 향상에 따라 삶의 질에 대한 관심이 증가하면서 환경가치에 대한 인식과 선호도 변화하고 있다. 경제성장은 우리를 물질적으로 좀 더 넉넉하게 하여 생계걱정을 덜어 줌으로써 우리의 환경의식을 높여 주기도 하지만 또한 우리의 소득수준을 높여 줌으로써 우리로 하여금 깨끗하고 아름답고 자연스런 환경을 즐길 수 있는 경제적 능력과 녹색상품을 구입할 경제적 능력을 키워 주기도 한다. 다시 말해서 경제성장은 환경에 대한 수요(예컨대, 녹색상품에 대한 수요)를 실질적으로 창출하는 한 요인이 된다는 것이다.

환경문제에 대한 우려와 환경의식을 고조시킨 세 번째 중요한 요인으로 과학의 발달을 꼽지 않을 수 없다. 과학이 발달됨에 따라 예전에는 잘 알려져 있지 않았던 환경오염피해가 소상히 밝혀지는 사례가 최근에 부쩍 많아졌다. 예를 들면, 종전에는 인체에 별로 해롭지 않다고 알려져 왔던 아스베스토스라든지 CFC, DDT,그리고 방향족(芳香族) 화합물 등이 구체적으로 인체에 어떻게 그리고 얼마나 해로운지 속속 밝혀지면서 이들에 대한 경각심이 크게 높아졌다. 과거에는 과학의 발달이나 기술진보라고 하면 경제성장을 촉진하고 물질적 풍요를 초래하는 긍정적인 측면만 주로 부각되었었다. 선진국의 경우를 보면 1960년대부터 환경오염피해를 포함한 과학 · 기술진보의 부정적 측면이 노출되기 시작하였지만 이에 대한 경각심이 주로 소수의 지식인들에 한정되었었다. 1980년대에 와서부터 환경오염의 피해에 대한 과학적 연구가 본격화되고 연구결과들이 구체적인 자료로 양

녹색기금의 조성

산업연구원의 실태조사에서 환경기술개발의 장애요인으로 자금조달의 애로를 꼽은 업체의 비율이 40.6%로 가장 높게 나타났다.[15] 외국에서는 녹색기금이 성업 중이다. 녹색기금이란 환경산업만을 상대로 금융기관이 조성하고 주관하는 기금이다. 쉽게 말해서 환경산업만을 상대로 돈놀이 하기 위한 기금이다. 기금은 주식발행을 통해서 조달될 수도 있고 또는 다른 방법으로 조성될 수도 있다. 기금으로부터의 대출과정은 일반은행의 경우와 똑같다. 다만 어떤 기업이 환경산업인가에 대한 기준을 정해 놓고 이 기준에 부합하는 기업에게만 대출해 준다는 것이 다를 뿐이다.

녹색기금은 여러 가지 장점을 가진다. 우선 환경산업에 속한 기업의 입장에서 보자. 기금의 투자용도가 환경산업으로 제한되어 있기 때문에 녹색기금은 환경산업의 자금조달을 월할하게 하여줌으로써 환경산업의 발전에 기여할 수 있다. 따라서 녹색기금은 기업의 이윤추구와 환경보전의 동시달성을 가능케 한다. 돈을 대는 개인의 입장에서도 녹색기금은 의미가 크다. 각 개인은 보통의 증권회사나 은행에 일단 돈을 맡기면 그는 그 돈의 용도를 통제할 수 없다. 그 돈이 좋은 용도에 쓰여도 그만 나쁜 용도에 쓰여도 그만이다. 비록 일단 맡긴 돈에 대해서 아무리 할 말이 없다고는 하지만 자신이 맡긴 돈이 복부인의 부동산투기나 마약밀매조직, 또는 기타 범죄조직의 사업자금으로 쓰인다고 하면 누구나 기분이 나쁘고 때로는 강한 거부감을 느낄 것이다. 그러나 녹색기금에 들어간 돈은 그렇지 않다. 녹색기금에 돈을 대는 개인의 입장에서 보면, 그의 돈이 그가 원하는 용도 또는 그가 사회적으로 바람직하다고 생각되는 용도로만 쓰이게 되는 까닭에 녹색기금은 개인으로 하여금 보람 있는 일도 하면서 돈도 벌게 해준다. 녹색기금은 자금 공여자의 의사를 존중하는 기금이다.

녹색기금의 주식을 사는 것 자체가 환경보전에 기여하는 것이기 때문에 환경운동단체들은 이를 널리 선전하여 참여자들을 늘림으로써 일반시민들의 환경보전 의식을 고취하는 데에도 도움이 된다. 자본주의 사회에서는 기업은 시장의 논리, 경제논리에 의해서 움직이며 금융기관도 경제논리에 따라서 움직인다. 따라서 자본주의 사회에서는 환경보

산되면서 과학의 발달과 기술진보의 부정적 측면이 일반 대중에게까지 광범위하게 확산되기 시작하였다.

환경문제에 대한 우려와 환경의식을 고조시킨 네 번째 중요한 요인은 대중언론매체의 발달이다. 환경오염의 피해에 대한 과학적 연구의 결과가 소수의 지식인을 넘어서 일반 대중에게까지 폭넓게 미칠 수 있었던 것도 바로 이런 대중매체의 덕분이었다. 언론매체 중에서도 특히 1980년대에 칼라 TV의 대량 보급이 대중의 환경의식을 고취시키는 데에 결정적인 역할을 했었던 것으로 보인다. 칼라 TV는 자료나 이론을 제공하기보다는 영상에

전 운동도 그런 시장의 논리, 경제논리를 무시할 수가 없다. 녹색기금은 그런 경제논리를 최대한 이용해서 환경보전을 꾀하는 제도이다.

이렇게 자금의 용도가 한정되어 있는데도 외국의 경험을 보면 녹색기금의 주가는 다른 모든 주식의 평균주가보다 더 높은 상승률을 보였다고 한다.[16] 다시 말하면 녹색기금의 주가는 녹색프리미엄이 붙을 정도로 높았다. 이것은 투자가들이 환경산업을 유망한 업종으로 생각하고 있음을 반영하며, 녹색기금에 출연한 개인의 입장에서 보면 은행에 저축한 것보다 더 높은 소득을 올렸음을 의미한다. 흔히 말하듯이 21세기가 환경의 시대라고 하면 앞으로 여러 가지 여건으로 보아 녹색기금의 주식은 더욱 더 인기를 끌 것으로 예상된다.

녹색기금과는 거리가 멀지만 우리나라에는 요즈음 그린통장이라고 해서 환경 관련 예금이 한때 관심을 끌었다. 이 환경 관련 예금은 예치자가 환경보전을 위해서 이자소득의 일정액을 기부할 것을 조건으로 삼는 예금을 말한다. 1993년 6월 중소기업은행이 녹색환경신탁이란 이름으로 이런 그린통장제도를 실시하여 크게 성공을 거두자 다른 은행들도 저마다 비슷한 금융상품을 경쟁적으로 내놓았다. 우리나라의 그린통장제도는 환경보전을 위한 기금의 조성에 있어서는 그런대로 매우 성공적이라고 할 수 있다. 앞으로 환경산업의 전망이 전 세계적으로 매우 밝다는 점에 비추어 볼 때 우리나라의 환경산업의 발전을 촉진하기 위해서 언제인가는 우리나라에도 녹색기금의 조성이 꼭 필요할 때가 올 것이다. 만일 우리나라에서도 녹색기금의 전망이 좋다는 판단이 어느 정도 서면 정부가 이의 창설을 적극적으로 유도할 필요가 있다. 녹색기금을 창설한다면, 기왕에 성공적으로 실시되고 있는 그린통장제도를 녹색기금으로 발전시킬 계기로 삼는 것도 좋은 생각이 될 수가 있을 것이다. 녹색기금은 민간 금융기관이 운용하는 기금이며, 또한 그래야 한다. 기금이 시장의 원리에 의해서 사용되어야 효율적으로 운용될 가능성이 높기 때문이다. 따라서 공공부문이 운용하고 있는 환경 관련 기금도 녹색기금에 통합하는 것이 좋을 것이다.

의한 메시지 전달을 통해서 환경오염피해의 참상을 생생하게 영상화함으로써 일반 대중에게 환경오염피해에 대하여 깊은 인상을 심어 주었고 이것이 일반 시민의 환경의식을 높이는 데에 탁월한 효과를 발휘하였던 것으로 분석된다.

이상에서 설명한 환경의식 관련 여러 가지 요인들은 우리 국민의 환경의식을 높이는 데에도 큰 역할을 하였던 것으로 평가되며, 따라서 우리나라 환경산업의 형성에 큰 영향을 준 요인들이라고 생각된다. 과거의 추세를 보면, 선진국의 경우 특히 경제적 여건의 변화에 따라 국민들의 환경의식의 추세에 부침이 있었던 것이 사실이다. 1960년대까지는 선진국의 경제성장이 지속되었고 환경에 대한 관심과 우려도 계속 높아갔다. 그러다가 1970년대에 두 차례에 걸쳐 전 세계를 휩쓴 석유파동이 세계경제의 장기침체를 몰고 오면서 환경의식이 조금 주춤하는 경향을 보였다. 그러나 1980년대에 들어와서 세계경제가 회복세를 보이면서 다시 환경의식이 선진국들을 중심으로 세계 여러 나라에서 다시 높아지기 시작하였다. 한 가지 달라진 것은 일단 이렇게 높아지기 시작한 선진국 국민들의 환경의식이 몇 차례의 경기후퇴에도 불구하고 종전처럼 꺼지지 않았다는 점이다. 이제는 우리나라에서나 다른 선진국 및 개발도상국에서 국민들이 깨끗한 환경을 그들의 당연한 권리로 받아들이는 분위기가 정착되어 가고 있다. 아마도 이들 나라 국민들의 환경의식도 높은 수준에서 확고하게 자리잡은 것으로 보인다. 그래서 이제부터는 아마도 웬만한 경기후퇴도 전 세계적으로 고조되고 있는 환경의식을 크게 잠재우지는 못하리라는 전망이 나오고 있다.[17]

3. 일반기업과 환경산업

환경문제에 대한 기업의 대응양태

위에서는 환경산업의 육성과 환경기술 개발에 있어서 정부의 역할과 국민의 환경의식을 강조하였지만, 일반기업의 역할도 매우 중요하다. 결국 자본주의 경제를 끌고 나가는 주체는 기업이다. 일반기업은 환경산업의 중요한 고객이다. 환경산업에 대한 일반기업의 수요는 정부의 환경정책이나 환경규제와 밀접한 관계가 있지만, 환경문제에 대한 기업의 인식도 중요하다. 환경문제에 대한 기업의 대응태세나 인식에는 대략 다음과 같은 네 가지 유형이 있다.

① 외면형(外面型)

외면형이란 환경문제를 아예 무시해 버리는 행태를 가리킨다. 외면형 기업들은 자신이 배출한 폐기물로 인해서 환경이 오염되어도 이를 모른 채 외면하며, 민간 환경운동단체들의 웬만한 압력에도 끄떡도 하지 않는다. 대체로 보면 다수의 기업들, 특히 다수의 올망졸망한 중소기업들이 치열하게 경쟁하는 산업에서 외면형 기업들이 많이 관측된다. 외면형 기업들은 치열한 경쟁에 파묻혀 있다 보니 당장의 회사이익이나 생산에 직결되지 않는 것에 대해서는 투자하기를 꺼려한다. 정부의 환경오염에 대한 규제가 느슨한 탓에 환경문제로 어려움을 당하는 기업들이 별로 없는 풍토에서도 이런 외면형 기업들이 많이 나타나게 된다.

② 임기응변형(臨機應變型)

임기응변형은 환경문제에 매우 소극적이고 수동적으로 그리고 임기응변적으로 대처하는 행태를 가리킨다. 임기응변형 기업들은 환경오염방지 및 환경개선을 위한 노력과 기업의 이윤 사이에는 기본적으로 상충관계가 있다는 생각에 젖어 있다. 그렇기 때문에 환경과 관련된 외부의 압력을 부정적으로 본다. 이런 점에서는 임기응변형은 외면형과 비슷하다. 그렇지만 국민들의 고조된 환경의식 그리고 이로 인한 여건의 변화를 실감하면서 환경보전을 위해 노력해야 할 필요성을 인정하고 있다는 점에서는 외면형과 다르다. 그러나 임기응변형은 자진해서 환경문제에 대한 대책을 강구하지는 않는다. 임기응변형 기업은 환경에 관한 외부의 실질적 압력이 발등에 떨어져야만 비로소 마지못해 환경문제에 신경을 쓰고 대책을 세운다. 이런 기업들은 환경문제에 대한 체계적 대응책을 강구하고 있지 못하며, 환경문제에 대한 정부의 조치나 민간 환경운동단체들의 압력에 대해서도 항상 임기응변식으로 대처하려고만 한다. 그러니 환경문제와 관련하여 회사의 장래를 전망해 보려고 크게 노력도 하지 않는다.

임기응변형 기업들은 발등에 불이 떨어질 때까지는 환경오염방지를 위해서 투자하지 않기 때문에 이런 투자로 인한 비용인상의 압박을 덜 받게 될 것이고 그래서 경기침체 때에 타격을 덜 받을지도 모른다. 이런 점에서는 임기응변형은 이익을 누릴 수 있다. 그러나 환경과 관련하여 주위 상황이 원치 않는 방향을 변화할 때, 임기응변형 기업은 이런 상황의 변화에 항상 졸속대응하기 쉽고 따라서 회사의 진로가 급선회함으로써 회사가 불안정하고 부실해질 가능성을 안고 있으며, 장기적으로는 도전형 기업과의 경쟁에서 밀려날 위험을 각오해야 한다. 환경문제와 같이 대세를 형성하고 있는 요인에 대해서 둔감하다는 것은 회사의 경영태세에 어떤 심각한 문제가 있음을 시사한다. 이런 식의 경영태세가 장기적으로는 경영부실의 요인이 될 수가 있다.

③ 능동대처형(能動對處型)

능동대처형은 앞으로의 시대에는 환경 분야가 기업의 경쟁력을 좌우하는 매우 중요한 요인이 된다는 굳은 신념 하에 환경에 관한 소비자들의 기호나 정부의 정책 및 규제의 성격과 방향에 주목하고 이를 미리미리 예측하려고 노력하면서 환경문제에 적극 대처하는 미래지향적 행태를 말한다. 능동대처형 기업은 이윤추구를 최고의 목표로 삼아 열심히 뛴다는 점에서는 임기응변형 기업과 비슷하지만, 환경 관련 여건을 부정적인 것, 주어진 것으로만 보지 않고 이를 자신의 이익이 되게 잘 이용하려고 노력한다는 점에서 외면형과 근본적으로 다르다.

능동대처형 기업에서는 기업의 총수부터 환경문제에 관심을 가지고 있으며, 환경문제를 전담하는 부서가 따로 설치되어 있어서 기업의 고위층이 이를 직접 챙긴다. 능동대처형 기업은 비단 환경문제에 있어서만 대세에 앞서 나가려고 할 뿐만 아니라 대체로 보면 다른 분야에 있어서도 경쟁기업들을 앞서 나가려고 노력하는 기업이다. 능동대처형 기업은 앞으로 전개될 환경문제의 성격에 깊은 관심을 가지며 환경보전이 자기 회사원들의 건강뿐만 아니라 지역사회 주민들의 건강에도 밀접한 관계가 있음을 의식한다. 따라서 비록 환경 관련 법령에 저촉되지 않더라도 자사 직원과 지역사회 주민들의 건강에 나쁜 영향을 줄 수 있다고 판단되는 환경오염 행위는 자제하려고 노력한다. 대체로 보면 능동대처형 기업은 환경적으로 바람직하지 못한 결과를 불러일으켜 가면서까지 무리하게 이윤을 추구하려들지는 않으려고 노력은 하지만, 그렇다고 이윤이나 자사의 주가(株價)를 절대 무시하지는 않는다.

오히려 능동대처형 기업은 환경법령이나 정부의 환경 관련 조치 그리고 시민의 환경의식을 적극적으로 돈벌이에 이용하기도 한다. 예를 들면, 대중언론매체를 통해서 환경오염의 심각성과 환경보전의 중요성을 크게 부각시켜 일반시민들의 경각심을 크게 높여 놓고는 녹색상품을 대대적으로 광고하여 팔아먹는다든지, 또는 환경오염물질의 대체품을 개발해 놓고는 정부로 하여금 환경기준을 대폭 강화시키게 함으로써 경쟁기업(특히, 임기응변형 기업)들을 따돌려서 독점이윤을 챙기는 경우를 드물지 않게 볼 수 있다.

④ 초월형(超越型)

초월형이란 높은 수준의 환경윤리를 가지고 있으면서 이를 자사 내의 환경정책에 체계화함으로써 보통의 소비자나 정부가 요구하는 것보다 더 엄격한 환경기준을 회사 스스로 실천해 나가는 행태를 가리킨다. 초월형 기업은 환경문제에 적극적으로 대처한다는 점에서는 능동대처형 기업과 일맥상통하지만, 기업의 이윤보다 환경보전을 더 귀중한 가치로 삼는다는 점, 다시 말해서 이윤을 부차적인 목표로 삼는다는 점에서 능동대처형과 근본적으로 다르다. 초월형 기업에게는 이윤이란 그 자체가 목표가 되기보다는 기업을 유지하기 위한 하나의 수단에 불과하다. 초월형 기업들은 자신들이 설정하여 실천하고 있는 환경기준이 환경법이나 다른 기업들이 설정한 수준을 크게 앞서고 있다고 믿기 때문에 환경에 관한 법령의 변화나 환경 관련 시장여건의 변화에 초연하며, 그들이 설정한 환경기준은 미래에 반드시 사회 전체의 기준으로 채택될 것으로 확신한다. 초월형 기업은 환경보전에 헌신하는 사회지도자들의 영향을 많이 받으며 이들과 강한 연대의식을 느낀다. 따라서 초월형 기업은 자신이 당면한 환경문제에만 신경을 쓰지 않고 사회 전체의 환경문제에 깊은 관심을 가지며 또한 그렇다는 것을 내보인다.

기업이 환경친화적이어야 하는 이유

요즈음 '환경친화적 기업'이니 '녹색기업'이니 하는 말들을 자주 듣게 된다. 높은 환경의식을 가지고 환경보전을 위해서 노력하는 것을 보고 통상 환경친화적이라고 말한다. 그리고 환경오염물질 배출의 통제를 비롯해서 환경문제에 관한 기업의 제반업무를 수행하는 것을 기업의 환경관리라고 말한다.

위에서 살펴본 네 가지 유형의 기업 중에서 아마도 능동대처형 기업과 초월형 기업은 환경관리를 잘 하는 기업이요 환경친화적 기업이라고 말할 수 있을 것이다. 그러나 환경관리를 잘 한다고 해서 모두 환경친화적 기업 혹은 녹색기업이라고 말하기는 어려운 면이 있다. 아마도 능동대처형 기업

사례

앞으로 환경산업과 관련하여 크게 주목되는 기업유형은 능동대처형이다. 아마도 가장 잘 알려진 능동대처형 기업으로는 세계 굴지의 대기업인 미국의 듀퐁회사를 꼽을 수 있을 것같다. 지구의 오존층을 파괴한다고 알려진 CFC의 사용을 금지하는 몬트리올의정서가 국제협약으로 체결되기 전에는 듀퐁회사도 CFC를 대량 생산하는 기업이었다. 우리나라도 CFC를 자체개발해서 생산하는 세계에 몇 안 되는 나라들 중의 하나였다. CFC는 그 용도가 무척 많기 때문에 황금의 알을 낳는 거위나 마찬가지였다. 그럼에도 불구하고 듀퐁이 CFC의 생산을 전면 중단하기로 결정한 것은 그런 황금의 알을 낳는 거위를 죽이기로 결정한 것에 진배없다. 실제로 듀퐁의 그러한 결정에 일본 업계마저도 경악을 금치 못했다고 한다.[18] 그러나 사실은 듀퐁은 이미 CFC 대체물질이라는, 새로운 황금의 알을 낳는 거위를 개발해 놓고 있었다. 이제 듀퐁은 종전에 CFC를 놓고 치열한 경쟁을 벌이던 다른 기업들을 멀찌감치 따돌리고 엄청난 독점이윤을 챙길 수 있게 되었다.

사실 CFC가 지구오존층 파괴의 원인이라는 주장은 이미 1970년대에 강하게 제기되었다. 1980년대에 들어와서 지구 오존층에 대한 국제회의가 빈번해지면서 그런 주장은 점점 확고하게 굳어가고 있었다. 듀퐁같은 회사는 이미 이런 움직임을 간파하고 대비하고 있었다. 그러나 그런 대세를 감지하지 못하고 CFC 생산에만 열을 올리던 수많은 기업들은 이제 막대한 손실을 감수하지 않으면 안 되게 되었다. 이들 중에는 CFC의 자체 개발에 성공했다고 좋아했던 우리나라의 기업들도 포함된다. 이런 CFC의 예와 같이 환경에 관련된 추세의 변화가 기업 장래의 명암을 크게 갈라놓는 일은 빈번히 있고 앞으로는 더욱 더 빈번해질 전망이다.

듀퐁과 같은 기업들은 환경 관련 여건 자체를 주어진 것으로 보지 않고 적극적으로 자신에게 유리하게 바꾸는 기업이다. 이렇게 여건 자체가 바뀌면 이를 주도한 기업은 큰 이익을 얻게 되는 반면, 다른 기업들은 진입장벽에 맞닥뜨리거나 또는 큰 경쟁의 불이익을 당하게 될 것이다.

앞에서 일본의 경우에는 일반시민들의 환경의식이 비교적 낮음에도 불구하고 환경

들 중에서 환경적으로 매우 모범적인 기업과 초월형 기업 정도가 진정한 녹색기업의 범주에 든다고 볼 수 있을 것이다.

잘 알려진 대로, 자본주의 사회는 기업의 이윤추구를 정당화할 뿐만 아니라 기업의 이윤추구를 적극 지원하는 사회이다. 기업의 이윤추구가 자본주의 경제를 움직이는 원동력이다. 기업이 이윤을 성실히 추구하지 않고 딴 짓을 하면 그런 원동력이 약해지고 자본주의 경제는 바람 빠진 풍선 꼴이 되기 십상이다. 그런데도 이윤 이외에 환경보전이라는 다른 가치에 곁눈질하는 기업도 자본주의의 치열한 경쟁에서 이겨나갈 수 있을 것인가? 더

산업은 매우 발전했다고 말했는데, 그 이유들 중의 하나는 바로 능동대처형 기업들이 일본에 많았기 때문이라는 분석이 있다.[19] 잘 알려진 대로 일본에 있어서는 경제성장은 압도적으로 중요한 국가 목표였다. 이에 대응해서 일본기업들의 목표도 끊임없는 성장 그리고 높은 경쟁력이었다. 물론 국내 환경문제의 심각화에 기인한 환경보전 압력 그리고 범지구적 환경문제를 둘러싼 국제적 압력 때문에 기업도 환경문제를 결코 소홀히 할 수는 없는 입장이었다. 그렇다고 환경보전을 위해서 기업의 성장을 포기할 수는 없었다. 이런 딜렘마를 타개하기 위해서 일본의 기업들이 택한 수단이 자원의 절약과 환경오염방지기술의 적극적 개발이었다. 그래서 많은 기업들이 환경오염방지기술과 자원절약기술의 개발과 판매에 바짝 열을 올렸다. 이 과정에서 국민에 대한 기업의 이미지를 높이는 데에도 많은 애를 썼다. 회사 자체 내에 정부의 환경기준보다 더 엄격한 환경기준을 세워 놓고 이 기준을 통과할 수 있는 생산공정이나 상품을 개발하는 한편 대외적으로는 엄격한 환경기준의 시행을 관철시킴으로써 경쟁에 있어서의 우위를 확보하려고 노력하는 기업들도 많이 출현하게 되었다. 이런 기업들이 전형적인 능동대처형 기업들이다.

이렇게 보면, 일본의 많은 기업들은 회사 안에서 환경관리를 매우 모범적으로 수행하고 있는 것으로 보인다. 그러나 중요한 것은, 일본기업의 이러한 모범적인 환경관리의 밑에 깔린 동기는 환경보전의 추구 그 자체에 있는 것이 아니라 어디까지나 환경관리로부터 경제적 이익의 추구이었다. 예컨대, 회사 내 환경관리로부터 얼마나 많은 비용절약이 가능한가, 에너지는 얼마나 절약되는가, 환경관리 과정에서 습득된 기술 중에 팔아먹을 만한 것은 얼마나 있는가 등이 환경관리의 주요 관심사였다. 이런 식의 일본기업의 환경관리 행태는 환경문제를 근원적으로 해결하려는 자세보다는 문제가 생기면 사후에 기술개발로 해결하려는 약삭빠른 자세를 만연시키게 되었다. 이 결과 일본의 많은 기업들은 기술개발에 지나치게 의존할 뿐 아니라 기술개발로 모든 문제를 풀려는 소위 기술만능주의 사고방식에 젖어 있다는 비판을 받게 되었다.

구나 초월형 기업은 아예 이윤보다도 환경보전에 골몰하는 기업인데 자본주의 사회에 이런 기업이 다수 존재할 수 있는 이유는 무엇인가?

이런 질문들에 대한 첫 번째 대답은, 기업의 성실한 환경관리와 환경보전에 대한 기업의 노력 그 자체가 많은 경우 경제적으로도 이익이 되기 때문이라는 것이다. 외면형 기업이나 임기응변형 기업이 환경오염방지에 소홀하게 되는 큰 이유는 대부분의 경우 이를 위한 투자가 시급하지 않다고 생각하기 때문이다. 즉, 이런 기업들은 환경 관련 투자가 장기적으로는 기업에게 이익을 가져다 줄지는 모르나 단기적으로는 기업에게 비용압박을 줄 뿐 별 이득이 될 것이 없다고 생각하는 경향이 있다. 그래서 환경 관련 투자를 자꾸 미루는 경향이 있게 된다. 그러나 환경의 시대에 기업의 성실한 환경관리와 환경보전을 위한 투자가 단기적으로도 여러 가지 경제적 이익을 가져온다는 것이 많은 실증연구가 사실로 입증하고 있다.[20]

첫째, 기업의 성실한 환경관리는 비용절감의 효과를 통해서 효율을 증진하는 기회를 가져다 준다. 엄밀히 말하면 회사가 환경오염물질이나 폐기물을 많이 배출한다는 것은 회사의 어디에서인가 자원이 비효율적으로 이용되고 있을 가능성을 시사한다. 많이 먹으면 많이 배설하게 되는 것은 생체(生體)에 있어서나 기업에 있어서나 진리이다. 그래서 많은 경우 기업들이 환경오염물질의 배출을 줄이기 위해서 또는 폐기물의 배출을 줄이기 위해서 생산공정이나 제품의 성격 등에 대해서 재점검하다 보면 의외로 많은 비효율적 운영의 문제를 찾아내게 된다. 회사의 인건비 같은 것은 눈에 잘 띄니까 경영합리화의 주된 목표가 되지만, 이와 같이 직접적으로 혹은 간접적으로 환경과 관련된 비효율은 눈에 잘 띄지 않다 보니 자연히 평소 경영합리화 대상에서 누락되기 쉽다. 기업의 환경관리는 그런 누락된 비효율을 찾아내는 계기를 제공함으로써 기업에게 경제적 이익을 가져다 준다.

둘째, 환경보전에 열심인 기업은 사회적으로 좋은 평판을 받게 된다. 사회적 평판이 좋은 기업은 다른 기업에 비하여 인재를 끌기 쉬우며 또한 지금 일하고 있는 사원들을 다른 회사에 빼앗길 염려도 적어져서 인적자원의 확보가 용이해진다는 큰 이점이 있다. 특히 젊은 사람들이나 지식인들은 다른 계층에 비해서 환경의식이 높다. 이들에게는 녹색기업이라는 것이 직장선택에 있어서 하나의 동기가 되기도 한다. 그렇기 때문에 녹색기업은 다른 기업에 비해서 젊고 유능한 인재를 끌기 쉬운 입장에 있다. 좋은 사람들을 많이 가지고 있다는 것은 회사의 경쟁력 제고에 절대적이라고 해도 과언이 아니다.

기업에서 일하는 대부분의 사원들은 자기가 근무하는 기업의 사회적 평판에 민감하다. 누구나 이왕이면 사회적 평판이 좋은 기업에서 일하고 싶을 것이다. 그러므로 기업이 사회적 호평을 받으면 회사원도 이에 대하여 자부심을 갖고 회사를 위해서 더 열심히 일하게 될 것이다. 녹색기업이라는 사회적 평판이 회사원에게 그런 자부심을 주는 하나의 좋은 계기가 된다.

반대로 기업이 악덕 공해업체라는 사회적 낙인이 찍히게 되면 사원의 기업에 대한 충성심에도 금이 가게 될 것이다. 이런 기업은 다른 경쟁기업에 인재를 뺏기기 쉽다. 그러나 악덕 공해업체라는 오명으로 인한 타격은 여기에 그치지 않는다. 각종 환경운동단체들의 전국적인 불매운동, 정부의 압력, 지역주민들의 거부운동 등으로 표출되는 사회적 반감은 기업의 생존마저 크게 위협한다. 1991년 낙동강 페놀유출사건이 터졌을 때 관련 기업에 대한 사회적 반감은 곧장 대규모 불매운동으로 번지면서 그 기업에게 큰 타격을 주었다.

기업에 대한 사회적 용인(acceptance)은 기업의 존립에 점점 더 중요해지고 있다. 요즈음에는 기업의 사회적 책임이 자주 거론되고 있다. 최소의 비용으로 최대의 이익 달성, 즉 효율이 아무리 기업경영에 있어서 핵심이라고 한들 기업 자체가 없어진 다음에는 아무 소용없다. 기업의 생존은 효율의 밑바탕을 이루는 것이요 효율 이전의 문제이다. 그러니 효율의 밑바탕을 이루는 것이 위협받게 되면 모든 것이 끝장이다. 기업에 대한 사회적 용인이 바로 효율의 밑바탕을 이루는 것이며, 유능한 직원의 확보, 이것도 효율의 밑바탕을 이루는 것이다. 악덕 공해업체라는 낙인이 찍히느냐 아니냐는 바로 그러한 사회적 용인에 관계된 문제이다.

셋째, 환경친화적 경영은 이윤의 투명성 내지는 정당성을 높임으로써 이윤에 대한 잡음을 차단하는 데에 도움이 된다. 아무리 서구사회가 자본주의 정신에 투철하다고 해도 아직은 기업의 돈벌이를 구리게 생각하는 정서가 많이 남아 있는 것이 현실이다. 예를 들어, 어떤 기업이 많은 이윤을 올렸다고 하면, 정치가들, 노동조합, 세무서, 소비자 단체, 기업담당 정부 부서 등 각종 이해단체들이 시비를 걸거나 손을 내밀기 일쑤다. 그러나 어떤 기업이 환경보전을 위해서 열심히 활동한다거나 녹색기업이라고 알려지면, 이 기업은 사회적으로 바람직한 일을 하면서 돈을 벌었다거나 또는 이 기업의 이윤은 환경보전과 같은 다른 사회적 활동을 위해서 쓰일 돈이라는 인상을 준다. 다시 말하면 녹색기업은 이윤을 사회에 잘 환원하는 기업이라는 인식을 주기 쉽다. 따라서 그런 기업의 이윤에 대해서 시비걸기가 아무래도 쑥스러워 질 수밖에 없다.

넷째, 환경친화적 경영은 소위 기업의 민주화에 크게 도움이 된다. 기업이 환경보전에 열심이라는 것은 돈벌이 이외의 다른 가치도 중요하게 고려한다는 인상, 회사원들에 대한 배려가 깊으리라는 인상, 경영이 민주적이라는 인상 등 여러 가지 좋은 인상을 준다. 그런 인상을 줄 뿐만 아니라 실제로도 그렇다는 것이 실증조사에서 사실로 나타나고 있다. 환경보전에 열심인 기업치고 독재적 기업은 없으며, 또한 이런 회사에서는 회사원들이 비교적 높은 만족감을 가지며, 회사에 대한 열의가 높고, 회사원들 사이에 단합이 잘 된다는 점 등이 특징으로 관측되었다고 한다.[21)]

이상에서 언급한 몇 가지 요인들은 직접 혹은 간접적으로 기업의 이윤추구에 도움이 되는 요인들이다. 또한 이런 요인들은 기업이 환경친화적이 되어야 할 이유이기도 하다. 물론 기업이라고 해서 항상 이윤극대화를 목표로 하는 것은 아닐지도 모른다. 특히 기업의 최고경영자들은 단순히 이윤극대화를 추구하지는 않는다고 볼 수 있다. 기업의 최고경영자라고 하면 사회적으로 상당한 지위에 있는 사람들이라고 할 수 있다. 대부분의 사람들이 그렇겠지만, 특히 기업의 최고경영자들은 사회적 지위의 향상을 크게 의식하며 사회적 존경을 받고 싶어할 것이다. 그러나 이윤의 추구는 서구사회에서도 사회적 존경의 원천이 되지는 않는다. 돈벌이나 이윤추구에 대한 일반시민들의 인식은 그리 긍정적이지만은 않다. 흔히 자본주의를 옹호하는 이론가들이 즐겨 주장하는 바, 기업의 이윤추구가 사회의 이익을 증진시킨다는 주장이나 또는 개인의 이익추구가 공익증진의 길이라는 주장은 보통 일반시민들이 수긍하기에는 너무 어렵고 어설프다. 재벌의 이익이 곧 나라의 이익이라는 논리는 아무래도 일반시민들에게는 억지에 불과하다.

이윤추구에 대한 일반시민의 인식이 부정적이라는 것은 기업을 경영하는 사람들이 더 잘 알고 있다. 그렇기 때문에 환경보전을 위해서 노력한다는 것은 기업경영자들이 사회적 인정이나 신망을 얻을 수 있는 좋은 계기가 된다. 그래서 환경보전을 명분으로 내거는 기업가나 기업경영자들이 많이 있다는 주장이 설득력을 가진다. 초월형 기업의 행태도 이런 맥락에서 이해될 수 있다.

10

국제환경문제

1. **국제환경문제의 유형**
   월경환경오염/ 범지구적 공유자원의 파괴/ 환경규제의 국가 간 차이와 결부된 문제
2. **오염원인자부담의 원칙에 의거한 환경규제와 국제무역**
   자유무역주의와 환경보호론/ 환경규제가 반드시 수출을 위축시키는가?/ 환경규제와 교역조건 그리고 국제수지
3. **환경규제와 국제분쟁**
   환경규제와 국제분업 그리고 선·후진국 갈등/ '이웃 오염시키기' 이론과 공해안식처 가설/ 환경규제의 악영향에 대한 정부의 보완조치: 예외 조치, 상계관세, 상품표준화
4. **월경환경오염 및 범지구적 공유자원문제와 국제협력**
   월경환경오염과 국제협력/ 범지구적 공유자원의 문제와 국제협약/ 국제협약과 무임승차의 문제/ 무임승차문제에 대한 대책/ 최적화를 둘러싼 가입국 사이의 갈등문제/ 탄소세나 환경세도 형평의 문제를 수반/ 국제환경문제에 대한 국제협력과 국제협약

1. 국제환경문제의 유형

우리는 보통 국제환경문제라고 하면 지구온난화, 오존층파괴 등 범지구적인 환경오염 그리고 이를 둘러싼 복잡한 국제관계만을 연상하기 쉽다. 하지만 자세히 보면 국제환경문제에도 성격을 달리하는 몇 가지 유형이 있다. 문제의 성격이 다르다면 이에 대처하는 방법도 달라져야 할 것이다. 환경문제가 국제적으로 비화되는 양태를 유형별로 정리해 보면 대략 세가지가 있다.

월경환경오염

국제환경문제의 첫 번째 유형은 환경오염물질이 국경을 넘어 다른 나라로 운반·확산됨으로 인해서 발생하는 유형이다. 이러한 환경문제를 흔히 월경환경오염(越境環境汚染, transnational pollution)문제라고 말한다. 엄밀히 따져 보면, 월경환경오염에도 일방적 월경환경오염과 상호적 월경환경오염의 두 가지가 있을 수 있다. 일방적 월경환경오염이란 국경을 넘어 운반되고 확산되는 환경오염물질이 발원지에는 별로 영향을 주지 않으면서 다른 나라에만 일방적으로 영향을 주는 경우를 말하고, 상호적 월경환경오염이란 그 환경환경오염물질이 다른 나라뿐만 아니라 이를 발생시킨 나라에도 현저한 영향을 미치는 경우를 지칭한다. 일방적 월경환경오염의 경우에는 가해국은 피해국에게 일방적으로 환경오염피해를 입히기만 하는데 반해서,

상호적 월경환경오염의 경우에는 관련 국가들이 서로 환경오염피해를 입히고 또한 당하게 된다.

일방적 월경환경오염의 가장 고전적인 예는 국제하천의 상류에 있는 국가에서 방출된 환경오염물질이 하류의 국가에 수질오염피해를 입히는 경우라든가 또는 편서풍 지역에서 서쪽에 있는 나라의 대기오염물질이 동쪽에 있는 나라에 일방적으로 환경오염피해를 입히는 경우이다. 상호적 월경환경오염은 뒤에서 말할 공유자원의 문제와 사실상 성격이 비슷하다. 보통 월경환경오염이라고 하면 일방적 월경환경오염을 의미한다.

환경오염물질이 국경을 넘어 다른 나라로 운반 · 확산되는 경로에도 두 가지가 있을 수 있는데, 바람이라든가 물의 흐름 등 자연적인 힘에 의해서 운반되고 확산될 수도 있고 또는 사람에 의해서 직접 운반 · 확산될 수도 있다. 앞의 경우를 자연적 월경환경오염이라고 한다면 뒤의 경우는 인위적 월경환경오염이라고 할 수 있을 것이다. 자연적 월경환경오염의 대표적인 예가 산성비일 것이다. 미국 오대호 주변의 공업 지역에서 발생하는 대기오염물질이 캐나다로 날아가서 산성비가 되어 떨어지는 통에 캐나다의 광활한 숲이 황폐화되었다고 하는데, 이 문제는 미국과 캐나다 사이의 국제분쟁의 씨앗이 되었다.

유럽에서도 산성비의 문제가 상당히 심각해서, 한때 유럽의 산림국으로 알려진 독일과 스위스 산림의 절반이 산성비의 피해를 입고 있는 것으로 알려진 적이 있었고, 체코와 폴란드 등에서도 광대한 지역의 산림이 죽어가고 있다고 하는데, 영국, 독일, 체코 등의 나라들이 유럽에서 산성비의 문제를 발생시키는 주요 국가로 지목되기도 한다.[1)] 특히 대기오염이 월경환경문제로 자주 거론되지만, 수질오염의 경우에 있어서도 월경환경문제가 심각하게 발생할 수 있다.

인위적 월경환경오염문제도 매우 심각한 국제문제가 되고 있다. 선진국들이 폐기물, 특히 유독성 폐기물들을 처리능력도 처리시설도 갖추지 못한 후진국에 불법으로 내다 버림으로써 이 나라들의 환경을 크게 오염시키는 사례들이 그 좋은 예이다. 바로 이러한 문제에 대처하기 위한 방안으로 나온 것이 유해폐기물 교역에 관한 바젤협약(Bazel Convention)이다.

범지구적 공유자원의 파괴

국제환경문제의 두 번째 유형은 범지구적 공유자원의 훼손 및 파괴로 인한 국제문제이다. 최근에 와서 부쩍 큰 국제문제로 부각되고 있는 지구온난화는 인류가 공유하고 있는 대기권이 더워짐으로 인한 문제이다. 지구온난화에 대한 책임을 놓고 선진국은 후진국 및 개도국의 이산화탄소 배출을 자제할 것을 촉구하는 한편, 후진국은 선진국을 거세게 공격하고 있다. 지난 수십 년 동안 소수의 몇몇 선진국들이 지구의 화석연료를 거의 독식한 덕분에 오늘날에 와서 엄청난 물질적 풍요를 이루게 되었지만, 그들이 태운 화석연료로부터의 이산화탄소가 그들의 국경을 넘어 이 지구를 덮었고 그래서 지구온난화문제가 발생하였다. 그럼에도 불구하고 이에 대해서 오히려 적반하장 격으로 책임을 다른 나라에 떠넘기려 하고 있다는 것이 오래전부터 개발도상국 내지 후진국들의 일관된 주장이요 선진국들에 대한 비난의 핵심이다.

지구오존층 파괴의 문제도 같은 범주의 문제로 볼 수 있다. 많은 학자들이 프레온가스나 할론 등의 물질이 지구의 성층권을 둘러싸고 있는 오존층을 파괴하고 있다고 주장한다. 프레온가스는 이제 생활필수품이 된 냉장고나 에어컨의 냉매제로 긴요하게 쓰이는 물질이며, 각종 분무기에도 쓰이고, 단열제의 발포제로 그리고 정밀기기의 세정제로도 쓰이는 등 그 용도가 매우 광범위한 물질인데, 이 물질이 각국의 국경을 넘어 성층권까지 올라간 후 지구오존층을 파괴한다고 알려져 있다. 태양으로부터 오는 자외선 등 각종 유해파장을 차단한다는 지구오존층이 파괴되면, 각종 피부병과 백내장 등의 질병이 발생하고 농작물에도 많은 피해가 발생한다고 한다.[2] 이 문제에 대해서도 후진국의 입장은 지구온난화의 경우와 흡사하다.

범지구적 공유자원의 문제로 한 가지 재미있는 유형은, 전에는 별로 인류의 공유자원이라고 생각하지 않았으나 최근에 와서 부쩍 인류의 공유자원으로 인식되면서 많은 지구인들이 국경을 초월해서 지대한 관심을 가지기 때문에 발생하는 문제들이다. 비유적으로 말하자면, 환경오염물질이 국경을 넘기 때문에 발생하는 문제가 아니라 사람들의 환경에 대한 관심이 국경을 넘기 때문에 발생하는 국제환경문제라고 할 수도 있다. 공해(公海)나 남극과 같이 어떤 특정국가에 속하지 않은 곳의 자원에 대한 지구인의 지대한 관심이 그 대표적인 예가 될 것이다.

이 두 번째 유형의 문제들 중에서도 큰 국제적 관심을 끌고 있는 문제는 놀라울 만큼 많은 사람들, 특히 선진국의 많은 사람들이 자기 나라에 있는 환경자원뿐만 아니라 남의 나라의 환경 또는 환경자원에 대해서 지대한 관심을 가지고 감 놔라 배 놔라 참견하기 때문에 발생하는 국제문제들이다. 아마존 열대림에 대해서 전 세계가 큰 관심을 가지는 것은 충분히 이해할 수 있다. 아마존 열대림은 지구의 허파라고 하니, 지구의 허파가 손상되면 지구인 모두가 피해를 입을 것이기 때문이다. 그러나 아프리카 한 귀퉁이에 있는 나라의 코뿔소나 인도의 호랑이에 대해서 세계인들이 지대한 관심을 보이는 정도를 넘어서 이 동물들의 보호를 소홀히 하고 있다고 해당 국가의 정부를 비난한다든가 또는 이 동물들을 잘 보호하라고 압력을 넣고 심지어 이를 빌미로 내정간섭까지 한다면 이를 어떻게 이해해야 할까? 그렇다고 다른 나라의 사람들이 이 동물들의 보호를 위해서 돈을 듬뿍 주는 것도 아니다. 그럼에도 불구하고 예를 들면 전 세계적으로 읽혀지고 있는 타임(TIME)지가 여러 차례에 걸쳐 호랑이를 비롯한 각종 야생동물의 멸종위기를 특집으로 다룰 정도로 지구인들이 호랑이를 비롯한 멸종위기 동식물에 대해서 야단법석이다. 이들은 인도의 호랑이가 인도의 생물자원이기에 앞서 지구인의 공유자원이라고 말한다. 이들은 브라질이나 인도네시아의 열대림에 대해서도 같은 말을 한다.

사실 역사적으로 보면, 이유야 어떻든 환경문제에 대한 초기의 국제적 분쟁이나 국제협약은 주로 동·식물의 보호에 관련된 것들이었다. 이미 19세기 말에 해양물개의 멸종에 대한 국제협약이 있었으니 환경문제에 대한 국제적 노력은 생각보다 그 역사가 상당히 오랜 편이다. 오늘날에도 환경관련 국제협약 중에서 가장 많은 나라들이 가입한 협약은 멸종위기에 처한 야생동물의 국제거래에 관한 협약이다. 흔히 CITES라고 불리는 이 협약은 1973년에 체결되어 상설사무국까지 두고 협약내용을 실천하기 위해서 많은 노력을 기울여 왔다. 그러나 비가입국에 대하여 아무런 불이익을 주지 않기 때문에 오래 동안 별 큰 효과가 없었다.[3] 그러다가 야생동식물보호에 대한 국제협약의 실효성을 떨어뜨리는 나라에 대해서 무역보복을 가할 수 있게 규정한 펠리수정법(미국 국내법)을 미국이 발동시키면서부터 종래 유명무실했던 CITES가 실효성을 확보하기 시작했다.

이 법에 의거하여 미국이 바다거북이 수입과 관련해서 1990년 일본을 무역규제 대상국으로 지명한데 이어 1992년 호랑이와 코뿔소를 멸종에 이르게 한 주범으로 국제사회의 지탄을 받아온 중국, 대만, 한국, 예멘 등의 나라를 무역규제 대상국으로 지명하기에 이르렀다. 그렇지 않아도 호랑이 약재니 코뿔소 뿔이니 사향이니 하는 것들의 수입을 한국 정부가 눈감아 주고 있다고 해서 국제사회의 따가운 눈총을 받아 오던 터에 사태가 이 지경이 되고 보니 그동안 그런 한약재의 수입을 위하여 CITES에의 가입을 극력 꺼려해 왔던 우리나라도 하는 수없이 1993년에 이 국제협약의 120번째 가입국이 되는 길을 택할 수밖에 없었다.[4)]

이와 같이 남의 나라에 있는 환경자원에 세계의 여러 나라 사람들이 지대한 관심을 가지는 또 한 가지 이유는 그런 자원들을 이용해서 무슨 이득을 얻으려는 것이 아니라 그저 단순히 그런 자원이 이 지구상 어디에 있다는 사실 하나로도 만족스럽게 생각하기 때문이다. 즉, 존재가치 때문이다. 야생동물, 특히 희귀한 야생동물이나 특수한 자연환경이 단순히 존재해 주는 것에 대해서 많은 사람들이 금전을 지불할 용의가 있음을 표명하는데, 언뜻 보면, 존재가치는 하잘 것 없을 것같지만, 사실은 그렇지 않다. 설문조사를 통해서 열대림의 사회적 가치를 추정해 보면, 목재로서의 가치라든가 대기정화기능이나 수자원보호기능, 관광자원으로서의 가치 등을 모두 합친 열대림의 가치 중에서 상당 부분이 존재가치라는 연구결과도 있다.[5)] 비록 한 개인이 부여하는 존재가치는 매우 적을지 몰라도 수많은 사람들이 부여하는 존재가치를 다 합치면 상당히 커지는 것은 이상한 일이 아니다.

이와 같이 남의 나라의 환경에 대해서 지대한 관심을 가지는 데에는 그 나라의 환경이나 환경자원이 있는 그대로 보존되기를 바라는 심리도 크게 작용하겠지만, 현실적으로는 남의 나라의 환경재를 이용해 보려는 욕심이 작용하기도 한다. 남의 나라의 환경재를 이용해서 이익을 보았을 때는 이에 대해서 그 나라에 정당한 대가를 지불한다면 별 문제가 없을지 모르나 현실은 그렇지 않기 때문에 국제 간 갈등이 발생한다. 예를 들면, 미국의 한 제약회사가 마다가스카르에 서식하는 식물종자에서 추출한 성분으로 백혈병과 호지킨스병을 치료하는 약품을 개발하여 막대한 이익을 챙겼지만, 이에 대해서 마다가스카르에게는 한 푼의 대가도 지불하지 않았다고 하는데, 그동안 이런 종류의 작태가 비일비재했다는 데에 문제의 심각성이 있다.[6] 생물자원은 그 자체로서 보유국의 중요한 자산임에도 불구하고 이를 이용한 이득이 원 보유국보다는 오히려 남의 나라, 특히 선진국에 귀속되는 경우가 많았다. 남의 나라에 있는 생물자원이 있는 그대로 보존되기를 원하는 세력, 자기나라의 생물자원을 보존하려는 세력, 남의 나라의 생물자원을 공짜로 이용하려는 세력, 여기에 생물다양성이 급격히 감소하는 데 대한 지구인의 우려, 이런 것들이 복합적으로 작용하면서 벌어진 한 마당이 바로 1992년 생물다양성협약을 낳은 유엔환경개발회의였다.

환경규제의 국가 간 차이와 결부된 문제

국제환경문제의 세 번째 유형은 개별국가의 환경규제나 환경정책이 상품 및 자본의 국제적 이동이라는 과정을 거쳐서 다른 나라에 영향을 미침으로 인해서 발생하는 국제환경문제이다. 이와 관련한 문제의 발단은 나라마다 환경목표 및 환경기준이 다르며 또한 환경오염이나 환경파괴를 규제하는 정도가 다르다는 점이다. 나라마다 환경기준이 다르고 환경규제의 정도가 달라지는 이유는 여러 가지이다.

첫째, 나라마다 자연적 조건이 다르다. 예를 들면, 어떤 나라는 자연적으로 자정능력(assimilative capacity)이 크고 또 어떤 나라는 자정능력이 적다. 열대 지역의 나라들은 다른 지역의 나라들에 비해서 자연의 자정능력이 더 큰 것으로 알려져 있다.[7] 높은 온도와 많은 강우량은 환경오염물질을 분해하고 희석하며 씻어 내리는 데에 크게 도움이 될 법하다. 바다는 아무래도 강보다는 더 많은 환경오염물질을 수용할 수 있을 터이니 이런 점에서는 섬 나라는 내륙 국가에 비해서 자정능력이 크다고 할 수 있다. 동일한 양의 환경오염물질이 배출되더라도 자정능력이 큰 나라에서는 환경오염피해가 덜하다.

자정능력이 상대적으로 크다는 것은 환경오염물질 배출의 매체로 이용할 수 있는 환경자원(환경재)의 양이 상대적으로 많다는 것이니, 환경재가 풍부한 것으로 이해할 수가 있다. 그러므로 환경을 하나의 자원이라고 보았을 때, 나라에 따라서 환경재를 풍부하게 누리고 있는 나라도 있고 그렇지 못한 나라도 있다. 그래서 자정능력이 큰 나라를 환경부국(環境富國)이라고 하고 반대로 자정능력이 적은 나라는 환경빈국(環境貧國)이라고 할 수 있다.[8] 환경빈국의 환경정책은 환경부국에 비해서 환경재를 되도록이면 아끼는 방향으로 전개될 것이다. 예를 들면, 자정능력이 충분치 못한 나라(환경빈국)는 환경규제를 강화함으로써 자국의 자정능력에 부과되는 부담을 줄이려고 한다는 것이다.

둘째, 나라마다 국민들이 환경에 부여하는 가치가 다르다. 어떤 나라의 국민은 깨끗한 환경보다는 경제적 생활수준 향상에 더 신경을 쓰는가 하면 또 어떤 나라의 국민은 깨끗한 환경에 유난히 민감하다. 이와 같이 환경에 부여하는 가치가 달라지는 이유는 국민성 때문이기도 하겠지만 소득수준의 차이 때문일 수도 있다. 소득수준이 높을수록 깨끗한 환경을 더 선호하는 경향이 있다. 따라서 대체로 선진국의 국민은 후진국의 국민들에 비해서 깨끗한 환경에 더 큰 가치를 부여할 가능성이 높고, 따라서 선진국은 그러한 국민의 여망에 부응해서 후진국보다 강력한 환경정책을 펴게 된다.

셋째, 환경오염 및 환경파괴의 정도에 대한 정보나 자료, 환경오염 및 환경파괴의 피해에 대한 기대 내지는 위험부담이 나라마다 다르다. 예를 들면, 흔히 지구온난화로 인한 피해를 온 인류가 똑같이 짊어지는 것같이 말하고 있지만, 사실은 그렇지 않은 것같다. 우선 지구온난화로 인해서 구체적으로 어떤 피해가 발생하는지에 대한 인식이 나라마다 다르다. 유럽의 국가들이나 섬 나라는 대체로 지구온난화에 대해서 다른 나라보다 더 우려하는 경향이 있다.

이와 같이 환경에 대한 국민의 여망이 나라마다 다르고 또 환경의 자정능력도 나라마다 다르니 환경규제의 정도나 내용 그리고 환경정책도 나라마다 다를 수밖에 없다. 아무래도 선진국들의 환경규제는 개발도상국이나 후진국들의 환경규제에 비해서 훨씬 더 엄격한 경향을 보인다. 이와 같이 나라마다 환경규제나 환경정책이 큰 차이를 보일 경우, 이 차이가 어떤 국가에게는 국제경쟁력에 유리하게 작용하고 또 어떤 나라에게는 불리하게 작용하기 때문에 국가 간 무역 분쟁의 소지가 된다.

이 세 번째 유형의 국제환경문제는 앞에서 설명한 두 가지 유형의 국제환경문제들과 근본적으로 성격을 달리한다. 즉, 이 세 번째 유형의 국제환경문제는 예컨대 해외시장 확보라든가 비교우위 등 국제무역에 있어서 전형적으로 나타나는 문제의 연장선상에 있는 문제요 따라서 현 국제기구나 조직의 범위 안에서 해결이 가능한 문제이다. 그렇다고 쉬운 문제라는 것은 절대 아니다. 앞의 두 가지 유형의 국제환경문제들은 국가들의 행태에 있어서 새로우면서도 근원적인 변화가 요구되는 문제요 그러면서도 그러한 행태변화를 이끌어 낼 새로운 형태의 초국가적 국제기구나 조직이 절실히 요구되는 문제이다.

정리

세 가지 유형의 국제환경문제

- 월경환경오염문제: 환경환경오염물질이 국경을 넘어 다른 나라로 운반 · 확산됨으로 인해서 발생하는 문제
- 범지구적 공유자원 훼손문제: 범지구적 공유자원의 훼손 및 파괴로 인한 국제문제
- 환경규제의 국가 간 차이와 결부된 문제: 개별국가의 환경규제나 환경정책이 상품 및 자본의 국제적 이동과정을 거쳐서 다른 나라에 영향을 미침으로 인해서 발생하는 국제환경문제

2. 오염원인자부담의 원칙에 의거한 환경규제와 국제무역

자유무역주의와 환경보호론

마치 개인들이 시장에서 상품을 자유스럽게 사고파는 것이 당사자 모두에게 이익이 되듯이, 국가와 국가 사이의 자유스런 교역도 교역 당사국 모두에게 이익이 된다는 주장은 경제학에서 매우 오래 전부터 뿌리 깊게 내려오는 이론이다. 흔히 경제학의 시조라고 불리는 아담 스미스는 각 나라가 제각기 자국에게 유리한 재화의 생산에 전문화한 다음 자유롭게 교역한다면 교역 당사국 모두가 이익을 얻게 됨을 보였다. 아담 스미스의 주장에서 '자국에게 유리한' 이란 말은 절대우위를 의미하는데, 어떤 상품을 다른 나라보다 더 저렴하게(즉, 더 적은 양의 생산요소를 투입해서) 만들 수 있는 나라는 이 재화의 생산에 있어서 절대우위를 가지고 있다고 말한다. 시장은

각 개인으로 하여금 사익을 추구하는 가운데 저절로 사회 전체의 이익도 증진하는 계기를 제공함으로써 사익추구와 공익을 조화시키는 기막힌 장치라는 아담 스미스의 주장은 국제무역에 대해서도 그대로 적용된다.

이러한 스미스의 절대우위론에서 한 걸음 더 나아가 리카도(D. Ricardo)는 한 나라가 비록 모든 상품의 생산에 있어서 절대우위를 가지고 있다고 하더라도 그 중에서도 상대적으로 싸게 생산할 수 있는 재화의 생산에만 전문화하고 나머지 재화는 다른 나라로부터 수입하는 것이 교역 당사국 모두에게 이익이 될 수 있음을 보임으로써 자유무역의 이점을 더욱 더 확대하였다. 예컨대, 설령 쌀 생산과 옷 생산 모두에 있어서 한국이 미국보다 더 저렴하게 생산할 수 있다고 하더라도(즉, 절대적 우위에 있다고 하더라도) 한국이 미국에 비해서 쌀보다 옷을 상대적으로 더 싸게 생산할 수 있고, 반대로 미국은 한국에 비해서 옷보다 쌀을 상대적으로 더 저렴하게 생산할 수 있을 경우 한국은 옷에 비교우위를 가지며, 미국은 쌀에 비교우위를 가지고 있다고 말한다. 리카도의 비교우위설(또는 비교생산비설)은, 결국 교역에 있어서 중요한 것은 재화의 상대가격이다. 이 상대가격이 국가에 따라 다를 때 각국이 비교우위를 가지는 재화만을 전문적으로 생산하여 서로 교역하면 당사자 모두 다 이익을 볼 수 있다는 이론이다. 이런 주장이 오늘날 자유무역주의로 발전하면서 전 세계적으로 하나의 대의명분처럼 되어 버렸다.[9)]

국가 간의 자유무역은 기업에게 보다 더 넓은 시장을 가져다 주며 따라서 생산 규모를 확장할 기회를 준다. 생산을 많이 함에 따라(다시 말해서 생산 규모가 커짐에 따라) 단위당 생산비가 떨어지는 현상을 흔히 규모의 경제(economies of scale)라고 하는데, 국제무역은 기업으로 하여금 규모의 경제를 이루게 함으로써 소비자들에게 보다 더 값싸게 상품을 공급할 수 있게 해준다. 물론 그 결과 기업의 규모가 너무 커져서 독점화된다면 독점의 폐해가 발생할 수도 있다. 자유무역은 국제경쟁력이 높은 기업은 살리고 그렇지 못한 기업은 도태시키기 때문에 한편으로는 자원의 효율적 이용을 촉진하지만 다른 한편으로는 실업의 문제라든가 소득격차가 심화되는 문제를 발생시킬 수도 있다.

이와 같이 국가 간의 자유스런 교역이 장점과 단점을 가지고 있고 그리고 더욱이나, 정부의 간섭이 없는 완벽한 자유무역이란 사실상 이 세상에 존재하지 않음에도 불구하고 보수적 경제학자들을 포함한 보수주의자들이 자유무역주의를 굳게 신봉하고 있다. 그래서 어떤 나라가 다른 나라에 불리한 무역조치를 취할라치면 당장 자유무역의 정신에 위배되는 처사라는 강력한 반발에 직면하게 된다.

그러나 자유무역주의는 환경보호론의 강력한 도전을 받고 있다. 환경보호론자들은 세계의 환경을 보전하기 위해서는 환경을 지나치게 오염시키면서 만들어진 상품이나 환경의 파괴를 초래하는 상품 또는 희귀 동·식물의 멸종을 초래하는 상품의 교역에 높은 관세를 부과해야 하며, 필요에 따라서는 교역금지조치도 불사해야 한다고 주장한다. 호랑이가 빠른 속도로 멸종되어 가는 중요한 이유는 호랑이의 뼈와 가죽의 시장가치가 매우 높기 때문이다. 인도에서 밀렵된 호랑이의 뼈는 중국, 대만, 한국 등 동쪽으로 팔려가고 가죽은 중동의 부호나 유럽 등 서쪽으로 팔려 간다고 한다. 따라서 호랑이의 멸종을 막기 위해서는 이와 같이 호랑이를 이용한 상품의 국제교역을 전면 금지시켜야 한다는 주장이 보통사람들에게는 상당히 큰 설득력을 가진다.

이에 대한 자유무역주의자들의 입장은 "자유무역은 그 자체로서 초록이다(Free trade is in itself green)"라는 표어로 요약된다. 이들은 자유무역이 오히려 환경이나 자연자원을 보전하는 데 도움이 된다고 주장한다. 세계의 많은 나라들이 제각기 자기 나라의 경제개발과 자기 나라 상품의 수출촉진을 위해서 정부가 나서서 기업에게 보조금, 세금혜택, 기타 다양한 물질적 지원을 아끼지 않는다. 이런 것들이 모두 자유무역의 원칙에 어긋나는 조치들이면서 또한 동시에 환경을 파괴하는 요인이 된다.

예를 들면, 낙농제품의 수출을 촉진하기 위해서 브라질 정부는 산림을 농경지나 목장으로 개발하는 사업에 대하여 보조금을 지급하며, 낙농제품의 생산에 대해서도 보조금 및 세금혜택을 제공하고, 산림의 개간을 촉진하기 위해서 도로 건설 및 사회간접자본의 건설에 힘을 기울여 왔는데, 이런 일련의 조치들이 아마존강 유역의 열대림의 훼손을 가속화시킨 중요한 요인이 되고 있다.[10] 비단 브라질에서 뿐만 아니라, 세계 도처에서 그와 같은 일이 벌어지면서 환경이 급속도로 파괴되고 있다. 미국을 비롯해서 세계의 많은 나라들이 화석연료 에너지의 가격을 저렴하게 유지하기 위해서 보조금이나 또는 세제금융상의 혜택을 제공하고 있는 것으로 알려지고 있다. 이 결과 화석연료 가격이 저렴하면 화석연료를 많이 쓰게 될 것이며, 화석연료의 연소로부터 발생하는 대기오염물질의 양도 많아질 것이니 이런 식의 정부의 개입은 결코 환경보전에도 도움이 되지 못한다고 자유무역주의자들은 강변한다.

환경보호론자들의 주장이나 자유무역주의자들의 주장 모두 충분히 일리가 있다. 그러나 자유무역주의가 좋다고 해서 경제에 정부가 전혀 개입하지 않고 환경오염을 방치하면 어떻게 될 것인가? 기업은 환경오염에 대하여 아무런 대가를 치르지 않을 가능성이 높다. 따라서 기업이 생산하는 수출품의 생산비에는 환경오염으로 인한 사회적 손실은 포함되지 않을 것이며, 그만큼 수출품의 가격은 사회적 적정수준 이하로 저렴해질 수밖에 없다. 이런 수출품은 높은 국제경쟁력을 가진다고 말하겠지만 결국 환경을 파괴시킨 만큼 보조금을 받은 것과 진배없다. 이 보조금의 부담은 물론 환경오염의 피해를 당하는 내국인이 치르게 되며 그 혜택은 수출품을 소비하는 외국인에게 돌아갈 것이다. 이렇게 보면, 환경오염을 방치하는 것도 국내경제의 왜곡을 통해서 국제무역 및 국제투자를 왜곡시키는 것이다. 그러한 왜곡을 시정하기 위해서라도 환경오염에 대한 규제는 필요하다.

국제무역기구(WTO)는 대체로 이런 주장을 인정하면서도 자유무역주의를 강변하고 있다. 즉, 국내적으로 적절한 환경정책이 시행되지 않는 경우 무역자유화가 환경문제를 더욱 악화시킬 수도 있지만, 보호무역정책이 환경파괴를 초래하는 경우도 많이 있으므로 보호무역 장벽을 낮추는 것이 환경보전에 기여한다는 것이다. 이와 같이 자유무역이 환경보전과 상치될 가능성을 인정하는 입장 표명에도 불구하고 기본적으로 국제무역기구 체제하의 자유무역규범은 지속가능한 환경보호에 부적절하다는 것이 세계자연기금(WWF)의 논평이다.[11)]

환경규제가 반드시 수출을 위축시키는가?

환경규제의 필요성에도 불구하고 경제인들은 특히 오염원인자부담의 원칙에 입각한 환경규제가 한편으로는 생산비를 높여서 국내기업의 수출경쟁력을 떨어뜨림으로써 수출에 타격을 주고, 다른 한편으로는 외국 상품에 대한 국산 대체품(즉, 수입대체품)의 생산을 위축시킴으로써 수입을 증대시켜서 결국 국민경제에 큰 주름살을 줄 것이라고 주장한다. 만일 환경규제를 강하게 받는 기업들의 상품이 수입품에 대한 국내 대체품이라면 이 상품의 가격은 올라갈 것이고 그러면 국내 소비자들은 국산 수입대체품에 등을 돌리고 수입품 쪽으로 몰려갈 것이니 수입은 증가할 것이다. 국산 대체품만이 문제가 되는 것은 아니다. 환경규제의 강화로 인해서 다른 국산품의 가격이 오르면 소비자들은 이에 대한 대체품을 찾아 외국제품에 눈을 돌릴 것이기 때문에 수입이 늘어날 것이다.

물론 수입증가에 제동을 거는 요인들도 있다. 환경규제로 인해서 수출이 감소하고 수입이 증가하면 GDP가 줄어들게 된다. 또한 환경규제는 국민경제의 가용자원 중 시장에서 거래되는 상품보다는 환경개선과 같이 상품이 아닌 것의 생산에 투입될 부분을 증가시키기 때문에 금전적인 국민소득은 감소하게 된다. 이러한 요인으로 인한 실질국민소득의 현저한 감소는 수입을 줄이는 요인이 된다.

그러나 전체적으로 보면 오염원인자부담의 원칙에 입각한 환경규제는 수출을 감소시키고 이와 관련된 산업들에 타격을 주며 국제수지를 악화시키는 결과가 초래될 가능성이 있다. 그러므로 순전히 통상의 차원에서만 보면, 환경규제나 환경정책이라는 새로운 형태의 정부 개입은 인위적으로 수출을 더욱 더 어렵게 만드는 새로운 장벽(무역장벽 또는 비관세장벽)으로 간주되기도 한다.[12)]

물론, 환경규제에 대한 업계의 강한 반발에 충분한 이유가 있지만, 사실 환경규제가 국제무역에 미치는 영향은 그렇게 간단하게 생각할 문제가 아니라는 점도 늘 염두에 두어야 한다. 단기적으로는 환경규제의 강화가 수출경쟁력을 저해시킬지 모르지만 장기적으로는 전혀 다른 얘기가 성립할 수도 있기 때문이다.

환경규제의 국제무역에 미치는 영향을 파악하기 위해서는 우선 한 나라 안에서 비교우위의 변화를 파악해야 한다. 환경규제의 강화가 우리나라 수출 주도 산업(비교우위산업)에 불리한 경제여건을 조성할 수도 있고 반대로 유리한 경제여건을 조성할 수도 있기 때문이다. 예를 들어서, 환경규제의 강화가 자본의 가격에 비해서 임금을 상대적으로 저렴하게 만든다고 하자. 만일 우리나라의 수출 주도 산업이 노동을 많이 쓰는 산업(노동집약적 산업)이라면 이 산업은 임금의 상대적 하락의 덕을 보게 되므로 오히려 수출경쟁력이 높아져서 결과적으로 우리나라의 수출은 늘어날 수도 있다. 반대로 우리나라의 수출 주도 산업이 자본집약적이라고 하면, 이 산업의 생산비가 올라가기 때문에 결과적으로 환경규제의 강화는 수출을 감소시키게 될 것이다.

결국 장기적으로 중요한 것은, 환경규제의 강화가 임금과 자본의 가격에 미치는 영향 그리고 수출 주도 산업의 성격이다. 환경규제를 강화하면 어떻든 환경오염기업들은 환경오염물질의 배출량을 줄여야 하므로 배출량 감축(환경개선)을 위해서 더 많은 노력을 경주해야 한다. 다시 말해서 환경개선을 위해서 노동과 자본을 더 많이 사용해야 하는데, 대체로 자본을 더 많이 사용되는 것으로 알려져 있다.[13] 왜냐하면, 통상 환경을 개선하는 일에 노동보다는 도구나 기계, 약품, 전기 등 자본재가 더 많이 필요로 하기 때문이다. 그러므로 환경규제의 강화는 노동보다는 자본에 대한 수요를 상대적으로 더 많이 증가시키기 때문에 자본의 상대적 가격이 상승하게 된다. 따라서 수출 주도 산업이 자본집약적 산업이라면 업계의 주장이 타당할 가능성이 높다.

허나, 궁극적으로 중요한 것은 국민의 복지다. 환경규제의 강화는 결국 환경을 개선하기 위한 것이다. 설령 환경규제의 강화로 인해서 상품생산이 감소하고 수출이 감소함으로써 국민소득이 감소하고 국민복지도 떨어진다고 해도 환경개선은 국민복지를 높인다. 정부가 환경규제를 강화하는 까닭은 바로 이 환경개선으로 인한 국민복지 증진효과가 상품생산 감소로 인한 국민복지 감소효과를 압도하기 때문이다. 단순히 환경규제 강화로 인한 소득감소나 수출감소만 생각해서는 안 된다. 결국 우리에게 가장 소중한 것은 각자의 행복이 아닌가.

핵심 주장

1. 환경규제의 강화는 단기적으로는 수출부문의 경쟁력을 떨어뜨림으로써 수출을 둔화시킬 가능성이 높다. 그러나 장기적으로 환경규제의 강화가 수출에 미치는 영향은 비교우위 부문의 성격에 따라 달라질 것이다. 만일 한 나라의 비교우위 부문이 자본집약적이라면 환경규제의 강화는 수출을 감소시킬 가능성이 높지만, 반대로 비교우위 부문이 노동집약적이라면 환경규제의 강화가 오히려 수출을 활성화시킬 수도 있다.
2. 큰 나라는 환경규제로 인한 비용상승 부담을 교역품의 가격에 전가시킴으로써 교역상대국과 분담할 수 있지만, 작은 나라는 그럴 수가 없다. 그러므로 소국은 환경규제로 인한 생산비 증가의 부담을 고스란히 수출물량의 감소로 감당

하지 않을 수 없고, 이 결과 국제수지가 크게 악화될 수도 있다.

3. 환경규제로 인한 국제수지 적자는 일시적일 가능성이 높다. 그런 국제수지 적자가 계속되면, 이를 해소하기 위한 여러 가지 시장의 힘이 작용하는데, 그 중의 하나가 환율이다.

환경규제와 교역조건 그리고 국제수지

이렇게 보면, 환경규제가 비용인상 요인이기 때문에 수출을 줄이고 수입을 늘려서 국제수지 적자를 초래할 것이라는 단순논리는 국제수지에 미치는 환경규제의 악영향을 지나치게 과장할 우려가 있음을 알 수 있다. 설령 환경규제의 결과 수출물량이 크게 감소하고 수입물량이 크게 증가한다고 하자. 그렇다고 해서 수출액과 수입액이 수출물량과 수입물량에 비례해서 감소하고 증가하란 법은 없다. 수출액과 수입액은 각각 수출물량과 수입물량에 가격을 곱해 준 값이기 때문에 수출액과 수입액의 변동은 수출품과 수입품의 상대가격, 즉 교역조건에 따라 다르게 된다. 보통 교역조건(terms of trade)이란 수출품 1단위와 교환될 수 있는 수입품의 양, 다시 말하면 수입품으로 표시된 수출품의 가격을 말한다. 수출품 1단위와 교환될 수 있는 수입품의 양이 증가하는 현상을 보고 교역조건이 개선되었다고 말한다. 교역조건이 개선되었다는 것은 수출상품을 상대적으로 비싸게 파는 대신 수입상품을 상대적으로 싸게 사는 것을 뜻하며 따라서 무역으로 인한 이익이 증가하는 것을 뜻한다. 교역조건이 악화되었다는 것은 그 반대를 의미한다.

그러므로 환경규제의 강화 결과로 수출입 물량의 변화만 볼 것이 아니라 교역조건의 변화를 보아야 한다. 이와 관련해서 흔히 듣는 주장은, 비록 환경규제를 강화하는 나라의 수출입물량은 줄어들지만 교역조건은 개선된다는 것이다.[14] 물론 이런 주장은 항상 옳은 것은 아니다. 환경규제가 교역조건에 미치는 영향은 해외시장에서 해당 국가의 경제적 영향력에 따라 달라지기 때문이다. 환경규제가 기업의 생산비를 증가시킨다는 것에 대해서는 이미 앞에서 설명하였거니와, 환경규제의 결과 수출품의 생산비가 증가하였다고 하자. 그러나 이 생산비의 증가가 곧장 국제시장에서 수출품 가격의 상승으로 이어지지는 않는다. 만일 해당 국가의 수출물량이 국제시세에 영향을 줄 정도로 국제시장에서 차지하는 비중이 큰 대국(大國)이라고 하면, 해외시장에서 이 나라의 수출품 가격이 오르면서 교역조건이 개선될 수가 있다. 왜냐하면, 생산비 증가로 인한 대국의 수출물량 감소는 해외시장에서 국제시세에 영향을 줄 만큼 공급 감소를 초래할 것이기 때문이다. 그러므로 대국의 경우에는 환경규제로 인한 생산비 증가의 부담 중에서 일부를 수출품 가격의 상승으로 보상을 받고 나머지에 대해서만 수출물량 감소의 대가를 치르게 되는 셈이다. 다시 말하면, 대국은 환경규제로 인한 생산비 증가의 부담을 교역상대국과 분담할 수 있다는 것이다.[15]

그러나 해외시장에서 영향력을 전혀 행사하지 못하는 소국(小國)은 그럴 수가 없다. 소국의 경우에는 수출을 많이 하든 적게 하든 또는 수입을 많이 하든 적게 하든 수출품과 수입품의 국제가격에 아무런 영향을 줄 수가 없으며, 따라서 국제가격은 주어진 여건이다.[16] 환경규제로 인해서 생산비가 증가하더라도 이 증가를 교역품 가격상승의 형태로 떠넘길 수가 없다. 그러므로 소국은 환경규제로 인한 생산비 증가의 부담을 교역조건에 반영시키지 못한 채 고스란히 수출물량의 감소로 감당하지 않을 수 없고, 이 결과 국제수지가 크게 악화될 수도 있다.

그러나 경제학자들은 환경규제로 인한 국제수지 적자가 일시적일 가능성이 높다고 본다. 왜냐하면, 그런 국제수지 적자가 계속되면, 이를 해소하기 위한 여러 가지 시장의 힘이 작용하는데, 그 중의 하나가 환율이다. 국제수지 적자가 계속되면, 다른 조건이 일정하면, 환율이 떨어진다. 환율의 하락은 해외시장에서 수출품을 값싸게 하고 수입품을 비싸게 하는 까닭에 수출은 늘고 수입은 줄어들 것이니 장기적으로는 국제수지 적자는 해소될 것이다. 즉, 처음에는 환경규제로 국제수지 적자가 확대되지만, 환율변동으로 국제수지 적자가 해소되면서 원상복구가 이루어진다.

허나, 이 와중에 휩쓸렸던 개별기업들도 원상회복하는 것은 아니다. 결과는 같더라도 이 과정은 산업구조의 재편이라는 큰 진통을 내포한 과정이다. 환경규제로 인한 타격이 모든 산업부문에 걸쳐 균등하게 퍼지는 것이 아니고 반드시 몇몇 산업부문, 특히 환경오염을 심하게 유발하는 산업에 집중되는 경향이 있다. 이같이 타격을 특히 더 많이 받는 산업부문의 기업들, 예컨대 환경오염업체들은 경쟁에서 밀려나거나 또는 변신을 꾀하지 않을 수 없다. 그러나 환율이 떨어지면서 수출품의 가격이 올라가면 이번에는 환경오염을 덜 시키는 새로운 산업들이 부상하게 될 것이다. 요컨대, 환율의 변동은 한편으로는 환경정책이 국제수지에 미치는 영향을 크게 완화하면서 또 다른 한편으로는 환경정책이 의도한 산업구조의 재편을 촉진함으로써 자원이용의 효율을 높이고 국민복지를 증진시킨다는 것이다. 물론 외환시장에서 환율의 자유스런 변동을 허용하지 않는 고정환율제를 택하고 있는 경우에는 얘기가 전혀 달라진다. 그러나 변동환율제를 택하고 있는 나라에서는 국제수지에 미치는 악영향을 이유로 환경규제를 반대하는 주장은 그 정당성이 취약하다.

3. 환경규제와 국제분쟁

환경규제와 국제분업 그리고 선·후진국의 갈등

앞에서는 다른 나라들이 환경오염에 대하여 규제를 하지 않고 어떤 한 나라만이 환경오염에 대해서 규제를 실시한다고 했을 때 실시하는 나라의 국제무역이 어떻게 될 것인지만을 살펴보았다. 그러나 한 나라의 환경규제는 직접, 간접적으로 다른 나라에 영향을 줄 뿐만 아니라 직접적으로 다른 나라에 영향을 미칠 수도 있으며, 여러 나라가 환경오염에 대하여 규제를 할 경우에는 이 나라들 사이의 이해관계가 매우 복잡하게 얽히게 된다. 이런 복잡한 국제적 이해관계는 각 나라마다 자연환경이 다르고 또한 각 나라마다 국민의 환경의식이 달라지는 데에서 출발한다. 앞에서 말했듯이 어떤 나라의 자정능력은 다른 나라에 비해서 크다. 자정능력이 크다는 것은 주어진 환경의 질을 유지하거나 달성하는 데 소요되는 비용이 적다는 것을 의미하기도 하고 또는 환경오염에 대한 규제가 강화되더라도 기업이 환경에 치러야 할 가격이 낮다는 것을 의미한다.

좀 더 범위를 넓혀서 생각해 보면, 환경오염물질배출 매체로 이용할 수 있는 환경자원의 양이 자연의 자정능력 하나만으로 결정된다고 말하기는 곤란하다. 오히려 사회가 환경오염을 용인하는 정도가 더 결정적인지도 모른다. 예를 들면, 비록 자연의 자정능력이 같다고 하더라도 환경오염에 대한 규제가 강할 경우에 비해서 규제가 상대적으로 느슨할 경우에 더 많은 환경오염물질을 환경에 버릴 수 있을 것이다. 다시 말해서 환경오염물질 배출의 매체로 환경자원(환경재)을 더 많이 이용할 수 있다. 그러니, 다른 조건이 같다고 하면, 환경오염에 대한 사회적 용인의 정도가 다른 나라에 비해서 상대적으로 큰 나라도 환경부국이라고 할 수 있을 것이다. 환경오염에 대한 사회적 용인 정도는 국민들의 환경의식 내지는 환경보전과 경제성장에 대한 국민들의 선호에 의해서 크게 좌우된다고 할 수 있다.

이용 가능한 환경자원 양을 포함해서 생산요소 부존량이 나라에 따라 다른데, 전통적인 국제경제 이론에 의하면 각 나라는 각기 상대적으로 풍부한 생산요소를 많이 사용하여 생산되는 상품에 비교우위를 가지게 된다. 이것이 유명한 헥셔-올린 이론의 첫 번째 주장에 해당한다.[17] 예를 들면, 과거 한국은 자본에 비해서 노동이 상대적으로 풍부하므로 임금이 상대적으로 낮으며 따라서 노동을 많이 쓰는 재화, 즉 노동집약적인 상품의 생산에 비교우위를 가졌다. 반대로 미국은 노동에 비해 자본이 상대적으로 풍부하므로 자본의 가격이 임금에 비해 상대적으로 싸며 따라서 자본집약적인 상품의 생산에 비교우위를 가지게 된다는 것이다. 이와 같이 환경도 하나의 자원으로 보고, 국제사회의 분업을 설명하는 헥셔-올린의 이론을 환경에 확대적용하면 다음과 같은 주장이 가능하다.[18]

주장: 환경부국은 환경을 오염시키는 정도가 큰 상품, 다시 말하면 환경집약적인 상품의 생산에 있어서 비교우위를 가지는 경향이 있을 것이며, 따라서 그러한 상품의 생산과 수출에 전문화할 것이다.

물론 이 주장은 하나의 가설에 불과하다. 국제무역에 있어서 한 나라의 비교우위를 결정하는 요인이 한두 가지가 아닌데 환경자원의 부존량은 그 많은 요인들 중에서 하나에 불과하기 때문이다. 위의 가설에서 말하는 '환경을 오염시키는 정도'가 과연 어느 정도 되어야 큰지 또는 작은지도 한 마디로 단정하기가 어렵다. 한 가지 생각할 수 있는 것은, 배출되는 환경오염물질을 처리하는 데 소요되는 비용으로 측정하는 방법이다. 환경을 오염시키는 정도가 큰 상품을 환경친화적 상품 혹은 환경을 오염시키지 않는 상품이 되도록 만들기 위해서는 배출되는 환경오염물질의 처리에 많은 비용이 소요될 것이다. 그래서 생산원가 중에서 환경오염물질의 처리나 제거에 소요되는 비용이 차지하는 비중을 오염집약도(pollution intensity)라고 하고 이 오염집약도가 1% 이상인 산업과 상품을 환경오염산업과 환경오염상품이라고 한다면, 환경오염상품은 '환경을 오염시키는 정도'가 큰 상품이라고 보는 것도 한 가지 방편이 될 수 있다.

역사적으로 보면, 모든 나라에서 환경오염의 문제가 없었던 옛날에는 아마도 위의 가설이 잘 적용되지 않았을 것이다. 모든 나라에서 환경오염의 문제가 없었다는 것은 환경재가 모든 나라에서 필요 이상으로 풍부했음을 의미하는 까닭이다. 그러다가 산업화를 시작한 선진국들에서부터 자정능력이 서서히 소진되고 그래서 환경오염문제가 사회문제로 부각되면서 위의 가설이 적용되는 상황이 서서히 벌어지기 시작했을 것이다. 그러나 환경부국과 환경빈국이 분명히 갈리면서 이들 사이에 갈등이 본격적으로 빚어진 연유는 후진국들도 산업화의 대열에 끼어들기 시작하면서부터일 것이다.

대체로 보아 후진국들은 선진국들에 비해서 환경부국일 가능성이 높다. 많은 후진국들은 자연적으로도 풍부한 자정능력을 보유하고 있기도 하겠지만 아직 산업화가 덜 진척된 관계로 자정능력에 많은 여유가 있을 것이다. 게다가 대부분의 후진국들은 국민들의 환경에 대한 의식이 낮은 반면 경제성장에 대한 열망은 크다. 산업화를 상당한 정도로 이룬 개발도상국 중에는 이미 심각한 환경오염문제를 겪고 있는 나라도 있다. 하지만 그렇다고 이 나라들이 경제성장을 늦추기보다는 오히려 환경개선을 위한 재원을 경제개발로부터 조달해야만 하는 어려운 처지에서 경제성장에 박차를 가하려고 한다. 말하자면 경제개발을 환경개선의 치료제쯤으로 생각하는 셈이다. 그러니 후진국이나 개발도상국에서는 환경규제가 매우 느슨함이 보통이다. 따라서 이 나라들은 환경오염상품을 값싸고 대량으로 생산할 수 있는 여건을 가지고 있다.

이에 반해서 선진국들에서는 환경오염이 날로 심해 가는데다가 국민들의 환경의식은 날로 높아만 가니 선진국 정부들은 강력한 환경규제로 이에 대처하지 않을 수 없는 입장이다. 비록 종전에는 환경을 오염시키는 상품의 생산에 있어서 비교우위를 가지고 있었다고 하더라도 환경규제를 현저하게 강화하면, 그 비교우위는 금방 약해지거나 또는 사라질 수도 있다. 앞에서 살펴본 바와 같이 강력한 환경규제는 이제까지 선진국들이 독점적으로 생산해서 외국에 팔아온 환경파괴적 상품의 생산비를 증가시키는 한편 선진국들의 수입대체품 생산비도 증가시킨다. 이렇게 되면, 환경파괴적 상품의 생산에 있어서 후진국들의 국제경쟁력이 상대적으로 높아질 뿐만 아니라 선진국 내의 수입대체품 시장까지 잠식해 들어갈 수 있게 된다. 다시 말하면 환경파괴적 상품의 생산에 있어서 후진국들의 비교우위가 높아지는 가운데 선진국들을 상대로 한 후진국들의 수출품이 다양화하면서 교역량이 크게 늘어나게 된다는 것이다.

선진국들이 환경오염에 대한 규제를 강화하면, 후진국들은 자연자원을 채취하거나 이를 제1차적으로 가공하는 산업에 있어서도 비교우위를 누릴 수 있게 된다는 주장도 강하게 제기된다. 채석장이라든가 광산, 벌목 등에서 보듯이 자연자원의 채취는 매우 환경파괴적이기 때문에 선진국에 있어서는 여론이 나빠서 존속하기 어렵다.

비단 환경오염산업에 대한 선진국의 강력한 환경규제만이 후진국 환경오염산업의 비교우위를 북돋아 주는 것은 아니다. 소비과정에서 배출되는 환경오염물질에 대한 선진국의 강력한 규제도 후진국의 수출에 큰 도움이 될 수가 있다. 소비과정에서 비닐제품, 플라스틱 제품 등 인공합성물들이 많이 배출되며, 이런 것들은 폐기물이 된 다음에도 처리에 애를 먹는다. 그래서 선진국은 이런 인공합성물의 이용이나 배출을 강하게 규제하는데 그러면 인공합성물에 대한 대체품, 예컨대 목재제품, 고무제품, 천연섬유 등 천연제품에 대한 수요가 증가한다. 이런 천연제품들은 후진국에서 많이 생산되는 것들이다. 따라서 소비과정에서 배출되는 환경오염물질에 대한 선진국의 강력한 규제는 후진국이 비교우위를 가지는 천연제품의 수출을 증가시킨다.

한편, 앞에서 설명하였듯이, 환경규제로 인해서 선진국들의 수출물량이 줄더라도 국제시장에서 선진국 상품의 교역조건이 개선될 여지는 많다. 선진국들의 수출품 가격이 비싸진다는 것은 이를 수입해야 하는 후진국들이 종전보다 더 많은 대가를 지불함을 의미하며, 이는 후진국들이 같은 양을 수입하더라도 이에 대한 대가로 종전보다 더 많은 양을 수출해야 함을 의미한다. 결국 그만큼 실질소득이 후진국으로부터 선진국으로 이전되는 셈이다. 그러나 이와 대칭되는 또 다른 측면도 있다. 선진국의 강력한 환경규제는 선진국 내의 수입대체품의 생산비도 증가시키는 경향이 있기 때문에 선진국 국내에서의 수입대체품의 공급이 감소하면서 이 때에 발생하는 초과수요의 일부가 해외시장으로 넘쳐 나가게 되고, 그래서 선진국들이 수입하는 상품의 국제가격이 상승하게 된다. 만일 후진국들이 이 상품들을 공급한다면, 후진국의 교역조건이 개선되는 측면도 있으니, 교역조건 하나만 가지고 선진국의 환경규제의 강화가 후진국에 유리한지 불리한지 단정지을 수는 없다.

결국 이런 여러 정황으로 미루어 보아 선진국들의 환경규제의 강화는 특히 환경파괴적 상품의 생산에 있어서 후진국의 비교우위를 확고히 다지는 큰 계기가 된다는 점에 대해서는 별 큰 반론은 없고 또한 많은 사람들이 그렇게 믿고 있기도 하다. 그렇다고 선진국의 환경규제 강화가 후진국에게만 이롭다는 것은 절대 아니다. 경제학자들은 선진국의 환경규제 강화가 선진국 자신의 국민복지를 증진시킬 뿐만 아니라 후진국의 국민복지를 증진시키고 나아가서 전 지구의 환경자원을 효율적으로 이용하게 하는 길이 된다고 본다. 선진국의 경우에는 수출감소와 수입증가로 실질GDP의 감소가 있겠지만 환경개선의 사회적 편익이 이를 압도하게 되므로 결과적으로 국민복지는 증진될 것이다. 후진국의 경우에는 비록 환경이 오염되는 손실이 발생하지만 GDP 증가로 인한 사회적 이익이 이를 압도하게 되니 역시 국민복진의 순증이 가능하다. 그러므로 경제학적으로 보면, 환경빈국인 선진국의 환경규제 강화는 선진국의 환경파괴적 상품 생산을 감소시킴으로써 환경자원을 절약하게 하는 반면, 환경부국인 후진국이 환경파괴적 상품의 생산에 전문화하도록 함으로써 전 지구의 한정된 환경자원을 효율적으로 사용하게 한다.

'이웃 오염시키기' 이론과 공해안식처 가설

위에서 살펴본 바와 같이 환경규제가 엄격한 나라와 환경규제가 느슨한 나라가 공존할 경우에는 '이웃 오염시키기 이론(pollute thy neighbour thesis)'으로 잘 알려진 다음과 같은 요지의 주장이 제기된다.[19)]

> **주장:** 환경규제가 강한 나라는 기업의 이동(혹은 자본의 이동)을 통해서 직접적으로 그리고 또한 상품의 교역을 통해서 간접적으로 환경규제가 느슨한 나라의 환경오염을 가속화시킨다.

이 주장에 의하면, 환경규제가 강한 나라는 두 가지 경로를 거쳐 환경규제가 약한 나라의 환경오염을 심화시킨다. 첫 번째 경로는 상품교역을 통한 간접적 경로다. 예를 들면, 선진국의 환경규제 강화는 후진국으로 하여금 환경오염상품의 생산에 비교우위를 가지게 한다. 그래서 결과적으로 선진국 자신은 환경을 오염시키지 않는 상품의 생산에 전문화함으로써 자신들의 환경은 깨끗하게 유지하는 반면 후진국은 환경을 오염시키면서 만들어지는 상품을 전문적으로 생산하여 수출함으로써 이들의 환경오염을 심화시킨다는 것이다. 그렇다고 선진국이 후진국에게 환경파괴를 강제한 것은 물론 아니라고 주장할 수 있다. 사실 후진국도 환경규제를 강화함으로써 그들의 환경을 깨끗하게 유지하는 길을 선택할 수 있었기 때문이다. 그러나 오늘의 시대가 무한경쟁의 시대라는 말도 있듯이, 산업화로 경제발전을 이루지 않고는 살아 남기 매우 어려운 오늘날 국제사회의 냉엄한 현실에서 후진국에게는 그런 사치스럽고 한가한 선택의 여지가 사실상 봉쇄되어 있다고 봄이 더 정확할 것이다.

두 번째 경로는 자본의 이동을 통한 직접적 경로다. 환경규제의 강화는 환경오염기업에게 경제적 타격을 주게 된다. 이들은 문을 닫거나 아니면 환경규제가 덜 심한 지역으로 이전하거나 또는 일부 시설을 이동시키려고 한다. 대체로 보아, 선진국의 환경규제가 후진국(저소득 국가)의 환경규제보다 더 엄격한 경향이 있는 까닭에 선진국의 환경오염산업은 환경규제가 약한 곳을 찾아서 후진국이나 개발도상국으로 도피하게 된다고 한다. 이런 주장을 소위 산업도피 가설(industrial flight hypothesis)이라고도 한다.

대개 환경부국은 후진국이고 환경빈국은 선진국이기 때문에 경제학자들은 이러한 환경오염기업의 이동이 선진국이나 후진국 모두에게 이익이 된다고 본다. 선진국에서는 환경오염기업이 빠져나감으로 인한 환경개선의 사회적 편익이 발생한다. 경제개발을 위해서 해외자본의 유치가 절실한 후진국들은 공해기업의 진입을 투자유치로 간주하여 이를 대환영하는 경우도 많았다. 투자도 투자이려니와 이와 함께 묻어 오는 선진국의 고급경영기법 그리고 새로운 생산기술 등은 후진국들이 탐내는 것들이며, 고용창출, 조세수입, 외화획득 등의 효과도 후진국들로서는 놓치기 싫은 것들이다. 이 뿐만 아니라 이 환경오염기업들을 통한 선진국에의 역수출은 후진국 경제발전을 위한 여러 가지 파급효과를 낳게 되는데, 눈에 보이지 않는 이러한 이익 또한 만만치 않다.

다만, 후진국들의 걱정은 선진국들의 환경규제 강화가 환경개선을 위한 선진국 국내투자의 증대를 요구하는 것이어서 혹시나 경제원조 및 차관 등의 형식으로 후진국에게 돌아갈 돈줄이 죄어지지 않을까 하는 것이 그 하나요, 선진국들이 그들의 높은 환경기준 및 환경의식을 후진국이나 개발도상국들에게 강요하지 않을까 하는 것이 그 둘이다. 그래서 후진국이나 개발도상국들이 해외자본을 유치하기 위해서 의도적으로 환경규제를 느슨하게 함으로써 결과적으로 선진국의 환경오염산업들을 유인한 결과 후진국이나 개발도상국이 공해기업의 천국이 되고 있다는 주장도 있다. 이런 주장을 공해안식처 가설(pollution haven hypothesis)이라고도 한다.[20]

만일 이런 가설들이 옳다면, 마치 노동이나 자본의 지역 간 자유스런 이동이 생산증대에 기여하듯이 환경오염기업의 지역 간 또는 국가 간 이동은 효율의 측면에서는 바람직한 것이라고 경제학자들은 생각한다. 노동과 자본은 이동가능자원이기 때문에 이들을 필요로 하는 곳으로 이들이 직접 움직여 주어야 하겠지만, 환경재는 붙박이 자원이기 때문에 환경재가 풍부한 곳을 기업이 찾아다닐 수밖에 없다.[21] 요컨대, 환경오염기업의 지역 간 국가 간 이동은 환경빈국의 환경재를 아끼고 환경부국의 환경재를 더 잘 활용함으로써 국가적으로나 범지구적으로도 한정된 환경재를 효율적으로 이용하게 한다는 것이다.

환경오염기업의 국제적 이동이 선진국이나 후진국 모두에 이익이 된다는 긍정적 평가는 다분히 경제적 논리를 바탕으로 한 것이지만 이를 반박하는 주장도 녹녹치 않다. 선진국의 환경규제의 강화에 비교적 민감하게 반응하면서 해외로 빠져나갈 가능성이 특히 높은 산업들은 원자재처리산업이거나 또는 유해물질 가공산업들인데, 이런 산업들은 악명 높은 환경파괴적 산업들이다. 개발도상국이나 후진국으로 잠입하는 환경오염기업들은 이러한 악명 높은 환경파괴적 산업이어서 이들이 잠입한 나라의 환경을 심하게 파괴하고 있다. 과거 선진국에서 이런 환경파괴적 산업들이 판을 치면서 선진국의 환경을 크게 오염시켰던 것은 선진국의 근시안적 경제성장정책의 탓이요 전형적인 시장의 실패 현상이었음은 이제 누구나 인정하는 사실이다. 그렇다면 그런 환경파괴적인 산업이 후진국 및 개발도상국으로 들어가서 이들의 환경을 파괴하는 것은 결과적으로 선진국의 환경파괴적 경제성장의 오류가 후진국 및 개발도상국에서 완전히 재현되는 것이다. 선진국에 이어서 이제 후진국 및 개발도상국의 환경오염은 범지구적 환경오염을 낳고 있음이 오늘의 현실이기도 하다. 물론 후진국이 공해안식처가 된 데에는 후진국의 근시안적인 정책의 탓도 있다. 따라서 범지구적 차원의 환경보전을 위하여 선진국과 후진국의 근시안적인 경제개발정책을 지양해야 한다는 것이다.

이런 식의 반박은 환경보전의 차원에서 제기되는 것이지만, 약간 시각을 달리하여 국제교역의 차원에서 제기되는 반박도 있다. 즉, 환경오염기업의 국제적 이동은 선진국에게도 이로울 것이 없다는 것이다. 본국의 엄격한 환경규제를 피해서 후진국으로 이동한 환경오염기업들은 본국에 있을 때보다 더 강화된 경쟁력을 배경으로 값싸게 만든 상품을 선진국에 대량 뿌리면 본국을 포함한 선진국들의 수출에 타격을 입히기 때문이다. 선진국의 입장에서 보면, 바로 이런 것이 불공정무역이다. 환경오염기업의 해외도피와 결부된 자본의 해외유출도 선진국으로서는 방관만 하고 있을 사항이 못 된다. 이런 저런 사유로 선진국들은 후진국이나 개발도상국들도 선진국들처럼 엄격한 환경규제를 실시하든가 그렇지 않으면 선진국으로서는 정부 차원의 보완조치를 취하지 않을 수 없다고 으름장을 놓게 된다.

이렇게 환경오염기업의 국제적 이동이 좋으냐 나쁘냐를 떠나서 보다 더 근원적으로 산업도피 가설 또는 공해안식처 가설 그 자체를 부정하는 주장도 있다. 비록 환경규제의 강도에 있어서 선진국과 후진국 사이에 큰 격차가 있다고 하더라도 환경규제라는 요인 하나만으로 기업이 후진국으로 도피한다는 것은 생각하기 어렵다는 것이다. 앞에서도 말했지만, 한 나라의 비교우위를 결정하는 요인은 한두 가지가 아니다. 환경의 자정능력 및 환경규제는 그 많은 요인들 중의 하나에 불과하다. 환경규제가 기업의 생산비에 주는 부담이 어느 정도인지는 정확하게 추정하기 매우 어렵기는 하지만 여러 연구결과에 의하면, 환경규제로 인해서 기업이 추가로 부담하게 되는 비용은 아주 많아야 판매액의 5%이고 대부분의 경우 이 수준에 훨씬 못 미치는 것으로 알려져 있다.[22] 그렇기 때문에 선진국이 환경오염에 대한 규제를 강화해 봤자 대부분의 경우 이로 인한 기업의 경제적 부담은 미미하다는 것이다. 실제에 있어서도 환경규제를 이유로 기업이 외국으로 이전하는 예는 드문 것으로 알려지고 있다.[23]

물론, 환경규제의 강도에 있어서 선진국과 후진국 사이의 격차가 워낙 커서 임금, 생산기술, 자연조건 등 다른 모든 조건이 동일하다면 선진국에서 생산했을 때 환경규제로 인한 경제적 부담이 후진국에서 생산했을 때에 비해서 현저하게 크다는 연구결과는 있다.[24] 그러나 이 때문에 기업이 외국으로 도피해야 할 정도는 아니라는 것이다. 물론, 경우에 따라서는 환경규제 강화의 영향을 실제로 심각하게 받는 기업이 있을 수 있다. 그렇더라도 이런 기업들이 즉각적으로 해외로 도피한다고 보기는 어렵다. 왜냐하면, 보통 한 국가 안에서도 지역마다 환경기준이나 환경규제의 정도가 다르므로 비록 환경규제의 정도가 중요한 입지요인이 된다고 하더라도 해외이전보다는 국내에서의 지역 간 이전으로 어느 정도 환경규제의 부담을 피할 수가 있기 때문이다.

그러나 소위 다국적 기업은 그 예외다. 다국적 기업은 전 세계적으로 시장에 대한 정보망을 구축하고 있고 또한 전 세계적으로 자원을 동원하기 때문에 매우 경쟁력이 높다는 것은 잘 알려진 사실이다. 따라서 다국적 기업은 다른 기업들보다 훨씬 더 적은 부담으로 공장과 자본을 이 나라 저 나라 이동시킬 수 있다. 그러므로 어느 한 국가의 환경규제가 강화되면, 환경오염상품을 유난히 많이 생산하는 다국적 기업은 자본과 공장을 민첩하게 해외로 빼돌릴 가능성이 높다.

다국적 기업들은 환경에 관한 기술이나 지식 역시 풍부하게 보유하고 있음이 보통이다. 대체로 다국적 기업들은 세계 여러 나라에 지사를 가지고 있으며, 각 지사는 주재국의 환경기준이나 환경규제의 수준에 맞는 생산기술이나 환경오염방지시설을 갖추고 경제활동을 영위하는 까닭에 다국적 기업은 여러 수준의 생산기술과 환경 관련 기술을 보유하게 된다. 따라서 어느 한 나라가 환경규제의 수준을 바꾸면 다국적 기업은 이 새로운 수준에 알맞은 생산기술이나 환경 관련 기술을 다른 나라에 주재하는 지사로부터 동원하거나 또는 새로운 수준에 맞는 공장을 다른 곳으로부터 이동함으로써 신속하게 대처할 수 있다. 다국적 기업들의 지사들이 주재국의 환경정책에 가장 신속하고 적절하게 대응하는 이유가 바로 여기에 있다.

경우에 따라서는 다국적 기업은 지사가 주재하는 나라의 환경규제가 요구하는 것보다 더 높은 수준의 환경기술을 이용하고 이를 크게 선전하기도 한다. 다국적 기업은 자신의 지사들이 주재한 후진국이나 개발도상국의 환경개선에 필요한 기술과 지식을 가장 신속하게 공급함으로써 이들 나라의 환경개선에 이바지할 수도 있는 반면 이러한 이점을 이용해서 막대한 독점이윤을 챙길 수도 있는 두 얼굴의 괴물이다.

핵심 주장

1. 높은 소득수준과 국민들의 높은 환경의식 때문에 선진국은 환경규제를 강화하는 경향이 있다. 환경규제를 강화한다는 것은 환경의 이용에 대하여 높은 가격을 치른다는 것을 의미한다. 반대로 대체로 후진국의 환경규제는 매우 느슨하다. 이는 후진국의 환경이 저렴하다는 뜻이다. 선진국에서는 환경이 비싸고 후진국에서는 환경이 싸다면, 그만큼 후진국에서 생산되는 상품은 국제경쟁에 있어서 비교우위를 가지게 된다. 이 결과 선진국의 수출산업이 타격을 받을 수가 있다. 그래서 선진국들은 후진국에 대하여 환경규제의 강화를 요구하는 한편 자국의 수출산업을 보호하기 위한 여러 가지 조치를 취하게 된다. 이것이 국제분쟁의 씨앗이 되고 있다.
2. 또한 선진국의 공해산업이 대거 후진국으로 진출해서 후진국의 환경을 망치는 경향도 보인다. 환경운동가들은 이런 사례를 많이 열거하고 있지만, 이에 대한 경제학자들의 실증분석들은 환경규제의 강화가 자본의 국제이동에 미치는 영향이 아직까지는 그리 크지 않다는 결과를 얻었다. 과연 공해산업의 국제적 이동이 바람직한가 아닌가에 대해서도 많은 논쟁이 있다.

환경규제의 악영향에 대한 정부의 보완조치: 예외 조치, 상계관세, 상품표준화

앞에서 강조하였지만, 선진국의 환경규제 강화는 선진국의 국민복지를 증진시키며, 따라서 그들 자신을 위한 것이요, 나아가서 범지구적으로 환경을 효율적으로 이용하게 한다. 그럼에도 불구하고 선진국들은 오염원인자부담의 원칙에 의거한 환경규제의 강화를 극히 꺼린다. 그 주된 이유는 환경규제의 강화로 인한 불이익이 특정부문에 집중되면서 국민경제에 큰 진통을 주기 때문이다. 효율의 측면에서는 아무리 훌륭한 정책이라도 형평의 측면에서 큰 무리를 내포하는 정책은 거센 반발에 부딪혀 좌절되기 십상이다. 대체로 보면, 그런 정책들은 막후협상을 통해서 원래의 모습을 상당히 변형시킨 다음에야 실천에 옮겨짐이 보통이다. 환경규제의 경우에도 비슷한 일이 일어난다. 선진국들은 자신들의 환경규제 강화가 후진국들의 비교우위를 높임으로써 자국의 특정 분야들에게 떨어질 악영향과 국민경제적 진통을 최소화하기 위한 여러 가지 보완조치를 취하게 된다. 바로 이런 보완조치들이 국가 간 시비 거리가 되면서 국제적 갈등을 불러일으키게 된다. 환경규제 강화에 대한 정부의 보완조치는 매우 다양한데, 그 중에서도 국제적으로 문제시되는 것들은 다음과 같다.

그 첫째는 오염원인자부담의 원칙에 예외를 설정하는 것이다. 왜냐하면, 특히 오염원인자부담의 원칙에 의거해서 환경오염을 규제할 때에 위에서 말한 여러 가지 국민경제적 진통들이 수반되기 때문이다. 오염원인자부담의 원칙은 1972년 스톡홀름국제환경회의에서 공식 인정되었으니 상당히 오래 전부터 국제사회의 공인을 받아 온 원칙이다. 그래서 스톡홀름회의 이후 각종 환경 관련 국제협약은 오염원인자부담의 원칙을 전제함이 상례이다. 그럼에도 불구하고 이 오염원인자부담의 원칙은 형평의 원칙이라든가 지역 간 균형발전의 원칙 등 국가의 다른 목표들과 자주 충돌을 일으키자 OECD 국가를 포함한 많은 나라들이 큰 부담을 느끼지 않을 수 없었고 그래서 한편으로는 이 원칙의 준수가 마땅하다고 인정하면서도 서서히 이 원칙에 대하여 예외조치를 취하기 시작하였다.

예외조치란 구체적으로는 정부의 각종 음성적 지원들이다. 세계 여러 나라에서 채택되고 있는 사례들을 중심으로 살펴보면, 기업의 환경오염물질처리시설 설치에 대한 정부의 특혜성 융자, 특정 환경오염처리사업에 대한 정부의 노골적인 자금공여나 보조금의 직접적 제공, 그리고 기타 여러 가지 형태의 간접보조금의 제공을 꼽아 볼 수 있다. 간접보조금이란, 예를 들면, 환경오염방지와 관련하여 기업의 연구 및 기술개발에 대한 정부의 간접지원금, 기업의 환경오염물질 배출억제 노력에 대한 조세감면, 환경오염억제를 위한 장비의 수입에 대한 관세의 경감 등이다. 이러한 음성적 지원들은 오염원인자부담의 원칙의 적용으로 인한 비교우위의 손실을 완화하는데 효과적인 것으로 알려지고 있다.[25] 그러나 그러한 음성적 지원들은 환경오염 억제에 있어서 효율성을 저해하고, 따라서 환경개선을 통한 국민복지증진을 저해할 소지를 다분히 안고 있다. 또 다른 문제는, 오염원인자부담의 원칙에 대한 그런 음성적 지원들이 다른 나라들이 보기에는 공정한 국제경쟁의 원칙에 위배된, 비관세장벽 내지는 보호무역조치로 비치기 때문에 국가 간 시비 거리가 된다는 것이다. 환경개선을 명분으로 한 그러한 음성적 지원들은 대외경쟁력의 손실을 줄이기 위한 하나의 구실에 지나지 않으며, 실제로 WTO체제 내에서 용인될 수 없는 것으로 인식되고 있다.[26]

정부 차원의 보완조치의 두 번째 유형은 소위 상계관세라고 불리는 조치이다. 상계관세란 다른 나라에 비해서 환경규제가 더 엄격함으로 인해서 겪게 되는 비교우위 상의 손실을 상쇄하기 위하여 환경규제가 덜 엄격한 나라로부터의 수입품에 부과되는 관세를 말한다.[27] 이 상계관세 역시 선의로 운영된다면 긍정적인 측면을 가진 제도이다. 상계관세는 개발도상국의 환경오염상품 과잉생산을 어느 정도 저지함으로써 해당 국가뿐만 아니라 전 지구적으로 환경보전에 이바지할 수 있다. 후진국과 개발도상국의 기업들은 지나치게 느슨한 환경규제의 틈을 이용해서 자국의 환경오염을 고려하지 않은 채 값싸게 환경오염상품을 대량 수출하려들기 일쑤인데, 이런 현상을 '생태적 덤핑'이라고 부르기도 한다. 상계관세는 이런 생태적 덤핑으로 인한 무역상의 불공정을 시정하는 효과를 수반하기도 한다.[28]

그러나 상계관세의 이러한 명분은 환경오염을 느슨하게 규제하는 나라의 환경오염이 사회적 적정수준을 현저하게 초과하고 있다는 것, 다시 말하면 환경오염과 결부된 시장의 실패가 현저함을 전제한 것이다. 과연 정말 그런지를 어떻게 알 수 있을 것인가? 환경규제가 약하고 그래서 오염상품을 많이 생산한다는 것만으로 상계관세를 정당화할 수 없다. 순전히 경제학적으로만 본다면, 앞에서 살펴본 바와 같이 환경부국은 비교우위를 최대한 살려서 환경오염상품의 생산을 전문화하는 것이 환경부국이나 환경빈국 모두에 이익이 되는 길이다. 이런 점에서 보면, 비록 순수한 의도로 실시된다고 하더라도 상계관세는 환경부국의 환경오염상품 전문화를 방해함으로써 범지구적 환경재의 효율적 이용을 저해하고 국제분업의 이익을 감소시킬 우려가 있다.

설령, 상계관세의 정당성이 입증되었고 또한 어떤 나라든지 순수한 의도로 상계관세를 부과한다고 하자. 어느 나라나 교역상대국이 한두 나라가 아닌데, 그 모든 교역상대국 각각에 대해서 환경규제가 어느 정도로 약하고 강한지를 전부 파악해서 공정한 상계관세를 추정하고 이를 부과한다는 것은 사실상 불가능하다고 보아야 한다. 그렇다면, 현실적으로 상계관세는 어느 정도 획일적으로 그리고 주먹구구식으로 운영될 수밖에 없으니 끊임없는 시비 거리를 내포하게 될 것이다. 또 그러다 보니 상계관세는 그만큼 악용될 소지를 더욱 더 많이 가진다고 할 수 있다. 이런 여러 가지 문제점들 때문에 OECD는 회원국들에게 가능하면 상계관세를 부과하지 말 것을 권고

한 적도 있다.[29]

정부 차원의 보완조치의 세 번째 유형은 환경보전 내지는 국민보건을 명분으로 상품의 질이나 규격, 심지어 제조과정에 대한 표준을 정하고 이의 준수를 강제하는 것이다. 물론 이 표준은 국내의 환경기준이나 보건기준에 의거한 것이다. 특히 환경오염과 관련된 표준으로는 자동차배기가스에 대한 표준, 상품의 소음에 대한 표준, 연료의 탄소함량에 대한 표준, 방사선배출 표준, 농약 및 중금속 잔량 또는 함량에 대한 표준, 포장에 대한 표준, 독극물 함량에 대한 표준, 자연분해되지 않는 성분의 함량에 대한 표준 등을 예로 들 수 있다. 언뜻 보기에 이런 상품의 표준화에는 국가 간 시비의 여지가 전혀 없어 보인다. 그러나 이런 식의 상품표준화는 실은 환경보전이나 국민보건으로 위장된 무역규제라는 지적이 많고 또한 무역규제의 수단으로 악용될 소지가 많다.[30] 현실적으로 각국이 정한 상품의 표준은 국내기업에 비해서 외국의 경쟁기업에게 더 불리하게 되어 있다는 지적이 많다.

일본의 농약잔류기준에 위배된 상품에 대하여 일본이 취한 수입금지 조치를 순수하게 환경오염을 막기 위한 조치로 받아들여야 할지 또는 외국 농산물의 수입을 규제하기 위한 것인지 판별하기 매우 어려운 면이 있으나 어떻든 엄연히 국가 간 시비 거리가 되었다. 덴마크는 환경보전을 이유로 알미늄 깡통 맥주의 수입을 금지시켰는데, 유럽에서는 덴마크의 조치는 충분히 이유가 있는 것으로 받아들여졌다. 그러나 미국과 멕시코 사이의 참치 분쟁은 경우가 좀 달랐다. 멕시코의 참치잡이 방식이 돌고래를 많이 희생시킨다는 이유로 미국은 자기 나라의 해양포유동물보호법에 의거해서 멕시코산 참치 및 그 제품에 대하여 수입금지 조치를 내린 바 있었다. 이에 대해서 멕시코는 이 금수조치가 자유무역의 원칙 위배된다고 WTO(당시 GATT)에 제소한 결과 멕시코에 유리한 판정을 받은 바 있다.[31]

대체로 보면 선진국들의 환경기준이나 보건기준은 후진국들에 비해서 매우 엄격하기 때문에 그런 엄격한 기준에 입각한 상품의 표준화는, 그 의도야 어떻든 간에 결과적으로 후진국 상품의 선진국 진출에 큰 장애요인이 됨은 사실로 인정되고 있다.[32] 예를 들면, 미국의 DDT 사용금지조치가 DDT를 사용해서 기른 농산물의 수입을 규제하는 데에 적용됨으로써 많은 개발도상국 및 후진국들의 수출에 타격을 주었으며, 고유황연료에 대한 선진국들의 엄격한 규제는 베네주엘라의 석유수출에 큰 타격을 입힌 사례가 있다.

앞에서 살펴본 상계관세의 발상은 환경기준에 있어서 국가 간 차이에 기인한 것이고, 상품의 표준화도 그 기준이 나라마다 달라서 문제가 되므로 아예 환경기준을 국제적으로 통일하고 상품의 규격도 국제적으로 통일하자는 주장이 오래 전부터 조심스럽게 제기되어 왔다. 그러더니 최근에 와서는 이를 구체화하려는 국제적인 움직임이 WTO를 중심으로 점차 뚜렷해지고 있다. 우선 상품의 질이나 규격의 국제적 표준을 설정할 필요성에 대해서는 이미 오래 전부터 여러 나라들 특히 OECD 국가들 사이에 상당한 정도로 공감대가 형성되어 왔다. 이 때의 국제적 표준 속에는 상품에 포함된 환경오염물질의 양 그리고 상품을 만드는 과정에서 발생할 환경오염물질의 양에 대한 국제적 기준도 포함된다. 이런 식의 국제적 표준화를 적극 추진하는 명분은 첫째, 앞에서 설명한 갖가지 비관세장벽을 제거하는 데 도움이 되고, 둘째, 범지구적 환경개선을 위한 목표의 달성을 앞당길 수 있으며, 셋째, 환경규제의 강화로 인한 국내 산업의 진통을 경감시킨다는 것이다.

환경과 관련해서 상품의 국제적 표준을 정한다는 것이 그리 쉬운 일은 아닐 터인데, 이에서 더 나아가서 환경기준을 국제적으로 획일화한다는 것은 매우 어려운 일일 뿐만 아니라 큰 무리이다. 원칙적으로 국가별 바람직한 환경기준은 사회적 적정 환경오염수준의 개념에 입각해서 설정되어야 한다. 다시 말하면, 환경을 한 단위씩 개선한다고 했을 때 개선함으로 인한 사회적 편익이 이에 소요되는 비용과 균형을 이루는 수준에 상응해서 환경기준이 설정되어야 한다는 것이다. 그러므로 환경기준은 하다못해 한 나라 안에서도 지역에 따라 달라질 수밖에 없는 성질의 것이다. 예를 들어서, 깨끗한 공기가 좋다고 해서 서울의 공기를 설악산 깊은 계곡의 공기처럼 깨끗하게 만들 필요는 없다. 서울의 공기를 설악산 깊은 계곡의 공기처럼 깨끗하게 만들려면 우선 서울의 자동차부터 없애야 할 것이다. 아마도 대부분의 서울 사람들은 서울의 공기가 설악산의 공기보다 약간 더러워지는 한이 있어도 자동차를 없애는 것에는 크게 반대할 것이다. 서울에서는 자동차가 없어서는 불편한 정도가 아니라 생계에 큰 지장이 발생할 수 있기 때문이다. 지역마다 자연조건이나 사회적 조건이 각기 다를 터이니 지역마다 적정 환경오염수준도 다를 것이므로 환경기준 역시 지역마다 달라짐이 지극히 자연스런 일이다. 한 나라 안에서도 이러하니 나라와 나라 사이에는 더 말할 필요가 없다.

설령 환경기준을 국제적으로 통일한다고 하더라도 통일된 환경기준을 달성하는 데 소요되는 비용까지 균일화되는 것은 절대 아니다. 똑같은 환경기준을 달성함에 있어서도 자연적으로 자정능력이 높은 나라는 적은 비용으로 달성할 수 있는 반면 자정능력이 부족한 나라는 높은 비용을 치러야 한다. 따라서 환경기준을 획일화하더라도 여전히 환경부국과 환경빈국이 갈리면서 환경부국은 오염상품의 생산에 비교우위를 누리게 되고 환경빈국은 그렇지 못하게 될 것이다. 보다 더 현실적인 문제로 환경기준을 국제적으로 통일한다면 과연 어느 수준으로 통일할 것인가의 결정도 결코 쉬운 일은 아닐 것이다.

이상에서 살펴본 정부 차원의 여러 가지 조치들은 대체로 무역 관련 단체나 노동조합 등 이해단체들의 강한 압력에 의해서 이루어지는데 결국 다른 나라의 비교우위를 약화시키려는 의도에서 시작된다. 그러나 어떻든 환경규제 강화에 따른 국민경제적 진통을 완화하기 위한 정부 차원의 각종 보완조치들은 최소한도 그런 조치를 취하는 나라에 있어서 환경의 효율적 이용의 측면 또는 지구의 환경을 효율적으로 이용한다는 측면(즉, 효율의 측면)에서는 대체로 보아 그 이론적 정당성을 인정받기가 어렵다.[33] 그럼에도 불구하고 환경규제의 강도를 사실상 약화시키는 각종 정부 차원의 보완조치가 횡행하고 있는 현실에 비추어 환경보호론자들이 진정으로 걱정하는 것은, 치열한 경제전쟁의 와중에서 선진국들이 경쟁적으로 그런 보완조치를 취하다 보면 전 세계적으로 환경규제가 유명무실해져서 범지구적으로 환경오염이 가속화되지 않을까 하는 것이다.

4. 월경환경오염 및 범지구적 공유자원문제와 국제협력

월경환경오염과 국제협력

월경환경오염의 문제는 전형적인 (일방적) 외부효과의 문제이기 때문에 이에 대한 최선의 해결책은 환경오염 가해국이 피해국에 대한 환경오염피해를 충분히 내부화시킴으로써 피해국에 미치는 환경오염물질의 배출량을 적정수준으로 억제해 주는 것이다. 그러나 문제는, 한 개인도 아닌 한 나라를 어떻게 그와 같이 행동하게 유도할 것인가이다. 대체로 보면, (일방적) 월경환경오염의 경우에는 이해당사국의 수가 상대적으로 매우 적음이 보통이다. 이해당사국의 수가 적으면 타협하고 이를 실천에 옮기기가 아무래도 그렇지 않을 때에 비해서 쉬울 것이다. 말하자면, 월경환경오염의 경우에는 범지구적 공유자원의 문제에 비해서 거래비용이 상대적으로 적으며 따라서 이런 점은 이해당사국들 사이의 분쟁해결을 용이하게 하는 요인이 된다.

그러나 반드시 그렇지 않은 측면도 있다. 범지구적 공유자원문제의 경우에는 서로 피해를 입고 입히기 때문에 이해당사국들이 타협하려는 동기를 비교적 강하게 가지는 반면에 (일방적) 월경환경오염의 경우에는 정작 분쟁해결의 열쇠를 쥐고 있는 가해국들이 타협하려는 동기를 전혀 가지지 않을 뿐만 아니라 국제사회의 특성상 가해국의 행태를 제재할 기구가 존재하지도 않기 때문에 오히려 분쟁의 해결이 더욱 어려워지는 면이 있다.

그럼에도 불구하고 월경환경오염의 문제나 또는 소수의 국가만이 연루된 국제환경문제는 비교적 원만하게 해결되는 경우가 종종 있다. 미국과 멕시코 두 나라에 걸쳐 있는 하천의 오염문제에 대한 이 두 나라의 타협 그리고 북미의 오대호 오염을 둘러싼 미국과 캐나다의 타협이 그 좋은 예로 꼽히고 있다. 이와 같이 소수의 국가만이 관련될 경우에는 이해관계국들 사이의 협약을 도출할 기구나 조직을 비교적 쉽게 만들 수 있다는 이점이 있다. 실제로 미국과 멕시코 사이 그리고 미국과 캐나다 사이에는 국제환경문제를 전담하기 위한 상설기구가 설치되어 있다. 월경환경오염의 이해당사국들은 주로 인접국들이고, 인접국들은 환경문제 이외의 여러 다른 측면에서 서로 이해관계가 밀접하게 연결됨이 상례이다. 따라서 월경환경오염의 경우 가해국이 타협에 쉽게 응하는 이유는 주로 환경문제 이외의 다른 측면에서 피해국들의 양보를 얻어 내려는 속셈 때문이다.

월경환경오염를 해결하는 방법에는 ① 공동기금조성, ② 가해국 전담, ③ 상호보상, ④ 환경기준 비용분담 등이 있다. 공동기금조성 방법은 이해관계국들이 속한 지역의 목표환경기준을 정하고 이를 달성하기 위한 기금을 가해국과 피해국의 출연금으로 공동 조성하는 방법을 말한다. 각 나라가 분담하게 될 출연금의 액수는 이해당사국들 사이의 타협에 의해서 결정된다.

가해국 전담방법이란 말 그대로 피해국의 환경오염 피해방지비용을 가해국이 전적으로 부담하는 방법을 말한다. 이 방법은 표면상으로는 오염원인자부담의 원칙을 그대로 적용한 방법인 것같이 보이지만, 앞에서 언급하였듯이, 사실은 환경문제 이외의 어떤 다른 측면에서 대가지불을 내포함이 보통이므로 내용상으로는 완전히 오염원인자부담의 원칙에 의거한 방법이라고 보기는 어려운 경우가 대부분이라고 할 수 있다.

상호보상방법은 이해당사국들이 공동기금을 조성하여 서로 보상을 하는 방법이다. 늘 그렇지만 기금을 조성할 때 제일 어려운 부분은 분담방법이다. 피해국은 오염피해를 부풀림으로써 가해국에 더 많은 부담을 지우려 할 것이고 가해국은 오염방지비용을 부풀림으로써 부담을 줄이려고 할 것이다. 이런 문제를 해결하는 한 가지 방법은 상호보상의 원칙에 따라 분담하는 것이다. 즉, 기금에 댈 출연금을 조성함에 있어서 가해국은 환경세를 통해서 피해국이 주장하는 환경오염피해액에 상당한 금액을 갹출하고, 피해국은 가해국이 주장하는 환경오염방지비용에 상당한 금액을 조세를 통해서 갹출한다. 이렇게 되면, 가해국의 조세는 월경환경오염의 억제효과를 가지며, 피해국의 조세는 피해국으로 하여금 피해비용을 과장하지 않고 정확하게 추정하도록 유도하는 효과를 가진다.

환경기준 비용분담방법은 우선 이해당사국들이 속한 지역의 환경의 질에 대해서 기본수준을 정하고 이 기본수준을 달성하는 데에 소요되는 비용은 피해국이 부담하되 이 기본수준 이상을 달성하는 데에 소요되는 비용은 가해국이 부담하는 방법을 말한다. 이 기본수준의 설정은 이해당사국들 사이의 타협에 의해서 결정된다. 이상의 네 가지 방법들 이외에도 다른 방법들이 얼마든지 있을 수 있음은 물론이다.

월경환경오염문제에 대한 OECD 국가들의 다국적 협력체제는 모범적인 것으로 꼽히고 있다. OECD는 환경문제와 관련하여 많은 연구 및 학술토론을 주관하였는데, 여기에서 이루어진 환경문제에 대한 정의, 환경정책의 목표설정, 각종 정책의 환경영향 평가 등을 통하여 OECD는 환경문제에 관하여 회원국들 사이의 '공통언어'를 구축하는 데에 성공하였다. 이 공통언어는 환경문제에 관한 자료의 축적, 회원국들 간의 정보교환, 그리고 나아가 회원국들 간의 상호이해에 크게 기여하였다. OECD 국가들이 합의에 의한 오염원인자부담의 원칙(PPP)의 채택이라는 업적을 이룰 수 있었던 것도 그러한 정보교환과 상호이해에 바탕을 둔 것이었다. 이와 같이 회원국들 사이에 비교적 합의가 쉬운 학술적 조사 및 연구를 출발점으로 해서 회원국들 간의 상호이해를 거쳐 국제적 협력의 구축으로 발전한 OECD의 성공 사례는 다른 국제협약이 귀감으로 삼을 필요가 있다.

범지구적 공유자원의 문제와 국제협약

지구오존층 파괴의 문제는, 각 나라의 오존층파괴물질 배출량이 증가하거나 또는 오존층파괴물질을 배출하는 국가의 수가 늘어난 결과 지구 전체의 오존층파괴물질 방출량이 증가하여 지구의 오존층이 파괴되고, 그럼으로써 오히려 각 나라가 지구오존층 파괴로 인한 각종 피해를 당하는 현상이다. 지구온난화의 문제도 같은 맥락의 문제이다. 즉, 세계 각 나라들의 화석연료 이용량이 증가하거나 또는 화석연료를 이용하는 나라의 수가 증가함에 따라 지구 전체의 이산화탄소 축적량이 증가하고 이 결과 지구의 온도가 점차 올라감으로써 다시 세계의 여러 나라들이 그 피해를 보게 되는 현상이다. 문제를 이런 식으로 풀이해 보면, 범지구적 공유자원의 문제도 상호적 월경환경오염의 문제와 같은 맥락의 문제이다. 예컨대, 세계 각 나라의 바다 물고기 포획량 그 자체는 적다고 해도 각 나라의 포획량을 전부 합친 지구 전체의 어획량이 크게 증가하면서 해양 어족의 씨가 점차 마르게 된다. 이렇게 되면, 점점 더 물고기 잡기가 힘들어지면서(다시 말해서, 고기잡이 비용이 증가하면서) 각 나라는 어획량이 크게 줄어드는 피해를 당하게 된다.

이용 가능한 환경재의 총량에 비해서 각 나라가 실제로 이용하는 환경재의 양이 매우 적을 때는 각 나라는 다른 나라에 영향을 주지 않으면서 환경을 이용할 수 있다. 그러나 각 나라의 환경재 이용량이 충분히 커진 결과 각 나라의 환경재 이용량을 전부 합친 전체 이용량이 각 나라의 생산비를 현저하게 높인다든가 또는 직접 국민복지를 떨어뜨리는 등 경제복지에 현저한 악영향을 미치는 단계에 이르면 비로소 환경이용을 둘러싼 국제분쟁의 문제가 터지게 된다. 왜냐하면, 각 나라는 자신의 국익만을 생각하고 환경을 이용하지만, 그럼으로써 전체 이용량을 증가시켜서 결국은 다른 나라뿐만 아니라 자신도 피해를 보게 되는 부메랑효과를 무시하기 때문이다. 이렇게 보면, 앞에서 말한 상호적 월경환경오염의 문제는 범지구적 공유자원의 문제에 포함되는 국제문제라고 할 수 있다.

각 나라가 이런 부메랑효과를 무시한 채 자기 나라의 이익만 생각하고 계속 환경이용량을 증가시키면 결국 전체 이용량은 계속 증가하면서 각 나라는 더욱 더 큰 악영향을 받게 될 것이다. 그러므로 각 나라는 자신의 환경재 이용이 자신을 포함한 모든 나라에 미칠 부메랑효과까지 충분히 고려해서 환경이용을 최적수준으로 자제하는 것이 지구의 환경을 효율적으로 이용하는 길이며 동시에 환경이용으로부터 각 나라 얻게 될 이익을 계속 유지하거나 증진하는 길이기도 하다. 다시 말해서 지속가능발전을 이룰 수 있다. 그러나 여기에서도 문제는, 강제력을 가진 범세계적 기구나 세계 정부가 없는 국제현실에서 주권을 가진 개별국가로 하여금 그와 같이 자제하도록 강제할 수 있겠느냐이다. 범지구적 공유자원문제의 핵심은 국제협력을 통해서 환경을 효율적으로 이용하면, 협력하는 국가들 모두 큰 이익을 획득하게 됨에도 불구하고 그런 국제협력이 매우 어렵다는 데에 있다.

결국 범지구적 공유자원의 문제를 타개할 수 있는 유일하고도 전통적인 수단은 현재로서는 사실상 국제협약뿐이다.[34] 앞에서 살펴보았듯이 범지구적 공유자원문제를 해결하기 위한 국제협약은 생각보다 그 역사가 매우 오래며 현재에도 많은 국제협약들이 있다. 그러나 환경 관련 국제협약들은 별 실효를 거두지 못한 채 유명무실한 협약에 그치는 경우가 적지 않았다.

국제협약과 무임승차의 문제

비유적으로 말하면, 환경 관련 국제협약은 내우외환(內憂外患)에 시달리게 된다. 여기에서 말하는 '외환'은 소위 무임승차(free rider)의 문제를 의미한다. 바로 이 문제가 범지구적 공유자원문제의 해결에 있어서 가장 큰 난관으로 지목된다. 전형적인 환경 관련 국제협약은 대체로 다음과 같은 몇 단계를 거치면서 점진적으로 형성된다. 우선, 국제회의에서 문제가 제기된 다음 이 문제의 심각성을 많은 국가들이 충분히 인정을 하게 되면, 이 문제의 해결을 위한 대강의 원칙을 담은 초안이 작성되고 그리고 공표된다. 그 다음, 이 초안에 적극 동의하는 나라들은 이 초안에 서명하고 자국 내에서 인준과정을 거치게 된다. 여러 나라들이 초안에 서명했다고 해서 곧장 그 초안이 효력을 발생하는 것은 아니다. 영향력을 가진 나라들이 충분히 많이 가입할 때에 비로소 그 초안은 국제협약으로서 효력을 발생하게 된다. 효력이 발생한 후에는 이 국제협약의 취지에 동의하는 국가들의 추가적 가입을 통해서 국제협약으로서의 실효가 더욱 강화되는 단계가 남아 있다.

국제협약이 형성되는 이런 전형적인 단계가 시사하듯이, 국제협약이 사실상의 효력을 가지기 위해서는 우선 충분히 많은 수의 국가들의 적극적인 참여가 긴요하다. 환경 관련 국제협약은 이해당사국들 사이의 다자간협상(多者間協商, multilateral bargaining)에 의해서 형성되는데, 이런 다자간협상의 결과는 이해당사국들 모두 협약에 가입하거나 또는 모두 가입하지 않거나 또는 일부는 가입하고 나머지는 가입하지 않거나, 이 세 가지 중의 하나이다. 대체로 보면, 환경 관련 다자간협상은 이 마지막 결과, 즉 일부는 가입하고 나머지는 가입하지 않는 결과로 낙착됨이 상례이다. 국제협약에 가입한다는 것은, 예컨대, 환경오염물질의 배출량을 줄인다거나 또는 자연자원의 채취량을 줄이는 등 환경의 남용을 자제하거나 또는 이에 준하는 부담을 감수함에 있어서 공동노력하기로 동의하는 것이며, 가입하지 않는다는 것은 명분은 어떻든 그런 공동노력을 사실상 거부하는 것이다.

그러면 왜 국제협약에의 가입을 거부하는 나라가 있게 되는가? 그 한 가지 중요한 이유는 무임승차의 이익 때문이다. 국제협약 가입국들이 환경재의 남용을 공동으로 자제해 주면, 비가입국들이 이용할 수 있는 환경재의 양이 증가하기 때문에 경우에 따라서는 비가입국들은 상당한 이익을 챙길 수 있다. 해양물개의 멸종을 막기 위한 국제협약은 그 좋은 예이면서 또한 국제사회에서 비일비재하게 일어났던 사례 중의 하나다. 세계의 여러 나라가 물개를 남획한 결과 전 세계의 물개가 멸종위기에 처하게 되자 미국과 구소련은 포획량을 자진해서 줄이기로 합의하였다. 미 · 소 간의 이 협약 덕분에 물개의 수가 점점 증가하자 이번에는 캐나다와 일본의 어선들이 물개의 남획으로 톡톡히 재미를 보게 되면서 다시 물개가 멸종의 위기에 빠지게 되었다.

그러자 미국, 구소련, 그리고 영국이 모든 해양물개의 포획을 금지시키기로 합의하였다. 이 협약은 1893년에 체결된 것으로, 국제해양자원 보호를 위한 최초의 국제적 노력으로 평가받고 있다.[35] 그러나 이 국제협약의 결과 이 협약에 가입하지 않은 일본의 어선들은 더욱 더 큰 재미를 보면서 극성을 부리기 시작하였으니 미 · 소 · 영 간의 국제협약은 의도했던 만큼의 효력을 발생시키지 못했다. 이러한 이익이 바로 무임승차의 이익인데, 국제협약 가입국의 수가 늘어나면 늘어날수록 이 무임승차의 이익은 증가하는 경향이 있는 까닭에 국제협약에 가입하지 않고 남아서 이 무임승차의 이익을 챙기려는 욕구는 점점 더 커지는 묘한 상황이 전개된다. 이 뿐만 아니라 무임승차를 쉽게 하는 기술진보도 문제이다. 예를 들면, 1960년대에 개발된 저인망 대형원양어선은 높은 기동력과 능률성으로 무임승차를 매우 손쉽게 해주었는데, 이 기술개발은 당시 막 성숙하기 시작한 해양자원보호를 위한 국제적 노력에 찬물을 끼얹는 기술개발이었다.

무임승차문제에 대한 대책

그러므로 국제협약이 실효를 가지려면 협약에 참여하지 않음으로써 얻게 되는 무임승차의 이익을 효과적으로 봉쇄해야 한다. 물론 무임승차의 이익을 봉쇄하는 것이 결코 쉬운 일은 아니며, 그렇기 때문에 수많은 국제협약들이 제대로 효과를 발휘하지 못하고 있는 것이다. 비가입국의 무임승차를 봉쇄하기 위한 하나의 편법이 바로 비가입국에 대한 무역규제이다. 이 경우의 무역규제는 관련국 모두가 공동으로 환경의 남용을 자제함으로써 관련국 모두의 이익을 증진시킴과 동시에 지구의 환경을 효율적으로 이용하기 위한 수단, 다시 말해서 죄수의 문제(prisoner's dilemma)를 깨기 위한 수단이며, 이런 점에서 그 정당성이 인정된 수단이기도 하다. 자유무역의 기수인 WTO도 국제협약을 담보하기 위한 회유책으로서 무역규제의 필요성을 인정하는 입장을 취한다.[36]

국제협약이 체결되면, 가입국들은 비가입국들에게 각종 불리한, 때로는 매우 강력한 무역규제를 가하게 된다. 예를 들면, 가입국들이 집단적으로 비가입국과의 교역을 금지하거나 또는 제한함으로써 비가입국들에게 경제적 불이익을 주는 것이다. 물론 모든 환경 관련 국제협약이 그러한 무역규제조치를 포함하는 것은 아니다. 1933년부터 1990년까지 체결된 환경 관련 국제협약은 150여 개에 달한다고 하는데, 이 중에서 무역규제조치를 포함한 협약은 18개 정도인 것으로 알려져 있다.[37] 예를 들면, 47종의 유해폐기물의 국가 간 이동을 금지시키려는 취지로 1992년 5월부터 발효 중인 바젤협약은 협약가입국과 비가입국 사이의 유해폐기물 교역을 금지시키고 있으나 협약국 사이에는 국가 간 교역승인이 있을 경우에는 교역을 허용하고 있다. 그러나 문제는, 앞으로의 환경 관련 국제협약은 이 바젤협약과 같이 필히 무역규제조치를 포함하는 경향을 보일 조짐이 짙다는 것이다.

그러나 무임승차의 이익을 봉쇄한다고 해서 비가입국이 없어지는 것은 아니다. 비가입국에게는 또 다른 이유가 있기 때문이다. 뒤에서 다시 자세하게 살펴보겠지만, 별도의 예외적 조치를 취하지 않는 이상 국제협약에 가입함으로 인해서 얻게 되는 득과 실은 나라에 따라 매우 현저하게 달라짐이 보통이다. 사실 개별 국가의 입장에서 보면, 국제협약에 가입했을 경우의 득과 실 그리고 가입하지 않았을 경우의 득과 실을 정확하게 잰다는 것은 매우 힘들지만, 대략적으로 계산해서 국제협약에 가입했을 때에 상대적으로 더 큰 이익을 얻는다고 생각하는 나라는 가입하려는 강한 의욕을 가질 것이다. 반면에 국제협약이 없었을 때는 다른 나라에 비해서 상대적으로 큰 이익을 누렸으나 국제협약에 가입하면 다른 나라에 비해 상대적으로 현저하게 적은 이익을 누리거나 또는 손해를 입을 것으로 기대되는 나라들은 가입을 거부하게 될 것이다. 이럴 경우 가입국의 수를 늘리기 위해서는 가입국들에 귀속되는 득과 실에 있어서의 형평이 보장되도록 특별한 조치가 필요하다. 그 대표적인 조치가 뒷돈 지불을 통한 협상이다. 즉, 국제협약 가입으로 인해서 현저하게 이익을 보는 국가들이 현저하게 손해를 보는 국가들에게 뒷돈을 지불하기로 사전에 약속해 두는 것이다.

위에서는 설명의 편의상 국제협약 비가입의 주된 이유로 무임승차의 이익과 가입에 따른 손익의 국가 간 격차를 구분하였지만 실제에 있어서는 대부분의 경우 이 두 가지 이유가 복합적으로 작용한다.[38] 이럴 경우에는 무임승차의 이익을 봉쇄하는 방법과 뒷돈을 지불하는 방법 중에서 그 어떤 한 가지 방법만을 동원해서는 효과가 확실하지 않을 것이다. 그렇다고 그 두 가지 방법을 동시에 쓰자니 일이 매우 복잡해진다. 왜냐하면, 이 두 가지 방법이 전혀 성격을 달리하는 까닭에 이해당사국의 이해가 합리적으로 조정되도록 그 두 방법을 적절히 배합한다는 것이 결코 쉽지 않기 때문이다. 결국 비가입국을 설득해서 국제협약에 끌어들이는 것이 그만큼 어려워질 수밖에 없다.

그러다 보니 가입국의 수를 늘리기 위해서 여러 가지 편법이 동원되기도 한다. 예를 들면, 협약의 내용을 의도적으로 애매모호하게 함으로써 비가입국의 거부감을 줄이는 경우도 많다. 그러나 협약의 내용을 지나치게 모호하게 하면 비록 협약이 체결되더라도 사실상 별 실효를 발휘하지 못하거나 심지어 협약 자체가 없어질 수도 있다. 실제로 이런 일이 있었다. 예를 들면, 영해를 둘러싼 국제분쟁에서 대륙붕을 어떻게 정의하느냐가 늘 말썽이 되어 왔는데, 제1차 대륙붕에 대한 국제협약(Convention on Continental Shelf)은 대륙붕을 너무 애매모호하게 정의하다 보니 결과적으로 실패로 돌아가고 말았다.[39)]

가입국을 끌기 위한 또 다른 편법은 협약에 예외조항을 삽입하는 것이다. 그러나 이 예외조항이 악용되는 사례가 빈번히 있었다. 예를 들면, 국제포경협약(International Whaling Convention)은 모든 고래잡이를 매우 엄격하게 규제하면서 과학적 연구를 목적으로 한 포획은 예외로 하여 이를 허용하였다. 그 결과 각 나라는 과학적 연구를 위한답시고 고래를 마구 남획하여 고래의 멸종을 부채질하였다. 어떻든 이렇게 가입국을 끌어들이기가 어렵다 보니 우선 뜻을 같이 하는 소수의 몇 나라들이 국제협약을 체결하여 발효시키고 나서 사후에 다른 나라들을 협상을 통해서 끌어들이는 방법이 가장 빈번히 채택된다.

최적화를 둘러싼 가입국 사이의 갈등문제

환경 관련 국제협약이 당면하는 내우외환에서 '내우(內憂)'는 가입국 사이의 갈등 및 주요 가입국의 탈퇴위협이다. 범지구적 공유자원과 결부된 국제환경문제를 해결하기 위한 국제협약이 원 취지에 따라 지구의 환경재를 효율적으로 이용하고 관리하기 위해서 갖추어야 할 요건은 첫째, 당면한 환경문제와 관련하여 이해당사국들 전체의 환경재 이용량을 결정하고, 둘째, 이 전체 환경재 이용량을 바탕으로 각 나라의 몫을 정하며, 셋째, 각 나라가 자신에 할당된 몫을 제대로 지키는지의 여부를 사찰하기 위한 감시체제를 구축하고, 넷째, 국제사찰을 기피하거나 또는 협약을 위반하는 행위를 효과적으로 제재하는 것이다.

환경 관련 국제협약의 목적은 요컨대 지구의 환경이 효율적으로 이용되고 관리되기 위한 원칙을 이해당사국 모두가 지키려는 강력한 동기를 창출하는 것이다. 마치 한 나라 안에서의 환경정책이 최적화의 원칙 혹은 비용최소화의 원칙을 목표로 삼듯이 국제협약도 범지구적으로 적정 환경오염수준을 추구하거나 혹은 최소의 비용으로 범지구적 환경의 질의 달성을 추구한다는 원칙을 설정하고 이에 따라 회원국에게 책임을 부과해야 한다. 흔히 최적화나 비용최소화와 같은 경제원리에 입각한 조치는 누구에게는 큰 이익을 주고 누구에게는 큰 손실을 안김으로써 형평의 문제를 수반한다. 마치 국내 환경정책의 경우에 그런 원칙에 따라 환경오염물질의 배출량을 통제하다 보면 어떤 기업에게는 큰 불이익을 주고 어떤 기업에게는 가벼운 불이익을 주는 형평의 문제가 발생하듯이 국제협약의 경우에도 원칙에 따라 회원국들의 환경오염물질 배출을 규제하거나 환경이용을 제한하면 큰 불이익을 당하는 회원국이 있고 상대적으로 가벼운 불이익을 당하는 회원국이 있기 마련이다. 한 나라 안에서는 비록 그런 형평의 문제가 제기되더라도 공권력을 바탕으로 환경정책을 강행할 수 있지만, 국제사회에서는 이런 것이 통하지 않는다. 크게 불이익을 당하는 국가는 탈퇴해 버리기 때문이다. 한 나라 안에서도 이해당사자들 사이의 이해가 크게 엇갈리는 정책을 시행하기 매우 어려운데, 국제사회에서는 더욱 더 어림없는 얘기다.

예를 들어 보자. 유럽의 산성비문제를 해결하기 위해서 유럽의 관계국들이 국제협약을 체결한다고 하자. 최적화원칙에 입각한 각국의 적정환경이용량(적정환경오염물질 배출량)을 계산한 뒤 이를 각 나라가 준수한다고 가정했을 때 각 국가에 귀속되는 순이익을 추정하여 본 연구가 있다.[40] 물론 각 나라가 이 적정이용량을 준수해 주면 유럽 지역 전체의 순이익은 극대화되지만, 각 나라에 귀속되는 순편익은 나라에 따라 엄청난 차이를 보였다. 이렇게 되면, 상대적으로 큰 손해를 보는 나라는 당연히 크게 반발하면서 탈퇴하겠다고 으름장을 놓을 것이 뻔하다. 그들의 으름장은 강력한 설득력을 가진다. 왜냐하면 손해를 보는 나라들이 탈퇴를 해버리고 나머지 나라들이 최적화원칙에 따라 행동하면, 탈퇴한 국가들은 막대한 무임승차의 이익을 누리게 된다. 그러니 최적화원칙을 실행하기가 더욱 어려워진다. 비용최소화원칙도 가입국들 사이의 이해를 크게 엇갈리게 만든다는 점에서는 최적화원칙과 비슷하다.

비록 산성비의 문제는 월경환경오염문제이고 범지구적 공유자원의 문제는 아니지만, 예컨대 지구온난화문제에 비용최소화원리를 적용한다고 해도 각 국가에 귀속되는 경제적 부담에는 국가 간에 큰 격차가 있게 될 것이고 따라서 반발하는 국가가 발생하게 될 것이다. 지구온난화문제에 공동대처한다는 명분 아래 1992년 기후변화협약이 체결되었지만 가입국들 사이의 큰 이견으로 아직까지도 가시적인 공동대처방안을 내놓지 못하고 있는 배경에는 국가 간 이해관계가 첨예하게 대립되어 있다.

물론 환경 관련 국제협약이 가입국들에게 최적화원칙이니 비용최소화원칙을 강요하지는 않는다. 이 원칙들보다 훨씬 더 강한 설득력을 가지며 오래 전부터 국제사회의 공인을 받아 온 오염원인자부담의 원칙을 각종 국제협약들은 대의명분으로 내건다. 월경환경오염의 경우뿐만 아니라 산림파괴나 어족남획도 환경을 오염시키는 것으로 보면, 오염원인자부담의 원칙은 얼마든지 확대적용될 수 있다. 오염원인자부담의 원칙이란 대의명분 아래 내용상으로는 최적화원칙이나 비용최소화원칙의 의도를 최대한 살리는 수단도 이미 많이 개발되어 있다. 환경세나 배출부과금 등이 바로 그런 수단들이다.

탄소세나 환경세도 형평의 문제를 수반

한 연구는 유럽의 산성비 문제의 경우, 환경세 세율을 적정하게 정함으로써 최적화원칙에 근접하는 결과를 얻을 수 있음을 보였다.[41] 그러나 이 경우에도 역시 각 나라에 귀속되는 득과 실이 나라에 따라 큰 격차를 보였다. 예를 들면, 러시아나 스웨덴은 엄청나게 이익을 얻는 반면 영국이나 체코는 막대한 손실을 입는다. 이 연구는 지구온난화의 문제에 최적화원칙이나 오염원인자부담의 원칙을 적용하면 각 이해당사국들에 귀속되는 순이익은 산성비의 경우에 비해서 훨씬 더 큰 국가 간 격차를 보일 것이라고 보았다.

월경환경문제나 범지구적 공유자원문제에 적용되는 환경세나 배출부과금은 보통 말하는 환경세나 배출부과금과는 다르게 재단되어야 한다. 원칙적으로 말하면, 월경환경오염에 적용되는 환경세나 배출부과금은 각 나라에서 방출되는 환경오염물질의 양을 과표로 징수되는 것이 아니라 그 환경오염물질을 발생시킨 국가의 국경을 넘어서 다른 나라로 유출되는 양 또는 공동의 공간으로 확산되는 양을 과표로 부과되어야 최적화원칙이나 비용최소화원칙의 취지에 최대한 근접할 수 있을 것이다.[42]

이런 점에서 보면, 지구온난화문제를 해결하기 위해서 제안된 탄소세는, 엄밀하게 말하면, 월경환경오염에 알맞게 재단된 환경세는 아니다. 이 탄소세는 온실가스를 배출하는 화석연료의 사용량 단위당 일정요율의 금액을 징수하는 세금으로서 각 나라로 하여금 각각의 실정에 맞게 화석연료의 이용을 억제함으로써 모든 가입국이 배출하는 온실가스의 총량을 적절한 수준으로 감축하자는 취지에서 나온 발상이었다. 1990년 핀란드와 네덜란드가 처음으로 탄소세를 도입한 이래 노르웨이와 덴마크가 이에 가세하였고 1992년에는 유럽연합(당시 EC 국가들)이 일제히 탄소세를 부과하기로 의결한 바가 있으나 이 탄소세를 전 세계적으로 확대 적용하는 데는 많은 장애가 있다. 우선, 탄소세의 부과로 화석연료에 대한 수요의 감소를 우려하는 OPEC 국가들의 강한 반발이 앞을 가로막고 있다. 그럼에도 불구하고 탄소세가 지구온난화를 방지하기 위한 유력한 수단이기 때문에 만일 지구온난화가 정말 심각한 문제라는 범지구적 공감대가 형성되는 날이면 탄소세의 실시가 급속도로 확산될 가능성이 높다.

그렇다고 낙관은 금물이다. 범지구적 공유자원문제를 환경세로 해결하는 데에는 많은 문제가 가로놓여 있기 때문이다. 다시 지구온난화문제를 예로 들어보자. 어느 한 나라가 탄소세를 강력하게 실시한다고 해보자. 탄소세의 강력한 실시는 이 나라 경제의 국제경쟁력을 손상시킬 가능성이 높다. 대체로 탄소세 실시로 인한 비용은 가시적이다. 하지만 탄소세 실시로 인한 편익은 비가시적이다. 소수의 몇 나라를 빼고는 전 세계의 탄소배출량에서 어느 한 나라의 탄소배출량이 차지하는 비중은 매우 적다. 따라서 다른 나라는 가만히 있는데 이 나라만 탄소배출량을 감축해 봐야 지구온난화에 미치는 효과는 새발의 피다. 즉, 이 나라가 느끼는 지구온난화방지의 편익은 매우 적을 가능성이 높다. 어떻든 지구온난화의 공공재적 성격 탓으로 어느 한 나라의 탄소배출량 감축노력으로 인한 비용이 편익에 비해서 대단히 크게 느껴질 가능성이 많다는 것이다.

더욱이나 지구온난화를 방지함으로 인한 편익은 매우 불확실하다. 지구온난화가 각국에 미칠 환경재앙의 크기나 성격이 아직까지는 매우 불확실하기 때문이다. 비용은 가시적이고 큰 반면 편익은 비가시적이고 불확실하고 그리고 크지 않다면 과연 어느 나라가 자발적으로 탄소세를 강력하게 실시하겠는가? 그러므로 탄소세를 통해서 지구온난화문제에 대처하기 위해서는 우선 모든 나라의 공조가 필수적이다. 그러나 경제논리에 입각해서 모든 나라로 하여금 일제히 탄소세를 실시하게 설득하기는 결코 쉽지 않다. 왜냐하면, 위에서 말했듯이 공공재문제의 속성상 각 나라에 귀속되는 편익에 비해서 비용이 클 가능성이 높기 때문이다.

국제환경문제에 대한 국제협력과 국제협약

범지구적 환경문제(특히, 범지구적 공유자원의 문제)를 해결하기 위한 획기적인 계기는 1992년 브라질의 리오데자네이로에서 열렸던 『유엔환경개발회의(UN Conference on Environment and Development)』에서 마련되었다. 지구정상회담이라고도 불리는 이 국제회의의 내용은 크게 세 부분으로 나누어진다. 그 첫째는 1972년 스톡홀름국제회의에서의 유엔인간환경선언에 버금가는 '환경과 개발을 위한 리오선언'이고, 두 번째 큰 내용은 '의제 21(agenda 21)'로 약칭되는 '21세기 지구환경보전 강령'이며, 세 번째 큰 내용은 지구환경보전을 위한 각종 국제협약이다. 이 회담에서 채택된 협약이 지구온난화방지를 위한 기후변화협약과 생물종의 감소를 막기 위한 생물다양성협약이다.

유엔환경개발회의의 환경선언이나 '의제 21'은 다분히 선언적 성격을 띠고 있어서 형식적으로는 구속력이 없고, 국제협약도 그 자체로서는 어떤 구속력을 가지는 것은 아니다. 그러나 문제는 이러한 선언이나 협약이 앞으로 사실상의 구속력을 가지는 국제적 환경규제 및 이와 관련된 의정서의 합의를 위한 근거가 된다는 것이다. 사실 1972년 유엔인간환경선언 이후 지구의 환경문제를 해결하기 위한 각종 국제협약이 활발히 전개되어 왔음에도 불구하고 지구의 환경오염이 계속 악화되었던 한 가지 큰 이유는 그러한 협약들이 대부분 국제적 구속력을 갖지 못했던 탓이며, 따라서 앞으로의 국제협약은 무역규제를 포함한 구속력을 갖추어야 한다는 인식이 이미 선진국을 중심으로 확산되어 있었다. 따라서 유엔환경개발회의는 어느 정도 그러한 인식을 반영한 회담이었으며, 유엔환경개발회의 이전에 타결된 몬트리올의정서나 바젤협약은 이미 무역규제를 포함하고 있었다.

우리나라는 지구온난화방지를 위한 기후변화협약, 오존층보호를 위한 몬트리올의정서, 멸종위기에 처한 야생동식물종의 국제거래에 관한 협약(CITES), 유해폐기물의 국가 간 이동 및 그 처리통제에 관한 바젤협약, 생물다양성협약, 물새 서식지로서 국제적으로 중요한 습지에 관한 협약(람사협약) 등의 환경협약에 가입되어 있다. 2009년 현재 대기 · 기후에 관한 협약 8개, 해양 · 어업에 관한 협약 23개, 유해물질 · 폐기물에 관한 협약 3개, 자연 · 생물보호에 관한 협약 3개 등 총 56개 국제협약에 가입되어 있다.[43]

기후변화협약은 지구온난화의 원인물질인 이산화탄소, 메탄, 아산화질소 등 이른바 온실가스 배출량의 감축을 주된 목표로 삼고 있다. 온실가스 중에서 이산화탄소가 단연 가장 큰 비중을 차지하는데, 인위적으로 배출되는 이산화탄소의 80–85%가 화석연료의 이용으로부터 나온다. 따라서 화석연료 이용의 감축방안이 사실상 기후변화협약의 핵심내용이라고 할 수 있다. 이 협약은 국가들 사이의 심한 의견충돌로 난항을 겪었는데, 최종 합의된 가입국 의무사항에는 일반의무사항과 특별의무사항이 있다. 일반의무사항이란 가입국 모두에게 적용되는 의무사항으로서 각 나라는 온실가스의 배출량 및 흡수량에 대한 국가통계를 작성하여 제출해야 하며, 기후변화방지를 위한 국가전략을 수립 · 시행하고 공식 공표하여야 한다는 것이다. 특별의무사항이란 선진국 그리고 자본주의 시장경제로 전환 중인 일부 동구권 국가를 포함한 소위 부속서 I국가에 추가적으로 적용되는 의무사항이다. 그 핵심내용은 선진국의 온실가스배출을 2000년까지 1990년도 수준으로 동결한다는 것과 개발도상국에 대하여 기술적 · 재정적 지원을 한다는 것이었다.

우리나라는 1993년에 이 협약에 가입하였다. 그러나 이 협약은 법적 구속력이나 구체적인 실천방안을 만들어 내지 못하고 단지 공동 노력을 선언하는 정도에 그쳤다는 아쉬움을 남겼다. 다만, 1995년부터 매년 당사국총회(COP: Conference of Parties)를 개최하여 중요한 사안에 대하여 점진적으로 합의해 나가기로 의견을 모았다는 성과가 있었다. 1995년 베를린에서 열린 제1차 당사국총회에서 선진국의 온실가스 의무감축 목표를 설정하기로 결정하였으며, 1997년 12월 일본 교토에서 개최되었던 제3차 당사국총회는 2008년부터 2012년까지 부속서 I국가가 온실가스를 1990년도 수준으로부터 평균 5.2%를 감축할 것을 의무화하는 '교토의정서'를 채택하였다.

교토의정서는 국제법상의 구속력을 가지고 화석연료의 사용을 제한하는 인류 역사상 최초의 국제적 약속이라는 점에서 큰 의미가 있다.[44] 그러나 교토의정서의 채택이 지구온난화방지에 실질적으로 얼마나 효과가 있을 것인지에 대해서는 상당히 회의적이다. 우선, 2002년 자료에 의하면 온실가스 배출 감축 의무국(부속서 I국가)의 온실가스 배출량이 전 세계 배출량에서 차지하는 비중은 60%도 채 안 된다. 세계 제2의 온실가스 배출국인 중국, 5위인 인도, 그리고 9위인 한국이 빠져 있다. 이 세 나라의 온실가스 배출량은 세계 전체 배출량의 약 20%에 이른다. 그런데다가 세계 제1의 온실가스 배출국인 미국이 2001년 교토의정서에서 탈퇴함으로써 지구온난화방지를 위한 국제적 공조에 직격탄을 날렸다. 미국의 온실가스 배출량은 부속서 I국가 총배출량의 36%를 차지한다. 지구온난화방지에 적극적인 유럽의 여러 국가들이 애를 쓴 결과 2005년에 교토의정서가 공식적으로 발효되었다고는 하지만, 이미 교토의정서의 실효성이 크게 손상되는 상황에 이르렀다.

우리나라는 온실가스 감축의무에서 빠졌다. 개발도상국으로 분류되었기 때문이다. 우리나라는 OECD에 속한 나라이고 바로 얼마 전까지만 해도 세계 10대 경제대국이었다. 우리나라는 부속서 I에 속한 프랑스, 이탈리아, 호주, 스페인 등보다 온실가스를 더 많이 배출하였다. 현재 39개의 부속서 I 국가가 온실가스 감축의무를 지고 있는데, 경제대국인 우리나라가 개발도상국으로 분류되면서 온실가스 감축의무에서 빠졌으니 국제사회에서 따가운 눈총을 받는 것은 당연하다. 어떻든 감축의무에서 벗어나게 된 데에는 우리나라의 특수한 사정을 고려해 줄 것을 촉구하는 외교적인 노력이 효과가 있었던 것으로 보인다.

우리나라는 산업구조상 온실가스를 감축하기 매우 어렵게 되어 있다. 우선, 화석연료 의존도가 다른 나라에 비해서 월등히 높다. 총에너지 이용량 중에서 화석연료가 차지하는 비율, 즉 화석연료의존도는 현재 약 83%로서 일본의 73%에 비해서도 상당히 높다. GDP 1% 증가에 소요되는 에너지 증가율, 즉 에너지탄성치도 일본의 두 배 이상 높다. 다시 말해서 경제성장률을 1% 높이기 위해서 우리나라는 일본에 비해서 2배 이상 많은 에너지를 소모해야 한다는 것이다. 우리나라의 산업구조가 이와 같이 화석연료 의존적인 까닭에 화석연료 이용량을 줄일 경우 경제에 미치는 타격이 다른 나라에 비해서 훨씬 클 것이요, 자연히 업계의 반발도 클 수밖에 없다.

유엔환경개발회의 이전의 국제환경문제에 대한 국제적 노력

최근에 와서 여러 가지 범지구적 환경문제들이 국제사회에서 부쩍 큰 관심을 끌고 있기는 하지만 사실 위에서 열거한 세 가지 유형의 국제환경문제는 매우 오래된 문제이다. 따라서 국제환경문제를 해결하려는 국제적 모임과 노력 역시 그 역사가 매우 오래이다. 그러나 환경문제에 관한 전 세계적인 본격적 국제회의는 1972년 UN의 주최 아래 열린 스톡홀름회의일 것이다. 이 회의에서 채택된 소위 '유엔인간환경선언'은 각 나라가 자국 내의 활동이 다른 나라의 환경을 해치지 않도록 노력할 책임이 있음을 명시함으로써 오염원인자부담의 원칙(PPP)에 입각한 국제환경문제의 해결을 위한 실마리를 제공하였다. 또한 UNEP로 잘 알려진 유엔환경계획이 바로 이 회의에서 설립되었다. UNEP는 오늘날 가장 중요한 환경 관련 국제기관으로서 국제환경문제에 관해서는 상당한 영향력을 행사하고 있는데, 그 본부는 케냐의 나이로비에 있다. 이 기구의 기본업무 중의 하나는 국제환경문제에 관한 종합조정이다. 그러나 이 기구는 예를 들면, 예산의 거의 4분의 1을 행정비에 낭비하는 등 효율적인 기관이 못 된다는 비판을 받고 있다. 국제기구의 성격상 이 기구는 국제환경문제를 둘러싼 선진국과 개발도상국 내지 후진국들 사이의 메우기 어려운 견해차이를 극복하는 데에 있어서 심한 한계를 노출하고 있다는 비판도 많다. 스톡홀름회의가 있은 지 4년 후에는 유고에서 국제회의가 있었고 여기에서 채택된

따라서 우리나라는 화석에너지 감축문제에 늘 미봉책으로 대응하였고 결과적으로 감축노력을 게을리하였다. 우리나라와는 달리 일본은 1970년대 초반 국제적 에너지 위기가 왔을 때 화석에너지 감축 및 효율적 이용을 위한 과감한 정책을 도입하였고 그 이후에도 꾸준히 노력해 왔다. 그 결과 일본 산업의 에너지 효율은 세계 정상수준에 이르게 되었다.

어떻든 온실가스 감축문제에 관한 한 우리나라는 딜레마 상황에 처하였다. 올림픽과 월드컵 등 굵직한 국제적 행사를 치룬 경제대국으로서의 위상에 걸맞게 부속서 I국가와 함께 온실가스 감축의무를 공동부담하자니 경제에 미치는 타격이 두렵고 그렇다고 감축의무를 외면하자니 국제사회의 눈총이 따갑고. 그런 딜레마 상황에서 결과적으로 우리나라는 경제적 이익을 택하였다. 그러나 더 이상 국제사회의 압력을 외면하기는 어려워 보인다.

교토의정서의 시한은 2012년까지다. 따라서 그 이후에는 온실가스를 얼마나 감축할 것이며 세계 여러 나라들이 감축의무를 어떻게 분담할 것인지를 놓고 관련 국가들이 다시 협상해야 한다. 이미 2007년 12월 인도네시아의 발리에서 개최된 13차 당사국 총회에서 발리행동계획이 채택되었다.

벨그라드헌장(Belgrade Charter)에서는 환경교육의 중요성과 국제환경문제의 해결에 있어서 국제적 협력의 중요성이 강조되었다.

1970년대 후반부터 1980년대 초반까지는 세계의 주요 나라들이 인플레이션과 경기침체에 시달리다 보니 환경 관련 국제모임도 비교적 뜸해졌다. 그러다가 1980년대 후반에 들어 국제적인 환경문제에 대한 관심이 높아지면서 국제적인 모임도 줄을 잇기 시작하였다. 우선, 오늘날 전 세계적으로 큰 관심을 끌고 있는 지구온난화문제에 관해서는 1985년 오스트리아의 빌라크(Villach)에서 UN 주최의 국제회의가 있었고 잇달아 1986년 독일과 1987년 이태리에서 비슷한 국제회의가 있었으며, 드디어 1988년 기후변화에 대한 토론토(Toronto) 국제회의는 선진공업국들이 이산화탄소의 배출량의 감축계획을 작성하고 이를 실행하기 위하여 화석연료 소비에 대해 과세할 것을 제안하기에 이르렀다. 한편, 오늘날 국제적 관심을 끌고 있는 또 하나의 범지구적 환경문제인 오존층 파괴문제에 대해서는 오존층 파괴에 대한 공동연구와 정보교환의 촉진을 목적으로 한 비엔나협약(Vienna Convention)이 1985년에 이루어졌고 1987년에는 유명한 몬트리올의정서(Montreal Protocol)가 채택되어 1989년부터 발효되고 있다. 1989년에는 유해폐기물의 국가 간 이동을 규제하는 바젤협약(Bazel Convention)이 체결되었다.

이에 의하면 2012년 이후의 대책에 관하여 2009년 말까지는 국제적 합의를 도출한다는 목표가 잡혔고, 이에 따라 2009년 12월 코펜하겐에서 당사국 총회가 열렸다. 그러나 코펜하겐 당사국 총회는 '코펜하겐 합의문'을 채택하였을 뿐 온실가스감축을 위한 구체적이고 구속력 있는 지침을 만들지는 못했다. 1년 후 2010년 멕시코 칸쿤시에서 제16차 당사국 총회가 열렸지만 역시 별 다른 성과를 이루지 못하였다.

어떻든 이제까지의 상황에 비추어 볼 때 2012년 후에는 우리나라도 어떤 형태로든 온실가스감축 의무를 지게 될 것이 거의 확실시되고 있다. 이명박 정부가 천명한 '저탄소 녹색성장' 정책은 바로 그런 사태에 대비하기 위한 포석으로 보인다. 우리나라는 코펜하겐 당사국 총회에 앞서 이산화탄소배출량 감축계획을 서둘러 발표하였다. 즉, 현재와 같은 에너지 이용양태가 계속된다고 가정했을 때 예상되는 2020년 온실가스 배출량(BAU: Business As Usual)의 30%에 해당하는 만큼 2020년까지 배출량을 감축한다는 것이다.

1987년에 채택되어 1989년부터 발효되기 시작한 몬트리올의정서는 가입국에 대한 오존층파괴물질의 생산 및 소비의 규제 그리고 비가입국에 대

교토의정서의 주요 내용

교토의정서는 부속서 I국가(온실가스 감축의무를 진 국가)들이 감축의무를 자국 내에서 모두 이행하기에는 한계가 있다는 점을 인정하고, 배출권거래(Emission Trading), 공동이행(Joint Implementation), 청정개발체제(Clean Development Mechanism: CDM) 등 소위 유연성 제도를 도입함으로써 온실가스감축 의무이행의 보조수단으로 활용할 수 있도록 길을 터놓고 있다.

공동이행이란 부속서 I에 속한 국가 A가 국가 B에 투자하여 발생된 배출 감축분의 일정량을 A국의 배출감축실적으로 인정하는 제도이다. 공동이행이 부속서 I국가들 사이에만 적용되는데 반해서 청정개발체제는 부속서 I국가와 개도국 사이에 확대 적용된다는 점이 좀 다른데, 청정개발체제는 부속서 I에 속한 A국이 B개도국에 투자하여 발생된 온실가스배출 감축분의 일정량을 A국의 감축실적에 반영하는 대신, A국은 일정비율의 수수료를 납부하고 이를 개도국의 기후변화방지를 위한 자금으로 활용하도록 허용하는 제도이다. 배출권거래제도는 감축의무를 초과달성한 국가의 잉여배출권을 달성실패 국가가 매입하여 감축의무를 이행할 수 있게 허용하는 제도이다. 이 제도 역시 부속서 I국가들에게만 적용된다. 우리나라는 협약 상으로는 개도국으로 분류되어 있으므로 공동이행이나 배출권거래제도에는 참여할 수 없지만 청정개발체제에는 참여가 가능하다.

한 무역규제를 핵심으로 하고 있다. 몬트리올의정서가 채택된 이후 가입국회의가 여러 차례 있었는데, 그 때마다 규제내용이 대체로 강화되어 왔다. 예를 들면, 보통 프레온가스로 잘 알려진 CFC의 생산과 소비는 당초 계획으로는 2000년까지 전폐토록 하였으나 제4차 가입국회의에서는 1996년 1월 1일부터 전폐하기로 일정을 크게 앞당기기로 하였다. 그러나 대체물질의 개발이 아직 잘 이루어지지 않는 물질에 대해서는 꼭 필요한 용도를 지정하여 사용을 인정하기로 하였다. 가입국회의에서 지정한 규제물질에 대해서는 가입국은 비가입국으로부터 수입해서도 안 되고 수출해서도 안 된다. 비단 규제물질의 교역이 통제될 뿐만 아니라 규제물질을 함유한 제품 및 규제물질을 이용한 제품도 비가입국으로부터 수입하는 것이 금지되었다.

우리나라는 1992년에 몬트리올의정서의 가입국이 되었다. 이 의정서의 주된 규제물질인 CFC의 국내수요는 1986년부터 1991년 사이에 매년 평균 35%씩 급신장하였는데, 이 폭발적 수요의 약 절반 가까이가 국내생산으로 충족되었다. 우리나라는 개발도상국들 중에서는 유일하게 CFC 생산기술을 보유한 국가이다. 국내수요량이 이같이 급속도로 증가하여 왔기 때문에 이

제 가입국으로서의 의무를 지키다 보면 국내산업, 특히 CFC 관련 물질을 사용하는 자동차, 전기 · 전자산업들은 상당한 부담을 안을 수밖에 없었다.[45)]

바젤협약은 유해폐기물이 국경을 넘어 이동함으로써 발생할 수 있는 인류건강에 대한 위협과 환경오염을 방지하기 위해서 1989년 스위스의 바젤에서 채택되었다. 이 협약은 특히 선진국들이 자국의 엄격한 환경규제를 피하여 유해폐기물을 몰래 개발도상국 및 후진국에 내다 버리는 행위를 금지하는 데 주 목적을 두고 있다. 1992년부터 발효된 이 협약은 수은, 카드뮴화합물 등 47종의 유해폐기물을 지정하고 가입국이 이런 물질들을 비가입국에 수출하는 것을 금지하며, 유해폐기물을 다른 나라에 수출할 경우에는 반드시 사전에 수입국의 동의를 문서로 받을 것을 요구하고 있다. 다만, 재생이나 재활용 가능한 유해폐기물은 환경적으로 안전하게 처리된다는 조건 하에 잠정적으로 허용하고 있다.

우리나라는 1994년에 이 협약에 가입하였다. 우리나라는 해마다 많은 양의 재활용폐기물을 외국으로부터 수입하고 있다. 1991년 한 해에도 국내 펄프수요의 약 40%인 154만톤의 폐지와 380만톤의 고철을 주로 미국으로부터 수입하였고, 이 밖에도 많은 양의 폐플라스틱이니 납스크랩 등을 수입한다. 앞으로 폐기물의 수출입은 원칙적으로 협약가입국 사이에서만 가능하고 또한 국내법(폐기물의 국가 간 이동 및 그 처리에 관한 법률)에 따라 관계 정부 부서들의 허가를 받는 등 법적 절차를 거쳐야 하기 때문에 그만큼 까다로워진다. 따라서 수입폐기물에 크게 의존하는 제지업계나 철강업계 등은 적지 않은 부담을 안게 된다.

생물다양성협약은 유엔환경개발회의에서 미국이 환경제국주의라는 비난을 받아가면서 끝까지 가입을 거부한 협약이다. 미국이 가입을 거부했던 이유는 열대림을 포함한 동 · 식물에 대한 유전공학적 특허를 거의 독점하다시피 하고 있어서 이 협약에 가입할 경우 그러한 특허를 다른 나라들과 공유해야 하기 때문이다. 우리나라는 1994년에 이 협약에 가입하였다. 이 협약에의 가입이 우리나라에는 당장은 별 영향을 주지 않을 것으로 알려져 있지만, 앞으로 이 협약에 근거해서 열대림을 비롯한 자연자원 보유국가들이 산림 및 해양자원의 보호를 위한 강력한 조치를 취할 경우 우리나라는 자연자원의 수입에 큰 차질을 겪을 것으로 우려되었다. 그러나 장기적으로 볼 때, 21세기가 유전공학을 비롯한 응용생물학의 시대임을 감안하면, 이 협약은 그러한 21세기를 향하여 이제 막 발돋움을 하는 우리나라에게도 매우 중요한 영향을 주는 협약이 될 것으로 전망된다.

멸종위기에 처한 야생동식물종의 국제거래에 관한 협약(CITES)은 앞에서 이미 설명하였다. 최근에 우리나라가 가입한 주요한 협약은 통상 람사협약으로 알려진, 물새 서식지로서 국제적으로 중요한 습지에 관한 협약이다. 람사협약은 수조류, 어류, 양서류, 파충류 및 식물의 기본적 서식지이자 가장 생산적인 생명부양의 생태계인 습지의 보호를 위해서 1971년 이란의 람사에서 채택되었다. 우리나라는 1997년에 이 협약에 가입하였다.

핵심 주장

1. 범지구적 공유자원의 문제는 각 나라가 자신의 국익만을 생각하고 환경을 이용함으로써 전체이용량을 증가시켜서 결국은 다른 나라뿐만 아니라 자신도 피해를 보게 되는 부메랑효과를 무시하기 때문에 발생하는 문제다.
2. 결국 범지구적 공유자원문제를 타개할 수 있는 유일하고도 전통적인 수단은 현재로서는 사실상 국제협약뿐이다. 그러나 이제까지의 경험에 비추어 보면 환경 관련 국제협약들은 내우외환(內憂外患)에 시달려 왔다. 환경 관련 국제협약을 가장 괴롭히는 '외환(外患)'은 소위 무임승차(free rider)의 문제이다. 비가입국의 무임승차를 봉쇄하기 위한 하나의 편법이 바로 비가입국에 대한 무역규제이다.
3. 환경 관련 국제협약이 당면하는 내우외환에서 '내우(內憂)'는 가입국 사이의 갈등 및 주요 가입국의 탈퇴위협이다. 국제환경문제를 효율적으로 해결하기 위해서는 경제원리를 최대한 적용해야 하는데, 늘 그렇듯이 경제원리에 입각한 조치는 어떤 국가에게는 큰 이익을 주고 어떤 국가에게는 큰 부담을 지운다. 다시 말해서 경제원리의 적용은 늘 형평의 문제를 수반한다. 국제사회에서는 형평상 문제가 되는 조치는 용납되기 어렵다. 따라서 '내우'를 달래기 위해서는 예컨대 희생자부담의 원칙이나 수혜자부담의 원칙과 같은 편법이 동원된다.
4. 범지구적 공유자원의 문제는 대부분 공공재의 문제이기도 하다. 이럴 경우 문제해결을 위한 어느 한 나라의 노력으로 인한 편익은 모든 나라에 분산되어 버린다. 이 결과 편익이 비용에 비해서 매우 적어질 가능성이 높다. 따라서 어느 나라도 단독으로는 적극적으로 공유자원문제를 해결하기 위해서 노력하려고 하지 않게 된다. 이 점이 문제해결을 위한 국제적 노력의 큰 걸림돌이 된다.

후 주

제1장 환경문제에 대한 경제학의 기본 시각

1) 환경부, 『환경백서(2009)』, 54쪽.
2) 오늘날에도 환경문제에 관해서는 비관론과 낙관론이 대립하고 있다. 이에 관해서는 다음 문헌 참조: 노먼 마이어스 · 줄리언 사이먼(1994, 윤상욱 옮김), 『개발이냐, 보전이냐?』, 서울: 도서출판 따님.
3) Sterm, N.(2007), *The Economics of Climate Change*, Cambridge, U.K.: Cambridge University Press, p. 66.
4) 이에 대한 자세한 논의는 다음 문헌 참조: 윤순진(2003), "기후변화와 환경정의," 『환경과 생명』, 2003년 겨울호.
5) 이런 견해에 대해서는 다음 문헌 참조: Tietenberg, T and L. Lewis(2009), *Environmental & Natural Resource Economics*, Boston: Pearson Education Inc. Chapter 6. 크리스 브라이트(2003), "우리 미래의 역사," 『2003 지구환경보고서』(*Worldwatch Institute*), 서울: 환경재단 도요새.
6) 다음 문헌 참조: Tietenberg, T. and L. Lewis(2009), *Environmental & Natural Resource Economics*, Boston: Pearson Education Inc., p. 108.
7) Friedman, T. L.(2006), *Hot, Flat, and Crowded*, New York: Farrar, Straus and Girous, p. 29.
8) *Ibid.*, p. 54 .
9) 이에 대한 자세한 설명은 다음 문헌 참조: Friedman, T. L.(2006), *Hot, Flat, and Crowded*, New York: Farrar, Straus and Girous.
10) Freeman III, A. M., R. H. Haveman, and A. V. Kneese(1973), *The Economics of Environmental Policy*, New York: John Wiley & Sons, Inc., p. 21.
11) 이 세 가지 딜레마의 자세한 내용은 다음 문헌 참조: 이정전(1994), 『녹색경제학』, 서울: 한길사.
12) 이런 두 종류의 견해의 차이에 대해서는 다음 문헌 참조: 노먼 마이어스 · 줄리언 사이먼(1994, 윤상욱 옮김), 『개발이냐, 보전이냐?』, 서울: 도서출판 따님.
13) Field, B. C.(1994), *Environmental Economics*, New York: McGraw-Hill, Inc., p. 10.
14) 김정욱(1992), 『위기의 환경』, 서울: 푸른산, 227쪽.
15) 이도원 역(1992), 『생태학』, 서울: 동화기술, 61-67쪽.

16) 경제학과 생태학의 비교에 관한 자세한 내용은 다음 문헌 참조: 이정전((1994), 『녹색경제학』, 서울: 한길사.

제2장 환경과 경제

1) Freeman III, A. M., R. H. Haveman, and A. V. Kneese(1973), *The Economics of Environmental Policy*, New York: John Wiley & Sons, Inc., p. 21.
2) 권오상(2007), 『환경경제학』, 서울: 박영사.
3) 생산부문에 유입된 자연자원의 총량을 I_e라고 하면, 이 양은 곧 환경으로부터 채취되어서 경제로 투입된 자연자원의 총량이 될 것이다. 생산부문은 이 자연자원들을 이용해서 F만큼의 재화를 만들어 가계부문에 공급하며, 가계부문은 이를 소비한 후 W_r만큼의 폐기물을 거두어서 재활용부문에 공급하고 나머지 W_f만큼을 환경에 버린다고 하자. 재활용부문은 공급받은 폐기물 중에서 I_r만큼을 재생해서 생산부문에 공급하고 나머지 W_c만큼을 환경에 버린다고 하자. 한편 생산과정에서도 W_p만큼의 폐기물이 발생해서 환경에 버려진다고 하자. 질량보존의 법칙에 의해서 세 부문 각각에 유입되는 양과 유출되는 양은 같아질 것이다. 그러므로 다음과 같은 세 방정식을 얻는다.

   ① 생산부문: $I_e + I_r = W_p + F$
   ② 가계부문: $F = W_f + W_r$
   ③ 재활용부문: $W_r = I_r + W_c$

   재활용부문의 방정식을 가계부문의 방정식에 대입하고 이 결과를 생산부문의 방정식에 대입하면 다음과 같은 방정식을 얻는다.

$$I_e = W_f + W_p + W_c$$

4) Friedman, T. L.(2006), *Hot, Flat, and Crowded*, New York: Farrar, Straus and Girous, p. 46.
5) Hubbert, M. K.(1993), "Exponential growth as a transient phenomenon in human history," in H. E. Daly and K. N. Townsend, ed., *Valuing the Earth*, Cambridge: The MIT Press, p.113.
6) 2년 후에 미국에서 원유가 기업적으로 생산되기 시작하였다고 한다. *Ibid.*, p. 115.
7) 부정방지대책위원회(1994), 『환경부조리 실태 및 방지대책』, 124쪽.
8) Grossman, G. M. and A. B. Krueger(1995), "Economic Growth and the Environment," *The Quarterly Journal of Economics 110*, pp. 352-387.
9) 1993년 환경처 공보관실 자료를 다음 논문에서 재인용한 것임: 안종주(1993), "국내 주요일간지 환경기사의 정확성에 관한 연구," 서울대학교 보건대학원 석사학위논문, 8쪽.
10) 구체적 실증사례에 대해서는 다음 문헌 참조: 김지현(Kim, Ji-Hyun, 1999), "Consumption patterns as an emerging contributor of the environmental degradation in Korea," 서울대학교 박사학위논문.
11) Bruyn, S. M. de, and J. B. Opschoor(1997), "Development in the throughput-income relationship: theoretical and empirical observation," *Ecological Economics*, Vol. 20, pp. 255-268.
12) 김지현(Kim, Ji-Hyun, 1999), "Consumption patterns as an emerging contributor of the environmental degradation in Korea," 서울대학교 박사학위논문.

13) 이에 대한 자세한 논의는 다음 문헌 참조: 이정전(2008), 『우리는 행복한가』, 서울: 한길사.
14) Inglehart, R.(1996), "The diminishing utility of economic growth," *Critical Review*, Vol. 10, No. 4, Fall.
15) 이에 대한 자세한 설명은 다음 문헌 참조: 이정전(2002), 『시장은 정말 우리를 행복하게 하는가』, 서울: 한길사, 제3장.
16) 욕망부채질 이론이라는 말은 다음 문헌에서 따온 것임: 이정전(2002), 『시장은 정말 우리를 행복하게 하는가』, 서울: 한길사.
17) Meadows, E. D., D. L. Meadows, J. Randers, and W. W. Behres, III(1972), *The Limit to Growth*, New York: Universe Books.
18) 이에 대한 구체적인 논의는 다음 문헌 참조: Stiglitz, J. E.(1979), "A neoclassical analysis of the economics of natural resources," in *Scarcity and Growth Reconsidered*, ed., by V. K. Smith, Baltimore: The Johns Hopkins University Press.
19) Daly, H. E. and J. B. Cobb, Jr.(1989), *For the Common Good.*, Boston: Beacon Press, p. 407.
20) Commoner, B.(1972), "The environmental costs of economic growth," in Dorfman & Dorfman, ed., *Economics of the Environment* (2nd ed.), New York: W. W. Norton & Co. Inc.,1972. pp. 331-354.
21) WCED(1987), *Our Common Future*, Oxford: Oxford University Press, p. 14.
22) 월드워치연구소(2009), 『기후의 역습』(생태사회연구소 옮김), 서울: 환경재단 도요새, 31쪽.
23) Rhee, J. J.(이정전)(1975), *Economic Growth, Technological Changes, and Environmental Problems in Japan*, Master Thesis, Iowa State University. 정회성(1981), "한국의 경제성장과 공업화가 환경오염에 미치는 영향," 서울대학교 환경대학원 석사학위 논문.
24) 경제기획원, 『한국통계연감(1980)』.
25) 이에 대한 구체적 내용은 다음 문헌 참조: 이정전 · 신의순(1991), 『환경개선촉진을 위한 정책발전방안 연구』, 국제무역경영연구소, 60-93쪽.
26) Daly, H. E., "Introduction to essays toward a steady-state economy," in H. E. Daly and K.N. Townsend, ed., *Valuing the Earth*, Boston: The MIT Press, 1993, pp. 34-40.
27) 이에 대한 자세한 내용은 다음 문헌 참조: 이정전(2009), 『토지경제학』, 서울: 박영사.

제3장 환경문제에 대한 경제적 분석의 기본 틀

1) 경우에 따라서는 이와 같이 가격을 통해서 제3자에게 미치는 영향을 별도로 금전적 외부효과라고 하고 위의 피혁공장이나 매연가스 공장의 경우처럼 직접적으로 제3자에게 미친 외부효과를 기술적 외부효과라고 부르기도 하지만, 보통 외부효과라고 하면 기술적 외부효과를 지칭한다. 왜냐하면 이 기술적 외부효과는 자원이용의 왜곡을 초래하기 때문이다.
2) 이에 대한 자세한 내용은 다음 문헌 참조: 이정전(2009), 『토지경제학』, 서울: 박영사.
3) 경제학자들은 가끔 TANSTAFL이라는 약어를 쓰기도 하는데, 이 말은 영어로 "There are no such a thing as a free lunch."이라는 문장에 나오는 단어의 첫 글자를 딴 말이다.
4) 이에 관해서는 다음 문헌 참조: Dales, J. H.(1968), *Pollution, Property, and Prices*, Toronto: University of Toronto Press, pp. 12-26.

제4장 환경정책

1) Tietenberg, T and L. Lewis(2009), *Environmental & Natural Resource Economics*, Boston: Pearson Education Inc., p. 398.
2) Tietenberg, T. H.(1991), "Economic instruments for environmental regulation," in D. Helm, ed., *Economic Policy towards Environment*, Oxford: Blackwell Publishers, p. 96.
3) 이에 대한 구체적인 설명은 다음 문헌 참조: Tietenberg, T. H., "Economic instruments for environmental regulation," in D. Helm, ed., *Economic Policy towards the Environment*, p. 102.
4) Haveman, R. H., and G. B. Christainsen(1981), "Environmental regulations and productivity growth," in H. M. Peskin, P. R. Portney, and A. V. Knesse, ed., *Environmental Regulation and the U.S. Economy*, Baltimore: The Johns Hopkins University Press, pp. 26-55.
5) Chase 연구란 1972년에 Chase Econometric Association이 미국의 환경보전위원회(CEQ) 및 환경청(EPA)을 위해서 수행한 연구이고, DRI 연구란 1978년에 Data Resource Incorporated가 역시 위의 두 기관을 위해서 수행한 연구이다.
6) OECD에 대한 자세한 내용은 다음 문헌 참조: 이정전 · 신의순(1991),『환경개선 촉진을 위한 정책발전방안 연구』, 국제무역경영연구소, 21-216쪽.
7) 흔히 배출허용기준이 오염원인자의 배출량에 영향을 주는 것으로 알고 있는데 이는 옳지 않다. 예를 들면 다음 문헌의 73쪽을 보라. 환경부(1993),『환경투자 재원조달체계 정비 및 투자확충방안 연구』. 다만 우리나라의 경우 배출허용기준이 배출량에 영향을 미친다는 생각을 많이 하게 되는 이유는 뒤에서 다시 설명하겠지만 배출허용기준이 농도기준으로 되어 있기 때문이다.
8) 이하에서 인용되는 OECD 국가들의 사례나 그 구체적인 내용에 대해서는 다음 문헌 참조: 이정전(1987), 『공해배출부과금제도의 개선방안에 관한 연구』, 1987. 경제기획원 제6차 경제사회발전5개년계획 작성을 위한 전문가 연구보고서(III): OECD(1980), *Pollution Charges in Practice*, Paris. OECD(1975), *Polluter Pays Principle*, Paris.
9) 서울 YMCA,『환경보전과 시민운동』.
10) 환경부, 『환경백서 2009』, 407쪽.
11) Baumol, W. J. and W. E. Oates(1979), *Economics, Environmental Policy, and the Quality of Life*, Englewood Cliffs: Prentice Hall, Inc., p. 259.
Kneese, A. V. and T. B. Bower(1968), *Managing Water Quality*, Baltimore: The Johns Hopins University Press.
12) 이에 대한 자세한 논의는 다음 문헌 참조: Rhee, Jeong Jeon(이정전, 1999), "Economic incentives and optimal waste management: Korean experiences in unit-pricing for garbage collection," *Environmental Economics and Policy Studies*, Vol. 2, No. 2.
13) 환경부, 『환경백서 2007』, 533쪽.
14) 이에 대해서는 다음 문헌들 참조: U.S. EPA(1976), *Decision-Makers Guide in Solid Waste Management*, p. 119.
OECD(1981), *Economic Instrument in Solid Waste Management*, Paris. p. 28.
15) 경제정의실천시민연합(1993), 『유리병 재활용 활성화 방안에 관한 연구』, 100-102쪽.
16) 이 때의 재활용에 소요되는 비용이란 폐기물을 다시 쓸 수 있게 가공 처리하는 비용뿐만 아니라 재활용을 위해서 쓰인 쓰레기의 수거비용과 쓰레기에서 재활용될 쓰레기를 분리하는 데 소요되는 비용까지 포함한 비용이다. 이에 대한 수학적 증명은 다음 문헌 참조: Rhee, Jeong Jeon(이정전, 1999), "Economic incentives and optimal

waste management: Korean experiences in unit-pricing for garbage collection," *Environmental Economics and Policy Studies*, Vol. 2, No. 2.
이정전(1980), "Economics of waste disposal, recycling and natural resource utilization," 서울대학교, *The S.N.U. Economic Review*.

17) 한국환경정책평가연구원(1998), 『배출권거래제도 논의동향 및 향후 정책방향』.
18) 위의 책, 107쪽.
19) 이에 대한 자세한 내용은 정회성 박사가 집필한 다음 문헌 참조: 대한상공회의소(1992), 『지속성장을 위한 환경정책』, 제4장 제2절.
20) 한국환경정책평가연구원(1998), 『배출권거래제도 논의동향 및 향후 정책방향』, 6쪽.
21) 위의 책, 105쪽.
22) 이에 대한 자세한 내용은 정회성 박사가 집필한 다음 문헌 참조: 대한상공회의소(1992), 『지속성장을 위한 환경정책』, 제4장 제2절.
23) 황진택 외(1998), 『기후변화협약에의 대응: 교토 메커니즘을 중심으로』, 삼성지구환경연구소, 8쪽.
24) 엄밀히 말하면, 1992년 채택된 기후변화협약 때부터 이런 구분이 있었다.
25) 키타무라 케이(2009), 『탄소가 돈이다』, 서울: 환경재단 도요새, 86쪽.
26) 다음 문헌 참조: 위의 책, 132쪽. 삼성지구환경연구소(2008), 『기후변화가 비즈니스를 바꾼다』, 286쪽.
27) 위의 책, 289쪽.
28) 다음 문헌 참조: 환경부, 『환경백서 2009』, 587쪽. 키타무라 케이(2009), 앞의 책, 98쪽.
29) 위의 책, 113쪽.
30) Coase, R. H.(1960), "The problem of social cost," *Journal of Law and Economics*, Vol. 3, pp. 1-44.
31) Helm, D. and D. Pearce, "Economic policy towards the environment: An overview," in D. Helm, ed., *Economic Policy towards the Environment*, pp. 1-24.
32) Friedman, M., *Capitalism & Freedom*, pp. 27-32.
33) 이에 대한 구체적인 논의는 다음 문헌 참조: 나성린 · 전영섭(1995), 『공공경제학』, 서울: 학현사, 131-135쪽.
34) 위의 책, 133쪽.
35) 한국수자원공사(1998), 『물관리의 최적화를 위한 수도요금 정책방향에 관한 연구』, 297쪽.
36) 다음 문헌 참조: 이정전(1993), 『두 경제학 이야기: 주류경제학과 마르크스경제학』, 서울: 한길사.

제 5 장 환경세와 2중배당금 가설

1) Gee, D.(1997), "Economic tax reform in Europe: opportunities and obstacles," in Tim O'Riordan, ed., *Ecotaxation*, London: Earthscan Publications.
2) 환경오염피해를 발생시키거나 또는 환경오염물질을 배출하리라고 기대되는 재화의 이용에 대하여 부과되는 조세를 모두 환경세로 정의하는 학자도 있다. 이런 환경세를 간접환경세라고 부르기도 한다. 이에 대하여는 다음 문헌 참조: 곽태원 · 김홍균(1995, 편집), 『환경세의 도입 및 개선방안』, 한국환경정책 · 평가연구원.

그러나 이렇게 넓게 정의하면 이 세상에 환경세가 아닌 조세가 거의 없을 것이다. 왜냐하면 거의 모든 재화의 생산이나 소비가 환경오염을 유발하기 때문이다. 인간의 모든 생산 및 소비활동은 사실상 환경을 오염시키는 활동이라고 어떤 환경보호주의자가 말하지 않았던가. 맥주를 생산하고 마시는 행위, 라면을 생산하고 마시는 행위, 이 모두가 환경을 오염시키는 행위이며, 따라서 환경세를 넓은 의미로 정의하면 이들에 대한 조세는 모두 환경세가 되는 셈이다.

3) 현 환경부의 전신인 환경처의 의뢰에 따라 수행된 한 연구용역의 보고서는 “현행의 재정구조로는 필요한 재원조달을 기대하기 어렵다는 점이다. 따라서 획기적인 환경개선대책에 따른 재원조달방법을 강구할 필요가 있다”고 운을 뗀 뒤 “장기적인 환경투자를 위한 재원의 안정적 확보가 무엇보다 요구된다는 점을 감안하면 현 상황에서 환경세는 어떠한 형태로든 도입되어야 할 것으로 본다”고 결론짓고 있다. 이에 대한 구체적 예는 다음 문헌 참조: 이정전(1995), “환경세에 대하여,” 한국환경경제학회, 『환경경제연구』, 제4권 제1호; 환경부(1993), 『환경투자 재원조달체계정비 및 투자확충방안 연구』, 147-148쪽.

4) 이에 대한 구체적 내용은 다음 문헌 참조: 이정전(2005), 『경제학에서 본 정치와 정부』, 서울: 박영사.

5) 다케우치 야스오(노성태 역, 1995), 제일경제연구소, 60쪽.

6) 이에 대한 구체적 논의는 다음 문헌 참조: 이정전(1995), “환경세에 대하여,” 한국환경경제학회, 『환경경제연구』, 제4권 1호.

7) Ekins, P.(1997), “On the Dividends from Environmental Taxation,” in Tim O'Riordan, ed., *Ecotaxation*, London: Earthscan Publications.

8) 영어로는 이 2중배당금을 double dividend라고 하고 본문에서 설명한 환경친화적 조세구조 개혁이 그런 두 가지 사회적 이익을 가져다 준다는 이론을 2중배당금 가설(double dividend hypothesis)이라고 한다. 이에 대한 자세한 설명은 다음 문헌 참조: Pearce. D.(1991), “The role of carbon tax in adjusting to global warming,” *The Economic Journal*, Vol. 101, pp. 938-948.

9) Blinder, A. S.(1987), *Hard Heads and Soft Hearts*, New York: Addison-Wesley Publishing Co. Inc., p. 2.

10) Ekins, P.(1997), “On the Dividends from Environmental Taxation,” in Tim O'Riordan, ed., *Ecotaxation*, London: Earthscan Publications.

11) 이런 주장에 관해서는 다음 문헌 참조: 나성린(1995), “환경세 도입가능성과 경제적 효과,” 환경기술개발원, 『환경세의 도입 및 개선 방안』, 28쪽.

12) Robinson, H. D.(1985), “Who pays for industrial pollution abatement?” *Review of Economics and Statistics*, Vol. LXVII(Nov.), pp. 702-706.

13) Gee, D.(1997), “Economic tax reform in Europe,” in Tim O'Riordan, ed., *Ecotaxation*, London: Earthscan Publications.

14) Ekins, P.(1997), “On the dividends from environmental taxation,” in Tim O'Riordan, ed., *Ecotaxation*, London: Earthscan Publications.

15) *Ibid.*, p. 149.

16) Gee, D.(1997), “Economic tax reform in Europe,” in Tim O'Riordan, ed., *Ecotaxation*, London: Earthscan Publications.

17) 아마도 필자가 다음의 논문을 통하여 우리나라에서는 처음으로 조세구조의 환경친화적 개혁을 주장하였을 것이다. 이정전(1995), “환경세에 대하여,” 한국환경경제학회, 『환경경제연구』, 제4권 1호.

18) 환경친화적 조세구조개혁에 대한 구체적인 제안은 다음 문헌 참조: 이정전(1996), 『녹색정책』, 서울: 한길사.
19) 일본의 경제학자 다케우치(竹內靖雄) 교수는 최종적으로는 소득세는 폐지하고 소비세형의 간접세만 남기는 것이 가장 바람직하다고 주장한다. 다음 문헌 참조: 노성태 역(1995), 『정의와 질투의 경제학』, 다케우치 야스오, 서울: 제일경제연구소.
20) 나성린(1995), "환경세 도입가능성과 경제적 효과," 환경기술개발원, 『환경세의 도입 및 개선 방안』, 5-36쪽.
21) Frank, R. H.(1999), *Luxury Fever*, Princeton: Princeton University Press.
22) Bohm, P.(1997), "Environmental taxation and the bouble dividend: Fact or fallacy?," in Tim O'Riordan, ed., *Ecotaxation*, London: Earthscan Publications.
23) 이 대부분의 나라들이 1990년 내지 1991년에 탄소세를 실시하기 시작하였으니 탄소세의 역사는 매우 짧다고 할 수 있다.
24) 이에 대한 구체적인 내용은 다음 문헌 참조: 이정전(1995), "환경세에 대하여," 한국환경경제학회, 『환경경제연구』, 제4권 1호.
25) 에너지 수요관리를 위한 구체적 방안에 관해서는 다음 문헌 참조: 경실련 환경개발센터(1995), 『지속가능한 환경과 에너지』.
26) Repetto, R., R.C. Dower, R. Jenkins, J. Geoghegan(1992), *Green Fees: How a Tax Shift Can Work for the Environment and the Economy?*, World Resource Institute, p. 81.
27) 김홍균(1995), 『경제적 유인제도의 개선방향』, 한국환경정책 · 평가연구원.
28) 환경부 상하수도국의 자료를 보면 외국 주요 도시의 수도요금은 대체로 서울 수도요금의 5배 내지 10여 배 비싼 것을 알 수 있다. 비교적 수도요금이 싼 일본 동경시의 수도요금도 서울시 수도요금의 3.3배이다. 다음 문헌 참조: 이정전(1995), "물의 경제성 제고와 효율적인 물 관리 대책," 삼성지구환경연구소, 『세계 물의 날 심포지움』; 문현주(1995), 『상,하수처리의 효율적 운영방안 연구(I)』, 한국환경정책 · 평가연구원. p. 62.
29) 김범철 · 이승환 역(1993), 『지구환경보고서 1993』, 서울: 도서출판 따님, pp. 70-71.

제6장 지속가능발전의 이념과 이를 실현하기 위한 원칙들

1) Daly, H. E.(1993), "Sustainable growth: An impossibility theorem," in H. E. Daly and K. N. Townsend, ed., *Valuing the Earth*, Boston: The MIT Press, p. 272.
2) World Commission on Environment and Development(1987), *Our Common Future*, Oxford: Oxford University Press, p. 14.
3) Mikesell, R. F.(1992), *Economic Development and the Environment*, London: Mansell Publishing Ltd., p. 5.
4) 이 보고서는 Our Common Future라는 이름으로 발표되었는데, 지속가능개발에 대한 정의는 이 책의 43쪽에 나타나 있다. 이에 대한 구체적인 내용은 다음 문헌 참조: WCED(1987), *Our Common Future*, Oxford: Oxford University Press.
5) Hicks, J.(1948), *Value and Capital*(2nd ed.), Oxford: Clarendon, p. 172.
6) 오호성(1993), "GREEN GDP 연구의 현황과 과제," 『환경경제학연구』, 제2권 제1호, 2쪽.
7) 이것은 다음과 같이 증명할 수 있다. t년도의 GDP를 $Y(t)$, 환경오염과 자연자원 고갈에 대한 감가상각비를 $D(t)$라고 하면, $t=1$일 때와 $t=2$일 때 이 감가상각비를 고려

한 경제성장률은 다음과 같을 것이다.

$$\{[Y(2) - D(2)] - [Y(1) - D(1)]\}/[Y(1) - D(1)]$$

이 식에서 $D(1)$과 $D(2)$를 영으로 놓으면 환경오염과 자원고갈에 대한 감가상각을 고려하지 않은 통상의 경제성장률이 될 텐데, 본문에서는 이 성장률을 0.02라고 가정하였다. 그리고 감가상각률은 1%와 3%이므로 $D(1)/Y(1) = 0.01$이고 $D(2)/Y(2) = 0.03$이다. 따라서 이러한 관계를 위의 공식에 대입하고 정리하면 감가상각비를 고려한 경제성장률은 영이 됨을 알 수 있다.

8) 물론 미국은 GDP에 대한 기초적인 통계자료를 1934년부터 발표하여 왔던 것으로 알려지고 있다.
9) 이에 대한 자세한 논의는 다음 문헌 참조: Daly, H. E. and J. B. Cobb, Jr.(1989), *For the Common Good*, Boston: Beacon Press, p. 68.
10) 송병락(1992),『한국경제론』, 서울: 박영사, 46쪽.
11) 오호성(1993), "Green GDP 연구의 현황과 과제," 환경경제학회, 『환경경제연구』, 제2권 제1호, 2쪽.
12) Bartelmus, P.(1994), *Environment, Growth, and Development*, London: Routledge, p. 64.
13) 이에 대한 수학적 증명은 다음 문헌 참조: Howarth, R. and R. B. Norgaad(1992), "Environmental valuation under sustainable development," *AEA Papers and Proceeding* (May), pp. 453-457.
14) 이에 관해서는 다음 문헌 참조: Recommendation of the Council on Guiding Principles Concerning International Economic Aspects of Environmental Policies(Adopted by the Council at its 293rd Meeting), Mäler, K., "International environmental problem," in *Economic Policy toward the Environment*, by D. Helm, ed., p. 160.
15) 『리오지구선언』 제16원칙 참조.
16) Bonus, H.(1993), "Implications of the polluter-pays and the user-pays principles for developing countries," in E. Dommen editted, *Fair Principles for Sustainable Development, Aldershot*, England: Edward Elgar Publishing Co., p. 68.
17) 이에 대해서는 다음 문헌 참조: 최승업-전상호(1997), "맑은 물 수혜자로서의 수도권 지역의 경비분담 방안," 경실련- 강원개발원 공동주최 심포지엄(한강의 효율적인 수계 수질관리를 위한 지자체간 비용분담에 관한 심포지엄), 1997년 3월 4일; 이정전(1997), "지자체 비용분담의 원칙: 주원칙과 부원칙," 경실련-강원개발원 공동주최 심포지엄(한강의 효율적인 수계 수질관리를 위한 지자체간 비용분담에 관한 심포지엄), 1997년 3월 4일.
18) 다음과 같은 주장이 그 예이다.
"합법적인 오염활동 이상의 오염행위는 불법적이며 정당한 권리로서 인정할 수 없으므로 사실상 이 두 가지 원칙은 오염권한 배분원칙의 양 극단으로 볼 수 있다. 따라서 두 가지 원칙을 조합함으로써 오염자에 대한 오염권리의 배분량을 다양하게 조정할 수 있다."
이 주장은 다음 문헌에서 인용한 것임: 김용건(1996), 『지방화에 따른 환경비용 분담체계에 관한 연구』, 한국환경정책평가원, 96쪽.
19) Walter, I.(1975), *International Economics of Pollution*, pp. 158-160.
20) Kelman, S.(1981), *What Price Incentives?: Economists and the Environment*, Boston: Auburn House Publishing Co., p. 2.
21) Schultze, C. L.(1977), *The Public Use of Private Interest*, Washington D.C.: The Brookings

Institution.

22) Kelman, S.(1981), *What Price Incentives?: Economists and the Environment*, Boston: Auburn House Publishing Co., pp. 27-77.

23) *Ibid.*, p. 44.

24) t년도에 발생하는 순수익을 R_t, 할인요소를 $b\{=1/(1+r)\}$라고 하면, El Serafy 공식은 다음의 등식으로부터 구해진다.

$$R_t + bR_{t+1} + b^2R_{t+2} + \cdots + b^nR_{n+t} =$$
$$X + bX + b^2X + \cdots + b^nX + b^{n+1}X + \cdots$$

이에 대한 자세한 설명은 다음 문헌 참조.

Hartwick, J. and A. Hageman(1993). "Economic depreciation of mineral stocks and the contribution of El Serafy," in toward Improved Accounting for the Environment ed. by Ernst Lutz, Washington D.C.: The World Bank.

25) Nordhaus, William, and James Tobin(1972), "Is growth obsolete?" in Economic Growth, *National Bureau of Economic Research General Series*, No. 96, New York: Columbia University Press.

26) Daly, H. E. and J. B. Cobb(1989), *For the Common Good*, Boston: Beacon Press, p. 79.

27) 송병락(1992),『한국경제론』, 서울: 박영사, 704쪽.

28) 위의 책, 704쪽.

29) Zolotas, X.(1981), *Economic Growth and Declining Social Welfare*, Bank of Greece, pp. 48-49.

30) 이 조정은 두 단계에 걸쳐 이루어졌다. 그들은 우선 다음과 같이 소득분배의 불평등도를 구했다. 제5 5분위(즉, 상위 20%) 계층의 소득의 다른 네 5분위 계층의 소득에 대한 비율(배수)을 구하고 이 네 비율들에 1을 더한 값을 5로 나눈 값, 즉 상위 20% 계층의 5분위 계층에 대한 소득격차의 평균값을 불평등도로 삼았다. 이 불평등도의 하한값은 1이 될 것이고, 5분위 계층 간 소득격차가 클수록 불평등도는 커질 것이다. 다음, 이렇게 해서 구한 각 연도의 불평등도를 놓고 기준연도의 불평등도를 100으로 삼아 다른 연도의 불평등도, 다시 말해서 각 연도의 불평등도의 지수를 구했다. 각 연도의 개인소비지출에 해당 불평등지수를 나눈 다음 100을 곱해서 얻은 값이 조정된 개인소비지출이며 이 지출이 ISEW에 포함된 소비지출이다. 따라서 다른 해에 비해서 불평등도가 높은 해의 조정된 개인소비지출은 상대적으로 적어진다.

31) Daly, H. E. and J. B. Cobb(1989), *For the Common Good*, Boston: Beacon Press, pp. 414-415.

32) 델리와 콥은 사람들이 교육, 특히 초중등교육을 받는 이유는 다른 사람에 뒤지지 않기 위해서라고 보았다. 따라서 초중등교육비는 방어적 지출의 성격을 가진다고 보았다.

33) 여기에서의 땅값이란 인공구조물이 없었다고 했을 때의 지가, 다시 말해서 대지 지대(垈地 地代: ground rent)를 의미한다. 이에 대해서는 다음 문헌 참조: 이정전(1999),『토지경제학』, 서울: 박영사.

34) Daly, H. E. and J. B. Cobb(1989), *For the Common Good,* Boston: Beacon Press, p. 419.

35) *Ibid.*, pp. 453-455.

36) Peskin, H. M.(1981), "National income accounts & the environment," in H. M. Peskin, P. R. Portney, and A. V. Knesse, ed., *Environmental Regulation and the U.S. Economy*, Baltimore: The Johns Hopkins University Press, pp. 91-93.

37) 이 세 번째 방법은 OECD의 여러 나라들이 택하는 방법이라고 하는데, 프랑스가 상

당히 방대한 자연자원계정을 개발중이고 노르웨이, 핀란드, 독일 등의 나라들도 이 세 번째 방법을 채택하고 있는 것으로 알려지고 있다. 세 가지 접근방법에 대한 구체적인 논의는 다음 문헌 참조: 김승우(1993),『ESSD 달성을 위한 거시환경경제지표개발 및 정책수단개선 연구』,한국환경정책 · 평가연구원, 30쪽.

38) Bartelmus, P., C. Stahmer, and J. van Tongeren(1993), "Integrated environmental and economic accounting: A framework for an SNA satellite system," in E. Lutz, ed., *Toward Improved Accounting for the Environment*, Washington D.C.: The World Bank, p. 46.

39) *Ibid.*, p. 59.

40) Bartelmus과 Stahmer 그리고 Tongeren이 해설한 SEEA에는 생태적 국민총생산이 아니라 생태적 국내생산(EDP: Eco-Domestic Product)의 개념을 소개하고 있다. 이 생태적 국내생산은 국내총생산(GDP) 및 국내순생산(NDP)을 기준으로 한 것이다.

제7장 소득분배의 문제와 환경문제

1) Odum, H. and E. Odum(1981), *Energy Basis for Man and Nature*, New York: McGraw-Hill Book Company.

2) 이런 주장의 구체적인 예로 다음 문헌 참조: 김정욱(1992),『위기의 환경』, 서울: 푸른산, 226-234쪽.

3) 이러한 논쟁에 대한 자세한 내용은 다음 문헌 참조: 이정전(1993),『두 경제학의 이야기: 주류경제학과 마르크스경제학』, 서울: 한길사, 제5부 제1, 2장.

4) Bartelmus, P.(1994), *Environment, Growth, and Development*, London: Routledge, p. 6.

5) Thurow, L. C.(1980), *The Zero-sum Society*, New York: Basic Books Inc., p. 105.

6) Ekins, P.(1997), "On the dividends from environmental taxation," in Tim O'Riordan, ed., *Ecotaxation*, London: Earthscan Publications.

7) 자세한 내용은 다음 문헌 참조: 고재경 · 이정전(1997), "환경의식과 환경오염회피 비용에 대한 소득계층별 분석," 한국환경정책학회,『환경정책』, 제5권 제2호.

8) 이 심층분석은 로짓모형을 이용한 것인데, 자세한 내용은 다음 문헌 참조: 고재경 · 이정전(1997), "환경의식과 환경오염회피 비용에 대한 소득계층별 분석," 한국환경정책학회,『환경정책』, 제5권 제2호.

9) Tietenberg, T.(2009), *Environmental & Natural Resource Economics*, New York: Pearson Education Inc., p. 541.

10) 예를 들면, 1987년 4월 27일자 조선일보는 생수시장이 곧 연 1천억원대의 규모가 되리라고 추정하고 있었고, 1988년 5월 20일자 중앙일보는 14개의 생수업체가 난립하여 연간 1백억원 어치의 생수를 팔고 있다고 보도하였다. 당시 생수의 가격은 석유보다 비싸서 대두 한 말(18.9 리터)에 일류극장 입장료와 맞먹는 수준이었다. 자세한 내용은 다음 문헌 참조: 이정전(1988), "소득분배의 측면에서 본 환경문제," 서울대학교,『환경논총』, 제23권.

11) 서울특별시사 편찬위원회(1985),『한강사』, 1084쪽.

12) Seneca, J. J. and M. K. Taussig(1984), *Environmental Economics* (3rd edition), Englewood Cliffs: Prentice Hall, Inc., p. 116.

13) Ridker, R. and J. Henning(1967), "The determinants of residential property values with special reference to air pollution," in *Review of Economics and Statistics*, Vol. XLIX(May).

14) 그 좋은 예는 산업연관분석(input-output analysis)을 이용한 로빈슨의 연구이다. 그 구

체적인 내용은 다음 문헌 참조: Robinson, H. D.(1985), "Who pays for industrial pollution abatement?," *Review of Economics and Statistics*, Vol. LXVII(Nov.), pp. 702-706.

15) 금전적으로 따지지 않고 물량적으로 따지면 역진성과 누진성은 더 심해진다. 왜냐하면, 저소득계층은 환경에 큰 가치를 부여하지 않는 경향이 있기 때문이다. 자세한 내용은 다음 문헌 참조: Gee, D.(1997), "Economic tax reform in Europe," in Tim O'Riordan, ed., *Ecotaxation*, London: Earthscan Publications.

16) Dorfman R.(1977), "Incidence of the benefits and costs of environmental programs," *American Economic Review*, Vol. 67(Feb.). 이 연구는 선행연구인 N. S. Dorfman과 A. Snow의 연구를 바탕으로 하고 있는데, 이 선행연구에 의하면 소득 중에서 환경개선 비용이 차지하는 비율이 고소득계층일수록 떨어지는 것으로 나타났다. 한편, R. Dorfman의 연구에서는 편익에 대한 대리변수로 지불용의액을 잡았다.

17) 이 연구는 위의 Dorfman의 연구와는 전혀 다른 접근방법을 이용하였다. 구체적인 내용은 다음 문헌 참조: Gianessi, L. p., H. M. Peskin, and E. Wolff(1979), "The distributional effects of the uniform air pollution policy in the United States," *Quarterly Journal of Economics* (May).

18) Baumol, W. J. and W. E. Oates(1978), *The Theory of Environmental Policy* (2nd ed.), Cambridge: Cambridge University Press, 1978, pp. 253-256.

제 8 장 환경가치추정과 경제적 타당성 분석

1) 물론 2억원어치의 기계가 미래의 소비를 2억원어치 증가시킨다고 볼 수 있느냐는 질문이 제기될 수 있다. 투자의 평균수익률이 r%라고 하자. 그러면 2억원어치의 기계는 $2(1 + r)$억원만큼 미래의 소비를 증가시킬 잠재력을 가지고 있다. 자본시장이 완전경쟁시장이라서 평균수익률과 할인율이 같다고 하자(왜 그런지는 뒤에서 다시 설명하기로 한다). 그러면 미래의 소비 $2(1 + r)$억원어치는 현재가치로 환산하면 $2(1 + r)/(1 + r)$, 즉 2억원이 된다. 물론 완전경쟁시장이 아니라면 수익률과 할인율은 달라진다. 하지만 경제학의 기본 이론은 늘 완전경쟁시장을 전제한 것이다.

2) 이에 관해서는 다음 문헌 참조: 새만금사업 환경영향공동조사단(2000), 『새만금사업 환경영향공동조사 결과보고서(경제성 분야)』, 11쪽, 51쪽; 농림부(1988),『새만금지구 간척지 최적이용을 위한 구상)』, 367쪽.

3) 대부분의 공공투자사업에서는 초기에 집중적으로 비용이 투입되고 나머지 기간에는 큰 비용이 소요됨이 없이 편익만 계속 발생하게 된다. 이런 전형적인 경우에는 내부수익률이 하나만 존재하게 된다. 그러나 사업기간 말기에 또 한 번의 큰 비용이 소요되는 경우, 예컨대 막대한 철거비용이 소요되는 경우에는 내부수익률이 두 개 이상 존재할 가능성이 높다.

4) 물론 자신의 손자를 위해서 저축하거나 투자하는 사람들도 있겠지만, 손자의 이익을 반영하는 것이 곧 미래세대 전체의 이익을 반영하는 것은 아니다.

5) Pearce, D.(1991), "An economic approach to saving the tropical forests," in D. Helm, ed., *Economic Policy towards the Environment*, Oxford: Blackwell Publishers, p. 243.

6) *Ibid.*, p, 244.

7) Power, T. M.(1988), *The Economic Pursuit of Quality*, New York: M. E. Sharpe, Inc., p. 94.

8) 효용함수가 환경의 질에 관하여 분리가능(separable)한 경우를 생각해 볼 수 있다. 예를 들어서 X를 시장에서 거래되는 상품의 벡타라고 하고 환경의 질을 E라고 표기하

자. 효용함수 $u(\cdot)$가 다음과 같은 꼴을 취하면 분리가능하다고 말한다.

$$u(X, E) = F(X) + G(E)$$

이럴 경우에는 E의 변화가 상품들 사이의 한계대체율에 아무런 영향을 주지 않는다.

9) 이에 대한 자세한 설명은 다음 문헌 참조: 곽승준 · 전영섭(1995), 『환경의 경제적 가치』, 서울: 학현사; 윤여창 · 김성일(1992), "산림자원의 휴양가치 산출을 위한 경제적 평가방법론 비교연구," 환경경제학회, 『환경경제연구』, 제1권 1호, 155-184쪽; 곽승준(1994), "조건부 가치측정방법을 통한 수질개선에 관한 편익추정," 국토연구원, 『국토연구』, 제21권, 24-37쪽.

10) 조건부가치측정방법에 대한 이하의 내용은 다음 문헌을 집중 참조한 것임.
곽승준 · 전영섭(1995), 『환경의 경제적 가치』, 서울: 학현사.

11) 다음 문헌 참조: 권오상(2007), 『환경경제학』, 서울: 박영사.

12) 곽승준 · 전영섭(1995), 『환경의 경제적 가치』, 서울: 학현사, 78-80쪽.

13) 이준구(2009), 『인간의 경제학』, 서울: 랜덤하우스.

14) 곽승준 · 전영섭(1995), 앞의 책, 82쪽.

15) 이에 대한 자세한 논의는 다음 문헌 참조: 곽승준 · 전영섭(1995), 앞의 책, 57-68쪽.

16) 이 방법에 대한 가장 고전적인 논의 다음 문헌 참조: Clawson, M. and J. K. Knetsch(1966), *Economics of Outdoor Recreation*, Baltimore: The Johns Hopkins University Press, 1966, pp. 43-110.

17) 물론, 모든 사람이 동일한 효용함수를 가지고 있으며 소득수준도 동일하다고 하면 편미분에 대한 위의 식이 수요함수라고 말할 수 있다. 이에 대한 구체적인 논의는 다음 문헌 참조: 곽승준 · 전영섭(1995), 앞의 책, 41-42쪽.
Freeman III, A. M.(1979), *The Benefits of Environmental Improvement*, Baltimore: The Johns Hopkins University Press.

18) 속성가격기법의 구체적인 응용방법과 응용사례에 대해서는 다음 문헌 참조: 임영식 · 전영섭(1993), "헤도닉가격기법을 이용한 대기질 개선시의 편익추정," 한국자원경제학회, 『자원경제학회지』, 제3권 제1호.

19) 여기에서 말하는 국제연구소란 IPCC임. 자세한 내용은 다음 문헌 참조: Ackerman, F. & L. Heinzerling, *Priceless*, New York: The New Press, 2004.

20) Vatn, A. and D. W. Bromley(1995), "Choices without prices without apologies," in D. W. Bromley, ed., *The Handbook of Environmental Economics*, Oxford: Blackwell Publishers Inc.

21) Slovic, p. and S. Lichtenstein(1983), *Preference Reversal, The American Economic Review*, Vol. 83, No. 4(Sept.).

22) 이에 대한 자세한 설명은 다음 문헌 참조: 이정전(1993), 『두 경제학 이야기: 주류경제학과 마르크스경제학』, 서울: 박영사, 제2부 제1장.

23) 이에 대한 구체적인 내용은 다음 문헌 참조: 위의 책.

제 9 장 경제성장과 환경보전을 실질적으로 조화시키기 위한 방안들

1) 이정전(1999), 『토지경제학』, 서울: 박영사.

2) 상품자원(commodity resources)으로서의 토지와 현장자원(in situ resources)으로서의 토지에 대한 자세한 논의는 다음 문헌 참조: Krutilla, J. V. and A. C. Fisher(1975), *The*

Economics of Natural Environments, Baltimore: The Johns Hopkins University Press.

3) 구체적 내용은 다음 문헌 참조: Berry, D.(1976), "Preservation of Open Space & the Concept of Value," *The American Journal of Economics & Sociology*, Vol. 35, No. 2(April), pp. 113-124.
4) 이에 대한 자세한 설명은 다음 문헌 참조: 이정전(2009), 『토지경제학(개정판)』, 서울: 박영사.
5) Stankey, G. H.(1972), "A strategy for the definition and management of wilderness quality," in *Natural Environment*, ed. by J. V. Krutilla, Baltimore: The Johns Hopkins University Press, pp. 88-114.
6) 국제관광공사, 『관광동향에 관한 연차보고서 1982』, 재정경제원, 『한국경제지표 1982』.
7) 홍성인 · 김미숙(1992), 『공해방지설비산업의 실태분석과 발전방안』, 산업연구원, 60쪽.
8) Joly, C.(1992), "Green funds or just greedy?" in D. Koechlin and K. Muller, ed., *Green Business Opportunities*, London: Pitman Publishing, p. 140.
9) 환경부, 『1994 환경백서』, 267쪽.
10) 환경부(2009), 『환경백서 2009』, 95쪽.
11) 환경산업의 이러한 특징은 여러 연구에서 지적되고 있다. 예를 들면 다음 문헌들 참조: 홍성인 · 김미숙(1992),『공해방지설비산업의 실태분석과 발전방안』, 산업연구원, 20쪽; 한국환경정책 · 평가연구원(1993), 『환경기술연구개발 관리체계 구축방안(III): 환경기술 설비 실태조사 보고서』, 4쪽.
12) 환경부(2009), 『환경백서 2009』, 121쪽.
13) 환경부, 『환경백서 1994』, 260−261쪽.
14) 환경부(2009), 『환경백서 2009』, 123쪽.
15) 홍성인 · 김미숙(1992), 『공해방지설비산업의 실태분석과 발전방안』, 산업연구원, 73쪽.
16) Ford, R.(1992), "Green marketing," in D. Koechlin and K. Muller, ed., *Green Business Opportunities*, London: Pitman Publishing, p. 63.
17) Joly, C.(1992), "Green funds, or just greedy?," in D. Koechlin and K. Muller, ed., *Green Business Opportunities*, London: Pitman Publishing, p. 132.
18) Takashi Adachi(1992), "Japanese management and the environment," in D. Koechlin and K. Muller, ed., *Green Business Opportunities*, London: Pitman Publishing, p. 104.
19) 자세한 내용은 다음 문헌 참조: Takashi Adachi(1992), "Japanese management and the environment," in D. Koechlin and K. Muller, ed., *Green Business Opportunities*, London: Pitman Publishing, pp. 103-106.
20) Ford, R(1992), "The green organization," in D. Koechlin and K. Muller, ed., *Green Business Opportunities*, London: Pitman Publishing, p. 159.
21) 그러면 환경친화적인 기업이 왜 민주적인가? 여기에는 그러할 만한 이유가 있다. 기업을 환경친화적 경영을 하기 위해서는 환경 관련 변화에 관한 징후를 초기단계에 감지하고 이에 민첩하고 효과적으로 대응할 수 있어야 한다. 그러나 이런 일들은 특히 일상생활에서의 경험을 꼼꼼히 챙기고 이로부터 교훈을 얻는 자세가 필요하다. 일반 시민으로서 피부에 와 닿는 환경문제를 회사가 세밀하게 파악하고 있어야 한다. 환경문제는 종합과학성을 띠기 때문에 여러 방면의 지식이 필요하고 따라서 사회 여러 계층의 전문가들과 빈번한 접촉이 있어야 한다. 이런 일들은 회사 간부 몇 사람이 발

벗고 나선다고 될 일이 아니라 회사 직원 모두의 참여가 필요하다. 더욱 중요한 것은, 회사 사원들이 자신의 회사가 환경문제를 매우 중요하게 생각하고 있으며 환경문제에 관하여 그들의 목소리에 귀를 기울인다는 것을 잘 인식하고 있어야 한다. 그렇기 때문에 환경친화적 경영은 관료적 조직보다는 권한이 아래 계층에 잘 위임된 분권화된 조직에서 더 효과적으로 수행될 수 있다. 다음 문헌 참조: Ford, R(1992), "The green organization," in D. Koechlin and K. Muller, ed., *Green Business Opportunities*, London: Pitman Publishing, p. 163.

제10장 국제환경문제

1) 다음 문헌 참조: Mäler, Karl-Göran(1991), "International environmental problems," in D. Helm, ed., *Economic Policy towards the Environment*, Oxford: Blackwell Publishers, pp.156−201; 이두호 · 박석순(1994),『지구촌 환경재난』, 서울: 도서출판 따님, 221쪽.
2) 프레온가스의 프레온(Freons)은 제조회사인 미국 듀퐁사의 상품명이며, 과학 명칭은 염화불화탄소(CFC)이다. 지구오존층파괴에 대한 구체적 내용은 다음 문헌 참조: 이두호 · 박석순(1994), 『지구촌환경재난』, 서울: 따님, 211−220쪽.
3) 이상돈, "국제환경규제의 현황과 과제," 아산사회복지사업재단 주최 사회윤리 심포지엄,『현대산업사회와 환경문제』, 1993, p. III-3.
4) 위의 책, p. III-4.
5) Pearce, D.(1991), "An economic approach to saving the tropical forests," in D. Helm, ed., *Economic Policy towards the Environment,* Oxford: Blackwell Publshers, pp. 239-262.
6) 이상돈, 앞의 책, p. III-8.
7) Walter, I.(1975), *International Economics of Pollution*, London: The MacMillan Press Ltd., pp. 158-160.
8) 유상희(1993), "공해비용균등화세가 우리나라 무역에 미치는 영향," 자원경제학회, 『자원경제학회지』, 제3권 제1호, 107−182쪽.
9) 자유무역의 장 · 단점에 대한 구체적인 논의는 다음 문헌 참조: 김인준(1993),『국제경제론』(제2판), 서울: 다산출판사, 539−542쪽.
10) Pearce, D.(1991), "An economic approach to saving the tropical forests," in D. Helm, ed., *Economic Policy towards the Environment*, Oxford: Blackwell Publishers, pp. 239-262.
11) 김준환 외(1993), 『국제환경규제의 영향과 대응방안』, 산업연구원, 85−87쪽.
12) 윤기관(1994), "초국경공해규제가 무역패턴과 무역이익에 미치는 효과," 『자원경제학회지』, 제3권 제2호, 395쪽; Rubin, S. J.(1982), "A predominantly commercial policy perspective," in S. J. Rubin and T. R. Graham, ed., *Environemnt and Trade*, Totowa: Allanheld, Osmun Publishers. pp. 3-21.
13) Walter, I.(1975). *International Economics of Pollution*, London: The MacMillan Press Ltd., p. 85.
14) 윤기관(1994), "초국경공해규제가 무역패턴과 무역이익에 미치는 효과," 한국자원경제학회, 『자원경제학회지』, 제3권 제2호, 400−402쪽.
15) 위의 책, 403쪽.
16) 소국의 입장에서 보면 다른 나라의 상호수요곡선(오퍼곡선: offer curve)은 직선의 형태를 취하게 된다.
17) 이에 대한 자세한 논의는 다음 문헌 참조: 이정전(1993), 『두 경제학의 이야기: 주류

경제학과 마르크스경제학』, 서울: 한길사, 560−561쪽.

18) 윤기관(1994), 앞의 책, 389−414쪽.

19) Siebert, H.(1991), "Environmental policy and European integration," in H. Siebert, ed., *Environmental Scarcity: The International Dimension*, Tübingen: J.C.B. Mohr, p. 62.

20) 유상희(1993), "공해비용균등화가 우리나라 무역에 미치는 영향," 한국자원경제학회, 『자원경제학회지』, 제3권 제1호, 113쪽.

21) 말하자면, 환경자원이 풍부한 곳으로 기업이 이동하는 것은 환경을 이용함으로 인한 사회적 한계비용과 사회적 한계이익 사이의 괴리를 좁히는 것이다.

22) 이에 대한 구체적인 자료는 다음 두 문헌 참조: Pearson, C.(1982), "Environment and international economic policy," in S. J. Rubin and T.R. Graham, ed., *Environment and Trade*, Totowa: Allanheld, Osmun Publishers, p. 51; Walter, I.(1975), *International Economics of Pollution*, London: The MacMillan Press Ltd., pp. 122-134.

23) Folmer, H.(1991), "Comment on Horst Siebert," in H. Siebert, ed., *Environmental Scarcity: The International Dimension*, Tübingen: J.C.B. Mohr, 1991, p. 72.

24) Walter, I.(1982), "Environmentally induced industrial relocation to developing countries," in S. J. Rubin and T. R. Graham, ed., *Environment and Trade*, Totowa: Allanheld, Osmun Publishers, p. 75.

25) 유상희(1993), "공해비용균등화세가 우리나라 무역에 미치는 영향," 한국자원경제학회, 『자원경제학회지』, 제3권 제1호.

26) 위의 책, 112쪽.

27) 경우에 따라서는 수입품에 대한 관세 대신에 수출품에 대한 환불(rebate)의 형식을 취할 수도 있다.

28) 유상희(1993), 앞의 책, 제3권 제1호.

29) Pearson, C.(1982), "Environment and international economic policy," in S. J. Rubin and T. R. Graham, ed., *Environment and Trade*, Totowa: Allanheld, Osmun Publishers, p. 52.

30) Rubin, S. J.(1982), "A predominantly commercial policy perspective," in S. J. Rubin and T. R. Graham, ed., *Environment and Trade*, Totowa: Allanheld, Osmun Publishers, pp. 4-7.

31) 김준한 외(1993), 『국제환경규제의 영향과 대응방안』, 산업연구원, 63쪽.

32) Pearson, C.(1982), "Environment and international economic policy," in S. J. Rubin and T. R. Graham, ed., *Environment and Trade*, Totowa: Allanheld, Osmun Publishers, pp. 46-64.

33) Sibert, H.(1991), "International aspects of environmental allocation," in Siebert, H., ed., *Environmental Scarcity: The International Dimension*, Tübingen: J.C.B. Mohr, p. 6.

34) Barrett, S.(1991), "The problem of global environmental problems," in D. Helm, ed., *Economic Policy towards the Environment*, Oxford: Blackwell Publishers, pp. 137-155.

35) Swanson, T. M.(1991), "Regulation of oceanic resources," in D. Helm, ed., *Economic Policy towards the Environment*, Oxford: Blackwell Publishers, pp. 202-237.

36) 김준환 외(1993), 『국제환경규제의 영향과 대응방안』, 산업연구원, 86쪽.

37) 유상희(1993), "지구환경규제와 우리산업," 단국대학교 부설 사회과학연구소 주최 환경학술 세미나.

38) Swanson, T. M.(1991), "Regulation of oceanic resources," in D. Helm, ed., *Economic Policy towards the Environment*, Oxford: Blackwell Publishers, pp. 202-237.

39) *Ibid.*, p. 228.

40) Mäler, Karl-Göran(1991), "International environmental problem," in D. Helm, ed., *Economic Policy towards the Environment*, Oxford: Blackwell Publishers, pp. 171-175.

41) *Ibid.*, pp. 171-175.

42) Siebert, H.(1991), "Environmental policy and European integration," in H. Siebert, ed., *Environmental Scarcity: The International Dimension*, Tübingen: J.C.B. Mohr, pp. 64-65.

43) 환경부(2009), 『환경백서』, 757쪽.

44) 황진택 외(1998), 『기후변화협약에의 대응: 교토 메커니즘을 중심으로』, 삼성지구환경연구소, 8쪽.

45) 박원훈(1993), "환경문제와 환경산업의 국제동향," 대한상공회의소 주최 심포지움, 『국내환경산업의 현황과 발전방향』(1993. 9. 24.).

참고문헌

국내문헌

경제정의실천시민연합(1993), 『유리병 재활용 활성화 방안에 관한 연구』.

경실련 환경개발센터(1995), 『지속가능한 환경과 에너지』.

곽승준(1994), "조건부 가치측정방법을 통한 수질개선에 관한 편익추정," 국토연구원, 『국토연구』, 제21권.

곽태원 · 김홍균(1995, 편집), 『환경세의 도입 및 개선방안』, 한국환경정책 · 평가연구원.

고재경 · 이정전(1997), "환경의식과 환경오염회피 비용에 대한 소득계층별 분석," 한국환경정책학회, 『환경정책』, 제5권, 제2호.

국제관광공사(1993), 『관광동향에 관한 연차보고서 1982』.

권오상(2007), 『환경경제학』, 서울: 박영사.

김범철 · 이승환 역(1993), 『지구환경보고서 1993』, 서울: 도서출판 따님.

김승우(1993), 『ESSD 달성을 위한 거시환경경제지표개발 및 정책수단개선 연구』, 한국환경정책 · 평가연구원.

김용건(1996), 『지방화에 따른 환경비용 분담체계에 관한 연구』, 한국환경정책평가원.

김윤성(2009), 『생태사상』, 서울: 개마고원.

김인준(1993), 『국제경제론』(제2판), 서울: 다산출판사.

김정욱(1992), 『위기의 환경』, 서울: 푸른산.

김준환 외(1993), 『국제환경규제의 영향과 대응방안』, 산업연구원.

김지현(Kim, Ji-Hyun, 1999), "Consumption patterns as an emerging contributor of the environmental degradation in Korea," 서울대학교 박사학위논문.

김홍균(1995), 『경제적 유인제도의 개선방향』, 한국환경정책 · 평가연구원.

나성린 · 전영섭(1995), 『공공경제학』, 서울: 학현사.

나성린(1995), “환경세 도입가능성과 경제적 효과,” 환경기술개발원, 『환경세의 도입 및 개선 방안』.

노먼 마이어스 · 줄리언 사이먼(1994, 윤상욱 옮김), 『개발이냐, 보전이냐?』, 서울: 따님

농림부(1988), 『새만금지구 간척지 최적이용을 위한 구상』.

다케우치 야스오(노성태 역,1995), 『정의와 질투의 경제학』, 제일경제연구소.

대한상공회의소(1992), 『지속성장을 위한 환경정책』.

문현주(1995), 『상,하수처리의 효율적 운영방안 연구(I)』, 한국환경정책 · 평가연구원.

박원훈(1993), “환경문제와 환경산업의 국제동향,” 대한상공회의소 주최 심포지움, 『국내환경산업의 현황과 발전방향』.

부정방지대책위원회(1994), 『환경부조리 실태 및 방지대책』.

삼성지구환경연구소(2008), 『기후변화가 비즈니스를 바꾼다』.

새만금사업 환경영향공동조사단(2000), 『새만금사업 환경영향공동조사 결과보고서(경제성 분야)』.

서울특별시사 편찬위원회(1985), 『한강사』.

송병락(1992), 『한국경제론』, 서울: 박영사.

안종주(1993), “국내 주요일간지 환경기사의 정확성에 관한 연구,” 서울대학교 보건대학원 석사학위논문.

오호성(1993), “GREEN GDP 연구의 현항과 과제,” 『환경경제학연구』, 제2권 제1호.

엘리너 오스트롬(2010), 『공유의 비극을 넘어』(윤홍근 · 안도경 옮김), 서울: 랜덤 하우스.

월드워치연구소(2009), 『기후의 역습』(생태사회연구소 옮김), 서울: 환경재단 도요새.

유상희(1993), “지구환경규제와 우리산업,” 단국대학교 부설 사회과학연구소 주최 환경학술 세미나.

유상희(1993), “공해비용균등화세가 우리나라 무역에 미치는 영향,” 자원경제학회, 『자원경제학회지』, 제3권 제1호.

윤기관(1994), “초국경환경공해규제가 무역패턴과 무역이익에 미치는 효과,” 『자원경제학회지』, 제3권 제2호.

윤순진(2003), “기후변화와 환경정의,” 『환경과 생명』, 2003년 겨울호.

윤여창 · 김성일(1992), “산림자원의 휴양가치 산출을 위한 경제적 평가방법론 비교연구,” 환경경제학회, 『환경경제연구』, 제1권 1호.

이도원 역(1992), 『생태학』, 서울: 동화기술.

이두호 · 박석순(1994), 『지구촌 환경재난』, 서울: 도서출판 따님.

이상돈(1993), “국제환경규제의 현황과 과제,” 아산사회복지사업재단 주최 사회윤리 심포지엄, 『현대산업사회와 환경문제』.

이정전(1980), "Economics of waste disposal, recycling and natural resource utilization," 서울대학교, *The S.N.U. Economic Review.*

이정전(1988), "소득분배의 측면에서 본 환경문제," 서울대학교, 『환경논총』, 제23권.

이정전(1993), 『두 경제학 이야기: 주류경제학과 마르크스경제학』, 서울: 한길사.

이정전(1987), "공해배출부과금제도의 개선방안에 관한 연구," 1987, 『경제기획원 제6차 경제사회발전5개년계획 작성을 위한 전문가 연구보고서(III)』.

이정전(1994), 『녹색경제학』, 서울: 한길사.

이정전(1995), "환경세에 대하여," 한국환경경제학회, 『환경경제연구』, 제4권 제1호.

이정전(1995), "물의 경제성 제고와 효율적인 물 관리 대책," 삼성지구환경연구소, 세계 물의 날 심포지움.

이정전(1997), "지자체 비용분담의 원칙: 주원칙과 부원칙," 경실련-강원개발원 공동주최 심포지엄(한강의 효율적인 수계 수질관리를 위한 지자체간 비용분담에 관한 심포지엄).

이정전(2005), 『경제학에서 본 정치와 정부』, 서울: 박영사.

이정전(2008), 『우리는 행복한가』, 서울: 한길사.

이정전(2002), 『시장은 정말 우리를 행복하게 하는가』, 서울: 한길사, 제3장.

이정전 · 신의순(1991), 『환경개선촉진을 위한 정책발전방안 연구』, 국제무역경영연구소.

이정전(2009), 『토지경제학』, 서울: 박영사.

이준구(2009), 『인간의 경제학』, 서울: 랜덤하우스.

임영식 · 전영섭(1993), "헤도닉가격기법을 이용한 대기질 개선시의 편익추정," 한국자원경제학회, 『자원경제학회지』, 제3권 제1호.

장회익(1998), 『삶과 온생명』, 서울: 솔출판사.

재정경제원(1993), 『한국경제지표 1982』.

정회성(1981), "한국의 경제성장과 공업화가 환경오염에 미치는 영향," 서울대학교 환경대학원 석사학위 논문.

정회성(2009), 『전환기의 환경과 문명』, 서울: 지모.

크리스 브라이트(2003), "우리 미래의 역사," 『2003 지구환경보고서』, (*Worldwatch Institute*), 서울: 도요새.

키타무라 케이(2009), 『탄소가 돈이다』, 서울: 환경재단 도요새.

한국수자원공사(1998), 『물관리의 최적화를 위한 수도요금 정책방향에 관한 연구』.

한국환경정책평가연구원(1998), 『배출권거래제도 논의동향 및 향후 정책방향』.

홍성인 · 김미숙(1992), 『공해방지설비산업의 실태분석과 발전방안』, 산업연구원.

홍종호(2010), "한국경제의 녹색성장 가능성 검토," 서울대학교, 『환경논총』, 제49권.

환경부(1993), 『환경투자 재원조달체계정비 및 투자확충방안 연구』.

환경부, 『환경백서 1994』, 『환경백서 2007』, 『환경백서 2009』.

황진택 외(1998), 『기후변화협약에의 대응: 교토 메커니즘을 중심으로』, 삼성지구환경연구소.

외국문헌

Ackerman, F. & L. Heinzerling(2004), *Priceless*, New York: The New Press.

Barrett, S.(1991), "The problem of global environmental problems," in D. Helm ed., *Economic Policy towards the Environment*, Oxford: Blackwell Publishers.

Bartelmus, P.(1994), *Environment, Growth, and Development*, London: Routledge.

Bartelmus, P., C. Stahmer, and J. van Tongeren(1993), "Integrated environmental and economic accounting: A framework for an SNA satellite system," in E. Lutz, ed., *Toward Improved Accounting for the Environment*, Washington D.C.: The World Bank.

Baumol, W. J. and W. E. Oates(1979), *Economics, Environmental Policy*, and the *Quality of Life*, Englewood Cliffs: Prentice Hall, Inc.

Berry, D.(1976), "Preservation of open space & the concept of value," *The American Journal of Economics & Sociology*, Vol. 35, No.2 (April).

Blinder, A. S.(1987), *Hard Heads and Soft Hearts*, New York: Addison-Wesley Publishing Co. Inc.

Bohm, P.(1997), "Environmental taxation and the bouble dividend: Fact or fallacy?" in Tim O'Riordan, ed., *Ecotaxation*, London: Earthscan Publications.

Bonus, H.(1993), "Implications of the polluter-pays and the user-pays principles for developing countries," in E. Dommen, ed., *Fair Principles for Sustainable Development*, Aldershot, England: Edward Elgar Publishing Co.

Bruyn, S. M. de, and J. B. Opschoor(1997), "Development in the throughput-income relationship: Theoretical and empirical observation," *Ecological Economics*, Vol. 20.

Clawson, M. and J. K. Knetsch(1966), *Economics of Outdoor Recreation*, Baltimore: The Johns Hopkins University Press.

Coase, R. H.(1960), "The problem of social cost," *Journal of Law and Economics*, Vol. 3.

Commoner, B.(1972), "The environmental costs of economic growth," in Dorfman & Dorfman, ed., *Economics of the Environment*(2nd ed.), New York: W. W. Norton & Co. Inc.

Dales, J. H.(1968), *Pollution, Property, and Prices*, Toronto: University of Toronto Press.

Daly, H. E. and J. B. Cobb, Jr.(1989), *For the Common Good.*, Boston: Beacon Press.

Daly, H. E.(1993), "Introduction to essays toward a steady-state economy," in H. E. Daly and K. N. Townsend, ed., *Valuing the Earth*, Boston: The MIT Press.

Daly, H. E.(1993), "Sustainable growth: An impossibility theorem," in H.E. Daly and K. N. Townsend, ed., *Valuing the Earth*, Boston: The MIT Press.

Dorfman R.(1977), "Incidence of the benefits and costs of environmental programs," *American Economic Review*, Vol. 67(Feb.).

Ekins, P.(1997), "On the dividends from environmental taxation," in Tim O'Riordan, ed., *Ecotaxation*, London: Earthscan Publications.

Field, B. C.(1994), *Environmental Economics*, New York: McGraw-Hill, Inc.

Folmer, H.(1991), "Comment on Horst Siebert," in H. Siebert, ed., *Environmental Scarcity: The International Dimension*, Tübingen: J.C.B. Mohr.

Ford, R.(1992), "Green marketing," in D. Koechlin and K. Muller, ed., *Green Business Opportunities*, London: Pitman Publishing.

Frank, R. H.(1999), *Luxury Fever*, Princeton: Princeton University Press.

Freeman III, A. M.(1979), *The Benefits of Environmental Improvement*, Baltimore: The Johns Hopkins University Press.

Freeman III, A. M., R. H. Haveman, and A. V. Kneese(1973), *The Economics of Environmental Policy*, New York: John Wiley & Sons, Inc.

Friedman, T. L.(2006), *Hot, Flat, and Crowded*, New York: Farrar, Straus and Girous.

Friedman, M.(1962), *Capitalism & Freedom*, Chicago: The University of Chicago Press.

Gee, D.(1997), "Economic tax reform in Europe: oppotunities and obstacles," in Tim O'Riordan, ed., *Ecotaxation*, London: Earthscan Publications.

Gianessi, L. P., H. M. Peskin, and E. Wolff(1979), "The distributional effects of the uniform air pollution policy in the United States," *Quarterly Journal of Economics*(May).

Grossman, G. M. and A. B. Krueger(1995), "Economic growth and the environment," *The Quarterly Journal of Economics* 110.

Hartwick, J. and A. Hageman(1993). "Economic depreciation of mineral stocks and the contribution of El Serafy," in Ernst Lutz, ed., *Toward Improved Accounting for the Environment*, Washington D.C.: The World Bank.

Haveman, R. H., and G. B. Christainsen(1981), "Environmental regulations and productivity growth," in H. M. Peskin, P. R. Portney, and A. V. Knesse, ed., *Environmental Regulation and the U.S. Economy*, Baltimore: The Johns Hopkins University Press.

Helm, D. and D. Pearce(1991), "Economic policy towards the environment: An overview," in Helm, ed., *Economic Policy towards the Environment*, Oxford: Blackwell Publishers.

Hicks, J.(1948), *Value and Capital*(2nd ed.), Oxford: Clarendon.

Howarth, R. and R. B. Norgaad(1992), "Environmental valuation under sustainable development," *AEA Papers and Proceeding*(May).

Hubbert, M. K.(1993), "Exponential growth as a transient phenomenon in human history," in H. E. Daly and K. N. Townsend, ed., *Valuing the Earth*, Cambridge: The MIT Press.

Inglehart, R.(1996), "The diminishing utility of economic growth," *Critical Review*, Vol. 10, No. 4, Fall.

Joly, C.(1992), "Green funds or just greedy?" in D. Koechlin and K. Muller, ed., *Green Business Opportunities*, London: Pitman Publishing.

Kneese, A. V. and T. B. Bower(1968), *Managing Water Quality*, Baltimore: The Johns Hopkins University Press.

Krutilla, J. V. and A. C. Fisher(1975), *The Economics of Natural Environments*, Baltimore: The Johns Hopkins University Press.

Mäler, Karl-Göran(1991), "International environmental problems," in D. Helm, ed., *Economic Policy towards the Environment*, Oxford: Blackwell Publishers.

Meadows, E. D., D. L. Meadows, J. Randers, and W. W. Behres, III(1972), *The Limit to Growth*, New York: Universe Books.

Mikesell, R. F.(1992), *Economic Development and the Environment*, London: Mansell Publishing Ltd.

Nordhaus, William, and James Tobin(1972), "Is Growth Obsolete?" in *Economic Growth*, National Bureau of Economic Research General Series, No. 96, New York: Columbia University Press.

Odum, H. and E. Odum(1981), *Energy Basis for Man and Nature*, New York: McGraw-Hill Book Company.

OECD(1980), *Pollution Charges in Practice*, Paris.

OECD(1975), *Polluter Pays Principle*, Paris.

OECD(1981), *Economic Instrument in Solid Waste Management*, Paris.

Pearce. D(1991), "The role of carbon tax in adjusting to global warming," *The Economic Journal*, Vol. 101.

Pearce, D.(1991), "An economic approach to saving the tropical forests," in D. Helm, ed., *Economic Policy towards the Environment*, Oxford: Blackwell Publishers.

Pearson, C.(1982), "Environment and international economic policy," in S. J. Rubin and

T. R. Graham, ed., *Environment and Trade*, Totowa: Allanheld, Osmun Publishers.

Peskin, H. M.(1981), "National income accounts & the environment," in H. M. Peskin, P. R. Portney, and A. V. Knesse, ed., *Environmental Regulation and the U.S. Economy*, Baltimore: The Johns Hopkins University Press.

Power, T. M.(1988), *The Economic Pursuit of Quality*, New York: M. E. Sharpe, Inc.

Repetto, R., R. C. Dower, R. Jenkins, J. Geoghegan(1992), *Green Fees: How a Tax Shift Can Work for the Environment and the Economy?*, World Resource Institute.

Rhee, J. J.(1999), "Economic incentives and optimal waste management: Korean experiences in unit-pricing for garbage collection," *Environmental Economics and Policy Studies*, Vol. 2, No. 2.

Rhee, J. J.(1975), *Economic Growth, Technological Changes*, and *Environmental Problems in Japan*, Master Thesis, Iowa State University.

Ridker, R. and J. Henning(1967), "The determinants of residential property values with special reference to air pollution," in *Review of Economics and Statistics*, Vol. XLIX(May).

Robinson, H. D.(1985), "Who pays for industrial pollution abatement?" *Review of Economics and Statistics*, Vol. LXVII(Nov.).

Rubin, S. J.(1982), "A predominantly commercial policy perspective," in S. J. Rubin and T.R. Graham, ed., *Environment and Trade*, Totowa: Allanheld, Osmun Publishers.

Siebert, H.(1991), "Environmental policy and European integration," in H. Siebert, ed., *Environmental Scarcity: The International Dimension*. Tübingen: J.C.B. Mohr.

Slovic, p. and S. Lichtenstein(1983), "Preference reversal," *The American Economic Review*, Vol. 83, No. 4 (Sept.).

Stankey, G. H.(1972), "A strategy for the definition and management of wilderness quality," in J. V. Krutilla, ed., *Natural Environment*, Baltimore: The Johns Hopkins University Press.

Stern, N.(2007), *The Economics of Climate Change*, Cambridge, U.K.: Cambridge University Press.

Stiglitz, J. E.(1979), "A neoclassical analysis of the economics of natural resources," in *Scarcity and Growth Reconsidered*, ed., by V. K .Smith, Baltimore: The Johns Hopkins University Press.

Swanson, T. M.(1991), "Regulation of oceanic resources," in D. Helm, ed., *Economic Policy towards the Environment*, Oxford: Blackwell Publishers.

Takashi Adachi(1992), "Japanese management and the environment," in D. Koechlin and K. Muller, ed., *Green Business Opportunities*, London: Pitman Publishing.

Thurow, L. C(1980), *The Zero-sum Society*, New York: Basic Books Inc.

Tietenber, T. H.(1991), "Economic instruments for environmental regulation," in D. Helm, ed., *Economic Policy towards the Environment*, Oxford: Blackwell Publishers.

Tietenberg, T and L. Lewis(2009), *Environmental & Natural Resource Economics*, Boston: Pearson Education Inc.

U.S. EPA(1976), *Decision-Makers Guide in Solid Waste Management.*

Vatn, A. and D. W. Bromley(1995), "Choices without prices, without apologies," in D. W. Bromley, ed., *The Handbook of Environmental Economics*, Oxford: Blackwell Publishers.

Walter, I.(1975), *International Economics of Pollution*, London: The MacMillan Press Ltd.

Walter, I.(1982), "Environmentally induced industrial relocation to developing countries," in S. J. Rubin and T. R. Graham, ed., *Environment and Trad*, Totowa: Allanheld, Osmun Publishers.

WCED(1987), *Our Common Future*, Oxford: Oxford University Press.

Zolotas, X.(1981), *Economic Growth and Declining Social Welfare*, Bank of Greece.

찾아보기

ㄴ

ㅇ

ㅈ

저자약력

서울대학교 경제학과 졸업
미국 아이오와주립대 경제학과 졸업(경제학박사)
미국 매릴랜드대 객원교수
한국자원경제학회 회장
환경부 중앙환경보전심의위원
건교부(국토부) 국토이용심의위원
서울시 도시계획위원
대통령지속가능발전위원회 수자원분과 위원장
환경정의 공동대표
한국공공선택학회 회장
서울대학교 환경대학원 교수
현재, 서울대학교 명예교수

주요저서

『두 경제학 이야기: 주류경제학과 마르크스경제학』(한길사, 1993)
『녹색경제학』(한길사, 1994)
『토지경제학』(박영사, 1999)
『환경경제학』(박영사, 2000)
『시장은 정말 우리를 행복하게 하는가』(한길사, 2002)
『경제학에서 본 정치와 정부』(박영사, 2005)
『우리는 행복한가』(한길사, 2008)

개정판
환경경제학 이해

2000년 3월 20일 초판발행
2011년 2월 28일 개정판발행
2017년 9월 10일 중판발행
저 자 이 정 전
발행인 안 종 만
발행처 (주)박영사
서울특별시 종로구 새문안로3길 36, 160
전화 (733)6771 FAX (736)4818
등록 1959. 3. 11. 제300－1959－1호(倫)

www.pybook.co.kr e－mail: pys@pybook.co.kr

정 가 29,000원 ISBN 978-89-6454-142-5